서구
마르크스주의,
소련을
탐구하다

서구
마르크스주의,
소련을
탐구하다

초판 1쇄 인쇄 2012년 5월 5일
초판 1쇄 발행 2012년 5월 10일

지은이 마르셀 판 데르 린던
옮긴이 황동하
펴낸이 이영선
펴낸곳 서해문집
이 사 강영선
주 간 김선정
편집장 김문정
편 집 허 승 임경훈 김종훈 김경란 정지원
디자인 오성희 당승근 안희정
마케팅 김일신 이호석 이주리
관 리 박정래 손미경

출판등록 1989년 3월 16일 (제406-2005-000047호)
주소 경기도 파주시 교하읍 문발리 파주출판도시 498-7
전화 (031)955-7470 | 팩스 (031)955-7469
홈페이지 www.booksea.co.kr | 이메일 shmj21@hanmail.net

ISBN 978-89-7483-525-5 93920

이 도서의 국립중앙도서관 출판시도서목록(CIP)은 e-CIP 홈페이지
(http://www.nl.go.kr/ecip)에서 이용하실 수 있습니다.(CIP제어번호: CIP2012001978)

마르셀 판 데르 린던 지음 · 황동하 옮김

서구 마르크스주의, 소련을 탐구하다

서해문집

1 9 1 7 년　　　　이　후

비 판 적　　이　론　과　본

논　　쟁　　으　　로　　련

소　　　　★

Western Marxism
and the
Soviet Union:
A Survey of
Critical Theories and
Debates
Since 1917

서문

이 책의 많은 부분은 1989년 네덜란드어로 처음 출판했다. 1992년 독일어 판이 나왔다. 그리고 뷔젱Sebastian Budgen[1]이 열정적으로 주도한 덕분에 앞서 나온 책을 보완, 수정, 증보한 이 영문판이 빛을 보게 되었다.

초고를 쓰고 수정하는 과정에서, 나는 많은 학자며 활동가와 토론하고 편지를 주고받는 행운을 누렸다. 그들의 논평은 값을 매길 수 없다. 특히 바움가르텐Jürgen Baumgarten, 찰리노어Ray Challinor[2], 샤토파디야Paresh Chattopadhyay, 고 클리프Tony Cliff, 드러커Peter Drucker, 페르난데스Neil Fernandez, 플라이셔Helmut Fleischer, 고 핼러스Duncan Hallas, 헤인즈Mike Haynes, 헬레Idar Helle, 키르츠Joost Kircz, 셸스탈리Knut Kjeldstadli, 클렘Bernd Klemm, 쿨만Peter Kulemann, 린드블롬Per-Åke Lindblom, 고 만델Ernest Mandel, 고 메르그너Gottfried Mergner, 미르트Wilbert van Miert, 뮐Alice Mul, 루세Pierre Rousset, 산데모세Jørgen Sandemose, 스튀제Jan Willem Stutje, 선즈백Kariin Sundsback, 티헬만Fritjof Tichelman, 틱틴Hillel Ticktin, 고 베르브라에켄Paul Verbraeken, 바게나르Els Wagenaar, 베버Hermann Weber, 고 웨스토비Adam Westoby, 그리고 고 프랑크Pierre Frank에게 감사를 전한다.

그러나 누구보다도 벤딘Jurriaan Bendien에게 감사한다. 그보다 더 유능하고 헌신적인 번역자는 바랄 수 없을 것이다.

CONTENTS

1장

서론

배우려는 욕구가 많은 곳에는 반드시 논쟁, 저술, 의견이 많게 마련이다. 왜냐하면 선의의 담지자들이 가지는 의견이란 그저 형성 과정에 있는 지식에 지나지 않기 때문인데 [⋯⋯]. 몇몇 사람이 슬퍼하는 것에 우리는 오히려 기뻐해야 한다. [⋯⋯] 그러나 분리주의자와 분파주의자에게는 이 몇몇 사람이란 격렬한 항의의 대상이 되는 사람들이다(밀턴John Milton, 1644).

'러시아 문제'[1]논 20세기 마르크스주의에서 가장 중심이 되는 문제였다. 카스토리아디스Castoriadis가 지적했듯이, 그것은 "혁명의 정통성을 주장하는 실천적인 태도의 시금석"이었다.[2] 그런 까닭에 지금까지 어떤 학자도 1917년 이후 소련의 마르크스주의 사상이 역사적으로 어떻게 발전했는지를 일관되게 포괄적으로 평가하면서 서술하려고 애쓰지 않았다는 것은 그만큼 놀라운 일이다.[3] 저술에서 이러한 공백이 있는 것은 아마도 주제가 특수한 영역이어서라기보다는 일반적으로 마르크스주의 이론에서 역사 서술이 충분히 발전하지 못한 것과 더 많은 관련이 있을 것이다. 앤더슨Anderson은 몇 년 전에 《서구 마르크스주의 연구Considerations on Western Marxism》에서 "[마르크스주의의] 잇따른 변용과 전이의 원인과 형식은 대부분 탐구하지 않았다."고 결론을 내렸다.[4] 마찬가지로 사상사

에서 마르크스주의 이론은 마땅히 끌어야 할 관심을 끌지 못했다.[5]

그런데도 이 연구 마지막에 있는 참고문헌에서 쉽게 확인할 수 있듯이, '서구 마르크스주의와 소련'을 주제로 한 1차 저술뿐만 아니라 2차 저술도 아주 많다. 전체적으로 볼 때, 이와 관련된 글은 네 개의 다른 범주에 속한다. 첫째로는 하나의 특수한 이론 발생학에 관련한 연구다. 국가 자본주의 이론은 특별한 관심을 받았다.[6] 둘째로 흔히 논쟁할 만한 거리가 되는 용도로 중요하다고 생각했던 몇몇 이론을 비교하는 것에 집중하는 연구가 있다.[7] 셋째로 가장 큰 비율을 차지하는 연구는 특별한 마르크스주의 저자 한 사람의 이론을 다루는 것이었다. 이 유형의 대부분 작품은 룩셈부르크R. Luxemburg, 판네쿡A. Pannekoek, 또는 트로츠키L. Trotsky와 같은, 초기 러시아 또는 소련 비평가들에게 초점을 맞춘다. 그러나 바로R. Bahro와 같은 동시대 저자를 연구한 저서도 많다. 넷째로, 다양한 이론의 객관적 목록을 만들려는 시도는 드물다. 이 장르를 질적으로 가장 훌륭하게 보여준 사례는 마이어Gerd Meyer가 쓴 교과서다. 그 책은 "사회주의 체제를 해석한 가장 중요한 모델"을 개괄적으로 살펴보려 했다. 마이어는 자신의 책에서 먼저 다양한 해석의 텍스트 일부를 그대로 실은 뒤, 그것을 비판했으며 마지막으로 저자 자신의 이론에 포함하거나 없애 버렸다.[8]

다른 이론과 대치하는 많은 기고문과 저술에서 이용할 수 있는 자료를 선험적 도식에 쑤셔 넣고 싶은 강한 유혹이 분명히 있었을 것이다. 보기를 들면, 매클렐런David McLellan은 "소련을 마르크스주의로 비판하는 데 자본주의와 사회주의를 가르는 분수령의 이쪽 또는 저쪽으로 기우는 것"에서 두 개의 중요한 경향만을 식별해 냈다. 이렇게 함으로써, 그는 이러한 접근 방식에 빠져드는 잘못을 저지르는 것이다. 그 결과, 사실은 자신이 두 진영 밖에 있다고 생각했던 저자들에게 부적절하게 이름표를 강제했다.[9] 똑같은 경향은 알베르René Ahlberg가 쓴 책에서도 나타난다. 그는 세 가지 경향(이행기 사회, 국가 자본주의, 관료적 집산주의)을 식별해 내고, 그럼으로써 틱틴의 분석에 '트로츠키주의' 라고 억지로 이름표를 붙였다.[10]

이 연구에서 나는 그런 프로크루스테스 같은 방법은 피하려고 애썼다. 조사하던 자료의 양이 늘어나자, 이러한 과업은 또 차츰 더 쉬워졌다. 발생론적 측면에 우선권을 부여함으로써, 전통에서 연속성과 전환점을 더 정확하게 추적할 수 있을 것이다. 그 결과 부분적 분류 기준의 문제가 그 자체로 아주 '자연스럽게' 풀렸다. 차츰 알베르의 책에서뿐만 아니라 다른 많은 저자에게서도 발견했고 처음에는 올바르다고 믿었던, 세 가지 유형의 이론으로 구분하는 것이 상황의 진전을 지나치게 단순화했다는 것을 깨닫기 시작했다. 어쨌든 그것은 우리가 제2차 세계대전 뒤 상황의 진전을 잘 이해할 수 없게 한다. 그것은 그렇다 치고, 이 연구를 준비하면서 나는 비슷한 목적으로 쓴 이전 글에서 분명히 큰 이득을 얻었다. 그 글의 질이 들쑥날쑥하긴 했지만.

내 연구는 이전의 연구와 다르다. 그것은 역사에서 비교적 오랜 시기 (1917년에서 현재까지)를 대상으로 넓은 지역(서유럽과 북아메리카)에서 이루어진, 서구 마르크스주의 시각으로 소련을 비판한 것의 진전 상황을 제시하려는 것이다. 시·공간상의 이러한 한계 구분 안에서, 오래된 기고문에서 얼마간 꽤 어긋났거나 그 기고문에 추가된, 마르크스주의 시각의 분석 모두에 관심을 두면서 완결성을 확보하려고 노력을 기울였다.[11] 비록 재구성 작업이 진전됨에 따라, 몇몇 접근방법이 다른 것들보다 비판의 시험을 더 잘 견뎌냈다는 점이 차츰 더 분명해졌지만, 나 자신의 이론에서 그것의 유용성을 고려하여 그것이 초기에 이바지한 것을 평가하는 것은 주요한 목표가 아니다.

'서구 마르크스주의' 개념은 다양한 방식으로 쓰였다. 그것은 일반적으로 서구 저자 집단을 가리키려고 쓴 것이다. 그들은 문화적 발전과 이데올로기 발전을 연구하고 비평하는 것에 전념했다. 이 해석은 경제학, 정치학, 사회 권력의 문제를 분석했던 저자를 제외할 것이다.[12] 그러나 때때로 그 대신에 정치 지리political geography를 강조했고, 그래서 '서구 마르크스주의'가 서구에서는 "비-소비에트non-Soviet 또는 비-소비에트-같은 마르크스주의 사상non-Soviet-like Marxist thought"으로 이해했다.[13] 이 책에서는 이러한 두 번째 정의를 따랐다. 그것은 '서구 마르크스주의와 소련'의 문제에 균형을 제공한다. 이 연구에서 내 탐구는 정치적으로 소련과 관계를 맺지 않은 마르크스주의자가 어떻게 이론적으로 소련에서 일어난 발전을 해석했는지 고찰한 것이다.

그러나 '비-소비에트 또는 비-소비에트-같은 마르크스주의 사상'이라는 범주는 그 자체로 더 정확한 정의가 필요하다. 첫째로, '비-소비에트'와 '비-소비에트-같은'이라는 말이 실제로 말하는 것은 무엇인지 질문할 수도 있다. 이 연구의 맥락에서, 나는 그것을 기능적으로 (1) 공식 소비에트 이데올로기에 따르지 않는 것, 그리고 (2) 소련의 사회 구조를 사회주의적으로 또는 사회주의로 나아가는 것으로 여기지 않는 것으로 정의했다. 두 번째, 즉 '마르크스주의'가 무엇을 뜻하는가 하는 문제는 더 어렵다. 이는 특히 지난날에 어떤 저자가 다른 저자를 '마르크스주의적' 방식으로 주장하는 데 실패했다는 이유로 비난했을 때, 그 문제가 생겼기 때문이다.[14] 나는 모든 저자를 그들 자신이 스스로 '마르크스주의자'로 여긴다고 규정함으로써 이러한 문제 전체를 부분적으로 교묘히 회피했다. 그러나 몇몇 저자는 자신이 마르크스주의자라고 **명시적으로** 주장한 적이 절대 없다. 그 경우에는 나는 번스타인Howard Bernstein의 해석을 따랐다. 그런데 그는 서로 관련을 맺으면서 역사적 문제에 대한 마르크스주의적 접근을 보여 주는 다섯 개의 '핵심 개념'을 다음과 같이 구분한다.

1. 물질적 요소와 경제 · 사회 세력이 역사적 발전의 방향과 속도를 결정한다.
2. 역사는 일련의 특수한 연속적인 사회 구성체로 이루어진다.
3. 하나의 사회 구성체에서 다른 사회 구성체로의 이행은 변증법적 과정이다.
4. 하나의 사회 구성체에서 다른 사회 구성체로의 이행은 계급 투쟁을 포함한다.
5. 평형 상태와 균형 상태는 실체가 없다. 존재의 본질이 변화하고 전환되는 것은 사회에서 일상적으로 일어나는 일이다.[15]

미심쩍을 때는 이러한 다섯 가지 개념을 꾸준하게 기준으로서 적용했다. 이런 이유로 스스로 자신의 책을 마르크스주의에 따른 최종적 평가라고 여겼던 저자(버넘James Burnham)를 마르크스주의자에 포함할 것이다.

나는 북아메리카와 서유럽 출신의 '서구-마르크스주의자'와 다른 지역 (특히 동유럽과 소련)의 저자만을 논의한다. 그들의 저작은 북아메리카에서 그리고/또는 서유럽에서 출판되었거나 번역된 것을 통해 접근했다.[16]

이 연구의 본질은 장기적 전망이다. 1917년에서 2005년까지 서구-마르크스주의 사상의 발전을 따르면서, 만일 더 짧은 시간 축을 적용했다면 모호해졌을 연속성과 변화를 확증하려고 한다.

여기서는 주로 문헌 분석으로써 소련을 대상으로 한 서구-마르크스주의 사상을 분석했다. 모든 문헌이 그러하듯 그것을 쓴 저자의 의도, 삶, 다른 저작과의 관계에서부터 저자를 둘러싼 문화와 사회에 이르는 많은 다양한 맥락(들) 안에서 진화한다.[17] 따라서 문헌이 위치한 '그' 맥락을 완벽하게 설명하는 것은 사실상 불가능할지라도, 적어도 어느 정도는 (비결정주의적 의미로) 왜 해당 문헌이 그 특정한 내용을 얻었는지 설명하는 배경을 이루는 관계를 들춰내는 것은 역사적-비판적 평가를 위해 중요하다. 소련의 정치·경제적 본질과 같은 주제는 가장 적절한 전후 맥락이 무엇보다 먼저 정치적이고 또 경제적이라는 점은 분명하다. 따라서 이 연구에서는 세 개의 전후 맥락을 고려하는 클러스터가 소련의 '서구-마르크스주의적' 이론화에 큰 영향을 주었다는 주장을 작업가설로 채택할 것이다.

1) 사회 형식(생산 양식)과 그것의 계승에 대한 일반 이론. 이 클러스터는 많은 측면이 서로 연관되어 있다. 다음에서 분명해질 것처럼, 소련에 대한 논쟁에서 사회 형식의 문제는 특히 중요했다. 이와 관련하여 마르크스주의 사상은 대략 1917년부터 세 가지 국면을 드러내었다. ① 1930년대 초까지, 다양한 해석이 공존했다. 카우츠키Kautsky와 레닌Lenin처럼 정치적으로 서로 다른 인물을 포함하여 몇몇은 '노예제 사회→봉건제→자본주의→사회주의' 순서의 단선적 방식으로 발전이 이루어졌다고 믿었다. 다른 이들(아지아치키Aziatchiki, 아시아적 특징을 강조하는 이들—옮긴이)은 '아시아적 생산 양식'을 중심축으로 삼아서 두 번째 발전이 가능한 노선을 확인했다. 또 소수(예를 들면, 비트포겔Wittfogel)는 이러한 생각을 더 밀고 나가 세 가지 역사적 발전의 길을 추정했다. ② 비록 이곳저곳에서 몇몇 마르크스주의자가 '아시아적 생산 양식'의 존재를 계속 주장했지만, 1930년대부터 1950년대 중반까지 단선적 사고가 거의 완전히 지배했다. ③ 1950년대 말 획일적인 발전 순서(단선주의)라는 구상이 무너지기 시작했다. '아시아적 생산 양식'이 다시 발견되어 많은 사람이 분석적

어려움을 해결하기 위한 만병통치약으로 다루었던 초기 단계가 지난 뒤, 점점 더 많은 생산 양식이 '발견'되었다. 마침내 생산 양식에 대한 낡은 이론이 가지는 타당성 그 자체에 의문을 제기하기에 이르는, 이론적 발전의 질풍노도 시대가 뒤따랐다. 상황이 이런 식으로 진행되었다는 사실이 이 연구의 주제에서 그토록 중요한 이유는, (연속적인) 생산 양식에 대한 일반 이론이 생산 양식으로서 소비에트 사회가 역사 속에서 자신의 지위를 지정받았던 방식을 결정한 선험적 관념으로 여겨질 수 있기 때문이다. 만일 단선적 사고를 일관되게 적용했다면, 소비에트 사회는 오직 봉건적이거나 자본주의적이거나 또는 사회주의적인 사회일 것이다. 그러나 만일 소련을 새로운 형태의 사회 형식으로서 규정했다면, 이것은 자동으로 단선주의를 포기하는 것을 뜻했다.

2) **서구 자본주의의 안정과 활력에 대한 인식.** 대략 말하자면 이에 대한 인식은 1917년부터 4단계를 거쳤다. ① 1950년대 초 비로소 끝났던 첫 단계에서는 일반화된 상품 생산이 지배했던 체제의 쇠퇴, 하락, 붕괴를 강조하는 인식 유형이 지배했다. 제1차 세계대전이 끝나고 나서 찾아온 짧은 경제 회복 뒤에는 심각한 위기가 뒤따랐다. 그 위기는 1929년에 가장 심해졌다. 뒤따랐던 '대충돌'은 1930년대 후반부에 비로소 극복했다. 그러나 그 잠시 뒤, 제2차 세계대전이 터졌다. 전후 시기에는 전반적 · 장기적 회복이 이루어질 것이라는 점을 전혀 생각할 수 없었다. 경제 성장은 더디었고, 오히려 1950년대 초 미국에서는 심각한 경기 후퇴로 빠질 조짐이 보였다. 따라서 많은 사람이 이러한 시기 내내 자본주의의 생명력이 다했다고 생각했던 것은 놀라운 일이 아니었다.[18] 마르크스주의 진영은 10월 혁명에서 약 1952년까지의 시기를 자본주의의 '단말마의 고통'과 '붕괴'라는 관점으로 보는 생각이 지배했다. 잘 알려진 극단적 보기는

그로스만Henryk Grossman이었다. 그는 1920년대 말에 그의 모델에서 변수('요소')에 대입할 수치를 확실하게 알 수만 있다면, 자본주의의 최종적인 붕괴 시기를 계산할 수 있다고 믿는 법칙을 고안해 냈다.[19] 트로츠키의 평가도 아주 전형적이었다. 그는 1938년에 쓴 《이행기 강령Transitional Programme》에서 세계 상황을 다음과 같이 묘사했다. "인류의 생산력은 정체되었다. 이미 새로운 발명과 개선이 물질적 부의 수준을 끌어올리는 데 실패했다[……]. 부르주아지는 해결책을 알지 못한다."[20] ② 두 번째 단계가 1950년대에 시작했고 대략 1960년대 말까지 지속했다. 이 시기는 선진 자본주의 국가에서 역사적으로 보기 드물 만큼 경제가 성장하고 날로 번영하며 실업률도 낮은 것으로 특징지었다. 이는 어느 정도 변화에 대한 합의를 불러왔다. 정반대의 상황에도 그 시기를 이전의 개념에 비추어 보기를 계속 고수했던 마르크스주의자를 제외하면, 옛 고전적 위기 이론의 타당성을 차츰 의심하는 새로운 이론가가 점점 더 많이 나타났다.[21] 이윤율을 논평한 많은 경험 연구에서, 보기를 들면, 길먼J. M. Gillman은 1957년에 다음과 같이 추정했다. "제1차 세계대전이 일어나기 전 몇 년 동안 역사적 통계가 마르크스의 이러한 이론을 완전히 뒷받침한 것 같지만, 전쟁 뒤에 일련의 연구는 대체로 마르크스주의의 예측과 반대로 자본주의가 작동한다는 취지인 듯하다."[22] 몇 년 뒤, 바란Baran과 스위지P. M. Sweezy가 이 주장을 더욱 발전시켰다. 그들은 독점 자본주의에서 "체제가 발전함에 따라 잉여surplus가 절대적으로 그리고 상대적으로 증가하는 경향을 보인다."고 결론지었다.[23] ③ 1960년대 말 시작된 세 번째 단계에서는, 자본주의가 해결할 수 없는 경제 위기에 빠졌다는 믿음이 다시 퍼졌다. ④ 비록 이러한 믿음은 그때부터 사라지지 않았지만, 많은 사람이 1990년대 동안 자본주의가 당분간 세계를 계속 지배할 것이라고 결론지었다.

3) 소비에트 사회의 안정과 활력을 인식했던 방식. 이 클러스터도 4단계로 나눌 수 있다. ① 첫 시기는 1930년대 초까지 이어졌다. 이 시기에 사회는 오히려 혼란스러웠고 잘 조직되지 않은 것 같았다. ② 둘째 단계는 1956년, 즉 제20차 당 대회에서 흐루쇼프Khruschev가 폭로한 해까지 이어진다. 이 단계에서 스탈린주의는 그 힘을 강화했던 것 같았다. 그리고 소비에트 사회는 '계획에 따라 작동되는' 사회로 전환했던 것으로 보였다. ③ 1950년대에 시작한 셋째 단계는 중요한 사항에서 거듭 실패했던 개혁에 대한 시도뿐만 아니라 사회적 붕괴가 차츰 훨씬 명백해지는 정치·경제적 규제의 문제도 보여 주었다. ④ 1980년대 중반부터인 마지막 단계는 총체적 붕괴에서 정점에 이르렀던 매우 뿌리 깊은 위기가 일어났다는 점을 뚜렷하게 보여 주었다. 아마도 이러한 단계 각각은 마르크스주의적 이론화에 영향을 주었을지도 모른다는 점을 나는 이 연구를 진행해 나가는 과정에서 실증하려고 노력할 것이다.

이러한 세 개의 전후 맥락을 고려하는 클러스터가 모두 소비에트 사회의 본질을 주제로 마르크스주의의 이론적 텍스트를 생산했던 저자들에게 영향을 주었다. 그러나 이들 저자가 대체로 고립된 채 일하지 않았으며, 오히려 이러한 종류의 정치적 문제에 대해 사고한 서구 마르크스주의자가 이룬 더 폭넓은 공동체의 일부였다는 점을 여기서 지적하는 것은 중요하다.[24]

이 연구의 구성은 다음과 같다. 2장에서 7장까지는 원문의 내용을 제공하고, 그렇게 함으로써 소련에 대한 서구 마르크스주의의 논쟁을 다시 구성한다. 8장은 이러한 재구성에서 중요한 윤곽을 그려 보는 것이다. 9장은 서술된 내용에 대한 최초의 메타-이론적 발전 모델을 제공하는 것이다. 이 연구는 1917년 이후 서구 마르크스주의자가 펴낸 소련의 성격을 다룬 이론서를 될 수 있는 대로 완결된 참고문헌으로 마무리한다.

마지막으로는 몇 개의 기술적 설명이다. 나는, 연구 대상인 저작을 될 수 있는 대로 정확하게 표현할 필요가 있다는 점을 빼고는, 원문을 분석하기 위해 보편적으로 받아들여지는 규칙이 존재하지 않는다는 점을 잘 알기 때문에, 각 저자를 통해 탐구 주제에서 본질적인 약간의 문제에 대한 답을 얻으려고 했다. 즉, ① 연속적인 생산 양식 유형에서 소련은 어느 곳에 있어야 하는가, ② 근본적인 계급 적대가 소비에트 사회에 존재한다고 생각하는가, 만일 그렇다면 어떤 계급 적대인가, ③ 저자는 소비에트 사회의 활력('동력')이 되는 것을 무엇이라고 믿는가?[25] 몇몇 경우에, 이러한 모든 문제에 명확한 답변을 해당 저자에게서 확인할 수는 없었다. 각각의 해석을 다시 구성하면서, 검토하는 담론이 어떤 스타일인지 직접적인 느낌을 독자에게 제공하려고 간결한 문단을 인용하는 데 머뭇거리지 않았다.

필명(로라Laurat, 트로츠키, 두나예프스카야Dunayevskaya, 클리프)을 계속해서 썼던 저자는 그 필명으로 표시했다. 프랑스, 독일, 이탈리아, 노르웨이, 네덜란드에서 처음으로 출판했던 원문에서 인용한 것은 원문을 참조해서 영어로 번역한 것을 이용했다. 적절한 곳에는 출판된 영어 번역본으로 대체했다. 언어에 곤란을 겪거나 저자의 원문을 이용할 수 없을 때에는 번역본에서 인용했고 각주에 그렇게 표시했다.

2장

10월 혁명에서 스탈린 시기까지

(1917~1929년)

1917~1929년 소련의 사회 상황은 모든 측면에서 불확실하고 불안정했다. 새로운 정권은 처음엔 서유럽에서 일어날 혁명으로 빠르게 정치적 고립에서 벗어날 것이라 예상했다. 그러나 서유럽에서 혁명은 일어나지 않았다. 외국 간섭의 위협이 늘 뒤따랐다. '전시 공산주의War Communism' 라는 혼란의 시기가 지나가자, 신경제 정책New Economic Policy 의 시기가 뒤를 이었다. 신경제 정책 시기에 국가 부문과 시장 부문 사이에는 긴장이 감돌았지만, 이때는 '계획된 발전'이 없었다.

소련이 서구 자본주의 국가와 다르다고 한다면, 그 차이는 아마도 특히 경제에서 국가 부문이 높은 비율을 차지한다는 것과 국가 기구의 새로운 지도자가 마르크스주의(나중에 레닌주의)에 호소하는 노동자와 농민의 봉기를 통해 권력을 잡았다는 사실에 있을 것이다. 1930년대에 소련이 새로운 겉옷(집단화된 농장, 5개년계획)을 입게 했던 사회 조직 형태는 그 단계에서는 아직 알려지지 않았고, 그 누구도 예견할 수 없었다. 따라서 자본주의도 사회주의도 아닌 다른 사회 형태에 대한 생각은 나타나지 않았다. 마르크스주의 논쟁은 단선적인 도식에 갇혀 있었다. 즉, 소련의 발전에 대한 반대파의 비판은 주로 10월 혁명이 부르주아적인가 사회주의적인가 하는 것, 또는 서유럽 혁명이 일어나지 않는 것과 볼셰비키 지도자가 저지른 정치적 실수와 같은 여러 가능한 요소 때문에 잠정적으로 프롤레타리아 혁명이 부르주아 혁명으로 타락했는가 하는 것에 집중되었다. 단선적 도식 그 자체가 현실에 들어맞지 않을 수도 있다는 생각은 이 토론에서 하나의 가능성으로 인정되지 않았다. 그러나 그 시점에서 소련을 대상으로 사회적 관계의 실재를 가정한다면 그러한 구상 자체를 거의 생각할 수 없었을 것이다.

2. 1. 카우츠키와 볼셰비키: 세 개의 논쟁

살바도리M. L. Salvadori가 말했듯이, 1918년부터 카우츠키는 고집스럽게 "볼셰비즘에 맞선 이데올로기 십자군" 역할을 떠맡았다.[1] 일련의 인상 깊은 팸플릿과 여러 책, 그리고 잡지 《투쟁Der Kampf》과 《사회Die Gesellschaft》에 실린 많은 논문에서, 카우츠키는 이 쟁점에 차츰 더 관심을 기울였다. 카우츠키가 쓴 이러한 저작을 주의 깊게 검토해 놓은 문헌이 이미 오늘날 나와 있다.[2] 나는 여기서 내 탐구의 관점에서 본질적인 측면에 집중할 것이다. 그것은 어쨌든 늙은 카우츠키를 '특별히 친절'하게 대하는 것이다. 즉, 그것은 단선적 도식을 모든 사회적 변화에 일관되게 적용하는 것이었다.

카우츠키의 추론은 아주 도식적인 특성 바로 그것 때문에 매우 예측적이었다.

1) 사회주의는 고도로 발전한 자본주의 사회에서만 세워질 수 있다.

2) 1917년에 러시아는 고도로 발전한 자본주의 사회가 아니었다.

3) 따라서 **쿠데타**를 통해 사회주의를 강제로 세우려고 한 볼셰비키의 시도는 '혁명'이 역사적으로 있을 수 없는 잡종 사회 구성체bastardised formation로 끝날 뿐이라고 선포한 것이었다.[3]

4) 이러한 잡종 사회 구성체는 어쩔 수 없이 불안정할 것이고, 짧은 시간이 지나고 난 뒤 무너지고 말 것이다.[4]

카우츠키의 일직선적인 추론은 특히 볼셰비키와의 논쟁적인 대결에서 정교하게 다듬어졌다. 나는 간단히 이러한 논쟁의 세 가지, 즉 레닌, 트로츠키, 부하린N. Bukharin과의 논쟁을 잇달아 논의할 것이다. 마지막 논쟁, 즉 카우츠키와 부하린 사이에 벌어진 논쟁은 지금까지 나온 역사책에서 다루어지지 않았던 것이다.

카우츠키 대 레닌

볼셰비키의 비난, 즉 카우츠키가 자신의 혁명적 과거를 저버리고 '배교자'가 되었다는 비난과 달리, 1917년 뒤 카우츠키의 분석은 1917년 이전에 그가 했던 분석과 실제로 그리고 뚜렷하게 일치했다. 틀림없이 그의 사상은 어느 정도까지는 발전했다. 그러나 그의 사고에서 새로운 일탈의 증거는 없었다.

물론 카우츠키의 견해가 차츰 온건한 방향으로 바뀌었다는 것은 [……] 틀림없다. 그러나 이러한 전환이 (전환의 출발점을 에르푸르트 강령으로 잡는) 처음부터 1917년과 양립할 수 없는 것으로서 특징을 지녔던 사회주의와 민주주의와 국가에 대한 전반적인 개념의 틀 안에서 일어났다는 것도 부정할 수 없다. 카우츠키는 바뀌지 않았다는 이유로 비난받을 수는 있겠지만, 혁명적 과정, 프롤

레타리아 독재, 사회주의 국가에 대한 그의 신념을 근본적으로 폐기했기 때문에 비난당할 수는 없다.[5]

심지어 1905년 이전에도 카우츠키는 러시아에서 부르주아적인, 좀 더 폭넓게 말하면 민주주의적 혁명의 필요성을 주장했다. 1917년과 그 뒤로 그는 이러한 견해를 고집스럽게 주장했다. 처음에 1917년 4월 정치적 결과가 여전히 확실하지 않았을 때, 그는 러시아 농민층을 전체 과정에서 "예측할 수 없는 요인", "우리가 여전히 정확한 수를 대입할 수 없으므로 크기를 알 수 없는 변수 X"였다고 강조했다. 그래서 비록 혁명이 여전히 많은 놀라운 사건을 가져올 수 있다 해도, 카우츠키는 그 혁명이 본질적으로 민주화의 과정이었다는 것을 의심하지 않았다. 그리고 그는 민주주의 혁명의 완수에서부터 다음과 같은 결과가 나올 것이라고 확신했다.

민주주의의 근본을 이루는 권리와 자유, 그것과 함께 프롤레타리아 대중 운동과 대중 조직을 위한 가장 안전한 토대, 그리고 동유럽에서 정치권력의 장악을 위한 프롤레타리아 봉기는 적어도 서구에서처럼 견고하게 뿌리내릴 것이다.[6]

거의 다섯 달 뒤, 카우츠키는 이러한 믿음을 다른 맥락에서 다음과 같이 되풀이했다. 러시아 혁명은 본질상 정치적일 것이다. 그것은 민주적 권리와 자유의 새로운 단계를 열 것이다. 그래서 프롤레타리아는 발전하고 조직하여 "정치권력을 장악할 만큼 성숙"해질 수 있을 것이다.[7]

볼셰비키의 권력 장악과 (제헌 의회 해산과 같은) 그 뒤에 내려진 조치는 결과적으로 카우츠키에게 커다란 충격을 안겨 주었다. 카우츠키는 볼셰비키가 커다란 실수를 저질렀다고 믿었다. 카우츠키는 자신의 팸플릿 《프롤레타리아 독재The Dictatorship of the Proletariat》에서 다음과 같이 썼다.

볼셰비키 혁명은 그것이 전체 유럽 혁명을 위한 출발점일 것이고, 러시아의 대담한 주도가 유럽 전체에서 프롤레타리아를 봉기하도록 일깨울 것이라는 가정을 바탕으로 한 것이었다.[8]

그러나 그는 그러한 구상이 '마르크스주의적'이지 않기 때문에 틀렸다고 주장했다.

오래된 마르크스주의 경구가 있다. 즉, 혁명은 만들어질 수 없다. 혁명은 사회적 관계에서 나온다. 그러나 서유럽의 사회관계는 러시아의 사회관계와 전혀 다르다. 러시아에서의 혁명이 반드시 유럽에서의 혁명을 불러올 수는 없다. 1848년에 프랑스에서 혁명이 일어났을 때, 그것은 동유럽 지역으로 퍼졌다. 그러나 그 혁명은 러시아 국경에서 멈추었다. 거꾸로, 1905년 러시아에서 혁명이 터졌을 때, 그것은 선거권 운동이 서유럽에서 거세게 일어나는 데 이바지했다. 그러나 그뿐이었다. 혁명과 비슷한 그 어떤 것도 일어나지 않았다.[9]

따라서 볼셰비키는 전선을 너무 멀리 확장했다. 또 혁명이 유럽의 서쪽 지역에서 일어날 것이라는 그들의 희망이 헛된 것으로 드러났을 때, 볼셰비키는 불가능한 과업을 짊어지게 되었다. 그 결과 그들은 민주주의를 독재, 즉 마르크스가 주장했던 '프롤레타리아 독재'와 더는 아무 관계가 없는 독재로 대체할 수밖에 없었다. 카우츠키는 자신의 견해를 입증하려고

'상황으로서 독재'와 '정부 형식으로서 독재'를 나누어 보았다. 첫째, 상황으로서 독재는 프롤레타리아 독재에 속하는 것이었다. 둘째, 정부 형식으로서 독재는 '반대파 권한의 박탈'과 동의어로서, 완전히 다른 뜻을 지녔다. 카우츠키에게 프롤레타리아 독재는 프롤레타리아 다수가 장악한 의회 민주주의와 같았다.[10] 카우츠키에 따르면, 자신의 견해가 마르크스Marx의 견해와 똑같다는 것을 영국과 미국에서 사회주의로 이행이 평화적이고 민주적으로 일어날 것이라고 했던 마르크스의 진술을 통해 입증했다.[11]

레닌은 자신의 팸플릿《프롤레타리아 혁명과 배교자 카우츠키The Proletarian Revolution and the Renegade Kautsky》에서 카우츠키의 여러 주장에 대해 격노하며 답변했다. 볼셰비키가 정치적으로 너무 멀리 나갔다는 비난에 대해, 레닌은 존재하는 사회관계에서 다른 가능성이 없었다고 주장했다.

그렇다. 우리의 혁명은 우리가 소농 계급 전체와 함께 나아가는 한 부르주아 혁명이다. 이것은 우리에게 아주 명확했다. 우리는 1905년 이래로 수백 번, 수천 번 이것을 말해 왔다. 우리는 결코 역사적 과정에 필요한 이러한 단계를 건너뛰거나 그것을 명령으로 폐지하려고 시도하지 않았다. [……] 그러나 1917년 4월부터 10월 혁명이 일어나기 오래전 즉, 우리가 권력을 잡기 한참 전에, 우리는 공개적으로 대중에게 혁명이 이 단계(부르주아 혁명 단계—옮긴이)에서 중단될 수 없다는 것을 선언했고 설명했다. 왜냐하면 나라가 앞으로 나아갔고, 자본주의는 더 발전했으며, 파괴는 예상치 못할 규모에 이르렀기 때문이다. 그래서 (좋든 싫든) 앞으로 나아가는 일, 사회주의로 나아가라고 요구할 것이다. 왜냐하면 앞으로 나아가 전쟁으로 지친 나라를 구하며, 혹사당하는 사람과 피착취자의 고통을 누그러뜨리는 다른 길이 없기 때문이다.[12]

혁명 뒤 러시아 사회가 비민주적이었다는 비난에 맞서, 레닌은 그와 반대로 민주주의의 예상치 못한 확장과 발전이 있었다고 주장했다. 그는 이 것을 외교 정책이 공개적으로 이루어졌다는 사실, 그리고 노동대중이 직접적으로 정책 형성에 참가하는 국가 구조로 입증되었다고 말했다.[13] 이런 맥락에서 레닌은 최종적으로 미국과 영국에 대한 마르크스의 진술을 끌어들여 자신의 견해를 입증하려고 했던 카우츠키의 시도가 비역사적이었고 과학적 사회주의의 창시자를 왜곡해서 '통속적인 자유주의자 common liberal'로 강등했다고 평가했다. 1870년대에 두 나라의 상황은 무엇보다 제1차 세계대전 말 무렵에 존재했던 상황과 동등하게 다루어질 수 없다.

독점 자본주의 이전 시기(그것은 사실상 1870년대에 정점에 이르렀다)는 영국과 미국에서 가장 전형적인 모습을 보였던 근본적인 경제적 특성 탓에, 비교해서 말하면, 평화와 자유를 될 수 있는 한 가장 크게 보장했다. 그런데 20세기에 비로소 최종적으로 성숙했던 제국주의, 즉 독점 자본주의는 근본적인 경제적 속성으로 어떻게 해서든지 평화와 자유를 허용하지 않으려 했고 군국주의를 가장 보편적으로 발전하게 한 시기로 특징지어진다.[14]

대체로 레닌은 카우츠키가 볼셰비키에게 한 비판에 대해서 국제 마르크스주의의 옛 지도자가 사회주의의 대의를 배반했고 이제 '통속적인 자유주의적 관료common liberal bureaucrat'[15]와 전혀 구분되지 않는다는 점을 입증함으로써 대응했다. 이처럼 악평을 내리는 것으로 카우츠키와 볼셰비키 사이의 논쟁이 끝나버렸던 것은 절대 아니다. 제2회전에서 더 많은 주장을 제기했다.

카우츠키 대 트로츠키

카우츠키는 자신의 팸플릿 《테러리즘과 코뮤니즘Terrorism and Communism》(1919)에서 자신의 주장을 더욱 발전시켰다. 프랑스 혁명과 파리 코뮌을 말하면서, 그는 러시아 프롤레타리아트가 객관적으로 (아직) 가능하지 않았던 목적을 얻으려 애썼다고 주장했다. 그는 모든 프롤레타리아트가 감정에 끌려 자신의 곤경에서 될 수 있으면 빨리 벗어나려는 특징이 있었고, 따라서 그야말로 자본주의를 곧바로 뒤엎는 것을 갈망했다고 주장했다.

대중은 자연히 그들에게 발전에 이르는 길을 제시하는 교의를 찾아내는 것이 아니라, 오히려 어떤 방식이나 계획을 제공하는 교의를 찾아낸다. 상황이 어떠하든 그런 방식이나 계획의 실행이 그들의 고통을 끝내줄 것이라고 그들은 믿는 것이다.[16]

따라서 진정한 마르크스주의 정신을 지도했던 사회주의당은 그런 발전을 막으려고 애써야만 할 것이다. 그렇게 함으로써 설사 대중에 대한 당의 지도력을 잃어버리는 위험에 빠진다고 할지라도. 만일 프롤레타리아트가 역사적 의미에서 '너무 이른' 순간에 권력을 잡는다면, 그에 따라 생기는 문제는 아주 클 것이다. 무엇보다도 자본가에 대한 몰수는 단순한 권력의 문제였고, 따라서 그다지 어렵지도 않았다. 그러나 상대적으로 미숙하고 교육받지 못한 프롤레타리아트로서는 몰수한 뒤 생산을 조직하는 것이 거의 불가능한 과업일 수 있다.

자본주의 기업은 복잡한 조직이다. 그것은 자본가 자신 또는 그의 대리인 가운데서 자신의 지휘자를 찾아낸다. 만일 어떤 이가 자본주의를 폐지하길 바란다면, 그는 더 좋지 않더라도 자본가의 두뇌를 빌리지 않고서도 잘 기능할 수 있는 조직 형식을 창조해야만 한다. 이것은 지난날 필립 4세Philp IV나 스텐카 라진Stenka Razin의 경우처럼 단순한 문제가 아니다. 왜냐하면 그것은 상품 생산뿐만 아니라 원료 생산과 공급에서 일정한 물질적 조건과 심리적 특성, 고도로 발전된 자본주의 조직화가 필요하기 때문이다. 게다가 이 조직 형태는 그 자신의 이웃과 동지에 대해서뿐만 아니라, 전체로서 사회에 대해서도 의무를 깨달은 프롤레타리아트를 요구한다. 이 조직 형태는 오랜 대중 조직의 경험으로 자발적 규율과 자기 관리에 익숙해진 프롤레타리아를 요구하며, 마지막으로 불가능한 것과 가능한 것을 구분해내고, 과학적으로 교육받은 지도자를 부도덕하고 무지한 선동가와 구별할 만큼 충분히 지적인 프롤레타리아트를 요구하는 것이다.[17]

러시아 프롤레타리아트가 아직 이러한 거대한 과업을 완수할 준비가 되어 있지 않아서 혼돈으로 굴러떨어지는 것은 어쩔 수 없는 결과였다. 이러한 테제를 더욱 구체화하려고, 카우츠키는 러시아 노동 계급이 경험은 없지만 "모든 것을 제때에 배우고 처리"할 수 있을 것이라는 트로츠키의 논평에 대해 다음과 같이 비유했다.

그러나 트로츠키는 달리는 기관차에 올라타고는 달리는 동안 "모든 것을 배우고 처리할 수 있다고 확신하는 것일까?" 틀림없이 그는 이 일을 아주 잘 해낼 능력이 있을 테지만, 그가 필요한 시간을 확보할 수 있을까? 기차가 곧 탈선하거나 폭발하지 않을까? 누구나 기차를 운전하기 전에, 기관차를 모는 데 필요한 기술을 어느 정도 배워야 한다. 마찬가지로 프롤레타리아트는 이러

한 과업을 하기로 마음먹었다면, 생산을 조직화하는 데 꼭 필요한 자질을 배워야만 한다.[18]

산업을 지키기 위해 새로운 공무원 계급, 새로운 '관리자 계급[지배 계급Herrenklasse]'을 충원해야 할 것이다. 그때 그들은 권력을 사용하는 통치권을 떠맡게 될 것이다. 따라서 "러시아가 줄곧 경험했던 전제 정부 가운데 가장 억압적인" 형태가 나타날 것이다.[19] 낡은 자본주의를 파괴함으로써, 차츰 새로운 자본주의가 나타날 것이다. 아직 사회주의를 위한 시기가 무르익지 않았기 때문에, 그 자본주의는 낡은 자본주의보다 프롤레타리아트에게는 더 나쁜 것이 될 것이다. 왜냐하면 이러한 새로운 자본주의는 고도로 발전된 산업 자본주의가 아닐 것이기 때문이다. 그 대신 그것은 야비한 흥정과 금융 투기로 특징지어질 것이다. 결국 "산업 자본주의는 사적 자본주의에서 국가 자본주의로 바뀌었다."[20]

이 구절은 카우츠키가 새로운 '잡종 사회 구성체'를 규정할 방법을 실제로 알지 못했다는 것을 분명히 보여 준다. 관료 집단은 새로운 지배 계급이었다. 국가 자본주의가 존재했다. 그러나 관료가 실제로 자본가 계급이었는지 아닌지 하는 문제는 명확하지 않았다. 그러나 어쨌든, 그는 볼셰비키의 경험이 어쩔 수 없이 실패로 끝날 것이라고 확신했다. 볼셰비키가 그들 자신의 주도로 민주주의를 복원하거나(그것은 카우츠키가 가망 없는 전망으로 생각했지만), 그렇지 않으면 반혁명이 있을 것이다. "볼셰비키의 경험이 아홉 번째 테르미도르가 되지 말아야겠지만, 나는 그것이 곧 일어날 것 같은 예감이 든다."[21]

트로츠키는 자신의 팸플릿 《테러리즘과 코뮤니즘Terrorism and Communism》(1920)에서 카우츠키의 공격을 받아치려고 했다. 특히 트로츠키는 볼세비키가 너무 일찍 권력을 잡았다는 생각을 거부했다. 그는 세가지 주요한 주장을 제공했다. 첫째, 그는 러시아 산업이 무너졌다는 이유로 사람들이 볼세비키 정책을 비난할 수 없다고 주장했다. 왜냐하면 실제 원인은 내전, 나라에 대한 봉쇄 따위였기 때문이다.[22] 둘째, 그는 프롤레타리아트가 사회주의 혁명을 실행하기 전에 이미 사회주의 경제 관리를 위한 기술을 배웠어야 한다는 생각에 반대했다. 셋째, 그는 볼세비키가 권력을 잡는 것 말고는 다른 선택은 없었다고 지적했다. 마지막 두 주장은 트로츠키가 지나치게 단순화해서 생각했던 카우츠키의 기관차 비유를 조목조목 반박한 것이었다.

우리는 더 설득력 있게 물어볼 수 있다. 카우츠키는 안장에 단단히 앉아 말을 모는 법을 배우기도 전에 감히 말 등에 올라탈 수 있을까? 카우츠키라면 이렇게 위험한, 순전히 볼세비키적 실험을 하지 않을 것이 분명하다. 걱정되는 것은 카우츠키가 말 등에 올라타지 않고는 말 모는 법을 배우기가 참으로 어려울 것이라는 사실이다. 볼세비키의 근본적인 생각은 바로 "말에 타 보아야 말 모는 법을 배울 수 있다."는 것이기 때문이다.[23]

더욱이 러시아 노동 계급은 그 말에 올라타야만 했다. 만일 그들이 영원히 역사적 단계에서 사라지길 바라지 않는다면. 일단 권력을 잡았고 통치하기 시작했다면, 나머지 모든 것은 저절로 잇달아 일어날 것이다. 부르주아지가 생산의 비조직화를 시행한다면, 프롤레타리아트는 그 단계에서 사회화가 이익이 되는지 아닌지와 상관없이 사회화를 통해 맞서야 한다. 즉, "안장에 오른 기수는 목이 부러질 위험을 감수하고 말을 몰아야 한다."[24]

카우츠키는 곧바로 답변했다. 《민주주의에서 국가 노예제로From Democracy to State Slavery》(1921)에서, 그는 비록 자신이 볼셰비키는 아니지만 말에 오르는 법은 배워 두었다고 대꾸했다.

사실 나는 말에 올라타기 전에 말 모는 법을 배우지 못했지만, 말은 내가 올라타기 전에 기수를 운반하는 법을 배워둔 상태였다. 그리고 나는 혼자서 말에 오르지 않았다. 나는 말을 몰 수 있게끔 나에게 충고와 방향을 제시하는 친구와 함께 말을 탄다. 그러나 결국 내가 미리 나의 몸을 단련했기 때문에 도전은 더 쉬웠다.[25]

카우츠키와 트로츠키 사이에 벌어진 말(馬)에 대한 논쟁은 해석의 차이를 될 수 있는 한 가장 뚜렷하게 보여 주었다. 트로츠키는 볼셰비키가 환경 탓에 말에 올라탈 수밖에 없었고 말을 타면서 말 모는 법을 배울 수밖에 없었다고 주장했다. 그러나 카우츠키는 미숙한 기수가 십중팔구 말에서 떨어질 것이라고 주장했다. 그런데 그들 가운데 누구도 그 두 가지 견해가 얼마쯤 타당성이 있으며, 10월 혁명이라는 본질적 비극을 표현하는 것일 수도 있다는 점을 전혀 상상하지 못했다.

카우츠키 대 부하린

그 뒤 여러 해 동안 카우츠키가 볼셰비키 정권에 퍼부은 비판은 점점 더 공격적이 되었다. 1925년에 카우츠키는 《인터내셔널과 소비에트 러시아 International and Soviet Russia》라는 팸플릿을 출판했다. 그 팸플릿에서 그는 소비에트 정권을 국제 노동 계급의 가장 위험한 적으로 선포했다. 그는 다음과 같이 썼다.

소비에트 정부는 [프롤레타리아트의] 세계 지배에 대한 가장 강력하고 직접적인 방해물이다. 그것은 헝가리의 악명 높은 호르티Horthy 정권이나 이탈리아의 무솔리니Mussolini 정권보다 훨씬 나쁘다. 그들이 악명 높다고는 하지만, 그들도 소련이 했던 것처럼 모든 저항 운동이 일어나지 못하게 막지는 못했다.[26]

카우츠키는 다음과 같이 주장했다.

볼셰비키는 오늘날 프롤레타리아트를 지배하고 착취하는 처지에 있다. 그러나 그들은 이러한 처지에서 자본가 계급으로서 행동하길 바라지 않는다. 따라서 그들은 지금 프롤레타리아트와 자본을 도구로 이용하려고 그들 위에 군림한다.[27]

부하린은 카우츠키가 쓴 팸플릿보다 거의 3배나 길었던 자신의 팸플릿 《칼 카우츠키와 소비에트 러시아Karl Kautsky and Soviet Russia》에서 카우츠키의 주장에 답했다.[28] 부하린의 대응은 이 연구의 맥락에서 아주 중요하다. 왜냐하면 부하린이 볼셰비키의 논리적 결론에 대한 단선적인 도식화의 결과 가운데 몇 가지를 따랐기 때문이다. 따라서 비록 이것이 그의 명백한 의도가 아니었다 하더라도, 부하린은 그 주제에서 단선적 사고가 지닌 한계를 들춰내는 데 이바지했다. 말하자면 부하린의 대응은 카우츠키의 주장에 나타난 모순을 밝히려고 한 것이지만, 그는 역설적이게도 애써 카우츠키의 입장을 지지하는 꼴이 되었다.

한편 카우츠키는 많은 출판물에서 10월 혁명은 순수한 프롤레타리아 혁명이 아니었다고 했다. 다른 한편으로, 그도 1917년 이래 대규모 토지 소유제 폐지와 같은 중요한 변화가 일어났다는 점에는 동의했다. 부하린은 이러한 두 주장을 근거로 판단을 내린다면 어떠한 결론을 내려야 하는지 자문했다. 소비에트 국가가 대토지 소유자의 지배도, 노동 계급의 지배도 아니라면 볼셰비키 권력의 실질적인 계급 토대는 무엇일까? 카우츠키는 이러한 질문에 명백히 답변하지 못했지만, 부하린은 그럴 때 그 문제의 논리적 해결이 무엇일지에 대하여 가설을 세웠다. 가장 명백한 가능성은 볼셰비키가 새로운 부르주아를 구성했다는 것이었다.

일부 미국의 백만장자처럼, 그들은 노동 계급에서 승진했다. 그런데 그들은 개인적 부 덕택에 그곳(미국)에서 백만장자가 되었다. 그러나 이곳(러시아)에서는 모든 것이 다른 방식으로 돌아간다. 즉, 그들이 부를 획득한 것은 정치권력을 잡은 결과다.[29]

그러나 부하린은 그런 견해가 '가장 특수한 결론'을 이끌어 냈다고 주장했다. 왜냐하면 무엇보다도 미국형 부르주아지와 가장 비슷했던 것이 '네프맨Nep-man'[30]이었기 때문이다. 그러나 볼셰비키가 정치적 권리를 빼앗았던 사람들은 정확히 그들이었다. 만일 볼셰비키가 부르주아지라면, 이것은 도무지 설명할 수 없게 될 것이다. 따라서 볼셰비키는 마땅히 자본가 계급이라고 부를 수 없을 것이다. 사태에 대한 이러한 견해도 볼셰비키가 노동과 자본 '위에' 있었던 새로운 지배 계급이었다는 카우츠키의 주장에 더 잘 맞아떨어졌다. 그러나 문제는 남아 있었다. '새로운 지배 계급' 이론이 논리적으로 무엇을 내포하는가? 그것은 어떤 종류의 계급이 되어야 할 것인가? 노동자와 농민이 당원에서 큰 비율을 차지했다. 따라서 그들이 '착취자'가 된다는 것은 있을 수 없었다. 당 관리 가운데 오직 작은 집단만이 '새로운 계급'의 성원이 될 후보였다. 그러나 얼마만큼 그 후보가 실제로 지배 계급을 이룬다고 말할 수 있을까?

지배 계급은 늘 그들이 생산 수단을 독점하거나 적어도 일정한 계급 제도 안에서 가장 중요한 생산 수단을 독점한다는 사실로 특징지어졌다. 만일 어떤 사람들의 집단이 그러한 계급이라면, 이것은 그 집단이 '국유화된' 생산 수단을 재산으로서 소유한다는 뜻이다. 다른 말로, 카우츠키의 견해에 따르면, 보기를 들어 나를 포함한(나는 참 나쁜 녀석이다!) 정치국원은 이윤을 전유하는, 짧게 말해 새로운 '백만장자'인 전체 대공업의 소유자이고 착취자, 즉 금융 자본주의적 과두제 집단이다.[31]

이러한 생각은 부하린에게 모순인 것 같았다. 그것은 실제로 '진부한 거짓말'이다. 만일 다른 한편으로 볼셰비키가 새로운 지배 계급이 아니라면, 그리고 카우츠키가 쓴 '계급'에 대한 개념이 그저 비유적일 뿐이라면, 이것은 무엇을 함축하는 것일까?

볼셰비키가 계급이 아니라면, 이것은 그들이 일부 계급의 이익을 대변한다는 것을 뜻한다. 이러한 계급은 대지주(카우츠키가 인정하고 있듯이, 그들은 토지를 몰수당한 상태다)가 아니다. 이 계급은 또 자본가 계급도 아니다(카우츠키는 이것도 인정했다). 이 계급은 농민층도 아니고 인텔리겐치아(어쨌든 이들은 본래 계급이라고 불릴 수 없다)도 아니다. 그러면 무엇이 남는가? 프롤레타리아트.[32]

이렇게 카우츠키의 주장을 모호한 것으로 단순화함으로써, 부하린은 자신이 소거법을 통해 소련 관료제가 본질상 프롤레타리아적이었다는 정확한 증거를 제공했다고 여겼다. 그러나 그의 추론은 두 개의 전제를 숨긴 것이었다.

　1) 만일 볼셰비키가 새로운 지배 계급을 구성한다면, 그들은 반드시 부르주
아지이거나 또는 더 정확히 '금융 자본주의적 과두제'여야 하며, 그들이 다른
계급일 수 없다는 전제. 말하자면 그는 자본주의나 노동자 국가가 존재하며, 다
른 가능성은 존재하지 않는다고 가정했다.
　2) 만일 볼셰비키가 지배 계급을 이루지 않는다면, 그들은 필연적으로 특수
한 계급의 이해관계를 대표하는 집단이었다는 전제.

　이러한 두 개의 은폐된 가정은 나중에 소련에 대한 마르크스주의 논쟁
에서 다룰 것이다. 그렇다 하더라도, 부하린의 이론적 성과는 그가 이미
그 논쟁이 함축하는 것에 대해 대부분 충분히 생각했다는 것이었다.

2. 2. 레비, 룩셈부르크, 그리고 볼셰비키: 비판과 반비판

　1922년에 레비Paul Levi는 룩셈부르크가 쓴 팸플릿 《러시아 혁명The
Russian Revolution》을 펴냈다. 룩셈부르크는 1918년 가을에 그 팸플릿을 쓰
기 시작했지만, 독일 봉기가 일어나자 미처 그것을 끝마치지 못했다.[33]
이 팸플릿의 신뢰성은 꽤 많은 신화로 둘러싸였다. 그 가운데서도 특히
레비는 팸플릿의 서문에서 어떤 사람(즉, 요기헤스Leo Jogiches)이 초고를
불태우려고 시도했었다고 주장했다. 비록 이 진술을 입증할 증거가 없기
는 하지만, 룩셈부르크가 팸플릿을 쓴 뒤에 본질적인 점에서 자신의 견해
를 고쳤으며 그 대신 러시아 혁명을 다룬 온전한 책 한 권을 저술할 생각

이었다고 주장한 것으로 보아 요기헤스가 실제로 그 텍스트의 출판을 막으려 애썼던 것은 사실이다.

레비가 출판했던 판본은 미완성 원고로 정확한 것이 아닌 복사본을 바탕으로 삼은 것이었다. 초고는 1919년 1월 혼란스러운 시기에 안전한 곳으로 보내진 뒤 잊혔다. 그 초고는 몇 년 뒤에 비로소 다시 발견되었다. 1928년 바일Felix Weil은 레비의 판본에서 필요하다고 생각한 부분을 고친 뒤 다시 출판했다.[34] 레비가 편집했던 문서는 완전히 정확한 것은 아니었다. 그러나 나는 레비의 판본을 다룰 것이다. 왜냐하면 1922년과 1923년에 마르크스주의 논쟁에 영향을 미쳤던 것은 레비의 판본이기 때문이다.

레비

레비[35]는 팸플릿에 쓴 긴 서문에서 왜 룩셈부르크가 다 끝맺지도 못한 팸플릿을 출판하기로 했는지를 설명했다. 레비는 러시아 평의회 공화국 Russian Council Republic[36]이 시작은 좋았지만 급속히 그 성격을 바꾸었다고 지적했다. 1921년 2월 뒤 볼셰비키의 정책은 완전히 돌아섰다. 1918년에 공산주의 지도부는 자본주의를 제거하려고 애썼다. 그러나 3년 뒤에 그들은 자본주의를 부활하려고 애썼다. 농촌에서 토지 소유의 재분배는 농촌의 계급적 모순을 바꾸어 놓았다. 농민과 쿨라크kulak[37]라는 이전의 계급 구도 대신에, '중농층'이 크게grosso modo 떠올랐다.[38] 초기 단계에서 산업 노동자는 농업 부문의 낮은 계층에서 그들의 자연스러운 동맹을 찾아냈다. 그러나 이제 그들은 농촌에서 자신들에 대해 거의 친화력을 느끼지 않는, 상대적으로 부유한 농민이라는 폭넓은 계층에 맞닥뜨리게 되었다. 따라서 권력 균형은 프롤레타리아트에게 불리하게 바뀌었다.

카우츠키와 레닌 사이에 벌어진 논쟁에 따라, 레비는 카우츠키가 민주주의와 독재를 해석하는 데서 확실히 틀렸다고 말했다. 그러나 레비는 레닌의 견해도 마찬가지로 결코 정확한 것이 아니라고 했다. 왜냐하면 레닌이 정부의 형태를 대체로 국가의 형태라는 얼마간 외부로 드러나는 모습으로 축소했기 때문이다. 레비는 부르주아 국가의 규정에 한정해서는 레닌의 견해가 정확했다고 주장했다. 그러나 그는 '국가의 형태'와 '정부의 형태'를 구분하는 것이 프롤레타리아 국가에서 어떤 의미가 있지 않을까 의심했다.

부르주아 국가 형태에서 다양한 종류로 이루어진 정부 형태(공화국, 군주제, 의회주의)를 생각할 수 있는 것처럼, 이러한 [프롤레타리아] '국가 형태'에서도 '정부의' 다른 '형태'가 있을 수 있다. (우리에게 명확한 것으로 보이듯이) 레닌이 이러한 문제를 연구했고 그것에 답변했다. 이는 레닌이 프롤레타리아 국가 형태에서 정부의 다른 형태가 있을 수 있다는 것을 확언했던 여러 진술을 통해 나타났다.[39]

레비에 따르면, 레닌은 만일 대체한 정치체replacing polity 또는 노동 계급의 전위가 노동 계급의 **이름으로** 국가 권력을 실행한다면, 어떤 형태의 국가이든 그것은 프롤레타리아 국가라고 믿었다. 이러한 모호한 생각은 다음을 뜻할 것이다.

참다운 엄마처럼 전위는 소비에트 체제를 [창조하는 과정에서] 셔츠를 만들었고, 아이가 셔츠를 입을 수 있을 때까지, 참을성 있게 또는 참을성 없게 기다린다. 그렇게 할 수 없는 한 엄마는 엄마이고, 셔츠는 셔츠이며, 전위는 전위이고, 소비에트 체제는 소비에트 체제인 채로 있다.[40]

레비는 이러한 전위가 무엇을 대체하는 사상이 올바르다고 생각하지 않았다('대리주의적' 과오).[41] 그는 프롤레타리아트가 투쟁 속에서 단련하고 자신의 미래를 쟁취해야 한다고 생각했다.[42] 볼셰비키는 재앙과 같은 정책으로 1917년 뒤에 자신의 계급적 토대를 잃어버렸고, 러시아 사회에서 고립을 자처했다. 볼셰비키의 조직적 힘만이 여전히 그들을 나아가게 했다. 새로운 계급적 토대를 찾으면서, 볼셰비키는 농민을 선택했다.[43] 이러한 방식으로 정치적 내용의 본질적 전환은 '프롤레타리아' 국가 형태라는 겉옷을 걸친 채 일어났다. 달리 말하면, 정부 형태의 변화를 통해 국가 기구의 본질이 또 바뀌었다. "'프롤레타리아 독재'의 어떤 것이 살아남았는가? 아무것도 없다. 객관적인 계기도, 주체적인 계기도 없다."[44]

레비가 제기했던 노동자 국가가 어떤 특수한 정부 형태(협의회 민주주의conciliar democracy) 또는 여러 다른 정부 형태를 통해 규정될 수 있는지 아닌지는 중요한 문제다. 이 문제는 그 뒤 몇 년 동안 계속해서 논의된 주제였다.

룩셈부르크

룩셈부르크가 더 오래 살았더라면 그녀가 레비와 같은 결론을 내렸을지는 전혀 알 수 없다.[45] 그녀의 저술은 이와 관련해서 아무런 힌트도 주지 않는다. 즉, 그녀가 신경제 정책을 어떻게 평가했을지를 대답하기는 어렵다. 그런데도 그녀가 1917년과 1918년에 쓴 글에는 볼셰비키에 대한 비판적 연대의 태도가 있다. 그녀가 쓴 첫 논문은 아주 열광적이었다.[46] 비슷하게 러시아 혁명을 다룬 원고도 볼셰비키를 비판하는 것이 아니라 오히려 카우츠키를 비판하는 것으로 시작했다. 룩셈부르크는 경제적 후진성 때문에 러시아가 프롤레타리아 독재로 가기에 '무르익지' 않았다는 카우츠키의 해석에 반대했다. 그녀의 반대는 이론적 본질과 실천-정치적 본질 모두에 대한 것이었다. 이론적으로 카우츠키주의의 견해는 "사회주의 혁명은 민족 혁명이고, 말하자면 각각의 근대 국가에서 외부와의 관련 없이 일어났던 국내적인 사건이다."는 결론에 이를 것이다.[47] 실천적으로 이러한 접근은 러시아 사건에 대한 국제 노동자 운동, 특히 독일 노동 운동의 의무를 최소화하려는 경향을 내포한 것일 수 있다.

전쟁과 러시아 혁명이라는 사건이 입증했던 것은 러시아의 미성숙이 아니라, 독일 프롤레타리아트가 자신의 역사적 과업을 수행할 만큼 성숙하지 못했다는 것이다. 이것(독일 프롤레타리아트의 미성숙)을 충분히 밝히는 것이 러시아 혁명을 비판적으로 고찰하는 첫 과업이다.[48]

여기에서는 룩셈부르크가, 카우츠키에 대한 이러한 비판과 함께, 전통적인 마르크스주의적 단선주의unilinearism에서 한 발짝 거리를 두었다고 지적하는 것이 어쩌면 더 적절한 일일 것이다. 만일 독일 혁명과 러시아 혁명이 잇달아 일어났다면, 그녀의 견해에 비추어 볼 때 후진적인 러시아에 곧바로 프롤레타리아 독재가 들어설 수 있어야만 했다. 그러나 룩셈부르크는 또 이러한 입장에서 유념해야 할, 정반대의 현실에 따를 경우를 잘 알았다. 즉, 만일 러시아 혁명이 국제적으로 확산되지 않는다면, 볼셰비키의 실험은 불구가 된 사회-경제 구조를 낳게 할 것이다. 그 경우에 러시아에는 민주주의뿐만 아니라 사회주의도 있을 수 없을 것이다. 거기에는 그저 사회주의로 나아가려는 '힘없고, 왜곡된 계획'만이 있을 것이다.[49] 볼셰비키가 인식했던 상황은 아주 어려웠고, 실수를 저지를 가능성이 이루 헤아릴 수 없이 많았다. 그녀가 보기에 '무비판적 찬양'은 누구에게도 도움이 되지 않는다. 유일하게 책임 있는 태도는 근본적인 연대에 근거하여 비판하는 데 있었다.

룩셈부르크는 첫 번째로 볼셰비키의 농업 정책을 비판했다. 그녀가 느끼기에, 토지를 재분배하고 농민이 대토지를 분할하는 것은 위험한 조치였다. 이러한 정책을 통해 사회적 소유는 강화되지 않았고, 그 대신 사적 소유의 새로운 형식이 창조되었기 때문이었다. 상대적으로 진보적이었던 대농장 기업은 파괴되었고, 그 자리에 소규모의 원시적인 농장이 나타났다. 그것은 기술적으로 말하면 '파라오 시대의 기술적 수단'[50]으로 관리하는 것이었다. 토지 정책은 이러한 방식으로 농촌에 부르주아의 영향을 강화했고, 힘의 균형을 노동 계급에 불리하게 바꾸어 놓았다. 엄청나게 증가한 재산을 소유한 새로운 농민 계급은 그들이 새롭게 얻은 재산을 죽기 살기로 방어할 것이고, 따라서 농업의 사회화를 심각하게 막을 것이다. 즉, "레닌주의적 농업 개혁은 농촌에서 사회주의에 적대적인 대중으로 이루어진 새롭고 강력한 계층을 창조했다. 그러한 적의 저항은 귀족적 대토지 소유자의 저항보다 훨씬 더 위험하고 완강할 것이다."[51]

둘째, 룩셈부르크는 소수 민족 문제를 비판했다. 그 문제는 오랫동안 레닌과, 더 나아가 폴란드 사회 민주주의자와 러시아 사회 민주주의자 사이에서 정치적 갈등의 밑바탕이었다. 룩셈부르크는 끊임없이 민족 자결권 요구에 반대하는 선동을 했다. 그런 태도는 만일 노동자에게 조국이 없다면(《공산주의자 선언the Communist Manifesto》에서 선언했듯이), 민족 문제도 존재하지 않는다는 생각에서 나온 것이다. 한때 룩셈부르크는 '노동자의 조국'이 사회주의 인터내셔널이라고 썼다.[52] 이러한 일반적인 접근을 마음에 두고, 룩셈부르크는 볼셰비키의 정책이 새로운 국가를 무너뜨릴 수도 있다는 우려를 드러내었다. 소수 민족이 잇달아 독립하자마자,

그들은 자신이 얻은 새로운 자유를 독일 제국주의와 연관을 맺고 반혁명을 조장하는 데 쓸 것이다.[53]

볼셰비키는 그들의 토지 정책과 소수 민족 정책을 통해 그들 자신의 나라에서 스스로 강력한 적대자를 창조했다. 이 때문에 룩셈부르크는 그녀가 비판한 본질, 즉 독재와 민주주의의 문제로 나아갔다. 그녀는 제헌 의회의 해산(1917년 11월)을 받아들일 수 없었다. 트로츠키는 제헌 의회 같은 제도가 큰 역할을 할 수 있는데, 그렇게 되자마자 또는 어떤 제도가 더는 사회적 삶의 일부분을 반영하지 않게 되자마자 그 제도는 폐지되어야 한다는 것을 이론화했다. 룩셈부르크는 선출된 자와 투표권자 사이에 끊임없는 상호 작용이 어떤 식으로 일어났는지를 역사적 경험이 보여준 적이 있다는 주장에 반대했다. '대중적 분위기의 생생한 흐름'은 끊임없이 대표 기관으로 흘러들어 그것을 뒤덮으며 지도했다.

그 뜨거운 열기로 섬세하고 활기 넘치며 민감한 정치 분위기를 창출하는 것이 바로 혁명이다. 이 정치 분위기 아래에서 대중적 감정의 물결, 대중적 삶의 약동이 우선은 가장 멋진 방식으로 대표 기구에서 작동하게 될 것이다.[54]

물론 제헌 의회가 가장 이상적인 제도는 아니었다. 그러나 레닌과 트로츠키의 대안은 훨씬 덜 이상적이었다. 그것은 민주주의 그 자체를 파괴했고, 따라서 대중의 정치 생활을 파괴했다.

이러한 관점에서 룩셈부르크는 볼셰비키가 노동으로 자신의 삶을 영위하는 사람들에게만 투표권을 주려는 조치를 비판했다. 룩셈부르크는 프티 부르주아지와 노동 계급의 폭넓은 계층이 그저 고용 기회를 잡지 못하여 피구호민으로 떨어졌다는 이유로 정치적 권리를 박탈당하는 '아주 이해할 수 없는 조치'[55]를 비판했다. 더 일반적으로, 룩셈부르크는 추상적 원리로서가 아니라 정치적 교육 과정에 없어서는 안 될 전제 조건으로서 민주주의를 가장 폭넓게 확장할 필요가 있다고 주장했다. 이러한 맥락에서 그녀는 자유에 대한 잘 알려진 테제를 제출했다.

오직 정부의 지지자만을 위한, 한 당의 당원만을 위한 자유는 그들이 아무리 많다고 하더라도 전혀 자유가 아니다. 자유는 언제나 그리고 오로지 다르게 생각하는 사람들을 위한 자유다. '정의'에 대한 광신적인 개념 때문이 아니라, 교훈적이고 건전하며 정치적 자유 속에서 사람을 정화하는 모든 것이 이러한 본질적인 특성에 의존하기 때문에, 자유의 유효성은 자유가 특권이 될 때 사라져 버린다.[56]

룩셈부르크에 따르면, 민주주의를 폐지하는 것은 공적 생활을 완전히 경직화할 것이다. 관료제는 훨씬 더 강력해질 것이고, 대중 운동의 동력은 사라질 것이다. 미래를 전망하는 한 구절에서 그녀는 앞날에 대한 불길한 시나리오를 스케치했다.

지칠 줄 모르는 정력과 무한한 이상주의를 갖춘 몇십 명의 당 지도자들이 지도하고 지배한다. 그들 가운데서, 실제로는 그저 열 명 남짓한 빼어난 두뇌들이 지도하고 노동 계급의 엘리트가 이따금 회의에 초청받는다. 그 회의에서 노동 계급의 엘리트는 지도자의 연설에 갈채를 보내고 제안된 결의안을 만장일치로 승인하는데, 그렇다면 이는 사실은 자기들끼리 다 해먹는 일이고 분명히 독재이지만, 프롤레타리아의 독재가 아니라 단지 한줌밖에 안 되는 정상배들의 독재, 즉 부르주아적 의미에서, 자코뱅파의 지배라는 의미에서 독재일 뿐이다. [······] 그렇다. 우리는 더욱더 나아가서 그런 상황은 불가피하게 공공 생활의 잔인화, 즉 암살이나 인질의 총살 따위를 일으킬 것이 틀림없다고 말할 수 있다.[57]

그러나 룩셈부르크의 논의를 전체적으로 세밀하게 살펴보면, 정확한 함의가 무엇인지는 여전히 명확하지 않다. 한편으로 그녀는 지방에서, 그리고 독립을 얻은 나라들에서 부르주아 세력의 강화가 볼셰비키 지배를 전복할 목적으로 부르주아 반혁명을 일으킬 위험을 시사했다. 다른 한편으로, 그녀는 또 볼셰비키 체제가 부르주아 독재로 타락할 가능성을 예상했다. 그러나 후자의 전망은 모호하게 말했을 뿐이었다. 그녀가 '부르주아적 의미에서 독재'에 대해 말했을 때, 그녀는 실제로 형식(즉, 다수에게 유리하게 결정하는 소수)을 뜻한 것이었는가, 아니면 부르주아 체제로 실질적인 사회적 전환을 뜻한 것이었는가?[58] 해석이야 어떠하든 룩셈부르크가 자본주의로 되돌아가는, 내생적이고 또 외생적이기도 한, 많은 요소 모두를 확인할 수 있다고 믿었던 것은 분명하다. 그런데도 그녀는 역사적으로 독특하고 보기 드문 사회 체제가 들어설 수 있다고 생각하지 않았다.

여러 가지 해석

룩셈부르크가 팸플릿을 쓰는 일을 포기하고 난 뒤에 애초의 비판을 계속 고수했는가, 아니면 견해를 바꾸었는가 하는 문제에 대해 많은 토론이 있었다. 1922년 바르스키Adolf Warski는 이른바 룩셈부르크가 1918년 11월 말 또는 12월 초에 보냈다고 한 편지를 떠올리며 다음과 같이 인용했다.

나는 당신의 조건과 유보를 모두 공유했다. 그러나 나는 가장 중요한 문제에서 그것들을 포기했다. 어느 점에서 나는 당신처럼 멀리 나아가지 않았다. [……] 확실히, 새롭게 창조되었던 농업관계는 러시아 혁명의 가장 위험한, 가장 훼손된 지점이다. 그러나 여기서도 역시 가장 위대한 혁명조차 발전을 통해 무르익은 것만을 성취할 수 있을 뿐이라는 진실이 적용된다. 이러한 훼손된 지점은 오직 유럽 혁명을 통해 치유할 수 있다. 그리고 그것은 곧 올 것이다![59]

체트킨Clara Zetkin도 룩셈부르크가 나중에 볼셰비키에 대한 견해를 바꾸었다고 주장했다.

그녀가 나에게 1918년 여름에 두 차례 편지를 쓰긴 했지만, 나는 메링Franz Mehring과 함께 볼셰비키 정치를 과학적으로 비판하는 태도를 견지한 채 작업하길 바랐다. 그녀는 그녀 자신이 계획했던 중요한 작품에 대해 말했지만, 이 문제에 대한 잇단 서신 교환에서 '풀렸다'고 말했다. 그 까닭은 누구에게도 명백했다. 독일 혁명이 일어나고 난 뒤 룩셈부르크의 태도는 잘 알려졌기 때문이다. 이러한 태도는 제헌 의회, 민주주의와 독재 따위와 같은 문제에 대한 견해로 특징지어졌다. 그것은 그녀가 볼셰비키 정책을 초기에 비판한 것과 모순된다. 룩셈부르크는 역사에 대한 달라진 평가를 이해했다.[60]

바디아Gilbert Badia는 룩셈부르크가 소수 민족 문제와 농업 문제에 대한 비판을 확실히 포기했다는 증거가 없다고 진술했다. 이는 옳은 것으로 보인다.[61] 암묵적으로, 체트킨은 룩셈부르크의 이른바 생각의 변화를 그저 제헌 의회 문제에 연결해 보기만 해도 같은 결론에 이르렀다. 그러나 룩셈부르크가 민주주의 문제를 다르게 생각하기 시작했던 것 같기도

하다. 독일 혁명의 영향 속에서, 의회의 중요성을 다루는 룩셈부르크의 태도가 분명히 바뀌었다. 그녀가 독일 공산당 창립 대회에서 국회에 승리한 '징표'를 주기 위해 선거 참여를 호소했다.[62] 그러나 잠시 뒤 그녀가 "모든 권력을 노동자와 병사 평의회로" 하고 말한 것은 이러한 태도 변화를 뒷받침했다. 원칙으로 볼 때 룩셈부르크에게는 이러한 태도 변화가 마땅히 중요하지 않다는 주장이 있다. 룩셈부르크는 독일에서 일어난 실질적 정치 발전에 그저 대응했고, 그에 따라서 전술에 대한 그녀의 견해를 조절했을 뿐이다. 레닌과의 진실한 화해는 전혀 그것의 일부분일 필요가 없었다.[63]

체트킨, 루카치, 그리고 카우츠키

서구의 볼셰비키 동조자는 룩셈부르크(또는 레비)가 했던 비판에 다르게 답변했다. 체트킨은 심지어 그 쟁점에 대해 《룩셈부르크의 러시아 혁명에 대한 태도Luxemburg's Position on the Russian Revolution》라는 제목의 책 한 권을 바쳤다. 그녀는 이 책에서 룩셈부르크의 책을 '남용했다'는 이유로 레비를 비난했다. 왜냐하면 이전에 말했듯이 체트킨은 룩셈부르크가 뒤에 부분적으로 자신의 견해를 고쳤으므로, 레비가 룩셈부르크의 원고를 부분적으로 잘못 해석했다고 추정했기 때문이다.[64]

체트킨은 레비와 룩셈부르크가 상세하게 제출했던 여러 주장을 검토했다. 그녀가 한 주장의 뼈대는 비방당하는 볼셰비키의 정책은 불가피했다는 것뿐이었다.[65] 볼셰비키 노선에 동의한 그녀는 또 제헌 의회 해산과 "혁명적 프롤레타리아 민주주의가 위험에 빠지는 것"을 막으려는 목적을 지닌 다른 조치를 옹호했다.[66] 말할 필요도 없이 체트킨은 확실히 젊은 소비에트 공화국이 이미 타락했고, 노동 계급에게서 고립되고 노동 계급

위에 군림하던 당 기구가 독재 정권을 실행한다는 레비의 테제를 거부했다. 틀림없이 체트킨은 할 수 없이 당의 사회적 고립을 인정해야만 했지만, 그녀는 그것을 일시적으로 의미가 있는 정치 또는 국면의 문제라고 여겼다. 그녀는 유추를 통해 추론함으로써 자신의 견해를 명료하게 했다. "볼셰비키의 정책은 모험적이었고, 너무도 갑자기 자신의 목표를 향해 돌격한 것이어서 프롤레타리아 전위군의 엘리트만이 군말 없이 전적으로 볼셰비키의 정책에 따랐다." [67] 당과 노동 대중 사이의 소통 수단으로서 노동조합을 이용함으로써 정치적 유대는 복원될 것이다.[68] 소비에트 조직도 중요한 역할을 할 것이다. 소비에트 조직은 떠오르는 운동, 즉 사회의 진보적 민주화의 시작일 뿐이었다.[69]

체트킨이 사항 별로 조목조목 반박하려고 노력했지만, 루카치György Lukács는 같은 해에 룩셈부르크의 **방법**을 비판하는 책을 쓰려고 애썼다. 루카치는 룩셈부르크가 쓴 초기 저작(그것은 레닌과 그녀 사이의 차이를 명확히 해주었다)과 나중에 쓴 10월 혁명에 대한 팸플릿 사이에는 직접적인 연관이 있다고 주장했다.[70] 그는 룩셈부르크를 혁명의 문제에 대해 '유기적' 접근을 했다는 이유로 비난했다. 그의 견해에 따르면, '변증법적으로 혁명적인' 접근이 필요했다는 것이다. 루카치는 룩셈부르크가 '유기적' 접근으로 부르주아 혁명의 모델에 따라 프롤레타리아 혁명을 이론화했다고 여겼다.[71] 그는 룩셈부르크가 부르주아 혁명과 프롤레타리아 혁명이 질적으로 다르다는 것을 깨닫지 못했다고 주장했다. 자본주의가 이미 봉건 제도 안에서 발생하여 사회적 그리고 경제적 혼란을 초래했다는 점, 그때에는 혁명이 경제 영역에서 이미 점진적으로 일어났던 대규모 변화를 사회가 정치적·법적으로 조정한 것일 뿐이었다는 점이 부르주아 혁명의 특징이었다. 그것은 왜 부르주아 혁명을 상대적으로 '유기적으로' 그리고 ("그런 멋진 돌진으로써 앞으로 몰아치면서")[72] 급속하게 완성했는지에 대한 이유였다. 그러나 프롤레타리아 혁명은 전혀 다른 특성이 있었다. 사회주의 경제는 프롤레타리아트가 권력을 잡은 뒤에 건설될 수 있을 뿐이다. 그것은 왜 프롤레타리아 혁명이 부르주아 혁명보다 훨씬 더 급속하고 광범위한지를, 그리고 "단숨에"[73] 완성하는 것이 아니라 그와 반대로 오랜 고통스러운 과정을 거치는지를 설명해 주었다. 이러한 과정은 의식적으로 발전했고, 혁명적 전위당은 그것에서 중요한 역할을 했다. 아주 중요했던 것은 다음과 같은 책무였다.

국가 권력을 온갖 수단을 다해서 또 어떤 상황 밑에서도 프롤레타리아트의 손아귀에 확보하는 것이 필요하다. 승리한 프롤레타리아트는 경제적으로나 이데올로기적으로 자신의 정책을 미리 교조적으로 확정지어서는 안 된다. 프롤레타리아트는 계급 구성의 변화에 따라, 노동자의 특정 그룹을 (프롤레타리아) 독재의 편에 서게 하든가, 아니면 적어도 그들이 계속해서 중립을 지키게 할 가능성과 필요성의 정도에 따라 자신의 경제정책(사회화, 영업 허가 등)을 자유롭게 운용해야만 한다. 비슷하게 자유라는 아주 복잡한 쟁점에서도 고정된 사고방식을 가져서는 안 된다. [……] 자유는 그 자체로서(사회화와 마찬가지로) 어떤 가치를 나타내어서는 안 된다. 자유는 프롤레타리아의 지배에 이바지해야 하지만, 그 반대는 아니다.[74]

이러한 총체적-방법론적 반비판에 의지하여, 루카치는 룩셈부르크의 볼셰비키 정책에 대한 모든 반대가 잘못되었다고 결론지었다. 체트킨처럼 루카치는 볼셰비키가 했던 것 말고는 달리 행동할 길이 있을 수 없었다고 여겼다. 룩셈부르크는 이것을 인정하지 않았다. 왜냐하면 그녀는 프롤레타리아 혁명의 과정을 지나치게 단순화해서 생각했고, 따라서 발전의 유기적 특성을 과대평가했기 때문이다. "그녀는 끊임없이 순간의 긴급성에 혁명의 미래 단계 원칙을 대비했다."[75]

룩셈부르크가 쓴 팸플릿을 본 카우츠키의 반응은 체트킨과 루카치가 보인 반응과는 아주 비슷하나 대칭적이었다는 것이 주목할 만하다. 마지막에 말한 마르크스주의자(체트킨과 루카치)처럼, 카우츠키는 볼셰비키가 여러 점에서 다르게 행동할 수 없었다는 견해를 가졌다. 따라서 그는 토지의 재분배에 대해 다음과 같이 지적했다.

틀림없이 이것은 러시아에서 사회주의의 진보에 커다란 방해물을 만들어 냈다. 그러나 이러한 사건의 진행을 막을 수 없었으며, 이런 식으로 진행되는 것을 막았다 하더라도, 토지의 재분배는 기껏해야 볼셰비키가 실현했던 것보다 좀 더 합리적인 방식으로 일어날 수 있었을 뿐일 것이다. 아무튼 그것은 러시아가 본질적으로 부르주아 혁명의 단계에 있다는 것을 나타낸다.[76]

비슷하게 민족 정책과 관련해서 카우츠키는 룩셈부르크에 동의하지 않았다. 즉, 그에게 민족 독립은 민주주의의 본질적 구성 요소를 이루었다. 룩셈부르크에게 동의하는 대신에, 그는 볼셰비키가 외국인을 러시아의 멍에 밑으로 억지로 떠밀면서 자결권을 충분히 실현하지 않았다는 이유로 볼셰비키를 비난했다.[77]

이와는 대조적으로 카우츠키는 룩셈부르크가 열정적으로 민주주의를 옹호한 것에 훨씬 더 긍정적이었다. 비록 그는 룩셈부르크가 볼셰비즘과 민주주의가 양립할 수 있다고 믿음으로써 환상에 빠졌다고 생각했는데도 그러하다. 카우츠키에 따르면 볼셰비즘은 영원히 민주주의의 치명적

적일 수 있다.[78]

　우리는 룩셈부르크가 비판한 세 가지 핵심과, 카우츠키 그리고 볼셰비키와 가까운 서구 마르크스주의 진영(체트킨, 루카치)이 룩셈부르크의 비판에 어떻게 반응했는지를 다음과 같은 도식을 통해 분명하게 요약할 수 있다.

서구 마르크스주의적 해석	룩셈부르크	체트킨, 루카치	카우츠키
토지 재분배	부정적: 부르주아적 요소를 강화한다.	긍정적: 그것은 필요한 양보다.	긍정적: 그것은 혁명의 성격을 보여 준다.
민족 자결권	부정적: 부르주아적 요소를 강화한다.	긍정적: 그것은 사회주의 정책에 필요한 요소다.	긍정적: 그것은 민주주의적이지만, 볼셰비즘은 민족 자결권을 일관되게 실행하지 못했다.
제헌 의회 폐지, 투표권 제한 등등	부정적: 볼셰비즘은 고립된 독재가 될 것 같다.	긍정적: 프롤레타리아 민주주의가 방어되어야 한다.	부정적: 볼셰비즘은 독재 정권으로 변했다.

　만일 우리가 지금 이 도식에서 서로 다른 입장을 비교해 본다면, 룩셈부르크가 보인 입장이 특수하다는 것은 명백하다. 왜냐하면 볼셰비키 정책의 방어자로서 체트킨과 루카치는 오직 이러한 방식으로 '프롤레타리아 국가 권력'이 유지될 수 있다고 믿으면서 볼셰비키가 내린 모든 조치를 승인했지만, 카우츠키는 볼셰비즘이란 실패로 끝날 프로젝트인 러시아 혁명의 부르주아적 성격을 부정하려는 독재적 시도로 여겼다. 체트킨과 루카치, 카우츠키 모두는 토지 재분배 등과 같은 정책이 불가피했다고 추정했다. 그러나 정확히 이러한 전제는 룩셈부르크에게 받아들여지지 **않았다.** 다소 주의주의적 관점으로 그녀는 자기의 이론에서 고도로 발전한 자본주의 국가에서 일어날 프롤레타리아 혁명에 대해 추론한 것을 러시아 혁명에 요구했다. 볼셰비즘과 일반 민주주의(모든 사람에게 선거권

부여 따위)는 그녀의 견해에 비추어 보면 양립할 수 없었다. 이것이 루카치가 룩셈부르크를 비판했던 '유기적' 접근이었다. 그런 접근 방식 때문에 그녀는 상황에 따른 '미완성의' 본질을 강조했던 방법으로 10월 혁명이 만들어 냈던 사회관계를 특징짓게 되었다. 즉, 사회주의적 관계로 나아가는 길, 자본주의의 복원으로 퇴각하는 길 모두가 있을 수 있었다.

이런 방식이기는 하지만, 그녀는 한편으로 위의 도식에 쉽게 들어맞지 않을 수도 있는 과정이 혁명 러시아에서 일어났다는 점, 다른 한편으로 그녀의 사상이 단선주의라는 이론적 틀 안에 있었다는 점을 인정했다.

2. 3. 좌익 공산주의자의 비판

호르터르, 판네쿡, 륄레

처음에, 그리고 앞으로 '좌익 공산주의자'가 될 호르터르, 판네쿡, 륄레는 러시아에서 일어난 사건을 가장 열광적으로 지지한 사람들이었다. 그러나 룩셈부르크처럼 그들은 곧바로 유보 조건을 달았다. 보기를 들면 호르터르Herman Gorter는[79] 1918년에 쓴 《세계 혁명The World Revolution》이라는 팸플릿을 "프롤레타리아의 다른 지도자보다 훨씬 출세했던" 혁명가이자 "마르크스와 유일하게 동급으로 취급된"[80] 레닌에게 바쳤다. 호르터르가 특별히 러시아 혁명에서 칭송했던 것은 두 가지였다. 즉, 그것의 '최대강령주의maximalism'[81]와 노동자 평의회였다. 그러나 그는 서유럽과 러시아의 상황 사이에 있는 네 개의 근본적인 차이를 말하기도 했다.

1) 서유럽에서 노동자 계급은 아주 규모가 컸지만, 러시아에서 노동자 계급

은 규모가 작았다.

2) 가난하고 토지를 소유하지 못한 농민은 예외적으로 러시아에서 많은 수를 차지했다. 그들의 혁명적 행위는 교회와 귀족과 국가의 대토지 소유에 맞선 저항에서 나왔다. 그와 달리, 서유럽에서 농민은 주로 중간 규모와 소규모 기업농에 바탕을 두었고 혁명적 잠재력을 보여주지 못했다.

3) 혁명적 국가 기구(정부와 관료제)는 러시아에서 '부패했고' 서유럽에서는 강했다.

4) 동유럽에서 고용자 계급은 약했지만, 서유럽에서 고용자 계급은 강했다.

종합해 보면, 이러한 요소는 러시아 노동 계급이 "수적인 동맹인 가난한 농민과 함께" "허약한 자본주의"에 맞닥트렸지만, 서유럽의 프롤레타리아트는 "홀로" "매우 강한 자본주의"에 직면했다는 것을 뜻했다.[82] 호르터르는 이것에서 두 가지 결론을 이끌어냈다. 한편으로 서유럽에서 혁명이 승리하는 것은 러시아보다 훨씬 더 어려울 것이다. 그러나 다른 한편으로 혁명이 일어난 뒤에 사회주의를 건설하는 것은 서유럽에서 훨씬 쉬울 것이다.

서유럽에서 노동 계급은 러시아보다 사회주의를 세울 수 있는 훨씬 더 튼튼한 토대를 찾을 수 있다. 왜냐하면 첫째, 이미 전쟁 이전에 (특히 영국과 독일에서) 있었던 은행, 대공업의 주요 부문, 수송과 무역이 사회주의 사회를 위해 성숙해 있었기 때문이고, 둘째, 전쟁 동안 제국주의가 서유럽과 미국에서 생산과 분배를 완전히 조직화하고 중앙집권화해 놓았기 때문이다. 그리고 이러한 체제는 기술적으로 매우 강력하며, 직접적으로 사회주의 제도를 위한 토대로서 프롤레타리아트가 접수할 수 있다. 이러한 체제는 러시아에는 없거나 매우 불충분했다. 러시아 사회는 전쟁 이전에 사회주의를 위해 무르익지 않았으며, 그 체제는 전쟁 동안 약해졌다. 그러나 서유럽 사회는 이미 전쟁 이전에 사회주의를 위한 조건이 무르익었고, 전쟁 동안 생산과 분배의 조직화와 집중화를 강화했다.[83]

말이 난 김에, 여기서 호르터르가 지닌 다른 특징이었던 기계적인 직선적 사고방식과 달리, 그가 어떻게 러시아 혁명이 단계를 건너뛸 수 있게 하는지를 주목해 보자. 즉, 무엇보다도 러시아는 흔히 사회주의를 위한 조건이 "무르익지 않았다"고 이야기했다. 그러나 러시아는 어쨌든 사회주의를 건설했다. 호르터르가 곧 그의 주장에 담긴 이러한 모순을 제거한 것을 우리는 앞으로 보게 될 것이다.[84] 판네쿡[85]과 륄레도 러시아 사건에 대해 이처럼 대체로 긍정적인 평가를 했다.

코민테른 내부에서 일어난 '좌파'와 다른 공산주의자 사이의 갈등이 1919년과 1920년에 드세어졌을 때, 호르터르와 다른 사람이 러시아의 조건과 서유럽의 조건을 구별했던 것은 정치적-전술적 차이를 위한 중요한 토대가 되기 시작했다. 이런 맥락에서 판네쿡이 1920년에 쓴 팸플릿 《세계 혁명과 공산주의 전술World Revolution and Communist Tactics》을 말해야 한다. 호르터르가 특히 동과 서 사이의 정치 · 경제적 차이를 강조했다면, 판네쿡은 이데올로기 요소를 더욱 크게 강조했다. 판네쿡은, 그람시 Gramsci보다 먼저, 이데올로기가 부르주아지와 프롤레타리아트의 '숨겨진 힘'이었다고 주장했다. 특히 러시아와 달리 서유럽에서 프롤레타리아트의 사고에 미친 부르주아지의 영향은 매우 컸다.

영국, 프랑스, 네덜란드, 이탈리아, 독일, 스칸디나비아에서 강한 부르주아지가 중세 시대부터 프티 부르주아적이고 원시적인 자본주의 생산 방식을 통해 살아갔다. 봉건제가 패배했을 때, 마찬가지로 강력하고 독립적인 농부 계급이 태어났다. 그들은 또 그들 자신이 작은 경제의 주인이었다. 이러한 토대 위에서 부르주아적 정신생활은 민족 문화를 분명히 발전시켰다.[86]

　　러시아와 동유럽의 상황은 너무 달랐다. "거기에는 전통적으로 지적 생활을 지배했던 강한 부르주아 계급이 없었다." 그래서 서유럽에는 부르주아 전통이 프롤레타리아트에게 남아 있었지만, 동유럽의 대중은 덜 포위되었고 따라서 코뮤니즘을 더 잘 받아들이게 되었다.[87] 이러한 차이 때문에 혁명가가 대중의 정신을 정복하길 바란다면, 그들은 서유럽에서와는 아주 다른 전술을 펼쳐야만 한다는 결론이 나왔다. 서유럽에서는 프롤레타리아트가 신뢰하는 의회나 노동조합과 같은 부르주아 조직을 공격해야만 했다. 판네쿡은 1920년 제2차 코민테른 대회 직전에 쓴 팸플릿을 레닌의 팸플릿 《좌익 공산주의: 하나의 유치한 혼란Left-wing Communism: An Infantile Disorder》과 거의 같은 때에 출판했다. 시선을 끄는 것은 레닌이 그의 팸플릿에서 "횡설수설하고" "허튼소리"를 지껄이는 사람 가운데 한 명으로서 판네쿡(가명 호르네르K. Horner)을 언급했고,[88] '네덜란드 좌파'에 대해 짤막하게 이야기했지만, 그들(좌익 공산주의자)의 가장 중요한 주장, 즉 동유럽과 서유럽의 차이를 거의 말하지 않았다는 것이다. 이 모든 것은 좌익 공산주의자와 다른 조류 사이의 차이가 급속히 벌어졌다는 것을 암시했다.

　　레닌의 팸플릿은 좌익 공산주의자에게는 커다란 실망을 안겨 주었다. 이미 제2차 코민테른 대회 동안, 호르터르는 《레닌 동지에게 보내는 공개서한Open Letter to Comrade Lenin》을 썼다. 여기서 그는 이러한 실망을 드러냈다. 이 텍스트는 아직도 레닌에 대한 찬양의 태도를 내비치기는 했지만, 어떤 의미에서 보면 자신의 전작이라 할 수 있는《세계 혁명》과 비슷하게[89] 호르터르의 비판은 이제 모두에게 명백했다. 그는 그가 다시 레닌이 쓴 최근의 출판물에서 많은 것을 배웠다는 것, 자신에게서 '어린이 같은 질병'의 많은 싹을 잘라 버렸다고 언급하는 것으로 자신의 이야기를 시작했다. 그런데도 그는 레닌의 팸플릿에 나온 주된 주장이 부정확하다고 여겼다. 왜냐하면 그것이 단순히 동유럽과 서유럽의 조건을 같다고 보았기 때문이다. 결론적으로 그는 "좋지 않은 것은 당신 [즉, 레닌]이 쓴 첫 번째 책이다. 서유럽에서 그것은 최악의 가능성이다."고 판단했다.[90]

다른 측면에서 호르터르의 답변은 어떤 새로운 주장을 담지 않았다. 그것은 대부분 이미 판네쿡이 일찍이 구체화했던 사상을 되풀이한 것이었다. 이번에는 그들이 논문에 더욱 분명하게 표현했다. 호르터르는 동유럽과 서유럽을 명확하게 구별했다.

우리가 동유럽에서 서유럽으로 이동할 때, 어떤 점에서 우리는 경제적 국경을 지나간다. 그것은 발트 해에서 지중해로, 거의 단치히에서 베니스까지 이어진다. 이 선은 서로 두 세계를 분리한 것이다. 이 선의 서쪽은 공업, 상업, 금융 자본이 고도로 발전한 은행 자본으로 통합했고 이들이 절대적으로 지배한다. [……] 이 자본은 매우 고도로 조직되었고 세계의 가장 튼튼한 기초를 가진 국가의 정부라는 모습으로 나타난다. 이 선의 동쪽에서도 중앙 집중화한 공업, 상업, 수송과 은행 자본의 급속한 발전을 이루었지만, 견고하고 절대적인 지배와 그것의 결과, 즉 확고하게 기초가 선 근대 국가라는 초기 단계가 빠져 있다.[91]

이 말은 분할선의 동부와 서부가 왜 전혀 다른 전술이 있어야 하는지를 설명해 주었다.

호르터르와 판네쿡이 볼셰비키에게서 거리를 두었던 것과 거의 같은 시기에, 륄레Otto Rühle[92]는 러시아 공산주의자에 대한 긍정적인 존중의 마지막 태도마저 버렸다. 제2차 코민테른 대회에 독일 공산주의 노동자당(KAPD) 대표로 참가한 뒤 돌아오고 나서,[93] 륄레는 대담하게 몇몇 기사에서 진심에서 우러나오는 이야기를 하기 시작했다. 륄레에 따르면, 볼셰비키는 봉건제에서 사회주의로 직접 나아감으로써 하나의 역사 시기 전체를 건너뛰려고 애썼다. 이러한 시도는 실패했다. 왜냐하면 세계 혁명이 지연되었기 때문이다. 결과는 어땠는가? "경제적 토대 없는 정치적 사회주의. 이론적 구성물. 관료주의 정권. 휴지 조각인 포고문 모음집. 선동 문구. 그리고 소름 끼치는 실망."[94]

볼셰비키는 그들의 혁명이 지닌 부르주아적 특성에 완전히 맞아떨어졌던 초-중앙집권주의ultra-centralism를 만들어냈다.

중앙집권주의는 부르주아-자본주의 단계의 조직 원칙이다. 그것은 부르주아 국가와 자본주의 경제를 세우는 데 이바지한다. 그러나 그것이 프롤레타리아 국가와 사회주의 경제를 세우는 데 이바지하는 것은 아니다. 이것들은 평의회 체제를 요구한다.[95]

나중에 나온 출판물에서 륄레는 단선적인 도식을 이용하면서 그의 주장의 일부를 더욱 구체화하려고 애썼다. 그는 러시아 혁명이 사회적·프롤레타리아적 전복의 시작을 뜻했다고 믿었던 사람은 누구든지 역사적 분석에서 실수의 희생물이었다고 주장했다. 즉, "러시아 혁명은, 주어진 역사적 환경에서, 시작부터 오직 부르주아 혁명일 것이다. 그것은 차리즘을 깨끗이 제거해야 했고, 자본주의를 위한 길을 놓아야 했으며, 부르주아지가 정치권력을 잡는 데 도움을 주어야 했다."[96] 뢸레가 1924년에 이 글을 썼을 때, 호르터르와 판네쿡도 그 사이에 꼭 같은 견해에 다다랐다.[97]

코르쉬

독일 공산당에서, 소련에서 새로이 전개된 국면과 그들 자신 조직의 '볼셰비키화'에 반대하는 좌파와 반대 그룹이 거듭 나타났다.[98] 코르쉬Karl Korsch는 그러한 근심을 드러낸 사람 가운데 하나였다.[99] 1925년까지 그는 몇몇 작은 비판을 빼고 소련을 혁명의 유일한 성공적인 보기로 보았다.[100] 그러나 모스크바에서 (피셔Fischer, 마슬로프Maslow 등을 포함한) 독일 공산당KPD 지도부를 비판하고 새로운 지도부를 구성하라는 편지가 왔을 때, 코르쉬는 행동에 들어갔다. 1925년 9월 열린 프랑크푸르트 당 대회에서, 그는 소련 지도부를 '붉은 제국주의'라고 비난했다. 1926년 1월 그와 다른 이들은 엔트쉬데네 린케Entschiedene Linke 그룹[101]을 만들었다. 그들은 스스로 당을 개혁하는 임무를 맡았다. 1926년 3월, 그 그룹은 반대파 연보인 《공산주의 정치Kommunistische Politik》를 출판하기 시작했다. 한 달 뒤, 그 그룹의 정치 강령이 나왔다. 그 강령에서 코민테른이 혁명적 전망을 청산한 것으로 비난했다. 형제 러시아 당의 상층부를 기회주의가 장악했다고 주장하기도 했다.[102] 코르쉬는 국제적으로도 반대파를 형성하려고 시도했다. 이 목적을 위해, 그는 특히 보르디가Amadeo Bordiga와 소련 반대파 지도자인 사프로노프T.V. Sapronov와 계속 접촉했다.[103] 그러나 이러한 시도는 조직적 의미에서 확실한 결과를 만들지 못했다. 여기서 흥미 있는 것은 (1926년 4월 말에 그가 자신의 당원증을 잃게 되는) 반대 활동을

하면서도 코르쉬는 소비에트 공화국의 발전을 이론적으로 이해하려고
노력했다는 점이다.

1927년 10월에 쓴 중요한 에세이에서, 코르쉬는 '절름발이가 된 반혁
명creeping counter-revolution'에 대한 이론을 발전시켰다. 그는 혁명 뒤에 러
시아에서 두 개 그룹이 끊임없이 서로 적대했다고 주장했다. 한쪽에는 계
급 투쟁을 더는 추구하길 바라지 않거나 그것을 억제하려는 사람들(다른
누구보다 레닌)이 있었다. 다른 쪽에는 계속해서 계급 투쟁을 한층 더 밀
고 나가려는 사람들이 있었다. 첫째 조류는 주로 국가적 이유에서 판단했
다. 다른 쪽은 계급 이해에 따라 판단했다. 두 경향 사이의 갈등에서, 국가
주의자가 자주 승리를 거두었다. 이러한 승리의 증거는 다른 무엇보다도
브레스트리토프스크 조약, 노동자 반대파의 패배, 크론시타트 봉기의 탄
압, 그리고 트로츠키 반대파의 청산이었다. 그러한 부분적 패배가 축적되
어 끝내는 하나의 커다란 패배, 즉 새로운 자본주의 사회가 나타났다.

단순한, 추상적이고 비변증법적인 사상으로서는, 그것은 해결될 수 없는 모
순인 것 같다. 만일 우리가 붉은 10월을 프롤레타리아 혁명으로 찬미한다면,
그리고 동시에 그것의 역사적 결과를 생각해 본다면, 현대 소련은 새로운 자본
가 계급 국가다. [······] 그리고 이러한 모순을 해결하려고 대부분 사람은 기정
의 사실로서 끝없는 '프롤레타리아 독재의 몰락'과 '혁명적 노동자 국가의 부
르주아 계급 국가로의 전환'이 실행되는 특정한 날짜를 알아내기 위해 원죄의
기원(어떤 사람은 그것을 1917년 브레스트 평화에서 찾고, 다른 사람은 1921
년 네프로의 이행에서 찾을 것이며, 제3의 집단은 1924년에 '레닌이 죽은 뒤'
러시아 당의 타락에서 찾을 것이고, 제4의 집단은 네프에서 1925년 이래 신네
프로 이행에서 그것이 처음 나타났다고 여길 것이다, 등등)을 찾게 된다. 아주

능숙하게 정당성을 부여함으로써 스탈린주의자는 이것에 답변할 것이다. 즉, '타락'이나 이전의 경제, 정치와의 아주 명확한 단절 같은 것을 [……] 찾을 수 없을 것이라고.

실제로 코르쉬는 부르주아 반혁명이 프롤레타리아 혁명과 같은 때에 시작됐다고 주장했다. 특히 1921년 뒤부터, 즉 변화된 경제 환경에서 사회 계급 사이의 권력관계가 부르주아 집단에 유리하게 바뀌었을 때, 반혁명의 영향력은 급속히 자라났다. 따라서 10년 사이에, 자본주의는 느리게 그리고 거의 남모르게 복원되었다.[104] 이러한 똑같은 쇠퇴의 과정 동안, 레닌주의는 명백히 어떤 계급에도 속하지 않는 것으로, 본질에서는 부르주아적이고 반프롤레타리아적인 '국가 이데올로기'로 타락했다. 그로써 레닌주의는 아주 철저하게 프롤레타리아 계급과 단절해야만 했다.[105]

2. 4. 요약

1920년대 논쟁 동안, 단선주의는 철저히 서구 마르크스주의 사상을 지배했다. 모든 지도적인 참여자는 '봉건제→자본주의→사회주의'라는 피할 수 없는 역사적 연쇄가 일어날 것으로 가정했다. 그러나 카우츠키가 이러한 연쇄를 일국적 틀(각각의 개별 국가에서 다음 단계를 통해 대체되기 전에 각 단계는 '무르익어'야 했다)에서만 해석했다면, 다른 사람들은 발전된 자본주의 국가의 도움을 통해(룩셈부르크) 그리고/또는 적절한 국가 정책(체트킨, 루카치)을 통해 저발전 자본주의에서 사회주의를 건설할 수도 있다는 것을 받아들였다. 그 밖의 것에 대해서는, 모든 토론자가 차르 제국이 기껏해야 봉건 잔재를 지닌 덜 발전한 자본주의를 이루었다는 것에 동의했다. 그러나 '볼세비키의 실험'에 대한 해석에서 나온 결론에서는 뚜렷한 차이가 있었다.

1) 한 집단은 소비에트 러시아에서 사회주의를 위한 시기가 무르익지 않았다고 여겼다. 덜 발전한 자본주의가 먼저 '성숙해'야만 했다. 이런 전망에서, 두 가지 주장을 옹호했다.

① 10월 혁명은 나라를 역사적 법칙에서 구원하려 하는 미리 운명 지워진 주의주의적 시도였다. 이러한 노력에서 나타난 잡종 사회 구성체는 짧은 시기 안에 무너질 것이다(카우츠키).

② 10월 혁명은, 볼세비키에게 다른 주체적 의도가 있었을지라도, 만개한 자본주의로 나아가는 발전을 위해 길을 놓은 부르주아적 전복일 뿐이었다(호르터르, 판네쿡, 륄레).

2) 다른 집단은 10월 혁명이 순수한 프롤레타리아 혁명이었고, 후진적인 러시아에서도 사회주의 건설이 일정한 조건에서 가능했다고 믿었다.

① 사회주의 건설은 매우 불확실한 과정이었다. 자본주의로 퇴각할 가능성은 실제로 있었다(룩셈부르크).

② 최초의 사회주의 사회proto-socialist society로의 이행은 정치적으로 실패했다. '절름발이가 된 반혁명'을 통해 자본주의가 복원되었다(코르쉬).

③ 최초의 사회주의 사회는 이미 중요한 규모로 강화되었다(체트킨, 루카치).

사실, 단선적 도식화가 논리적으로 허용했던 모든 다양한 순열을 이제 서구 마르크스주의 이론가 사이에서 구체화했다. 하나의 예외가 있기는 하다. 즉, 그들 가운데 그 누구도 ('절름발이가 된' 반혁명과 다른 것으로서) 폭력적인 반혁명이 일어났다는 테제를 방어하지 않았던 것이다.

3장

스탈린의 '대도약'에서 '대조국전쟁'까지

(1929~1941년)

사람들은 뒤늦게 깨달았지만, 역사적 불가피성을 가정하지 않는다면, 1917년 시작했고 1939년쯤 완성되었던 국가 건설 과정에서 신경제정책의 시기는 상대적으로 평온한 막간극이었다고 말할 수 있다. '위로부터' 사회 혁명은 1920년대 말에 시작했다. 이는 국가 건설 과정의 둘째 단계를 특징지었다. 이 단계에서 실시했던 정책은 역사적으로 보기 드문 규모와 냉혹함을 특징으로 했다.

그 뒤 소련은 철저하게 바뀌었다. 1927~1930년에 세 개의 비슷한 구조적 전환이 일어났다. 첫째, 정권은 확실히 그 자체를 공고화하는 데 성공했다. 내부적으로, 즉 당 안에서 트로츠키와 부하린을 둘러싼 정치적 반대파를 제거했다. 그뿐 아니라 중앙의 정치 기구가 굳게 다져졌다. 그와 함께 정권은 외부적으로 사회생활의 점점 더 많은 부문으로 힘을 뻗쳤다. 특히 네프 동안에 심각하게 규제를 받았지만 그래도 비교적 자율성을 지녔던 노동조합은 완전히 당 기관이 되었다. 둘째, 엄청난 긴장이 1927년에 농업 부문에서 생겼다. 그 긴장은 특히 농산물과 공산품의 상대적인 가격 차이를 유발하는 '협상 가격 위기'에서 비롯했다. 그 때문에 곡물 시장이 제대로 작동하지 못했다. 새로운 정권은 신속히 난국에 대처했다. 농업 부문은 테러적 방법을 이용하여 집단화되었다. 그 과정에서 쿨라크에 대한 폭력적인 청산과 그 결과로 일어난 기근 때문에 많은 사람이 죽었다. 셋째, 1929년 4월에 결정했던 제1차 5개년계획이 도입되자(제1차 5개년계획은 실제로 1928년 10월에 시작했던 것으로 생각한다), 강제된 근대화 계획이 더욱 촉진되었다. 당국은 이러한 계획이 전체로서 사회에 어떤 영향을 미치는지를 돌아보지 않고 중공업(특히 금속 공업, 기계와 에너지 공급)을 크게 육성했다.

경제 영역에서 시장 제도는 '대약진정책(노브Alec Nove의 말)'에 따라 강제로 축소했고, '계획'과 '집단' 등으로 대체했다. 정치 영역에서 민주주의와 다원주의의 잔재를 대부분 제거하는 중앙집권화를 실행했다. 리그비T.R. Rigby가 말했듯이, "단일-조직 사회mono-organizational society"가 나타났다.

전시에 최고 사령부가 특정한 전쟁 무대에서 작동하는 수많은 편대, 지소branches, 군무services를 감독하고 조정했던 것처럼, 다양한 사회적 하위 체제에서 작동하는 갖가지 개별 조직은 조직적으로, 즉 상위의 명령 구조super-ordinated structures of command를 통해 전면적으로 통합했다.[1]

그렇게 이루어진 사회 안에서, 위대한 지도자의 권력은 여전히 도전받지 않았다. 1934년에 스탈린의 경쟁자인 키로프Sergei Kirov가 살해되고 나서 벌어진 대숙청Great Purge은 국가 형성 과정을 완결 지었다. 대규모 테러가 미친 영향은 두 가지로 서로 연결되어 있었다. 지도적인 엘리트의 사회적 구성이 바뀌었다. 차르 시대부터 활동했던 구 볼셰비키뿐만 아니라, 1917년에 일어난 운동에 가담했거나 또는 조금 뒤 스탈린의 혁명에 적극적으로 이바지했던 사람도 살해당했다. 그들을 대체한 새로운 관리자는 어떤 의미에서 역사가 없고 그저 기술 관료적인 세계관을 지닌 사람들이었다. 그와 함께 스탈린 개인 독재가 확고하게 세워졌다. 이러한 변화와 함께, 1920년대 말에 이미 나타난 강제노동 집단(노예)이 폭발적으로 늘어났다. 아울러 '보통' 노동자에 대한 탄압도 크게 늘었고(노동수첩 도입, 결근에 대한 엄청난 벌금 부과, 일방적으로 연간 고용 계약을 맺을 권리 폐지 등), 전통적 가족 정책을 도입했으며(낙태 금지, 가족을 사회의 중추로 선언), 예술과 과학과 철학은 완전히 공식 정치에 종속되었다.

따라서 10년 남짓한 사이에 소련은 근본적으로 바뀌었다. 비판적 마르크스주의자는 마땅히 이러한 변화를 재빨리 인식했고 저마다 결론을 내렸다. 물론 이러한 결론은 소련 밖에서 일어난 발전에 대한 그들의 관찰에서도 영향을 받았다.

대공황은 1930년대에 일어난 모든 것을 무색하게 했다. 서구의 많은 사람은 그들 나라에서 겪었던 경제적 어려움과 소련에서 일어난 급속한 근대화 조류 사이의 명확한 대비, 부분적으로는 환상 때문에 러시아에 대한 비판을 자제했다. 1931년에 카우츠키는 이와 관련해서 다음과 같이 지적했다.

지난해에 경제 위기는 광기의 수준에 이르렀다. 그 결과로 우리 가운데 많은 사람은 자본주의가 이미 무너지는 중이라고 생각한다. 이와 일치하는 것은 제1차 5개년계획을 추진하던 소비에트 러시아를 선전하는 광고가 늘어났다는 것이다. [……] 사람은 자신이 바라는 것은 쉽게 믿게 되는 법이다. 그런 방식으로 시대가 겪는 끔찍한 긴급 상황에서 미래의 교회가 건설될 견고한 기초를 러시아에서 찾으려는 욕구가 생겨난다.[2]

이러한 유혹이 강했다면, 이전에 소련을 비판했던 사람이 자신의 견해를 변명하는 일도 가끔 일어났다. 이런 경향의 뚜렷한 보기는 오스트로-마르크스주의의 가장 중요한 이론가인 바우어Otto Bauer였다. 그는 처음에 카우츠키에 가까운 견해를 가졌다.[3] 그러나 1930년대에 바우어는 자신의 견해를 수정했다. 그는 1936년에 쓴 책 《양차 대전 사이에?Between Two World Wars?》에서 "거대한 공업화와 집단화 과정이 초래한 희생이 끔찍했던 것처럼, 그것이 가져온 결과도 도취적이다."[4]고 선언하면서 스탈린주의를 역사적 필연으로 옹호했다.

둘째로, 1933년에 히틀러Hitler가 쿠데타를 일으킨 뒤, 국가 사회주의와 스탈린주의 정권 사이에 공통적인 특징이 많다는 것이 드러났다(보기를 들면, 일당 체제, 경제적 '계획', 테러적 방식). 그에 더해, 때때로 두 체제가 정책 수준에서 서로 영향을 주었던 것처럼 보였다.[5] 몰로토프-리벤트로프 조약Molotove-Ribbentrop Pact[6]은 이러한 느낌을 강화해 주었다. 그런 관찰은 몇몇 비판자에게 두 사회 모두에 존재하는 동질적인 본질을 추정하도록 동기를 부여했다. 잘 알려졌듯이, 비마르크스주의자는 그런 유혹에 빠졌고, 바로 그때 전체주의라는 앞으로 나올 이론을 위한 이론적 토대가 놓였다.[7] 1939년에 평의회 공산주의자가 쓴 글에 나온 인용문은 이때 사상의 흐름을 요약해 준다.

러시아는 새로운 전체주의 국가 가운데 첫째로 자리매김해야 한다. […] 전체주의 국가의 모든 특징을 채택함으로써, 러시아는 민주적 국가 체제를 강제로 없애고 독재적 통치로 바꾸어 버렸던 다른 나라의 모델이 되었다. 러시아는 파시즘의 본보기였다.

여기에는 어떤 우연도 끼어들지 않았고, 또 역사의 나쁜 농담도 끼어들지 않았다. 여기서 체제의 복제는 분명하지만 실질적이다. 모든 것은 우리가 역사적이고 정치적인 발전의 다른 수준에 적용했던 동질적인 원칙의 표현과 결과를 여기에서 다루어야 한다는 사실을 가리킨다. 당에 속한 '공산주의자'가 그것을 좋아하든 아니면 싫어하든, 사실은 러시아에서 국가 상황과 통치 방식이 이탈리아와 독일의 그것과 차이가 없다는 것이다. 본질적으로 그들은 똑같다. 우리는 붉은, 검은, 또는 갈색 파시즘뿐만 아니라 붉은, 검은, 또는 갈색 '소비에트 국가'를 말할 수도 있다.[8]

그 뒤 여러 사람이 비슷한 생각을 거듭 말했다. 이 점은 다음 장에서 토론할 것이다.

1929년부터 계기를 얻은 소비에트 사회의 구조적 전환이, 바우어가 했던 것처럼, 마르크스주의 비평가에게 소련을 사회주의 변종의 하나로 바라보도록 부추기지 않는 한에는, 이제 더는 간단하게 '자본주의'라는 딱지를 쓸 수 없다는 통찰이 나타나기 시작했다. 어쨌든 비판 이론은 스탈린 지배 밑에서 완전히 새로운 어떤 것이 나타났다는 사실을 드러내야만 했다. 전능한 관료 엘리트에 관한 한, 좌익 공산주의자 라코프스키 Christian Rakovsky는 그것을 '새로운 사회적 범주'로 묘사했다. 그 범주는 전혀 다른 새로운 분석을 요구했다.[9]

여러 새로운 이론이 1929~1941년에 나왔다. 나는 첫째로 그러한 이론의 내용을 토론한 뒤, 이 시기에 각각의 이론을 지지하는 사람들 사이에 벌어진 논쟁을 설명할 것이다.

3. 1. 국가 자본주의

'국가 자본주의' 개념의 역사는 10월 혁명 이전으로 거슬러 올라간다. 합의된 견해로는 그 말은 볼마르Georg von Vollmar와 다른 사람들이 주장한 개량주의적 견해에 맞서 1890년대 초에 독일 사회 민주주의자가 처음 발명했던 것이다. 독일 사회 민주주의자는 부르주아 국가가 앞으로 '국가 사회주의state socialism'를 준비하게 될 정책(국유화)을 채택하도록 고무해야 한다고 믿었다. 그러나 그들에 반대한 사람들(리프크네히트Wilhelm Liebknecht와 다른 이들)은 부르주아 국가의 팽창이 '국가 사회주의'로 이끄는 것이 아니라, 노동 계급에게 불리하게 세력 균형을 바꿈으로써 '국가 자본주의'로 귀결될 수 있을 뿐이라고 주장했다.[10] 따라서 처음부터, 국가 자본주의는 결코 주로 분석적인 의도를 가진 범주는 아니었다. 대신에 그 개념은 두 가지 방식으로 현실로부터 단절되었다. 즉, 그 방식이란 "또 하나의 개념과 그것을 병치함으로써 그리고 후자가 미래 사회와 맺는 관계에 의해서"이다.[11]

1914~1918년에, 지금까지 보기 드물었던 경제 과정에 대한 국가 간섭(기업에 생산을 강제하려고 물리력 이용, 소비재의 분배 규제, 최소가격 고정 따위)을 특징으로 한 독일 전시 경제는 국가 자본주의의 개념을 더욱 정교하게 만들도록 했다. 그때 부하린은 국가 자본주의가 자본주의 발전의 새로운 더 높은 단계라는 해석을 내놓았다. 그 단계에서 국가 간섭으로 기업 사이 국내 경쟁을 조절하고 자본 사이 경쟁을 세계 시장으로 전환한다.[12] 사회 민주주의자 레너Karl Renner나 평의회 공산주의자 뮐레와 같은, 다른 정치적 경향을 지닌 사람들도 비슷한 생각을 공들여 표현했다.[13]

1917년 뒤 어느 정도까지 러시아에 국가 자본주의가 존재한다고 말할 수 있는가 하는 질문은 볼셰비키 그 자체의 토론에서 나타나기 시작했다. 《코뮤니스트Kommunist》 잡지를 중심으로 그룹을 만든 좌익 공산주의자는 1917년 뒤 실시한 공업 정책이 기업에서 노동자의 힘을 약화할 것이고, 그에 따라 혁명적 과정의 토대를 제거할 것임을 두려워했다. 오신스키V. V. Osinsky는 이러한 두려움을 다음과 같이 정식화했다.

만일 프롤레타리아트가 스스로 사회주의적 노동의 조직화에 필요한 전제를 창조하는 방법을 알지 못한다면, 그 누구도 프롤레타리아를 위해서 이것을 할 수 없고 그 누구도 프롤레타리아트에 이것을 하도록 강요할 수 없다. [……] 사회주의와 사회주의적 조직화는 프롤레타리아트 그 자신이 준비해야 한다. 아니면 그것은 전혀 준비되지 못할 것이다. 또 다른 것, 즉 국가 자본주의가 준비될 것이다.[14]

같은 시기에 레닌도 국가 자본주의의 개념을 써서 러시아를 특징지었다. 그러나 그는 프롤레타리아 독재가 국가 자본주의와 조화를 이룰 수 있다고 생각했다. 자유롭게 경쟁하는 자본주의와 사회주의 사이에 이행기가 있을 것이다. 이 시기에 혁명가는 될 수 있는 한 국가 자본주의에서, 특히 독일의 국가 자본주의에서 많은 기술적·조직적 수단과 통찰력을 전유할 필요가 있었다.[15] 부하린, 오신스키, 레닌과 다른 이들이 여러 가지로 공헌한 것에서, 국가 자본주의는 국가 간섭을 주된 특징으로 한 시장 경제로 아주 폭넓게 해석되었다. 1930년대에 소련에 대한 논쟁에서, 더 많은 사람이 국가 자본주의 개념을 충분히 이해하게 되었다. 그러나 그 과정에서 (국가 자본주의 개념은) 국가가 유일한 고용주 역할을 하는 경제라는 개념으로 조금 다르고 더 협소한 뜻을 띠게 되었다. 분명히 소련에서 네프 뒤에 전통적인 시장이 소멸하고 전능한 권력 중심으로서 국가가 구성되었다는 것, 그리고 이 둘을 포함하여 일어난 구조적 전환 때문에, 국가 자본주의가 지닌 의미가 바뀌었다.

국가 자본주의 이론은 1929~1941년 시기에 나온 모든 서구 마르크스주의 해석 가운데 가장 인기가 있었다. 이러한 인기를 어떻게 설명할 수 있는가? 그 대답은 본질적으로 이러한 이론이 옛날의 단선적 도식과 아주 가까웠다는 것임에 틀림없다. 심지어 국가 자본주의가 자본주의의 '평범한' 형식을 이루는 것이 아니라 자본주의의 '새롭고' '더 높은' 형식을 이룬다고 할지라도, 그것은 예전의 '봉건제—(국가) 자본주의—사회주의'라는 도식에 간단히 끼워 넣을 수 있을 것이다. 앞으로 토론할 이론異論 말고도, 비슷한 유형의 많은 다른 의견 제시가 있었다. 이것은 여기서 논의하지 않는다. 왜냐하면 그것은 또 다른 이론異論을 형성할 만큼 이론적으로 새로운 것이 없기 때문이다.[16]

먀스니코프

1931년 초에, 반대파 볼셰비키 먀스니코프Gavril Miasnikov[17]는 소련 사회의 성격을 논한 팸플릿을 완성했다. 그는 그 팸플릿을 《현재의 속임수The Current Deception》라는 제목으로 펴냈다. 그 팸플릿의 네덜란드어판은 좌익 공산주의 잡지 《새로운 시간De Nieuwe Tijd》에 실렸다.[18]

먀스니코프에 따르면, 소련에서 폭력적인 반혁명이 일어났다. 노동 계급이 처음에 노동자 평의회를 통해 권력을 잡은 뒤에, '세계 부르주아지'는 간섭과 내전을 통해 3년 동안 세력 균형에서 근본적인 전환을 이루어 내는 데 성공했다. "공업은 겁을 먹었고 노동자는 원자화되었으며 노동자 평의회도 파괴되었다. 프롤레타리아트는 더는 정치적·경제적 헤게

모니를 지닌 지배 계급이 아니었다. [……]'¹⁹

토착 부르주아지가 거의 없었기 때문에, 권력은 농민과 수많은 '프티 부르주아지'의 손아귀로 떨어졌다. 그러나 이러한 상황을 아주 오랫동안 지속할 수는 없었다.

소부르주아지가 이겼다. 그러나 이러한 승리는 소부르주아지에게 진보를 뜻하는 것이 아니라 후퇴를 뜻했다. 소부르주아지는 관료주의적 기구의 도움을 받아서만 공업을 통치할 수 있다. 이러한 [소부르주아] 계급이 지닌 전형적인 원자화한 구조 때문에, 이 계급은 관료를 충분히 통제할 수 없다. 따라서 국가는 소부르주아지가 하녀에서 하녀를 억압하는 안주인으로 발전하는 것을 막을 수 없다.²⁰

1920년대에 관료는 그 자신이 지배 계급으로 전환했다. 그들의 권력은 생산 수단의 국가 소유에 바탕을 두었고 끝없이 이러한 권력을 확장하려 애썼다.

관료, 그것은 국유화된 공업의 대표로 차츰 사적 자본주의의 착취 잔재를 파괴하거나 자기 것으로 흡수하며, 자신의 지배를 모든 공업 지역으로 확장하려는 경향을 지닌다.²¹

그것과 함께 '국가 자본주의'가 나타났다. 국가 자본주의는 착취와 잉여 가치 생산을 포함한 것이다.²² "소련 국가 경제의 전체는 이른바 하나의 대공업이다. 그 안에서 다른 작업장 사이의 정돈된 협력과 분업이 존재한다."²³

먀스니코프는 이러한 새로운 자본주의 형식을 낡은 사적 자본주의와 같은 수준에 놓는 것에 대해 경고했다. 토지와 광산, 공업의 국유화와 국가 예산에 대한 국가의 완전한 통제는 관료가 고전적인 부르주아지보다 훨씬 더 효율적으로 일해 나갈 수 있다는 것을 뜻했다. 관료는 자신의 의지대로 자본의 흐름을 지시할 수 있었고, 토지 소유자나 다른 기업이 자신의 계획을 이행하는 것을 막지 않고서도 '보통' 고용주가 이용할 수 없었던 재정 수단을 투자를 위해 배치할 수 있었다. 이런 의미에서 소련 사회는 경쟁적인 자본주의보다 더 높은 발전 수준에 있었다.

관료가 언제나 사업체를 잘 관리하는 것은 아닐 수도 있지만, 언제나 부르주아지보다는 그것을 잘한다. 그것은 완전히 다른 환경 밑에서 작동하고, 어떤 사적 생산 체제와 견주어 볼 때에도 고도의 생산 형식이다.[24]

따라서 국제적 갈등이 일어나면, 사회주의자는 소련의 편에 서야만 한다.

아들러

아들러Friedrich Adler[25]는 1923년부터 사회주의 노동자 인터내셔널Labor and Socialist International[26]의 서기였다. 1932년에 그는 소련에 대한 자신의 이론을 "인터내셔널의 서기로서가 아니라 개인적 동지로서" 제출했다.[27] 아들러는 카우츠키의 계속적인 불행한 예언자적 외침과 변명투의 마르크스주의 경향 모두를 거부하고, 비교 역사적 전망을 발표했다.

그는 사회주의 사회가 공업과 노동 계급이 고도로 발전한 상황에서 세워질 수 있을 뿐이라는 카우츠키의 견해와 마르크스의 견해를 공유했다.

그러나 혁명 뒤 러시아에 그런 상황이 없었기 때문에, 스탈린의 '실험'은 전체 노동자 세대의 희생을 통해 발전한 자본주의에서는 이미 초기에 일어났던 원시적 축적 과정[28]을 현실화하려는 시도로 평가해야 하고, 이런 방식으로 사회주의 소련을 위한 토대가 놓이게 될 것이다.

만일 우리가 현대 소련을 이해하려고 애쓴다면, 우리는 비록 거기에는 더는 어떤 사적 자본가가 없지만, 아주 놀랍게도 소련의 공업화에서 마르크스가 지적했던 원시적 축적의 특징적인 단계가 다시 나타난다는 것을 발견한다. 스탈린주의 실험은 사적 자본가의 협력 없는 원시적 축적을 통한 공업화다.[29]

그 과정의 역사적 담지자, 즉 자유로운 자본가가 없었기 때문에, 국가 권력이 어쩔 수 없이 직접 그 자리를 차지했다. 따라서 독재의 사회적 기능은 "원시적 축적을 떠받치려고 노동자를 복종하게 하는 것, 그리고 그들에게 강요했던 희생에 맞선 노동자의 모든 저항 시도를 미연에 방지하는 것이다."[30]

대체로 그는 국가 자본주의의 형식이 있었다고 믿었다. 한편으로 젊은 소비에트 공화국을 지지할 가능성이 있던 더 발전한 나라에서 혁명이 일어나지 않기 때문에 불가피하게 (국가 자본주의가) 발전했고, 다른 한편으로 그때 나타난 사적 자본주의의 허약성 때문에 이러한 혁명(스탈린 혁명)이 일어났다.

이러한 결론과 함께, 그는 계획 경제라는 현상을 다른 시각으로 바라보았다.

마르크스와 엥겔스F. Engels에게는, 계획 경제로 이행하는 것이 사회주의적 사회 질서의 실현이라는 틀에서만 가능했다. 이제 우리는 계획 경제가 자신의 전제로 사회주의를 가지지 않으며, 그 전제로 사적 자본주의의 경쟁 폐지라는 부정적 척도를 가질 뿐만 아니라 또 국가 자본주의 토대에서 사실상 가능하다는 것도 안다.[31]

이러한 해석이 (좌파) 사회 민주주의 집단에서 폭넓게 지지받았다는 것을 아브라모비치Rafail Abramovich Rejn가 입증했다. 그는 멘셰비키 망명자 집단의 지도자 가운데 한 사람이고, 아들러의 분석이 본질적으로 러시아 사회 민주주의의 분석과 같다고 말했다.[32]

바그너

바그너Helmut Wagner(1904~1989)는 좌파 사회 민주주의 저널리스트이자 교사인데 1934년 말에 드레스덴에서 스위스로 추방되었다.[33] 1933년 그는 〈볼셰비즘에 대한 테제Theses on Bolshevism〉라는 텍스트를 썼다. 이 테제는 부분적으로 1932년 뒤부터 《붉은 투사Rote Kämpfer》, 즉 평의회 공산주의의 영향을 받은 소규모 비합법 그룹이 개최했던 토론의 결과였다.[34]

호르터르와 판네쿡과 다른 이들이 일찍이 동유럽과 서유럽이 본질적으로 달랐다고 강조했지만, 바그너는 러시아를 유럽과 아시아 사이에 지리 · 정치 · 경제적으로 연결된 곳으로 여김으로써 한 단계 더 나아갔다. 북미와 함께 유럽은 "적극적인 제국주의적 선봉대라는 아주 발전한 자본주의의 중심"을 이루었다. 동아시아는 "수동적인 제국주의적 약탈이라는 식민지의 중심"을 이루었다. 이러한 중심 두 곳은 모두 국제 계급 투쟁의 중추부를 이루었고, 모두 러시아의 발전에 영향을 미쳤다.[35] 러시아 경제에서 봉건적 요소를 내포했으며 1917년까지 지속했던 덜 발전한 아시아적 농업은 근대 유럽 공업과 결합하기에 이르렀다.[36] 봉건주의와 자본주의가 이렇게 특이하게 결합하자, 러시아 혁명은 얽히고설킨 과제에 맞닥트리게 되었다.[37]

사실, 러시아 혁명은 부르주아지의 지지가 없는 부르주아 혁명의 과업을 짊어져야만 했다. 그것은 **부르주아지의 과업**을 실행해야만 했다. 왜냐하면 과제가 주로 기본적으로 절대주의를 뒤엎는 것, 귀족의 특권을 청산하는 것, 근대 국가 기구를 형성하는 것 가운데 하나였기 때문이다.[38] 이모든 것은 부르주아지의 지지가 없이 일어나야만 했다. 왜냐하면 이 계급이 차리즘에 매여 있었고, 그 자신의 혁명이 완성되기 전에 이미 반혁명적으로 되었기 때문이다.[39]

'계급 삼각관계class triangle'가 부르주아지의 과업을 떠맡았다.[40] 즉, 엄청난 농민 대중이 "수동적인 토대"를 형성했고, 수에서는 좀 더 작지만 전투적인 노동자가 "투쟁하는 도구"를 이루었으며, 인텔리겐치아의 좀 더 작은 계층이 "혁명의 주요한 사람으로 떠올랐다."[41] 볼셰비즘은 노동자와 농민의 반란을 통합해냄으로써 권력을 잡는 데 성공했다. 그러나 1917년에 세운 새로운 정권은 처음부터 불확실한 처지에 놓였다. 즉, 그정권은 자신이 토대로 삼았던 두 계급이, 그들이 부분적으로 모순되는 이해관계를 맺긴 하지만, 서로 공개적으로 충돌하지 않게 해야만 했다.[42] 그렇게 하려면, 국가 기구는 어쩔 수 없이 두 계급 모두에게서 독립적이어야만 했다.

차리즘의 국가 기구가 독립적으로 두 유산 계급을 통치했던 것과 꼭 마찬가지로, 새로운 볼셰비키 국가 기구는 자신의 이중적인 계급 토대에서 스스로 독립하기 시작했다. 러시아는 차르 절대주의라는 상황에서 걸어 나와 볼셰비키

절대주의라는 상황 속으로 발을 디뎠다.[43]

이러한 발전의 궁극적 결과는 부르주아지가 없는, 이중적인 계급 토대에 의지하는 국가가 조직한 자본주의였다. 소련의 국가 정책은 결과적으로 노동자와 농민의 이해관계 사이에서 흔들렸다. 제1차 5개년계획과 강제적인 집단화는 폭력을 통해 이러한 모순을 억제하려는 시도에 지나지 않았다. 그러나 지금까지 그것들은 "경제적 모순의 폭발이라는 위험한 지점에 이를 만큼 경제적 어려움을 증대했을" 뿐이었다.[44]

소련 경제의 기능은 기본적으로 자본주의적이었다. 즉, 토대는 상품 생산에 따라 형성되었다. 무엇보다 중요한 목적은 수익성이었으며, 부르주아적 장려책과 보상 제도가 사용되었다. 노동자는 잉여 가치를 창출했다.[45]

틀림없이 러시아 국가는 인민의 어떤 계급이 개인적으로 그리고 직접적으로 잉여 가치 생산의 수혜자라고 절대 밝히지 않았지만, 그 국가는 전체로서 관료주의적, 기생적 기구를 통해 이러한 잉여 가치를 삼켜 버린다. 꽤 많은 비용을 들여 그 자신(국가)을 유지하는 것일 뿐만 아니라, 생산한 잉여 가치는 생산의 확장에, 그리고 농민 계급의 지지를 얻어내는 데 이바지하고, 국가의 대외 의무를 위한 지불 수단이 되기도 했다. [……] 러시아 국가 경제는 [……] 볼셰비키 정권이라는 역사적으로 독특한 조건 아래에 있는 국가 자본주의다. 따라서 그것은 가장 크고 가장 발전된 나라가 보여 주는 것과는 다른, 더 앞선 형태의 자본주의 생산이다.[46]

1936~1937년 스위스로 추방되어 있을 때, 바그너는 자신의 〈테제〉를

더 다듬어 《볼셰비키 권력 정치의 토대(볼셰비즘의 사회학에 관하여)Foundations of Bolshevik Power Politics(On the Sociology of Bolshevism)》라는 책을 썼다. 그러나 이 책은 출판되지 않았다.[47] 그는 스프렝거Rudolf Sprenger라는 필명으로 그의 연구 결과 가운데 일부를 출판했다.[48] 대략 말해서, 이 출판물은 그의 〈테제〉와 모순이 없었다.

워럴

마스니코프와 아들러, 바그너는 실질적으로 소련에 '국가 자본주의'라는 딱지를 붙일 것을 주장하지 않았다. 그들은 단순히 소련이 잉여 가치 생산, 자본주의적 착취 따위의 특징을 지녔다고 주장했다. 그러나 그들은 이러한 해석(국가 자본주의)을 구체화하는 더 많은 논거를 제공하지 않았다. 마땅히 옹호론자들은 재빨리 이러한 약점을 잡아냈다.[49] 1930년대 말 무렵 국가 자본주의 이론은 차츰 이론적 의미에서 더 현학적으로 변했다. 1939년 미국 잡지 《계간지 근대Modern Quarterly》에는 〈소련: 프롤레타리아 국가인가, 자본주의 국가인가?〉라는 제목의 특집이 실렸다.[50] 그것의 저자인 워럴Ryan Worrall(1903~1995)은 오스트레일리아 트로츠키주의자다.[51] 그는 소련 국가 자본주의 이론에 대한 마르크스주의적 토대를 만들어 내려고 노력했다. 워럴은 자신의 이론적 정통성을 강조하려고, '과학적 사회주의'의 창시자에게서 가져온 세 가지 논거에 대해 말했다.

1) 《자본론》 제3권의 두 곳에서 "마르크스의 제자가 무시했던" 자본주의 생산 양식의 본질을 다음과 같이 정의 내렸다. 즉, 그것은 한 줌밖에 안 되는 소유자 손아귀에 생산 수단 집중, 노동 과정의 사회적 조직화, 세계 시장의 창출,[52] 상품과 잉여 가치 생산이다.[53] "자본주의 생산 양식을 특

수하게 특징지었던 둘째 요소는 생산의 직접적인 대상이자 결정적인 동기로 잉여 가치의 생산이다."[54]

2) 자본 지분share capital을 분석하면서, 또 《자본론》 제3권에서, 마르크스는 주식회사에서 기업의 경영자가 다른 사람의 자본을 '감독하는 사람'이 되었다는 것을 보여 주었다. 그러나 자본을 공급하는 사람들만이 소유권을 얻었다. 이런 방식으로, 사적 소유로 자본은 자본주의 생산 방식 그 자체의 경계 안에서 '폐지'되었다.[55]

3) 《반뒤링론Anti-Dühring》에서 엥겔스는 자본 지분의 성장을 예견했을 뿐만 아니라, 사적 기업가가 투자하기에는 너무나 큰 규모의 투자(예를 들면, 철도 부문에서)를 국가가 조직하도록 하는 경향을 예견했었다. 엥겔스에 따르면, 두 가지 발전은 자본주의의 소멸을 뜻하는 것이 아니었다. 자본 관계가 그것에 따라 폐지되는 것이 아니라 오직 강화되는 것이었다.[56]

(1)에서 워럴은 사적 소유(특히 생산 수단의 사적 소유)가 "모든 발전의 국면에서" 자본주의의 본질적 특징이 되지 않는다고 결론을 내렸다. (2)에서부터, 특히 (3)에서 그는 자본주의의 본질이 똑같이 남아 있긴 하지만, "생산 수단이 국가 소유가 되는 방향으로 자본주의가 한층 더 발전하는 것이 사적 소유의 실제적인 폐지"로 이끌 수 있다고 추론했다. 고전에 호소함으로써, 워럴은 국가와 자본이 하나의 지배적인 총체 속에 결합하는 사회가 과학적 사회주의의 전통 안에서 **이론적으로 가능했다**는 것을 상세하게 입증하길 바랐던 것으로 보인다. 이런 맥락에서 그는 또 증거로 레닌을 인용했다.

워럴의 주장에서 다음 단계는 이론적 가능성이 소련에서 현실이 되었다는 견해를 뒷받침할 수 있는 믿을 만한 사례를 만드는 것을 목표로 한 것이다. 즉, 그것은 권력의 경제적 중심과 정치적 중심이 역사적으로 독특하게 결합하는 일이 자본주의적 토대 위에서 실제로 일어났다는 것이다. 이와 관련해서 워럴의 정리定理는 다음과 같이 요약할 수 있다.

① 스탈린주의 관료는 부르주아 계급이 아니었다. 무엇보다 그것의 구조는 사적 소유를 바탕으로 삼은 부르주아지와 어떠한 비슷한 점도 보여주지 못했다.

② 그런데도 관료의 기능은 부르주아지의 기능과 같았다.

객관적으로 말하면, 관료의 사회적 목표는 러시아에서 자본의 축적이다. 즉, 상품 생산, 노동 계급에게서 잉여 가치 추출, 국가 이윤으로 이러한 잉여 가치 현실화와 이윤을 또 다른 국가 재산, 특히 또 다른 생산 수단의 형식으로 자본으로의 전환, 더 많은 공장, 더 많은 기계류, 더 많은 광산 등등.[57]

③ 만일 관료가 노동 계급에 종속되어 있다면, 소비에트 또는 노동자 민주주의의 다른 형식이 관료의 정책을 지배한다면, 소련은 노동자 국가일 것이다. 그러나 현실은 그렇지 않았으며, 그래서 "바로 이 사실이 러시아라는 국가를 노동자 국가 대신에 자본주의 국가로 만들었다."[58]

④ 소련 체제는 자본을 수출하지 않았고 어떤 식민지도 보유하지 않는다. 따라서 그것은 자본주의적일지라도, 제국주의 국가가 아니었다.

⑤ 소련 체제는 보통의 자본주의보다 사회주의에 더 가까웠다. 그것은 "사적 소유의 원칙을 폐지했고, 생산 수단이 프롤레타리아트의 통제에서 벗어나 교묘하게 배치된 관료에 의해서만 통제되었던 이행기 단계"를 형성했다.[59]

⑥ 소련 자본주의는 프롤레타리아트의 10월 혁명으로부터 발전할 수 있었다. 왜냐하면 1923년쯤부터 폭력적인 반혁명이 "10년에 걸쳐" 일어났기 때문이다. 이러한 반혁명은 주관적 요소와 객관적 요소 때문에 일어날 수 있었다. 여기서 객관적 요소는 경제적인 그리고 문화적인 후진성, 세계 시장과 자본주의 이데올로기의 영향이며, 주관적 요소는 1923~1929년의 결정적인 몇 년에 걸쳐 트로츠키와 다른 이들이 보여준 저항의 수준이 너무 약해졌다는 점이다.[60]

워럴의 주장이 어느 정도 코르쉬의 견해(절름발이가 된 반혁명)를 연상시킨다고 할지라도, 그가 분명히 처음으로 국가 자본주의의 개념을 서술적 수준에서만이 아니라 분석적으로 이용했다는 점에서 그의 공헌은 혁신적이다. 그는 노동자 국가와 축적 체제를 정치권력을 잡는 사람에 따라 구별 지었다. 그는 자본주의적 축적 체제가 노동 계급의 이해관계를 도모하기 위한 수단일 수 있다고 여겼다. 만일 노동 계급 그 자신이 그 자신을 자본주의적으로 착취하겠다고 결심했다면.

폴록

1941년에 프랑크푸르트학파의 잘 알려진 경제학자인[61] 폴록Friedrich Pollock(1894~1970)은 《철학과 사회 과학 연구Studies in Philosophy and Social Science, Zeitschrift fur Sozialforschung》에 국가 자본주의 이론을 실었다. 이 잡지에서 그는 1920년대에 시작했던 소련에 대한 연구를 계속했을 뿐만 아니라,[62] 자본주의 위기와 계획 경제에 대한 일련의 시론을 발표했다. 이미 1932년에 폴록은 자본주의가 계획이라는 기술을 사용함으로써 새로운 평형을 찾을 수 있다고 주장했다.[63] 1941년에 그는 그러한 구상을 국가 자본주의의 일반 이론으로 발전시키는 데 이바지했다. 그 이론은 주로 나치 독일과 이탈리아의 경험을 통해 나온 것이었다. 폴록은 그 이론을 소련에 확고하게 적용할 수 있는지 아닌지 자신이 없었다. 왜냐하면 국가 사회주의나 파시즘과는 달리 그 사회에서 옛 자본가 집단과 국가 사이에 아무런 연결이 없었고, 생산 수단이 이전의 착취 계급에게서 박탈되었기 때문이다. 신중하게도 폴록은 "우리의 국가 자본주의 모델이 현 단계에서 소련에 알맞은 것인지 아닌지"에 대해 회의했다.[64] 그러나 이러한 단서를 달았지만, 그는 자신의 고려에 소련을 계속 포함했다. 보기를 들면 국가-자본주의적 분배가 독일에서보다 소련에서 더 발전했다고 주장했다.[65]

국가 자본주의의 전체주의적 변종變種과 달리, 폴록은 하나의 가능성으로서 민주주의적 변종을 생각했다. 그러나 이것은 당장에는 "우리의 경험이 우리에게 몇몇 실마리를 주는"[66] 가설적 구성물이 될 것이다. 그의 견해에 따르면, 국가 자본주의라는 용어는 국가의 형식이 아니라 더 일반적 조건을 말한 것이었다. 즉, 그 용어는 더는 사적 자본주의적이지 않지만 아직은 사회주의적이지 않는 사회 구성체를 전제로 하는 것이었다. 그 사회 구성체에서는 이윤 동기가 여전히 중요한 역할을 했으며, 국가가 사적 자본가에게서 핵심적 기능을 빼앗았다.

국가 자본주의에서 시장 활동의 자율성은 폐지되었다. 그 대신에 국가 규제가 생겨났다. 즉, 전체 계획은 바람직한 생산, 소비, 저축과 투자를 지시했다. 가격이 이제는 자유롭게 결정되지 않았고, 행정적으로 고정되었다. 개인과 집단의 이익profit interests은 총 계획에 종속되었다. 과학적 토대를 갖춘 경영이 추측과 즉흥성을 대체했다. 경제의 '작동 법칙'은 이제는 중요한 구실을 하지 않는다.[67] 기업에서 사적 자본가는 권력을 빼앗겼다. 경영은 자본에서 독립한 것이나 마찬가지였다. 기업가의 기능은 국가로 이전되거나 어쨌든 국가가 강력하게 결정했다. 옛 자본가는 국가가 그의 능력을 이용하지 않는 한 오직 불로소득 생활자가 되었다.[68] 재화와 노동력의 분배는 다른 방식으로, 즉 직접적인 배당, 카르텔에 의한 합병, 조합에 의한 할당제associated quotasystem 따위를 통해 실현될 것이다.

이 경제 체제에는 더는 경제 '작동 법칙'이 없으므로 어떠한 경제적 제한도 있을 수 없을 것이다. 즉, "의식적인 계획이 모든 경제 활동을 조정했을 때, 옛 의미에서 경제 문제는 더는 존재하지 않는다. [……]"[69] 비경제적 성격을 가진 제한만이 있다. 이를테면 충분한 원료의 공급, 노하우, 피고용인, 다양한 사회적 지위와 다양한 권력 전략 등에서 생겨난 지배 그룹 안에서의 계약, 그리고 밑으로부터의 압력 따위다.[70] 전체주의적 변종에 관한 한, 새로운 지배 계급이 "남아 있는 기득권에 뿌리를 둔 기업과 국가와 당 내에 존재하는 핵심 관료 사이의 합병"으로 생겨났던 이탈리아나 독일, 그리고 관료 엘리트가 생산 수단에 대한 사적 소유의 잔재와 연결되지 않았던 소련 사이에 차이가 있을 수 있다.[71]

폴록이 이러한 모델을 가다듬을 때, 그의 친한 친구이자 동료인 호르크하이머Max Horkheimer는 권위주의 국가에 대한 시론을 썼는데, 이는 한참 뒤에 출간되었다.[72] 아마도 이 에세이는 부분적으로 폴록과의 의견 교환에 영향을 받았다.[73] 그것은 호르크하이머가 자신의 이론적 함의를 명료화하는 데 도움이 되었다. 호르크하이머는, 폴록보다 더 날카롭게, 그가 '혼합된 형식'이라고 특징지었던 파시스트 정권과 스탈린주의적 '통합 국가주의integral étatism 또는 국가 사회주의' 사이에 경계선을 그었다. 파시즘 밑에서 사적 기업가는 비록 그들의 작용 영역이 제한받을지라도 여전히 존재하고, 잉여 가치의 커다란 부분을 계속해서 소비하지만, 통합 국가주의에서는 법령에 따라 사회화가 이루어졌다.

사적 자본가는 제거되었다. 따라서 배당금은 국채로부터만 수금할 수 있다. 정권의 혁명적 과거의 결과로써, 파시즘과 마찬가지로, 공무원과 부서원 사이에 자잘한 싸움도 관료 내부에 사회적 출신과 연줄의 차이로 해결했다. 이것은 파시스트 정권에서 훨씬 더 많은 마찰을 일으키게 한다. 통합 국가주의는 퇴각이 아니라 권력이 진보한 것이다. 그것은 인종주의 없이 존재할 수 있다. 그러나 자본이 법으로 소유하고 있는 생산자는, 아무리 그들에게 많은 혜택이 돌아간다 하더라도 "임금 노동자, 즉 프롤레타리아트다." 공장의 조직화는 전체 사회로 확장되었다.[74]

호르크하이머의 해석에 따르면 두 단계는 국자 자본주의 안에서 구별할 수 있다. 즉, 파시즘의 '혼합 형식'과 스탈린주의의 '통합 형식'으로. 폴록의 이론에 이러한 구별을 거꾸로 관련시킴으로써, 소련과 나치 독일을 하나의 모델로 통합하는 데 대한 폴록의 머뭇거림은 설명할 수 있다. 즉, 그 이론은 국가와 자본이 아직 완벽하게 통합되지 않은 나치즘에 주로 집중되었지만, 동시에 모델화 과정에서 소련을 면제하려고 애썼다. 따라서 그 이론에는 어쩔 수 없이 일부 모호한 점이 있다.

3. 2. 트로츠키: 타락한 노동자 국가 이론

트로츠키는 아주 새로운 이론을 발전시켰다.[75] 소련에서 전개된 사건에 대한 트로츠키의 학습 과정은 아주 복잡했다. 그의 사상에서 확인할 수 있는 많은 모순과 모호함이 있긴 하지만,[76] 그가 남긴 많은 저작에서 볼 때, 그는 사상의 핵심으로서 모든 시기에 걸쳐 하나의 단선적인 추론 형식을 유지했다. 이러한 추론은 다음과 같이 정식화할 수 있다.

1) (불가피하게 폭력적인) 사회 혁명의 성과는 (불가피하게 폭력적인) 반혁명이 일어날 때에만 제거될 것이다.

2) 10월 혁명은 노동자 국가를 낳았던 폭력적인 사회(프롤레타리아) 혁명이다.

1)과 2)에서 다음과 같은 추론이 나온다.

3) 폭력적인 반혁명이 일어나지 않는 한, 소련은 노동자 국가로 여길 필요가 있다.

트로츠키는 관료화와 타락의 모든 현상을 끊임없이 변화하는 이론적 틀에 끼워 맞추었다. 그 이론적 틀은 바뀌지 않는 핵심 사상으로서 이러한 전제(위의 추론)를 가진다. 관료 엘리트의 독재가 차츰 테러의 독재로 되었을 때, 트로츠키는 이러한 해석을 유지하려고 그의 정치적 범주의 내용을 발전하는 정치 환경에 적응시켜야 했다. 그에게는 '노동자 국가'란 '프롤레타리아 독재'의 다른 말이었고, 그에게서 '프롤레타리아 독재'가 궁극적으로 '노동자 민주주의'와 같은 것을 뜻한다면, 트로츠키는 정치 권력을 장악하지 않은 노동자 국가를 상상할 수 없었을 것이다. 1931년 말에 그는 다음과 같이 선언했다.

노동자 계급 속에, 10월 전복의 전통은 살아 있고 강력하다. 계급 사상의 기질이 깊게 뿌리내렸다. 혁명 투쟁의 교훈과 볼셰비키 전략의 귀결이 더 나이든 세대 속에서는 잊히지 않았다. 인민대중 속에, 특히 프롤레타리아트 속에 옛 지배 계급과 그들의 측근에 대한 증오가 살아 있다. 모든 이런 경향은 그대로 미래의 예비품을 이룰 뿐만 아니라 소련을 노동자 국가로 유지하는 오늘날의 살아 있는 힘을 이룬다. [……] 현재의 소비에트 국가를 노동자 국가로 인정하는 것은 부르주아지가 무장봉기의 수단에 의해서만 권력을 얻을 수 있다는 것을 의미할 뿐만 아니라 소련의 프롤레타리아트가 새로운 혁명 없이, 개혁의 방법과 길을 통해 관료를 자신에게 종속하고, 다시 당을 되살리며, 독재 정권을 개혁할 가능성을 잃지 않았다는 것을 뜻한다.[77]

이러한 '개혁주의' 전망을 염두에 둠으로써, 트로츠키는 몇 년 동안 소련과 다른 곳에서 공산당을 없애 버리자는 주장을 받아들이지 않았다. 같은 이유로 그는 코민테른 말고 다른 조직을 세우려고 생각하는 사람에게서 거리를 두었다.[78]

1933년에 히틀러가 권력을 장악하고 나서(독일 공산당이 도리어 아무 힘 없이 지켜보았던 사건), 트로츠키는 차츰 당과 국가를 여전히 개혁할 수 있을 것이라는 생각을 포기했다.[79] 그러나 그렇게 함으로써 그는 스스로 문제를 만들었다. 한편으로 그는 폭력적인 반혁명이 일어나지 않았기 때문에 소련이 아직 노동자 국가였다는 것을 '입증해 주었다.' 그러나 다른 한편으로 그는 정권 개혁이 이제 더는 가능하지 않고, 따라서 새로운 혁명이 역사적 의제였다고 주장했다. 이러한 분명한 모순을 없애려고, 트로츠키는 카우츠키가 예전에 정치 혁명과 경제 혁명을 구별한 것에 의지했다.[80] 트로츠키는 노동자 국가가 이미 소련에 세워졌기 때문에 앞으로 정치 혁명만이 필요했다고 판단했다. 그 정치 혁명은 계획 경제의, 자유로운 기능과 그 이상의 발전을 막는 장애물을 없애야만 했다.

1936년 트로츠키는 《소련은 무엇이고 어디로 가고 있는가?What Is the Soviet Union and Where Is It Going?》라는 책을 완성했다. 그 다음해에 그 책은 여러 나라에서 《배반당한 혁명La Révolution trahie, The Revolution Betrayed, Verratene Revolution》으로 번역되었다.[81] 그 뒤 때로는 부정적이고 때로는 긍정적이기도 한, 중요한 기준점이 된 이 책에서 트로츠키는 노동자 국가의 개념을 고수했다. 그와 함께 그는 관료화 현상을 그의 이론 내에 통합하려고 했다. 이전처럼 그의 출발점은 모순이 있는 소비에트 정권을 사회주의적인 것으로 규정하는 것이 아니라, "자본주의에서 사회주의로 이행을 준비하는 정권으로 규정할 수 있다."는 것이었다.[82] 이것은 왜 소비에트 국가가 이중적 성격을 지녔는지를 설명해 주었다. 즉, "그 국가가 생산수단의 사회적 소유를 유지하는 한 사회주의적이고, 생필품의 분배가 자본주의적 가치 척도에 따라 이루어지고 이것의 시행으로 나타나는 모든 결과를 바탕으로 운영되는 한에서는 부르주아적이다."[83]

사회주의의 특성이 생산의 영역(외국 무역 국가 독점, 공업의 국유화, 계획 경제)에서 지배하기 때문에, 그것이 노동자 국가라는 말을 이해할 수 있게 하는 유일한 이유였기 때문에, 관료의 뿌리는 마땅히 이러한 생산 영역 안에서 찾을 수 없을 것이다. 그것은 분배의 영역에서 찾아야 한다. 분배 영역에는 부족과 그에 따른 분배의 부르주아적 규범이 지배적이었다.

관료의 통치 기반은 소비재의 빈곤과 이에 따른 만인의 만인에 대한 투쟁에 있다. 상점에 물건이 충분히 있으면 구매자는 바랄 때 언제든지 상점에 들러 물건을 살 수 있다. 그러나 물건이 거의 없을 때는 구매자는 줄을 서야 한다. 이 줄이 아주 길 때에는 질서를 유지하기 위해 경찰관을 임명할 수밖에 없다. 이 것이 소련 관료 집단이 누리는 권력의 출발점이다. 관료는 누가 어떤 물품을

가져야 하고 누가 줄에 서서 계속 기다려야 하는지를 '안다.' [84]

혁명 뒤 생산력이 덜 발전했다는 점에서, 관료의 사회적 비중은 자연스럽게 더 커질 것이다. 그런 상황에서 관료가 예외적인 특권을 독차지할 수 있게 된 것은 우연이 아니다.

분배해야 할 재물을 가진 사람이 분배에서 자신을 빠뜨리는 경우란 여태껏 없었다. 이렇게 사회적 필요에서 나타난 집단이 일정 시점을 지나면 자신의 사회적 역할보다 더 커다란 권력을 휘두르며 사회 전체로부터 독립적인 존재가 되고 사회 전체에 지극히 해악을 끼치는 존재가 된다.[85]

그와 같은 역사적 상황에서 트로츠키가 때로는 '신분'이라고 말하고, 때로는 '(사회적) 계층'이라고 말했던 관료는 지배 계급(프롤레타리아트)에게서 독자성을 확보했다. 심지어 레닌이 더 오래 살았더라면, 그는 유일하게 그런 퇴보를 막을 수 있었을지도 모른다. 그러나 그것은 이루어지지 못했다. 간단히 말해, "보잘 것 없는 관료의 엉덩이가 혁명의 정신보다 중대해졌다."[86]

십중팔구 트로츠키 그 자신도 그의 주장에 대해 억지 같은 어떤 것이 있다는 것을 알았을 것이다. 그는 계획 경제와 노동자 민주주의가 꼭 보조를 맞추어야 한다는 것을 언제나 자명한 것으로 여겼다. 계획 경제는 노동자 민주주의 없이 유지할 수 없을 것이다. 왜냐하면 오직 민주주의에서 믿을 수 있는 정보와 관련된 모든 사람의 노력을 최대한 확보할 수 있을 것이기 때문이다. 이것은 왜 그가 일시적 전망을 그의 이론으로 만들었는지 설명해 준다. 《배반당한 혁명》에서 묘사했듯이, 타락한 노동자 국가는 아마도 오랫동안 지속할 수 없을 것이다. 1938년에 그는 다음과 같이 지적했다.

민주주의는 […] 사회주의 경제 체제를 준비하고 그것을 이 세상에 실현하기 위한 […] 하나의 그리고 유일하게 생각할 수 있는 기제다. 스탈린의 재판 관련 어휘집에서 '사보타주'로 불렀던 것은 실제로 거만한 관료적 방법의 사악한 결과 가운데 하나다. 끊임없이 늘어나는 불균형과 낭비와 혼란의 조짐은 계획 경제의 토대를 갉아먹을 우려가 있다.[87]

이렇게 쓰기 직전에, 그는 이미 다음과 같이 경고했다.

'관료주의적 변형'이었던 것이 현재 순간에 노동자 국가를 아무런 잔해를 남기지 않고 […] 삼켜버릴 준비를 한다. 만일 프롤레타리아트가 소련 관료를 제때에 쫓아낸다면, 승리 뒤에 프롤레타리아트는 여전히 국유화한 생산 수단과 계획 경제의 기본 요소를 발견할 것이다.[88]

트로츠키가 보기에, 관료주의적 타락은 근본적으로 짧은 기간에 일어난 현상이었다. 프랑크가 정확히 지적했듯이, "트로츠키에게는 스탈린주의가 오래 견디는 역사의 창조물이 아니라 하나의 우연이었다."[89] 그래서 트로츠키는 관료제를 '사산아死産兒' 또는 외과수술로 제거할 수 있고 제거해야 하는 '암종癌腫'이라는 수사적 표현을 써서 말하거나, 아니면 소련을 충돌했지만 정비공이 수리한 뒤 다시 멀쩡하게 달리는 자동차와 비교했다.[90]

역사적 시간에 대한 이러한 인식은 트로츠키에 대한 논평에서 거의 언제나 무시되었다. 슈테른베르크Fritz Sternberg가 지적했듯이, 일시적 한계가 주로 트로츠키 자신의 개인적 심리의 산물로 설명할 수 있는 것인지 아닌지는 의심스럽다.[91] 더 그럴듯한 해석은 계획 경제와 관료주의 독재가 근본적으로 양립할 수 없을 것이라고 본 트로츠키의 확신이 가져온 직접적인 결과였다는 것이다.

이런 맥락에서 트로츠키가 국제 상황을 전반적으로 어떻게 평가했는지를 고려하는 것도 중요하다. 트로츠키는 자본주의가 최종 단계에 들어섰다고 보았다. 그가 1938년 제4인터내셔널을 창립하고 이 조직에 "사회주의 혁명을 위한 이행기 강령"을 제시했을 때, 이 정치 문서는 《자본주의 단말마의 고통과 제4인터내셔널의 과업The Death Agony of Capitalism and the Tasks of the Fourth International》이라는 제목이었다. 트로츠키가 보기에 자본주의 체제에 영향을 미치는 경제적 하강의 오랜 단계는 생산력이 더는 성장할 수 없다는 것을 뜻했다. 전체로서 체제는 정체되었고 점점 더 야만적이고 원시적인 특성을 보여주기 시작했다.

인류의 생산력은 정체된다. 이미 새로운 발명과 개선이 물질적 재화의 수준을 향상하는 데 실패했다. [……] 부르주아지 그 자체도 출구를 모른다. [……] 프랑스 공화국에서나 나치 독일에서나 마찬가지로 자본주의가 쇠퇴한다. 부르주아지를 타도할 길이 열리는 것이나 다름없다.[92]

스탈린이 독재를 펴긴 했지만 급속한 경제 발전을 이루었던 소련은 이러한 전반적인 사회적 쇠퇴의 그림과 명백히 긍정적으로 대조되는 것으로 나타났다. 발전하는 사회와 쇠퇴하는 사회 사이의 구별이 트로츠키에게는 자본주의 국가와 전쟁이 일어날 때 그가 소련을 무조건 방어하도록 호소하게 한 궁극적 토대였다.

트로츠키가 보기에 세계 상황은 새로운 세계전쟁이 감지됨으로써 자본주의와 스탈린주의 관료제 모두가 다가올 프롤레타리아 혁명으로 도전받게 될 만큼 1930년대 말에 불안정했다. 간단히 말해 오직 노동자 권력만이 미래를 지녔다. 1938년에 그는 이러한 예측을 다음과 같이 표현했다.

우리가 확고히 믿듯이, 만일 이러한 전쟁이 터진다면, 프롤레타리아 혁명, 그것은 불가피하게 소련에서 관료제의 전복과 1918년보다 훨씬 더 높은 경제·문화적 토대 위에 소비에트 민주주의의 재건으로 이끌어야만 한다. [……] 그러나 만일 현재의 전쟁이 혁명이 아니라 프롤레타리아트의 쇠퇴를 가져올 것임을 인정한다면, 그때는 상황이 다르게 전개될 것이다. 즉, 독점 자본주의의 한층 더한 쇠퇴, 한층 더 독점 자본주의가 국가와 융합하는 것, 그나마 남아 있었던 민주주의를 전체주의 정권이 대체하는 것.

그 경우에 소련 관료는 '문명의 퇴색'을 드러내게 될 새로운 착취 계급으로 스스로 변신할 수 있을 것이다.[93] 이러한 방식으로, 트로츠키는 '사회주의냐, 야만이냐?'라는 오래된 격언을 두 가지 단기적인 대안과 관계가 있는 것처럼 해석했다. 프롤레타리아트가 세계 혁명을 이룩하지 못하고, 소련의 구조와 자본주의의 구조 모두가 그것들의 본질을 그대로 갖게 되는 제3의, 중간적 경로는 그가 상상할 수 없는 전망이었다.

3.3. 새로운 생산 양식 이론들

리치Bruno Rizzi는 이론적으로 소련이 완전히 새로운 종류의 사회였다는 것을 처음으로 보여 주었다. 그는 1939년에 소련이 새로운 사회였다는 해석을 내놓았다.[94] 그러나 또 다른 연구에 따르면, 스탈린의 '대도약'이 시작된 뒤 첫해에 이미 다른 누구보다도 로라Lucien Laurat와 베유Simone Weil가 이와 비슷한 생각을 내놓았다고 한다.[95]

로라

로라(1898~1973)는 마슐Otto Maschl이라는 이름으로 빈에서 태어났다. 1918년 그는 독일-오스트리아 공산당의 창립자 가운데 한 사람이었다. 그는 모스크바에서 대학 강사로 몇 년 동안 가르친 뒤 1927년쯤에 공산주의 운동을 떠나 프랑스에 정착했다. 그곳에서 곧 사회 민주주의자와 함께하게 되었다. 그는 1930년대 초부터 잘 알려졌듯이 드 맨Henri de Man이 제시한 플랜이즘Planism[96]을 지지했다.[97]

로라는 1931년에 쓴 《소비에트 경제The Soviet Economy》에서 소비에트 사회를 분석했다. 그러나 그의 분석은 지나치게 자주 무시되었고 잘못 해석되었다.[98] 사실 그는 처음으로 소련이 새로운 사회 형태로 발전했다는 견해를 뒷받침할 이론적 토대를 놓았다.[99] 로라에 따르면 10월 혁명은 분명히 사회주의적이었다. 그가 보기에 (카우츠키, 호르터르, 륄레와 다른 이들처럼) 러시아가 1917년에 사회주의를 실현할 만큼 조건이 갖추어지지 않았다고 주장하는 것은 틀렸다. 왜냐하면 원칙적으로 고도로 발전했다 하더라도 혼자 고립된 나라가 사회주의를 위해 '준비되었다'고 할 수 없기 때문이다. 무엇보다도 사회주의는 세계 모든 자원의 합리적 이용을 필요로 했다. 따라서 로라는 러시아 혁명이 국제 혁명의 부분이라는 조건 아래서 러시아가 사회주의를 위해 준비되었다는 것이 그 문제에 대한 더 정확한 견해였다고 믿었다.[100]

1920년대 동안에 민주적 규범에 따라 견제되지 않고서 관료 엘리트가 자신을 강화할 수 있었던 것은, 서유럽에서 혁명이 일어나지 않았다는 사실은 다른 문제로 하고, 프롤레타리아 간부가 없었기 때문이었다. 따라서 헌법으로 만든 관리 소환권은 사문화되어 있었다. 관료라는 암은 관리를 교체할 수 없었다는 바로 그 이유 때문에 모든 국가 제도에 뿌리를 틀었다.

관료는 다음과 같았다.

그들은 점점 더 프롤레타리아 대중과 맺은 끈을 잃었다. 그들은 몰수당한 부르주아의 재산에 대한 확고부동한 관리자로서, 그리고 아직은 충분히 관리할 수 없었던 노동자의 후견인으로서 자신을 확립했다. 계급 위에 서 있는 당과 관련된 볼셰비키의 독재 이론을 이용함으로써 초래되는 역사적으로 예외적인 상황이 자신에게 부여하는 뜻밖의 무한한 권력 탓에, 관료는 영원히 후견인으로서 자신을 확립하게 된 것이다.[101]

이러한 방식을 통해 등장한 사회 체제는 자본주의 사회와 공통되는 점이 많았다. 언뜻 보기에 사람들은 심지어 소비에트 국가를 세계에서 가장 큰 자본가로 여길 수도 있을 것이다. 무엇보다도 소비에트 국가는 공업과 은행 모두를 소유했고, 노동자와 피고용인에게서 노동력을 샀다. 그런데도 로라는 이것이 그 체제의 실체였다고 믿지 않았다. 자본주의에 대한 논의는 무엇보다도 한 계급이 생산 수단과 다른 계급의 노동력을 소유한다는 뜻에서 계급 적대를 전제로 삼았다. 그러나 소련에서는 그렇지 않다. 적어도 국영 부문과 협동조합 부문의 비사유화 부분에서는 계급 적대가 없다.

> 소련 노동자와 피고용인은 그들 자신의 기업에서 [······] 일한다. 그러한 기업의 대차대조표에서 이익으로서 전유한 총액은 자본주의적 잉여 가치로 여길 수 없다. 그 총액은 생산 수단을 소유한 계급이 아니라 공동체에게 돌아간다 [······].102

따라서 관료적 과두제bureaucratic oligarchy는 실제로 생산 수단을 그 자신의 재산으로 소유하지 않았다. 즉, "그들은 자본주의 유산의 관리자이자 노동자의 후견인으로서 생산물을 분배한다. 그들은 자신의 부하와 꼭 마찬가지로 자신의 노동력을 판다."103

로라는 소련을 자본주의로 보는 이론을 거부했다. 그런데도 그는 마르크스가 자본주의를 분석하기 위해 고안해 냈던 용어를 이용해서 소련을 경제적으로 분석할 필요를 느꼈다. 따라서 그는 자본주의 아래서 부르주아지가 했던 방식으로는 아니지만, 관료가 '잉여 가치'를 전유했다고 주장했다. 게다가 비록 그가 예전에 [마르크스와 모순이 없게] 자본의 완전한 독점이라는 조건에서, 즉 경쟁이 사라졌을 때 가치 법칙이 "실질적으로 작동할 수 없"104다고 결론 내렸을지라도, 그는 가치 법칙이 여전히 "사회주의 부문에서"105 작동한다고 생각했다.

로라는 또 (그가 신분과 계급이라는 용어를 번갈아 썼던) 관료적 과두제의 사회적 지위 문제를 마르크스가 자본에 대한 분석에서 이끌어낸 개념을 가지고 공격했다. 여기서 출발점은 생산적 노동의 범주, 즉 잉여 가치를 생산하는 노동이었다. 잘 알듯이 마르크스는 자본주의 아래에서 유통의 주체가 이러한 범주에서 배제되었고, 비생산적 노동을 수행했다고 주장했다.106 그러나 로라는 생산적 노동과 비생산적 노동이 사회가 기능하기 위해 유용하다는 점에서 공통의 특징을 공유한다고 주장했다. 관료 엘리트의 노동은 이것과는 대조를 이루었다. 왜냐하면 그것은 대체로 전혀 쓸모가 없기 때문이다.

하나의 일을 하는 세 사람이 있을 때, 한 사람이 그 일을 아무런 어려움 없이 할 수 있을 때, 그들 가운데 두 사람은 쓸모없어진다. 이러한 조건에서, 두 노동자의 작업은 비생산적일 뿐만 아니라 쓸모없고, "필요하다고 할지라도 값비싼 지출"일 뿐 아니라 시간의 낭비이기도 하다. [……] 관료는, 그들이 적절한 숫자라면 쓸모 있을지라도, 그들의 숫자가 불균형적으로 컸을 때 기생적이 된다. [……] 유통의 간접비faux frais는 서유럽 나라에서보다 러시아에서 훨씬 많이 늘어났다.107

관료가 하는 일 가운데 주요한 부분이 지닌 쓸모없다는 특성은 노동자의 임금과 관료의 봉급 사이의 질적인 차이를 낳는 것으로 여겨졌다. 관료의 봉급은 본질상 기생적이다.

[관료는] 그들의 수입을 보장하기 위해 [……] 국가 수입의 다른 범주를 잠식해야 한다. 그들은 노동자가 개인적으로 받는 봉급에서 일부를 공제한다. 그들은 공업의 축적 기금을 이루어야 했던 이익 일부를 점점 더 많이 전유한다 [……].108

경쟁과 밑으로부터의 민주적 통제가 없었기 때문에, 즉 자본주의적 교정 수단과 사회주의적 교정 수단 둘 다 없으므로, 이러한 기생성은 아무런 제한 없이 더 악화할 것이다.

결국 로라가 보기에 소련은 완전히 카우츠키가 말하는 의미에서는 아니지만, 카우츠키가 말하는 의미와 간접적으로는 관련된 일종의 '잡종 구성체'였다고 말할 수 있을 것이다. 그 구성체에서 노동자는 생산 수단을 정당하게 소유하지만, 기업과 국가의 지도부는 거의 기생적 관료 계급의 손아귀에 있다. 이러한 배경을 놓고 볼 때, 로라가 자본주의적 관계들이 복원되었다는 코르쉬의 생각을 철저히 거부했다는 사실은 놀라운 일이 아니다. 무엇보다도, 아무것도 복원되지 않았고, 완전히 새로운 어떤 것이 존재하게 되었다.

러시아 혁명을 선행하는 혁명과 구분해 주는 것은, 그리고 모든 비교를 허용하지 않는 것은, 혁명 과정 그 자체가 진척되면서 권력 장악 뒤에 새로운 지배 신분이 나타나고 이러한 신분의 경제적 지위가 형성되었다는 사실이다.[109]

그의 책의 후속편인, 뒤에 나온 팸플릿에서, 로라는 다시 명백하게 "인간에 의한, 인간에 대한 또 하나의 착취 형식이 자본주의적 착취를 대체하는 일이 순조롭게 진행되는가, 그렇지 않은가?"[110] 하는 문제를 제기했다. 한 사회를 사회주의적인 것으로 특징짓기 위한 조건은 무엇보다도 경제가 의식적이고 집중적으로 이끌어져야 할 뿐만 아니라, 착취가 없고 의사 결정이 민주적으로 일어난다는 것이었다. 두 조건은 소련에는 들어맞지 않았다. 관료 엘리트는 "새로운 착취 계급, 즉 잉여 가치의 소비자"[111]를 이루었다.

나중에《마르크스주의가 파산하고 있는가?Is Marxism Going Bankrupt?》라는 제목으로 나온 출판물에서, 로라는 암시적으로 마르크스가 러다이트 Luddites를 묘사한 것을 언급하면서 현대적인 계획 기법을 다양한 사회 환경에서 서로 다른 방식으로 작동할 수 있는 기구와 견주어 보았다. 그가 소련뿐만 아니라 이탈리아와 독일도 포함했던 '중간 정부intermediate régimes'는 이러한 기구를 정치적으로 혐오스러운 방식으로 이용했다. 그러나 이것이 민주적 사회주의자가 그들 자신의 목적을 위해 새로운 사실을 이용하기 위해서, 눈에 드러난 '새로운 사실'을 연구하지 못하게 막지는 않을 것이다. 파시스트 정권과 스탈린주의 정권의 본질이 어느 정도 달랐지만("독일과 이탈리아에서, 지배 계급은 금권-기술관료pluto-technocratic 이고, 러시아에서는 그것이 관료-기술관료bureau-technocratic다." [112]), 그들은 한 편에 경제 기구 지도부와 다른 편에 소유권 사이에서 더는 그 어떤 직접적인 연관이 없다고 보았다는 점에서는 같았다. 그런 의미에서 파시스트 정권과 스탈린주의 정권은 '자본가 계급의 쇠퇴the decay of the capitalist class' [113]를 상징했다. 그와 함께 그 정권은 다른 방식으로, 그리고 더 커다란 규모로 자본주의의 역사적 사명을, 즉 사회주의의 준비를 끝마쳤다. 중앙 집중화, 축적, 계획 기법을 통해 그들 정권은 '새로운 전복'의 수단으로 노동자가 권력을 장악할 수 있고 민주주의적으로 계획된 새로운 사회를 세울 가능성을 명확히 만들어 냈다.

베유

작가이자 철학자인 베유(1909~1943)[114]는 1930년대 초에 혁명적 생디칼리스트였다. 그녀는 특히 잘 알려졌듯이 1934~1935년에 르노 공장에서 일했다.[115] 베유는 1933년에 쓴 〈우리는 프롤레타리아 혁명으로 나아가고 있는가?Are We Going towards Proletarian Revolution?〉라는 에세이에서 로라
가 했던 초기 작업을 분명히 따랐다. 베유는 "관료가 행사했던 착취 기
제"[116]에 대한 로라의 분석을 그때 차츰 대중적으로 되었던, 경영자와 기
술자의 늘어나는 권력에 대한 다른 견해와 결합했다.[117] 그 결과물은 "동
료가 깊이 생각해 보도록 하기 위한 가설일 뿐"이었다.[118]

　　베유가 분석의 출발점으로 삼은 것은 자본주의의 많은 분야에서 나타
났던 점점 늘어나는 분업과 전문화였다. 이러한 경향은 결국 개인이 사회
를 총체적으로 이해할 수 있는 능력을 상실하게 했다. 그들은 더는 논리
나 역사를 통찰할 수 없게 된 사회적 무리에 속하도록 강요받았다. 그와
함께 많은 파편화한 활동을 조정하는 새로운 전문주의가 나타났다. 그 결
과 '행정 기능'과 관료 기구가 보기 드물게 빠르게 성장했다.

　　그것은 정신노동과 육체노동을 차츰 분리했던 기업에서 볼 수 있는 과
정이었다. 노동력을 사는 사람과 노동력을 파는 사람 사이에 있는 오래된
자본주의적 모순은 별도로 하고, 자본과 노동 사이의 분화를 대체했던 사
회의 3중 분화에서 비롯된 둘째 모순이 생겼다.

　　지금 기업 주위에는 세 가지 아주 다른 사회적 층들이 있다. 즉, 기업체의 수
　동적 도구인 노동자와 해체되는 경제 체제에서 지배적 지위를 얻은 자본가, 그
　리고 자신의 권력만을 증가하게 할 수 있는 기술 발전에 따라 오히려 지지를 받
　았던 행정가다.[119]

　　그녀는 다음과 같이 주장했다. 만일 자본가가 이 체제에서 제거된다면,
노동자 권력 체제는 그 자본가를 자동으로 대체하지 못한다. 더 그럴듯한
것은 '착취자에 대한 징발(무엇보다도 그것은 행정 기능과 조정 기능 사이의

새로운 모순에 영향을 미치지 않는다)'이 행정 세력을 독재적인 관료 신분으로 전환할 것이다. 그리고 일정한 독점권을 지녔던 사회 계층은 그러한 독점을 자발적으로 포기하지 않을 것이다.

행정 기능을 행사하는 것으로 규정된 사회층은 소유의 합법적 체제가 노동하는 대중에게 행정 기능에 접근할 수 있도록 하는 것을 결코 받아들이지 않을 것이다[……]. 어떤 종류의 징발로도 러시아 노동자의 영웅주의가 파탄에 이르게 했던 이러한 문제를 풀 수 없다.[120]

관료의 지배가 확립되었을 때, 모든 생활 영역을 종속시키는 내적 경향이 나타나기 시작했다. 자본주의와 심지어 봉건제가 아직도 일정한 자유를 얻는 곳에서, 관료 체제는 모든 측면에서 사회생활에 침투하려는 막을 수 없는 경향을 지녔다. 견해의 차이는 주의 깊게 배양된 광신주의로 전환되었고, 개별 가치는 국가 종교에 길을 내주었다.

배유는 또 이러한 방향으로 가는 경향이 소련 밖에서도 분명히 있었다고 믿었다. 무엇보다도 모든 곳에서, 즉 노동조합, 기업, 그리고 국가에서 '3중의 관료제'가 자라났다. 루스벨트F.D. Roosevelt가 실시한 뉴딜New Deal은 경제 과정에 대한 관료적 간섭을 꽤 강화했다. 독일에서, 기업과 국가 관료제의 명백한 혼합이 일어나는 것 같았다. 따라서 배유는 파시스트적이든 사회주의적이든 공산주의적이든 상관없이 모든 정치적 대중운동이 같은 방향으로 작동하기 때문에 미래가 더더욱 암울할 것으로 내다보았다. 그러나 그 모든 것이 낙담시키는 것처럼 보일지라도, 어쩔 수 없는 일이라고 묵인한 것은 잘못이었다. "이것이 아주 가능성이 커서 우리가 사멸하게 될지라도, 살아 있지 않았다면 사멸하지도 않을 것임을 분명히 하자."[121]

리치

이탈리아 사람 리치(1901~1985)는 보르디가주의Bordigism와 트로츠키주의의 정치적 범주에서 왔다 갔다 한 신발 장사꾼이자 중퇴한 학생이었다.[122] 그는 1939년 풍문을 통해 소련에 대한 논쟁에 그 뒤 오랫동안 영향을 미치게 되었던 《세계의 관료화The Bureaucratisation of the World》라는 책을 펴냈다. 얼마 동안 비판적 마르크스주의 서클들은 이 책을 수수께끼처럼 여겼다. 저자 스스로 수수께끼에 싸여 있었을 뿐만 아니라(그는 자신을 'Bruno R.'로만 표시했다) 프랑스 경찰이 그 책에 반유대주의 문구가 있다는 이유로 출판 직후 곧바로 그 책을 몰수했다.[123] 《세계의 관료화》는 트로츠키가 암살당하기 직전 그 책을 논쟁적으로 공격했기 때문에 처음으로 알려지게 되었다.[124] 비록 1947년 나비유Pierre Naville가 리치의 실명을 밝혔지만,[125] 1950년대 말에 이르러서야 비로소 리치의 실명은 좀 더 많은 서클에 알려지게 되었다.[126] 우리는 그의 책이 출판되기 전에 리치가 이미 몇 년 동안 소련의 본질에 대해 고민했다는 것을 이제 안다. 1937년 그는 《소련은 어디로 가고 있는가?Where Is the USSR Going?》를 썼다. 리치는 나중에 이 책이 실질적인 질문을 제기했지만, 그 질문에 대한 좋은 답변을 얻지는 못한 상태였다고 말했다.[127]

리치의 책에 배유의 주제가 다시 나왔다. 리치도 곳곳에서 관료 세력의 힘찬 행군을 인식했다. 비슷하게 그는 소련을 관료가 지배 계급이 되었던 사회로 묘사했다. 그러나 그의 주장에는 배유가 제출했던 관료적 현상에 대한 사회-역사적 기원이 빠져 있었다. 리치는 또 강화된 관료 계급을 소련뿐만 아니라 배유가 그런 방향으로 나아가는 '경향을' 간파했던 곳에서, 즉 독일과 이탈리아, 일본에서도 확인했다.

그와 같은 시대의 대부분 마르크스주의자처럼, 리치도 부르주아지를 정치적으로 완전히 방어적 입장으로 내몰렸던 '약해진 사회 세력'으로 여겼다. 그러나 이것은 트로츠키와 다른 이들이 믿었던 것처럼 사회주의 혁명이 의제에 올랐다는 뜻이 아니라, 오히려 '관료적 집산주의'가 의제에 오른 것을 뜻했다. 이러한 새로운 사회 구성체를 분석하기 위해, 리치는 그의 책을 세 부분으로, 즉 소련과 파시즘, 그리고 미국의 뉴딜로 나누어서 서술할 생각이었다. 제1부와 제3부만이 최종적으로 《세계의 관료화》에 포함되었다. 중간 부분은 출판되지 않았다.[128]

리치는 소련에 관한 한 지배 계급, 즉 관료가 10월 혁명이 사망한 결과로 스스로 확립했다고 주장했다. 즉, "국가의 소유는, 사회화되었지만 새로운 지배 계급에 완전히 속한다고는 전혀 이야기할 수 없었던, 국가의 모든 유동 재산과 고정 재산을 관료의 소유로 만들었다."[129] 사회의 부에 대한 이러한 새롭고 집단적인 전유 방식으로써, 관료적 집산주의는 자본주의를 불구로 만들었던 해결할 수 없는 모순(사회화된 생산 대 사적 전유)을 지양했는데, 이는 이 모순을 더 높은 수준으로 끌어올리기 위한 것이었다. "착취는 남아 있다. 그러나 인간에 의한 인간의 착취 대신에, 그것은 계급에 의한 계급의 착취다."[130]

사적 착취에서 집단적 착취로의 이행에서, 리치는 계급 없는 사회에서 계급 사회로 이행이라는 반대 방향으로의 사례를 조사 분석했다.

재산은 모든 사람에 속하는 것, 따라서 아주 옛날 사람에게는 존재하지 않는 것이다가, 먼저 집합적으로 공동체로 넘어갔고, 나중에 사유 재산이 되었다. 이제 그것이 다시 집단적 형식을 띠는 것 같다. 그러나 그것은 계급의 재산으로

집단적 형식을 띤다.[131]

관료적 집산주의에서 착취, 다시 말해 잉여 가치의 전유[132]는 국가 기구를 통해 일어난다. 그러한 국가 기구는 동시에 억압을 조직한다. 따라서 정치권력과 경제권력은 함께 융합되었다. 자본가가 아니라 독점적 국가가 노동 수요를 결정했다. 계획은 임금을 고정했다. 계획은 상품의 가격도 정했다. 따라서 이제는 노동자를 (생산 수단에서 '해방되었다는', 그리고 인격적 종속에서 '해방되었다는' 이중적 의미에서) '자유롭다'고 말하는 것은 옳지 않다. "소련 노동자는 하나의 주인을 섬길 뿐이었다. 그는 더는 그의 노동-상품을 제공할 수 없다. 그는 무엇을 선택할 수 없는 죄수다."[133] 따라서 리치는 (소련 노동자의 처지가) 노예 노동과 아주 비슷하다고 보았다.

착취는 정확히 노예제 사회에서처럼 일어난다. 국가의 신민은 그를 사들인 주인을 위해 일한다. 그는 자본재가 된다. 그는 돌보고, 기르는 가축이다. 그의 재생산은 주인에게는 큰 관심거리다.[134]

고대 노예와는 하나의 중요한 차이가 있을 뿐이었다. 즉, 러시아 노동자는 "옛 노예들이 갖지 않았던 특권"인 군 복무를 해야 했다.

소련에 대한 리치의 접근법은 주로 서술적이었다. 심지어 인과적 분석을 하거나 그런 쪽으로 다가갈 뜻도 없었다. 그는 주로 다른 해석과 논쟁할 때 이용될 수 있는 많은 고정된 이미지를 보여주는 데 관심을 두었던 것 같다. 따라서 소련에 대한 그의 담론은 트로츠키와 그의 '중위' 나비유를 비판하기 위해 많은 여지를 남겨 두었다.[135]

미국의 뉴딜을 다룬 부분도 분석 방식에서 아무것도 제공하지 않는다. 뉴딜이 새로운 지배 계급의 등장을 뜻했다고 한 리치의 논지는 주장만 있을 뿐 구체적이지 않았다. 그런데도 이 논지는 세계적 규모에서 자본주의를 관료적 집산주의가 계승했다는 그의 전체 이론에 맞아떨어진다. 관료적 집산주의 그 자체로는 사회주의에 앞서는 마지막 역사적 단계를 이루었다.

국유화, 대규모 생산 수단의 국가화, 경제적 계획화와 개인적 투기의 목적이 아닌 다른 목적을 지닌 생산은 관료적 집산주의의 큰 인기 품목이다[……]. 역사적 견지에서 보면, 이 사회는 규칙에 따라 지구 전체의 생산을 끌어올리는 것을 자신의 과업으로 삼는다.[136]

이러한 관료주의 국가는 역사적으로 필요했다. 그러나 "역사의 마지막 지배 계급은 계급 없는 사회에 너무도 가까운 것이어서, 이 계급은 계급으로서 그리고 소유자로서 자신의 신분을 부인한다!"[137]

관료적 집산주의 지배자는 부르주아보다 노동 계급에 더 가까웠다. 따라서 히틀러, 스탈린, 그리고 다른 사람들에 대한 신랄함이나 증오라는 모든 감정은 걷어치워야 할 것이다. 이러한 지도자들은 진보적 과업을 수행했다. 왜냐하면 그들이 공업 생산을 합리화했기 때문이었다. 또 그들은 역사의 도구, 남몰래 해방을 갈망했던 "황금 새장에 도착했던 위대한 죄수"이기도 했다.[138]

우리는 스탈린과 히틀러, 무솔리니Mussolini가 진심으로 그리고 인간으로서 그들의 체제를 아주 좋아한다고 믿지 않는다. 또 우리는 그들의 삶에서 그들이 개인 경찰과 숭배자에 둘러싸여 있었으며, 일종의 고립되고 경계심 많은 국민 때문에 인간성을 잃어버릴 지경에 이르렀다고는 믿지 않는다. 그들은 정치적 필요를 위해서 그리고 사회적 필요 때문에 현실을 받아들였다[……].139

버넘

리치가 《세계의 관료화》를 썼던 그 해에, 소련에 대한 논쟁은 미국 트로츠키주의 운동에서 급속하게 일어났다. 이미 1937년에 사회주의 노동자당Socialist Workers' Party의 두 지도자인 버넘과 카터Joseph Carter(프리드먼 Joseph Friedman)가 "마르크스주의가 이 용어에 부여했던 전통적인 의미에서"140 더는 소련을 노동자 국가로 여길 수 없다고 주장함으로써 어느 정도 반대자의 입장을 채택했을 때 내부 갈등이 있었다. 그들 가운데 한 사람인 철학자 버넘141은 뒤이은 갈등에서 핵심 역할을 했다. 두 번째 논쟁이 벌어졌을 때, 붉은 군대가 핀란드를 침공했다. 정통 트로츠키주의자는 그들이 이러한 '타락한 노동자 국가'를 무조건 방어하는 것에 찬성한다는 전제에서, 소련을 지지하길 바랐다. 그와 달리 정통 트로츠키주의자에 맞서는 반대파는 그 침공을 공격 행위로 여겼다. 그래서 이들이 보기에 그 침공은 강력히 비판받아야 했다.142 버넘은 소련이 새로운 종류의 계급 사회였다고 주장하면서, 반대파의 입장을 위한 이론적 근거를 제공했다. 그와 같은 생각을 한 사람 가운데는 앞서 말한 카터 말고도 샤흐트만 Max Shachtman, 제임스C.L.R. James, 하우Irving Howe와 벨로Saul Bellow도 포함되었다. 멕시코에 망명해 있던 트로츠키가 여러 논문을 써서 개입했을 때, 논쟁은 더 격렬하게 일어났다.143 그 때 트로츠키는 버넘의 사상과 '브루노 알'의 생각이 비슷하다고 지적했다. 1940년에 미국 사회주의 노동자당이 분열되었다.144 버넘과 그의 협력자 샤흐트만을 중심으로 한 그룹은 노동자당Workers' Party을 세웠다. 그러나 같은 해에 버넘은 새로운 조직도 떠났다. 그는 사퇴 이유에 대해 쓴 편지에서 다음과 같이 말했다.

사회주의 노동자당에서 일어난 분파 투쟁과 그것의 결과, 그리고 요즈음 노동자당의 형성은 나 자신의 처지에서 나 자신의 이론적·정치적 믿음을 되돌아보는 어쩔 수 없는 기회가 되었다. 이는 한 치의 과장도 없이 내가 자신을 마르크스주의자로 생각할 수 있는가, 또는 다른 이에게 나를 마르크스주의자로 여기도록 할 수 있는가에 대해서 생각하게 했다.[145]

다음 해인 1941년, 버넘의 유명한 책《관리 혁명The Managerial Revolution》이 나왔다. 비록 저자가 그 책을 '마르크스주의적'이지 않은 것으로 여겼을지라도, 여전히 마르크스주의적 사고에 강하게 영향을 받았을 뿐만 아니라,[146] 나중에 마르크스주의 논쟁에서 중요한 역할을 했기 때문에,[147] 나는 그 책을 여기에서 논할 것이다.

《관리 혁명》에서 버넘은 그가 관심을 두었던 여러 부분을 엮어냈다. 한 편으로 그것은 트로츠키주의 운동의 성원으로서 마지막 해에 그가 방어했던 소련에 대한 분석을 더욱더 가다듬고 구체화했다. 다른 한편으로 그것은 그가 초기에 미국의 뉴딜에 대해 출판했던 분석을 이어간 것이었다. 1935년 뒤부터 그는 트로츠키주의 이론지인《새로운 인터내셔널The New International》에 '웨스트John West'라는 가명으로 쓴 글에서 뉴딜의 발전, 즉 국가의 영향이 늘어나고 정부와 사기업에서 관료가 팽창하는 것을 조사했다.[148] 그 글이 처음에 전제로 삼은 것을 보면,《관리 혁명》은 리치의《세계의 관료화》와 아주 비슷한 것을 알 수 있다. 실제로 샤흐트만과 나비유가 버넘을 표절로 고발했을 만큼 두 책은 아주 비슷했다.[149] 그럼에도 이러한 고발은 입증되지 않았고 꼭 적절했다고 할 수 없다. 왜냐하면 배유의 공헌이 보여주듯이, 그러한 생각이 말하자면 이미 '나돌았기' 때문이다.[150] 저자에 따르면 계획도 교훈도 담지 않은 책,[151] 《관리 혁명》에서 버넘은 배유가 깜짝 놀랄만한 예감을 가졌다고 확실히 주장했다. 즉, 새로운 관료 계급 지배가 세계적 규모로 냉혹하게 확립되었다.

우리는 이제 사회적 이행의 시기에 있다[……]. 즉, 그 시기는 사회의 가장 중요한 경제, 사회, 정치, 문화 제도가 예상하지 못할 만큼 빠르게 바뀌는 것으로 특징지어진다. 이것은 우리가 자본주의적이거나 부르주아적이라고 했던 사회의 유형에서부터 우리가 관리적이라고 부르게 될 사회 유형으로 이행한 것이다. 이러한 이행은 아마도 봉건제에서 자본주의 사회로 이행하는 것과 간단히 비교될 것으로 추측할 수 있을지도 모른다. 그것은 약간 자의적으로 제1차 세계대전에서부터 시작되었을 수도 있다. 그것은 또 그때부터 약 50년 뒤에는, 또는 아마도 그것보다 빨리 새로운 사회의 공고화를 통해 끝날 것이라고 기대할 수도 있다.[152]

리치의 사례보다도 더 분명하게, 여기에서 단선주의와 단절하는 것 같았던 새로운 계급 사회(자본주의 다음에는 두 개의 가능성이 있다. 즉, 사회주의냐 아니면 새로운 계급 지배냐)를 다룬 이론이 어떻게 해서 다시 새로운 단선적 도식을 확립하는 경향을 보였는지가 분명해진다. 이는 파시즘의 진전과 파시즘의 스탈린주의와의 유사성에 영향을 받은 것이었다. 이때 스탈린주의는 속박의 유형이 부분적으로 변경된 것일 뿐이다. 그 결과는 봉건제에서부터 자본주의로, 그리고 그 뒤 사회주의로 이어질 수도 있는 새로운 계급 사회로의 이행이다.

버넘은 실패한 혁명(독일, 중국, 발칸 반도)을 언급함으로써, 자본주의가 쇠퇴한다고 자동으로 사회주의로 이어지지는 않는다는 것을 보여 주었다. 또 그는 자본주의의 전복이 기대했던 것과 전혀 다른 결과(러시아)를 가져왔다는 것을 보여 주었다. 그는 이러한 사회주의적 전망의 실패가 마르크스주의 이론에서 노동자 계급에 지나친 역할을 부여했던 것과 관련이 있다고 주장했다. 주민의 프롤레타리아트화가 마르크스주의자가 기대했던 것만큼 일어나지 않았을 뿐만 아니라, 또한 노동자의 구조적 무능이 그들의 탈숙련화에 따라 증가했다. 한편으로 노동자의 교육 수준이 줄어들었고, 다른 한편으로 높은 수준의 교육을 받은 기술자와 생산 지도자 계층이 기업가와 노동자 사이에 나타났다. 이것은 기업 소유자가 사라진다고 할지라도 노동자가 더는 생산 과정을 스스로 이끌 수 없다는 것을 뜻했다.

자본주의를 정말로 폐지할 수 있다고 기계적으로 말하던 사람은 오직 생산 과정의 지도자, 즉 관리자였다. 버넘은 이러한 미래 지배자의 정체를 정확히 묘사했다. 그는 고도의 숙련 노동자와 화학자, 물리학자, 엔지니어 등등을 빗대어 말하지 않았다. 그는 엄격한 의미에서 오직 관리자라는 뜻으로 말했다.

우리는 흔히 그들을 '생산 관리자production managers', 운영 임원operating executives, 감독자superintendents, 행정 엔지니어administrative engineers, 감독 기술자 supervisory technicians로, 또는 정부의 [……] 행정가, 위원, 국장 등등으로서 인정할지도 모른다.[153]

관리자 지배는 소련에서 가장 발전했지만, 독일과 이탈리아 등등 그 밖의 다른 곳에서도 마찬가지로 급속히 성장했다. 그러한 사회 유형을 건설하는 데서, 국가 관리 계급은 (그들 자신의 나라와 전 세계에 걸쳐) 자본주의에 맞선 투쟁, 대중의 복종, 민족 국가에 의한 세계 지배 방식에 따라 나타나는 그들 사이의 투쟁이라는 세 가지 문제에 맞닥트렸다. 이러한 문제를 해결하는 방식은 나라마다 달랐다. 러시아의 도식은 다음과 같다.

(1) 국내에서 무력한 자본가 계급의 급속한 쇠퇴[……], (2) 좀 더 점진적으로 파편화한 방식으로, 꽤 많은 시간에 걸쳐 대중을 속박하기, (3) 앞으로 (비록 준비가 몇 년 전에 시작되었지만) 떠오르는 세계의 관리자 사회 안의 다른 부문과 직접적인 경쟁154

독일에서는 다른 도식이 작동되었다. 이곳에서는 대중의 복종이 자본주의 권력의 청산보다 앞서 진행되었다. 미국에서 일어난 전환의 윤곽은 러시아보다 독일의 전환과 닮았다. 비록 북미에서 그 과정이 훨씬 더 점진적으로 일어났고, 자본주의가 훨씬 더 강력하게 남았을지라도.

현실화한 관리자 사회가 어떻게 생긴 것이냐? 그런 사회(버넘이 이러한 맥락에서 특히 소련에 대해 생각했다)에서 관리 엘리트는 지배 계급이 되었다. 이 지배 계급은 두 가지 본질적인 특성을 통해 인식할 수 있다. 즉, 그것은 "첫째로, 다른 사람이 통제된(소유된) 물건에 접근하는 것을 [……] 막을 수 있는 능력, 둘째, 통제된(소유된) 개별 물건을 분배하는 데서 우대받는 것이다."155 둘째 특징은 첫째 특징에서 나왔다. 왜냐하면 누군가가 생산 수단을 소유했을 때 비로소 그는 그것의 결실을 전유할 수 있을 것이기 때문이다. 버넘이 보기에 이런 의미에서 소련의 관리자가 지배 계급을 이루었다는 것은 분명했다.

러시아 혁명은 사회주의 혁명이 아니라 [······] 관리자 혁명이었다[······].
오늘날 러시아는 구조적 측면에서 관리자의 길을 따라 가장 멀리 진전했던
국가다.[156]

관리 경제에서 화폐는 자본주의에서보다 덜 중요했다. 그것은 더는 개
인 자본individual capital으로 기능하지 않았고, 교환 과정에서 별로 중요한
역할을 하지 않는다. 국가 부문이 지배적이었던 영역(건강 보험 따위)에서
화폐의 역할은 줄어들었다. 이론적으로 화폐 역할의 이러한 축소에 대한
한계를 정하는 것은 불가능했다. 그러나 현실에서 화폐는 수입의 격차가
화폐에 의해 현실화될 수 있는 한에는 남아 있을 것이다.

버넘이 리치의 주장을 강하게 떠오르게 하는 문구에서 결론 내렸듯이,
노동자는 더는 이중의 자유a double freedom를 지닌 노동자가 아니었다. 그
들은 여전히 생산 수단을 소유하지 못했지만, 그렇다고 해서 특정 자본가
에게 노동(버넘은 노동력이라는 표현을 쓰지 않았다)을 팔거나 팔기를 거부
하는 자유를 가진 것도 아니었다.

관리 사회는 계획적인 방식으로 기능했고, 그런 의미에서 자본주의보
다 더 나은 사회였다. 소련과 독일이 증명했듯이, 그 사회는 많은 사회·
경제적 문제(대량 실업, 생산 하락)를 풀 수 있었다. 대중은 약간 더 높은 생
활 수준을 누렸다. 비록 이것이 보증되지는 않았을지라도. 그와 함께 관
리 사회는 또 심각한 긴장을 드러내었다. 왜냐하면 그 사회는 여전히 적
대 사회였기 때문이다.

버넘은 자신의 책에서 앞으로의 발전 과정을 여러 가지로 예측했다. 세
계 정치에서 미국, 독일, 일본이라는 세 권력 축이 나타났다.[157] 소련은 두
쪽이 날 것이다. 서쪽 부분은 독일 세력권의 일부가 될 것이고, 다른 동쪽

부분은 일본의 영향 아래 놓일 것이다. 더욱이 여전히 독재적 특징을 지녔던 관리 사회는 차츰 더 민주주의 사회가 될 것이다. 무엇보다 독재 단계는 권력을 장악하고 그것을 공고화하는 데 필요했다(버넘은 이 부분에서 절대주의 국가와 비유했다). 만일 그 단계가 성공한다면, 민주화는 두 가지 이유 때문에 본질적이 될 것이다. 즉, 첫째 대중이 자신의 이익이 무시되지 않았다고 느끼게 된다면, 계획 경제가 효율적으로 기능할 수 있을 것이다. 둘째, 일정한 민주주의는 반대파를 날려버릴 수 있게 한다.

샤흐트만

샤흐트만은 트로츠키와 분파 투쟁을 할 때 처음에 버넘과 동맹을 맺었다.[158] 그는 〈러시아는 노동자 국가인가?Is Russia a Workers' State?〉라는 글로 1940년대 논쟁에 이바지했다. 버넘과 달리, 샤흐트만은 10월 혁명이 진정으로 프롤레타리아 혁명이었지만 스탈린주의의 '반혁명'이 일어나고 난 뒤 그러한 성과가 상실되었을 뿐이었다는 생각에서 시작했다. 샤흐트만은 ('실제로 피 흘리지 않고 비폭력적'이었던 볼셰비키의 권력 장악과 반대로) 스탈린주의의 수립이 많은 사람의 생명을 대가로 했다는 의견을 표현함으로써, 1917년에 태어난 노동자 국가에 대한 폭력적인 전복이 없었다고 한 트로츠키와 매우 다른 주장을 했다.[159]

　샤흐트만은 소유 형태와 소유관계 사이에 차이가 있다는 것을 분석적으로 밝혀냈다. 국가가 생산 수단의 다수를 통제했다면, 이는 하나의 특정한 소유 형태가 존재했다. 그러나 이 특정한 소유 형태는 다양한 소유관계와 결합할 수 있었다. 즉, "만일 우리가 소련에서 국유화된 재산에 대해 말할 수 있다면, 이것은 소유관계가 어떠한 것인지 아직 정해지지 않은 것이다."[160] 누가 국가를 통제했는가 하는 문제가 제기되었다. 만일 국가가 프롤레타리아트의 손아귀에 있었다면, 프롤레타리아트는 국가를 매개로 하여 재산을 통제했고, 노동자 국가는 존재했다. 다른 한편으로 프롤레타리아트가 정치적으로 아무런 기능을 할 수 없다면, 노동자 국가가 그래도 존재했다고 말하는 것은 아무런 의미가 없다. 그리고 그가 소련의 본모습이라고 믿었던 것은 후자의 상황이었다. 관료주의적 반혁명은 "노동자 계급이 자신의 국가를 통제했던 모든 손가락을 구조적으로 절단당했다는 것을 뜻했다."[161] 새로운 지배 계급을 통한 관료적 소유관계, 즉 관료제는 그 결과였다.

리치와 버넘은 관료 계급이 앞으로 지구 전체의 통치자가 될 것으로 생각했다. 그러나 샤흐트만은 단명하고 지역적으로 한정된 현상을 뜻한다고 생각했다. 샤흐트만이 보기에, 스탈린주의 지배가 나타날 수 있었던 것은 아주 특별한 요소, 즉 국제 사회주의 혁명이 실현되지 못한 것과 러시아에서 생산의 낮은 발전이라는 요소가 결합했기 때문이었다. 고도로 발전한 자본주의 나라에서, 혁명적 저항은 그리 머지않은 미래에 소련의 종말을 뜻하게 될 사회주의 사회를 가져올 것이다. 20세기에 모든 사건과 현상은 "시간상으로 포개어지기" 쉽다. 따라서 관료제는 곧 무너질 것이다. 왜냐하면 관료가 "이미 경제적 발전에 족쇄가 된 불안정한 사회의 지배 계급"을 이루기 때문이다.[162]

소련은 사회주의에 "반동적인 장애"였다. 프롤레타리아트의 타도(프롤레타리아가 권력을 빼앗기는 것)는 소유 형식(생산 및 교환 수단의 국유화)을 유지할 것이지만, 근본적으로 소유관계를 바꾼다. 자본주의가 국유화된 소유를 해치게 된다면, 그런데도 사회주의자가 자본주의에 맞서 소련을 방어할 것이라는 점은 상상할 수 있었다.

이제 소련은 승리한 제국주의가 될 것이다. 이는 세계의 사회적 발전에 크고 지속적인 반동적 영향을 미칠 것이며, 자본주의와 반동을 더 오래 견디게 할 것이고, 혁명적 운동을 터무니없이 방해할 것이며, 우리가 얼마나 걸릴 것인지 알지 못하게 세계 사회주의 사회의 도입이 늦춰질 것이다. 이러한 관점에서 그리고 이런 조건에서, 소련에 대한 방어는 심지어 스탈린주의의 지배를 받고 있더라도 가능하고 필요하다.[163]

따라서 소련의 '소유 형태'는 진보적이었지만, 소유관계는 그렇지 않았다.

카터

카터(1910~1970)[164]는 그의 동지 샤흐트만의 분석이 착종되었다고 여겼다. 왜냐하면 그것은 "러시아가 새로운, 반동적인 경제 체제라는 입장이 정반대의 견해, 즉 러시아는 노동자 혁명이 건설한 진보적인 경제이지만 관료의 지배가 왜곡했다는 것과" 맞물려 있기 때문이다.[165] 그의 견해에 따르면, 전쟁 시기에도 그리고 평화 시기에도 사회주의자가 소련을 방어할 이유가 없다. "역사적 관점에서 러시아는 볼셰비키 혁명으로 세워진 정권에서 퇴각해 야만적인 길을 취했다."[166] 소유 형식과 소유관계 사이의 차이를 드러냄으로써, 샤흐트만이 그러한 결론을 피하려고 애썼다고 카터는 주장했다. 그러나 그 차이는 아무런 의미가 없다.

마르크스주의자가 '소유의 형식'에 대해 말할 때, 그들은 늘 봉건적 소유 (그리고 경제) 형식, 자본주의 소유 (그리고 경제) 형식, 사회주의적 · 이행기적 소유 (그리고 경제) 형식 등등과 같이 사회적 소유 형식, 즉 소유관계를 빗대어 말한다.

러시아에서 일어난 새로운 러시아 현상에 대해 아주 명쾌하게 하려고 샤흐트만이 '소유의 형식'과 '소유관계' 사이의 용어상 차이를 도입하는 것을 선택한다면, 그는 오직 하나의 조건에서만 그렇게 할 수 있다. 즉, 그가 '소유 형식'에 따라 '사회적 소유 형식'을 빗대어 말하지 않았다는 것을 분명히 함으로써. 그렇지 않으면 그 결과는 명쾌함이 아니라 혼란이다. 그렇지 않으면 소유 형식은 소유관계다.[167]

카터는 스탈린주의를 **관료적 집산주의**로 특징지었다. 그 뒤 '새로운 계급 사회'를 이야기하는 다른 이론가들이 그 개념을 사용하곤 했다. 관료적 집산주의에서 지배 계급, 즉 관료는 사회적 잉여 생산물을 강제로 늘리고, 자신의 수입과 힘과 지위를 늘리려고 한다. "강제 노동은 현재 러시아 생산관계의 내재적인 특징이다."[168] 대부분 다른 마르크스주의자와 다르게, 카터는 소련을 아주 비효율적인 사회로 여겼다. 그 사회에서는 생산력이 민주적 계획의 체계 안에서 할 수 있는 것보다 훨씬 더디게 발전했다. 소련이 그 나라의 공업 수준을 향상하는 데 성공했다 하더라도, 해마다 성장률은 점점 더 줄어들었고 수입 불평등은 커졌다. 관료적 관계와 그와 연결된 국가 테러주의는 비난받게 되었다. 왜냐하면 이것들이 "생산에서 끊임없는 파괴, 서로 의존적인 여러 공업 생산의 불균형, 그에 따른 커다란 경제적 낭비, 낮은 생산의 효율성"을 불러오기 때문이다.[169]

국제적으로 소련은 "거대한 국가 트러스트a huge national Trust"[170]로 기능했다. 그것은 세계 자본주의가 소련의 국내 시장에 들어가지 못하게 하고 "선진 서구의 기술에서 충분히 이익을 얻고 진보적인 세계 경제의 통합 부분으로서 자신의 위치를 차지할 수 있도록, 소련 자체의 국내적으로 간혀 있는 생산력의 해방을 위한 불가결한 조건으로서"[171] 이러한 자본주의를 뒤엎으려 애썼다.

페드호사

미국 트로츠키주의 당내에서 그리고 그 주변에서 소련에 대한 폭넓은 토론은 1941년에, 특히 《새로운 인터내셔널New International》 잡지에서 논문을 수없이 쏟아내기에 이르렀다.[172] 대부분은 이미 토론했던 견해를 옹호했다. 그러나 미국에 잠시 살던 브라질 예술 비평가인 페드호사Mário Pedrosa, 필명 르브런M. Lebrun의 글은 예외다.[173] 〈소련 사회의 대중과 계급Mass and Class in Soviet Society〉이라는 글에서, 페드호사는 사회 계급보다는 소비에트 국가 그 자체의 중요성을 강조했고, 다음과 같이 주장했다.

그냥 놔두었을 때 계급 위에 그리고 사회 위에 올라서려는 모든 국가의 본래 경향은, 이 때문에 러시아에서 저절로 사라질 수 있었다. 그것은 예외적인 역사적 상황 덕분이며 어쩌면 역사에서 처음이었다. 이처럼 과정이 진행될 수 있었던 것은 프롤레타리아트, 즉 지배 계급이 너무 약해 관료, 즉 국가의 화신에 대한 통제를 행사하지 못했기 때문이었다. 관료는 국가와 자신을 똑같이 여겼다. 그렇게 하면서 관료는 관료제로서 할 수 있는 한 최고로 발전했다.[174]

원래 국가의 종인 관료는 국가의 주인이 되었다. 사회 위에 군림한 국가는 그 사회에 거역했고, 엥겔스가 그 말을 썼던 의미에서 "자유로운 상태"가 되는 모든 사회 계급을 원자화하려고 애썼다.[175] 이러한 발전은 관료가 계급으로서 스스로 구성하려고 애썼을지라도, 아직은 독립적인 경제적 토대가 결여되어 있었기 때문에 '아주 이행기적'이었다. 꽤 많은 시간 동안 이미 드러났던 저발전 위기는 관료가 경제적 팽창 방식을 찾도록 강요했다. 그것은 다음과 같았다.

닭이 알을 낳으려고 안전한 장소를 찾는 것처럼 불안한 것이었다. 관료는 쉽게 활동할 수 있고 진정한 사회 계급으로서 역사에서 영속적인 지위를 보증할 수 있는 적절하고 안정적이며 경제적인 사회적 기반을 얻길 바란다.[176]

이러한 사실은 한편으로 외교 정책에서 모험을 갈망하게 했다. 다른 한편으로는 관료를 토지와 경공업을 사유화하도록 하는 유혹에 빠트렸다.

힐퍼딩

1940년 멘셰비키 잡지 《사회주의 소식Sotsialisticheskii Vestnik》에는 워럴이 자신의 국가 자본주의 이론을 상세히 설명했던 논문이 러시아 어로 옮겨 실렸다. 그러나 또 그 글에 대한 비판적 대응도 실렸다. 그것은 잘 알려진 사회 민주주의자 힐퍼딩Rudolf Hilferding이 자신의 이론을 제출한 것이었다.[177] 나중에 특히 영어와 독일어로도 출판되었던 힐퍼딩의 기고문은 히틀러가 권력을 잡은 뒤 그가 출판했던 일련의 나치 독일과 소련의 발전을 다루었던 논문의 결과물이었다.[178]

힐퍼딩의 이론은 비록 리치, 버넘, 페드호사와 몇몇 동질적인 유사성이 있긴 하지만, 독특하다. 힐퍼딩에 따르면 관료는 지배 계급일 수 없다. 왜냐하면 그것은 구성에서 너무 이질적이고 합의를 산출하는 기구consensus-generating mechanisms를 갖지 않았기 때문이다.

모든 곳에서, 특히 소련에서 관료는 아주 여러 가지 인자가 모인 것이었다.

그것에는 좁은 의미로 정부 관료(하급 공무원에서부터 장군과 심지어 스탈린 그 자신까지)뿐만 아니라 모든 공업 분야의 감독자와, 보기를 들면, 우체국과 철도 고용인과 같은 직원까지도 속한다. 어떻게 이런 갖가지 무리가 단결해서 통치할 수 있는가? 누가 그것의 대표자인가? 어떻게 그것은 결정을 채택하는가? 어떠한 기관이 자유롭게 처리할 수 있는 권리를 갖는가?[179]

관료는 사회 계급일 수 없다. 그 점에서 힐퍼딩은 트로츠키와 생각이 같다. 그러나 트로츠키와 달리, 힐퍼딩은 관료를 노동 계급과 노동자 국가에 의존하는 기생적 기관으로 바라보지 않는다. 차라리 그는 관료를 국가 지도자, 즉 스탈린의 도구로 여긴다. 그루지야 출신의 폭군은 국가의 머슴을 인구의 나머지와 함께 자신에게 철저히 종속시켰다.

이러한 발전 때문에 경제는 정치를 결정하는 요소가 아니었다. 또 정치는 경제를 지도하고 지배하지도 못했다. 국가는 모든 계급에게서 자신을 분리했고 '독립적인 권력'이 되었다. 이러한 이론은 힐퍼딩의 사고에서 놀랄만한 전환을 이루었다. 바이마르공화국 동안, 몇몇 사람에 따르면, 지나칠 정도로 그는 국가에 대한 큰 믿음을 보여 주었다. 그러나 분명히 스탈린주의와 국가 사회주의의 경험은 퇴각을 부추겼다. 그는 사회 민주주의 지도부 밑에서 국가가 경제를 종속시켜야 한다고 기본적으로 믿었지만, 이제 그런 종속이 독재를 불렀다는 것이 분명해졌다.[180] 그런데도 힐퍼딩의 사상에서 하나의 일관된 주제를 그의 논문에서 볼 수 있다. 즉, 마지막 문장에서 국가는 명확한 권력관계 밑에서 좋든 나쁘든 이용될 수 있는 특정 사회 계급에 속하지 않는 제도다. 그런 제도가 사회 민주주의 정부 아니면 전권을 지닌 독재자에 의해 발생했는가, 아닌가 하는 점은 이러한 핵심 사상에 영향을 미치지 않았다.

3. 4. 비판

국가 자본주의 이론에 대한 비판

국가-자본주의적 토대 위에서 원시적인 자본주의적 축적이 이루어진다
는 아들러의 이론은 친스탈린주의 전망에서 독일 공산주의자 린데H.
Linde의 비판을 받았다. 이 저자(린데)는 반대 주장으로 두 가지 점을 내놓
았다. 첫째로, 그 테제(국가 자본주의)는 이른바 언어상의 모순contradictio in
terminis을 포함한다. 무엇보다, 마르크스에 따르면, 원시적 축적은 "자본
주의 생산 양식의 결과가 아니라 그것의 출발점"을 뜻했다.[181] 이것은 연
대기적 질서를 내포하게 되었다. 즉, 처음에 원시적 축적이 이루어지고
난 뒤 그다음에 자본주의가 들어서는 것이다. 린데에 따르면, 다음과 같
은 논리적 결론은 피할 수 없었다. 즉, 국가 자본주의가 소련에 존재했지
만 원시적 축적은 있을 수 없었다거나, 원시적 축적이 일어났지만 국가
자본주의가 존재했다고 주장하는 것은 불가능했다는 것이다.[182] 둘째, 마
르크스에게서 생산 수단이 소유에서 분리되는 것은 자본주의적 토대 위
에서 이루어지는 원시적 축적의 본질적 특징이었다.[183] 그러나 소련에서
농업 집단화는 정확히 그 반대, 즉 더 높은 수준에서 생산자와 생산 수단
의 결합을 현실화한 것이었다.

> 집단화란 무엇인가? 그것은 소규모 생산자가 그들의 생산 수단에서 분리되
> 지 않는 것이다. 그것은 소규모 생산자의 생산 수단을 통합하는 것, 즉 그것을
> 사회화하는 것이다. 이때에 이 생산 수단(오로지 국가가 집단 경제에 처분권을 부
> 여한 생산 수단만)은 그들 공동의, 집단적인 재산의 바깥에 놓여 있어서 집단 개
> 별 구성원의 사적 재산이 되는 것이 아니라 집단의 재산이 된다.[184]

여러 학자도 소련 경제가 구조적으로 (국가) 자본주의였다는 논지를 거세게 비판했다. 멘셰비키 망명자인 도마네프스카야Olga Domanevskaya는 자본주의의 중심 동력이 경쟁과 이윤 추구로 이루어진다고 지적했다. 그와 반대로 소련에서 이러한 요소는 지배적인 역할을 하지 못한다. 소련에서 본질적인 것은 경제가 국가에 의해 중앙 집중적으로 주도되었다는 사실이었다.[185] 힐퍼딩은 덧붙여서 소련에서 임금과 가격이 시장 체제에서와 같은 방식으로 형성되지 않았다고 주장했다. 소련에서 임금과 가격은 자동적인 과정(공급과 수요)을 통해 수립되지 않고 국가가 정했으며, 그래서 경제를 감독하기 위한 수단이었다.

공식적으로 가격과 임금은 여전히 존재하지만, 그것들의 기능은 더는 똑같지 않다. 그것들은 이제는 생산 과정을 결정하지 않는다. 생산 과정은 가격과 임금을 정하는 중앙 권력이 통제한다. 가격과 임금[……]은 이제는 상품으로서 분류할 수 없는 생산물의 직접적인 개별적 할당량보다 더 단순한 분배의 기술적 형식을 이룬다. 가격은 분배의 상징이 되었고, 더는 경제에서 조절하는 요소가 아니다. 형식을 유지하면서도 기능의 완전한 전환이 일어났다.[186]

트로츠키는 소련 관료 집단이 새로운 부르주아가 되었다는 테제를 받아들이지 않았다.

관료 집단은 주식이나 채권을 갖지 않았다. 자기 자신에게 고유하고 특별한 소유관계를 구비하지 못한 채 행정적 위계 체제를 통하여 성원을 충원하고 보충하며 갱신한다. 개별 관료는 자식들에게 국가 기구를 활용할 권한을 물려줄 수 없다. 그리고 권력을 남용하는 형태로 자신의 특권을 누린다. 그들은 자신의 수입을 숨긴다. 특별한 사회 집단으로 자신이 존재한다는 사실을 애써 감춘다. 관료가 국가 수입의 커다란 부분을 차지하는 것은 사회적 기생성의 특징을 지녔다.[187]

트로츠키는 역사적 불균형이라는 이유로 코르쉬가 처음에 제기했던 자본주의의 '은밀한' 복원이 일어났다는 논지를 반박했다.

한 계급의 손아귀에서 다른 계급의 손아귀로 넘어가는 권력 이전이 내포하는 재앙과도 같은 특성과 관계있는 마르크스주의 테제는 역사가 미친 듯이 앞으로 내달리는 혁명적 시기뿐만 아니라 사회가 뒤로 돌아가는 반혁명의 시기에도 적용된다. 소련 정부가 차츰 프롤레타리아적 특성을 버리고 부르주아적 특성을 띠게 되었다고 주장하는 그는 이를테면 개량주의의 필름을 거꾸로 돌릴 뿐이다.[188]

우리가 보았듯이 샤흐트만도 반대 주장을 제출했다. 즉, 스탈린의 반혁명은 "재앙과도 같았고" 폭력적이었다.

타락한 노동자 국가 이론에 대한 비판

버넘은 소련에서 노동자 계급이 비록 정치적으로 "박탈당했지만", 생산수단이 주로 국유화되었다는 이유 때문에 경제적으로 지배 계급이었다는 논지를 비판했다. 그는 여기에는 오류a petitio principii가 포함되었다는 주장을 제출했다.

우리는 그들에게(그 이론의 방어자)에게 묻는다. 소련은 어떠한 종류의 국가인가? 그들은 소련이 노동자 국가라고 대답한다. 우리는 묻는다. 왜 소련이 노동자 국가인가? 그들은 대답한다. 왜냐하면 소련에 국유화된 재산이 있기 때문이다. 우리는 묻는다. 왜 국유화된 재산이 소련을 노동자 국가로 만들었는가? 그리고 그들은 대답한다. 왜냐하면 노동자 국가가 국유화된 재산이 있는 나라이기 때문이다.

이것은 형식적으로는 성경이 신의 말씀이라고 우리에게 말한 사람이 사용했던 것과 정확히 똑같은 주장이다. 우리는 그들에게 묻는다. 어떻게 당신이 성경이 신의 말씀이라는 것을 아는가? 그들은 대답한다. 왜냐하면 성경 그 자체가 신의 말씀이라고 말하기 때문이다. 우리는 묻는다. 그러나 어떻게 그것이 사실임을 입증하는가? 그리고 그들은 대답한다. 왜냐하면 신이 말했던 그 어떤 것도 거짓일 수 없기 때문이다.

앞에서 보았듯이, 두 가지 사례에서 결론은 당연한 것으로 여겨졌다. 즉, 그 주장이 완전히 순환적이고 전혀 아무것도 입증할 수 없다.[189]

트로츠키가 제출한 똑같은 테제도 국유화된 재산이 노동자 국가를 위한 불충분한 자격 요건이었으므로 비판받았다. 리치는 이러한 맥락에서 부르주아 국가 자체도 국유화와 계획화에 점점 더 의존하고, 소련의 새로운 관료 계급도 그 자신의 목적을 위해서 가장 확실하게 "10월 혁명의 혁신"을 이용할 수 있다고 지적했다.[190] 존슨 J.R. Johnson(제임스의 가명)은 비슷하게 비판했다.

트로츠키와 그를 따랐던 우리는 다음의 차이를 식별하는 데 실패했다. 첫째, 국가가 주로 트러스트, 은행 또는 카르텔과 같은 경제 형식인 곳에서 국가의 손아귀에 있는 생산 수단 세 가지. 둘째, 국가의 의무가 생산을 조직하고 생산물을 분배하는 것이라는 점 말고는 우리에게 아무것도 말해주지 않는 순수하게 법적 관계로서 국가 소유. 셋째, 법적인 문제가 전혀 아니고 경제적 조건과 생산의 사회적 관계 문제인 노동자 국가, 즉 사회주의로 이행하는 국가. 그것은 하나의 문구로 요약할 수 있다. 즉, 노동 계급이 지배자냐 아니냐? 셋째 범주는 다른 두 범주를 포함한다. 그러나 처음 두 개는 단독으로나 또는 함께라도 세 번째를 반드시 포함하는 것은 아니다. [……] 국가 소유 형식 안에서 노동자 계급은 1921년처럼 지배자일 수 있거나 또는 1941년처럼 노예가 될 수 있다.[191]

지금 말한 비판점과 함께 또 다른 밀접하게 관계있는 주장이 제출되었다. 즉, 트로츠키는 그의 이론에서 경제권력과 정치권력을 분리했지만, 이는 실제로 노동자 국가의 사례에서는 불가능했다. 카터의 말을 따르면,

프롤레타리아트는 재산이 없는 계급이다. 경제에 대한 프롤레타리아트의 통제와 사회에 대한 프롤레타리아트의 지배는 처음에 얻은 정치권력을 통해서만 가능하다. 프롤레타리아트의 국가 권력을 통해서 노동 계급은 지배 계급이 되고 모든 계급의 폐지, 사회주의 사회를 위한 조건을 발전시킨다. 정치력 없이 노동 계급은 어떠한 의미에서도 지배 계급일 수 없다.[192]

새로운 생산 양식 이론에 대한 비판

트로츠키는 관료를 새로운 지배 계급으로 보았던 모든 종류의 이론에 반대하는 주장을 내놓았다.

계급은 국민 소득의 분배에 참여하는 것에 따라서 결정되는 것이 아니라, 전체 경제 구조와 사회의 경제적 토대에서 독자적 역할에 따라 정의된다. 모든

계급(봉건 귀족, 농민층, 프티 부르주아지, 자본가 부르주아지, 프롤레타리아트)은 그 자신에 고유한 소유 형식을 가진다. 관료에게는 이 모든 사회적 특성이 있지 않다. 그들은 생산과 분배의 과정에서 독자적인 지위를 갖지 않는다. 그들은 독자적인 소유의 근거도 갖지 않는다. 관료의 기능은 기본적으로 계급 지배라는 정치적 기술에 관계한다. 관료의 존재는 다양한 형식과 특정 영향력에서 차이가 있지만, 모든 계급 정권을 특징짓는다. 관료의 권력은 반영적인 특성을 지닌다. 관료는 지배적인 경제 계급과 확고하게 묶여 있다. 그들은 후자의 사회적 뿌리를 먹고살며 스스로 유지하고, 또 그것과 함께 몰락한다.[193]

켄트W. Kent는 트로츠키의 이러한 반대에 대해 역비판을 제출했다. 그것은 트로츠키가 부당하게 낡은 사회관계를 보편적으로 적용할 수 있다고 선언했다는 것이었다.

유럽 역사에서 관료는 결코 지배 계급이지 않았고, 그것이 늘 다른 지배 계급에 봉사했다고 하자. 그 자체로 관료가 결코 지배 계급이 될 수 없다는 것을 뜻하는가? 역사에서 새로운 무엇이 결코 있을 수 없는가? 명석한 '이론가'는 200년 전 위대한 부르주아 혁명 전에도 꼭 그렇게 주장할 수 있는가? 즉, 어떻게 부르주아가 지배 계급이 되었는가? 바보 같다! 우리가 늘 알던 자본가, 즉 상인과 고리대금업자가 언제나 오로지 왕과 군주에 봉사해 왔다니![194]

도마네프스카야는 국가가 스스로 노동 계급에게서 자신을 유리했다는 믿음을 비판했다. 그녀의 견해에 따르면, 조직은 그런 자율성을 지니지 않는다.

만일 우리가 새로운 계급 형성의 가능성을 추정한다면, [……] 생산 수단과 국가 기구 사이에 이러저러하게 공공연하게 확립된, 그리고 지속적인 관계가 미리 전제되어야 한다. 우리는 국가 기구를 많든 적든 간에 그것들의 결합으로 가정할 수 있어야 한다. 실제로 그것은 여기에 들어맞지 않는다. 소비에트 기구의 특징적인 (부정적인) 모습은 인적 구성에서 끊임없는 유입, 국가 공무원이 한 관리 지부에서 다른 관리 지부로, 조직에서 생산으로, 그리고 생산에서 조직으로 근무지가 바뀌는 것Hinüberfluten이다. 게다가, 중요한 조건이 있다. 즉, 국가 기구는 대부분 실제 노동 계급으로 형성되었다는 것, 노동 계급과 기구 사이에서 상호 변동이 일어난다는 것이다. 이러한 점에서 지나치게 열성적인 관료가 국가 기구를 떠나는 일이 발생하는 사회적 이유를 찾을 수 있다. 이들은 공장으로, '다시 작업대로' 어떻게 해서든 돌아가 버렸던 것이다. 이러한 과정의 경험이 말해 주는 것은 관료화로 나아가는 경향이 있긴 하지만, 관료 조직이 결국에는 자신을 주변 환경에서 영원히 분리할 수는 없고, [그리고 프롤레타리아트에 적대적인 세력의 도구로 되지도 않는다는 것이다.[195]

트로츠키와 샤흐트만은 베유가 이미 개략적으로 예견했던 국가 사회주의, 파시즘, 스탈린주의가 같은 것이었다는 리치와 버넘의 결론에 이의를 제기했다. 리치와 버넘은 쟁점이 된 정권(국가 사회주의, 파시즘, 스탈린주의)이 많은 공통의 특징(테러, 비밀경찰, 정치 구조 등등)을 보여주고 있지만, 소유관계의 수준에서 본질적 차이를 확인할 수 있다고 생각했다. 그 두 사람은 무솔리니와 히틀러가 자본가에 의한 생산 수단의 사적 소유를 계속 허용했고, 따라서 그들은 스탈린과 다른 사회적 기반을 통해 국가를 운영했다고 지적했다.[196]

3. 5. 요약

스탈린주의 정권이 공고화됨으로써, 서구 마르크스주의 논쟁에서 질적인 변화가 일어났다. 소련에 대한 모든 비판자는 이제 '노동자의 조국'에서 일어난 사건이 얼핏 보더라도 더는 고전적인 단선적 이론과 일치할 수 없다는 점을 충분히 아는 것 같았다. 그런데 낡은 도식(고전적인 단선적 이론)을 충실히 따랐던 사람들은 소련에서 자본주의 사회 형태 또는 노동자 국가라는 특정한 변형물을 인지해낸 사람들이었다. 소련에서 새로운 사회 형태를 간파해낼 수 있다고 믿었던 이론가는 조금 더 모험적이었다.

10월 혁명은 이제 프롤레타리아 혁명, 부르주아 혁명, 또는 '새로운 지배 계급이 권력을 잡았던' 혁명이라는 세 개의 다른 방식으로 해석되었다. 첫 번째 해석을 채택했던 사람들은 혁명을 관료주의적 타락, 아니면 그 대신 부르주아적이거나 관료주의적인 반혁명이 뒤따랐던 것으로 여겼다. 아래의 도식은 이러한 변형물과 저자를 보기를 들어 요약한 것이다.

10월 혁명의 본질	이후 발전	저자
프롤레타리아 혁명	관료주의적 타락	트로츠키
	부르주아 혁명	워럴
	관료주의적 반혁명	샤흐트만
부르주아 혁명		바그너
관료주의 혁명		버넘

1920년대에는 그 어떤 비판자도 공개적이고 폭력적인 반혁명의 원인을 밝혀낼 수 있다고 감히 주장하지 않았다. 그러나 1930년대 무렵에 소련에서 일어난 사회적 변화는 너무도 극적이어서, 여러 저자는 이제 그러한 진전이 있었다는 사실을 믿게 되었다.

특이하게도 트로츠키와 그의 지지자만이 옹호했던 타락한 노동자 국가 이론을 제외하면, 모든 주된 이론적 경향 안에서 다른 견해가 발전했다. 국가 자본주의 이론의 신봉자 사이에서, 그리고 새로운 생산 양식 이론의 지지자 사이에서, 두 가지 문제를 놓고 견해가 나뉘었다.

1) 소련이 특수했는가, 아니면 파시스트 사회와 구조에서 비슷했는가? 이 질문에 대해 세 가지 다른 대응이 있었다. 일부는 특수하다고 보았고(아들러, 샤흐트만), 다른 사람들은 파시즘이 또 하나의 변형이 되는 사회 형태의 변형을 소련에서 보았다(폴록, 호르크하이머). 또 다른 사람들은 파시즘과 스탈린주의를 본질적으로 똑같은 것으로 자리매김했다(리치, 버넘).

2) 관료가 이미 새로운 지배 계급이었는가, 아니면 지배 계급이 아니었는가? 이러한 질문에도 세 가지 답변이 있었다. 즉, 힐퍼딩은 관료가 하나의 계급이 된다는 것은 구조적으로 불가능한 일이라고 주장했다. 페드호사는 관료제에서 자신을 스스로 하나의 계급으로 전환하려고 애쓰는 사회 집단을 인식했다. 먀스니코프, 리치 등은 이러한 일이 이미 일어났다고 여겼다.

4장

'대조국전쟁'에서 동유럽의 구조적 융합까지

(1941~1956년)

1941년 7월 22일에 독일군이 소련을 갑작스럽게 공격하자, 2년 전에 두 나라가 맺은 조약(1939년 8월 23일에 체결된 독소 불가침 조약)은 효력을 잃었다. 독일 군대가 눈 깜짝할 사이에 진군하자, 소련 정권은 죽기 살기로 대응할 수밖에 없었다. 명백한 군사적 준비(신병의 동원, 유럽과 국경을 마주한 소련 지역에서 전쟁 선언, 기타 등등)는 다른 문제로 하고, 소련 정권은 농장과 공업의 군사적 전환, 많은 공업 시설을 완전히 동부로 소개하는 것과 같은 일련의 경제적 조치를 했다. 이 작전에서 병사와 노동자, 기술자는 전설과도 같은 노력을 기울였다. 이와 같은 전설적인 노력은 처음부터 많은 사람이 이번 전쟁을 민족적·방어적 전쟁으로 여겨 싸웠다는 사실을 통해서만 설명할 수 있다. 애국심과 사악한 적에 대한 증오는 모든 공식 선전의 주요 추세였다. 처음에는 독일의 공격을 막을 수 없을 것처럼 보였다. 그러나 모스크바 전투(1941~1942년 겨울)가 벌어질 때, 반격할 수 있다는 사실이 분명히 드러났다. 소련군은 여세를 몰아 1943년 스탈린그라드 전투와 쿠르스크 전투에서 더 거세게 독일군을 몰아쳤다. 국제적 수준에서 스탈린은 영국 그리고 미국과 동맹을 맺었다. 스탈린은 할 수 있는 한 온힘을 다해, 특히 1943년에 코민테른을 해산함으로써 소련의 이른바 '세계 혁명'의 목표에 대해 의혹의 눈초리를 보내는 외국 동맹국을 안심시키려고 애썼다.

1944~1945년 소련이 동유럽에서 독일군에 대한 공세를 단행하는 동안, 붉은 군대는 많은 저항에 맞닥트렸다. 그러나 나치 점령군의 사기는 많은 곳에서 떨어져 있었다. 지역 주민으로 이루어진 민병대는 몇몇 지역에서 스스로 많은 지역을 해방하면서 공개적으로 나치 점령군에 맞서 반란을 일으켰다. 조직된 부르주아 군대는 그러한 사건에서 상대적으로 작은 구실을 했다. 부르주아 군대는 이전의 '추축'국(헝가리, 루마니아, 불가리아)에서 제3제국과 협력했다는 이유로 평판을 잃었다. 연합국(폴란드, 체코슬로바키아)에서 부르주아 군대는 점령군에 의해 심각하게 약해져 있었다. 그와 함께 몇몇 정부 기구는 (특히 폴란드에서) 대체로 해체되어 버린 상태였다.

붉은 군대가 이들 지역에 도착했을 때, 지역 주민은 대체로 열광적으로 환호했다. 붉은 군대가 가까이 다가왔을 때 폴란드, 루마니아, 불가리아에서 대중 파업과 시위, 공장 점거가 있었고, 이제 막 생겨나기 시작한 평의회가 봉기를 일으켰다. 처음에 스탈린은 새롭게 점령한 영토의 사회 구조를 바꿔놓겠다는 생각을 하진 않았던 것 같다.

1944년과 1945년에 스탈린이 유럽 지역에서 목표로 삼은 것은 사회 구조의 전환이라기보다는 군사적·영토적 목표였다. 스탈린의 유럽 목표를 사회 구조와 관련하여 이야기하자면, 그것은 사회적으로 보수적이었다. 그가 폴란드를 '소비에트화' 할 생각이었다면, 권력 배분을 협상하는 데 바르샤바의 많은 전쟁 이전 정치가를 받아들이지도, 또는 더 중요하게 어떠한 영토가 폴란드 일부가 될 것이고 소련 일부가 될 것인지를 중요한 쟁점으로 삼지도 않았을 것이다. 전쟁이 끝나갈 무렵, '일국 사회주의'는 스탈린에게, 부활할 수 있는 독일과 자본주의 서구에 맞서 소련을 방어하는 소련의 서부 국경에 '우호적인' 영토를 지배하는 '우호적인' 정부를 수립하는 것을 뜻했다.[1]

1944~1945년에서 1947~1948년까지 동유럽의 상황은 다음과 같이 전개되었다.

• '인민 민주주의'의 슬로건 밑에서, 공산당(또는 대안적으로, 통합 사회당a socialist unity party)과 부르주아 당 사이의 연립 정부가 형성되었다. 부르주아 당은 몇몇 곳에서 공산주의자의 주장으로 (다시) 설립되었다.[2]
• 새로운 중앙 국가 기구가 세워졌다. 그것은 봉기 기간에 창조되었던 자주 관리의 기관을 통합했고(관료화했으며) 될 수 있는 한 많은 '진보적인' 기관을 흡수했다.
• 경제의 일부는 국유화되었다. 많은 곳에서 국유화에는 고용주 재산에 대한 몰수가 포함되지 않았다. 흔히 그것은 독일 점령군의 재산이었고, 그리고/또는 노동자의 자주 관리 아래 있었던 기업 접수에 관계된 것이다. 국유화에도 경제의 많은 부분, 특히 농업 부문과 소매업은 개인의 손에 남아 있었다.

대체로 동유럽은 소련의 직접적인 감독 밑에 놓인 이러한 첫 단계에서 예전처럼 자본주의적 특성을 유지했다. 소련과 그의 옛 서구 동맹국 사이에 드러나기 시작했던 갈등의 압력 아래에, 이 모든 것은 1947~1948년에 바뀌었다. '인민 민주주의'의 개념은 새로운 뜻을 갖게 되었다.[3] 구조적 동화의 과정이 일어났다.[4] 그것을 통해 완충 국가buffer states가 강력하게 소련을 정치적·경제적으로 닮아가기 시작했다. 세 가지 서로 연관된 구조적 전환이 일어났다. 첫째, 부르주아 세력의 남아 있는 권력 기반이 해체되었다. 정치 영역에서 연립 정부는 해체되었고 독립적인 농민당들이 해산되었다. 경제 영역에서 소비에트 모델에 따른 '명령-계획'이 도입되었고,[5] 소련과의 쌍방 무역이 강화되었으며, 중공업의 발전이 더욱 가속화되었다. 둘째로는 거대한 단일 조직으로서 공산당을 강화한 것이다. 공산당의 본질은 나라마다 달랐다. 폴란드 공산당처럼 몇몇 당은 전쟁이 끝난 뒤에 만들어졌다. 비록 지도자 집단의 일부가 전쟁 이전에서 비롯되었지만. 체코슬로바키아와 불가리아 공산당에서처럼 다른 나라의 당은 이미 '해방' 이전에 실질적인 정치 세력이었다. 그러나 각국 공산당이 지닌 다양한 전쟁 이전의 역사와 상관없이, 모든 공산당은 1944년부터 아주 급속히 성장했다. 이러한 당의 공고화는 대규모 숙청[6]과 사회 민주당과의 강제적인 합병이라는 두 가지 방식으로 이루어졌다. 셋째로 거대한 단일 조직으로서 당이 국가 기구와 융합하는 것이다. 공산당의 '거대 단일 조직화'와 나란히, 노동조합도 한꺼번에 자율성을 잃었다. 국가 기구에서도 '숙청 작업이 이루어졌다.' 그 결과는 이제 공산당이 사회의 모든 권력 기반을 지배하게 되었다는 것이었다.

이러한 세 가지 커다란 변화는 1947년 9월 '공산당 정보국'인 코민포름의 창립과 연결되었다. 코민포름은 모스크바의 정책을 해외 공산당(특히 완만한 경사면glacis—소련과 국경을 마주하는 동유럽 국가)과 조화를 이루게 하는 수단이었다.[7] 그러나 곧 동유럽 완충 지대 국가에서 분열이 일어났다. 1948년 3월부터 베오그라드와 모스크바 사이에 긴장이 급속히 증대되었다. 유고슬라비아 공산당과 소련 공산당 중앙위원회 사이에 몇 차례에 걸친 짧은 서신 교환 뒤에, 유고슬라비아 공산당은 1948년 6월 28일에 코민포름에서 곧바로 축출되었다. 제명당한 당 지도부는 '반혁명적인 트로츠키주의 무기고에서 나온" 중상을 퍼트리고, 내부적으로는 다른 무엇보다도 토지를 국유화하는 데 실패했기 때문에 반레닌주의 정책을 추구하는 등 "소련과 소련 공산당에 대한 정책에서 드러난 적개심" 때문에 비난받았다.[8]

이러한 정치적 탈퇴의 배경은 복잡하다. 문헌에 나온 더 깊은 원인은 유고슬라비아 공산주의자들이 이미 제2차 세계대전 동안 자기 나라의 방대한 부분을 독일 점령군에게서 탈환했던 유일한 공산주의자였다는 것이다. 이것은 유고슬라비아 지도부가 1963년 모스크바와 단절하게 될 중국 공산당처럼 자율적인 권력 기반이 있었고, 다른 동유럽 지도부보다 소련 공산당의 정치적 족쇄를 덜 받아들이는 경향을 지녔다는 것을 뜻했다. 유고슬라비아가 이웃 국가인 그리스에 대한 스탈린의 정책(서방 강대국에 희생시켰던 정책)으로부터 가장 고통받았었기 때문에, 이미 갈등의 배경이 초기 단계부터 있었다.

유고슬라비아와 소련 사이 단절의 결과로 '티토주의' 경향과 때때로 (작은) 동정적인 당들이 많은 서구 나라에 나타났다. 그들 집단에 속한 사람들은 카르데리E. Kardelj와 질라스Milovan Djilas 같은 유고슬라비아 이론가가 정식화했던 소련에 대한 비판을 받아들였다. 또 몇몇 경우에 그들의 비판은 더욱 확대되었다.

1930년대와 견주어 구조적 문제는 1944~1945년부터는 다르게 나타났다. 즉, "이미 소련의 내부 구조가 중대한 전환을 겪었기 때문에, 비록 소련의 외적 상황도 대체로 비슷했지만, 이제 소련의 내적 연속성은 소련의 외적 지위와 관련하여 중요한 변화에 맞닥트리게 되었다."[9]

4. 1. 타락한 노동자 국가 이론

1920년대와 1930년대에 좌익 사회 민주주의자는 소련의 성격을 놓고 벌어진 서구의 논쟁에 실질적으로 이바지했다. 그러나 제2차 세계대전 동안, 그리고 제2차 세계대전 뒤, 논쟁자의 정치적 스펙트럼은 꽤 좁아졌다. 이제 논쟁은 이전보다 더 심하게 좌익 공산주의자와 급진적·사회주의자 서클에 집중되었다. 비록 보르디가와 그의 협력자들인 좌익 사회주의자와 다른 사람들도 적극적으로 참여하긴 했지만, 논쟁에 이바지한 사람들은 대부분 트로츠키주의자였다. 이 시기에 소련을 변론한 사람에 속했던 마르티네Gilles Martinet는 1947년 제4인터내셔널과 그 정치적 지지자들이 스탈린주의를 가장 전면적이고 일관되게 비판했다고 지적했다. 그와 반대로 그는 이러한 주제에 대한 사회 민주주의적 사고를 "죽은 것"이라고 불렀다.[10]

그러나 이처럼 트로츠키주의 집단에 속한 비판자가 대다수였다는 사실은 타락한 노동자 국가가 그 자체로 문제없이 지지받을 수 있거나 발전할 수 있다는 것을 뜻하지 않는다. 반대로 제4인터내셔널은 자신이 중요한 개념적 문제에 맞닥뜨렸다는 것을 알게 되었다. 그것은 일반 성원 사이에서 격렬한 논쟁을 일으켰다. 이전에 지적했듯이, 트로츠키는 소련 관료제가 프롤레타리아 혁명으로 전복되거나, 또는 그것의 불안정한 권력 장악이 노골적으로 자본주의의 복원을 목표로 삼았던 반혁명을 통해 안정될 것으로 생각했다. 국제적인 상황 진전에 대한 그의 전반적인 평가는 그의 예측에 드러나지 않게 아주 중요한 구실을 했다. 무엇보다 그는 공산주의 인터내셔널의 전통에 따라서 자본주의가 마지막 단계에 이르렀다고 생각했다. 나치 군대가 벨기에와 네덜란드를 침공한 뒤, 그는 다음과 같이 진술했다.

오래 끌어온 죽음의 고통을 그런 식으로라도 참아내지 않는 한, 자본주의에게는 돌파구가 없다. 수십 년은 아니더라도 오랜 세월의 전쟁, 봉기, 짧은 계급 투쟁의 휴지기, 새로운 전쟁, 새로운 봉기 등을 준비해야 한다.[11]

부르주아지는 더 자주 권위주의적인 정치 형태(보나파르티슴, 파시즘)에 어쩔 수 없이 의존하게 될 것이다. 그와 함께 노동자는 그들의 무력감을 떨쳐 버리고 혁명을 일으킬 것이다. 특히 전쟁 동안의 맹렬함은 전면적인 정치 발전을 촉진하게 될 것이었다. 즉, "몇십 년은 아니지만, 오래 걸릴 것으로 생각했던 커다란 과업은 직접적으로 2~3년 안에, 그리고 더 빨리 우리 앞에 갑자기 제기될 수 있다."[12] 따라서 그 시대는 마지막 투쟁의 시기 가운데 하나였고 정확히 그런 이유 때문에, 소련의 상황은 더 이상 똑같지 않을 것이었다.

제4인터내셔널이 전쟁(그리고 트로츠키의 죽음)의 결과로부터 어느 정도 몸을 추스르고 난 뒤에, 비록 트로츠키의 예측이 현실과 모순된다는 점이 곧 드러났지만, 제4인터내셔널은 트로츠키의 예측을 철저하게 고수하려고 했었다. 1946년 그 조직은 일어날 것으로 예견했던 사건의 실패를 다음과 같은 방식으로 설명해야 한다고 선언했다.

비록 전쟁이 곧바로 유럽에서 우리가 예견했던 규모와 속도로 혁명적 봉기를 낳지 않았지만, 그런데도 이는 세계적 규모에서 자본주의의 균형을 파괴했으며, 다시 장기에 걸치는 혁명적 시기를 열게 될 것임을 부정할 수 없다. 모든 자기비판은 [……] 제국주의 전쟁에 뒤이은 시기의 근본적으로 성격이 아니라

본질적으로 속도에 한정된다.[13]

　이러한 전망과 완전히 모순이 없게 하려고, 소련에서 자본주의의 복원 가능성은 부정되었고 임박한 정치적 전복이 예견되었다.

　이곳저곳에서 이러한 '격변설'에 맞선 경험적 주장이 나오기 시작했지만,[14] '격변설'을 반박하지는 못했다. 몇 년 뒤 국제 자본주의가 명확히 새롭게 활력을 보여 주었고, 스탈린주의가 그 어느 때보다 더 안정적임을 입증했을 때, 트로츠키주의자 사이의 분위기는 수용 쪽으로 바뀌었다. 그러나 그 운동을 이끈 가장 중요한 지도자인 랍티스Michel Raptis는 그에 따라 한술 더 떠 세계 전망을 더욱 수정했다. 그는 1951년에 에세이 한 편을 출판했다. 그 에세이에서 그는 한국전쟁 때문에 제3차 세계대전이 불가피할 것으로 내다보았다. 그 전쟁은 몇 세기 동안 지속할 수도 있는 '스탈린적' 노동자 국가의 역사적 단계로 귀결될 수도 있을 것이다.[15] 따라서 전에는 스탈린주의가 제2차 세계대전을 겪고 살아남을 수 없을 것이라고 믿었지만, 이제는 스탈린주의가 가까운 미래에 일어날 것이고, 무한정 지속하는 소비에트 형 정권으로 끝나게 될 제3차 세계대전에서 승리할 것이라는 주장이 나왔다. 이런 부분적 '수정주의'는 타락한 노동자 국가의 전체 이론을 다시 평가하게 할 수도 있었을 것이다. 그러나 그런 일은 일어나지 않았다.[16]

　비록 트로츠키가 본질적인 것으로 여겼던 시간 요소를 유예한다고 해도, 계속해서 정통 교리를 엄격하게 고수하는 것은 동유럽에서 일어난 사건을 다루는 데 큰 어려움을 불러일으켰다. 어떻게 새로운 사회의 본질을 이해해야 하는가? 만일 그 사회가 소련과 구조적으로 유사한 점이 늘어난다는 이유로 관료화된 노동자 국가로 규정된다면, 이러한 해석은 두 가지 이론적 반대에 부닥치게 된다. 첫 번째 반대는 두 번째 반대보다 더 원칙적이었다.

1) 만일 우리가 정통적인 접근, 즉 노동자가 자신을 스스로 해방할 수 있을 뿐이라는 마르크스의 테제에 따른다면, 노동자 국가는 해방의 자율적이고 프롤레타리아적인 과정에서만 태어날 수 있을 것이다. 그렇다면 어떻게 노동자 국가가 위로부터 그리고 '철두철미 반혁명적이라고' 생각한 스탈린주의자의 지도 아래 세워질 수 있다는 말인가?

2) 최초의 노동자 국가에 대한 다른 국가의 동화를 보여 주는 이전의 사례에 더하여 지속적으로 소련으로 그 국가들이 합병되는 일이 일어났다(그루지야, 발트연안공화국, 동부 폴란드 등). 따라서 트로츠키 그 자신은 다른 국가의 '구조적 동화'가 그들의 국가적 경계 폐지와 결합할 것이라고 믿었다.[17]

1947~1951년 이 문제에 대해 세 가지 입장이 나왔다. 만델Mandel은 처음에 유고슬라비아에서 폴란드에 이르는 모든 동유럽 완충 지대가 여전히 자본주의적이었다고 생각했다. 랍티스는 유고슬라비아를 빼고 [나머지 국가에 대해서는] 이 견해에 따랐다. 그에 따르면 유고슬라비아는 노동자 국가였다. 왜냐하면 유고슬라비아가 겪었던 내전 때문이다. 마지막으로 한센Joseph Hansen과 코크런Bert Cochran은 점령당한 동유럽 국가 모두를 노동자 국가로 규정했지만, 이 국가들은 창건 때부터 관료주의적으로 왜곡된 노동자 국가였다. 1951년 마지막에 언급한 견해가 승리하면서 논쟁은 끝났다.[18]

일련의 제4인터내셔널 공식 책자를 분석하면, 우리는 명확한 견해를 형성하는 과정이 얼마나 어렵고 지연될 수밖에 없었는지를 알게 된다. 1947년에 완충 국가는 이행 상황에 있는 자본주의 국가로 묘사되었다.

> [소련의] 관료제는 결국 자본주의의 파괴를 요구하는 진정한 구조적 동화를 성공적으로 수행할 수 없음을 입증할 것이다. 이것은 오직 프롤레타리아 혁명을 통해서만 대규모로 이루어질 수 있다.[19]

1949년 이 해석을 수정했다.

> 소련과 완충 지대 사이에 있는 사회적 차이는 [……] 질적인 차원의 것이다. 비록 양적인 관점에서 보면 완충 지대에 있는 사회는, 소련 자신이 양적으로는 사회주의보다는 자본주의에 더 가깝다고 말하는 것과 똑같은 의미에서, '정상적인' 자본주의 나라의 사회보다는 소련 사회에 더 접근하였는데도 그러하다.[20]

그리고 마지막으로 1951년 다음과 같은 결론이 나왔다.

> 이제 이들 나라는 본질적으로 소련에 구조적으로 동화되었다. 이로써 이러한 나라가 기본적으로 자본주의 국가임을 중단한 것으로 여겨야만 한다.[21]

이러한 발전의 이론적 결과는 소련을 이제 더는 노동자 국가의 **원형**이 아니라 오히려 **특수한 사례**로 여기게 되었다는 것이다. 그런데도 타락한 노동자 국가 이론은 그 자체로 수정되지 않았다. 그런 뜻에서 '공식적' 트로츠키주의 운동은 계속해서 낡은 전제를 붙들었다.

4. 2. 국가 자본주의 이론들

타락한 노동자 국가 이론을 지지하는 사람들이 이론적 어려움에 맞닥트리자, 이제 세계 곳곳에서 활동하는 트로츠키주의 운동 안에서 반대 조류가 생겨났다. 반대자의 대부분은 국가 자본주의 이론을 채택했다. 그들은 트로츠키의 정치적 유산에 대한 탁월한 후견인, 즉 트로츠키의 미망인 세도바Natalia Sedova에게서 이에 대한 지지를 끌어냈다. 1946년쯤부터 세도바는 소련을 더는 노동자 국가로 여길 수 없다고 분명히 믿었다. 1951년 그녀는 제4인터내셔널과 관계를 끊었다. 제4인터내셔널의 가장 영향력 있는 분파, 즉 미국 사회주의 노동자당에 보낸 공개편지에서 그녀는 이러한 조치를 하게 된 까닭을 다음과 같이 주장했다.

거듭, 그[트로츠키]는 러시아에서 스탈린주의의 공고화가 어떻게 해서 노동 계급의 경제적, 정치적 그리고 사회적 지위를 악화했는지를, 그리고 압제적이고 특권적인 귀족 정치의 승리를 가져왔는지를 지적했다. 이런 경향이 계속된다면, 혁명은 끝나게 될 것이고 자본주의의 복원이 이루어질 것이다.

유감스럽게도 그것이 현실이었다. 비록 새롭고 예상치 못했던 방식으로 일어난 것이긴 하지만. 사회주의의 참된 이상과 담지자가 그토록 야만스럽게 세상에서 쫓겨나는 나라는 거의 없다. 스탈린주의가 혁명을 완전히 파괴했다는 것은 모든 사람에게 명확해졌다. 그러나 당신은 이러한 말로 표현할 수 없는 정권 아래 있는 러시아가 아직 노동자 국가라고 계속해서 말한다. 나는 이것을 사회주의에 대한 일격으로 여긴다.[22]

그란디소/페레

스페인 트로츠키주의자가 프랑코Franco 장군에 맞선 전투에서 패배하자, 그들은 1940년 무렵에 멕시코로 옮겨 가 작은 그룹을 만들었다. 이들 망명자에게 원기를 불어넣은 정신적 지주는 페르난데스 그란디소Manuel Fernandez Grandizo(1911~1989; '무니스G. Munis' 라는 가명으로 글을 썼다.)[23]였다. 그는 1936년에 스페인에 제4인터내셔널을 세우기 위한 트로츠키 운동의 지부를 세웠다.[24] 1938년 그는 스탈린주의자에 의해 수감되었으나, 다음 해에 탈옥했다. 그란디소의 가까운 협력자는 프랑스 초현실주의 시인 페레Benjamin Péret(1899~1959)였다. 그도 한동안 멕시코에 살았고 '페랄타Peralta' 라는 가명으로 정치적 주제에 대해 글을 썼다.[25]

1946년 그란디소와 페레는 소련의 계급적 본질을 다룬 공식적인 트로츠키주의 노선을 비판한 글을 출판했다. 그들이 비판하게 된 중요한 자극은 제4인터내셔널 대회가 1946년 4월에 채택했던 '선언' 이었다. 이 선언에 담긴 가장 중요한 테제는 소련을 포함하여 인터내셔널의 분석은 최근에 일어난 모든 사건을 통해 아주 정확히 입증되었다는 것이다.[26] 페레는 선언에 대한 아주 비판적인 팸플릿을 썼다. 그는 그 선언을 제4인터내셔널의 가치 없고 독선적인 허영심으로 가득 찬, 자기만족적인 문서라고 혹평했다. 페레는 늦어도 몰로토프-리벤트로프 조약이 체결되고 난 뒤에, 10월 혁명으로 만들어진 성과는 소련에 아무것도 남아있지 않다는 점이 분명해졌다고 주장했다. 관료주의적 반혁명은 승리했고 국가 자본주의가 세워졌다.

페레가 주장했던 이러한 생각 그 자체로는 전혀 독창성을 주장할 수 없다. 하지만 관료 엘리트에 대한 그의 성격 규정은 몇몇 참신한 특징을 드러낸다. 타락한 노동자 국가라는 트로츠키의 이론을 포기하면서, 그는 어느 정도 엘리트가 지배 계급이 아니라 또 다른 사회 집단이었다는 트로츠키의 개념을 유지하기도 했다. 그는 전통적인 마르크스주의적 주장에 따라 지배 계급이 사회 구성체('소유 체계')를 발전시키는 역사적 임무를 지녔다고 판단했다. 따라서 지배 계급은 역사적 시기의 시작에서는 적어도 진보적 기능을 완수했다. 그러나 소련에서 관료 엘리트는 아무런 진보도 구현하지 못했고 타락과 쇠퇴만 체현했을 뿐이다. 그래서 그것은 다른 방식으로 성격이 규정되어야 한다. 페레는 두 가지 가능성을 제시했다.

1) 한편으로 관료는 '아직 형성 과정에 있는 최종 구조를 지닌 사실상의 계급'으로 정의될 수 있다. 만일 이 계급이 어떤 시점에 자신을 구현하게 된다면, 그것은 부르주아지의 기능과 견줄 수 있는 진보적인 기능을 완수할 수 있을 것이다.

2) 다른 한편으로 관료는 고대 인도 문화가 쇠퇴하고 있을 때 브라만과 견줄 수 있는 신분으로 규정될 수도 있을 것이다. 페레는 쇠퇴하는 문명 안에서도 발전하는 그 사회 집단의 종교적 성격에 대한 증거가 스탈린이 일종의 예언자 지위를 얻었던 소련에서도 발견할 수 있다고 믿었다.[27]

그란디소는 '성숙한 지배 계급 없는 국가 자본주의'라는 이러한 구상을 자신이 쓴 팸플릿 《러시아와 세계 스탈린주의에 맞닥트린 혁명가들 The Revolutionaries in the Face of Russia and World Stalinism》에서 가다듬었다.[28]

첫째로 그는 국가 자본주의가 소련에 존재했다는 것을 경제적 주장을 통해 보여주려고 애썼다. 그의 짧은 주장은 본질적으로 다음과 같다. 자본주의에서 임금 비용은 될 수 있는 한 낮게 유지된다. 자본가는 (잉여 가치라는 형태로 나타나는) 잉여 생산물을 새로운 투자 또는 비생산적 소비를 위해 사용한다. 그와 반대로, 자본주의에서 사회주의로 이행하는 사회에서 잉여 생산물의 분배는 전체 주민이 민주주의적으로 결정할 것이다. 또 대중의 생활 수준은 높아질 것이다. (노동자의 구매력을 떨어트리고, 잉여 생산물을 강제적인 투자 정책과 관료의 소비를 위해 이용하는 특징을 지닌) 소련의 현실에서 이행기 사회의 특징이 아니라 오히려 자본주의의 특징을 보여 주는 증거가 있었다.

둘째, 페레처럼 그란디소는 관료의 계급적 지위를 역사적 유추를 통해 분명히 밝히려고 애썼다. 그는 현대의 국제 자본주의를 로마 제국의 몰락과 비교했다. 옛 제국이 몰락의 단계에 들어섰을 때, 그리고 봉건제로 이행하는 것이 아직 완성되지 않았을 때, 권력 전환은 지배 집단 안에서 일어났다. 이를테면 귀족, 즉 이전에 승리한 옛 계급은 혈통이나 역사가 결여된 새로운 열정적인 사람들에게 자리를 내주었다. 카이사르Caesar와 옥타비아누스Octavianus는 이러한 계층의 주역이었다. 그들은 국가 권력을 확장했고, 사회적 해체에 맞서 마지막 보루를 형성했다. 그란디소는 그러한 귀족과 같은 방식으로, 국제 부르주아지가 이제 어려움을 겪는다고 주장했다. 로마인과 마찬가지로, 그들은 자신의 자리를 차지하여 지배하는 사람들에게 권력을 이전하는 쇠퇴 단계에 강제로 들어가게 되었고, 그렇게 함으로써 체제의 존립 기간을 연장했다. 이 새로운 지배자가 사회 민주주의자와 스탈린주의자였다.

소련에서 국가 자본주의는, 이러한 전망에서 고찰하면, 타락의 징후였다. 즉, 부르주아지는 프롤레타리아 혁명을 억압할 수 있었지만, 동적인 지배 계급이 즉위하는 데 성공하지 못했다. 훨씬 뒤에 나온 출판물에서 그란디소는 이러한 테제를 더욱 정교하게 했고, 말하자면 버넘의 '관리자 혁명' 이론을 뒤집었다. 즉, 소련에서 관리자는 그들의 서구 동료처럼 지배 계급이 아니었다. 오히려 옛 부르주아지가 사태에 대한 통솔력을 잃었고, 따라서 반동적인 조력자를 위한 공간을 만들어 주었다.[29]

제임스/두나예프스카야

제임스Cyril Lionel Robert(C.L.R.) James는 트리니다드 출신 혁명가다. 그는 1938년에 제4인터내셔널의 창립자 가운데 한 사람이었다.[30] 두나예프스카야(슈피겔Rae Spiegel의 가명)는 오랫동안 트로츠키의 협력자 가운데 한 사람이었던 미국 여성이다.[31] 그녀는 미국 트로츠키주의 운동에서 '국가자본주의' 반대파를 이끌었다.

1941년 제임스와 두나예프스카야를 중심으로 한 그룹, 또는 각자의 익명을 따라 '존슨-포레스트 경향'으로 알려진 그룹은 샤흐트만과 그의 지지자와 함께 사회주의 노동자당을 떠났고 노동자당을 세웠다. 그러나 관료적 집산주의 이론을 고수했던 이 새로운 조직의 다수파가 벌인 논쟁은 점점 더 기본적인 원칙들을 주제로 다루게 되었다. 1948년 존슨-포레스트 경향은 노동자당을 떠났고, 트로츠키주의와 최종 단절이 1951년에 일어날 때까지 사회주의 노동자당에 다시 결합하기에 아주 충분한 조건이 있었다. 그런데 이 그룹은 '페이싱 리얼리티Facing Reality'라는 이름으로 독자적으로 계속 활동했다.[32]

이 시기에 제임스와 두나예프스카야의 전반적인 이론적 발전은 다음과 같이 요약할 수 있다. 1940년쯤에 두 사람은 트로츠키의 타락한 노동자 국가 이론이 완전히 틀렸다고 결론을 내렸다. 왜냐하면 그것은 생산수단의 국가 소유를 마르크스주의적 의미에서 '물신fetish'으로 바꾸어 놓았기 때문이다.[33] 트로츠키와의 이러한 부분적 단절은 점점 더 차이를 크게 만들어 놓았다. 제임스와 두나예프스카야는 마르크스주의를, 그것의 방법론과 철학적 토대를 완전히 재평가하기 시작했다. 그 과정에서 그들은 그때의 앵글로-색슨 전통의 관행과 달리 마르크스 사상의 중요한 원천 가운데 하나인 헤겔Hegel로 분명하게 돌아갔다.[34]

그와 함께 트로츠키의 '국가 물신성'에 대한 거부는 생산관계에 대한 지나친 강조와 결합했다. 이를테면 생산관계는 근대 노동자의 삶에 영향을 미쳤다. 그 그룹은 노동자가 그들의 일상적 작업에 대해 쓴 보고서를 출판했고,[35] 대체로 총체성을 강조하는 헤겔주의적 마르크스주의 시각을 '밑으로부터'의 접근과 결합하려고 애썼다.

이것은 어느 정도 독특하지만, 그 이론의 형성에 국가 자본주의 이론의 공이 많이 들어갔다. 제임스가 첫 번째 기고문을 냈다. 그 뒤를 이어 경제학에 정통하고 러시아 자료를 참고할 수 있었던 두나예프스카야가[36] 분석을 상세히 다듬었다.

그 주제(국가 자본주의)를 다룬 첫째 논문에서, 제임스는 소련에서 국가 자본주의의 존재를 다룬 그의 가장 중요한 주장을 개진했다. 그 주장이란 노동자와 농민이 임금에 종속되었다는 것이다.

임노동에 대한 지배는 생산 수단을 자본으로 만든다. 사회의 한 부분이 독점하는 생산 수단은 자본으로 기능하면서 독자적인 생명력을 획득하여 자기 나름의 운동을 한다.[37]

그러나 그와 함께 그가 진술했던 견해에 따르면, 제임스는 노동자 국가가 아직 존재한 10월 혁명 뒤 최초의 몇 해 동안에도 임노동이 지배적이었다는 것을 인식했다. 그는 이러한 명백한 모순을 다음과 같은 방식으로 해결했다.

레닌주의 러시아에 임노동이 있었는가? 형태상으로만. 아니면 이행기 국가에서는 불가피하기에 그렇기도 하고 아니기도 하다. 그러나 존재했다기보다는 존재하지 않았다. [……] 자본주의 사회에서 기본 관계는 한편에는 임노동이 있고, 다른 한편에는 자본가 계급의 손아귀에 있는 생산 수단이 있는 것이다. 다른 한편으로 레닌주의 러시아에서 그 관계는 있었다. 국가를 통해 재산을 소유한 노동자의 손아귀에 생산 수단이 있기 때문에, 임-노동의 형식만이 존재했다.[38]

사실 우리는 이 문단에서 다음과 같은 결론을 내릴 수도 있다. 그것은 내가 인용했던 최초의 인용문에 함축되어 있듯이, 사회를 (국가-) 자본주의화하는 그러한 임노동이 아니라 오히려 임노동과 프롤레타리아적 통치권 부재의 결합이다.

국가 자본주의로 특징짓기 위한 자신의 논거를 주장한 뒤, 제임스는 둘째 단계를 밟았다. 만일 경제적 · 정치적 권력이 하나의 점(중앙 국가)에 집중되었다면, 그리고 노동자와 농민이 자본주의적 의미에서 임금에 종속되었다면, 논리적으로 말해서, '국가 자본가national capitalist'가 있었다. 즉, 잉여 가치의 착취 대상이 될 수 있는 국가 전체를 장악하는 자본가가 존재했다. 그러나 이 경우 잉여 가치는 경쟁 자본주의에서처럼 이윤이라는 형식을 취하는 것이 아니라 자본가(관료)가 가져가는 '임금'이라는 형태를 취한다.

그러나 이 테제는 이론에서 문제를 일으켰다. 다른 자본과 더 이상 경쟁하지 않는 자본은 마르크스적 의미에서 자본이 아니다. 만일 소련이 많은 자본으로 이루어진 것이 아니라 하나의 자본으로 이루어졌다면, 그땐 어떻게 그곳에 여전히 시장 경쟁이 있을 수 있을까? 둘째 논문에서 제임스는 이 문제에 답변하려고 애썼다. 그는 새로운 영역, 즉 세계 시장에서 해결책을 찾았다. 세계 시장에서 소련이 다른 국가 자본과 경쟁하는 것은 가치 법칙이 소련에 계속해서 적용되는 것을 뜻한다.

스탈린주의 경제는 임금으로 조정되었고, 그러한 임금은 가치 법칙에 따라 지배되었다. 왜냐하면 근대 세계에서 계급 사회가 초래하는 엄청난 비용, 즉 생산의 끊임없는 기술 혁명에서 다른 국가에 뒤지지 않을 필요와 세계 시장에서의 경쟁, (생산 비용에서 엄청난 증가를 감수하는) 자립 경제냐 아니면 세계 시장으로의 침투(그리고 그럼으로써 그것의 모든 변동에 종속되는 존재)냐의 선택, 제국주의적 투쟁과 후진적 경제라고 하는 이 모든 것 때문에 스탈린은 어쩔 수 없이 노동을 독일에서와 똑같이 취급해야 했다. 즉, 그는 노동을 상품으로서 취급해야 했고, 노동의 생산과 재생산의 비용을 치러야만 했다.[39]

어쨌든 세 가지 결론이 다음의 그렇게 명확하지 않은 문단을 통해 함축되는 것 같다. 즉,

1) 소련은 세계 시장에서 상품을 사들이지 않고/않거나 세계 시장에 상품을 팔지 않도록 될 수 있는 한 값싸게 자신의 상품을 생산하려고 노력했다('뒤지지 않을 필요').

2) 소련은 국내에서 생산할 때 너무 큰 비용이 들기 때문에 국외에서 특수한 상품을 확보하려고 노력했다('(생산 비용의 엄청난 증가를 수반한) 자립 경제').

3) 소련에서 노동력은 하나의 상품이었다. 왜냐하면 임금을 될 수 있는 대로 낮게 유지했기 때문이다('노동의 생산과 재생산 비용 지급').

두나예프스카야는 제임스가 제기했던 주장을 더욱 정교하게 발전시켰다. 그녀가 러시아 자료를 이용해서 소련에서 사회·경제적 관계에 대한 꽤 많은 정보를 세 개의 논문에 모아 놓고, 무엇보다도 통계적으로 그녀가 인텔리겐치아의 '가장 발전된' 부분으로 규정했던 새로운 지배 계급이 전체 주민의 2.05퍼센트로 이루어졌다는 것을 보여주려고 애쓴다.[40] 그녀는 1946년 말과 1947년 초에 쓴 세 부분으로 이루어진 에세이에서 더욱 체계적인 이론을 발전시켰다. 워럴이 앞서 했던 것처럼, 두나예프스카야도 마르크스가 국가 자본주의의 가능성을 인정했다는 '증거'를 가지고 자신의 논의를 시작했다. 그녀는 오스트리아인(워럴)이 근거로 삼은 적이 있는 마르크스의 《자본론》에 나오는 또 하나의 문단을 근거로 삼았다. 그 문단에는 모든 자본주의적 집중화가 가져올 극단적 한계를 다음과 같이 말했다. 모든 자본이 하나의 거대 자본주의 기업으로 결합하는 것.[41]

다음에 두나예프스카야는 또다시 워럴처럼 이러한 이론적 가능성이 소련에서 현실이 되었다는 것을 보여주려고 애썼다. 정통 마르크스주의 방식으로 그녀는 국가 자본주의에서 자본주의의 근본 법칙, 즉 가치 법칙이 적용되어야 했지만, 자본이 잉여 가치를 전유하는 방식이 '정상적인' 자본주의와는 달라야 한다는 점을 입증했다. 그녀에 따르면, 두 가지의 특징을 소련에 적용할 수 있었다. 한편으로 잉여 가치의 전유가 중앙 계획을 통한 새로운 방식으로 일어났다. 다른 한편으로 가치 법칙은 수많은 다양한 방식으로 관철되기 시작했다. 즉, 부자와 가난한 사람 사이의 모순이 늘어났고, 노동자가 그들의 노동력을 그들의 생계 수단을 잃게 되는 것을 막기 위해 그 가치대로 팔아야만 했으며, 생산 수단의 생산은 소비재 상품의 생산보다 더 중요했다. 그곳에는 (은폐된) 실업이 존재했으며, 세계 시장에서 다른 자본과의 끊임없는 투쟁이 있었다. 또 경제적 통합의 문제로 초래되는 끝없는 위기가 있었다.

두나예프스카야에 따르면, 새로운 체제는 1930년대 중반에 세워졌다. 반혁명은 마르크스주의자가 예상했던 것과 다른 방식으로, 즉 폭력적으로가 아니라 서서히 진행되는 방식으로 일어났다. 차츰 노동자의 권리는 침식되었다. 스타하노프주의와 성과급은 노동자를 생산 수단에서 분리했다. 마지막으로 1936년 지배 계급으로서 관료의 권력은 새로운 헌법이라는 수단을 통해 합법화되었고, 볼셰비키의 옛 친위대는 대숙청 동안 절멸되었다.

제임스와 두나예프스카야는 앞서 지적했듯이 근대 노동자의 일상생활에 대해 늘어나는 관심에 맞추어 후속 작업에서 스타하노프주의와 노동자의 생산 수단으로부터 완전한 분리에 대한 여전히 다소 부차적인 언급을 더욱더 크게 강조했다. 제임스는 1950년에 쓴 팸플릿《국가 자본주의와 세계 혁명State Capitalism and World Revolution》에서 한편으로 고도로 발전한 미국 기업과 다른 한편으로 1936년 뒤부터 소련 국가 자본주의 사이에 완전한 유사점을 보여 주었다. 두 가지 조직 형태는 비슷한 방식으로(생산 라인, 성과급) 노동자에게 정신 못 차릴 만큼 고역을 강제했다. 그러나 생산 과정에 대한 지식은 다른 곳, 관료 기구에 집중되었다. 그 기구는 축적 과정을 촉진하고 노동자를 훈련하기 위해 계획된 방식으로 활용되었다.[42]

만일 우리가 제임스와 두나예프스카야가 쓴 여러 관련 출판물을 한데 모은다면, 우리는 거대한 자본주의 기업으로서 소련에 대한 그림을 얻게 된다. 그 기업은 국가 계획을 통해 노동자를 억압하고 착취했고, 외국 기업이나 나라와 세계 시장에서 경쟁했다.

카스토리아디스/르포르

1946년부터 그리스 출신인 경제학자 카스토리아디스Cornelius Castoriadis
는 메를로퐁티Merleau-Ponty를 중심으로 한 서클 출신의 철학자인 르포르
Claude Lefort와 함께 제4인터내셔널 프랑스 지부에서 반대파를 형성했
다.[43] 그들 각자의 조직 이름 때문에, 그 그룹은 '탕당스 숄리외-몽탈
Tendance Chaulieu-Montal'로 알려졌다. 그들은 1946년과 1947년에 각각 쓴
두 문서에 비정통적인 사상을 제시했다. 그들의 이론에는 많은 결점이 있
었는데, 그들은 소련이 자본주의에 맞선 노동자 국가로서 방어되어야 한
다는 트로츠키주의 이론을 거부했다. 또 그들은 소련에서 새로운 엘리트,
즉 관료가 모든 권력을 잡았고, 이 엘리트가 노동자의 이익이 아니라 오
로지 자신의 이익만 좇았다고 주장했다. 그들은 소련을 새로운 사회 형태
로 여겼다. 그 사회는 서구 자본주의처럼 팽창하려고 애썼다.[44]

처음에 카스토리아디스와 르포르의 이론은 "세 번째 역사적 해결책(일
종의 관료적 집산주의)"이라는 방향으로 나아갔다. 그러나 1948~1949년부
터 그들은 스탈린이 통치하는 사회를 "관료주의적 자본주의bureaucratic
capitalism"로 여겼다. 그들은 이러한 이론적 변화를 분명히 밝힐 필요를 느
끼지 않았다.[45] 왜 그들은 1949년 최초의 쟁점이 《사회주의냐 야만이냐》
지(카스토리아디스와 르포르와 그들의 지지자가 제4인터내셔널을 떠난 뒤 펴
냈던 정기 간행물)에 나타났을 때, 소련에 붙일 정확한 '이름표'를 좀 더 명
확하게 하는 일에 상대적으로 관심을 두지 않았는가. 이들은[46] 특히 소련
에서 고전적인 사적 소유가 제거되었지만, 착취와 억압이 지속되었다는
사실을 강조하길 바랐다.

카스토리아디스는 착취를 생산 기구와 특별한 관계를 맺고 있다는 이
유로 일정한 사회 집단이 자신들이 생산 과정에 이바지한 정도에 걸맞지

않게 사회적 생산의 일부를 전유할 수 있는 사회적 관계로 정의했다. 그들이 보기에, 소련 관료는 그런 착취를 하는 그룹이었다. 무엇보다도 관료는 생산 수단과 분배 체계를 통제했고, 사회적 소비 자금을 결정했다. 따라서 그들은 살아 있는 노동에 대한 죽은 노동의 우위를 구체화했다. 그들이 전통적인 부르주아지와 달리 하나의 집단으로 통치하고 착취했다는 것은 소련을 정말 자본주의적으로 만들었다. 왜냐하면 자본주의적 착취는 다음을 뜻하기 때문이다.

생산자가 생산 수단을 개인적으로나(수공업자) 집단적으로(사회주의) 자유롭게 지니지 못한다는 것, 살아 있는 노동이 죽은 노동을 지배하는 대신에 죽은 노동을 인격화하는 개인(자본가)의 중재를 통해 죽은 노동에 의해 지배되었다는 것.[47]

소련에 오직 하나의 전능한 고용주가 있었다는 사실은 분명히 노동자의 지위를 바꾸어 놓았다. 왜냐하면 경쟁 자본주의에서 임금 생활자가 그들의 고용주를 바꿀 수 있지만, 러시아 노동자의 자유는 제한되었기 때문이다. 대체로 그들은 주거지를 떠날 수도 그들의 나라에 반대할 수도 없었다. 그런 뜻에서, 노동자의 지위는 어느 정도 농노의 지위와 닮았다.

이처럼 노동자의 이동을 제한하는 것은 그들이 거의 완전히 무제한으로 착취에 연결되었다는 것이었다. 경쟁 자본주의에서 임금 수준과 그 밖의 고용 조건은 자본과 노동 사이의 협상에서 결정되었다. 그러나 소련 관료는 일방적으로 그러한 조건을 강요했다. 그것은 일반적으로 인정하는 것과 같이 일정한 한계선(이를테면 노동자가 살 수 있는 생리학적 최소한도)으로 제한되었지만, 그것을 조작할 수 있는 능력이 아주 컸다. 자율적인 조직을 빼앗겼고 최소한의 생존을 이어가는 데 급급했던 노동자는 그들의 처지에서 오직 두 가지 저항 가능성을 지녔다. 즉, 그들은 완제품과 반쯤 완성된 물건, 생산 도구 등등을 훔치거나 다른 무엇보다도 질 낮은 물건을 생산하는 것에 신경을 쓰지 않았다.

이러한 전체 상황(그것은 작은 사회 집단으로 권력의 완전한 집중과 '인간 노동의 생산성에서 일어난 끔찍한 위기'[48]가 모순적으로 통일된 것으로 특징지어질 수 있다)은 어떤 의미에서 러시아 노동자 그 자체의 과실이었다고 카스토리아디스는 암시했다. 즉, 러시아 노동자는 1917년 뒤에 여전히 존재한 자본가에 대한 몰수가 단지 프롤레타리아 혁명의 '소극적인 동기'를 뜻했다는 점을 알지 못했다. 적극적인 절반은 무엇보다도 노동 계급에게 모든 관리를 이전하는 데에 있었다. 러시아 노동자는 전혀 이것을 알지 못했고, 따라서 그들 자신의 행동(아니 차라리 그들의 게으름)을 통해 관료에게 모든 권력을 넘겨주었다.

부르주아 정부를 뒤엎은, (종종 볼셰비키의 희망에 맞서는) 자본가의 재산을 몰수한, 공장을 점거한 노동자는 자신들이 해야 할 일이라고는 정부에, 볼셰비키 당에, 노동조합 지도자에게 넘겨주는 것뿐이라고 생각했다. 그렇게 함으로써 프롤레타리아트는 자신이 창조하려고 애쓰던 새로운 사회에서 그 자신의 본질적인 역할을 방기했다.[49]

이러한 접근을 통해 카스토리아디스와 르포르는 제임스와 두나예프스카야의 견해에 가까워졌다. 틀림없이 그들은 미국인이 아주 중요한 것으로 여겼던 많은 질문을 제기하지 않았다. 그러나 그들이 기업 수준에서 권력관계를 강조한 것은 존슨-포레스트 경향과 아주 닮았다. 따라서 '숄

리외-몽탈'과 '존슨-포레스트'가 서로 접촉했다는 것,《사회주의냐 야만이냐》잡지가 미국말로도 출판되었다는 것은 놀라운 일이 아니다.[50]

클리프

굴룩스타인Ygael Gluckstein(1917~2000), 즉 토니 클리프라는 필명으로 글을 쓴 팔레스타인 출신 트로츠키주의자는[51] 1947년쯤부터 제4인터내셔널의 영국 지부에서 '국가 자본주의' 반대파를 이끌었다. 1947년 처음으로 타락한 노동자 국가 이론과 관료적 집산주의 모두를 비판한 뒤에, 그는 1948년《스탈린주의 러시아의 본질The Nature of Stalinist Russia》이라는 제목으로 그 자신의 견해를 상세하게 설명한 책을 펴냈다. 그 책은 개정증보판으로 여러 차례 다시 발행되었다. 클리프는 1944년 뒤 동유럽에서 일어난 사건을 계기로 곰곰이 생각에 잠겼다. 몇몇 사람이 주장했듯이 완충 지대 국가가 노동자 국가였다면, 스탈린은 그곳에다 프롤레타리아 혁명을 실현한 사람이었다고 결론을 내려야 했다. 그러나 그것이 사실이었다면, 프롤레타리아트의 자주적 활동 없이도 프롤레타리아 국가를 세울 수 있을 것이다. 클리프는 두 가지 서로 양립할 수 없는 논리적 가능성에 맞닥뜨리게 되었다. 즉, 동유럽의 완충 지대가 실질적인 노동자 국가를 뜻했고, 노동 계급의 해방이 다른 사람에 의해 완성될 수도 있을 것이다. 또는 노동 계급만이 그 자신을 해방할 수 있을 것이고, 타락한 노동자 국가 이론이 더는 정당한 것으로 인정받을 수 없을 것이다. 이러한 딜레마에서 그가 선택한 것은 다음과 같이 분명했다.

내가 국가 자본주의 이론을 접했을 때, 나는 러시아에서의 가치 법칙과 경제적 통계에 대한 오랜 분석을 통해 그 이론에 동의하지 않았다. 그런 것이 아니다. 나는 만일 노동 계급 해방이 노동 계급의 행위라면, 당신들은 사회에서 일어나는 것을 조정하는 권력을 가진 노동자 없이 노동자 국가를 가질 수 없다는 단순한 의견을 통해 그 이론에 찬성했다. 그래서 나는 트로츠키가 말했던 것(트로츠키의 핵심이 노동자의 자주적 활동이다)과 소유 형식 사이에서 선택해야만 했다. 나는 소유 형식이 문제를 결정하는 것으로 밀어붙이기로 했다.[52]

클리프는 1933년 이전에 트로츠키가 방어했던 관점으로 되돌아갔다. 그 관점이란, 노동 계급이 사실상 정치권력을 행사하고 생산 수단을 직접적으로 통제했다고 한다면, 노동자 국가에 대해 말하는 것은 의미 있다는 것이다. 이것이 더는 가능하지 않게 되자, 그 나라를 '타락한' 것이나 다른 어떤 것으로 부르든지 간에, 이제는 노동자 국가가 존재했다고 말할 수는 없다. 그런 뜻에서 우리는 1917~1928년 시기에 사회적으로 원자화된 관료를 지닌 노동자 국가의 개념을 적용할 수 있지만, 그 뒤에는 그렇게 할 수 없다. 제1차 5개년계획은 혁명적인 질적 변화를 이루었다. 즉, 관료는 그 순간에 부르주아지의 역사적 과업(대규모 프롤레타리아트의 창출과 자본의 축적)을 아주 빠른 속도로 진행하는 일에 착수했다.[53]

클리프는 스탈린 아래에서 강화되었던 국가 자본주의를 "자본주의가 다다를 수 있는 극단적인 이론적 한계"라고 특징지었다.[54] 노동자 국가가 프롤레타리아 혁명 뒤에 사회주의로 나아가는 이행기 단계를 구체화했던 것처럼, 소련 국가 자본주의는 사회주의 혁명에 앞서 자본주의의 마지막 이행 단계였다. 개략적으로 우리는 이러한 구상을 다음과 같은 방식으로 나타낼 수 있다.

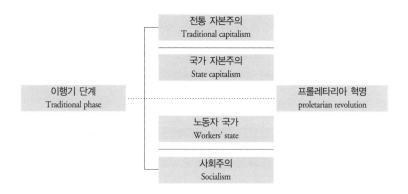

지배 계급에서 부르주아 군대를 점진적으로 빼앗을 수 없으므로, 국가 자본주의에서 노동자 국가로 이행하는 것은 사실상 폭력적이게 되었다. 그러나 클리프는 1928년쯤에 소련에서 일어났던 거꾸로 된 이행이 폭력 없이 가능했다고 믿었다. 여기에서 그 요건은 군대 안에서 민주주의가 차츰 파괴되었고, 밑으로부터 통제되지 않는 명령 구조로 대체되었다는 것이었다.[55]

그러면 이러한 국가 자본주의의 특성은 무엇이었는가? 자신이 그와 관련된 당대 저작을 비교적 잘 연구했다는 것을 보여 주었던[56] 클리프는 초기에 여러 마르크스주의자가 기고한 글의 구성 요소를 얼핏 보기에는 아주 일관성 있는 것처럼 보이는 자신만의 방식으로 종합했다. 힐퍼딩에 동의한 그는 소련에서 가격 메커니즘이 자동적으로 경제적 활동을 나타내는 것이 아니라 오직 (전적으로 제멋대로 결정되는 것은 아닌) 전달 벨트를 나타내는 것이라는 점에 동의했다. 그 전달 벨트를 통해 국가 기구는 전체 사회의 생산과 분업을 조절했다. 두나예프스카야와 제임스처럼, 그는 소련에서 개별 기업이 자율적인 경제적 단위가 아니라 더 커다란 전체에 종속된 하나의 부분이라는 믿음을 공유했다.[57] 만일 우리가 소련을 국제적 맥락에 대한 고려 없이 고립된 것으로 여긴다면, 그것은 중앙에서 지도하는 '하나의 대공장'과 눈에 띄게 닮았을 것이다. 이러한 거대 국가 기업의 자본주의적 특성은 우리가 분석할 때 세계 관계를 포함한다면 명백해진다. 소련이 하나의 국가로서 경쟁적인 관계에서 살아남으려고 애쓴 모든 개별 자본주의 기업과 비교되었다는 것이 드러났다.

그러나 클리프는 그 정도로 분석을 그만두지 않았다. 제임스와 두나예프스카야는 소련과 외국 경쟁자 사이에서 진행되는 경쟁의 정확한 본질을 고려하지 않았다. 그러나 클리프는 그 주제에 대한 자신의 이론을 발전시켰다. 그의 출발점은 다음의 관찰이었다.

지금까지 러시아가 후진적이었기 때문에, 러시아 물건을 외국 시장에 유입하는 문제는 제외되었다. 다른 한편으로 러시아 시장은 군대만이 깨뜨릴 수 있을 정도의 외국 무역 독점을 통해 외국 상품의 유입을 막았다.[58]

그러나 이런 환경은 하나의 국가 자본주의 기업으로서 소련이 다른 외국 자본과 경쟁하지 **않았다**는 것을 뜻하는 것으로 여겨질 수 있다. 그리고 그것이 사실이라면, 도대체 '자본'에 대해 말하는 것은 이해할 수 있는 일인가? 클리프는 그가 국제 경쟁이 상품을 매체로 하여 일어나는 것이 아니라 군비라는 형식의 사용 가치를 매개로 하여 일어났다고 주장함으로써 명백한 이의를 제압할 수 있다고 생각했다. 클리프는 무엇보다도 실현된 가치(효율적인 상품 판매)를 매개로 하여 경쟁에만 관련지어지는 마르크스주의의 가치 법칙에 관한 이러한 '혁신'을 다음과 같은 방식으로 방어했다.

가치는 독립된 생산자 사이에 경쟁 관계가 존재함을 나타낸다. 러시아가 경쟁과 관련하여 취한 태도의 결과는 사용 가치를 목적으로 격상하는 것이다. 그 목적은 이 경쟁에서 승리하는 것으로 표현된다. 따라서 사용 가치는 목적인 동시에 여전히 수단이기도 하다.[59]

보르디가

보르디가Amadeo Bordiga(1889~1970)는 이탈리아 공산당의 지도자였다. 그는 1930년 이탈리아 공산당에서 축출되었다. 무솔리니가 완전히 몰락하기 전까지, 그는 정치적 주제에 대해 완전히 침묵했다.[60] 그러나 제2차 세계대전이 끝난 뒤 곧바로 그의 영향이 프랑스와 이탈리아, 그리고 몇몇 다른 나라에 있는 별로 주목받지 못한 정치 그룹으로 축소되었을 때, 그는 출판 캠페인을 대규모로 벌이기 시작했다. 마르크스주의적 '불변성 invariance'(그가 그것들을 해석했던 것처럼 역사-유물론적 원칙 불변의 본질)을 열심히 강조한 보르디가는 그것을 최근의 역사적 사건에서 교훈을 이끌어내기 위한 자신의 가장 중요한 임무라고 여겼다.

이러한 비판적 역사 재구성의 과정에서, 10월 혁명에서 출현한 사회에 대한 분석은 중심적 지위를 차지했다. 1946년부터 그가 죽은 1970년까지, 보르디가는 소련에 대한 많은 인상적인 글을 출판했다. 그것은 나중에 책으로 묶여 나왔다. 리헤르스Christian Riechers가 말했듯이, 이러한 작업의 최고점은 1953년 스탈린의 죽음과 1957년 스푸트니크의 발사 사이에 놓여 있다.[61] 보르디가는 이 시기에 소련에 대한 상세한 경험적 통찰을 얻으려 애썼던 대부분의 다른 마르크스주의자와 자신을 구별 지었다.

'알파Alfa'라는 필명으로 출판했던 초기에 쓴 에세이는 별문제로 하고,[62] 보르디가의 가장 중요한 (대부분 익명으로 출판했던) 기고문들은 두 범주로 나누어질 수 있다. 첫째, 그의 정치 조직, 즉 국제주의 공산당 모임에서 한 강연이다. 오랫동안 이루어진 이러한 강연은 당 기관지인《공산주의자 강령Il Programma Comunista》에 나누어 연재되었다. 주목할 것은 특히 1954년 10월 31일과 11월 1일에 볼로냐에서 열린 모임에서 한 강연이다. 그 강연 원고는《러시아와 마르크스주의 이론에서 혁명Russia and Revolution in Marxist Theory》이라는 제목으로 출판되었다.[63] 또 1955년 4월 24일과 25일 나폴리에서 열린 모임에서 한 강연도 주목할 만하다. 이 강연 원고는《오늘날 러시아의 경제적·사회적 구조Economic and Social Structure of Russia Today》라는 제목으로 출판했다.[64]

둘째, 가상의 대화가 있다. 이러한 모든 대화(실제로는 독백처럼 보인다)는 3일 동안 이루어진 것이고, 소련 측에서 나온 텍스트에 대한 저자의 관점을 상세히 설명한 것이었다. 그와 관련된 출판물은 1952년에 스탈린이 쓴《소련에서 사회주의 경제의 제 문제Economic Problems of Socialism in the USSR》에 대한 비판인《스탈린과의 대화Dialogue with Stalin》(1952),[65] 소련 공산당 20차 당 대회에서 흐루쇼프가 한 비밀연설에 대한 대응인《죽은 자와의 대화Dialogue with the Dead》(1956)다.[66] 게다가 보르디가는 모든 종류의 다른 주제에 대해 발언했다. 이때에도 그는 얼마동안 우연히 스탈린주의와 소련 사회에 대해 발언했다.[67] 전체 '보르디가주의' 경향은 보르디가가 쓴 마지막 저술에서 명확히 드러나는 소련에 대한 큰 관심을 함께 보여 주었다. 이렇게 소련에 몰두한 나머지, 스탈린주의에 대한 깊은 불일치로 1952년에 보르디가주의 경향 안에서 분열이 일어났다.[68]

보르디가는 1917년 혁명을 기본적으로 반봉건적인 것, 즉 부르주아 혁명으로 보았다. 그 혁명에서 부르주아지(농민층이 그들과 동맹한다고 말할 수 있다)와 프롤레타리아트는 일시적인 동맹을 형성했다. 그런 혁명은 프롤레타리아트가 중요하게 공헌함으로써 세 가지 결과를 낳을 수 있었다.

1) 주로 부르주아지에 축복을 뜻하는 승리는 운동을 통해 프롤레타리아 혁명으로 전환된다. 이것이 마르크스의 '영구 혁명Marx's revolution in permanence' 모델이었다.

2) 승리한 뒤에, 부르주아지의 지배가 강화된다.

3) 패배, 그것은 과거의 절대주의 질서 복원을 가져온다.[69]

볼셰비키는 첫 번째에서 말한 결과를 얻으려고 애썼지만, 성공하지 못했다. 국제 부르주아지는 1920년대 동안 특히 서유럽과 동유럽에서 급진적 분위기가 사라진 탓에 두 번째의 결과를 실현할 수 있었다. 이것은 분명히 "짧은 혼란의 시기" 동안 많은 피를 흘리지 않고 권력 엘리트의 공식적인 대체 없이 일어났다.[70] 따라서 봉건적 사슬은 곧 맹렬하게 전개되는 자본주의에 길을 내주었다.

트로츠키와 다른 이들은 소련을 자본주의를 **벗어난**post-capitalist 체제라고 여겼다. 그러나 클리프와 다른 이들은 **발전된** 자본주의를 발견했다고 생각했다. 보르디가는 아주 **초기 단계의** 자본주의가 존재했다고 믿었다. 그의 말을 따르면, 소련은 "자본주의로부터가 아니라, 자본주의로 이행"하고 있었다.[71] 심지어 1952년에도 보르디가는 스탈린주의 사회의 발전 수준을 1848년 이후 독일, 오스트리아, 이탈리아와 비교했다.[72]

소련을 '초기 자본주의'로 규정지으면서, 보르디가는 자본주의에 대한 아주 색다른 개념을 채택했다. 지배 계급의 존재나 지배 계급의 부재와 같은 사회학적 요소, 또 국가 간섭의 본질과 같은 정치적 요소는 그의 정의에서 전혀 역할을 하지 못했다. 경제가 일반적인 양적 등가물(화폐)에 따라 수입과 지출을 계산하고 생산량과 투입량('이윤') 사이의 차이를 극대화하려고 애쓰는 기업들로 이루어졌다면, 자본주의는 존재했다. 그는 이러한 정의를 누가 이 '이윤'을 차지했는가 하는 문제와 별개로 확고히 했다.

자본주의는 생산품이 시장에서 판매되거나, 또는 어찌 되었든 생산품이 뚜렷이 구별되기는 하지만, 매우 큰 경제 섬이라고 이해되는 기업의 자산으로 '계산되며', 다른 한편으로 노동에 대한 보상이 채무의 항목에 배치될 때에는 항상 존재한다. 부르주아 경제학은 복식부기의 경제학이다. 부르주아 개인은 인간이 아니라 하나의 회사다.[73]

우리는 근대 세계에서 연합의 노동자, 즉 생산 기업에서 노동자가 집단을 이룬 세계에서, 모든 상품 생산 체제를 자본주의 경제로 규정했다.[74]

이러한 포괄적인 정의를 바탕으로 한 보르디가에게는 소련 경제의 본질이 자본주의적이었다는 것을 논리적으로 일관된 방식으로 '입증'하는 것은 분명히 어렵지 않았다. 소비에트 국가가 질적으로 '정상적인' 자본주의 국가와 달랐다는 사실은 앞서 지적했듯이 보르디가에게 그다지 중요하지 않았다. 무엇보다 국가는 상부 구조에 속했고 따라서 생산관계의 성격을 묘사하는 데에서 중요한 역할을 할 수 없을 것이다. 게다가 소련에서 국가는 독자적인 계급 권력을 구체화하지 못했다. 기껏해야 그것은 그런 권력의 대리인으로 여겨질 수 있을 것이다.

버넘의 주장에 대응하면서, 보르디가는 전체 역사 내내 국가 관료가 줄곧 지배 계급의 도구를 형성했지만, 결코 지배 계급 그 자체를 구체화하지 않았다고 주장했다. 그것 이외에 소련에서는 관료가 지배한다는 식의 이야기는 또 다른 이유 때문에도 여전히 이치에 닿지 않는 것이었다. 즉,

주민의 다수가 국가에 고용되었다는 점에서 그러했다.[75] 비록 자본주의가 승리했다 하더라도, 새로운 자본가 계급은 생겨나지 않았다. 국가는 노동 계급을 착취하고 억압하는 매개적 '모방 통로'일 따름이었다. 이런 상황에서 이득을 얻는 실질적인 주체는 세계의 부르주아지뿐만 아니라 러시아의 농민층이었다.[76]

4. 3. 새로운 생산 양식 이론들

구트만

구트만Josef Guttmann(1902~1958)은 얼마 동안 체코슬로바키아에서 가장 촉망받는 젊은 공산주의 지도자로 생각되었다. 그는 1921년 체코슬로바키아 공산당이 창립된 뒤부터 공산당 당원으로 적극적으로 활동했다. 그때 그의 나이는 열아홉 살이었다. 8년 뒤, 그는 정치국원으로 뽑혔고, 당 기관지《붉은 진리Rudé Právo》의 책임 편집자로 임명되었다. 1931년 코민테른 정치사무국 구성원으로 임명되었다. 이러한 눈부신 경력은 1932년 구트만이 독일 공산주의자가 히틀러에 맞서 추구했던 전술을 비판하기 시작했을 때 끝나고 말았다. '트로츠키주의자'(그가 실제로 공감하기 시작했던 경향)로 고소당한 그는 1933년 모든 주요한 당 기관에서 면직되었다.[77]

1938년 체코슬로바키아를 떠난 뒤에 구트만은 코펜하겐과 런던을 거쳐 미국으로 갔다. 미국에 도착한 그는 적극적으로 유럽 출신 사회주의 망명자들의 정치적 토론에 참여했다. 그는 소련에 대한 그 자신의 이론을 발전시켰고, 처음에 망명 동료인 비트포겔Karl August Wittfogel의 집에서 있었던 유명한 모임에서 이를 제출했으며, 이어서 1944년 '마이어Peter Meyer'라는 필명으로 이를 출판했다.[78] 구트만은 암시적으로나 명시적으로 국가 자본주의 이론가와 (타락한) 노동자 국가의 이론가 모두가 근본적인 전제로 삼았던 제3의 선택이 없다tertium-non-datur는 것을 거절했다. 그들은 소련에서 자본주의 또는 사회주의의 특성을 특별히 명확히 하는 방법이 없다는 것을 지적했고, 그 이유 때문에 다른 사회 체제가 존재했다고 추론했다. 그와 반대로 구트만은 제3의 가능성이, 즉 두 가지 해석이 그들이 소련에 대해 공식화했던 부정적인 명제에 관해서 옳다는 것을 인정하길 바랐다. 소련에서 '사회주의자'와 '노동자 국가'의 지지자들이 올바르게 주장했듯이, 부르주아지와 가치 법칙의 지배는 없었지만, '국가 자본주의 이론가들'이 정확히 말했듯이 사회 평등과 자유와 민주주의도 없었다. 오직 이러한 두 관점을 결합할 때 스탈린주의 구성체를 실질적으로 통찰할 수 있을 것이라고 그는 믿었다.

양측 모두가 그들의 부정적인 전제에서는 올바르다는 것, 그리고 그들이 이러한 전제로부터 그들의 결론으로 [······] 위험천만한 도약을 했을 때 둘 다 잘못된다는 것이 드러나기 시작한다. 아마도 러시아에는 자본주의도 사회주의도 없었을 테지만, 제3의 것, 역사에서 아주 새로운 무엇인가가 있다.[79]

경제에서 국가의 지배적인 역할, 기근과 실질 임금 하락, 수입 불균형, 노동자의 무기력함에 대해 말한 뒤, 구트만은 소련에 착취자와 피착취자, 지배자와 지배받는 사람이 있다고 결론을 내렸다. 그런데도 우위를 차지하는 계급은 부르주아지와는 다른 계급이었다. 도식적으로 구트만의 해석은 다음과 같이 제시할 수 있다.

	자본주의	소련
생산 수단	사적 소유권을 통한 통제 개인 고용주에 의한 관리	사회적 행정권을 통한 통제 위계적 집단에 의한 관리
노동력	노동자는 자신의 노동력을 사게 될 사람을 선택할 수 있다(한정된 시간 동안).	노동자의 노동력은 무한정 집단 착취자에 속한다.
임금 수준	가치와 잉여 가치 사이의 경계는 경쟁적인 노동 시장과 경제 법칙의 자연적인 작동에 의해 결정되었다.	총생산과 잉여 생산 사이의 경계는 관료 주의적 착취 열망에 따라 결정되었다. 임금 수준은 노동 계급이 굶어 죽지 않게 낮은 수준으로 유지되었다.

구트만은 또 자본주의에서 단순 상품 생산자 그리고 프티 부르주아지와 비교할 수 있는 소련의 중간 계급을 확인한다(콜호스 농부, 노동 귀족(스타하노프 노동자) 등). 그러나 그들의 존재는 지배자와 노동자 사이의 계급 경계가 놀라운 속도로 폐쇄되는 것을 막을 수 없을 것이다. 족벌주의, 고등 교육의 독점, 부의 상속을 통해 관료제는 앞으로 주로 관료의 자식들로 구성될 것이다.

초기 이론가와 달리 구트만은 관료주의 체제의 구조적 모순과 불균형을 보는 눈을 지녔다. 첫째, 그는 축적 과정에서 악순환을 증명했다. 즉, 지배 계급의 각 성원이 처한 사회적 지위(그의 신분, 봉급 등. 그리고 경우에 따라서는 심지어 신체 그 자체)는 계획의 달성에 달려 있었기 때문에, 상품의 투입과 생산 가격이 위로부터 결정되었으므로 모든 관료는 임금을 낮추고 작업 속도를 늘릴 수밖에 없다고 느꼈다.[80] 그러나 낮은 임금 때문에 생긴 노동자의 영양실조는 노동 생산성을 낮게 했고, 그럼으로써 또 사회적 생산을 줄였다. 따라서 관료는 다시 계획된 생산량을 달성하려고 노동자의 생활 수준을 낮아지게 해야만 했다.

둘째, 자본주의적 그리고 사회주의적 구제 수단의 부재(한쪽에는 가격과 이윤, 다른 쪽에는 민주주의적 통제)는 전체 계획 과정이 혼란에 빠지게 된다는 것을 뜻했다.

> '오직 위로부터의' 통제와 비판을 대중이 통제할 수 없다. 만일 위로부터의
> 명령이 그것을 실행하는 데 의미 없고 불가능할 때조차도 비판받지 않을 수 있
> 다면, 그것의 실행은 날조되어야 한다. 전제 체제는 모든 사람에게 거짓말을 하
> 도록 강요한다. [……] 가장 좋은 통계 자료가 있더라도 계획의 실수를 피할 수
> 없다. 그러나 이와 같은 조건에서 그런 일들은 늘 있는 일이 된다.[81]

　구트만은 관료제가 나치 독일에 맞선 싸움에서뿐만 아니라 국내에서
도 그 자신을 내세울 수 있었다는 것을, 그런데도 계획 경제가 제공했던
이점을 통해 설명했다. 즉, 긴급 상황에서 방해되는 어떤 사회적 장애도
없이 모든 사람과 물질은 하나의 과업에 집중할 수 있었을 것이다.
　만일 소련 사회가 사회주의로 진정으로 이행하는 일이 발생했다면, 트
로츠키가 제안했던 것과 같은 정치 혁명만으로는 충분하지 않았다. 완전
한 사회 혁명이 필요했다. 그것은 생산관계를 질적으로 바꾸어 놓았을 것
이다.

4. 4. '이름표 없는' 해석들

　1950년대 초 흥미 있는 이론적 발전이 일어났다. 서독 출신의 여러 개
별 마르크스주의자는 1930년대부터 소련을 묘사하는 데 사용한 이름표
를 포기했다. 그들은 이러한 이름표를 너무 성급한 것으로 여겼고, 낡은
접근법보다 더 '열린' 것이었던 새로운 이론을 정식화하려고 애썼다. 이

러한 저자들이 정확한 묘사를 추구하려고 했다기보다는, 될 수 있으면 관찰한 사실과 일치하는 이론을 추구하려고 했다. 그들 가운데 여전히 낡은 이론을 믿는 사람조차도 그 어떤 전통적인 '이름표'가 소련에 들어맞는다고 생각하는 것 자체를 싫어한다는 데 동의했다. 보기를 들면, 플라이셔Fleischer는 소련에서 부르주아적 타락이 일어났다고 생각했다. 그는 다음과 같이 말했다.

스탈린주의 러시아에 대한 명확한 정의는 이 정권의 역사적 기원과 이 정권이 역사 속에서 차지하는 지위를 적절하게 설명할 때에만 비로소 내려질 수 있을 것이다. 이러한 두 가지 모두가 사람들이 선택할 수 있는 이름보다 훨씬 더 본질적이다.

따라서 그는 '국가 자본주의', '타락한 노동자 국가' 또는 '관료적 집산주의'와 같은 이름표를 사용하는 것을 거부했다.[82]

아마도 이러한 (일시적인) 반反도그마주의는 1949년 유고슬라비아와 소련 사이의 분열, 그리고 '독립 노동자당Independent Workers' Party, UAP'의 이름으로 독일연방공화국에서 일어난 티토주의 운동과 관계있는 것일 수도 있다.[83] 독립 노동자당이 1950년에서 1951년까지 짧은 기간에 존재했고 티토Tito의 가장 중요한 이데올로그인 질라스가 이 시기에 국가 자본주의 이론의 한 변종을 옹호했지만,[84] 반도그마주의가 불러일으키는 공산당의 정설에 대한 끊임없는 공격이 다른 더 대담한 해석을 자극했던 것으로 밝혀진 것 같다. 새로운 이설異說은 독일 사회민주당 좌파뿐만 아니라 독립 노동자당을 중심으로 모인 서클들 모두에서 명백해졌다.

슈테른베르크

경제학자 슈테른베르크(1895~1963)[85]는 1926년부터 국제적으로 알려졌다. 그때 그는 자기의 중요 작품인 《제국주의Imperialismus》를 출판했다. 1950년대 초에 소련을 분석하는 몇 개의 기고문을 냈다. 이 기고문을 보면, 슈테른베르크가 20년 전과는 다르게 트로츠키주의에 더는 친밀감을 갖지 않았으며, 오히려 그 사이에 '민주적 사회주의'라는 그 자신의 견해를 발전시켰던 것은 분명하다.

1951년 출판된 포괄적인 책 《시험대에 오른 자본주의와 사회주의 Capitalism and Socialism on Trial》에서 슈테른베르크는 다른 무엇보다도 변화한 세계 상황을 당연히 고려하면서 1917년 이후 러시아 사회의 발전을 개괄적으로 분석하려고 애썼다. 첫째 의미 있는 것은 많은 다른 사람과 다르게 이름 붙이기 경향에 저항했다는 것이다. 러시아(슈테른베르크는 거의 한 번도 '소련'이라고 말하지 않았다)는 한편으로 국내에서 봉건적 관계를 끝냈고 자본주의를 뿌리 뽑았다. 다른 한편으로 러시아가 세웠던 것은 사회주의도 그와 비슷한 어떤 것도 아니었다. 그 대신 억압적인 당 독재가 나타났다. 그것은 일부 차르 시기의 전통을 유지했다. 정치적으로 생각해 보면, 이러한 모호한 상황이 빚은 결과는 (슈테른베르크에 따르면 역사적으로 불가피했던) 사회의 혼종 형태였다. 그것은 진보적인 경향과 반동적인 경향이 혼합된 것이었다. "그것(즉, 새로운 국가 형태)에 이름을 붙이려고 하는 것은 쓸데없는 일이다. 다른 사람이 러시아 발전의 한 측면을 다른 측면으로 오해하는 것은 오해를 불러일으키는 것이다."[86]

10월 혁명 이래 러시아의 발전을 재구성하면서, 슈테른베르크는 다른 사람들이 이미 확증했던 많은 측면, 노동조합의 국가화가 보여주듯이 당 독재의 축소된 사회적 토대, 세계 시장에서 자립의 경향 등등을 지적했다. 그렇게 함으로써, 그는 당 독재가 처음(레닌 시기)에는 기본적으로 옛 착취자에 주의를 기울이는 것이었지만, 차츰 노동자와 농민의 생활 수준에 대한 철저한 간섭을 통해 공업화 과정을 강제하는 독재로 발전해 갔다고 지적했다.

슈테른베르크는 이러한 이미 잘 알려진 생각에 두 가지 새로운 요소를 덧붙였다. 첫째, 그는 농업의 집산화가 결과적으로 아시아적 생산 양식과 비슷한 것임을 인정할 경우에만 정확히 이해할 수 있다고 믿었다. 즉, 국가가 농업 집단 농장의 기계류(트랙터 따위)를 소유했다는 사실은 이러한 집단 농장이 옛 중국에서 있었던 촌락 공동체처럼 국가에 종속되었다는 것을 뜻했다. 이러한 평가가 비트포겔의 영향을 받았는지 아닌지는 분명하지 않다. 그러나 만일 그렇다면, 슈테른베르크는 수력 경제water-economy를 하나의 유추로 해석함으로써 확실히 동방 전제주의 이론에 아주 현대적인 방식으로 접근했다.

둘째, 슈테른베르크는 전후 소련이 동유럽으로 팽창한 것을 자본주의적 제국주의와는 아주 다른 제국주의라는 단서를 달았지만, '적색 제국주의'라고 부를 준비를 했다. 자본주의는 자신의 식민지에 있는 대지주와 연합했다. 그러나 소련은 농업 혁명을 촉진했다. 자본주의는 식민지의 공업화에 제동을 걸었다. 그러나 그와 반대로 소련은 공업화를 자극했다. 자본주의는 높은 이윤을 얻기 위해 남은 상품을 팔려고 팽창했다. 그러나 소련은 상품 부족을 겪었고, 다른 곳에 상품을 팔 필요가 없었다. 줄여 말하면, '적색 제국주의'의 사회적 내용은 서구 제국주의의 내용과 완전히 달랐다. 슈테른베르크에 따르면, 이것은 소련으로서는 팽창주의의 내적 필요성이 없었다는 것을 뜻했다. 비록 그러한 팽창이 정권의 유지에 쓸모 있는 것이었다 할지라도.

그의 책을 출판했던 것과 같은 해에, 슈테른베르크는 또《그래서 그렇구나…So It Ends…》라는 제목으로 소련에 대한 팸플릿을 출판했다. 그 작품에서 그는 하나의 중요한 차이가 있긴 하지만 대체로 동일한 견해를 폭넓게 발전시켰다. 그 차이란, 그가 더는 진보적인 경향과 반동적인 경향이 결합했던 사회에 대해 말하지 않았다는 것이다. 차라리 그는 세계적으로 모든 수준(정치, 군사, 이데올로기)에서 싸울 필요가 있는 "세계에서 가장 반동적인 국가"라고 말한다.[87]

사이컨

1952~1953년에 저널리스트 사이컨Dieter Cycon(1923년쯤 출생)[88]은 람Fritz Lamm과 다른 이들이 달마다 내는 독립 좌파-사회주의자의 잡지인《푼켄Funken》지에 'D. C.'라는 이니셜로 된 몇몇 빼어난 논문을 발표했다. (본명은 야코비Henry Jacoby, 필명은 프랑크Sebastian Franck인 네덜란드 사회주의자 키프Frits Kief의) 답변에 대해 대응하면서, 사이컨은 나중에 자신의 분석을 어느 정도 확대했다.

슈테른베르크의 책을 알았던[89] 사이컨은 적어도 슈테른베르크만큼 신중했다. 그를 비판하는 사람들에 답하면서, 사이컨은 다음과 같이 주장했다.

대부분 관찰자는 우리가 소련에서 일어난 진보에 대해 너무 모르고, 우리가 실제로 아는 자그마한 사실이 불완전한 것이며 언제나 특정 견해에서 나오는 것이라는 견해를 보였다. 결국 우리는 역사적으로 독특한 경험을 다루는데, 거기에는 비교의 가능성도 없다. 우리는 시간이 지나면서 그것이 잘못된 것이라고 입증할 수도 있다는 점을 인식하면서 여러 가지 판단 기준에서 주의 깊게 몇

몇 결론을 이끌어낼 수 있다.[90]

사이컨은 1928년에 제1차 5개년계획이 시작된 뒤부터 소련에서 이루어진 발전에서 작동하는 세 가지 중요한 요소를 인식했다. 즉, 그것은 공산당에서 소규모 지도 그룹의 독재적인 권력, 강제적인 공업화, 그리고 이러한 공업화의 결과로, 그가 '새로운 인텔리겐치아'라고 이름을 붙였던, 폭넓은 층의 기술 관리와 경제 관리의 출현이다.

이러한 새로운 인텔리겐치아는 생산 수단에 대한 유의미한 사적 소유가 더는 존재하지 않는다는 점에서 사회적으로 매우 중요한 역할을 차지했고, 따라서 소유보다 더 커다란 권력의 원천이 되었다. 그것은 수입과 사회적 권력에서 아주 달랐던 폭넓은 범위의 직업 집단을 포함하는 하나의 계급이었다. 비록 평균적으로는 그들이 모두 노동자와 농민보다 부유했지만, 그들 내부적으로 너무나 심하게 차이가 났기 때문에 가장 낮은 부류의 생활 수준은 노동자의 생활 수준에 가까웠다. 따라서 상호 사회적 경계는 꽤 유동적이었다.

새로운 인텔리겐치아의 성원이 그들의 지위를 장악하고 얻을 수 있는 가장 중요한 방식은 그들이 가진 전문 지식이었다. 이러한 지식이 사회적으로 더 독점화하면서(왜냐하면 새로운 인텔리겐치아의 아이들 말고는 고등교육을 받을 수 없으므로) '지식 엘리트'는 사회의 다른 구성원으로부터 점점 더 자기를 분리해낼 수 있을 것이고, 진정한 지배 계급으로 전환할 수 있을 것이다. 사이컨을 따르면 그런 방향으로 나아가는 경향은 이미 명백했지만, 그 과정은 결코 완벽하지 않았다. "몇백만에 이르는 온갖 종류의 공무원을 관리하는 감독자는 결코 이러한 계급 형성을 안정화하는 데 조금도 성공하지 못했다."[91]

사이컨은 계급 형성 과정이 안정화의 지점에 다다를 수 있는지 아닌지 하는 문제에 분명히 답변하지 못했다. 그의 주장은 사실상 다른 방향으로 나아가는 것 같았다. 그는 1930년 무렵부터 소련 경제의 "현상적인 성장"이 세 가지 요소, 즉 투자재 생산에 우선순위를 매기기, 소비재 생산에 대한 상대적으로 낮은 투자에서 비롯되는 아주 낮은 생활 수준, 그리고 기꺼이 희생을 받아들이도록 주민에게 강제하는 데 필요한 광범위한 테러를 조합함으로써 이루어질 수 있었다고 특별히 말했다.[92]

1950년대 초 사이컨은 이러한 정책이 성과를 낳았다고 주장했다. 중공업이 높은 수준에 이르렀고, 나라의 군사력이 아주 강해졌다. 따라서 마지막 5개년계획의 대상이 제시했듯이, 소비재 부문에 더 많은 관심을 기울여야 할 때가 왔다. 이제 지배 계급으로서 자신을 공고히 하려고 새로운 인텔리겐치아의 생활 수준을 끌어올리거나, 또는 공포 정치를 축소할 수도 있는 평등을 조장하기 위해 노동 계급의 생활 수준을 끌어올릴 수 있게 되었다.

소련 지도부가 이러한 선택 가운데 어떤 것을 선택할 것인가 하는 문제는 사회적 위계질서 맨 꼭대기의 권력관계에 의존하게 될 것이다. 사이컨은 한쪽에 당 지도부, 다른 쪽에 경제와 국가의 운영을 담당하는 관료 사이의 모순을 인식했다. 제2차 세계대전 동안 더 힘을 갖게 되었던 관료 세력은 계급 국가의 방향으로 움직였다. 그와 달리 당 지도부는 이러한 진전에 제동을 걸었다. 나타나는 새로운 계급 위에 있는 당 지도부는 관료의 팽창주의에 맞섰고, 숙청을 통해 사회 체제를 더 동적으로 만들려고 애썼다. 인구의 폭넓은 층에서 지지를 구함으로써, 당 지도부는 관료를 통제하려고 애썼다. 사이컨은 이러한 계획이 성공할 것으로 믿었던 것 같다. 어쨌든 그의 논문 가운데 하나는 전반적인 생활 수준이 1960년대부

터 아주 눈에 띄게 높아질 것으로 가정한다.[93]

프뢸리히

프뢸리히Paul Frölich(1884~1953)는 독일 노동 운동의 베테랑이었다. 그는 바이마르공화국에서 제국의회 의원으로서 독일 공산당을 대표했다. 또 그는 나중에(1932년) 독일 사회주의 노동자당에 참가했다. 그는 1934년에서 1950년까지 처음에는 프랑스에서 나중에는 미국에서 망명 생활을 했다. 그가 독일연방공화국으로 돌아올 때까지 그는 독일 사회민주당에 가담했고 무엇보다 사이컨도 기고했던 잡지인《푼켄》지에 글을 실었다.[94]

그의 생애 마지막 몇 해 동안, 프뢸리히는 스탈린 정권의 본질에 대한 책을 썼다. 이러한 불완전한 연구의 미완성 유고는 훨씬 뒤에야 출판되었다.[95] 그러나 프뢸리히 이론의 중요한 요소는 이미 1950년대 초에 서독 정치 신문에 쓴 기고문과 다른 좌파 사회주의의자와 그의 서신 교환을 통해 알려지게 되었다. 프뢸리히는 로스돌스키Roman Rosdolsky에게 보낸 편지에서 소련을 "새로운 역사적 현상!"이라고 불렀고, "그것을 위한 이름은 찾아질 것이다. 누군가 그 문제의 틀을 잡는다면, 그럭저럭 그것만으로도 충분하다."[96]고 말했다. 그는 다른 저자처럼 스탈린주의 독재의 기원을 중요하게는 서구에서 사회주의 혁명의 부재와 연관 지어서 설명했다. 그러나 대부분의 사람들과 다르게 프뢸리히는 이러한 혁명이 없었던 이유를 객관적인 원인에서 찾았다. 즉, 러시아만이 아니라 모든 곳에서 사회주의를 위한 전제가 아직 존재하지 않았다는 것이다. 따라서 러시아 혁명은 사회주의를 수립하려는 시도와 관련하여 실패해야만 **했다**. 그 결과,

자본주의적 발전으로 나아가려고 애쓰는 경제 제도, 국가화한 계획 경제였

다. 그러나 그것은 자본주의적 장벽, 즉 자본주의 법칙들이 더는 적용되지 않는 자본가 없는 계획 경제를 통해 파산했던 경제다. 그리고 이러한 계획 경제는 가장 적나라한 모순과 야만적인 지배 방식을 지닌 사회에서 실현되었다. 그것은 궁극적으로 사회주의로 나아가기에는 익지 않은 열매다.[97]

사후에 출판된 미완성 유고(그것은 그의 생애 동안 발표되었던 생각과 부분적으로 겹친다)에서, 프룄리히는 중국 제국에서와 같이 '고전적으로' 지배하는 관료 세력과 견주어 차이점과 비슷한 점을 조사함으로써 훨씬 더 소련 관료제에 대한 통찰력을 획득하려고 애썼다. 분명히 안정적인 '중국'형 관료제는 상대적으로 균형 잡힌 사회 구성체, 즉 경제 사회 발전이 제한되었던 구성체에도 존재할 수 있을 것이라는 생각에서 시작한 그는 소련 관료제가 아주 다른 체제의 현상이었다는 결론을 이끌어냈다. 10월 혁명에서 태어난 사회에서, 프룄리히는 많은 위험한 평형 상태의 조합을 인식했다. 그러한 평형 상태는 더 짧은 기간에, 아니면 좀 더 긴 기간에 균형을 잃게 된다.

첫째, 관료제 '기구'와 주민 다수 사이에 있는 모순을 흡수하고 양자를 연결할 수 있는 중간층이 없다. 보기를 들면, 절대주의 국가는 농촌 주민을 착취할 때 귀족과 부르주아지의 상당 부분에서 오랫동안 계속해서 지지를 얻었다. 그러나 '전체주의적' 소련 관료제는 국가 기구, 착취자와 피착취자로 구성되는 단일체를 만들어냈다. 이것은 지배층에게 매우 잔인하고 억압적인 정권을 유지하도록 강제했다. 그 정권의 지위는 인민대중을 동원하기 시작하면 곧바로 도전받게 될지도 모른다.

둘째, 지배하는 관료층은 교육을 그 자신을 위해 독점하는 점점 더 폐쇄적인 엘리트가 되었고, 단단하게 짜인 신분의 특성을 보여주기 시작했다. 이것은 조만간 엘리트의 활동력과 정책적 단호함이라는 큰 결과를 낳았다.

통치할 수 있는 능력이 확실한 특권이 되는 곳에서, 특권을 지닌 사람의 도덕성은 불가피하게 없어진다. 의지력, 큰 희생을 할 준비성, 관료층 자신의 특성을 흔들리지 않고 발휘하는 자세, 그리고 확실한 지배층으로서 자세의 확고부동함도 무력해질 수밖에 없다. 통치하는 일은 판에 박힌 일이 된다. 그러나 만일 관료제 기구가 규칙에 따라 일을 처리하는 데에만 급급하게 된다면, 그것은 새로운 조건에 적응할 수 없게 된다.[98]

셋째, 엘리트가 경직화하자 관료화는 더 악화되었다. 노동자만이 아니라 관료제 안에 있는 여러 계층도 행동의 자유와 자유로운 발의를 할 가능성을 빼앗겼다. 음모와 노예근성이 행동 규범을 결정하기 시작했다.

넷째, 강력한 관료제의 출현은 모든 유형의 독자적 사상을 질식시켰다. 비판은 불가능해졌고, 무턱대고 도장을 찍는 교조주의가 넘쳐나기 시작했다. 예전에는 치열하게 답을 찾아 나가는 토론을 위한 광장이었던 당은 지시하거나 지시받는 예스맨의 단순한 집합으로 타락했다.

이 모든 요소는 비자본주의적 계획 경제 아래 있는 비사회주의적 '전체주의' 관료제 독재가 예외적으로 취약했다는 것을 뜻했다. 비록 체제가 상당한 기간 '흔들리지 않을' 가능성을 배제할 수는 없다 하더라도, 그것의 몰락은 불가피하다고 여겨졌다.

코플러

코플러Leo Kofler(1907~1995)는 "스스로 마르크스주의적 사회주의자로 여겼고, 젊었을 때부터 속해온 사회민주당의 당원임을 인정하는" 오스트로-마르크스주의자 아들러Max Adler의 제자다. 그는 1947년에서 1950년까지 동독에서 활동했고, 곧이어 서독으로 옮겨갔다.[100] 이주한 뒤, 그는 신속하게 스탈린주의에 대한 여러 팸플릿을 썼다. 1951년 그는 데브리테Jules Dévérité라는 필명을 써서 《마르크스주의적 마르크스주의냐, 스탈린주의적 마르크스주의냐?Marxist or Stalinist Marxism?》를 출판했다. 이 팸플릿에서 그는 무엇보다도 계획 경제의 존재와 편재해 있는 관료제의 등장 사이에 인과적 관계가 있음을 주장했던 사람들에 맞서 논쟁했다. 1952년 코플러가 헝가리 철학자에 대해 쓴 《루카치의 사례The Case of Lukács》가 나왔다. 그의 견해에 따르면, 루카치는 그 시대에 스탈린주의적 '관료제'에 대한 가장 중요한 비판자이면서 동시에 가장 중요한 이론가이기도 했다.[101] 그 뒤 곧바로 《스탈린주의 관료제의 실체와 역할The Essence and Role of the Stalinist Bureaucracy》이라는 책을 출판했다.

맨 마지막으로 말한 책에서, 때때로 티토주의로 기울었던 저자는 소련 사회의 본질을 꿰뚫어 보려고 했다. 비록 코플러가 트로츠키주의자처럼 스탈린주의적 관료제를 주로 사회주의 원칙에 바탕을 두는 계획 경제 안에서 작동하는[102] 특권화한 사회 계층[103]이라고 말하긴 했지만, 그런데도 그는 이러한 관료제가 본질적으로 특성상 기생적이라는 생각에 반대했다. 관료가 어쨌든 특권을 얻으려고 노력하고, 또 특권을 지켜낸다는 사실은 거의 아무것도 설명하지 않았다. 실질적인 문제는 관료가 훨씬 더 많은 권력을 얻게 했으며, 그리하여 특권을 축적할 뿐만이 아니라 그것을 몇십 년 동안 계속 유지할 수 있게 한 상황에 관련된 것이었다.[104]

코플러는 자신의 책에서 오랜 민주주의 전통을 지닌 고도로 발전한 자본주의 나라에서 출현하는 혁명 이후 사회조차도 심각한 내적 어려움과 싸우게 될 것이라고 주장했다.《고타강령 비판Critique of the Gotha Programme》(1875)에 나온 마르크스의 언급과 모순되지 않게, 코플러는 그런 환경에서 모순은 새로운 생산 양식과 관료제뿐만 아니라 살아남은 옛 분배 방식(화폐, 자본주의적 사법) 사이에 계속 존재할 것이라고 주장했다. 그러나 민주주의적 이행기 사회의 의사 결정은 밑으로부터 일어날 것이고, 따라서 계획 경제가 관료주의적으로 타락할 가능성은 밑으로부터의 의사 결정으로 차단될 것이다.[105]

그러나 소련의 상황은 다른 커다란 문제들 때문에 더 복잡해졌다. 첫째, 민주주의 전통은 거의 완전히 없었다. 새로운 독재로 나아가는 발전을 막을 수도 있었을 몇몇 힘은 내전 동안 사라졌다. 둘째, 1917년 무렵 러시아는 공업이 크게 발전하지 못했다. 코플러가 더 정교화하지 못한 것이기는 하지만, 고도로 발전한 나라에서는 자본의 축적과 소비재 생산이 서로 부추기며 성장하며, 축적은 소비를 희생한 대가로 이루어지지 않았다. 그러나 소련과 같은 덜 발전한 사회에서 경제의 두 부문 사이의 틈새는 뚜렷했다. 생산 수단의 생산으로 구성되는 원시적 축적은 소비재 생산을 대가로 하여 진행되었다. 따라서 관료제는 그 격차를 이어주거나 또는 어쨌든 그 틈새가 폭발하지 않게 보증하는 것이라는 모순적인 과업을 짊어졌다. 겉으로 관료는 사회 전체의 이해관계, 즉 축적과 소비 사이의 '균형' 유지에만 관심을 두는 객관적 심판관으로 행동했다. 그러나 실제로 그것은 대중의 이해에 맞서 축적의 이해를 방어했다. 이러한 정책의 틀 안에서 그것은 문화적 · 정신적 생활을 포함한 사회생활의 훨씬 더 넓은 영역에 대한 자신의 권력을 확장하는 데 머뭇거리지 않았다.[106] 가장 주목할 것은 스탈린주의적 관료제가 동시대 자본주의적 관료제와 달리 '이상주의적이고' 주체적으로 자기희생적이었던 사람들로 이루어졌다는 사실이다. 코플러는 [스탈린주의적 관료제가] 초기(16세기와 17세기) 부르주아적 관료제와 확실히 비슷한 점이 있다는 것을 확증한다. 부르주아적 관료제가 봉건제의 잔재에 맞선 고집스러운 싸움에 뒤얽혀 있었던 그 시대의 관리처럼, 스탈린주의 엘리트는 헌신했을 뿐만 아니라 낙관적이기도 했다. 두 사회 집단은 마르크스와 베버Weber가 초기 부르주아지의 전형적인 특성으로 여겼던 다음과 같은 특징을 보여 주었다.

축적에 대한 열정과 근면성, 그리고 관료제의 일반 구성원뿐만 아니라 무엇보다도 노동 대중 사이에서 기본적으로 규율 지향적인 교육적 효과를 실현하는 것을 목적으로 하여 이러한 태도를 도덕 체계 내에 위치 지우기.[107]

코플러가 이러한 비유를 두 관료제(부르주아 관료제와 스탈린주의 관료제)가 원시적 축적의 과정에서 도구가 되었다는 사실과 관련지었다는 것은 말할 필요도 없다. 스탈린주의자들에게는 광신에 가까운 금욕과 개인적으로 검소하려는 노력이 없었기 때문에, 비록 코플러가 이런 비유를 지나치게 확대하는 것을 바라지 않았을지라도.[108] 이러한 분석에 힘입어 코플러는 관료제와 공포 정치를 수단으로 삼는 스탈린주의가 "조만간" 사라질 것이라는 결론에 이르렀다.[109] 축적과 소비 사이의 틈이 메워지자마자, 민주적 토대 위에 선 계획 경제가 나타날 수 있을 것이다.

4. 5. 논쟁과 상호 비판

도이처 논쟁

1940년대에도 소련 체제가 어디서 비롯되었는가, 마르크스주의적 표현법으로 말하자면, 그 체제를 역사의 폭넓은 범위 속에서 어떻게 자리매김해야 하는가의 문제를 놓고 토론이 이루어졌다. 참여자가 이러한 사회 구성체의 결말에 대해 생각했던 것과 관련하여, 두 가지 주된 견해가 있었다. 즉, 노동 계급이 오래지 않아 스탈린주의 관료제를 가차 없이 없애버리게 되거나, 그렇지 않으면 이러한 독재가 오랫동안 지속하고 나서 그 자체를 쓸모없는 것으로 만들 것이다.

폴란드 출신 유대인 저널리스트이자 역사학자인 도이처Isaac Deutscher (1907~1967)는 1940년까지 브렌Josef Bren이라는 가명을 쓴 제4인터내셔널 당원이었다.[110] 그는 1940년대 동안 관료주의 체제의 몰락에 대하여 다른 견해를 발전시켰다. 이것은 도이처가 쓴 스탈린 전기가 1949년에 최종적으로 출판되었을 때 분명해졌다. 이 기념비적 작품에서, 도이처가 민주주의로 나아가는 급속한 발전이 가능하거나 또는 심지어 있음직한 것으로 여겼다는 데에는 의심의 여지가 없다.[111] 그는 이러한 예측을 1953년 스탈린이 죽은 뒤 한 달 만에 쓴 책《스탈린 이후 러시아Russia After Stalin》에서 더 상세히 설명했다. 여기서 타락한 노동자 국가 이론을 방어하면서 수정했다. 도이처는 마르크스주의적 요소와 '반쯤은 아시아적' 요소를 모두 포함한다고 인식했던 스탈린주의를 역사적으로 피할 수 없는 공업화-독재industrialisation-dictatorship로 여겼다. 그것은 급속하게 새롭고, 고도로 발전한 사회-경제 구조를 창조했다. 강제적인 축적 작업이 완성되면서, 정치 체제는 더욱 더 쓸모없어졌다.

스탈린주의는 자신의 역사적 기능을 다했다. 모든 다른 거대 혁명처럼, 러시아 혁명은 새로운 사회 제도를 탄생시키고, 그것의 생존을 보장하려고 강제와 폭력을 가차 없이 이용했다. 이전에 수립된 정권은 자신의 영속성을 위해 사회적 관습이라는 힘에 의존했다. 혁명적 체제는 강제를 통해 새로운 관습을 창조한다. 그 체제의 물질적 틀이 확고히 마련되고 공고하게 되었을 때만이, 그것은 그 자신의 내적 활력에 의존할 수 있다. 그러면 그것은 형식적으로 그 체제를 보호했던 테러에서 자유롭게 된다.[112]

도이처에 따르면, 스탈린이 죽고 난 뒤 일어난 변화는 정치-문화적 '상부 구조'를 새로운 경제적 '토대'로 전면적으로 다시 조정하려는 서곡이었다.

비록 그가 스탈린주의로 되돌아갈 수도 있음을 배제하지 않았다 할지라도, 도이처는 그 체제가 구조적으로 쓸모없게 된다면, [스탈린주의로] 복귀하더라도 본질상 단명하게 될 것이라고 믿었다. 둘째로 가능한 시나리오로, 그는 군사 독재가 세워질 수 있다고 보았다. 그것은 스탈린주의의 해체가 혼란을 불러오고 사회적 규율을 약화한다면 나타날 수 있을 것이다. 그런 '나폴레옹식' 체제는 경제 제도를 건드리지 않고 남겨 놓을 것이지만, 권위주의적 방식으로 상부 구조를 변형할 것이며, 외교 정책에서 공격적 자세를 취할 것이다. 그러나 이러한 대안은 세 번째 대안을 통제할 수 없을 때에만 실현될 수 있는 실질적인 기회를 갖게 될 것이다. 도이처에게 세 번째 대안은 가장 있을 법한 것이었다. 즉, 말렌코프G. Malenkov가 이끄는 개혁가들이 민주주의 방향으로 차츰 발전해 갈 것이다.

1930년대에 트로츠키는 스탈린주의에 맞선 '제한적인 정치 혁명'을 옹호했다. 그는 그런 혁명을 전면적인 사회 봉기로서가 아니라 국가를 테러로 통치한 정치 경찰의 수장과 작은 파벌을 겨냥했던 '행정적 작전'으로 여겼다. 흔히 그렇듯이, 트로츠키는 시대보다 앞서 미래를 내다보는 것 때문에 비극적인 예언 가였다. 비록 그는 스탈린의 친밀한 협력자가 그의 기획에 따라 행동할 것이라고 상상하진 않았다 할지라도. 지금 말렌코프가 이끄는 정부가 수행하는 것은 정확히 트로츠키가 계획했던 '제한적 혁명'이다.[113]

도이처는 이러한 '위로부터의 민주화' 이론을 수많은 맥락에서 되풀이했고, 그가 죽기 전까지 주장했다.[114]

도이처의 해석이 트로츠키가 예측한 전망에서 갈라져 나왔다는 점은 의심할 나위가 없다. 트로츠키는 그 어떤 엘리트도 다른 사람에게 자신의 권력을 스스로 양도하지 않는다는 가정 속에서 노동 계급에 의한 밑으로부터의 전복으로서 '정치 혁명'만을 상상했을 것이다. 그러나 도이처는 관료(의 일부)를 혁명적 주체로 선언했다. 마땅히, 이러한 수정주의는 정통 트로츠키주의자에게서 거센 비판을 받았다. 《제4인터내셔널Fourth International》지는 도이처를 베른슈타인Eduard Bernstein과 견주었고 그를 몽상가로 비난했다.

말렌코프의 '제한적 혁명'은 지금까지 도이처의 '상상력의 산물'로 남아 있다. 새로 나온 그의 책에 잉크가 채 마르지도 전에 새로운 유혈 숙청이 소련에서 시작되었고, 말렌코프가 동독 노동자의 반란을 탱크와 기관총으로 짓밟았고 파업자를 대대적으로 체포했다.[115]

그러나 이러한 비판이 있긴 하지만, 몇몇 트로츠키주의자는 도이처의 이단론적 관점을 사실이라고 믿었다. 코크런과 브레이버먼Harry Braverman과 같은 사람을 포함한 그들 대부분은 곧 트로츠키주의 운동을 떠났다.[116]

도이처는 트로츠키주의 진영 밖에서도 격렬한 논쟁을 불러일으켰다. 프랑스 사회학자 아롱Raymond Aron은 반공산주의 잡지《프뢰브Preuves》에서 그를 세차게 공격했다. 도이처의 진단을 거부한 아롱은 '점진적 민주화'라는 생각을 마르크스주의, 사회주의 그리고 '1917년의 꿈'을 구조하려는 필사적인 시도로 여겨 거부했다. 오히려 보나파르트 독재가 올 것 같았다. 그 전망은 아롱이 낙관적인 몇몇 현실적 근거로써 환영했던 것이었다. 왜냐하면 그의 전망에 따르면, 군사 독재자가 서구와 훨씬 더 긴밀한 관계를 찾으려 할 것이기 때문이다.[117]

도이처는 좌파-가톨릭 잡지인《에스프리Esprit》에서 아롱에게 그리고 내친김에 다른 트로츠키주의 비판자에도 답변했다. 이러한 답변에서 그는 원칙적 방식으로 소련을 경직화된 일원적 블록으로 묘사한, 마르크스주의자든 그렇지 않든, 모든 비판자에 맞섰다.《스탈린 이후 러시아》에서 보다 훨씬 더 강력하게, 도이처는 스탈린주의가 비자본주의적 공업화 독재였다는 자신의 견해를 방어했다. 공업화 독재는 폭력적이긴 하지만 사회주의의 경제적 토대를 발전시킬 것이고, 국내 상황과 국제 환경이 그런대로 안정적인 한 그 자신의 힘으로 소련을 민주화할 수도 있을 것이다. 도이처는 그의 분석에 조건을 달았다. 공업화와 민주화의 필요 사이의 연관에 관해 도이처는 다음과 같이 말했다.

내가 말했던 모든 것은, 공업화가 대중의 민주주의적 열망을 고조하는 경향이 있다는 것이다. 물론 다른 요소들이 그 열망을 좌절시키거나 부정할 수도 있을 것이다.[118]

마찬가지로, 그는 커다란 사회-경제적 불평등이라는 당연한 결과가 소런에서 약해졌다는 그의 테제를 오직 하나의 경향에 관한 진술로 해석해야 한다고 주장했다. 특권화한 소수는 장기적으로는 사회적 적대성과 정치적 탄압을 유지하는 데 관심을 갖지 않을 것이다. 소득에서 상당한 차이(그리고 엘리트의 특권)는 강제적인 공업화 과정 동안 강력한 물질적 유인책에 따른 필요, 그리고 '좀 더 폭넓은 국가적 이해'에 따라 생겨났다. 초기의 사회적 빈곤을 극복하면서, 소득에서 진보적 평준화는 바람직한 것이 될 것이다. 그런 분배는 엘리트에게는 손해가 되지 않을 것이다. 또 정치적 부자유는 체제에 역기능이 되었고(도이처가 이러한 테제를 명시적으로 주장하지는 않았다), 그런 이유 때문에 사라질 수 있을 것이다. 만일 국제 긴장이 늘어난다면, 민주화는 진전되지 않을 것이다. 만일 그런 일이 일어나고 또한 강력한 긴장이 내부적으로도 생긴다면, 사회적 불안은 전쟁의 유령을 되살릴 러시아 보나파르트에게 권력을 안겨줄 것이다. 왜냐하면 국내에서 스탈린의 테러가 그의 상대적으로 '평화적인' 외교 정책과 결합했던 것과 꼭 마찬가지로, 새로운 보나파르트가 나타날 경우 이러한 결합이 역전될 것이기 때문이다. 즉, "그는 [소련의] 내적 긴장 때문에 어쩔 수 없이 국외에서 해결책을 찾을 수밖에 없을 것이다."[119]

몇 달 안에, 독립 미국 사회주의 잡지 《디센트Dissent》는 《에스프리》에 실린 논문을 조금 줄여 번역해서 실었다.[120] 그 일은 일 년 넘게 이어질 토론에 불을 지폈다. 마르크스주의적 영감을 받은 사회학자로 독일 출신인 코저Lewis Coser는 노동 인구가 민주주의를 각성할 수 있도록 교육하는 자율적인 노동자 조직이 있을 때만 공업화를 통해 민주화가 이루어질 수 있다고 주장했다. 스탈린주의 덕택에 노동자가 더 좋은 교육을 받게 되었다는 사실은 이러한 맥락에서 아무런 의미도 없었다. 교화의 가능성은 그런 교육을 통해 늘어날 뿐이었다. 수입이 더 평등하게 분배될 것이라는 도이처의 주장은 코저가 비판한 주요 대상이었다.

미국 동부에서 물은 공짜라는 속담처럼, 만일 러시아에서 대부분 물건이 '공짜 물건'이었다면, 그것을 둘러싼 경쟁적 투쟁이 일어날 것 같지 않지만, 진지하게 이러한 대안을 토론할 필요가 있는가?[121]

소련이 노동자의 낙원으로 바뀌지 않는 한, 코저가 하나의 계급이라고 말했던 엘리트는 자신의 권력을 계속 유지하려고 애쓸 것이다. 그는 지배계급이 실제로 혁명이 진전되거나 또는 실제로 혁명이 진행될 듯한 상황을 제외하고는 결코 자발적으로 자신의 특권을 포기하지 않을 것이라고 지적했다.

라바시에Henri Rabassière(페히터Heinz Pächter)는 또 다른 각도에서 비판했다. 소련이 민주화할 가능성을 부정하지 않았지만, 소련에는 잠재적인 구조적 한계가 있다고 믿었다. 도이처와 처음에 그를 비판했던 사람들과 달리, 라바시에는 개혁의 주기적 형태를 확증할 수 있다고 생각했다. 엘리트 내부에는 모든 인구의 특정 집단, 즉 산업 영역 또는 문화 단체와 연계된 다양한 영역이 존재한다고 주장했다. 관료의 어떤 부분이 그런 하위집단에 특별한 호감을 느끼고 옹호할 때마다, 중앙의 계획자는 관련 조치가 전체 계획의 나머지 부분과 양립할 수 있는지 없는지 평가할 것이다. 만일 그렇다면, 그 결과는 '민주화'일 것이다. 그렇지 않다면, 관료의 하위 집단이 '반역자'의 누명을 쓸 것이다. 따라서 '완화'와 '긴장'의 단계가 계속 되풀이 될 것이다.

완화와 긴장의 계속적인 주기는 분파를 만들고 그것을 거부하고, 새로운 관리자를 행정의 소용돌이로 끌어들이고 그들을 파괴한다. [……] 그것은 민주주의나 보나파르티슴과는 아주 다르다. 도이처가 소련을 위해 생각한 두 가지 대안은 얼마 안 있어 스탈린주의로 '되돌아갈' 것이다.[122]

그것들이 실질적인 사회적 변화에서 생겨나지 않았기 때문에, 다양한 주기는 외교 정책의 특수한 내용에도 상응하지 못했다.

트레스Pierre Tresse는 자신의 비평에서 도이처가 소련 체제가 민주적 사회주의로 차츰 이행할 만큼 아주 유동적이었다고 주장하는 데 적용했던 기준에 문제가 있다고 강조했다. 그런 평화적 전환이 자본주의에서가 아니라 소련에서 일어날 수 있다고 한 도이처의 추론은 어떻게 정당화되었는가?

둘 다 명확한 사회 집단을 포함한다. 이 사회 집단은 정도를 달리하여 서로에 대해 적대적이고, 그에 상응하는 사회적 투쟁을 가져온다. 이러한 투쟁을 처리할 수 있고, 단순히 아무 문제도 일으키지 않고서 저절로 극복할 수 있는가? 그런 전환의 과정에서 서구에서보다 러시아에서 더 크거나 또는 더 작은 장애물을 극복할 수 있는가? 어떤 체제가 더 유연하거나 더 융통성이 없는가? 이러한 것들은 도이처 씨가 스탈린주의로부터 평화적으로 벗어날 가능성을 태평스럽게 주장하기 전에 대답해야 하는 질문이다.[123]

마지막으로 빌렌Paul Willen은 도이처가 너무 성급하게 일반화했고, 그래서 오류를 저지르고 말았다고 생각했다. 물론 [도이처가] 관료 엘리트를 단일한 블록으로 생각한 것도 옳지 않았다. 엄청난 사회적 긴장의 시기에, 우리는 엘리트의 개별 성원이 태도를 바꾸어 결정적 상황에 필요로 했던 지도자의 유형을 대중에게 제공하면서 대중과 결합할 것이라는 가능성을 배제할 수 없을 것이다. 그러나 실제로 그러한 생각에서 나온 것은 무엇인가? 전체 관료가 개혁에 일관되게 저항하는 것은 아니라는 결론이 나온다면, 이것에서부터 관료가 민주화 과정에서 주도권을 잡을 것이라고 추론하는 것이 그렇게 불가능하다는 것인가? 다른 말로 도이처는 자신과 엘리트를 아주 동일시한 것 같고, 그래서 엘리트가 좋은 의도를 가지고 있는 것으로 해석했으며, 자신과 억압받는 대중을 전혀 동일시하지 않은 것 같다.[124]

　도이처는 다시 자신의 생각을 체계적으로 설명한 답변서를 제시함으로써 논쟁을 끝냈다.[125] 그러나 그는 그 글에서 비판자들이 펼친 모든 주장에 일일이 대응하지는 않았다. 트로츠키주의 성향인 그는 생산 수단의 소유에서가 아니라 소비 영역에서 특권을 끌어내었던 소련 관료를 '거대한 아메바'로 특징지었다. 따라서 엘리트의 권력 기반은 아주 불확실했다. 특권의 중요성(엘리트가 이러한 특권을 방어할 때의 집요함)은 전체 사회적 부 또는 빈곤에 달려 있었다. 소련이 이제 '원시적 사회주의 축적(도이처가 프레오브라젠스키Preobrazhenskii에게서 차용했던 개념)'[126]에서 정상적인 사회주의 축적으로 이행하기 때문에, 소비재 부문이 크게 성장할 수 있었고, 엘리트와 대중 사이의 생활 수준 차이는 줄어들 수 있었다. 코저가 했던 것처럼, 전반적으로 풍요한 상황을 전제로 삼지 않은 채, 도이처는 그러한 발전이 평등적 효과가 있을 수 있음을 당연히 인정해야 한다고 주장했다. 분명히 앞으로도 소득은 불균등하게 분배될 것이지만, 스탈린주의 동안에 그랬던 것보다는 좀 더 균등하게 분배될 것이다. 국민 소득을 둘러싼 투쟁은 다소 누그러질 것이다. "국가의 떡이 커지면서, '떡고물'을 위한 경쟁은 덜 야만적이고 더 문명화되려는 경향을 보인다. 떡고

물은 마침내 '공정'하게 분배될 수 있다.”[127]

　이러한 요소는 탄압을 축소했고, 그럼으로써 민주화를 가능하게 했다. 분명히 공업화와 민주주의 사이가 자동으로 관련은 없었지만, 더 많은 부는 사회적 모순이 덜 격화될 것임을 뜻했다. 그로써 권력자가 확실한 동의를 토대로 통치하고 더 많은 시민적 자유를 허용할 수 있게 할 것이다. 대체로 가장 튼튼한 부르주아 민주주의가 상대적으로 가장 부유하다고 말하는 미국과 영국에서 실현되었다는 것은 역사적 우연이 아니었다. 소련 관료가 줄어든 사회적 모순에서 자신의 특권을 양도할 충분한 이유를 알아차릴 것인가 아닌가 하는 문제는 도이처가 확실하게 단언할 수 없었던 중요한 것이었다. 그것이 어느 정도나 개혁을 촉진하게 될 것인가를 그는 일부러 미해결 문제로 남겨 놓았다. 그러나 그가 관료를 어떤 급격한 개혁을 할 수 있는 집단으로 생각했다는 사실이, 빌렌이 이미 말했듯이, 엘리트에게 투항하는 것으로 해석될 수는 없다. 그와 반대로 도이처는 '내 기본적인 헌신은 (내가 이것을 말할 필요가 있는가?) 관료가 아니라 [……] 세계의 억압받는 사람, 박해받는 사람, 그리고 속임수에 넘어간 사람에게 있다.”고 힘주어 주장했다.[128]

버넘에 대한 대응

1941년 뉴욕에서 출판된 버넘이 쓴 《관리 혁명》은 제2차 세계대전이 끝나고 나서 서유럽 언어로 번역되었다. 그 책은 1947년 《관리자의 시대L'ère des organisateurs》라는 제목으로 프랑스 말로, 《관리자 혁명Die Revolution der Manager》이라는 제목으로 독일 말로 번역되어 출판되었다. 여론의 반응은 컸다. 서평의 숫자도 인상적이었다.[129] 나는 여기서 몇몇 좀 더 핵심적인 논평에 한정해 토론할 것이다.

버넘의 책은 두 가지 주요한 논지를 담았다. (1) 몇몇 나라에서 자본주의가 무너지자마자 그곳에서 새로운 계급 사회가 나타났으며, (2) 세계의 다른 지역에서 똑같은 일이 불가피하거나 또는 어쨌든 되풀이될 가능성이 가장 많다. 비판자들은 대체로 첫째 논지가, 완전히 정확하지는 않다고 하더라도, 적어도 일부는 정확하다는 데에 동의했다. 그들이 거부한 것은 소련이나 그 밖의 다른 곳에서 이루어진 발전이 자본주의와의 단절을 뜻한다는 생각이나 새로운 계급 사회가 급속히 세계의 나머지 지역으로 확산할 것이라는 생각에 관련되었다.[130]

오스트리아 사회 민주주의자와 관련된 월간지 《미래Die Zukunft》에는 하낙Jacques Hannak이 1947년 말에 쓴 평론이 실렸다. 그 평론에서 그는 버넘의 입장을 일부 지지했다.[131] 그는 미국인 비판자[버넘]가 러시아에 새로운 계급 사회가 나타났던 방법을 묘사하는 한에는, 우리가 그 주장에 동의하지 않을 수 없을 것이라고 지적했다. 그러나 버넘의 추론은 '관리자 혁명'이 다른 모든 곳에서 승리할 것이라는 증거를 제시하는 문제에 이르자마자 이치에 맞을 수 없는 것이 되었다. 하낙은 기업 감독자와 기술 관료라는 '새로운 계급'이 더 후진적 사회에서는 지배자로 발전할 수 있었지만, 자본주의가 더욱 고도로 발전함에 따라 그들의 권력은 줄어들 것 같다고 주장했다. 바로 미국에서 관리자들이 뉴딜 이상으로 나아가지 않았다는 사실은 이런 점에서 매우 의미하는 바가 크다. 따라서 하낙은 버넘의 숙명론이 정당화되지 않으며, 또한 버넘이 관리자들이 권력을 확장해 나아가야 하는 사회적 전제 조건으로부터 너무나 많은 것을 추상화한다는 의견을 제시했다.

독일의 평의회 공산주의자 훈Willy Huhn은 버넘의 이론에 대한 짧은 평론을 썼다. 훈의 논지는 본질적으로 버넘이 관리자의 권력이 차츰 커진다는 것을 지적한 것은 옳았으나, 버넘이 그러한 권력으로부터 자본주의의 소멸을 추론해낸 것은 옳지 않다는 것이었다. 훈은 관리자의 등장이 마르크스가 "자본주의 생산 양식 그 자체 안에서 자본주의 생산 양식의 폐지," 즉 소유권으로서 자본과 실질적인 기업 경영으로서 자본 사이의 점증하는 분리라고 불렀던 것의 표현일 뿐이었다는 견해를 보였다. 만일 국가가 자율화된 소유권의 역할을 빼앗았고 (따라서 '실질적인 전체 자본가'가 되었고) 더 높은 수준에서 기업 감독권까지 지녔다면, 이것은 자본주의와 단절을 뜻하는 것이 아니라 오히려 자본주의가 더욱 발전한 것을 뜻했다.

훈은 우리가 "부르주아지의 계급 지배 뒤에 프롤레타리아트의 계급 지배가 아니라 관리자 계급 지배가 뒤따랐다."는 버넘의 의견에 동의할 수는 있지만, 그때에도 우리는 오직 자본주의 발전의 새로운 단계가 뒤따를 따름이라는 것을 인정해야 한다고 주장했다. 버넘이 이것을 인정하지 않았기 때문에, 그는 마르크스주의 이론을 거꾸로 세워 놓을 수밖에 없었다. 생산 양식을 정의할 때, 그것은 무엇보다도 경제 구조를 결정하는 문제며, 이것은 생산자와 생산 수단 사이의 관계에 달려 있었다. 이 관계는 서구에서와 똑같이 소련에서도 소외된 관계였다. 버넘은 이 점에 동의했지만, 그는 관리자 사회의 종차differentia specifica가 생산 수단의 국가 소유였다고 주장했다. 그러나 그렇게 함으로써 상부 구조 기준이 결정적 요소가 될 것이라고 주장했다. 즉, 국가와 생산 수단 사이의 법적 관계가 토대, 즉 경제 구조보다 더 본질적인 것으로 고려되었다. 훈의 결론은 분명했다. 즉, '버넘이 확실히 많은 점에서 '마르크스주의'의 영향을 받았지만, 정확히 마르크스를 특징짓는 전망을 채택하지는 않았다."[132]

잘 알려진 프랑스 사회주의자 블룸Léon Blum은 프랑스 사회당 잡지인

《사회주의 평론La Revue Socialiste》에 버넘에 대한 자신의 견해를 밝힌 글을 실었다. 블룸은 관리자 사회가 자본주의의 특수한 형태에 지나지 않는다고 믿었다. 즉, 노동자가 그 사회에서 해방되지 않았고, 임노동 법칙이 여전히 노동자를 구속했으며, 오직 주인만 다를 뿐이었다. "모든 유형의 인간 행위에서 일어난 불평등"을 통하여 자신을 드러내는 사적 소유와 밀접하게 관련이 있는 "도덕적 관계"를 포함하여 자본주의와 관련 있는 모든 측면이 제거되었을 때에만 비로소 자본주의는 파괴된다. 스탈린주의는 새로운 유형의 사회를 창조한 것이 아니었으며, 단지 "자본주의를 파괴해 놓았다면 자본주의적인 사적 소유를 파괴하는 것이 가능하다."는 것을 입증했을 뿐이었다.[133]

미국에서는 블룸이 쓴 기고문은 《현대 평론Modern Review》에 실렸다.[134] 마이어(구트만)는 국가 자본주의의 모든 이론을 비판할 기회로 삼으면서 그것에 답변했다. 국가가 생산 수단의 소유자였다면, 자본주의에 대해 말하는 것이 의미 있는 일일 수 있는가? 그의 답변은 부정적이었다. 자본의 절대적 집중을 통해 모든 경쟁이 사라지자마자, 가치 법칙도 그 시점에서는 더는 적용되지 않는다. 상품 가격은 그 시점에 이르러 더 이상 가치와 관계없었다. 경제 부문 사이에서 생산 수단의 분배가 더는 이윤을 통해 조절되지 않는다. 기업은 이윤을 창출하지 않고서도 생존할 수 있었다. 무정부적 생산은 계획된 조정에 길을 내주었다. 노동 시장은 더는 존재하지 않았다. 왜냐하면 노동자가 그들의 노동력을 오직 한 명의 고용주, 즉 국가에만 팔 수 있었기 때문이다. 그 결과는 블룸이 올바르게 주장했듯이, 비록 착취와 불평등이 지속될지라도, (국가) 자본주의는 존재한다고 말할 수는 없다는 것이다.

다양한 계급 사회는 지배 계급이 잉여 가치를 생산하도록 생산자에게 강요하는 특수한 방식에서 언제나 다르다. 자본주의 착취의 특수한 방식은 자유로운 노동자가 그 가치대로 노동력을 판매하는 것이다. 새로운 계급 사회의 특수한 방식은 국가가 노동자를 노예로 만드는 것이다.[135]

가장 폭넓은 논쟁은 주목할 만한 프랑스 잡지 《인터내셔널 리뷰La Revue Internationale》지에서 일어났다. 그 잡지 지면을 통해 꽤 짧은 시기 동안 여러 좌파 경향의 대변자가 자신의 견해를 밝혔다. (나비유라는 필명을 쓴) 편집자는 버넘을 표절자로 선언하면서 1947년 6월에 있었던 토론을 시작했다. 버넘의 저작은 리치가 쓴 《세계의 관료화》의 복사본에 지나지 않는다고 분명히 말한 것이다.[136]

경제학자 베틀렝Charles Bettelheim(이 책에서 나중에 그의 진전된 견해를 설명할 것이다)은 주도권을 잡았다. 그는 쇠퇴하는 고용주의 권력과 늘어나는 관리자의 권력에 대한 버넘의 분석을 아주 피상적인 분석으로 여기고 그것을 일축해 버렸다. 베틀렝은 지난날 트로츠키주의자가 나치 독일과 소련 사이에는 비슷한 점이 있다고 가정했던 것을 전혀 지지할 수 없는 이론이라고 생각했다. 국가 기업은 버넘이 시사하는 것보다 히틀러 치하에서 아주 작은 역할을 했다. 그리고 관리자 혁명 이론을 채택했다면, 독일인이 자신들이 점령한 러시아 영토에서 콜호스를 해체하고 생산 수단의 사적 소유를 복원한 것을 어떻게 설명할 수 있을까?

좀 더 일반적으로, 베틀렝은 버넘의 이론에서 마르크스주의 역사 해석에 대한 인정할 수 없는 수정을 감지했다. 버넘의 접근에서 계급은 생산 과정에서 그들의 역할이 토대로 규정된 것이 아니라 사회적 수익을 차별적으로 배분받았던 집단으로 정의되었다(분배 기준). 차별적인 보수를 받는 여러 사회 계층이 소련에 있었다는 사실이 버넘에게는 '계급'을 이야기할 수 있는 충분한 이유였다. 그러나 베틀렝은 이러한 해석을 전혀 공유하지 않았다. 그는 더 많은 보수를 받는 집단을 노동 계급 안에서 그저 상대적으로 많은 보수를 받는 구성원일 뿐이라고 인식했다. 소련의 급속한 공업화와 그 결과로 나타난 사회 조직의 복잡성은, 냉혹하게도 노동자 가운데 다수에게 '[소득]의 상당한 희생'을 강요하고, 고등 교육자에게 '경제적 유인책'을 제공하는 결과를 낳았다. 소련에서 가장 특권적인 관리도 계획의 실행자였을 뿐이었다. 그래서 그들은 언제라도 자신의 지위에서 제거될 수 있었다. 버넘이 새로운 계급 사회를 보여 주는 것으로 여겼던 것들은 그저 '프롤레타리아 사회' 발전의 뜻밖의 측면이었다. 반란의 국면이 평등주의적 모습을 지녔지만, 역사는 지루한 비자본주의적 축적 과정이 일정 정도 불평등을 가져오지 않을 수 없다고 가르쳤다.[137] 좌익 사회주의자 마르티네는 베틀렝이 변명투로 말한 것에 동조했다.[138]

지난날 트로츠키주의자였던 파트리Aimé Patri는 곳곳에서 버넘을 칭송했다.[139] 그는 새로운 계급 사회 이론을 방어했다. 그는 마르크스주의 이론에 따라 관리자라는 지배 계급이 원칙적으로 존재할 수 있을 것인가, 그렇지 않은가 하는 문제(워럴과 두나예프스카야가 국가 자본주의를 말하면서 이미 초기에 명백히 정식화했던 문제)를 제기하면서 시작했다. 그는 긍정적으로 대답했다. (사적 자본주의에서처럼) 국가가 생산 기구에서 분리되었던 곳에서 국가 관료는 언제나 상부 구조의 요소였고, 따라서 마르크스주의적 의미에서 계급을 형성할 수 없었다. 그러나 국가가 완전히 경제와 혼합되었던 곳, 생산과 교환이 집단적으로 조직되는 과정이었던 곳에서는 문제가 달랐다. 그곳에서는 공무원이 정치·경제적 지배 계급으로 바뛸 수 있을 것이다.

그러한 "정치적 민주주의가 없는 계획 경제 체제"에서는 사적 자본주의 또는 사회주의와는 다른 축적 구조가 지배했다. 자본주의에서 모든 것은 자본 그 자체의 성장, 그리고 생산의 발전에 달려 있었다. 성장 과정은 생산자 사이의 경쟁, 성장에 대한 의존, 노동 조직의 저항 때문에 비효율적이었다. 사회주의에서 모든 것은 건설의 주요소인 소비를 중심으로 전개되었다. 관리자가 통치했던 소련과 같은 사회에서도, 자본주의에서와 꼭 마찬가지로, 생산 기구의 성장이 핵심이었지만, 자본주의 아래에서 존재했던 생산 기구가 아무런 제약 없이 성장했다. 그런 의미에서, 관리 경제는 "'해방된' 자본주의"였다.[140]

소련에서 고위직 공무원이 하룻밤 사이에 자신의 지위를 잃을 수도 있다는 사실은, 베틀렝이 주장했던 것처럼, 새로운 엘리트의 계급적 성격을 논박하는 것이 아니었다. 무엇보다도 자본주의 아래에서 고용주 사이에 존재하는 커다란 모순이 불변하지 않았는가? 자본가가 파산할 수 있는 것처럼, 마찬가지로 관리자도 그 자신의 계급 성원에 의해 내쫓길 수 있었다.

베사이네Pierre Bessaignet는 베틀렝과 마르티네 모두를 직접 겨냥했다. 그는 그 둘에게서 거부해야만 하는 두 가지 본질적인 발상을 인식했다. 즉, 재산이 국유화되자마자 사회주의가 존재했다는 것과 국가 기구가 프롤레타리아트의 한 분파가 다른 분파에 맞서도록 하는 데 이바지하리라는 것. 베사이네에 따르면, 두 가지 생각은 마르크스주의 이론과 '완전히 단절한 것'이었다. 첫째 생각에 반대하면서 베사이네는, 샤흐트만을 떠오르게 하는 정식화에서, 생산관계와 소유관계 사이의 구별을 제기했다. 생산 수단이 대체로 국유화된다는 사실은 기껏해야 사회적 생산물이 (국가에 의해) 전유되는 방식에 대해 무엇인가를 말해 주었지만, 사회에서 사람들 사이의 관계에 대해서는 아무것도 말해주지 않았다. 사회주의는 그야말로 의식적으로 그리고 의도적으로 사회적 과정을 지배하는 자유로운 생산자 연합을 뜻했다.

둘째 생각에 반대하며, 베사이네는 다음과 같은 추론을 개진했다. 그의 견해에 비추어 볼 때, 그것은 정설이었다. 즉, 사회주의 혁명의 틀 안에서 노동 계급이 옛 지배 계급에 대한 자신의 독재를 공고하게 하려면, 국가 기구가 필요하다. 이러한 공고화 과정을 통해 사회주의 생산관계는 세워진다. 사회주의 생산관계가 일반화되었을 때 개별 국가의 필요성은 차츰 사라지게 된다. "계급 없는 사회, 즉 사회주의는 국가가, 좀 더 정확히 말하면 노동자 국가가 여전히 존재하는 한 창조될 수 없다. 사회주의는 분명히 국가가 사라질 때 창조될 것이다."[141] 사회주의적 관계에서 노동 계급 일부를 지배하려고 국가를 강화할 것이라는 점은 상상할 수도 없었다. 그리고 베틀렝이 소비에트 정권이 노동 계급 가운데 일부의 특권을 방어했다는 것에 동의했을 때, 바로 그것 때문에 국가는 비특권층에 맞선 특권층의 도구였다. 대체로 베틀렝과 마르티네는 지배 계급을 노동 계급 안의 사회 계층이라고 여김으로써 소련의 관료주의 경제를 정당화하려고 애썼다.

베틀렝과 마르티네는 그들을 비판하는 사람들에 대한 공동 답변에서 [142] **사회주의 사회와 사회주의로 이행하는 사회 사이의 차이를 강조했다.** 이행기 사회에서 정신적 노동과 육체적 노동 사이의 분리, 노동 과정에서 지도자와 지도받는 사람 사이의 분리는 불가피하게 지속되었다. 그러나 이러한 노동 분업은 이제 완전히 노동 계급 **안**에서 존재했고, 따라서 계급 적대와는 아무런 관련이 없었다. 더욱이 이행기 경제에서 생산은 곧바로 순수하게 소비자 지향적이 될 수는 없다. 먼저 생산 기구가 더 팽창하는 것이 필요했다. 비록 그런 이행기 사회가 외국의 공격을 받지 않는다고 할지라도, 이것은 여전히 필요한 일일 터이다. 따라서 파르티가 했던 방식대로 이것을 새로운 계급 사회의 '증거'로 여기는 것은 틀린 것이었다.

축적과 노동 분업의 압박감은 또 이행기 사회의 노동 계급 안에서 다양한 보상 수준이 있었다는 것을 뜻했다. 특별히 희귀한 능력을 지닌 사람은 더 좋은 보수를 받아야 했다. 분명히 이것은 남용과 부패의 우려를 낳았지만, 이런 현상이 일어난다면 이것은 사회적 기생관계였지 구조적 착취가 아니었다.

베틀렝과 마르티네는 사회의 성격을 규정하는 데서 소유관계가 아니라 생산관계가 의미가 있다고 한 베사이네의 주장을 '유토피아적'이라고 하여 일축했다. 사회주의 혁명 뒤에 곧바로 자유로운 생산자 연합 사회를 만들 수는 없다. 첫째, 소유관계가 달라져야 했다. 노동자 국가가 자신의 손아귀에 경제를 거머쥐었을 때에 비로소 국가는 생산관계를 전환하기 시작할 수 있었다. 베사이네가 둘째로 이의를 제기한 것(국가를 노동 계급 가운데 일부의 도구로 바라보는 것)도 반박을 당했다. 마르크스주의 이론에서 국가가 특히 **뛰어난** 억압 기구였다는 것은 말할 나위도 없었다. 그러나 같은 이론은 국가가 둘째 과업, 즉 지배 계급과 그러한 지배 계급 내의 분파 사이의 관계를 조정하는 임무를 지녔다는 것을 명기했다. 따라서 계급 억압 없는 사회가 어쨌든 국가 기구가 필요할 수도 있을 것이다.

베틀렝과 마르티네는 '현대 공산주의의 위기'를 극복하려면 마르크스주의 이론을 새롭게 해야 한다는 호소로 그들의 반비판을 마무리했다. 그들은 스탈린주의자와 트로츠키주의자 모두가 역사의 한 측면, 즉 혁명 뒤에 사회가 맞닥트린 국제적 고립 문제로 그들 분석의 타당성 여부를 판단하게 했다는 것을 아주 놀랄 만한 일로 여겼다. 스탈린은 국가의 이상 발달에 대한 핑계로 국제적 고립을 이용해 먹었다. 트로츠키는 국제적 고립을 타락의 원인으로 여겼다. 물론 고립이 소련의 국가 발전에 중요한 영향을 주었다는 사실을 부정할 수는 없을 것이다. 그러나 더 중요한 것은 이행기 사회의 내재적인 작동 법칙이었다. 그것은 이론적 지향점으로서 스탈린주의와 트로츠키주의를 뛰어넘는 문제였다. 스탈린주의가 침묵했던 소비에트 사회의 모순은 폭로해야 했지만, 이 사회에 대한 분석은 트로츠키주의자의 '고정된 체계'에 만족할 수 없었다. 베틀렝과 마르티네는 다음과 같은 적극적 태도를 요구했다.

실제 상황에서 러시아 체제를 비판적으로 분석하는 일은 불가능한 것 같다. 그래서 우리는 소련이 성취한 것의 중요성과 그 체제가 담고 있는 발전을 위한 가능성을 강조하지도 못한다.[143]

'국가 자본주의'와 '관료적 집산주의'에 대한 만델의 비판

이미 일찍부터 가장 중요한 전후 트로츠키주의 이론가로서 잘 알려진 벨기에 마르크스주의자 만델(1923~1995)[144]은 1946~1951년 시기에 국가 자본주의와 관료적 집산주의에 반대하는 일련의 주장을 펼쳤다. 그는 이 주장을 나중에 많은 맥락에서 되풀이했으며, 때에 따라서는 이를 확대하기도 했다.

이 분야에서 그의 첫 번째의 중요한 기고문은 그가 〈오늘날의 러시아 문제The Russian Question Today〉(1947)라는 제목으로 제4인터내셔널 국제 서기국에 제출했던 결의안이었다.[145] 이 문서를 보면 만델이 몇몇 적에게서 또 다른 적을 논박하기 위해서 논거를 차용해온 방법이 분명하게 드러났다. 그가 이렇게 논거를 차용해온 경우는 타락한 노동자 국가 이론을 옹호하기 위해 그 논거가 유용해 보이는 때였다. 그래서 단 하나의 사례만 들자면, 히틀러 체제는 자신이 점령한 러시아 지역에서 소유권과 생산 관계를 변화시키는 것이 필요하다고 느꼈기 때문에, 나치 독일과 소련이 구조적으로 다르다는 것이다. 만델이 현대 '수정주의' 가운데 "가장 완전한 '친스탈린주의적' 표현"의 대표자라고 특징지었던 베틀렘의 주장을 되풀이하고 있음을 우리는 발견하게 된다.[146]

국가 자본주의 이론에 반대한 만델은 그 주장이 **선험주의적**이었다는 것을 중요한 반대 이유로 개진했다. 첫째로 러시아가 자본주의 사회였다고 추정하고, 자본주의와 노동자 국가 사이의 유사점을 이러한 가정의 올바름을 뒷받침하기 위해 사용했다는 것이다. 만델은 소련과 비슷한 몇몇 중요한 진전(특히 생산 수단의 점증하는 국유화, 국민 경제의 자립적 경향, 계획화를 향한 경향, '생산을 위한 생산')이 자본주의 나라에서 일어났다는 데 동의했다. 그러나 그는 이것이 증거가 되지 못한다고 주장했다. 무엇보다 자본주의 사회와 "계급이 완전히 소멸하고 마지막으로 공산주의가 올 때까지 모든 노동자 국가에 존재하게 될 이행기 경제" 사이의 유사점이 여기에 관련되었다.[147]

모든 이행기 사회에서 가치 법칙은 여전히 작동했다. 왜냐하면 상품이 여전히 생산되었기 때문이었다. 그러나 이러한 법칙은 이행기 사회에서는 다른 방식으로 작동했다. 즉, 가격이 이제는 평균 이윤율에 따라 결정되지 않았고, 더 이상 화폐를 자본으로 전화할 수 없었다. 이러한 생각의 정확성은 국가 자본주의 이론의 모순을 통해 분명해졌다. 국가 자본주의 이론이 한편으로 어떻게 관료가 '국가 자본가' 계급일 수 있는지를 설명할 수 없었기 때문이다. 그러나 다른 한편으로 관료가 자본주의의 파괴에서 나타나는 소유관계를 지속하게 했고, 그와 함께 새롭게 나타난 농업 부르주아지를 억압했기 때문이다. 게다가 이 이론은 어떻게 소유관계가 사회 혁명을 수반하지 않고 전복될 수 있는지를 설명할 수 없었다. 그러나 '국가 자본주의'의 가장 중요한 문제는 소련 밖에 있는 스탈린주의 당이었다. 이 이론을 따르면, 그 당들은 어딘가에서 권력을 잡자마자 곧 노동자 정당으로부터 부르주아 정당으로 바뀔 것이었다. "이러한 믿음은 그 이론에 대한 가장 탁월한 반증이다."148

관료적 집산주의 이론에 맞서서, 만델은 그 이론이 "역사적 유물론의 일련의 근본 토대"에 의문을 불러일으켰다고 반대하는 이유를 댔다. 비록 스탈린주의 관료가 '계급'이었다 하더라도, 그것에는 역사에서 다른 계급이 가졌던 특징적인 면 모두가 빠져 있었다.

1) 역사에서 모든 계급은, 역사적인 과정의 일정한 단계에 이르러, 생산 과정에서 갖게 되는 독자적이고 근본적인 기능을 통해, 그리고 사회의 경제 구조에서 갖게 되는 그 자신의 기원을 통해 특징지어졌다.

2) 역사에서 모든 계급은, 기술적 획득물 등을 보호하는 일을 자신의 과업으로 갖게 되는 역사적인 경기 후퇴의 시기에 등장하는 계급을 포함하여, 역사상 진전의 일정한 단계를 대표한다. 각각은 사회적 노동 분업과 생산 수단 소유의 발전에서 일정한 단계를 대표한다.

3) 역사에서 모든 계급은 생산력의 발전이라는 관점에서 필요한 기능을 수행하는 역사적으로 필요한 기관이다.

4) 역사에서 모든 계급은 권력 장악을 위해 나아가는데(모든 지배 계급은 더욱 더 그러하다!), 계급은 자신의 역할에 대해 의식하며, 그 자체의 특유한 이데올로

기와 특징을 지닌다. 그리고 역사상 모든 계급은 그 구성상 최소한의 안정성, 그 계급이 연이은 세대에 계속해서 전달하려고 하는 안정성을 확보한다.

5) 마르크스를 따르자면 분명히 어떤 사회적 형성물도 더 많은 수입, 자신의 정치적 특권이나 (교육 등등에 대한) 독점만을 토대로 해서는 계급이 될 수 없다.149

이러한 모든 특징은 소련 관료제에 적용될 수 없다. 이러한 관료제는 생산의 영역에 뿌리내리지 않았으며, 오히려 분배관계의 기생적 부산물이었다. 그것은 역사상 진전을 체현하지 않았으며, 오히려 그와는 반대로 역사상의 진전을 지연했다. 관료제는 새로운 소유관계를 대표하지 않으며, 10월 혁명에서 생긴 소유관계를 유지했다. 그것은 자신의 이데올로기를 가지지 않으며, 안정된 사회적 구성 요소를 결여했다. 그러나 무엇보다 가장 중요한 것은, 계급 사회에서 보통 존재하는 상황과는 반대로, 특권으로 표현되었던 이른바 '지배 계급'의 특수한 이해관계가 경제의 효율적 기능과 정면으로 배치되었다는 것이다.

'관료적 집산주의자'는 그들이 주장했던 사회 유형의 작동 법칙과 모순에 대해 전혀 아무것도 말하지 않았다. 그들은 이론에서뿐만 아니라 정치에서도 완전히 마르크스주의를 훼손할 우려가 있었다. 그들의 해석이 옳다면, 어쨌든 사회주의 혁명이 직접적인 의제에 올라 있지 않다는 것, 노동 계급이 실제로는 스스로 자신을 지배할 수 없다는 것을 시사했다.

이 초기 문서에서 관료적 집산주의 이론에 대한 비판은 '국가 자본주의'에 대한 비판보다 훨씬 더 체계적인 것 같다. 왜냐하면 국가 자본주의 이론을 논증하기 위한 경제적 논의는 아직 상대적으로 덜 진전된 상태였기 때문이다. 4년 뒤에 만델이 국가 자본주의 이론에 대한 폭넓은 반론을 퍼냈을 때 그런 상황은 바뀌었다.[150] 계기는 유고슬라비아에서 발행된 많은 출판물이었는데, 이 출판물에서는 반대해야 할 이론이 방어되었다.[151] 만델은 이 논문에서 다음과 같은 반론을 폈다.

1) 자본주의 아래에서 화폐는 동시에 세 가지 기능을 했다. 즉, 그것은 유통의 수단, 가치의 척도, 잠재적 자본이었다. 자본주의에서 모든 화폐의 총액은 대부되자마자 사회적 잉여 가치의 일부(이자)를 이용하여 가치를 증가시킨다는 특성이 있었다. 모든 이행기 사회에서처럼 소련에서 화폐는 처음 두 가지 기능을 유지했지만, 이자를 낳는 기능을 대체로 잃어버렸다(그것은 그저 불법 고리대금으로서만 또는 계획에 따라 수립되는 국가 공채를 위한 전제 조건에서만 살아남았다).[152]

2) 자본주의 안에서 가격은 맹목적으로 작동하는 경제 법칙(시장 법칙, 독점 가격 등등)의 영향 아래에서 상품 가치를 중심으로 변동했다. 소련에서 이러한 변동은 계획을 통해 결정되었고 가격은 축적의 가장 중요한 조절자였다.

3) 자본주의에서 축적은 전적으로 이윤을 최대화하는 쪽으로 나아갔다. 이는 이윤율 저하 경향의 법칙으로 대단원에 이르게 된다. 이 법칙은 자본이 경향적으로 이윤율이 가장 높은 경제 부문으로 이동한다는 것을 뜻했다. 따라서 자본은 역사적으로 볼 때 주요한 공업에서 주변적 공업으로 이동했다. 소련에서 그와 정반대가 현실이었다. 그곳에서는 여전히 주요한 공업이 강조되었다.

4) 자본주의에서 기술 혁신은 공업에 적절하게 가해지지 않았다. 왜냐하면 이러한 혁신이 가치 파괴(자본의 파괴)를 통해 독점 부문에서 대규모 자본에 위협이 되었기 때문이다. 소련에서 혁신은 할 수 있는 한 빨리 공

업에서 실행되었다.

5) 자본주의에서 이윤율 저하 경향의 결과로 공업화된 나라로부터의 자본 수출이 일어났다. 소련으로부터는 자본의 수출이 일어나지 않았다. 그와 반대로 관료주의 정권은 공업과 농업 자본을 그의 위성 국가에서 (공개적으로 또는 약탈을 통해) 수입했다.

6) 자본주의 아래에서 주기적 위기는 이윤 추구에 의해 강요되는 생산재 생산과 소비재 생산 사이 불균형의 결과로서 일어났다. 소련에서 그런 경제 작동 형식은 없었다.

만델에 따르면, 모든 이런 환경은 자본주의의 운동 법칙이 단 하나도 소련에서 작용하지 않는다는 것을 입증하는 것이었다. 그러나 우리는 다시 다른 각도에서도 타당하다고 생각하는 동일한 주장을 펼칠 수 있을 것이다.

지난 25년에 걸쳐 세계에서 두 번째로 대규모인 공업을 소련에 건설할 수 있었다는 바로 그 사실만으로 모든 마르크스주의자가 러시아 사회가 비자본주의적 특성을 가졌음을 입증하는 데 충분할 것이다. 세계적 규모로 축적되는 자본의 압력을 고려해 볼 때, 모든 자본주의 국가가 (소련과 같은) 그런 발전을 할 수는 없다. 외국 무역에 대한 (국가) 독점 덕택에 러시아가 자본주의 세계 시장과 관계를 끊었기 때문에, 비로소 러시아 공업은 '독점 자본주의의 작동 법칙'의 영향과 무관하게 전례 없이 성장할 수 있었다.[153]

4. 6. 요약

소련의 예상하지 못한 안정과 완충 국가의 구조적 동화는 타락한 노동자 국가 이론의 지지자에게 어려운 선택을 강요했다. 그들은 트로츠키의 견해를 수정해야 하는가, 아니면 시대가 달라졌지만 그들은 그 견해를 그대로 지지해야 하는가. 많은 이는 첫째를 선택했다.

'이단' 트로츠키주의자가 지배적 역할을 하기 시작한 국가 자본주의 이론의 지지자 집단 안에서 폭넓은 변종이 나타났다. 그들 사이의 차이점은 소련을 자본주의라고 말하는 이유와 관련되었을 뿐만 아니라 자본주의의 고유한 특성과도 관련되었다.

1) 클리프, 제임스와 두나예프스카야는 소련을 하나의 거대 자본이라고 여겼다. 그러나 보르디가는 소련이 많은 소규모 자본으로 이루어진 것으로 파악했다.

2) 보르디가, 그란디소, 페레가 소련에는 더는 지배 계급이 없다고 믿었다. 그러나 클리프와 카스토리아디스와 르포르는 반대 견해를 제시했다.

3) 클리프와 그란디소, 페레는 소련이 자본주의의 마지막 단계에 해당한다고 여겼다. 그러나 보르디가는 소련이 자본주의의 초기 단계에 해당한다고 생각했다.

새로운 생산 양식 이론가 사이에서 분명히 두 가지 의미 있는 발전이 있었다. 첫째, 구트만이 '새로운 계급 사회'의 내적 모순과 동력을 묘사하려고 시도했다. 둘째, 독일에서 '이름표 없이' 소련을 분석하려는 시도가 있었다. 후자에 관한 한, 여러 저자가 다양한 측면을 강조했다. 슈테른베르크와 프뢸리히는 아시아적 생산 양식이나 혁명 이전 중국과 비교하여 설명함으로써 자신의 견해를 더 나은 것으로 만들려고 애썼다. 사이컨은 **발생 상태**에 있는 새로운 지배 계급으로서 인텔리겐치아에 특별하게 관심을 기울였다. 코플러는 원시적 축적 과정의 조정자로서 관료 '층 stratum' 을 강조했다.

5장

소련 공산당 20차 당 대회에서 '프라하의 봄' 탄압까지

(1956~1968년)

1956년은 '현실로서 존재하는 사회주의'의 세계에서 전환점이었다. 세워진 지 10년도 되지 않았는데, 코민포름이 해산되었다. 흐루쇼프는 소련 공산당 20차 당 대회에서 널리 알려진 연설을 했다. 그 연설에서 그는 스탈린과 스탈린주의를 강력히 비판했다. 부다페스트에서 반란 군중은 3년 전에 죽은 독재자(스탈린)의 동상을 쓰러뜨렸다. 폴란드 도시 포즈난에서도 반란이 일어났다. 헝가리와 폴란드 두 곳 모두에서 노동자 평의회가 형성되었다. 러시아 탱크가 다뉴브공화국에 진입함으로써, 그곳은 질서를 되찾았다.

이렇게 사건이 진행되자, 마땅히 서구 공산주의자 사회는 크게 술렁였다. 많은 나라에서 소련의 행태에 대한 저항이 일어났다. 보기를 들면, 톰슨Edward P. Thompson과 새빌John Saville을 포함한 대규모 지식인 집단이 탈당하자, 영국 공산당은 몸살을 앓았다. 곧바로 탈당 그룹은 잘 알려진 《뉴 레프트 리뷰New Left Review》를 창간했다. 덴마크에서 공산당은 이전의 당 지도자 라르센Axel Larsen이 새로운 당을 만들려고 조직을 떠났을 때 분열되었다. 프랑스에서 세제르Aimé Fernand David Césaire는 바양Roger Vailland, 루아Claude Roy, 롤랑Jacques Francis Rolland과 같은 지식인과 함께 프랑스 공산당을 떠났다.

이로써 신좌파의 토대가 국제적으로 만들어졌다. 1960년대 동안 그들은 성장했다. 1962~1964년에 중소 분열, '체' 게바라Ernesto 'Che' Guevara가 볼리비아에서 혁명의 거점foco[1]을 만들어 내려 한 시도, 베트남에서 일어난 민족 해방 전쟁, 미국에서 '크로우Jim Crow'에 맞서 일어난 흑인 대중운동, 이 모든 것이 젊은 사회주의 지식인으로 구성된 새로운 집단의 사고를 두드러지게 결정지었다. 이들 사회주의 지식인은 버클리 대학, 파리 낭테르 대학, 런던 정경 대학, 베를린 자유 대학에서 반란을 일으켰다.

그러나 이러한 진전 상황이 소련에 대한 이론화 작업에 준 자극은 별로 없었다. 첫째로, '신좌파' 사상은 주로 예전의 준거 틀에 의지했다.

5. 1. 국가 자본주의 이론들

클리프를 중심으로 한 경향

앞 장에서 논의한 것과 같이, 클리프(글룩스타인)는 소련을 하나의 거대 자본으로 규정해야 한다고 주장했다. 그것이 세계 시장에서 작동하고, 그럼으로써 무엇보다도 군비 경쟁을 통해 서구와 경쟁한다는 것이었다.

이러한 해석은 1950년대와 1960년대에 '영구 군비 경제'에 대한 이론을 덧붙임으로써 마무리되었다. 이 이론은 자본주의 서구의 전후 벼락 경기가 소비에트 사회에서도 아주 중요한 것으로 생각했던 군국화의 동력에 따라 일어났다고 주장했다. 특히 키드런Michael Kidron[2]이 진전시켰던 이러한 이론적 보완을 통해, 1960년대에 소련 내부와 소련 밖에서 진행된 상황의 상호 의존성을 더욱더 크게 강조하기에 이르렀다. 물론 그렇게 하는 것이 원래의 이론 자체에 원칙상으로 변화가 있을 것임을 시사한 것은 아니었다.

5. 2. 타락한 노동자 국가 이론

트로츠키가 제시한 '타락한 노동자 국가 이론'의 본질적 측면을 재검토하거나 수정하기를 거부하는 것은 트로츠키의 추종자가 현실로서 존재하는 사회주의에 대하여 쓴 출판물의 특징이었다. 앞 장에서 지적했듯이, 제4인터내셔널은 트로츠키가 그의 이론(스탈린주의 현상이 한정된 기간에만 있을 것이라는 가정)을 세웠던 시대적 맥락을 고려하지 않은 채 제2차 세계대전 뒤에도 트로츠키 이론을 그대로 적용했다. 그 결과로 트로츠키주의자는 자신의 가장 중요한 이론적 과업은 모든 새로운 발전 속에서 옛 이론의 증거를 찾아내는 것이라고 생각했다. 1957년에 열린 제4인터내셔널 제5차 세계 대회에서, 즉 폴란드와 헝가리 봉기와 소련 공산당 20차 당 대회 뒤에, 제4인터내셔널은 소련과 완충 국가와 서구 공산당에서 극적으로 진행된 사태들이 트로츠키주의의 분석이 완전히 정확했음을 입증한다고 선언했다. 제4인터내셔널이 노동 운동 내에서 스탈린주의의 진전을 예견하고, 그것을 정확히 해석한 유일한 경향이었다는 점이 지적되었는데, 이는 명백한 자기만족적 행위였다.[3]

특히 눈여겨 볼만한 것은 만델이 해당 결의안과 함께 제출했던 보고서다. 트로츠키가 1939년에 내놓은 오래된 대안(《자본주의의 복원이냐, 소비에트 민주주의의 재수립이냐either restoration of Capitalism or re-establishment of Soviet democracy》)를 언급하면서, 만델은 1957년에 이르러서는 이러한 대안이 같은 방식으로는 이제 더는 적용되지 않는다는 점을 고려했다.

이러한 대안의 두 개 조항은 세계적 규모에서 세력 관계가 진전되는 모습과 긴밀하게 연관시켜 생각해낸 것이었다. [……] 대안의 두 조항은 동일 시점에 존재하는 해답 가운데 두 개의 가능성을 뜻하는 것이 아니다. 트로츠키가 이러한 전망을 최초로 정밀하게 정식화했을 때, 즉 1933년에 히틀러가 승리한 뒤에, 그는 세계적 규모에서 세력 관계의 미래 원동력에 대하여 의문을 제기하지 않으면 안 되었다. 혁명이 다시 앞으로 나아갈 것인가, 아니면 혁명이 세계의 모든 곳에서 계속해서 패배하게 될 것인가? 그 누구도 1935년에 이 문제에 진지하게 답변할 수 없었다. 그러나 제2차 세계대전이 종말로 치달을 때, 유고슬라비아 혁명과 중국 혁명의 승리, 식민지 혁명의 확산과 함께, 또 소련 경제의 엄청난 진척과 함께 세력 관계가 세계적 규모에서 혁명에 유리하게 바뀐다는 점은 분명해졌다.

따라서 국제 자본주의는 크게 약해졌다. 그것은 트로츠키의 대안 가운데 하나(반혁명)가 이제 더는 아주 현실적인 것 같지 않다는 것을 뜻했다. 다른 가능성이 더 현실적인 것 같았다.

혁명은 동양에서 시작되었다. [……] 노동 계급은 자신들의 소극적인 태도를 버렸다. 그들은 더는 부정직한 야경꾼을 '너그럽게 보아주지' 않았다. 그러하기는커녕 노동 계급은 공장 지대와 원칙의 영역에서 전쟁을 벌이고, 다시는 오만하게 굴지 못하도록 부정직한 야경꾼에게 강제하고, 그의 권력을 전복할 준비를 하면서 그를 더욱 몰아세웠다.[4]

이러한 예측은 실제로는 실현되지 않았다. 자신이 스탈린주의의 위기를 완전하게 꿰뚫어볼 수 있는 유일한 존재라고 하는 트로츠키주의 경향의 주장은 타당한 이유가 없는 것으로 드러났다. 이것이 아마도 트로츠키주의 이론가들이 그 뒤 오랫동안 트로츠키의 대안을 그대로 두었던 이유를 설명해 줄지도 모른다.

만델은 처음에는 자신을 무엇보다 먼저 경쟁 이론에 대한 비판자로서 기본적으로 자리매김했다.[5] 1960년 무렵부터 그는 타락한 노동자 국가 이론에 대한 가장 중요한 '개혁가'로서 명성을 얻게 되었다. 그가 소련 사회에 대한 분석에 관심을 기울였던 매우 많은 저작 가운데 나는 하나를 택할 것이다. 그것은 1960년에 완성되었고 1962년에 처음 출판되었던 그의 기념비적 작품 《마르크스주의 경제 이론Marxist Economic theory》이다. 이 책의 가장 중요한 장에서 그는 '타락한 노동자 국가' 이론을 '정통적으로' 방어했다.[6] 이 책에서 만델은 트로츠키 이론을 더욱 정교하게 다듬었다. 비자본주의적 생산 방식과 부르주아적 분배 기준의 모순을 넘어서, 거기에는 다른 모순이 있었다. 생산과 분배의 긴장관계가 자본주의와 사회주의 사이의 이행기에 있는 모든 사회가 지닌 명백한 특징이었다. 그러나 소련은 관료가 국가와 경제를 장악하면서 생겨나는 특수한 모순을 특색으로 한다. 이러한 추가적인 모순은 세 가지다.

첫째로 공업 발전과 농업 쇠퇴(또는 정체) 사이의 기형적인 관계에서 생기는 모순이다. 그 모순은 농업집산화는 너무 일찍 일어났지만, 공업화는 아주 늦게 시작되었다는 사실에서 생겼다. 그래서 농업 분야에서 그와 같은 혁명을 실행하기에는 기술적·사회적 기반이 충분하지 않았다. 둘째로 관료의 물질적 이해가 경제의 실질적인 추진력이었다는 사실에서 생기는 모순이다.

사회주의적 계획과 축적의 전형적인 매개물은 그들 자신이 자신의 창조적 주도권에 더하여 자신의 이익을 방어하기도 한다는 공업 생산자 쪽의 의식이다. 그러나 사실은 이론을 확증해야만 한다. 더 많은 생산을 위한 모든 노력은 곧바로 대중의 소비 증가에 반영되어야 한다. 이러한 추진력이 없을 때, 과도한 축적률이 생산자 측의 지나친 희생을 강요하기 때문에, 관료는 축적의 조정자이자 주요 감독자가 된다. 그 때문에 관료는 상당한 소비자 특권(돈, 주택, 사치품, 다른 진기한 소비재 상품 등등)을 얻게 된다.[7]

관료는 숙청에 대한 두려움과 그들 자신의 지위와 기업 수익 사이의 긴밀한 상호 관련을 통해 끊임없이 생산을 확장하도록 자극받았다.
셋째로, 다음과 같은 관료주의적 행정부에서 생기는 모순이다.

소련 경제가 지닌 계획적인 특성과 계획의 수행을 위한 주된 추진력으로 여겨지는 관료의 개인적 이해관계 사이의 모순은 특히나 관료주의적인 경영의 결과로서 소련 경제가 가지게 되는 주요한 모순이다. 그 영향이 관료주의적 경영에서 비롯되는 두 가지 다른 모순과 결합한다. 즉, 한편으로 생산력 발전의 높은 수준과 소비재의 부족 사이에서 생기는 모순, 그리고 다른 한편으로 없어서는 안 될 계획의 필요와 관료주의적 초중앙집중화가 끼치는 피해 사이의 모순이다.[8]

5. 3. 새로운 생산 양식 이론들

질라스
한동안 질라스(1911~1995)는 유고슬라비아 공산당에서 가장 중요한 이론가로 여겨졌다.[9] 베오그라드와 모스크바 사이에 분열이 일어난 뒤, 그는 소련을 더욱 거세게 비판했다. 질라스는 부분적으로 트로츠키가 쓴 관련 저작에서 영감을 받아 소련에서 노동 계급이 더는 그 어떤 정치권력도 가지지 않았다고 확신했다. 1950년에 그가 쓴 팸플릿 《사회주의의 새로운 길에 대하여On New Roads of Socialism》에서 그는 소련에 대해 이렇게 말했다.

소련에서 새로운 계급이 창조될 만한 경제적 토대는 없다. 그곳에서 일어나는 일, 우리가 보는 대상의 외면적인 조짐은 자본주의로 되돌아가는 것을 뜻하지도 않고, 또 뜻할 수도 없다. 이것은 실제로 현실에서 그리고 사회주의의 틀 자체 안에서 생겨난 새로운 현상의 문제다.[10]

이 문단은 아직은 트로츠키의 《배반당한 혁명》과 강하게 연관되어 있음을 보여준다. 그러나 그 뒤에 쓴 문서에서 질라스가 소련을 관료주의적 '제국주의' 라고 비난했을 때, 이것은 바뀌었다. 그는 생산력과 생산관계 사이의 점증하는 모순 때문에 궁지에 빠진 지배 계층이 다른 나라에 대한 착취와 종속화를 통한 외적 팽창으로 자신의 내적 문제를 풀려고 든다고 주장한 것이다.[11]

질라스는 자신의 팸플릿에서 소련과 유고슬라비아 사이를 명백하게 분석하여 구별을 지었다. 비록 그가 그 자신의 나라에 존재하는 관료주의적 경향을 알아차리기는 했지만, 그는 관료주의 경향이 유고슬라비아에서는 승리할 수 없을 것으로 생각했다. 왜냐하면 역사적 전제 조건과 힘의 균형이 더한층 관료제를 해체하는 경향이 있었기 때문이다.[12] 그러나 나중에 그는 이러한 평가를 바꾸었다. 그리고 1953년 유고슬라비아 자체에 대해서도 원칙에 따라 비판하기 시작했다. 그를 당에서 쫓겨나게 한 일련의 논문에서, 그는 유고슬라비아 체제의 심각한 결점과 소비에트적 유형의 전제 정치가 지닌 위험성을 지적했다. 이러한 진전과 함께 그는 트로츠키주의 이론을 전면적으로 수정했다. 헝가리 인민 봉기의 결과로 그는 소련과 유고슬라비아 모두에서 새로운 계급, 즉 공산주의 관료가 출현했다고 주장하는 논문을 발표했다.[13]

1957년 출판한 《새로운 계급The New Class》에서 질라스는 새로운 유형의 지배 계급이 확립되었다는 자신의 이론을 더욱 가다듬었다. 그는 리치와 버넘, 샤흐트만, 그리고 다른 사람의 견해를 연상시키며 자신의 분석에 독창성("이 책에 있는 거의 모든 것은 어딘가 다른 곳에서 언급되었던 것이다.[……]")[14]이 있다고 주장하지는 않았다. 그러나 그의 분석은 주로 [다른 이들과 달리] 이른바 정치 관료에 집중한 것이었다. 그는 이 계층이 관료 그 자체와 동일시되어서는 안 된다고 주장했다.

관료 가운데 특별한 계층, 즉 행정 관리가 아닌 사람들만이 지배하는 관료 또는 내 말로 하면 새로운 계급의 핵심을 이룬다. 이 새로운 계급은 실제로 당 관료이거나 정치 관료다. 다른 관리는 새로운 계급의 통제 아래 있는 기구일 뿐이다.[15]

그러므로 한편으로 그 관료는 전체 국가 기구 가운데 한 부분이었지만, 다른 한편으로 그 관료는 당 기구 가운데 한 부분일 뿐이었다. 당은 계급의 중심을 이루었지만, 모든 당원이 정치 관료 가운데 한 사람이었던 것은 아니다. 자신들이 행정을 독점한 결과로, 다른 사람과 달리 특수한 특권을 지니게 되는 관료만이 새로운 계급에 속했다.

질라스에 따르면, 지배하는 '정치 관료'는 이전의 지배 계급과 달랐다. 그는 전통적인 유형에서 벗어난 세 가지 본질적인 일탈을 지적했다. 첫째, 이전의 지배 계급은 경제적 변화가 이미 낡은 사회관계 안에서 일어난 뒤에 혁명이라는 수단을 통해 권력을 잡았다. 그러나 정치 관료는 혁명이 성공했을 때 비로소 그 자신의 경제 체제를 창출했다. 즉, "그들은 새로운 경제 제도를 완성하려고 권력을 잡은 것이 아니라, 그 자신의 제도를 세우고 그렇게 함으로써 사회에 대한 자신의 권력을 세우려고 정권을 잡았다."[16] 둘째, 예전 지배 계급은 이미 혁명 이전에도 계급으로서 존재했다. 그러나 이들이 소련에서 이미 계급으로서 존재했던 것은 아니었다. 소련에서 새로운 계급은 관료가 권력을 잡은 뒤에 비로소 형성되었다는 점은 명백하다. 따라서 새로운 계급의 전위 의식이 사건에 선행했다. 새로운 계급은 실질적으로 권력을 얻기 전에 이미 자신의 계급 권력에 대한 생각이 있었다.[17] 셋째, 이러한 진전된 의식에서부터 또 다른 차이가 생겼다. 즉, 이전의 계급과 달리 새로운 지배 계급은 오직 특별한 유형의, 즉 볼셰비키 당의 조직으로서만 출현할 수 있었다.[18]

정치 관료의 이러한 '탄생과 연관된 결함'에 대해서, 그는 다른 지배 계급과 더욱 큰 차이가 있음을 지적했다. 새로운 엘리트는 예외적으로 계급 의식이 약했다. 보통의 정치 관료는 자신이 새로운 소유 계급에 속한다는 것을 알지도 못했다. 비록 자신이 특수한 생각과 목표와 태도를 지닌 집단에 속한다는 것은 알았지만.[19] 게다가 정치 관료는 다른 어떤 지배 계급보다 더 치밀하고 더 엄격하게 조직되어 있었기에, 그들의 권력은 역사적으로 필적할 만한 것이 없게 되는 결과에 이르렀다.

현대 공산주의는 지배하는 사람을 위해서 세 가지 기본 요소로 구성되는 전체주의의 유형이다. 첫째는 권력이고, 둘째는 소유권이며, 셋째는 이데올로기다. [……] 공산주의를 예외로 한다면, 역사에서 그 어떤 전체주의 체제도, 심지어 현대의 어떤 전체주의 체제도, 지배하는 사람을 위해서 이 모든 세 가지 요소를 동시에 통합하는 데 이만큼 성공하지는 못했다.

질라스는 소련 역사가 세 단계로 나누어질 수 있다고 주장했다. 즉, 그것은 레닌의 혁명적 공산주의, 스탈린의 교조주의적 공산주의, 그리고 표면상으로 집단 지도부를 특징으로 하는 1950년대 중반부터의 비교조주의적 공산주의다. 도식적으로 말해서 세 시기 사이의 차이는 다음과 같이 요약할 수 있다.

• 시기	• 지도부	• 권력 관계
• '혁명적 시기'	• 레닌	• 권력 장악, 새로운 계급 지배를 위한 토대가 세워짐.
• '교조적 시기'	• 스탈린	• '사회주의' 슬로건을 통해 대대적인 공업화 과정이 착수되었다. 그것으로써 새로운 계급의 권력이 강화되었다.
• '비교조적 시기'	• 집단 지도 체제	• '합법'의 슬로건으로써, 계급 사회의 '평온한' 유지가 대규모 숙청 없이 이루어졌다.

그러나 질라스는 이렇게 세 부분으로 나눈 것은 단지 거칠고 추상적인 도식일 뿐이라고 생각해야 한다고 강조했다. 그의 견해에 따르면, 명확히 서술되는 단계는 존재하지 않는다. 그는 다음과 같이 주장했다. 교조주의는 레닌 아래에서도 있었다. 스탈린은 반혁명가가 아니다. 그리고 집단 지도 체제의 비교조적 본질은 상대화해야 한다. 그런데도 분명한 전환이 역사의 과정에서 일어났다. 처음에는 목적을 위한 수단으로 여겨졌었던 권력이 점점 더 목적 그 자체가 되어 있는 상태였다. 어떤 의미에서 소련 체제는 자신의 기능을 완수해 놓은 상태였다. 산업화를 통해서 새로운 계

급은 이제 확고하게 실권을 장악했으며, 그로써 그 계급의 목표에 도달한 상태였다. 역사적으로 평범한 사람과 정체 상태만이 그대로 등장하고 또 발생할 수 있었다.[20]

분명히 질라스는 관료적 집산주의 이론에 새로운 요소를 덧붙였다. 리치와 달리, 그는 노동 인구를 노예라고 특징짓지 않았다. 리치와 버넘과는 달리, 그는 관료제가 순수하게 동유럽과 소련에서 나타난 현상이었다고 믿었다. 마지막으로 질라스는 리치와 버넘과 샤흐트만 모두와 달리, 옛 지배 계급과 정치 관료 사이의 차이에 세심한 주의를 기울였다. 정확하게 말해서 질라스 이론의 더 큰 뉘앙스는 새로운 지배 계급 이론이 결국 역사에 대한 마르크스주의적 전망과 화해하기 어렵다고 보는 것이다. 무엇보다도 당이 새로운 지배 계급의 핵심이었다면, (사회 계급의 근원으로서가 아니라 사회 계급의 대표로서 정당을 해석했던) 역사적 유물론은 완전히 뒤집어진 것이 아닌가? 질라스는 '예외적인' 현상을 말하면서 어려움을 인정했지만, 그런데도 다음과 같이 말했을 뿐이다. "역사에서 누가 과정을 완수했는가는 중요하지 않다. 오직 중요한 것은 과정이 완수되었다는 것이다."[21]

쿠론/모젤레프스키

새로운 계급 사회의 초기 이론가 사이에서는 관료적 집산주의 사회라고 주장되는 사회의 작동 법칙은 대부분 명시되지 않은 상태였다.[22] 그러나 폴란드의 반체제 인사인 쿠론Jacek Kuroń(1935~2004)과 모젤레프스키 Karol Modzelewski(1937년 출생)는 1964년 이러한 어려운 문제를 집중적으로 분석하려고 했다.[23] 체포되었기 때문에 끝맺지 못한 〈당에 보낸 공개 서한Open Letter to the Party〉에서, 그들은 자신들이 '독점 관료제Monopoly bureaucracy'라고 부르는 것의 역학 관계에 대한 이론을 개발했다. 이들 저자는 소련과 그들 자신의 나라(폴란드)를 자본주의 세계 시장의 외부에서 공업화하려는 시도라고 여겼다. 러시아와 폴란드 둘 다 자본주의 사회가 붕괴하는 순간에(그 나라에서 혁명이 성공했을 때) 낙후된 나라였었다. 그 나라들은 공업 발전 수준이 아주 낮았고, 도시의 실업자와 농촌의 과잉 인구라는 형태로 대규모 잉여 노동자가 있었다. 두 나라의 경제는 공업에서 고도로 발전한 제국주의 국가의 자본이 지배했다. 이러한 환경에서 공업화 과정은 사회 전체의 관심사였다. 따라서 새로운 지배자는 공업화를 자신의 주요 과업으로 받아들였다. 그러나 그들은 고도로 발전된 자본주의 국가로부터의 도움에 의지할 수 없었다. 그와 반대로, 공업화가 성공하려면, 자본주의를 지배하는 기제는 포기해야만 했다.[24] 대규모의 사용되지 않는 노동 예비군을 염두에 둘 때, 공업화는 대규모로 이루어질 것이었다. 그러나 공업에서 일자리가 급속히 늘어나도 초기 축적 수준이 낮다는 점을 염두에 둘 때, 소비재의 양은 그에 비례해서 증가할 수 없었다. 그래서 생활 수준은 떨어졌다. 생산을 위한 생산이 중심적 목표였다.

　새로 등장한 권력에서 공업화는 '존재 이유'였고 근본적인 과업이었다. 그 권력은 잔존하는 계급과 사회 계층의 다양한 이해관계에도, 어떤 의미에서는 그 계급과 계층에 맞서서, 그 과업을 실천에 옮기는 일에 착수했다. 즉, 그들은 자신의 잉여 가치를 강제로 빼앗기고 또 집단화를 통해 재산을 잃게 될지도 모른다는 위협을 받는 농민층에 맞서서, 될 수 있는 한 가장 낮은 수준으로 떨어지고 또 그마저도 삭감된 임금을 받는 노동 계급에 맞서서, 그리고 인텔리겐치아와 기술 관료에 맞서서 그 과업을 실천에 옮기는 일에 착수했다. 그와 같은 공업화 과정이 효율적으로 실행되려면, 모든 계급과 계층은 그들의 다른 이해관계를 분명히 밝히는, 그리고 그 이해관계의 실현을 위해서나 또는 그 이해관계를 방어하기 위해서 투쟁하는 수단을 박탈당해야 했다.[25]

따라서 모든 권력은 독점관료제의 최상층부에 집중되어야 했다. 그 결과는 일당 체제, 모든 사회 제도(특히 노동 계급 조직)에 똑같은 지위를 부여하는 것, 대중 매체와 선전의 독점화, 시민적 자유의 제거, 그리고 중앙 집중적으로 운영되는 경제였다. 따라서 공업화가 진행되면, 지배 계급으로서 독점관료제의 형성은 역사적 필연이었다.

소련식 사회에서 사회적 잉여 생산품은 세 부분에 분배되었다. 즉 (1) 잉여 생산품의 큰 부분은 축적, 즉 생산의 확대를 위해 사용되었다. (2) 또 다른 부분은 국가 권력(군대, 정치 경찰, 법원, 감옥)을 유지하는 데 이바지했다. (3) 마지막으로 잉여 가치의 한 부분은 과학과 교육, 건강과 문화 등 계급 사회의 존재와 직접적으로 관계없는 활동을 위해 사용되었다. 잉여 생산품 가운데 엘리트가 사치품 소비에 쓴 몫은 하찮은 양이었다.

공업화 과정이 어느 정도 완성되자마자(1950년대 말), 근본적 불균형이 나타났다. 왜냐하면 독점 관료가, 이것이 더는 역사적 필연이 아니었을지라도, 생활 수준에 불이익을 가져오는 자본재 부문('중공업')을 계속해서 더욱더 확대하길 바랐기 때문이다.

그 결과로 낮은 소비 수준과 생산의 잠재력 사이에 모순이 나타났다. 그것은 영속적인 위기의 형태를 띠었다. 문제는 다른 무엇보다도 위축된 경제 성장이라는 형태로 나타났다. 비록 A 부문(생산 수단)에서 투자가 늘어나기는 했지만, 경제 성장은 위축되었던 것이다. 어쨌든 B 부문(소비재)은 A 부문보다 훨씬 더디게 성장했다. 그 결과 구조적 불균형은 더욱 커졌다.

관료의 소유권에 바탕을 둔 생산관계는 국가의 생산력을 구속하는 사슬이 되어버려서, 날마다 이러한 일이 계속되고, 위기는 깊어간다. 따라서 경제 위기를 해결하려면, 이러한 생산관계를 전복하고 관료의 계급 지배를 없애야 한다.[26]

5. 4. '이름표 없는' 이론들

비트포겔과 그에 대한 비판자들

1957년 중국 연구가 비트포겔(1896~1988)[27]은 《동양의 전제주의Oriental Despotism》라는 제목의 걸작을 출판했다. 이 책에서 그는 세계 역사에 대한 이선형bilinear 도식을 고안해 냈다. 여기서 거의 마니교와 같은 방식으로 서양 '민주주의' 전통을 동양 '전제주의' 전통으로 대치했다. 이렇게 추정된 대조를 설명하기 위해, 비트포겔은 특히 지리적·기후적 논점을 제시했다. 그의 주장에 따르면, 동양에서 농경은 나중에 거대한 국가 기구와 전제주의 지배자를 위한 토대를 이루게 된 거대한 관개 체계의 건설을 통해 가능하게 되었다. "농업 경영 전제 군주는 [……] 군대와 경찰과 정보 서비스에 대해 아무런 구속을 당하지 않는 통제력을 행사한다. 그리고 그는 교도관, 고문 집행자, 사형 집행인, 그리고 신민을 붙잡아서, 무능력하게 하며, 파괴하는 데 필요한 모든 수단을 자기 마음대로 이용한다."[28]

비트포겔은 자신의 이론을 러시아와 소련에도 적용했다. 그렇게 하려고, 비트포겔은 '동양적 전제주의'가 수력에 의존하지 않는 지역으로까지 수출될 수 있다는 그럴듯한 논거를 만들어내야만 했다.[29] 그는 그런

전이가 몽골 침략 동안 러시아에서 일어났고,[30] 그때부터 동양의 전제주의가 자기를 스스로 강화했다고 주장했다. 따라서 이반 3세Ivan Ⅲ에서 1917년 2월 혁명 때까지 시기의 특징은 새로운 환경에 끊임없이 적응한 독재 정권이다.[31] 비록 그렇다 하더라도, 공업화와 근대화의 영향 아래 반대 세력이 나타났다. 1917년 처음 몇 달 동안 차르 군대가 세계대전의 결과로서 불구가 되었을 때, 그들은 마침내 단명하기는 했으나 반전제적이고 민주주의적인 정부를 형성할 만큼 강력해 보였다. 따라서 "진짜 열린 역사 상황"이 잠깐 발생했다.[32] 그러나 새로운 민주적 지도자는 중요한 실수를 저질렀다. 그들은 전쟁을 지속할 힘이 없었는데 전쟁을 계속했다. 또한 그들은 제헌 의회 개회 뒤로 토지 개혁을 미루었으나, 제헌 의회는 절대 열리지 않았다.[33] 민주주의적 정책이 가진 이러한 결점은 볼셰비키에 기회를 주었다. 그리고 소련이 세워졌다. 소련 사회는 동양의 전제주의를 더 높은 수준으로 올려놓았고, 공업의 토대 위에 전반적인 (국가-)노예의 체제를 낳았다.[34]

러시아 역사에 대한 비트포겔의 해석은 1980년대까지 계속해서 약간의 영향력을 행사했다(6장을 볼 것). 그런데도 여러 전문가는 그 해석의 과학적 타당성이 의심스럽다는 점을 지적했다. 1963년 《슬라브 리뷰Slavic Review》지를 통해 비트포겔과 벌인 논쟁에서, 랴자노프스키N.V. Riasanovsky는 러시아에 동양의 전제주의가 있었다는 것을 부정했다. 어쨌든 러시아의 사회 형태는 미약하게 발전한, 그리고 파편화된 사적 소유에 의해 규정되었다. 러시아에서는 여러 종류의 사적 소유가 오랫동안 존재해 왔었다. 게다가 그것은 현저한 성장과 분화를 보여 주었었다. 그리고 정확히 말해서, 몽골은 쪼개져 있는 소유권을 하나로 통합하려고 했었다. 근본적으로 랴자노프스키는 비트포겔이 역사 그 자체를 연구하지 않고 역사에 도식을 강요했다고 비난했다. 따라서 비트포겔의 해석은 "철저히 본질에서 벗어난" 것이었다. 랴자노프스키에 따르면, 몽골 점령군이 그 뒤 러시아 제국의 발전에 미친 영향은 상대적으로 하찮은 것이었다. 틀림없이 그들(몽골 점령군)이 몇몇 새로운 제도를 도입했었다는 점은 인정되지만, 이를 지나치게 강조해서는 안 된다.

예를 들면, 몽골의 재정 정책은 대개 러시아에서 실패했다. 요컨대 침략자는 과거의 '훈연세'와 '경작세' the old 'smoke' and 'plow' taxes를 더 잔인하고 더 단순한 인두세로 대체했다. 그것은 전혀 지급 능력을 고려하지 않은 것이었다. 그러나 이러한 획기적인 일은 러시아의 왕자들이 몽골의 세금 징수업자로부터 중개인으로서 세금 징수 업무를 인수받았을 때 사라졌다. 심지어 우편 체계도 키예프 시대 뒤부터 계속 존재해오고 있었다. 비록 몽골이 그것을 확대하고 개선하긴 했지만.

더 일반적으로, 랴자노프스키는 어떻게 몽골족과 같은 부족 사회가 키예프 사회와 같은 고도로 발전된 사회에 지속적인 영향을 미칠 수 있었는가 하는 것에 의문을 품었다.[35]

마찬가지로 디트리히Z.R. Dittrich도 몽골이 중국의 전제주의를 러시아에 이식했다고 주장하는 것은 납득할 만한 제안이 아니라고 생각했다. 그의 견해에 따르면, 비트포겔의 이론은 답변한 것보다 더 많은 문제를 제기했던 것이다. 그는 이것을 융통성 없는 결정론적 사고방식과 결합한, 그 이론의 편향성, 단순화, 사실과 관련된 실수 탓으로 돌렸다.[36]

마르쿠제

철학자 마르쿠제Herbert Marcuse(1898~1979)의 소련에 대한 태도는 그의 서클에서 자주 해석의 오류를 일으키는 모순을 보여 주었다. 특징적인 것은 1930년대 말에 사회조사연구소(과거의 프랑크푸르트 사회조사연구소)의 구성원에 대한 코르쉬의 논평이었다. 즉, '내면적으로는 그들 모두 예외 없이 정도의 차이는 있지만 반스탈린주의자다. 마르쿠제는 본래 정통 마르크스주의자지만 스탈린주의자라고 하는 편이 나을 정도다."[37] 마르쿠제가 소련에 대해 쓴 가장 유명한 책 《소비에트 마르크스주의Soviet Marxism》(1958)[38]에 대한 비평가의 대응은 그 혼란의 좋은 보기였다. 몇몇 사람은 마르쿠제에게 [소련의] 옹호자라는 딱지를 붙였다. 그러나 다른 사람은 그를 '냉전의 전사'로 여겼다.[39]

마르쿠제는 1917년 러시아에 사회주의를 위한 사회적 전제 조건이 없었다고 생각했다. 그는 소련을 '교육적 독재educational dictatorship' 아래서 사회주의 사회를 위한 토대를 닦는 관료가 지배하는 사회라고 분석했다.[40] 관료 계층이 발전해 있었다. 한편으로 관료 계층은 "소련 관료가 경제적 힘이라는 전통적인 원천을 이용하지 못하고, 국유화된 생산 수단을 소유하지 못하기" 때문에 계급이 아니었다. 그러나 다른 한편으로 그것은 생산 수단에 대한 소유가 아니라 통제를 잣대로 삼는다면 하나의 계급이었다.[41]

관료 '계급'은 '독립된 동질적 집단'이 아니었다. 왜냐하면 최상층부에 있는 지배 집단은 "그 자신이 변화하며, 또한 정치적일 뿐만 아니라 경제적이기도 한 다양한 관료 체제와 관료 체제의 부문들, 즉 관리자, 군대, 당을 '대표하는 사람들'을 포함하기" 때문이다. "그들 각각은 특수한 이해관계를 맺었으며, 또 사회에 대한 통제력을 갖기를 열망한다."[42] 두 개의 세력이 권력의 독점화에 반대했다.

한편으로 중앙 계획은 예측 불허의 행동, 허점, 조정에도 불구하고 궁극적으로 특수한 이해관계를 대체하고 통합한다. 다른 한편으로 전체 관료는, 가장 고위급의 관료까지도, 경쟁이 가져다주는 두려움에 노출되어 있거나, 또는 두려움이 완화된 뒤에도 권력의 상실로 이끄는, 아주 예상할 수 없는 정치적 조치나 형벌 조치에 노출되어 있다.[43]

관료를 포함하여 소비에트 사회 전체는 " '평화 공존'이라는 환경에서 소비에트 국가의 생존과 경쟁력을 위한 전제 조건"으로서 생산력의 가속화된 발전이라는 절대적 명령에 종속되었다.[44] 그런 이유 때문에, 관료는 "관료가 사는 사회 체제의 가장 중요한, 전반적 필요를 거스르는 특별한 이해관계의 효율적인 영속화를 위한 사회적 토대를 결여했다."[45] 즉, 생산력을 발전시키라는 절대 명령의 결과로 사회의 내적 구조에 속하는 '원칙'이 나왔다. 그 원칙은 경쟁하는 세력 그리고 명백한 이익 단체와 정반대의 입장에 따라 이들에 맞서는 것이었다. 그 원칙 가운데에는 중공업에 부여했던 우선권, 국가 전역에 걸친 사회주의적 소유의 관철, 그리고 자본주의 세계와의 공존을 통하여 '휴지기'를 창출하려는 노력이 포함된다.[46]
전체적으로, 소련 관료는 실체화된 형식으로 사회의 이해관계를 대변했다.

국가는 매개 요소 없이 생산 기구의 직접적인 정치 조직, 국유화된 경제의 총지배인, 그리고 실체화된 집단 세력이 된다. 따라서 토대와 상부 구조 사이의 기능적 차이가 없어지는 경향이 있다. 즉, 상부 구조로부터 토대에 대해 초월하

고 대립하는 기능을 박탈함으로써 상부 구조는 방법론적으로 그리고 체계적으로 토대와 동화되었다.[47]

로스돌스키

트로츠키주의 경제학자이자 역사가인 로스돌스키(1898~1967)[48]는 오스트리아-헝가리 제국의 갈리시아 지역 출신으로 1950년대에 소련에 대한 비정통적인 견해를 갖게 되었다. 로스돌스키의 사망 기사에서, 만델은 다음과 같이 말했다.

제4인터내셔널과 그의 차이는 특히 한국전쟁과 1956년에 일어난 헝가리 혁명과 같은 사건에 대한 그의 해석과 관계있었다. 그러나 그의 생애 말년에, 이러한 차이는 자본주의가 전복되었지만 프롤레타리아트가 직접적으로 정치권력을 행사하지 못했던 국가에 대하여 입장을 정확하게 밝히는 것과 관련하여 구체화하고는 했다. 그는 타락한 노동자 국가라는 상투적인 문구는 [……] 이제 더는 현실에 맞지 않으며, 우리는 만일 사회주의 혁명이 선진 제국주의 나라에서 계속 지연된다면, 관료가 계급이 되리라는 결말을 배제할 수 없다는 견해를 택했다. 때때로 그는 이러한 국가를 특징짓기 위해 훨씬 조심스럽고 에둘러서 '국가 사회주의'라는 정형화된 문구를 사용했다.[49]

1959년 로스돌스키는 '노동자 국가' 문제에 대한 에세이를 썼다. 그 책은 그가 죽은 뒤인 1978년에 비로소 출판되었다.[50] 만델이 사망 기사에서 지적했듯이, 이 에세이의 주된 주장은 이미 제한된 사람들 사이에 알려진 것이었다. 이것은 아주 놀라운 것이다. 왜냐하면 로스돌스키가 모든 종류의 마르크스주의자, 즉 트로츠키주의자와 비트로츠키주의자 모두와 서신을 교환했기 때문이다.

1959년에 쓴 글에서, 로스돌스키는 러시아 혁명의 궁극적 결과가 혁명 과정을 처음에 진행했던 사람들의 의도와 거의 비슷하지 않다는 생각을 피력했다. 그는 엥겔스를 인용하면서 이는 역사적 필연성이 역사의 행위자가 인식하지 못한 배경에서 작동했음을 뜻한다고 주장했다.

러시아 혁명이 혁명에 관련된 사람들의 머리 위로 굴러떨어진 최초의 사건과 그토록 많이 닮았다는 점을 고려해볼 때, 그 혁명의 대표자들이 행한 수많은 행동이 바라던 것과 아주 다른 결과를 가져왔다는 점을 고려해볼 때, 우리는 사후에 이 혁명의 역사적 의미를 조사하고 그것의 숨겨진 내적 운동 법칙을 캐내야 한다.

여기에 함축된 것은 혁명 이후에 전개된 사건은 **불가피했었다는** 견해였다. 로스돌스키에 따르면, 이러한 불가피성은 그 사회의 생산력 발전과 관계가 있었다. 무엇보다도 혁명 이전의 러시아는 선택의 여지가 있었다.

생산력의 급속한 발전을 통해 수세기에 걸친 후진성을 극복하거나, 아니면 다시 외국(무엇보다 미국) 제국주의의 반식민지 수준에 오랫동안 **빠져들거나.**

러시아 노동 계급이 혁명에서 승리했을 때, 러시아 노동 계급이 빠르게 공업화를 이룩할 수 없다는 점은 분명해졌다. 그래서 이러한 긴급한 과업은 다른 사회 세력, 즉 관료가 해야만 했다. 이러한 권력 장악은 그 자체로 강고한 논리iron logic와 함께 완성되었다. 왜냐하면 혁명이 국제적으로 고립되었기 때문이다. 그래서 독재적 관료가 생산 수단, 생산 속도, 분배관계 등을 결정하는 사회 체제가 1920년대에 발전했다. 로스돌스키에 따르면, 관료는 "역사적 의미에서 아직 계급이 아니"었다. 총체적으로 소련은 자본주의와 사회주의 사이의 상대적으로 불확정한 '일시적 구성물'이었다. 그것은 자본주의로 규정할 수도 없었고, 타락한 노동자 국가로 규정할 수도 없었다.

이러한 새로운 사회 구성체를 '자본주의'(또는 '국가 자본주의')로 규정하는 것은 분명히 터무니없다. 우리가 알듯이 모든 계급 또는 계층이 반드시 자본주의적인 것은 아니었음이 틀림없다는 점을 고려해볼 때, 그리고 다른 한편으로 자본가 계급의 독특한 규정적 특징, 즉 이윤 동기가 없다는 점을 고려해볼 때 이는 분명히 터무니없는 것이다. 마찬가지로 이러한 구성체를 '노동자 국가'나 '타락한 노동자 국가'로 부르는 것도 적절하지 않을 것이다. 왜냐하면 소련에서 노동자 자신은 가장 발언권을 적게 가졌으며, 지배하는 관료는 국가의 소유가 실질적인 대중적 소유로 전환하는 것을 막기 위해 할 수 있는 모든 것을 했고 해야만 하기 때문이다!

로스돌스키는 이러한 견해를 유지한다면 그 자신이 트로츠키주의 전통에서 멀어진다는 점을 스스로 알았다고 각주를 달았다.

뢰베

1960년대 중반 프랑스의 사회주의자와 공산주의자가 **화해했다.** 이러한 새로운 상황의 맥락에서 사회당, 즉 프랑스 사회당 내에서 소련의 본질에 대한 (아주 조심스러운) 논쟁이 일어났다. 그때 프랑스 사회당은 마르크스주의 원칙을 여전히 들먹이는 사회주의 인터내셔널의 마지막 회원이 있는 당들 가운데 하나였다. 그것은 1930년대부터 프랑스에서 그 주제를 놓고 벌어진 최초의 의미 있는 논쟁이었다.

가장 주목할 만한 견해는 '보이네아Çerban Voinea'라는 가명으로 알려진 프랑스계-루마니아 사회주의자 뵈베Gaston Boeuve(1894~1969)였다.[51] 당연히 이 저자는 다음을 지적했다. "민주적 사회주의는 공산주의 독재 정부가 지배한 사회의 본질을 거의 분석하려고 하지 않았다."[52] 뵈베는 소련이 사회주의(착취와 억압이 계속되었기 때문에)도 자본주의(특히 국가가 모든 생산 수단을 소유했고 따라서 시장s법칙에서 벗어날 수 있었기 때문에)도 아니었다고 주장했다. 따라서 그는 소련과 그의 완충 지대 국가를 국유화, 계획의 작성 그리고 잉여 가치 생산을 특징으로 하는 '독특한 사회'로 묘사했다.

어느 '국가 자본주의' 이론가를 비판하면서,[53] 뵈베는 자신의 해석과 관련하여 더 상세한 내용을 제공했다. 그는 '잉여 가치'라는 개념을 아주 폭넓은 (그리고 아마도 비마르크스주의적) 의미에서 즉, '실현된 잉여 생산물materialised surplus-product'이라는 의미로 썼던 것같이 보였다. 그러나 뵈베가 주장하는 것에 따르면, 더 중요한 것은 생산 수단이 이제는 상품이 아니라는 것, 계급 의식을 가지지 않기 때문에[54] 관료는 지배 계급이 아니라는 것, 노동하는 주민은 자신이 통제권을 행사하지 못하는 잉여 가치(잉여 생산물)를 창조한다는 것,[55] 그런데도 착취가 발생한다는 것 등이었다. 뵈베는 이러한 새로운 사회 형태에 이름을 붙이는 것을 거절했다. 그리고 그 점에서 자신을 분명히 슈테른베르크와 힐퍼딩의 전통 속에 자리매김했다.

5. 5. 요약

소련에 대한 마르크스주의적 이론화에 대해, 1956~1968년의 시기는 의미 있는 독창성이 모자란 시기라고 말할 수 있다. '타락한 노동자 국가' 이론과 '국가 자본주의' 이론의 지지자들 대부분은 그 이론을 되풀이하는 데 그쳤다. 이는 상대적으로 말해서 가장 중요한 발전이 새로운 생산 양식 이론의 영역에서 발생한다는 것을 뜻했다. 그 영역에서 거의 모든 새로운 기여, 즉 '이름표 없는' 해석의 지지자(로스돌스키와 뵈베)뿐만 아니라 '새로운 계급'의 이론가(질라스, 쿠론과 모젤레프스키)가 이바지한 것 모두 동유럽에서 비롯되었다는 점은 주목할 만하다. 그 점에서 우리는 1956~1968년의 시기가 서구 마르크스주의 전선의 거의 완전한 이론적 침체('폭풍 앞의 고요'였다는 점이 머지않아 드러나게 될 침체)를 보여주었다고 말할 수 있을 것이다.

6장

'프라하의 봄' 탄압에서 페레스트로이카까지

(1968~1985년)

'프라하의 봄'이 진압되자, 좌파 진영은 큰 충격에 휩싸였다. 미국 마르크스주의자 스위지는 모스크바 지향적인Moscow-oriented 공산주의가 서구에서 그 자신의 영향력에 치명적인 일격을 받은 것이 아닌가 하고 생각했다. "체코 위기는 선진 자본주의 국가에서 모스크바의 정치·이데올로기적 영향이 끝나기 시작한다는 것을 나타낸 것이다."[1]

이미 이전에 시작되었고 1968년 5월 파리에서 최고점에 이르렀던, 학생 운동의 대규모 봉기는 (미래의) 지식인의 폭넓은 층이 급진적으로 될 것임을 뜻했다. 그들은 때때로 자신을 사회주의자 또는 공산주의자로 여겼다. 그러나 그들은 주로 소련과 그 나라의 완충 국가에서 '현실로서 존재하는 사회주의'에 대해 독자적인 견해를 보였다. 몇 년 안에 그들 사이에서 그것의 규모에서 보기 드물었던 마르크스주의 논쟁이 소련의 본질이 무엇인지를 놓고 벌어졌다. 1960년대가 시작될 때, 참여자들은 처음에 좀 더 오래된 이론에 의지했지만, 아주 빠르게 새로운 변종을 덧붙였다. '국가 자본주의', '타락한 노동자 국가', '관료적 집산주의'라는 기존 이론이 다시 이야기되었다. 그러나 '새로운 생산 양식' 이론에 대한 독창적인 기고문의 수는 급격히 늘어났다.

6. 1. 국가 자본주의 이론들

클리프의 경향

1956~1968년에 새로운 진전이라는 점에서 거의 바뀐 것이 없는 클리프의 이론은, 대체로 반복의 수준에 머물러 있었다. 클리프의 추종자 사이에서 토론은 하나의 주장, 즉 소련 노동자의 사회적 지위에 집중되었다.

1948년 클리프는 소련의 노동자가 경쟁적인 자본주의적 관계의 노동자와 달랐다고 말했다. 자본주의적 관계에 있는 노동자와 달리, 소련의 노동자는 자신의 고용주를 선택할 수 없기 때문이다. 그 노동자는 오직 한 명의 고용주, 다시 말해 국가를 섬겼다. "'주인의 교체'는 있을 수 없고, '그 자신의 주기적 판매'도 오직 형식적인 것이 된다."[2] 그러나 1970년대에 클리프의 지지자 빈스Peter Binns와 핼러스는 주저 없이 이 생각을 수정했다. 그들은 소련 노동자가 실제로 '평범한' 임노동자였다고 했다. 소련에는 노동자가 그들의 노동력을 팔 수 있는 많은 다양한 기업이 존재한 것으로 나타났기 때문이다. 따라서 소련 노동자는 국민석탄위원회 또는 영국 철도의 피고용인과 똑같은 상황에 있었다. "간단히 말해, 지배적인 생산 양식은 본질적 특징으로서 임노동을 포함한다. 그 용어에 대한 엄격한 마르크스의 정의에서 임금 체계[……]. 그러나 노예제가 노예 소유를 넌지시 나타내는 것과 마찬가지로, 임노동은 자본을 시사한다."[3]

그러나 이때에 헤인즈와 함께 빈스가 쓴 마지막 기고문에서 이러한 생각은 다시 폐기되었다. 이제 그들은 소련에서 노동력이 하나의 상품일 수 없다고 주장했다. 진정한 노동 시장이 빠져 있었고, 따라서 "마르크스가 쓴 말의 의미에서 임노동"이 존재할 수 없기 때문이다. 그러나 이것은 심각한 이론적 문제를 나타내는 것이 아니었다. 미국 남부에서 초기에 플랜

테이션 노예제와 같은, 다른 종류의 노동관계가 자본주의와 양립할 수 있는 것으로 알려졌기 때문이다.[4]

새로운 논지는 강한 저항에 맞닥트렸다. 핼러스는 그것이 국가 자본주의 이론 전체의 토대를 갉아먹을 우려가 있었다고 주장했다.

여기서 쟁점이 되는 것은 소련에 (마르크스의 의미에서) 프롤레타리아트가 있는지 아니면 없는지 하는 문제나 마찬가지다. [……] 만일 노동이 소련에서 상품이 아니라면, 거기에 프롤레타리아트는 없다. 게다가 노동력이 상품이 아니라면 임노동/자본관계도 있을 수 없고 따라서 자본도 없다. 따라서 어떤 형태 또는 형식의 자본주의도 있을 수 없다. [……] 교환도 없고, 자본도 없다. 교환은 임금과, 따라서 화폐(일반화된 상품)와 상품 생산, 즉 판매를 위해 생산된 재화가 필요하다.[5]

핼러스는 국가 자본주의 이론을 뒷받침하려면 소련에서 노동을 임노동으로 규정하는 것이 결정적이라고 주장했다(결론에 이르는 과정보다 결론을 더 중요하게 생각하는 추론 방식의 좋은 사례).[6] 캘리니코스Alex Callinicos도 비슷한 주장을 제시하면서 [핼러스의 주장에] 힘을 실어 주었다.[7]

어쨌든 이 문제에 대한 논쟁을 통해, 임노동과 국가 자본주의 사이의 이론적 연관을 아주 논쟁적인 것으로 여긴다는 것은 명확해졌다.

마틱

1960년대 동안, 독일 출신-미국의 평의회 공산주의자 마틱Paul Mattick(1904~1981)[8]은 릴레, 바그너, 훈 그리고 다른 사람들과 비슷한 유형의 이론을 확장했다. 그렇게 하면서, 그는 적어도 소련에 관한 한 클리프와 다른 사람들의 사상과 비슷한 입장에 도달했다. 1969년에 출판한 《마르크스와 케인즈Marx and Keynes》(그가 7년 전에 썼던 것과 같은 제목으로 나온 에세이의 증보판)[9]에서 마틱은 겉보기에는 다른 형태로 보이는 현대 자본주의의 총체성을 분석하려고 애썼다. 그에 따르면, 그러한 형태 가운데 하나는 소련 사회 구성체였다. 국가 자본주의는 혼합 자본주의와는 근본적으로 달랐다. 왜냐하면 시장이 전혀 존재하지 않지만,[10] 그와 함께, 거기에는 본질적으로 비슷한 점이 있기 때문이다.

모든 국가 자본주의 체제는 자본-노동관계의 유지와 자본주의적 사업 방식의 이용이라는 점에서 자본주의 시장 경제와 비슷하다. 생산 수단은 이제 자본가의 소유 대신 정부에 의해 통제되었다. 후자(정부)는 생산 자원에 대한 일정한 가치(돈으로 환산하여)를 정하고, 생산을 중재한 뒤 더 큰 가치(돈으로 환산하여)를 기대한다. 임금은 노동자에게 화폐로 지급되었는데, 자신들이 받은 임금보다 더 큰 가치를 창조하는 것이 그들의 임무였다. 이러한 잉여 가치는 정부의 결정에 따라 할당되었다. 그것은 비노동 주민을 부양하고 국방을 안전하게 지키며, 공공의 요구를 처리한다. 또 그것은 추가 자본으로 다시 투자된다. 모든 경제적 거래는 교환-거래이거나 그와 같은 것으로 나타난다. 노동력은 몇몇 기업의 관리자에게 팔린다. 몇몇 기업의 관리자와 다른 기업의 관리자 사이에 교역과 유사한 일이 생긴다. 이는 모든 자본주의 나라에서 대규모 기업의 다양한 부문들 사이에서 실행되며 또 완전히 중앙 집중화된 국가 경제에서 그 완전한 형태에 도달하는 일과 비슷하다. 형식 면에서, 사적 기업과 국가가 통제하는 경제들 사이에는, 후자가 초과 이윤에 대해 중앙 집중화된 통제권을 가진다는 점을 제외하고는, 큰 차이가 없다.[11]

그는 자본주의적 혼합 경제와 국가 자본주의 사이의 유사성이, 그 체제가 사실상 깊은 분열을 통해 서로 분리되었다는 사실을 흐릿하게 해서는 안 된다고 주장했다. 하나의 체제는 아마도 다른 체제로 평화롭게 이행하지 않을 수도 있을 것이다.

자본주의가 저절로 국가 자본주의로 전환되지는 않을 것이다. 사회주의 혁명을 하는 것처럼, 국가 자본주의 혁명을 하는 것도 어려울 것이다. 사회 생산의 의식적 조직화가 사적 자본의 전유를 전제하기 때문에, 혼합 경제에서 국가 자본주의로 전환하는 것은 점진적 과정이 아니라 혁명적 과정일 수 있다.[12]

따라서 마틱은 하나의 생산 양식에서 다른 생산 양식으로 이행에서뿐만 아니라 하나의 생산 양식 안에서도 급격한 사회 · 경제 혁명이 내적 전환을 위해 필요하게 될 것이라는 생각을 통해 마르크스주의를 확장했다.

클리프와 반대로, 마틱은 국가 자본주의가 특히 자본이 빈약한 국가 capital-poor countries에서 발전할 수 있다고 강조했다. 그런 나라에서 자본 형성은 생산과 분배의 사회화를 위한 필수 조건이었다. 생산 수단의 국가 소유는 사회주의적 소유의 자본주의적 형식이었다. 후자(사회주의적 소유—옮긴이)는 생산 수단에 대한 노동자 소유로 이해되었다. 소련과 같은 사회에서 생산 수단은 "사회 전체가 자유로이 사용하는 대신에 정부가 통제하기 때문에"[13] 여전히 자본주의적이라는 법칙이 적용되었다. 여기서 두드러진 것은 마틱이 사용한 자본주의에 대한 아주 제한적인 정의(임노동 그리고 노동자 자주 관리의 부재)다. 클리프 같은 저자가 여전히 소련이 마르크스가 정식화했던 모든 작동 법칙(이윤율 저하 경향, 이윤의 극대화 등등)에 지배를 받았다는 생각을 그럴듯하게 하려고 시도했지만, 마틱은 더는 이것이 필요하다고 믿지 않았다. 따라서 그는 소련에서 잉여 생산이 이윤으로 현실화되지 못한다는 것을 주장하는 것에 대해 아무 거리낌이 없었다.[14]

마오주의의 변종들: 홀름베리, 베틀렝과 그에 대한 비판자들

1961년 10월, 소련 공산당 22차 당 대회는 소련과 중화인민공화국 사이의 갈등을 공표했다. 이 갈등은 다음 해에 더욱 날카로워졌다. 그것은 또 1976년부터 중국 지도부가 소련에 자본주의가 '복원'되었다는 견해를 믿게 했다. 정당하게 이 '이론'을 중국인이 스스로 결코 진지하게 실증하지 않았지만, 무엇보다도 변화하는 외교 정책을 합법적으로 만드는 기능을 했다는 주장도 있었다.[15]

서구 마르크스주의자 사이에서, 모스크바와 베이징 사이의 정치적 긴장은 커다란 혼동을 일으켰다. 잘 알려진 미국 잡지 《먼슬리 리뷰Monthly Review》 편집자의 태도가 전형적이었다. 휴버먼Leo Huberman과 스위지가 썼던 1961년 12월 판 편집자 글에서, 그들은 중국과 러시아의 관점 모두가 마르크스주의 이론에 기초했지만, 러시아가 올바른 노선을 지녔다고 주장했다.

중국의 입장은 국제 사회주의 운동의 역사에서 반복해서 발생해온 일종의 교조주의적 좌익 사상의 한 가지 전형적 사례인 것처럼 보인다. 그것을 인지해낼 수 있는 두드러진 특질 두 가지는 민족주의를 과소평가하는 것, 그리고 모든 반대파를 획일적인 반동 집단 속에 일괄해서 집어넣는 것이다. 그것은 항상 극도의 호전성이 넘겨나며, 타협을 권고하지 않는다. 그것이 정책으로 옮겨지는 한, 그 결과는 대체로 의도한 바와는 정반대되는 것을 목적으로 삼는다.[16]

1년 반 뒤에, 평가는 아주 달라졌다. 휴버먼과 스위지가 다시 함께 썼던 1963년 5월 편집자 글은 앞서 규정한 입장이 성립하지 않게 되었다고 알렸다. 이제 그들은 중국이 대체로 올바른 노선을 지녔다고 주장했다. 그런데도 억압과 착취가 소련에 존재했다는 러시아를 겨냥한 중국의 비난은 철회되었다.[17]

그러나 이 견해도 나중에 다시 수정되었다. 몇 년 뒤에, 《먼슬리 리뷰》는 중국이 소련을 비판한 내용 대부분을 시인하기 시작했다.[18] 그러나 그런 행위는 중국과 가까운 지식인이 중국의 소련 비판이 지닌 이론적 함의를 평가하기 시작하기 전까지만 아주 짧은 동안 채택되었다. 미국의 옛 마오주의자인 시맨스키Al Szymanski는 이와 관련해서 다음과 같이 썼다.

1967년부터 중국이 소련을 자본주의라고 불렀지만, 그때 우리 가운데 소수만이 그것을 글자 그대로 받아들였다. 우리는 중국(또는 알바니아) 지도부가 문자 그대로의 진실이라고 말한 모든 것을 절대 기계적으로 받아들이지 않았다. 1970년대 초, 즉 결정적인 해인 1973년에 신좌파의 마르크스-레닌주의 잔여파는 자본주의가 말 그대로 소련에서 복원되었다고 한 실제적인 중국의 견해에 심각하게 맞서게 되었다.[19]

서유럽에서 홀름베리Nils Holmberg(1902~1981)가 1974~1975년에 스웨덴어로 쓴 책 《평화적인 반혁명Peaceful Counter-revolution》은 마오주의 집단에서 벌어진 첫 토론에서 중요한 역할을 했다. 그 책은 독일어와 네덜란드 어로 번역되었다.[20] 미국에서 《그룬트리쎄Grundrisse》 번역가로 유명한 니콜라우스Martin Nicolaus가 쓴 《소련에서 자본주의의 복원Restoration of Capitalism in the USSR》(1975)은 비슷하게 마오주의 집단 내부의 토론에 이바지했다.[21] 홀름베리의 기고문은 마오주의적 사고방식을 눈에 띄는 방식으로 예증한 것이다. 홀름베리는 스탈린 치하의 소련이 여전히 사회주의적이었다고 보았지만, 그때에도 관료 무리가 당에 깊숙이 자리 잡을 수 있었다고 주장했다. 이 무리는 차츰 강력해졌고, 스탈린은 그들이 권력을 잡지 못하게 방해했을 뿐이었다. 스탈린이 1953년에 죽었을 때, 관료를 막은 이러한 최종 장벽은 사라져 버렸다. 그들은 자본주의를 신속히 복원하려고 국가 기구를 이용했다. 노동자는 생산 수단에 대한 결정권을 박탈당했다. 따라서 그들은 노동력을 국가에 팔아야 했고, 그들의 노동조합은 새로운 자본가의 도구가 되었다. 그 결과는 소련이 본질적인 점에서 스탈린이 통치했던 사회와 더는 닮은 데가 없었다는 것이었다.

노동 계급은 생산 수단과 분리되었고, 임금 노동자를 구성할 뿐 더는 통치하고 주도하는 계급이 아니었다. 국가 권력을 이용하는 관료 엘리트는 생산 수단과 생산에서 창조되었던 전체 상품의 양을 결정하고 통제하는 권리를 다 가졌다. 그때부터 그 집단은 이러한 권리를 노동자를 착취하고 노동자가 생산한 잉여 가치를 전유하는 데 이용했다.[22]

홀름베리에 따르면, 자본주의 사회는 다음의 두 가지 특징으로 규정되었다. 즉, 그것은 (1) 생산 수단이 노동자를 착취하는 데 사용되고, (2) 노동자가 임금을 받는 대신 자신의 노동력을 팔아야 한다는 것이다. 규정한 특징 둘 다 소련에 적용되었다는 점에서, 홀름베리는 "복원된 자본주의 restored capitalism"라는 말을 썼다.[23] 간단히 말해, 우리는 홀름베리의 이론적 구성이란 스탈린이 모르는 사이에 자신의 측근이 부르주아 관료를 묵인했다는 말로 요약할 수 있다. 그들은 스탈린이 죽은 뒤에 자본주의를

복원하려고 권력을 차지했다. 이러한 '쿠데타' 생각은 틀림없이 오히려 마오주의의 속류적 변형이다.[24]

좀 더 이해할 만한 버전은 프랑스 경제학자 베틀렘(1913~2006)의 이론이었다. 그는 자신의 해석적 토대를 1969년에 얇지만 압축적으로 쓴 《경제적 계산과 소유 형식Economic Calculation and Forms of Property》에서 자세히 설명했다.[25] 여러 권으로 나온 그의 기념비적인 책 《소련의 계급 투쟁 Class Struggles in the USSR》은 기본적으로 그의 초기 저작을 훨씬 더 정교하게 다듬은 것이었다.[26] 홀름베리처럼 베틀렘은 평화적인 반혁명(또는 차라리 쿠데타)이 일어났다고 가정했다. 그러나 그는 이러한 전개 과정을 좀 더 폭넓은 맥락 안에 자리매김하려고 애썼다. 따라서 그는 그 어떤 지나치게 단순화한 쿠데타 이론도 거부했다.

중심 문제는 과학적인 접근과 비과학적 접근 사이의 모순이다. 후자는 사람들이 소수의 개별적 특성을 기초로 하여 사회 구성체를 정의할 수 있거나, 또는 국가 기구의 정점에서 일어나는 소수의 분열이나 조작을 구실로 역사적 과정을 '설명'할 수 있다고 가정한다. 특히 전형적인 극단적 사례는 '쿠데타' 이론이다. 즉, 그것은 작은 인간 집단의 꼭대기에서 수행되었던 술책이 전체 사회 구성체의 특성을 바꿀 수 있다는 것을 가정한 것이었다. 실제로 마르크스주의는 우리에게 쿠데타가 이미 절정에 이르렀던 과정 그 자체인, 계급 관계에서 혁명적 과정을 기초로 하여 정치 무대의 최전선에서 일어난 마지막 단계라는 것을 가르쳐 준다. 이미 앞서 일어났던 그러한 혁명 때문에, 쿠데타는 정치 무대의 앞에 나타날 수 있을 뿐이다. 쿠데타라는 수단을 통한 사회적 변화를 '설명'하려는 시도는 역사에 대한 이상주의적 견해에서 비롯된 것이지 유물론적 견해가 아니다.[27]

따라서 베틀렝은 주관적 방식으로 부르주아 관료의 정체를 폭로하는 것을 자신의 임무로 여기지 않았다. 그 대신 그는 소련에서 부르주아 권력을 복원하게 한 객관적 뿌리를 들춰내길 바랐다. 그것을 완수하려면 무엇보다도 사회주의 사회와 자본주의 사회 사이의 본질적 차이를 획정할 필요가 있었다. 베틀렝이 '경제주의(사회관계의 전환이 생산력 발전에 일방적으로 종속되는 것)'라고 딱지 붙였던 것을 거부하면서, 그는 중국 문화혁명에 영감을 받았다. 사회주의 사회의 설립을 위한 첫째 전제 조건은 노동 생산력을 증가시키는 것이 아니라, 의식적인 사회주의 전위의 지도력 밑에 일어난 계급 투쟁의 행위였다고 주장했다. 《소련의 계급 투쟁》에서 베틀렝은 자본주의의 가장 중요한 특징은 생산 수단이 개인의 손아귀에 있는 것이 아니라, 오히려 계급으로서 부르주아지가 생산 수단을 독점하고 (독점에 대한 법적 형식과 관계없이) 정치적·이데올로기적 헤게모니를 실행하는 것이라는 논지를 옹호했다. 그런 의미에서, 그리고 오직 그 의미에서, 자본주의는 노동 계급에 대한 부르주아지의 독재로 이루어졌다. 그와 반대로, 사회주의는 프롤레타리아 독재였다. 그것은 오직 노동 계급이 혁명을 통해 국가 권력을 장악했기 때문에 세워질 수 있었다. 그러므로 사회주의는 기본적으로 경제적 의미에서가 아니라 정치적 의미에서 정의되어야만 했다. 노동 계급이 최종적으로 국가 권력을 자신의 손아귀에 넣자마자 부르주아 문화와 부르주아 교육의 토대를 손상할 수 있다. 그러나 부르주아에 맞선 이러한 투쟁이 불완전하거나, 또는 성공하지 못한다면 새로운 부르주아지가 생겨나 국가 권력을 다시 잡으려 애쓸 것이다.

이러한 새로운 부르주아지는 옛 공산당 간부나 관리를 포함할 것이다. 왜냐하면 부르주아지의 입장을 **반영한** 사회적 생산과 재생산의 체계에서 지위를 차지한 모든 사람이 프롤레타리아 독재에도 불구하고 새로운 부르주아지를 형성할 것이기 때문이다. 만일 그렇다면, 보기를 들어 옛 자본주의적 소유주가 죽거나 망명했던 기업에서는 생산 과정의 계서제적 구조가 지속되고, 계서제의 상층에 있는 관리가 명령을 내리고 특권적 처우를 누릴 수 있다면, 그때는 그 기업에서 주도적인 사람은 부르주아 계급의 성원이 될 수 있다. 그래서 소련에서 공산당의 주도적 역할(원래 프롤레타리아트의 목소리)이 근본적으로 프롤레타리아 독재에 적대적인 관리 집단에 의해 더욱 손상되는 일은 일어날 수 있다. 이러한 저항은 이들 관리의 지위가 경제생활을 차지했고 행정 기구의 상층을 차지했기 때문에, 또 그들이 보급했던 부르주아적 방법과 실천 때문에 가능했다.

공산주의자는 이러한 부르주아-복원주의자의 위험을 충분하게 진단하지 못했다. 그래서 그들은 (문화 혁명 동안 중국과 달리) 그런 위험에 맞서 대중을 동원하는 것을 무시했다. 차츰 새로운 부르주아지의 권력은 자기를 스스로 확대할 수 있었다. 1950년대 말과 1960년대 중반에 이루어진 경제 개혁을 통해 자본주의의 복원은 완성되었다.[28] 결국 이러한 타락의 증거는 올바른 레닌주의 노선에서 체계적인 일탈이었다.

《경제적 계산과 소유 형식》은 그 해석의 기초를 이루는 경제적 원리를 포함한 것이었다. 그 해석은 보르디가의 견해와 다르지 않았고, 세 가지 주장으로 요약할 수 있다. 첫째, 자본주의적 생산의 핵심은 기업을 통해 이루어졌다.

'기업'(주로 공업에서 기업은 대체로 국가 소유가 이행기 사회 구성체에 영향을 주었던 '생산'의 구체적인 '단위'다)의 자본주의적 특성은 그것의 구조가 이중의 분리라는 형식을 띤다는 사실에서 비롯된다. 즉, 그것은 생산 수단에서 노동자 분리(그 대응으로 기업에 의한, 즉 사실상 그것의 관리자에 의한 이러한 생산 수단의 소유)가 이루어지며, 또 기업들이 서로 분리되는 것이다. 이러한 이중의 분리는 자본주의적 생산 양식의 중요한 특징을 이룬다[……].29

둘째로, 기업이 이러한 이중의 분리를 통해 운영되는 한, 그것들은 자본주의적이어야만 했다. 또 그것들은 시장 관계를 영속시켰고, 계획에 대한 대항 축을 형성했다. 베틀렝에게서 소련 기업이 훨씬 더 큰 자율성을 얻었을 때인, 1965년 9월에 가장 마지막으로 실행했던 개혁 뒤에, 사회주의와 자본주의 사이의 투쟁은 후자에 유리하게 결정되었다. 1965년 마지막으로 계획 기관이 기업 스스로 그들 '계획'의 주안점을 만들어 내도록 '자유롭게'(형식적으로든 또는 실제로든 문제가 되지 않는다) 기업을 내버려 두는 지경에 이르렀다. 따라서 투자가 더는 계획을 통해 결정되지 않았다. 기업의 감독관이 투자를 결정한다. 따라서 계획은 이제 실질적 계획이 아니라 시장관계의 '지침'이었다.

마지막으로 계획보다 시장이 지배했기 때문에, 가치 법칙의 작동은 복원되었다. 그 이유 때문에, 권력이 더는 노동 계급의 손아귀에 있지 않았다. 계획은 계획의 단순한 기만적 겉모습[시뮐라크르Simulacre]일 뿐이었다. 이러한 겉모습을 구실 삼아, 직접적인 생산자와는 거리가 먼 새로운 지배적 세력이 존재했다. 기업에서 감독자가 자본가의 기능을 떠맡았지만, '국가 부르주아지'는 계획 기관 안에서 성장했다. 즉, 국가 소유의 실질적인 계급적 내용은 노동 대중과 국가 기구 사이의 관계에 달려 있었다. 만일 국가 기구를 (노동자 위에 서 있고, 노동자를 지배하는 대신에) 실제로 그리고 완전히 노동자가 통치했다면, 그때의 국가 소유는 노동자가 사회적 소유를 하는 법적 형식이 될 것이다. 그러나 그와 반대로 노동자가 국가 기구를 통치하지 못한다면, 그리고 이 기구가 노동 대중의 통제와 지도력에서 벗어난 관리와 행정가들의 조직에 의해 지배당한다면, 이러한 관리와 행정가 조직은 생산 수단에 대한 (생산관계라는 의미에서) 실질적인 소유자가 된다. 그때 이 조직은 한편으로 생산 수단, 그리고 다른 한편으로 노동자를 통해 존재했던 관계 때문에 사회 계급(국가 부르주아지)을 이룬다.[30]

1970년대 후반 동안 쓴 말기 출판물에서, 베틀렝은 샤방스Bernard Chavance(1947년 출생)의 지원을 받아 일부 다른 주장을 덧붙였다.[31] 따라서 두 경제학자 모두는 소련이 '새로운 형태의 국가 독점 자본주의'가 되었다는 사실을 다음의 여덟 개 범주에서 추론할 수 있었다.

1. 1965년의 경제 개혁 때문에, 이윤은 공업 생산력을 위한 가장 중요한 객관적 범주로 도입되었다.

2. 경제 활동은 극단적으로 국가의 손아귀에 집중되었다.

3. 그와 함께 기업은 원료, 고용자 따위를 놓고 경쟁했다. 따라서 경쟁이 존재했다.

4. 잉여 가치는 앞서 말했던 국가 부르주아지가 통치하는 국가가 전유했다.

5. 경제 발전은 주기적 특징과 축적 위기를 보여 주었다.

6. 거기에는 팽창주의적 경향도 있었다.

7. 노동 계급은 완전히 고용되었지만, 그것과 별개로 서구 자본주의에서처럼 권리를 모두 빼앗겼다.

8. 지배 이데올로기는 수정되었다. 그것은 마르크스-레닌주의라는 가면을 썼지만, 실제로 부르주아적이었다.[32]

베틀렝은 한 가지 중요한 점에서 차츰 자신의 견해를 바꾸었다. 《소련의 계급 투쟁》 제3권에서, 그는 10월 혁명을 더는 프롤레타리아 혁명이 아니라, 자본주의 혁명인 것으로 여긴다고 주장했다. 볼세비키는 1917년에 "열려 있는 과정"을 주도했다. 처음부터 그것은 국가 자본주의적 특성을 보여 주었지만, 1929년까지 "협동조합적 해결을 야기할 수도 있는 농민 혁명을 위한 기회를 창출하려고 애썼다."[33]

비판. 베틀렝의 설명은 많은 대응을 부추겼다. 가장 잘 알려진 것은 스위지가 쓴 에세이였다. 그것은 이 미국 비평가와 프랑스 저자 사이에 아주 오랫동안 이어질 논쟁의 한 부분이었다.[34] 그러나 많은 다른 저자도 베틀렝의 분석을 인정하거나 또는 반대 의견을 내놓았다.[35]

많은 측에서 베틀렝의 '반경제주의'는 외상을 입었다. 그의 비판자들이 경제주의를 선호했기 때문이 아니라 베틀렝이 '사회적 관계'의 개념을 상부 구조 그리고 특히 이데올로기에 적용한 것이 협소했기 때문이다.[36] 이러한 반대와 관계된 것은 베틀렝이 "올바른 레닌주의 노선에서의 일탈"을 자본주의의 복원에 대한 궁극적 범주로 사용했고, 그럼으로써 계급 투쟁을 이데올로기 투쟁으로 축소했다는 관찰이었다.

베틀렝은 정부와 당이 정책을 펼쳤다는 것 말고는 프롤레타리아트가 권력을 지녔는지 아닌지를 판단하기 위한 범주를 제공하지 않고 있다. 권력을 쥔 계급의 자기정체성을 확립하는 독자적인 방식이 존재해야 한다는 식의 이론이 설명적 가치를 가지는 것이 필수적이지는 않은가? 아니면 [......] 새로운 국가 부르주아지의 성장에서 양식과 단계가 무엇인가? 아마도 무엇보다 가장 중요한 것은, 어떤 조건 밑에서 사람들이 프롤레타리아트의 승리를, 그리고 어떤 조건 밑에서 새로운 국가 부르주아지의 승리를 예측할 수 있는가?[37]

베틀렝이 임노동이 수행되었던 개별 기업의 존재로부터 소련의 자본주의적 성격을 연역해 낸 것은 방법론적 비판을 받았다. 프랑스 트로츠키주의자 달레마뉴J. Dallemagne는 여기서 상황이 뒤집혔다고 주장했다. 즉, 자본주의가 지배할 때에만 기업은 '자본주의 관계의 매트릭스'일 것이다. 다른 환경 밑에서 그것들은 그렇지 않을 것이다. 따라서 개별 기업의 존재는 전혀 입증되지 못했다.[38]

게다가 이중의 분리(생산 수단에서 임노동의 분리, 그리고 기업들 사이에서 기업의 분리)라는 논지는 많은 반대에 부딪혔다. 첫째로, 소련에서 기업이 독립적이라는 주장은 타당하지 않다. 즉, "기업은 가격, 임금, 공급자의 원료나 그것의 구매자를 결정할 수 없다. 그 점에 대해서 기업은 무엇을 생산할 것인가를 스스로 결정할 수 없다."[39] 그리고 둘째로, 임금이 존재하는데도 소련에서 임노동이 다음의 여러 가지 이유 때문에 상품이 아니라는 것이다. 즉, (1) 실제적인 노동 시장이 존재하지 않았다, (2) 임금은 성과에 비례하지 않았다, (3) 노동에서 벌어들인 돈은 소비재를 획득하는 방법 가운데 하나일 뿐이었다.[40]

그 문헌에서 베틀렝과 샤방스가 말했던 8가지 규정적 특징은 모두 논쟁되었다. 두 가지 중요한 주장 형태가 제출되었다. 첫째로, 특징 가운데 일부의 **사실적 정확성**이 논란거리였다. 보기를 들면, 이것은 1965년 뒤 기업 이익의 도입을 놓고 벌어졌다. 스위지는 공업 생산성을 위한 가장 중요한 척도의 공식화보다 완전히 다른 무엇인가가 여기에서[소련에서] 일어났다고 주장했다. 이익이 실제로 가장 중요한 변수라면, 생산 비용

뿐만 아니라 투자, 가격 따위도 그것을 통해 결정될 것이다. 그러나 그것은 사실이 아니었다. 즉, "소련 체제에서 [……] 기업 수준보다 위에 있는 변수에 관한 기본 정의는 행정 계획 제도에 따라 만들어졌다. 그 제도에서 이익의 최대화는 기껏해야 부차적이고 중요하지 않은 역할을 한다."[41] 기업 사이에 있다고 가정한 경쟁에 관한 한, 그것이 자본주의적 방식으로 일어난 것이 아니라 사용 가치의 전유에서 경쟁의 형식으로 일어났다고 지적했다.[42]

둘째로, 특정한 특질들은 사회를 자본주의적이라고 정의하는 것과 관계가 없다는 점이 그 특정한 특징들과 관련하여 주장되었다. 입증해야 할 것이 선험적으로 가정되었다. 경제 활동이 국가에 맡겨져 있다는 사실이 자본주의가 존재한다는 것을 입증하지는 않았다.[43] 기업 사이의 경쟁이나 팽창주의와 주기적 위기의 존재에 관해서도 똑같이 적용되었다.[44]

그러므로 베틀렝(과 샤방스)은 여러 측면에서 공격받았다. 즉, 그들의 방법론, 자본주의에 대한 그들의 정의, 그들의 경험적 주장 모두는 비판의 대상이 되었다.

오페라이스트 변종

마오주의의 영향은 이른바 '오페라이스트Operaïst(노동자주의)' 경향[45]의 저술에서도 찾을 수 있다. 오페라이즘Operaïsm은 1950년대 말 이탈리아에서 비롯되었다. 그때 사회주의와 공산주의 서클 출신의 마르크스주의자들이 '노동자의 관점'에서, 즉 공장 작업장factory-floor의 관점에서 상황을 살펴봄으로써 노동 운동이 지닌 많은 전략적 문제를 분석하려고 애썼다.[46] 오페라이스트 경향은 《붉은 노트Quaderni Rossi》라는 잡지를 중심으로 시작되었다. 이 잡지는 1961~1965년 사이에 단 여섯 번 발행되었다.

그러나 이 잡지는 이탈리아와 나중에 서독에서 영향력을 지녔다. 《붉은 노트》의 출판이 중단된 뒤에도, 오페라이스트 경향은 계속 존재했다. 특히 경제학자 레오Rita di Leo(1940년 출생)는 사회를 '밑으로부터' 분석하면서 소련에 노동자주의적 접근을 적용했다. 그녀도 (국가) 자본주의가 그곳에 존재했다는 결론에 다다랐다. 왜냐하면 노동자와 생산 수단이 서로 분리되었기 때문이다(베틀렝도 두 범주 가운데 하나를 썼다). 그녀가 쓴 책《노동자와 소비에트 체제Operai e sistema Sovietico》는 1970년에 출판되었다. 레오는 다른 형식이기는 하지만 서구에서와 마찬가지로 잉여 가치가 소련에서 생산되었고, 살아 있는 노동, 기계와 원료 사이의 똑같은 관계를 그곳에서도 찾을 수 있다고 썼다.[47]

6. 2. 타락한 노동자 국가 이론

정교화 작업들

클리프가 제시했던 이론과 마찬가지로, 트로츠키주의 이론은 대부분 동일하게 유지되었다. 그러나 1968년부터 그 이론과 관련 있는 두 가지 정교화 작업을 확인할 수 있다. 그것은 교정이라고 정당하게 해석될 수 있다. 첫째, '타락한 노동자 국가'라는 개념이 차츰 '이행기 사회'라는 말에 찬성함에 따라 폐기되었다. 1968년에 처음 그것을 상세히 설명했던 트로츠키주의 철학자 노백George Novack[48]의 사상에 따른 것으로, 이러한 변화 이면에는 인류의 역사에는 추상적 재산을 공유한 많은 '이행기 구성체'가 있었다는 해석이 있었다. 즉, 사냥과 채집에서 농업 생산으로, 촌락에서 도시로, 공동 소유에서 사적 소유로, 로마 노예 사회에서 봉건제로, 봉

건제에서 자본주의로, 그리고 마지막으로 자본주의에서 사회주의로 이행이다.[49]

둘째, 소련에서 이행기 사회는 차츰 사회의 특수하고 자기 영속적인 형태로서 해석되었다. 그것은 반세기 넘게 '일시적 타락'을 지속한 상황에서 나온 이해할 수 있는 결론이다. 이러한 발전에서 전형적인 것은 만델이다. 그는 1968년에도 소련이나 그와 비슷한 사회를 '사회주의적 경제 토대를 지닌 나라'라고 말했다.[50] 그러나 1973년에 그는 다음과 같이 주장했다. "이행기 사회는 특수한 생산관계로 특징지어졌다. 이것들은 대체되었던 생산 방식과 차츰 펼쳐지는 위대한 역사적 생산 방식의 **단순한 조합이 아니다**."[51] 몇 년 뒤, 그는 같은 생각을 더 정확히 표현했다.

자본주의와 사회주의 사이에 있는 이행기 사회는 사회주의의 형식이나 자본주의와 사회주의의 '조합'을 나타낸 것이 아니다. 그것은 그 사회에 특수한, 그리고 자본주의적 관계도 사회주의 관계도 아닌 생산관계를 지닌 사회다.[52]

물론 그 이론에 대한 이러한 수정은 본질적인 것으로 고려할 수 없다. 사실 트로츠키의 지지자들은 그들이 가진 힘 대부분을 다른 정치-이론적 경향을 대표하는 사람에 대한 비판에 쏟았다. 그러한 비판은 이따금 꼭 들어맞기도 했다.

비판들. 만델이 국가 자본주의와 새로운 지배 계급 이론에 대한 날카로운 비판자로서 자신의 프로필을 세운 뒤에, 그 못지않게 '타락한 노동자 국가' 이론에 대한 첨예한 비판을 1968년에 시작했다. 그때 이전에도 이미 소련에 대한 트로츠키의 견해에 맞서 아주 소수의 반대가 제기되었던 것은 사실이다. 그러나 그것들은 주로 두 가지 (중요한) 주장을 중심으로 전개되었다. (1) 노동자 스스로 국가를 통제하지 못한다면, 어떻게 그 국가가 노동자 국가일 수 있는가? (2) 어떻게 노동자 국가가 노동 계급의 주도적인 역할 없이 '완충 지대(동유럽 경사면)'에 형성될 수 있는가?

1968년부터 비록 앞서 말했던 반대가 논쟁에서 계속 역할을 했고 거듭 표면화되었지만, 그 이론을 비판한 사람들의 논거는 더 많아졌다. 논쟁은 트로츠키 이론에 대한 만델의 해석에 맞추어졌다. 우리가 이미 보았듯이, 벨기에 마르크스주의자는 트로츠키의 이론에서 시간이라는 요인을 제거해 놓은 상태였다. 그는 또 소련 사회를 '잡종' 사회로 해석했다. 그 잡종 사회에는 세 가지 요소가 혼합되었다. 즉, '비-자본주의' 생산(계획), 소비재 영역에서 부르주아적 분배, 그리고 기생적 관료다.

비판은 그 이론이 가진 이러한 다른 측면 모두를 겨냥한 것이었다. 스위지는 **시간 요소**를 문제 삼았다.

관료 지배가 오래가면 갈수록, 트로츠키 이론이 가진 핵심 본질은 점점 더 설득력이 없어진다. 결코 지배하지 못하고, 늘 관료 대행 정권의 학대와 강요에 복종해야만 하는 지배 계급이라는 개념은 아무런 의미가 없다. 2차 혁명이 일어나서 이론의 정확함을 증명하든지, 2차 혁명이 일어나지 않는다면 그 이론을 포기하고 다른 이론이 나와야 한다. [······] 우리는 이러한 결론이 트로츠키 그 자신의 사고와 완전히 일치한다는 것을 지적해야 하고 실제로 강조해야 한다. 트로츠키는 한순간도 소련의 관료 정권이 단연코 일시적 현상이 아니라는 것을 절대 믿지 않았다.[53]

많은 사람은 관료의 **기생적 성격**을 의심했다. 아서Chris Arthur는 다음과 같이 생각했다.

이 메타포는 조세를 거두어들이는 분리된 유기체가 다른 온전하고 건강한 신체에 달라붙어 있다는 것을 암시한다. 그러나 소비에트 사회에 있다고 하는, 그런 뚜렷한 분리가 없는 것은 분명하다. 관료는 노동 계급만큼이나 소련 사회의 몸체를 이룬다. 관료는 단순히 경제의 생산물에 세금을 징수하는 것이 아니다. 그들은 생산 그 자체를 조직하고, 혼자서 경제의 과정을 계획한다. 물론 계층에 대한 전반적 지배를 위해 필요한 비경제적 기능에 고용되었던 관료의 영역도 있다. [……] 그리고 이것은 재원의 엄청난 낭비를 뜻한다. [……] 그런데도 관료가 단순히 완력을 통해 공물을 받아 내는 것이 아니라 바로 공장 수준에 이르기까지 스스로 생산에 토대를 가진다는 것은 이론의 여지가 없다.[54]

그 결과로 하면C. Harman은 만일 우리가 관료를 기생적인 것으로 여긴다면, 소련 사회의 동력을 이해하는 것은 불가능하다고 주장했다. 무엇보다 관료가 기생적인 이유, 그리고 소비 이유를 통해서만 자극받았다면, 제2부문(소비재 생산 영역)과 비교하여 제1부문(생산 수단 생산 영역)에 대한 지출에 계속해서 우선권을 두는 것을 설명할 수 없게 되었다.

분명히 '관료의 소비 욕구' 말고 중요한 것은 경제의 강제된 발전 이면에 있다. 1930년대와 1940년대에 수억 톤의 철강이 필요하다는 것을 결정했던 것은 분명히 관료의 특권이 아니었다. 또 1929년 뒤에 농업 집단화와 소비재 생산의 정체 상태를 만들어 냈던 것도 이들이었다.[55]

소련에서 '비자본주의적' 요소의 정확한 본질은 세 번째 비판점을 이루었다. 무엇보다도 타락한 노동자 국가 이론은 소련 사회가 (즉, 자유로이 연합한 생산자가 민주적으로 계획한) 사회주의가 아니라 오히려 불완전한 계획을 특징으로 하는 자본주의를 벗어난 이행기 사회였다고 주장했다. 그 이행기 사회는 사회주의의 선구자였다. 그러나 이러한 추론은 두 가지 어려움을 내포한 것이었다. 첫째로, 그것은 마르크스주의적 원칙을 침해한 것이었다.

우리는 경제가 계획의 형식을 통해 조절되는 사회를 가졌다. 그러나 그 사회의 생산관계는 연합 생산의 형식이나 사회주의 형식이 아니다. 이것은 마르크스주의 의미에서 불가능한 모순에 지나지 않는다.[56]

둘째로, 그것은 이른바 논리적 모순을 낳는다고 말했다. 생산 영역이 실제로 비사회주의적이기도 하고, 동시에 비자본주의적이기도 하다면, 생산 그 자체의 영역은 혼종적 형태일 것이다. 그러나 틱틴은 다음과 같이 이의를 제기했다.

만일 생산이 혼종적이라면, 그는즉, 만델은 생산에 존재하는 요소를 지적하지 못한다. 게다가 그것이 혼종적이라면, 두 가지 논리, 즉 가치와 계획의 논리 사이의 생산 그 자체 안에 틀림없이 갈등이 있을 것이다. 그런 갈등이 있다면, 생산관계와 부르주아적 분배관계 사이의 갈등은 근본적인 모순일 수 없다. 갈등이 생산에 존재하지 않는다면, 만델은 생산관계나 생산이 사회주의적이라는 것을 말해야만 한다. 그는 여기서 해결할 수 없는 모순, 그리고 설상가상으로 간단한 논리적 모순에 빠졌다.[57]

마지막으로 **부르주아적 분배 규범**에 대해서도 의혹이 제기되었다. 무엇보다 화폐는 소련에서 소비자가 소비재를 획득할 수 있는 수단 가운데 하나일 뿐이었다.

먼저 몇몇 사람이 가치 법칙 밑에 있는 것으로 여겼던 분배는 대체로 직접적 행위다. 지역 공장이나 소도시가 아무런 차이가 없는 것처럼 영寒에 가까운 임대료로 할당했던 주택은 사실상 확실한 예외로 가치 법칙의 작동 밖에 있다. 식량에 관한 한, 돈을 가진 사람과 돈을 이용할 수 있는 사람은 행운아다. 대도시 밖에 사는 주민 대부분에게 두 가지 물건은 돈보다 더 중요하다. 그것은 (줄을 설 수 있는) 시간과 식량을 얻을 수 있는 직접적인 접촉이다. [……] 둘째로, 국가가 고정한 가격이 비용과 관계없고, 많은 소비자에게 내구재는 (그것이 존재한다면) 다수의 구매를 배척할 만큼 가격이 너무나 높아서, 그들의 돈은 가치가 없어진다. [……] 더욱이 사회 집단 사이의 차이처럼 실질적인 분배 차이는 직접적이고 자연적인 형식으로 생긴 것이다. [……] 다른 말로 분배는 곧바로 국가 할당이나 직접 접촉을 통할 수 있는 사회 집단과 관계가 있다.[58]

모훈의 수정

"고전적 트로츠키주의 입장이 어느 정도 불완전하다."는 것,[59] 그리고 만델과 다른 사람들이 사용했던 '이행기 사회'라는 최근의 개념과 일치한다는 생각에서 출발한 영국 경제학자 모훈Simon Mohun(1949년 출생)은 봉건제에서 자본주의로 이행에 대한 유추를 기초로 하여 소련에 대한 해석을 제시했다. 모훈은 그런 해석이 처음부터 부적절하게 되어 있다는 것에 동의했지만, 그 해석은 이론적 방향을 제시할 수 있을 것이다. 즉, 봉건제에서 자본주의로 이행이 자본주의가 강화된 뒤에야 비로소 이해할 수 있는 것처럼, 자본주의에서 공산주의로 이행은 공산주의가 수립되었을 때 이해할 수 있을 뿐이다. 그 시기까지 모든 분석은 부적절할 수밖에 없다. "공산주의 생산 양식이 존재하지 않는 한, 그것은 자본주의적 범주의 부정과 초월에 근거를 둔 연역을 통해 묘사할 수 있을 뿐이다."[60] 이 문제도 소련에 대한 토론을 촉발했다. "소련이 이행기 구성체일지도 모르겠으나, 무엇으로부터 이행기인가에 대한 분석일 따름이다."[61]

이런 제약을 염두에 둔다 해도, 발견적 유사점heuristic parallels을 끌어낼 수도 있다.[62] 무엇보다도 봉건제에서 자본주의로 이행은 두 단계로 일어났다. 처음에 노동이 자본에 **형식적으로 포섭**되는 일이 있었다. 그것에서 "물려받은 생산 방법"이 사용되었고, "노동 과정 그 자체 안에 여전히 노동자가 생산 수단과 실제적으로 통일되어 있었다."[63] 둘째로, 이러한 통일은 깨졌고 노동이 자본에 **실제로 포섭되는** 일이 일어났다.[64] 실질적 포섭은 형식적 포섭이라는 측면의 발전이 끝났을 때 가능하게 되었다. 왜냐하면 (1) 관련된 지리적 공간(이 경우에, 처음에는 국민 국가)이 고갈되었고, (2) 많은 노동자가 후속 축적이 노동력을 증가시키거나 노동을 강화시키는 것을 통해 실현될 수 없는 생산 과정으로 흡수되었기 때문이다.

비슷하게 모훈은 자본주의에서 공산주의로 이행하는 과정에 대해 두 단계를 서술했다. 첫 단계에서, 생산 수단의 국유화가 일어났다.

집단 노동자와 국유화된 생산 수단이 노동 과정 안에서 통일되었다. 그러나 이러한 통일은 생산 수단이 노동에 형식적으로 포섭될 뿐이었다. 생산 수단이 자본주의적 관계 밑에서 발달했던 것처럼 존재했기 때문이다. 그리고 자본주의적 기술은 태생적으로 권위주의의 특성을 지닌다. 그것의 고안 원칙이 노동의 자본에 대한 포섭의 우위를 기초로 한 것이다.[65]

둘째, 생산 수단의 노동에 대한 실질적 포섭, 즉 생산 수단의 사회화가 여전히 가설적인 단계였다. 이 두 번째 단계를 밟기 위해, 지리적으로("궁극적으로 사회화된 관계의 망 안에 세계 경제를 포함하기 위해, 그리고 통합적이고 협동적인 세계 경제의 이익을 처음으로 실현하기 위해") 그리고 민주적으로("사회적 과정에 대한 민주적이고 프롤레타리아적인 통제를 대륙으로 확대하는 것을 통해") '혁명의 연속적 확장'이 요구되었다.[66]

모훈의 중심 테제는 소련이 이행의 첫 번째 단계에 '빠져' 있다는 것이었다. 이미 1917년 혁명 뒤 3년 동안, 볼셰비키는 내전과 '전시 공산주의'의 경험 탓에 대다수 주민에게 지지를 잃었다. 만일 자유로운 선거가 그때 실시되었다면, 그 선거는 레닌과 그 지지자의 패배로 끝났을지도 모른다. 그것은 왜 공산주의자가 정치적 자유를 점점 더 규제했는지에 대한 주된 이유였다. 그래서 그것의 결과로서 부패하고 타락한 공산당은 노동 계급을 대체했다. 한편에는 독일 혁명이 패배하고, 다른 한편으로 내전에서 볼셰비키가 승리하자, 관료는 권력을 잡으면서 발전했다. 이러한 이중의 정치적 고립은 "관료적 특권의 생존, 심지어 확장을 위한 필요한 조건"이 되었다.[67] 따라서 '일국 사회주의' 이데올로기는 전체 상황에서 논리적으로 나왔다. 새로운 사회는 "자신이 창조한 생산물에서 노동 계급의 분리가 잇달아 재생산"되는 것을 통한 생산 수단의 형식적 포섭에 갇히게 되었다.[68]

그 뒤에 소련 경제가 더욱 발전했을 때, 이러한 형식적 포섭의 한계는 차츰 뚜렷해졌다. 왜냐하면 계획이 점점 더 복잡해진 결과, 중앙에서 계획한 많은 생산품이 폭발적으로 (1952년에서 1968년 사이에 8배로) 증가했기 때문이다. 실질적 포섭으로 봉쇄된 이행은 비효율성을 늘리게 되었다. 소련은 고유한 동력을 잃었다. "관료는 생산 과정에서 객관적으로 필요한 역할을 하지 못했다. 따라서 관료가 잉여 가치를 통제하려면, 먼저 정치를 통제해야 했다."[69] 노동자는 돈을 얻으려고 자신의 노동을 팔았을지라도, 자본주의적 의미에서 임금 노동자는 **아니었다**.

오히려 거기에는 생산성에 대한 인센티브를 유발하거나 고용에 대한 위협을 일으키는 시장 과정이 없으므로, 개별 노동 과정에 대한 부분적 통제를 개별 노동자에게 맡기는 공업 노동 과정 안에서 노동자는 생산 수단에 상당한 정도로 얽매이게 된다(농업에서는 훨씬 더 분명한 진실이다). 이러한 부분적 통제는 소외와 원자화라는 조건에서 상품의 낮은 질과 커다란 비효율성을 드러내게 되었다. 이러한 구체적 현실은 노동에 대한 생산 수단의 형식적 포섭과 관료적 통제에 의한 중재를 통하여 이러한 포섭의 소외된 형식 모두를 반영한다.[70]

이러한 분석으로써, 모훈은 타락한 노동자 국가 이론과 틱틴의 이론(6부 4장을 볼 것) 사이에 다리를 놓았다. 그와 함께 그의 접근은 만델에 대한 비판을 암시한 것이다. 만델은 그의 분석에서 생산 수단의 형식적(그리고 관료적으로 중재한) 포섭에 중심 지위를 부여한 것이 아니라, 그 대신에 (비자본주의적) 계획과 (자본주의적) 시장 사이의 모순을 강조했다.

그러나 만일 계획이 비자본주의적 생산관계와 관련되고 시장이 부르주아적 분배관계와 관련된다면 [……], 분배관계가 생산관계에 대한 일부 부르주아적 영향을 허용하지 않는 한, 이것이 왜 본질적으로 그리고 중심적으로 모순적인지에 대해서는 여전히 명확하지 않다. 자본주의적 시장 현상이 지배한 뒤부터 (자본과 상품의 과잉 생산 위기), 유일한 영향은 계획을 만든 사람들의 탐욕이었다. 다른 말로 하면, 소비 특권에 대한 심리적 갈망은 계획-시장 모순의 중심에 있는 관료를 규정하는 것이다. [… 만일] 관료를 낳게 한 것이 계획-시장 모순이라면, 그 관료는 그들의 심리적 동기에 따라 규정될 수 있을 뿐이다. 만일 다른 한편으로 계획-시장 모순을 일으킨 것이 관료의 존재라는 주장이 있다면, 그것은 이행을 규정하는 계획-시장 모순이 아니라 관료주의적 지배의 기원과 영속을 둘러싼 모순이다.[71]

6. 3. 관료적 집산주의 이론들

스토야노비치

질라스가 죽은 뒤, 새로운 계급 사회의 두 번째 이론가는 1960년대 중반에 유고슬라비아에서 나타났다. 바로 스토야노비치Svetozar Stojanović(1931년 출생)다. 그는 철학자로서 비판적 잡지《프라시스praxis》의 정신적 지주 가운데 한 사람으로 국제적으로 알려지게 되었다.[72] 스토야노비치는 초기에 그 주제[새로운 계급 사회]에 대한 몇몇 논문을 쓰고 난 뒤,[73] 1969년에 《이상과 실재 사이Between Ideals and Reality》를[74] 출판했다. 그 책은 대체로 사회주의의 윤리적 문제를 다룬 것이었지만, 동유럽 사회에 대해 쓴 여러 장을 포함한 것이기도 하다. 쿠론과 모젤레프스키처럼, 관료적 지배의 수립이 불가피했다고 믿었던 사람들과 달리, 스토야노비치는 선택할 수 있는 역사적 가능성의 존재에 대해 주장했다. 그의 견해에 따르면, 혁명이 불가피하게 타락했다는 것과 같은 '철의 법칙'은 없었다. 새로운 지배 계급의 수립은 혁명적 세력의 한결같이 고집스러운 투쟁을 통해 제어할 수도 있다.[75] 따라서 원칙적으로 "자본주의 위기의 결과로 두 가지 가능성만이 놓여 있다. 즉, 그것은 국가 통제주의와 사회주의다."[76]

국가 통제주의(스토야노비치가 유고슬라비아가 아니라 소련에 적용했던 범주)의 경우에 국가 기구는 노동자를 착취하는 생산 수단의 집단적 소유자다(질라스와 달리, 스토야노비치는 관료제 내부에 있는 차이를 기술하지 않았다). 이것이 더는 원래의 테제[새로운 계급 사회 이론]를 거의 고려할 수 없게 하지만, 스토야노비치의 이론이 지닌 새로움은 그가 '국가 통제주의 계급'에 대해서 제시한 많은 고려 사항에 있었다.

첫째, 스토야노비치는 '국가 통제주의 계급'이 본질적인 점에서 전통적인 지배 계급에서 벗어났다고 지적했다. 왜냐하면 그것의 경제력은 정치력에서 생겼기 때문이다. 그러나 부르주아지는 그 반대다. 이러한 관찰은 새로운 지배 '계급'이 역사적으로 한 단계 더 발전한 **정치** 계급으로 창조되었다는 질라스의 결론을 받아들인 것이다.

둘째, 스토야노비치는 '관료적 집산주의' 이론에 대한 이전의 지지자보다 훨씬 더 분명하게 '계급'의 개념을 정치 엘리트에 적용하는 것을 정당화하려고 애썼다. 트로츠키가 경우에 따라 썼던 '지배적인 신분ruling caste'이라는 용어는 스토야노비치에게 정확하지 않은 것 같았다. 왜냐하면 '신분'이 상속된 특성을 기초로 하여 자신을 재생산하는 한정적인 사회 집단인데, 그것이 소련 관료에 적용되지 못했기 때문이다. 마찬가지로 그는 '사회 계층'이라는 용어를 타당하지 않은 것으로 생각했다. 왜냐하면 그것이 이데올로기적 신비화를 뜻했기 때문이다. 관계를 설명하는 데 적합한 유일한 용어는 현실적으로 계급이라는 개념이었다. 왜냐하면 그 개념이 '국가 통제주의 계급—노동 계급'이라는 범주적 균형을 기초로 하여 규정되었기 때문이다.[77] 스토야노비치의 전제는 아마도 억압당한 계급이 오직 지배 **계급**에 의해서 억압당할 수 있다는 것이다. 이러한 전제에 따라, 그는 그 자신의 증거를 통해 경제적으로가 아니라 정치적으로 결정되었던 계급으로서 그 집단을 규정할 준비까지 했다.

비판적 리치 지지자들: 카를로와 멜로티

리치를 재발견한[78] 뒤에, 그리고 질라스와 쿠론/모젤레프스키의 평론을 출판한 뒤에, 적어도 소련을 분석한 리치의 《세계의 관료화》 일부가 다시 발행될 가능성이 있었다. 이것은 1967년에 실제로 일어났다. 그때 새로운 이탈리아 판이 나타났다.[79] 대략 그때부터, 이탈리아인 카를로Antonio Carlo(1941년 출생)와 멜로티Umberto Melotti(1940년 출생)는 본질적인 점에서 리치의 사고방식과 일치하는 이론을 전개했다.

　리치와 반대로, 사회학자 카를로는 관료가 동질적이고 일원적 집단을 이룬다는 생각을 거절했다. 그는 관료적 집산주의에서 보편적인 역사적 경향을 알아차리지 못했다. 1971년에 쓴 그의 논문 〈소련의 사회·경제적 본질The Socio-Economic Nature of the USSR〉에서 비록 카를로가 아주 분명히 하지는 않았지만, 쿠론/모젤레프스키의 견해와 논쟁을 벌였다. 쿠론과 모젤레프스키처럼 카를로는 자본주의 세계 시장 밖에서 이루어진 공업화 과정과 '지배 계급'의 출현 사이의 연관을 인식했다. 중심 테제는 관료적 집산주의 사회가 생산력이 오히려 낮은 수준에 있는 나라에서만 생길 수 있다는 것이었다. 마땅히 그 체제는 (제2차 세계대전 뒤에 동독과 체코슬로바키아 같은) 더 높게 발전한 나라에 강요할 수도 있다. 그러나 짧은 시간 안에, 이것은 불가피하게 심각한 위기를 낳을 것이다. 그 이유는 관료적 계획이 덜 발전한 나라에서만 효과를 볼 수 있기 때문이었다. 생산력이 더 발전하여 동시대의 발전된 자본주의와 견줄 수 있는 수준에 다다르자마자, 관료적 계획은 처리하기 어려웠다. 카를로는 이것이 소련에서 분명히 입증되었다고 주장했다. 따라서 관료적 계획의 초기 단계(제1차 5개년계획)에서는 고려해야 할 요소가 아직 상대적으로 적었지만, 이미 제2차 5개년계획 동안 계획자는 어려움에 빠졌다. 왜냐하면 제1차 5개년계획을 통해 증가한 생산력이 고려해야 할 자료와 조건의 엄청난 확대를 불러일으켰기 때문이었다.

가난한, 농업 위주의 나라가 지닌 경제 구조는 공업이 발전한 국가의 경제 구조와 확실히 비교할 수 없다. 비록 생산물의 범주가 그다지 많지 않을지라도 단순한 생산 증가는 수송, 보수 관리, 저장, 분배의 부문에서 조정과 관련한, 그리고 앞서 일어난 선택의 복잡성을 융합하고 증가시키는 일련의 문제를 제기한 것이다.[80]

다른 계획 목표가 실현되자마자, 경제의 전체 구조는 더욱 복잡한 특성을 띠게 되었다.

계획자는 어쩔 수 없이 경제의 방향을 고려하고 예측하는 엄청난 일을 해야 한다. 전자 공학 컴퓨터의 도움을 받았다 해도, 그들의 문제는 생산력이 발전하는 분야에서 주어진 현재 비율을 넘어설 수는 없었다.[81]

카를로의 주장은 사회적 복잡성과 관료적 계획 계산이 양립할 수 없다는 것이었다. 그런 경우는 거의 없었지만, 우리가 소련이 더 성능이 좋은 수백만 대의 컴퓨터를 통해 지원을 받았다고 가정한다 해도 개별 노동자의 모든 작업을 계획할 수는 없을 것이다. 그런 극단적으로 상세하게 짜인 계획의 수행은 여전히 실제로 불가능할 것이다.

그러한 메커니즘이 아주 복잡해질 정도로, 그것은 일상에서는 질문하고 재조정할 수 없을 만큼 크고 복잡하여 수학적 모델로 작동해야만 할 것이다. 그런 체계는 비생산적 비용의 증가, 따라서 낭비를 암시하는 모든 노동자의 모든 행위를 따라가기 위해 엄청난 규모와 힘을 지닌 관료 기구를 뜻할 것이다. 그러므로 컴퓨터가 제거할 것으로 추정되었던 주된 기능 장애는 한 번 더 다시 나타나게 된다.[82]

어느 시점에서 계획은 불가피하게 생산력 발전에 족쇄가 될 것이다. 그 체제가 이 지점에 이르자마자, 이론적으로 두 가지 가능성만이 있게 되었다. 즉, 그것은 시장 지향적인 생산으로 되돌아가거나(그것은 계산 문제를 '자동으로' 해결할 수 있다), 그렇지 않으면 '실질적' 사회주의 경제 계획을 실행하는 것이다.

따라서 관료적 계획의 위기는 관료적 집산주의에서 생산력과 생산관계 사이에서 생긴 가장 중요한 모순의 표현이었다. 다른 표현은 쿠론과 모젤레프스키가 이미 확증했던 1부문(자본재 부문)과 2부문(소비재 부문) 사이의 불균형이었고, 소비에트 체제에서 노동자가 높은 질을 지닌 물건의 생산에 직접 관심을 두지 않는다는 사실에서 생긴 낮은 노동 생산성과 낮은 생산의 질이었다.

공장이 자신들에게 속하지 않고 계획의 목적이 자신들의 것이 아니라는 것을 안 소련 노동자는 완전히 무관심한 태도를 보였다. [……] 이런 노동자의 거부는 관리자의 결정과 결합한다. 따라서 계획이 중량으로 대상을 세웠기 때문에 중장비 트랙터는 생산할 수 있다. 관리자는 규정된 목적을 초과한다면 이익을 얻을 수 있고, 프롤레타리아트는 관료의 행운을 확장하기 위해 높은 질의 생산물을 생산할 이유가 없다고 여긴다. [……] 그들은 노동력이 필요하다면, 그들을 대체할 산업예비군이 없을 때는 해고할 수 없다는 것을 안다. 권력과 자유, 그리고 그럴싸한 생활 수준을 보장받지 못한 그들은 작업의 리듬과 질을 될 수 있는 한 가장 낮추는 것으로 대응한다.[83]

다른 사람 가운데 스토야노비치와 똑같은 방식으로, 카를로는 자본주의 관계 밖에서 공업화를 추구하려 한 저발전 국가들이 역사적으로 두 가지 가능성, 즉 사회주의냐 관료적 집산주의냐 가운데 하나를 선택했다고 믿었다. 그의 견해에 따르면, 특히 중화인민공화국의 전개 과정을 보면 관료적 집산주의가 공업화되지 않은 나라의 유일한 출구가 아니었다는 것이 분명했다.

관료적 집산주의 구조의 출현을 위한 기본 조건은 관료 기구가 모든 사회 계급과 비교하여 독립성을 얻을 수 있다는 것이었다. 소련에서 어떻게 이것이 일어났는가를 보여 주었다. 1917년 사회주의 혁명이 (내전 등) 수렁에 빠진 뒤에, 한편으로 민족 부르주아지는 자신의 지배를 되찾을 수 있는 충분한 권력을 갖지 못했다. 그러나 다른 한편으로 착취 계급은 사회주의 전망에 내용을 부여할 만큼 아직 강하지 않았다(카를로는 우연히 이집트에서 일어났던 관료적 자치주의bureaucratic autonomisation의 과정을 믿었다).[84]

카를로의 견해에 따르면, 관료적 집산주의가 많은 나라에서 수립될 기회는 거의 없었다. 첫째, 제국주의는 사태를 그렇게까지 나아가게 내버려 두는 것을 꺼리는 경향이 있었다. 둘째, 제3세계에서 혁명 운동은 차츰 힘을 얻었고 의식적으로 되었다. 그래서 대항 세력이 '밑으로부터' 존재했다. 그러므로 카를로가 여기서 실제로 주장했던 것은, 비록 그가 그렇게 명시적으로 말하지 못했지만, 관료적 집산주의가 국내적으로 그리고 국제적으로 오직 계급 투쟁의 낮은 단계에서만 기회를 가졌다는 것이었다 (이 점에서 사회주의적 이행이라는 현상이 역사적으로 짧게 존속할 것이라는 트로츠키의 판단과 유사성이 아주 두드러진다).

정치학자 멜로티는 카를로의 관료적 집산주의에 대한 분석을 지지했지만, 관료적 집산주의가 어떤 조건에서 나왔는지에 대한 평가는 카를로와 달랐다. 멜로티는 카를로가 말하지 못했지만 중요한 것으로 지배적인 **생산 양식**에 대해서 언급하지 않은 채 덜 발전한 나라와 발전한 나라, 또는 부유한 나라와 가난한 나라 사이의 구별을 완전히 '비-마르크스주의적'으로 했다고 주장함으로써 카를로를 비판했다. 그 대신 멜로티는 다음을 제안했다. "실제로 역사가 보여 주듯이, 관료적 집산주의는 덜 발전한 나라 그 **자체**만이 아니라, [……] 이미 아시아적 생산 양식에 기초한 나라에서도 뿌리내렸다."[85]

이것은 '아시아적인' 나라가 관료적 집산주의 방향으로만 발전할 수 있다는 것을 뜻하지 않는다. 인도의 사례는 (덜 발전한) 자본주의로 이행이 가능하다는 것을 보여 주었다.

우리의 주장을 더 세련되게 다듬으면서, 관료적 집산주의가 지연되고 침투한 외적 영향으로 자본주의적 생산 방식에 지배를 받지 않았던, 아시아적 또는 준-아시아적[!] 생산 양식을 기초로 한 나라의 전형적인 발전 형식이라고 주장할 수 있다.[86]

카를로는 이런 비판을 받아들이지 않았다. 그는 1917년 러시아가 자본주의였고, 미르(농업 공동체)가 19세기에는 살아남지 못했다고 주장했다.

그러나 중국에서 아시아적 관계는 1925~1927년쯤에도 남아 있었지만, 그 나라는 이미 그때 제국주의적 경쟁에 포함되어 있었다.[87]

팬섬/마초버

1970년대에 '거대한 불꽃Big Flame'[88]은 영국의 리버풀, 그리고 나중에 다른 도시에 세워졌다. 이것은 자발성주의spontaneism로 기울었던 '지속투쟁(로타 콘티누아Lotta Continua)'[89]과 같은 이탈리아 조직의 영감을 받은, 작은 정치 그룹이었다.[90] 빅 플레임은 트로츠키주의에 거세게 반대했고,[91] 1970년대 말에 소련에 대한 그 자신의 분석을 개발하기 시작했다.

논쟁에 가장 중요하게 이바지한 글은 잘 알려진 좌익 사회주의 저자인 수학자 마초버Moshé Machover(1936년 출생)와 그의 협력자인 팬섬John Fantham이 쓴 팸플릿 《예상하지 못한 세기The Century of the Unexpected》였다.[92] 이 글에서 저자들은 카를로와 멜로티가 쓴 책에 나온 주장과 비슷한 생각을 드러냈다. 그들은 '국가 집산주의state collectivism'라고 부른 관료주의 정권이 세계 전역에 퍼진 것이 아니라, 여전히 세계의 특정 지역에 제한되어 있었다고 관찰하면서 다음과 같이 분석을 시작했다.

세계의 덜 발전한 부분에 있는 나라마다 계속해서 국가 집산주의 밑에 있었지만, 발전된 자본주의 세계는 그것에 거의 영향을 받지 않았다. [……] 역사적 증거는 스탈린의 러시아가 사실상 새로운 사회 형식을 보여 주었지만, 세계의 덜 발전한 부분에만 퍼진다는 것을 암시한다.[93]

이러한 관찰에서부터 그들은 국가 집산주의가 '정상적인' 자본주의적 발전의 가능성이 배제되기는 했지만, 사회주의 혁명(그것은 계획과 국제적 협력을 통해 이들 나라의 문제점을 해결할 수 있게 한다)이 의제에 오르지 못했던 곳에서 나타났다는 결론에 이르렀다. 국가 집산주의는 자본주의와 비슷하게 운영된 생산 양식이었다. 그것은 자본주의가 더는 생산력의 발전을 가져올 수 없는 나라에서 생산력의 발전을 자신의 과업으로 삼았다.[94]

쿠론과 모젤레프스키처럼, 팬섬과 마초버는 사용 가치의 형태로 생산 수단을 축적하는 것을 국가 집산주의의 '동력'으로 여겼다. 그러나 그들은 폴란드 저자보다 한 걸음 더 앞으로 나아갔다. 왜냐하면 그들은 왜 1부문(자본재 부문)의 발전을 우선하는 것과 관료의 자기 이해관계 사이에 직접적 연관이 있는지를 설명하려고 애썼기 때문이다. 팬섬과 마초버에 따르면, 관료가 왜 생산 수단의 생산을 본질적인 것으로 보았는지에 대한 세 가지 이유가 있었다. 첫째, 흔히 말하는 공업화는 체제와 그 체제 안에서 생기는 관료의 주도적 역할을 정당화했다. 둘째, 관료는 자신의 권력을 재생산하려고 함으로써 권력의 중심적 도구, 즉 마침내 축적 기금으로 된 사회적 생산의 일부를 이용했다. 축적 기금이 더 크면 클수록, 관료는 더 강력해지고 성공하게 된다. 셋째, 자본주의가 포위해서 생기는 압력으로 국가 기구의 군사적 부문, 따라서 공업 '하드웨어'가 강제적으로 팽창하지 않으면 안 되었다.[95] 그리고 팬섬과 마초버는 카를로처럼 관료주의적 '계획'의 한계를 결과적으로 복잡한 공업 사회를 낳을 수 없다는 것을 통해 증명한다.[96]

팬섬과 마초버가 관료와 관련해서 '계급'이라는 개념을 쓴 것을 정당화하려고 제시한 주장이 흥미롭다. 우리가 이미 스토야노비치의 이론에서 부닥쳤던 범주적 균형은 별도로 하고, 그들은 엘리트가 사회적으로 안정적이었고 자신을 재생산했다는 사실을 언급했다. 덧붙여 그들은 '계급'을 폭넓은 의미로 해석해야 한다고 믿었다.

　계급은 초역사적 범주가 아니다. 각각의 생산 양식이 그것에 특수한 그 자신의 계급을 갖는 것도 아니다. 또 계급이 무엇인가에 대한 개념도 대체로 생산 양식마다 다르다. 다른 말로 하면, 계급 그 자체뿐만 아니라 계급의 범주도 다양한 생산 양식이다. 따라서 관료가 이 용어를 자본주의를 위해 사용했던 의미에서 계급이 되지 않을 수도 있지만, 관료가 국가 집산주의에 어울리는 의미로 계급일 수 있다.[97]

스위지

이미 지적했듯이, 유명한 미국 마르크스주의자 스위지Paul Marlor Sweezy (1910~2004)[98]는 1960년대에 소련을 비판한 중국에 동조했다. 그러나 베틀렘과 같은 부류의 사람들과 반대로, 스위지는 계속해서 일정하게 유보적 태도를 보였다.[99] 중국 당 지도부가 1963년에 유고슬라비아가 평화적 반혁명을 통해 사회주의를 자본주의로 대체했다고 선언했을 때,[100] 스위지는 동의하지 않았다(그가 볼 때, 유고슬라비아는 여전히 사회주의였다). 그러나 그는 원칙적으로 [자본주의로 사회주의의] '수정' 이 폭력적인 반혁명이나 외국의 침공 없이 일어날 수 있다는 것을 시인했다.[101] 1968년에 체코슬로바키아의 침략 결과로 스위지는 티토의 유고슬라비아와 두브체크Dubček의 체코슬로바키아뿐만 아니라 소련과 그의 동맹국 모두가 속도는 달랐지만, 차츰 자본주의로 후퇴한다는 것을 입증하려고 노력했다.[102]

　1970년에 스위지는 노동 계급이 대체로 내전과 외국 간섭으로 무너졌을 때인 1920년대 초에 반혁명의 씨앗이 뿌려졌다고 썼다. 그때 볼셰비키 당은 그 자신의 유기체적 계급 토대를 잃어버렸고, 따라서 대리주의적 방식substitutionist way으로 전쟁을 벌여야 했다.

당은 공업화라는 영웅적인 위업과 제국주의 강대국의 불가피한 공격에 대한 준비를 수행하는 독재를 수립했다. 그러나 그 대가는 새로운 소련의 노동 계급을 대표하기보다는 오히려 탄압한, 정치적이고 경제적인 관료의 증식이었고, 차츰 새로운 지배 계급으로서 권력을 굳힌 것이었다.[103]

이러한 새로운 지배 계급의 정확한 본질에 대해 스위지가 침묵하기는 했지만, 그는 그 토론에 대한 몇 개의 기고문을 통하여 자신은 '국가 자본주의' 이론에서 아무것도 간파해내지 못한다는 점을 분명히 했다.[104] 1976년에 그는 다음과 같이 썼다.

나는 현재 우리의 지식수준에서 소련에서 발전한 착취적인 계급 사회의 정확한 본질 문제를 미해결 상태로 두는 것을 더 좋아한다. 소련을 '자본주의적인' 것으로 손쉽게 동일시하는 베틀렘의 견해를 받아들일 수 없다는 것을 명확히 하기 위해 아주 신중했다고 생각했다.[105]

"새로운 형태의 지배 계급 [······]"에 대한 언급에 한정된[106] 이러한 계급에 대한 모호한 이론은 나중에 어느 정도 더 정교한 개념화에 길을 내주었다. 스위지가 나중에 해석한 것에 따르면, 소련은 자본주의를 특징지었던 그런 종류의 경제 작동 법칙이 없는 사회였다.

그것에 따르면, 지배 계급에는 전체 사회 자본을 관리하기 위한 그들 스스로 강제한 책임을 수행하게 될 구조적 틀이 없다. 그 사회는 자율적으로 기능하는 근본적인 경제의 목표를 자기 것으로 만들 수 없으며 그 목표에 따라 이끌어갈 수도 없으므로, 그 자신의 목표를 만들어내야만 한다.[107]

관료를 추동했던 유일한 동기는 그 자신의 특권적인 계급 지위를 보존하고 강화하는 것이었다. 그렇게 하려면 그들은 두 가지 일을 해야 했다. 즉, 그것은 (1) 자본-노동관계, 즉 생활 수준을 차츰 개선하려고 시도했을 뿐만 아니라 억압하는 것을 뜻했던 착취 관계를 유지하는 것, (2) 자본주의의 포위 때문에 생겨난 영속적 위협에 맞서는 것인데, 이는 강제적 축적, 기회주의적 외교(보기를 들면, 히틀러-스탈린 조약)로 이끌었다. 두 가지 추진력은 서로 모순적이었다. 왜냐하면 '평화적 공존'에 필요한 높은 축적률이 자본-노동관계를 유지하는 데 필요한 정책을 훼손했기 때문이다. 그러나 그와 함께, 소련 사회에는 자본주의에 전형적이었던 팽창주의로 나아가는 내적 추진력이 없었다는 것은 분명해졌다.[108]

6. 4. (강화된) 지배 계급이 없는 새로운 생산 양식 이론들

세 가지 전통적 접근(국가 자본주의, 타락한 노동자 국가, 관료적 집산주의)의 결점이 더욱 분명해지자, 비판적 마르크스주의자 사이에서는 새로운 견해에 대한 필요성이 늘어났다. 과거의 시도는 거의 잊었다. 그런 의미에서 연구자들은 이론적으로 결실을 얻지 못했다. 단선적인 도식의 타당성이 그 사이에 모든 곳에서 의심을 받았기 때문에,[109] 많은 사람은 마음 놓고 역사에서 '샛길'의 존재와 생각지 않은 사회 구성체에 대해 깊이 생각할 수 있게 되었다. 게다가 일부는 적어도 경향적으로는 역사적 과정의 동력이 생산력의 발전에 따라 '최종적으로' 결정될 것이라는 역사유물론의 협소한 해석에서 벗어날 수 있었다.

개척자: 아서, 나비유, 알트파터/노이쉬스

1970년쯤에 새로운 접근을 전개하려는 최초의 서구 마르크스주의적 시도는 여전히 좀 불확실하고 상대적으로 모호했다. 초기에 새로운 개념화를 주도한 것은 젊은 영국 철학자 아서, 은퇴한 프랑스 사회학자 나비유, 서독 경제학자 알트파터Elmar Altvater와 노이쉬스Christel Neusüss였다.

다른 사람들과 견주어 보면, 아서(1940년 출생)는 트로츠키주의 해석에 가장 가까웠다. 그는 국유화한 경제에서 정치 영역과 경제 영역 사이의 엄격한 분리가 더는 가능하지 않다는 것, 그리고 그런 이유 때문에 관료 엘리트가 (트로츠키가 주장했듯이) 정치권력뿐만 아니라 경제권력도 소유하지 못했다고 주장했다. 관료는 생산과 분배 모두를 조직했고, 그 자신에게만 봉사했던 독자적인 권력으로써 그렇게 했다. 아서는 관료를 그럴듯하게 계급으로 여길 수 있는지 아닌지 하는 문제에 대답하기가 어려웠다. 왜냐하면 그가 '어떻게 계급이 규정되는지'를 알지 못했기 때문이다.[110] 그러므로 그는 쟁점에 대해 발언하지 않는 쪽을 택했다. 그 대신 그는 관료의 사회-역사적 입장에 대해 서술하려고 애썼다.

(특히 한때 사회에서 권력을 잡은) 관료는 노동자 조직과 혁명 후 제도에서 기능적 차이를 기초로 해서 발전했던 사회층이다. 곧 자신의 이해관계를 발전시킨 그 계층은 앞으로 혁명적 발전에 걸림돌이 되는 보수 세력이 된다. 그러나 정확히 프롤레타리아 혁명의 과정에서 자신의 기원을 가지기 때문에, 프롤레타리아트와 관료 사이의 차이는 자본주의적 재산 소유자와 프롤레타리아트 사이

의 첨예한 차이보다 훨씬 더 모호하고 가변적이다. 이것은 자본주의와 순수한 사회주의 사이의 '공간'이 거의 무한한 갖가지 이행 형태로 채워질 수 있다는 것을 뜻한다. 그래서 그것을 평가하는 데서 한 차원 이상이 고려되어야만 한다. 즉, 그것은 수입과 권력 분배의 불평등, 심지어 변화의 방향을 결정하는 데 도움이 될 수도 있는 이데올로기적 범주 등등이다.[111]

이러한 성격 규정으로부터 아서가 소련 사회를 포스트-자본주의적인 것으로, 따라서 자본주의보다 사회주의에 더 가까운 것으로 여겼다는 것은 이미 분명하다.[112]

나비유(1904~1993)[113]는 분명히 소련 사회에 대해 덜 부정적인 견해를 보였다. 그가 쓴 책《사회주의적 임금La Salaire socialiste》은 몇 가지 주장에서 로라의 견해를 떠오르게 한다. 그 책에서, 그는 소련이 포스트-자본주의 사회가 아니라 국가 사회주의의 형식을 띤 자본주의적 사회 구성체였다고 자신의 견해를 분명히 밝혔다. 사실 그 문제의 본질은 노동하는 계급이 스스로 착취했다는 것이었다.

실제로 국가 사회주의는 자본주의에서 물려받은 일련의 법칙에 따라 기능하고, 관료의 무자비한 손으로 중앙에서 조정하는 일종의 협동조합 집단a sort of grouping of co-operative이다. 그곳에서 노동자는 '그들 자신의 노동'을 착취한다는 뜻에서 '그들 스스로 자본가'다. 그들은 가치 법칙에 따라 지배된 관계를 특징지은 불평등의 형태를 재생산할 것이다. 비록 이러한 재생산을 책임지는 것이 더는 사적 소유자가 아니기는 하지만.[114]

이것은 나비유가 '상호 착취mutual exploitation'라고 했던 것이다. 그것에서 노동자는 그들 자신의 계급에게 그들의 노동력을 팔았다. '일할 수 있는 능력이 가지는 상업적 기능'을 고려해 볼 때,[115] 더 이상 어떠한 자본가 계급도 없었지만, 그 체제는 계속해서 자본주의적이었다. 이런 테제를 통해, 나비유는 자신을 '트로츠키주의 이론과 국가 자본주의 이론 사이의 중간쯤에' 자리매김했다.[116]

1968년에 체코슬로바키아에서 일어난 사건에 주목했던, 알트파터(1938년 출생)와 노이쉬스(1937~1987)는 다음 해에 사회주의 학생 운동의 이론지 《노이에 크리티크Neue Kritik》에 하나의 분석을 실었다. 이 분석은 "[체코슬로바키아에 대한] 군사적 간섭 때문에 더더욱 중요해진 사회주의 사회들의 모순을 파악하려는" 목적을 지닌 것이었다.[117] 그들이 자신들의 기고문을 쓰게 된 맥락을 고려해볼 때, 그들은 자신들의 주장을 실증하기 위해서 특히 체코슬로바키아 사회와 관련된 자료를 이용했다. 그러나 그 글이 대상으로 삼은 범위는 훨씬 더 넓다. 저자들은 체코슬로바키아가 전체 동유럽 블록을 위한 '사례'였다고 주장했다.

알트파터와 노이쉬스는 동유럽 블록의 나라를 '이행기 사회'라고 해석했다. 그 사회에서 관료는 사회적으로 완전히 원자화되었고, 어떤 계급에 대해서도 책임을 지지 않는다. 따라서 관료는 그 자신의 기분에 따라서 경제적 과정 그 자체를 지시할 수 있었다. 그와 함께 이러한 지배적인 엘리트는 '보통의 지배 계급'이 가졌던 사회적 정당성을 얻을 수도 없었다. 이것은 권력이 있어도 그들의 지위를 불확실하게 만들었다. 관료는 영구히 생산력 발전을 강제함으로써 어쩔 수 없이 자신의 존재를 정당화하고 자신의 권력을 확장해야만 했다.

사회주의에서 관료는 자본주의보다 훨씬 더 사회적으로 그들의 능력을 적절히 입증해야만 한다. 그들의 성과 보고는 높은 경제 성장률, 급속한 공업화, 주민의 모든 계층을 위한 교육 기회, 과학-기술 분야에서의 성공 따위와 관계있다. 관료적으로 축약된 효율성 계산 속에서 사회주의 건설과 경제적 효율성을 동일시하는 것, 즉 대중이 자본주의를 전복했던 그 두 가지 혁명적 목적을 통합하는 것은, 그것의 혁명적 기원에서 나오는 위험을 벗어나 보려는 관료의 시도를 나타낸다.[118]

경제적 효율성은 더 높은 경제 성장률을 뜻했다. 높은 경제 성장률은 장기적으로는 생산 수단을 생산하는 경제 부문의 발전이 있어야만 실현될 수 있다.

경제 성장률은 투자된 기금의 자본 생산성 그리고/또는 투자된 기금의 상환 비율에 달려 있다. 전자는 상환 비율보다 더 높거나 더 작다. 그러나 상환 비율 그리고/또는 자본율은(시간적 차원의 부재에서 상환 비율을 위한 표현일 뿐) 국민 경제의 모든 생산 기금의 구조에 달려 있다. 이것에서 개별적으로 기획된 일의 생산성은 상호 보완적인 기획을 다시 참조하지 않고서는 계산할 수 없다고 추론할 수 있다. 고도의 산업화를 토대로 하여 생산 구조의 상호 보완성이 아직 존재하지 않는다면, 상호 보완적인 산업 단지를 먼저 창출해야 한다. 그러나 이것은 생산 수단을 창조하는 공업의 발전이 필요한 것이다.[119]

이런 방식으로, 먼저 중공업을 확장하는 것이 중요하다는 논리는 지배 관료의 사회적 지위에서 나온 결과였다.

그러나 공업화가 진전되자, 관료 그 자체는 차츰 앞으로 경제 성장에 걸림돌이 되었다. 이행기 사회에서 다른 무엇보다도 이런 맥락에서 부정적인 영향을 미친 두 가지 특수한 요소가 있었다. 한편으로 중앙 계획 체제에서 생산력의 향상은 장기적으로는 관료적으로 관리된 계획 목표가 현실적이지 않다는 것을 뜻했다. 생산자의 민주주의(노동자 자주 관리) 없는 중앙 계획은 기업의 자율성을 될 수 있는 한 크게 제약한 총 매출 목표 수치의 수립을 뜻하는 것이었다. 경제 구조의 확장과 점점 더 복잡한 본질은 계획을 통해 중앙에서 고정한 수치와 실제 세계 사이의 점점 커지는 차이를 낳게 되었다. 따라서 경제 재원은 성장 과정을 방해할 만큼 점차 잘못 이용되었다.[120] 다른 한편으로 생산 재원의 낭비는 더 늘어났고 용인할 수 있는 수준까지 더 적게 줄일 수는 없을 것이다. 점점 더 양적인 지표와 항목에 따라 낭비를 억제하려는 시도는 계획한 것과는 반대의 결과를 낳았다. 통제 기능은 더 어렵게 되었다. 왜냐하면 체제가 더 복잡하고 다루기 어려워졌기 때문이다.[121]

두 경향 모두 관료에게는 어려움을 주는 것이었다. 왜냐하면 그것은 그 자신에 내재한 정당성 범주, 즉 높은 효율성을 더는 지킬 수 없기 때문이다. 만일 이런 상황이 눈에 보일 만큼 모순적이라면, 관료는 스스로 개혁하려고 애쓸 것이다. 알트파터와 노이쉬스는 이것이 많은 동유럽 국가에서 1960년대에 일어난 과정에서 실행된 구조적 조정의 실질적인 배경이었다고 주장했다. 그러나 이런 개혁은 장기적으로 실패할 운명이었다. 왜냐하면 관료적 지배를 지속했기 때문이다. 만일 관료가 대중에게 의사 결정에 참여할 수 있는 더 많은 가능성을 줌으로써(생산자 민주주의 방향에서 양보) 경제 문제를 해결하려고 애쓴다면, "소련에서 공개적 쟁점이 된 그런 종류의 갈등이 일어날 수 있다."[122]

《링크스》지에서 벌어진 논쟁

아서와 나비유와 알트파터/노이쉬스는 그들의 생각을 각각 영국과 프랑스, 서독에서 서로 독자적으로 전개했다. 그들 자신의 국가적 경계 안에서 진행된 이러한 분리된 작업 관행은 뒤이은 해에 줄어들었지만, 완전히 극복되지는 않았다. 독일연방공화국에서 1973~1977년 동안 잡지《링크스Links》지에서 벌어진 논쟁은 소련에 대한 서구의 의견을 자극하는 데 본질적인 역할을 했다.

토론은 에게르트Johann Eggert가 쓴 일련의 논문으로 시작되었다. 그는 작동 법칙이 여전히 거의 알려지지 않은 새로운 사회 형태에 대해 썼다. 그는 이러한 사회 형식을 '국가주의'라고 부를 것을 제안했고, 그것의 본질적 성격을 이행기적 소유 개념으로 이해할 수 없다는 견해를 보였다.

만일 우리가 생산 수단의 소유권을 결정적인 계급 범주로 삼는다면, 오늘의 소련 사회는 계급 없는 사회다. 왜냐하면 콜호스의 사적이고/이거나 사회적 소유가 자본 축적에 이바지하지 못했고, 전체 주민이 사실상 임금 노동자로 구성되었기 때문이다. 만일 우리가 통제를 마르크스주의 이론의 핵심으로서 삼는다면, 소련 사회는 이해관계의 모순을 통해 형성된 적대적 사회다.

에게르트에 따르면, 근본적인 모순은 지도적 엘리트의 법적 소유권과 실질적 이해관계 사이에 있었다. 그러나 인구 대다수와 엘리트 사이의 모순은, 그것이 기본적으로 사적 소유관계에 기초한 것이 아니므로, 계급 사이에 있는 이행기 모순이 아니라 사회적 적대의 다른 형식이었다. 이것은 왜 에게르트가 엘리트에 대해 '준-계급', '계급-부문class-section', '지도적인 사회 그룹'과 같은 개념으로 말했는지를 설명해 준다. 이러한 지배적인 '준-계급'의 힘은 지적 노동과 육체노동 사이의 분업에서 비롯되었다. 그것은 지금까지 모든 노동자 조직과 노동자 국가가 관료화된 원인이 되었다.[123]

에게르트의 글은 많은 대응을 불러일으켰다. 여기서 그 모든 반응을 토론하는 것은 적절하지 않을 것이다. 왜냐하면 그것들이 질적 차이도 있었고, 흔히 토론을 진전시키지도 못했기 때문이다. 따라서 분명히 옹호하는 입장에서 에게르트와 논쟁을 했던 저자가 있고,[124] 그리고 그다지 명확하게 옹호하지 않는 다른 사람들도 있다. 이들은 자본주의의 기형적인 영향을 에게르트보다 훨씬 더 강하게 강조했고, 그것을 토대로 하여 소련 사회를 '이행기 사회'라고 계속해서 말했다.[125]

코네트Hansgeorg Conert(1933~2004)는 혁신적인 기고문을 썼다. 그는 소련 사회 안에 있는 모순을 좀 더 특별하게 토론했다. 코네트는 생산력이 모든 생산 양식 안의 어떤 지점에서 생산관계와 갈등을 일으킨다는 마르크스주의 논지에서 출발했다. 그는 생산관계에서 변화를 위한 조건이 소련에서 빠르게 무르익었다는 것을 명확히 하려고 애썼다. 그는 생산력과 생산관계 사이의 긴장에서 생기는 모순 가운데 "개인적이고 사회적으로 구체화된 그리고 살아 있는 노동에 대해 지출을 아낄" 능력이 없다는 예를 끌어냈다. 게다가 공업 생산물의 사용 가치적 특성을 개선하는 데서 생기는 난점, 그리고 생산 과정의 증가하는 사회화와 결정 과정의 사회화 부족 사이의 모순을 말했다. 코네트에 따르면, 현대 소련의 근본적인 기능 장애는 특히 두 가지 측면, 즉 비효율성과 비민주적인 관리 구조(두 가지 측면은 서로 관계있었다)에서 드러났다.[126]

2년 반쯤 지난 뒤에 《링크스》지에서 벌어진 논쟁은 동독 출신인 비르만Wolf Biermann의 본국 송환으로 촉발된 후속편이었다. 샤러Manfred

Scharrer가 쓴 아주 논쟁적인 기고문은[127] 신선한 논쟁을 일으켰다. 그 논쟁에서 일부 참여자는 첫 번째 논쟁에서보다 더 미묘한 방식으로 주장했다. 따라서 슈미이데러Ursula Schmiederer는 4년 전에는 여전히 현실로서 존재하는 사회주의에 미친 자본주의적 영향을 아주 중요하게 고려했는데, 이제는 [현실로서 존재하는 사회주의를] 훨씬 더 거세게 비판했다.

우리는 더는 제3인터내셔널의 전통에 짓눌러서는 안 된다. 그 전통이란 러시아 혁명이 처한 불리한 환경을 잊어서는 안 된다는 것, 자본가가 모든 잘못을 책임진다는 것, 국가와 그 나라의 사람들을 바꾸려면 시간이 걸린다는 것, 이 사회가 사회주의를 건설한다는 것이다.

이러한 견해와 완전히 일치한 슈미이데러는 또 '이행기 사회'를 더는 언급하지 않았지만, 소련을 독자적인 사회 구성체라고 말했다. 이 새로운 사회에서 사회적 응집력(종합 테제)은 자본주의에서처럼 생산자와 상관없이 저절로 발휘되는 경제 법칙에 따라 수립되지도 않았고, 또 직접적인 사회주의적 사회화를 통해 수립되지도 않았다. "생산자는 사회적 과정의 대상이다. 이것은 또 지배를 창조한다."[128]

슈미이데러처럼 코네트도 소련 사회를 독자적인 사회 구성체로 접근하려고 애썼다. 그는 부르주아 사회를 연구하기 위해 이용된 범주가 소련 사회를 분석하는 데에 적절하지 않다는 사실에서 생기는 풀리지 않은 방법론적 문제가 있다고 지적했다. 따라서 그는 먼저 사회적 현실을 조사하고, 너무 급하게 붙여진 이름표를 없앨 것을 주장했다.[129]

두 개의 기고문은 다시 에게르트가 포문을 연 평론에 언급된 정신노동과 육체노동 사이의 분업이라는 주제를 다루었다. 한 집단의 저자들은 관료의 지배가 궁극적으로 테일러주의적 노동 과정의 연속성에 뿌리를 두었는지 아닌지 하는 문제를 제기했다. "우리는 노동자가 기계의 부속물 그리고 지도적이고 통제하는 위계제의 부속물로 축소되었다는 것, 직접적인 사회화 그리고/또는 흔히 인용된 '자유로운 연합체'가 나타날 수 없다는 것에 전혀 놀라지 않았다."[130]

정치학자 카이저Hans Kaiser(1935~1979)와 역사학자 아이흐베데Wolfgang Eichwede(1942년 출생)는 이 생각을 특히 지지했다. 그들은 러시아 볼셰비키의 혁명에 대한 구상이 한편에 주어진 분업을 기초로 한 계서제적 조직 구조와 다른 한편에 사회주의 사회의 이상 사이의 긴밀한 결합을 뜻한다고 지적했다. 레닌주의 이론이 지닌 힘은 정확히 이런 결합에 포함된 것이다. 무엇보다도 전위당에 대한 주장은 생산 과정의 계서제적 구조와 아주 잘 상응하는 것이었다. 이것은 당이 모든 곳에서 노동자 평의회에 대해 승리할 수 있게 했고, 노동조합이 사회 전체에 걸쳐 공장위원회에 대해 승리할 수 있게 했다. 그 결과 노동 과정에서 기능적 지도자이자 정치 영역에서 상대적으로 자율적인 통제자라는 이중의 성격을 지닌 관료적 엘리트가 역사적으로 나타났다.[131]

두취케와 그에 대한 비판자들

1950년대 말부터 다시 시작된, 생산 양식을 놓고 벌어진 토론에서 영향을 받은 몇몇 작가는 오래된 사회 형태와 비교하여 소련 사회에 대한 그들의 통찰을 개선하려 했다. 특히, 앞서 보았던 《동양의 전제 정치》(1957)란 저서에서 아시아적 생산 양식과 연결했던 비트포겔은 영감의 근원이었다.

한동안 예전의 학생 지도자 두취케Rudi Dutschke(1940~1979)[132]가 1974년에 쓴 학위 논문과 그 뒤에 쓴 논문에서 주장한 이론은 논쟁의 주제였다.[133] 두춰케는 아시아적 생산 양식이라는 개념이 러시아와 소련의 역사를 밝히는 데 가장 훌륭한 분석 도구라고 믿었다. 두춰케는 그의 저서에서 극찬한[134] 비트포겔에 동의하면서, 러시아의 '아시아화' 시점을 13세기 타타르 족의 정복까지 거슬러 올라갔다. 그 시기부터 이미 아시아에 지리적으로 그리고 농업적으로 강력하게 영향을 받아 왔던 러시아는 유럽에서 더욱 멀어지게 되었다. 두춰케는 혁명 이전의 러시아를 서로 다른 역사적 상황 밑에서 봉건적이고 자본주의적인 특징 모두가 보이지만 본질에서 절대 변함이 없는 '반아시아적 생산 양식'[135]으로 특징지었다. 두춰케는 이러한 가설을 통해 그가 "마르크스, 엥겔스와 일정한 갈등"에 도달했다는 것을 인정했다.[136] 그러나 그는 이것을 문제로 여기지 않을 만큼 아주 이단적이었다.

두춰케는 옛 러시아에서 발전 단계의 두 경계를 나누었다. 그 단계란 표트르 1세Peter I 밑에서 시작된 반아시아적 봉건화와 19세기 동안 발전한 반아시아적 국가 자본주의다. 반아시아적 국가 자본주의는 정체될 수밖에 없었다. 왜냐하면 반아시아적 토대가 결정적인 상태로 남아 있었고, 그 기반 위에 자본주의적으로 형성된 공업이 이른바 [곳곳에] '흩어져' 있었기 때문이다.[137] 농업은 경제적 토대였지만, 공업은 상부 구조였다.[138] 이러한 환경에서 오직 현실적인 사회주의적 전망은 '프롤레타리아트의 지도 아래서' 공업화에 대한 농민의 저항을 **촌락 공동체**obshchina를 바탕으로 한 농업 공산주의를 위한 발사대로 사용하는 것이었다.[139] 그러나 레닌과 볼셰비키는 다른 방식을 택했다. 그들은 서유럽 문명을 그들의 표본으로 삼았고, 이전에 '흩어져 있던' 공업화를 있는 힘껏 추진했다. 이 선택은 역사적 필연성이 없었다. 객관적으로 주어진 발전 가능성은 적었다. 그러나 볼셰비키의 이러한 선택은 **절대적** 필연이 아니었다.[140] 인정하건대 1920년대 신경제 정책은 구시대적 관계와 처음으로 단절한 것을 뜻하지만, 1930년 즈음 '아시아적 봉건주의'는 새롭고 높은 수준으로 다시 세워졌다.[141] 모든 '아시아적 편법'을 통해, 지배 계급은 그들의 권력 지위를 공고히 했다. 이런 방식으로 수립된 '아시아적 제국주의'는[142] 팽창을 통해 지배 계급이 지닌 내적인 약점을 부분적으로 뛰어넘을 수 있었기 때문에 호전적 경향을 띠게 되었다.[143]

비판. 두취케의 기고문은 많은 반응을 이끌어냈다. 비판은 특히 다섯 가지 점에 집중되었다. 첫째, 두취케가 그의 개념을 더 면밀하게 정의하지 않았다는 점을 지적했다. 특히 '반-아시아적 생산 양식'이란 용어가 정말로 무엇을 말하는지는 명확하지 않다. 당연히 슈미트Wolf-Dietrich Schmidt는 두취케가 "새로운 사회 형태에 대한 연구자이자 발견자라기보다는 오히려 창시자로" 여겨야 한다고 썼다. '반-아시아적'이란 용어가, 농업의 '초기 형태'와 '아시아적 전제주의'가 결합된, "아시아적 생산 양식의 최하위 형태를 의미한다."는 두취케의 답변은 명확하지도 적절하지도 않았다.[144]

몇몇 작가는 두취케가 러시아와 소련을 실제로 분석하지는 않고 마르크스와 엥겔스가 러시아에 대해 쓴 몇몇 저작을 수용하는 것에 그쳤다고 지적했다. 이것은 그가 '인용'에만 열중하여, '비역사적'이고 '독단적'인 연구 방식을 채택했다는 비난을 불러일으켰다.[145]

더구나 반-아시아적 생산 양식이 (그것을 어떻게 이해하든 관계없이) 봉건적이고 국가 자본주의적 형태를 구축한다는 것이 아주 의심스럽다는 지적도 있었다. 발리츠D. Valič는 모든 구성체에 있는 모든 자본주의가 처음에는 **특별한 목적**을 지녔고 비조직적이었다고 지적했다.

기근과 궁핍 등은 오늘날의 브라질, 칠레, 그리고 인도네시아에서와 마찬가지로 영국, 벨기에, 슐레지엔에서 발생한 원시적 축적에 뒤따르는 현상에 지나지 않는다. 만일 두취케가 러시아에서 자본주의가 조직적으로 시작되지 않았다는 가정에서 주장했다면, 그것은 원시 축적을 모호하게 만드는 것이다. 어떠한 곳에서도 자본주의는 조직적으로 출현하지 않았다.[146]

그것과 별개로, 무엇보다도 정체로 특징지어지는 반아시아적 생산 양식 밑에서 1917년 이전과 이후에 나타나는 생산력의 급속한 증가는 어떻게 가능한가에 대한 의문이 남는다.[147]

마지막으로 브로이어s. Breuer는 소련에서 레닌주의-스탈린주의적 발전에 대한 두취케의 대안(구시대적 농민 공산주의의 부활)은 완전히 역사의식이 없고 비합리적인 것으로 비판했다. 브로이어는 "실제 역사를 끊임없이 배제함으로써 그저 주관성이라는 절대적 역사의 힘을 파악할 수 있다."고 하면서 (두취케의 대안을) 근거 없는 낭만주의로 여겼다.[148]

지민

두취케와 비슷하게, 동유럽 출신의 반체제 인사 지민Alexandr Zimin은 생산 양식을 놓고 다시 시작된 논쟁에 참여했다. 1920년대 연합 반대파에 속해 있었고, 나중에 스탈린의 강제노동수용소에서 여러 해를 보냈던[149] 급진적 볼셰비키 지민은 1970년대에 소련 사회의 성격을 정의하려고 한 지하 출판물samizdat 형식의 논문을 많이 발표했다.[150] 두취케와는 달리, 지민은 아시아적 생산 양식의 영역을 그저 연구의 도구로만 사용하려고 했다. 따라서 지민은 소련 사회에서 '아시아적' 요소가 존재한다는 것을 부정하지는 않았지만, 그 요소에 관심을 기울이려고 하지 않았다. 오히려 그는 아시아적 생산 양식과 동유럽 형태 사이에 존재하는 유사점에 관심을 기울이려고 했다.

이 유사점은 지민 자신이 역사를 단선적으로 해석한 결과였다. 그는 인류 발전에 '주된 경로', 즉 '노예제―봉건제―자본주의'의 고전적 경로가 있음을 공식화했다. 이 주된 경로에는 변종과 이탈과 예외가 있으나, 전반적으로 역동성이 있었다. 그것의 발전은 유동적 과정, 즉 한 단계는 언제나 필연적으로 다음 단계를 이끈다는 것이었다. 이런 이유로, 지민은 이른바 '계급 사회 진보의 세 가지 단계의 특징에 대한 일반 이론'을 고수했다.[151] 아시아적 생산 양식은 이런 도식에 맞지 않았다.

아시아적 생산 양식의 사회가 가진 정체적 특징은 그런 종류의 사회가 절대로 성장하지 않고, 아무 성과를 낳지 않는다는 것을 뜻한다. 그것은 발전의 규칙, 또는 사회가 더 높은 단계로 진보할 수 있게 함으로써 그 사회를 속박하는 한계를 뛰어넘을 수 있게 하는 사회적 힘을 가지지 않았다는 것이다.[152]

지민에 따르면, 아시아적 생산 양식의 정체적 특성은 원시 부족 공동체에서 노예 사회로 전환하지 못한 결과였다.

따라서 지민에게 아시아적 생산 양식의 존재는 많은 쟁점을 다음과 같이 명확하게 해준다.

① 어떤 환경 아래에서, 단선적 발전에서 본질적 일탈은 몇몇 국가에서 일어날 수 있다.

② 그런 일탈의 결과로, 단선적 경로의 어떠한 단계에도 맞지 않고, 또한 그 경로상의 단계 사이에 이행 국면을 형성하지 않는, 특이한 생산 양

식이 형성될 수 있다. 그런데도 그런 일탈적 생산 양식은 영속적이고 안정적으로 존재할 수 있다.

③ 그런 일탈한 생산 양식은 발전 국면을 역사 발전의 주된 경로로 되돌릴 수 있는 내적인 힘이 없다.

④ 일탈한 생산 양식은 지구의 넓은 지역에서 자체적으로 얼마 동안 확립될 수 있다.

⑤ 일탈한 생산 양식은 처음으로 무계급에서 계급 사회로 이행하는 역사적 상황에서 생겨났다. 아직 이러한 이행에 대한 경험이 없었고, 그래서 역사는 내적 역동성을 가지지 않은 '잡종의 그리고 색다른 사회 구성체'를 만들어 낼 수 있다.

이러한 결론은 지민으로 하여금 중요한 주장을 하게 했다. 즉, 그는 소련을 넓은 역사의 범위 안에 자리매김했다.

인간 역사에서 계급 이전 사회에서 계급 사회로 커다란 변화가 일어났던 것과 같이, 계급에서 무계급 사회로의 커다란 변화에서, 그 변화가 시작된 국가에서 일어나는 변화는 인류의 역사적 진보 과정에 따라 마련된 새로운 사회-경제 구성체의 자연적 성숙 과정을 위반하는 것과 함께 완성되었다. 이 위반은 이러한 사회 구성체의 급속한 왜곡, 그리고 비록 안정적이지만 어떤 곳에서도 사회의 성장과 발전을 이끌지 못한 사회를 어두운 골목길로 밀어내고 역사적 진보가 요구하는 사회 경제 구성체의 자연적 승계를 위해 문호가 개방되어 있다면 제거되어야 하는, 이런 의미에서 정체된, 사회 질서의 확립으로 표현된다. 첫 번째 변화의 시대에 아시아적 생산 양식이 점령한 지역은, 역사의 두 번째 커다란 변화로 현재 시대에 지구의 1/6 이상 퍼져 나갔고 약간의 변이를 가지고 몇

몇 국가에 확장된 스탈린의 '완성된 사회주의'가 점유한 지역과 일치한다.[153]

지민의 통찰력은 아래 도표에 요약되어 있다.

소련 사회는 자본주의도 사회주의도, 그리고 그것들 사이의 이행 단계도 아니었다. 그것은 역사적 고착 상태를 포함한 것이었다. 즉, 그것은 경제 성장이 동시대 자본주의에서나 '공산주의의 첫 단계'에서보다 현저히 낮았던 '정체기'에 있는 사회였고, 어떤 분야(사회-심리적, 지적, 도덕적 등)에서 근본적인 내적 발전이 일어나지 않았던 사회였다.

지민은 착취자와 피착취자 사이에 명확히 정의할 수 있는 대립 관계가 존재하지 않는다고 주장했기 때문에, 아시아적 생산 양식에는 엄격한 의미에서 계급이 없다고 말했다. 소련에 관해서는, 그가 '국가와 준국가 기관의 방대하고 계급과 비슷한 사회 계층'으로 묘사한 엘리트에 대해 언급했다.[154]

아시아적 생산 양식과 소련 사회 사이의 유사점을 지적한 뒤, 지민은 두 막다른 생산 양식이 작동한 서로 다른 역사적 맥락에 관심을 기울였다. 첫째로, 아시아적 생산 양식은 수없이 분산된, 그리고 서로 고립된 촌락 공동체의 환경에서 시작되었다. 그러나 소련 사회는 인간 사회가 지구적 총체성을 이루었던 시기에 번성했다. 따라서 처음부터 소련의 생산 양식 발전은 이런 환경을 통해 크게 영향을 받았다.

둘째로, 지구적 상호 의존성의 결과로 세계의 서로 다른 지역에서 일어난 발전은 서로를 강화시켰다. 부분적으로 이런 이유 때문에, 사회적 전환 사이의 간격은 더욱 짧아졌다.

전前 계급 사회에서 계급 사회로 이행하는 시기, 즉 한 국가가 여러 세기 동안 사회 질서의 기반을 신성한 것으로 유지할 수 있는 시기에는, 세계의 다른 지역 심지어 이웃 지역에서 진행되는 변화로부터도 막혀 있고 외부로부터 영향을 받지 않는 것이 당연했지만, 오늘날에 그러한 일이 일어날 수는 없다. 그런 자기 고립은 지금은 아주 짧은 시간 동안에만 포착할 수 있다.[155]

셋째로, 아시아적 생산 양식은 내부로부터가 아니라 외부로부터만 침식될 수 있지만, 소련 사회는 명백하게 내부로부터 사회주의적 방향으로 특별히 노동 계급의 혁명적 의식을 통해서 영향을 받을 수 있었다.[156]

지민은 1970년대와 1980년대에 빠르게 증가한 주체적 요소의 중요성을 인식했다. 그는 일부 다른 저자가 말하는 역사적 필연성을 믿지 않았다.

그 어느 곳에서도 이어지지 않는, 그리고 그런 의미에서 정체된, 스탈린의 '완성된 사회주의'라는 안정적인 사회는, 그 사회의 출현과 확산을 통해 사회-경제적 구성체의 차례를 위반하고 왜곡한 것이었다. 비록 그것이 가능할 수 있다는 것을 입증했을지라도, 그 사회는 심지어 그것이 발생한 지역에서도 역사적으로 필연적이 아니다.[157]

그러나 지민의 이론은 서구 마르크스주의 토론에서 그 어떠한 논평도 받지 못했다.

탈선: 손 레델, 다무스 그리고 '사회적 종합'

소련에 대한 최근의 논쟁에서, '사회적 종합Social Synthesis'이라는 개념이 중요한 역할을 했다. 독일계 영국 경제학자 손 레델Alfred Sohn-Rethel (1899~1990)이 이 개념을 개발했다. 그의 저서《지적 노동과 육체노동, 인식론에 대한 비평Intellectual and Manual Labour. A Critique of Epistemology》 (1970년에 처음 출판되고, 1972년에 개정되었고, 1976년 영국에서 출판됨)에서 이 개념을 다음과 같이 정의했다.

수많은 개인으로 이루어진 모든 사회는 그런 개인의 행동을 통해 효력이 발생하는 네트워크다. 그들이 행동하는 방법은 사회적 네트워크를 위해 기본적으로 중요하다. 그들이 생각하는 것은 두 번째로 중요하다. 그들의 행동은 사회와 조화롭기 위해 상호관계를 해야만 한다. 그리고 그들의 행동은 만일 그 사회가 전체적으로 기능하게 하려면 적어도 최소한의 통일성을 담아야만 한다. 이러한 일관성은 의식적일 수 있거나 또는 무의식적일 수 있지만, 그것은 반드시 존재해야 한다. 만약 그렇지 않다면, 사회는 성장을 멈출 것이고 개인들은 서로에 대한 그들의 다양한 의존관계의 결과로서 재난을 당할 수 있을 것이다. 아주 일반적 용어로 표현한다면, 이것은 모든 종류의 사회가 생존하기 위한 전제 조건이다. 이것은 내가 '사회적 종합'이라고 말한 것을 명확하게 나타내 준다.[158]

근본적으로 손 레델은 사회적 종합의 두 가지 유형을 구별했다. 한편으로는 적어도 잠재적으로 계급 없는 사회인 **생산 사회**는 노동 과정을 통해서 생산 영역에서 종합을 형성했다. 다른 한편으로는 본질적으로 다른 그리고 일시적으로 노동 과정과 분리된 활동을 통해 종합을 형성했던 **전유 사회**appropriation societies다. 그런 사회에서 노동하지 않는 행위자non-working agents는 노동 생산물을 전유했다. 이것은 일방적 전유(자발적 토대에 근거한 강탈, 도둑질, 공물)나 쌍방적 전유(상품 교환)를 통해 일어날 수 있다.[159] 손 레델은 특히 이러한 후자의 변종을 연구하는 데 몰두했다. 그의 견해에 따르면, 상호 전유에 근거한 사회에서 특징적인 것은 사회적 종합을 이루는 추상적 교환(즉, 교환된 것에 무관심한 교환)의 전형으로서 화폐의 존재다.[160]

서독 정치학자 다무스Renate Damus(1940년 출생)는 손 레델의 사회적 종합 개념을 여러 출판물에서 동유럽 사회 구성체를 분석하기 위해 이용했다. 비록 그녀가 특히 동독에 초점을 맞추었지만, 그녀는 자신의 접근법을 다른 동유럽 사회와 소련에도 적용할 수 있다고 매번 지적했다. 그녀의 출발점은 이들 사회 구성체를 자본주의적인 것으로 여길 수 없다는 것이었다.[161] 무엇보다 사회적 종합은 교환을 매개로 결코 일어날 수 없다. 따라서 두 가지 가능성이 있었다. 그것은 지배의 이전, 그리고 그 결과 일어나는 실질적 사회화이거나, 또는 직접적인 억압으로 특징지어진 새로운 지배 형식이다.

동유럽 사회 구성체에서는 후자를 선택했다. 그것은 중앙 계획으로 구성되었다. 이를 통해 경제 활동이 발의되고 지배되며 금지되는 등의 일이 생겨났다. 그것은 한편으로 자본주의적 교환-종합이 일어나지 않는다는 것을 보여 주었고, 다른 한편으로 노동 계급의 통치가 실제로 존재한다는 것을 입증하지는 못했다. 핵심 문제는 다음과 같았다.

생산 수단 소유권의 국유화에도, 중앙 계획에도, 또는 상품 생산의 부분적 폐지에도 통치권이 생산자를 위해서 집행되며, 주어진 가능성의 틀 내에서 생산자에 의해서 집행되지는 않는 유형으로, 지배의 새로운 구조가 형성되었는지 여부[……]162

직접 통치는 개인적 종속을 통해서 또는 부르주아지의 '연합 형식'을 통해 실행할 수 있다. 소련과 같은 사회는 후자의 경우였다.

부르주아의 연합 형식에 의지하지 않는 직접 통치는 개인적 상호 의존성을 통해 실행할 수 있을 뿐이다. 따라서 부르주아의 연합 형식은 이 경우에 직접 통치에 필요한 상관물이다. 왜냐하면 그것이 자신의 사적 영역을 지향하고 생활 수준을 사적 소비와 같은 것으로 보는 능동적 시민을 투사하기 때문이다.163

다무스는 분명하지는 않지만 내가 아래의 표로 요약한 사회적 화합 social cohesion의 네 가지 형식을 구별했다.164

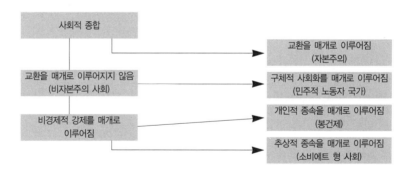

자본주의에서처럼, 동유럽에서 노동자는 호모 듀플렉스homo duplex다. 마르크스가 제시했듯이, 그것은 부르주아지고 시민이다. 존재하는 탈자본주의 사회에서 교환을 매개로 이루어진 사회적 종합은 폐지되었지만, 그 대신 사회화가 출현하지 않았다. 따라서 개인은 권력이 직접적으로 실행되는 대상일 뿐이었다. 이것은 갈등을 일으켰을 뿐만 아니라 기술적 진보도 막았다. 민주적 조정의 부재가 관료 기구의 팽창을 가져왔기 때문이다.[165] 사실상, 다무스는 동유럽 사회를 혼성 사회 구성체로 특징지었다. 그것에서는 계획 경제, 경제 외적 강제, 그리고 추상적 종속관계가 모순적이기는 하지만 통일을 이루었다. 사회적 종합은 민주적으로가 아니라 의식적으로 달성되었다.[166]

바로와 그에 대한 비판자들

바로Rudolf Bahro(1935~1997)[167]가 1977년에 처음 출판한 대표작 《동유럽의 대안The Alternative in Eastern Europe》에서 단선적 역사 개념의 몰락에 미친 영향은 분명했다. 이 동독 반체제자의 연구에서 가장 중요한 특징 가운데 하나는 그가 '현실로서 존재하는 사회주의'에 대한 분석을 세계 역사 발전이라는 좀 더 일반적인 시야에 연결하려고 노력한 점이었다. 바로는 분명하게 어떤 단선적 순서에 반대했고, 식민 이전 시대에 유럽 밖에 있는 (멕시코, 페루, 중앙아메리카, 인도, 중국, 아프리카 그리고 중동과 같은) 수많은 지역은 아시아적 생산 양식의 잔여지로서 특징이 있었다고 주장했다.[168] 바로가 《대안》에서 다시 비트포겔을 인용하지는 않았지만, 여기서 비트포겔이 미친 영향은 뚜렷했다.[169]

바로에 따르면, 세계 역사는 다양한 환경적 상황의 영향 아래에서 하나의 원시 문명이 대략 세 가지 사회의 형태로 분화된 삼중의 도식으로 요약할 수 있다. 이들 세 개의 부차적인 구성체(아시아적 생산 양식, 노예제 사회, 봉건제)는 나란히 존재했고, 모두 선사 사회로부터 직접 출현했다. 봉건제는 내생적으로 그것의 대체물인 자본주의를 위한 조건을 만들어 냈다. 그와 달리, 아시아적 생산 양식은 정체되었고 불교 교의의 윤회설에서 그것의 상징을 찾았다. 노예제 사회의 핵심 지역이 봉건제에 흡수되고 봉건제가 자본주의로 발전한 뒤에, 두 가지 사회 형태, 즉 자본주의와 아시아적 생산 양식은 세계적 규모로 서로 맞닥뜨렸다. 자본주의적 제국주의에 직면했던, '아시아적' 국가는 오직 두 가지 가능성을 가졌다. 그것은 저개발 상태로 있거나 '제3세계'에 합류하는 것, 또는 비자본주의적 방식으로 공업화하기 위해서 자본주의와 무관한 대안적인 발전 경로를 따르는 것이다.[170]

이 이론은 다음과 같이 도식적으로 나타낼 수 있다.

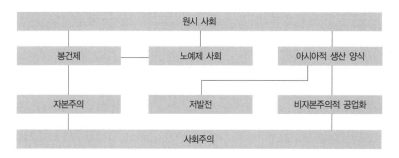

바로는 '비자본주의적 경로'를 더 세밀하게 조사하기로 했다. 그의 출발점은 소련에서 일어났던 것처럼 사적 소유의 폐지가 분명히 만병통치약이 아니라는 것이었다. 왜냐하면 거기에는 자본주의보다 더 오래되고 더 끊임없이 지속된 여러 가지 모순이 존재했기 때문이다. 이러한 모순으로 여성에 대한 남성의 지배, 농촌에 대한 도시의 지배, 그리고 육체노동에 대한 지적 노동의 지배가 있다.

마르크스주의가 항상 경제적 관계로 인식해 왔던 이들 세 가지 현상은 이미 사회적 분업과 국가라는 근본적인 요소를, 그리고 게다가 역사적으로 생산 수단에서 사적 소유가 출현하기 전에 전체 시대를 규정하는 것이다. 그런데 한편에서 사적 소유를 폐지하는 일과 다른 한편에서 노동을 분화하고 국가를 극복하는 일이 이제는 자본주의의 저쪽 구석에서 결국 하나의 시대 전체 길이만큼 분리될 수 있다.[171]

한 국가가 사적 소유를 폐지했을 때, 오래된 모순은 다시 지배적이 된다. 이런 경우에, "정신노동과 육체노동의 분리라는 초기 요소가 계급 형성의 자율적인 요소로 다시 한 번 출현하고, 이러한 분업이 어쨌든 재생산되는 한 그렇게 된다."[172]

소련의 사례를 이용한 바로는 이러한 해석을 구체화하려고 노력했다. 그는 세 단계를 구별했다. 그것은 그다지 중요하지 않은 공업화된 국가로서 혁명 이전의 제정 러시아, 공업화 단계로서 10월 혁명과 스탈린주의의 시기, 그리고 마지막으로 스탈린 이후의 단계다.

바로는 혁명 이전 제정 러시아의 관계를 농업 전제주의, 다시 말해 아시아적 생산 양식을 통한 농업 관계로 해석했다. 그는 그런 틀 안에서, 1861년 농노 해방 뒤에도 절대로 사라지지 않았던 봉건적 사회관계가 존재했을 뿐만 아니라 특히 도시에는 자본주의적 관계도 존재했다고 주장했다. 두취케와 마찬가지로, 바로의 견해에서 봉건제와 자본주의는 지배적인 아시아적 생산 양식 안에서 상대적으로 주변적 현상이었다. 그만큼 바로가 지리적 은유를 통해 이 세 가지 요소 사이의 관계를 설명했다는 사실을 뜻하는 것이기도 하다. 그는 20세기 초에 세 개의 구성체가 러시아 사회에서 차례로 포개져 있었다고 썼다.

1) 맨 밑에, 아시아적 구성체: 정통 국가 교회와 농민층을 특징으로 하는 차르 관료제.

2) 그 위에, 농노제 폐지 뒤 이전 형태로부터 완전하게 구별되지 않는 반쯤 청산된 봉건적 구성체: 토지를 놓고 갈등 상태에 있는 옛 지주와 옛 농노.

3) 마지막으로 가장 위에, 그리고 몇몇 도시에 맞추어진, 근대 자본주의 구성체: 산업 부르주아와 임금 노동자.173

볼셰비키 혁명은 반半관료적, 반半봉건적 대지주뿐만 아니라 자본가도 박멸했다. 남은 것은 주로 차리즘의 농민적 토대였다. 10월 혁명은 본질적으로 사회주의 혁명이 아니라,

무엇보다도 반제국주의 혁명이었다. 자본주의 발전이 시작되었을지라도, 그 나라는 아직도 반半봉건적, 반半 '아시아적' 사회·경제적 구조를 지배적으로 지닌 전前 자본주의 국가였다.174

따라서 혁명의 기능은 원칙적으로 사회주의의 건설일 수 없다. 그 대신에, 혁명의 실질적인 기능은 실제로 아시아적이었던 비자본주의적 토대 위에서 급속한 공업화였다. 관계의 국가화statification of relations, 당과 국가의 융합, 스탈린주의적 테러, 이 모든 것은 농업 전제주의를 공업 전제주의로 다시 형성하는 것을 뜻할 뿐이었다. 공업적 토대 위에 아시아적 생산 양식을 구축하는 것이다. 따라서 전체 스탈린주의적 전개 과정은 역사적으로 필연적이었다.

러시아에서 볼셰비키의 권력 장악이 현재 존재하는 사회 구조가 아닌 다른

사회 구조를 낳을 수는 없었다. 그래서 소련 역사가 거쳐 온 길을 숙고해 보려고 노력하면 할수록, [……] 심지어 가장 무시무시한 부절제한 행위조차 발생하지 않았다는 식으로 어떤 한계선을 긋는다는 것은, 그리고 다른 결과에 이르는 것이 절대적으로 당연한 일이었다고 말하는 것은 더욱더 힘들어진다.[175]

바로는 그가 소련에서의 발전을 불가피하게 만든 것으로 주장한, 네 가지 요소의 예를 들었다. ①러시아의 (반-)아시아적 과거를 제외하고[176] 그는 다음을 확인했다. 즉, 그것은 ②제국주의 국가와 그들의 기술적 우위가 그 나라에 가한 외적 압력을 확인했다. '포위된 상태에서 겪는 불안감'을 고려해 볼 때, 이러한 계속적인 외부 위협은 스탈린주의적 과도함을 상당 부문 설명해 주었다. ③분명히 무수한 폭력을 수반하기 마련인 초기 축적의 필요성과 ④생산력 자체의 적대적인 특징이다. 생산 과정에 필요한 기계류는 이미 사회주의적으로 만들어질 수 없으니, 테일러주의 기술은 자본주의로부터 재생산되어야 한다.

공업화 과정이 주요한 측면에서 완성되었을 때(소련에서뿐만 아니라, 동유럽 국가들에서도), 생산력과 생산관계 사이에 새로운 모순은 드러났다. 최근의 '프라하의 봄' 뒤로, '현실로서 존재하는 사회주의actually existing socialism(바로의 동유럽 형태에 대한 용어)'가 어떻게 정체에 빠지는지 명백해졌다.

생산 기구, 잉여 생산물의 가장 큰 몫, 재생산 과정의 비율, 분배와 소비에 대한 독점적 처분권은 주체적 주도권을 죽이거나 사유화하는 경향이 있는 관료적 기제를 초래했다. 새로운 사회의 진부한 정치 조직은 경제 과정에 깊숙이 간섭하고 사회적 추진력을 무디게 한다.[177]

소련에서 현실로서 존재하는 사회주의에 대한 역사를 개괄적으로 묘사한 바로는 동독의 경험에 이끌려 이러한 사회의 형식을 더 자세히 묘사하려고 노력했다. 그는 분석의 출발점으로 '사회적 종합'에 상당한 중요성을 부여했고, 사회적 노동 안에서 두 가지 종류의 활동을 구분했다. 즉, 그것은 목표로서 사회적 종합을 가지는 노동('일반 노동')과 목표로서 이 종합을 가지지 않은 노동('특수 노동')이다.[178]

바로는 이러한 구별을 한 집단이 다른 집단을 지배하는 사회에서 분업을 특징으로 삼는 모든 사회에 적용할 수 있다고 주장했다. 사실상 계급 형성의 모든 과정은 일반 노동과 특수 노동의 이러한 모순을 중심으로 진행되었다. 고대 계급 사회에서 지적 노동 그 자체는 이미 사회적으로 지도적 활동이었다. 그러나 심지어 고대 생산 양식에서도, 지적 작업의 많은 부분은 지도층이 아니라 노예에 의해 수행되었다. 지배자가 자신들을 위해 남겨 둔 것은 사회적 종합의 기능이었다. 차츰 좀 더 복잡한 사회에서 지적 노동의 범위는 모든 종류의 사회 부문으로 스며들었다. 그래서 사회적 종합을 이룬 현실로서 존재하는 사회주의에서의 '일반 노동'은 단지 모든 지적 노동의 일부분만을 형성한다.

현실로서 존재하는 사회주의의 전체 사회적 노동에서, 바로는 다섯 가지의 서로 다른 기능적 단계를 구별했다.

1. 단순하고 개략적으로 분류된 그리고 보조적인 작업
2. 복잡하고 전문적 경험을 요하는 작업
3. 과학 분야에서 재생산적인 전문적 작업
4. 과학 분야에서 창조적인 전문적 작업
5. 자연적이고 사회적인 총체성의 분석과 종합[179]

이들 기능적 수준은 현실로서 존재하는 사회주의의 사회적 계층화의 토대였다. 자본주의와 초기의 계급 사회에서는 소유관계가 사회 계층화를 결정했다. 그러나 자본주의적 사적 소유의 형태와 한계가 사라진 뒤 현실로서 존재하는 사회주의에서 사회적 계층화는 분업 그 자체로부터 초래되었다. 따라서 사회적 계층화는, 그것이 한 국가 안에서 제도화되었듯이, 사회에서 관리 노동의 구조로부터 뿐만 아니라 노동 과정의 구조로부터도 생겨났다. 이것은 계층화를 일으킨 노동 기능 그 자체의 구별이 아니라 이 계층화에 대한 개인의 복종이었다.

기술 경제적이고 교육적 정책을 통해 제도화되고 끊임없이 재생산되는 다양한 계급에 대한 구분, 기능의 특수한 수준에 개인을 한정하고 제한하려는 지배적 경향은 무엇이 사회 집단적 노동자의 다단계적 조직을 분업에 따라서 조직된 생산과 관리의 과정에서 만들어 내는가에 대한 것이다.[180]

현실로서 존재하는 사회주의가 이런 방식으로 서로 다른 사회적 계층으로부터 건설되었지만, 이런 계층화는 적대감을 포함한 것이었다. 두 가지 모순이 사회를 나누었다. 첫째로, 관료적이고 경제적인 기구의 상층부와 대다수 기술 경제적이고 기술 과학적 전문가를 포함한, 생산에 직접적으로 종사하는 사람들 사이에 모순이 있었다. 둘째로, 생산 노동자와 전문가 사이에 모순이 있었다.

원료와 기계류와 노동 시간에 대한 경제적 조작을 위한 필요조건과 함께, 기능과 기술이 노동자 계급을 국가 자본의 능력 또는 기능에 맞서게 한다는 사실의 결과로, 전문가 계급과 심지어 하급 관리인을 포함한 기술 경제적 중간 관리

자는 불신과 의심을 하고 바라보아야 했다.[181]

바로에 따르면, 어느 정도 단순화하면, 주된 모순은 생산 조직에서 국가 엘리트와 노동자 사이에 있었다. 그러나 억압받는 주민의 좀 더 넓은 집단에서, 하부 모순이 전문가(기능 수준 2, 3, 4)와 일반 노동자(기능 수준 1) 사이에 있었다(도표를 볼 것).

바로는 동유럽의 사회 형태에서 근본적 변화가 오직 중간 전문가 집단으로부터 발생할 수 있다고 주장했다. 이 생각에 숨겨진 것은 모든 역사적 상황에서 사회의 최하위층이 근본적으로 그들의 행동반경을 제한받는다는 것이었다. 왜냐하면 이들 계층은 필연적으로 사회에 대한 종합적 전망을 가질 수 없거나 또는 갖지 못했기 때문이다. "하위 계층과 계급의 즉각적 욕구는 늘 보수적이고, 새로운 형태의 삶을 결코 긍정적으로 기대하지 않았다."[182]

바로에 따르면(이 지점에서 그는 레닌주의자로 바뀐다), 노동자는 노동조합 의식만을 얻을 수 있고,[183] 노동자들의 이익 집단은 어떠한 새로운 문화도 기대하지 못한다. 그것은 바로 노동 계급이 그 자신의 힘으로 스스로 해방할 수 없는 이유다. 즉, "좀 더 일반적인 사회 위기에서 상위 계층이나 계급의 일부, 또는 좀 더 효율적으로 새로운 '중간 계급'이 개혁 또는 혁명을 위해 억압받는 대중을 조직화할 때만 새로운 전망은 생겨난다."[184]

그래서 노동자가 아니라 전문가가 역사적 변화의 새로운 주체를 이루었다. 전문가, 특별히 기술자는 다음 단계에서 사회의 지도력을 잡을 운명이었다. 명백히 기술자의 노동은 본질적으로 아직 '종합적'이지 않았다.

그러나 과학적·기술적 전문 분야에 대한 그의 몰입은 그에게, 비록 원래는 인간과 관계없이 '순수하게 객관적이며' 사회적이라고 여겨지지도 않는 자연과 기술의 대상에 적용되었는데도, 그리고 기계 장치와 실증주의 과학자적 사고에 의한 그 모든 제한에도 주관적 성찰을 위한 도구로서, 또 그럼으로써 역사적 성찰을 위한 도구로서도 나중에 사용될 수 있는 추상화하는 능력을 주었다.[185]

고도의 의식을 지닌 사람들(즉, 전문가들)은 "사회의 모든 집단과 계층 사이에서 일반적 해방의 관점에서 일체화된 행동 성향의 우위를 확립하려고" 새로운 당, 즉 '공산주의자 동맹'으로 재편성되어야 한다.[186] 또 노동자도 이 동맹에 가입하도록 허락되는 일이 가능하기는 하다. 이는 노동자가 스스로 자신들의 자아실현에 대한 제약이 그 본질상 사회적이라는 점을 인식한다는 조건을 충족할 경우에 한해서다. 노동자가 그러한 통찰을 얻자마자, 그들은 지식인처럼 행동했다.[187] 일단 권력을 잡는다면, 공산주의자 동맹은 "계발이 덜 된 계급에 대한 가속화된 통합, 특권 계급으로부터 독립적 인자의 생산적 고용을 통해" 계급 투쟁을 "최소한으로 해야" 했다.[188]

'위에서 아래까지' 사회를 대대적으로 다시 형성함으로써, 전체 대중이 종합적이고 총체적인 노동synthetic, general labour을 할 수 있는 상황을 달성할 수 있다.[189]

비판들. 바로의 폭넓은 시야와 동독 당국이 그를 구금한 뒤 얻은 명성은 그의 해석이 서구 마르크스주의자 사이에서 폭넓은 토론을 자극하는 것을 보장해 주었다. 어떤 점에서는, 동유럽 사회의 본질에 대한 논쟁은 실제로 바로의 기고문을 통해 (좌파 사이에서) 공개적으로 불붙었다. 그의 강력한 비판자들은 그가 쓴 책 《대안》이 그것이 가지는 정치적 영향력 때문에 중요한 이정표였다는 것을 인정했다. 보기를 들어, 다른 측면에서 바로의 실질적인 생각에 공감하지 않은 틱틴은 "당분간 동유럽에 대한 토론은 바로 이전과 바로 이후로 나뉘어야 할 것이다."고 선언했다.190

1977년 이후 바로에 대해 출판된 문헌은 간단히 요약하기 어려울 만큼 많다. 엄청난 반응과 비평의 한복판에서, 마치 논쟁이 많은 특정 주제를 중심으로 진행되었던 것처럼 보였다. 첫째, 바로가 채택한 방법이 논쟁의 지점이었다. 미에르마이스터Jürgen Miermeister는 바로가 거듭해서 그의 방법론적 수준을 바꾸었고, 분명히 아무런 조정 없이 하나를 다른 것으로 자리를 바꾸어 놓음으로써 이러한 수준을 뒤섞었다고 정확히 관찰했다. 처음에 그는 러시아와 소련과 그것들의 반아시아적 토대, 차르 관료주의의 역사와 볼셰비키 통치 아래에서 그것들의 연속성에서 시작했다. 그러고 나서 그는 러시아 역사에서 추론한 구조 분석적 측면이 "국가의 이러한 반쪽"에서 직접적으로 확증할 수 있다는 것을 가정하면서, 갑자기 동독의 동시대 사회적 현실에 대한 토론으로 옮겨갔다. 그 뒤, 바로는 '원사회주의proto-socialist' 사회를 위한 그의 일반적 대안을 추정하려고 '빈약한 일반화'로 동시대의 동독에서 추론한 결론을 이용했다.191 그 결과, 바로는 인간 역사에 대한 전체-철학적 견해에서 시작하였으나 특수한 역사적 분석에 대한 '중개 고리' 없이 직접적인 정치적 결론을 이끌어낸 사실로부터 그의 아시아적 생산 양식과 소련 사회 사이의 초역사적 유추가 비

롯되었다는 이유로 비판을 받았다.[192]

'잃어버린 고리'로써 경험적 분석 거부는 바로의 사상이 경제학에 대해 좀 더 깊은 심사숙고에 이르지 못했다고 비판자들이 훨씬 더 특별하게 표현했다. 틱틴은 "시장을 옹호한 사람을 제외한 모든 좌파 동유럽 반대파의 치명적 약점"에 대해 말했다.[193] 바로가 현실로서 존재하는 사회주의의 사례에 마르크스의 자본주의 비판을 대체로 되풀이하려고 의도한다는 바로 그 점 때문에,[194] 그가 이와 같은 의도를 깨닫고서 비록 계몽적이기는 하지만 산만한 몇몇 묘사를 넘어서서 과감하게 나서려고 하지 않는다는 점이 인상적이었다.[195]

둘째, 전체적으로 바로의 세계 역사 과정에 대한 해석이 올바른지 의심스러웠다. 두취케가 아시아적 생산 양식 개념을 신중히 사용하지 않았다고 쾨슬러Reinhart Kössler가 비판한 것처럼, 스폰Wilfried Spohn은 바로가 경솔하고 부적절한 생각에 뿌리를 두고, 아시아적 생산 양식을 역사 과정에서 보편적 동력으로 격상시켰다는 이유로 비판했다. 스폰은 또 사적 소유가 아니긴 하지만 새로운 공업이 아시아적 생산 양식과 유기적으로 연결되었다는 것을 뜻한 바로의 비자본주의적 공업화 개념은 의문을 갖고 다루어야 한다고 주장했다.

많은 저개발 국가의 전제 국가 형태는 발전된 세계 시장의 맥락에서 그들의 역사적 후진성으로부터 정당하게 설명될 수 있다. 즉, 이것은 독특한 자본주의적 관계와 역사적으로 매우 다양한 전자본주의적 구성체의 특수한 결합을 나타내 준다. 공업화로 가는 비자본주의적 경로의 범주는 전혀 특수하지 않고, 더욱이 그것은 자본주의 생산 양식으로부터의 독립 그리고 기본적으로 자본주의 생산 양식과 다른 특성을 전제로 한 것인데, 이는 실제로 역사에서 발견

할 수 없다.[196]

    셋째 비판점은 바로가 스탈린주의를 불가피한 것으로 특징짓는다는 것이었다. 이러한 견해는 특히 정통 트로츠키주의 진영에서 강한 반대를 불러일으켰다. 만델은 스탈린식 독재가 이미 10월 혁명에 초기 형태로 나타났다는 바로의 주장을 "1919년 1월 이후 또는 최근에 1929년 월스트리트가 무너지고 난 뒤 히틀러와 아우슈비츠가 필연적이라는 생각만큼이나 터무니없다."고 주장하면서 반박했다.[197] 프랑크도 비슷하게 주장했다.[198] 벵상Daniel Bensaïd은 그 주장을 더욱 발전시켰다. 그는 바로가 옳았다면, "1917년 10월 혁명은 프롤레타리아 혁명이 아니라 새로운 이행의 시기로 길을 연 새로운 형태의 (아직은 프롤레타리아적이 아닌 고전적 의미에서 부르주아적) 혁명"이라는 결론을 내릴 수 있을 것이다. 그러한 생각에서, 그는 곧바로 '관료적 집산주의'와 '국가 자본주의'의 오래된 유산을 발견했다.[199] 벵상은 노동자가 혁명에서 중요한 세력이 될 수 있지만, 그들이 기울인 노력의 사회 역사적 결과가 반드시 노동자의 국가일 필요는 없다는 개연성을 받아들일 수 없었다. 반대로, 처음에는 트로츠키주의 운동의 구성원이었던 플라이셔는 바로의 견해를 특별히 방어했다. 바로의 역사적 불가피성을 지지한 사람들과 반대한 사람들 사이에서 토론되지 않은 것은 혁명 이후 러시아에서 객관적 관계가 견고할 수 있었던 원천, 그리고 이러한 조건 밑에서 '주체적 요소'가 가질 수 있는 효능에 대한 것이었다.[200]

    넷째, 사회주의 집단에서 자주 제기된 비판은, 바로가 바랐던 문화 혁명의 추진력이 지식 계급이었기 때문에, 동유럽 노동자 계급의 전략적 관련성을 무시했다는 것이다. 많은 작가는 이런 방식으로 '위로부터의 전략'을 고안하는 것이 의미 없다는 것에 동의했다. 이런 이유로, 어떤 사람들은 바로를 '기술 관료'로 낙인찍었다. 만일 실현되었다면, 그 체제는 더 많은 소외와 비인간화를 낳을 것이다.

바로가 진보적 엘리트로서 주도적 역할을 맡기를 바란 사람들은 우리 삶의 구석구석을 파괴하는, 자본주의적 관리의 집행자다. 이들이 운수 사업, 보행자 공간, 그리고 쇼핑센터에서 우리의 일상 도시 생활을 살아 있는 육체로부터 분리해서 기계 장치 속으로 부적절한 부분을 제거한 뒤 집어넣은 도시 계획의 전문가다. 지금 정보 공장information factories 안에서도 피고용인이 갖추어야 할 자격의 마지막 잔존물을 제거해 버릴 것을 제안하는 것은 바로와 같은 종류인 노동 계급 조직가 자신이다.[201]

다른 사람들은 추진력으로 노동 계급 없이 공업적, 위계 사회를 뛰어넘을 가능성을 부정했다. 그들은 그 점에서 바로를 현재 역사의 역동성을 이해할 수 없는 무기력한 반대파로 여겼다.[202] 그러나 바로를 '기술 관료'로 묘사하든 아니면 때때로 '개량주의적 공산주의자이자 전술가인 사람'(만델)인 것처럼 사고하는 '혁명가'로 묘사하든, 어떻게 묘사할 수 있는가에 관계없이, 노동 계급이 매우 중요하다는 사실은 모든 이가 강조했다.

마지막으로는 바로가 동독을 분석한 것에 대한 의구심, 더 일반적으로 바로가 당대의 '현실로서 존재하는 사회주의'의 기능을 분석한 것을 반대한 사람이 있었다. 뵈게홀츠Hartwig Bögeholz는 특히 작업 지시job designations의 피라미드가 (꼭대기에 있는 일반 노동과 함께) 생산력의 구조에서 유추될 수 있고, 최상위 작업 지시가 반드시 더욱더 일반화되어야 한다는 바로의 생각을 비판했다. 뵈게홀츠는 이러한 구상이 이미 의식적으로 사회를 이끄는 사람들의 집단이 현재 '현실로서 존재하는 사회주의'에 있다는 것을 뜻한다고 주장했다. 그러한 해석은 몇몇 반대를 불러왔다. 한편으로는 그 누구에 의해서도 통제되지 않는 사회관계의 '순수성'이라는 현상은 배제되었지만, 다른 한편으로 우리는 존재하는 엘리트의 '악의'가 모든 부조리의 뿌리였다고 논리적으로 결론 내릴 수 있다.[203]

슈미이데러

서독 정치학자 슈미이데러(1940~1989)는 다무스가 제시한 종합 이론을 충분히 마르크스주의적이지 않다는 근거로 비판했다. 종합 이론이 산출한 연구 발견점이 모든 것을 고려할 때 오히려 빈약했기 때문이었다.[204] 그런데도 다무스의 접근은 그것을 비판한 사람들에게 영향을 주었다. 비록 그들이 다무스가 했던 것보다는 덜 추상적이고 덜 범주적으로 문제를 제기했지만, '무엇이 현실로서 존재하는 사회주의의 사회적 결속을 보장하는가?'라는 종합의 의문은 명백하게 슈미이데러의 연구에서도 다시 나타났다.[205] 슈미이데러 등의 근본적 추정은 정통 마르크스주의였다. 즉, 사회주의 사회의 수립은 오직 전반적인 상품 생산 그리고 임노동과 자본 사이의 일반적인 모순을 통해 사회화된 자본주의 사회 안에서만 가능하다. 오직 그러한 조건 아래에서, 생산자의 의식적 의지에 따라 지배되는 사회 구조(사회주의)를 낳게 되는 사회적 전환이 가능했다.

그러나 러시아(또는 중국)에서 존재하는 혁명 이전의 사회적 상황은 이러한 방식으로 자본주의적으로 사회화되지 않았다. "객관적으로 그리고 주체적으로 모든 개인을 아울러 결합하는 총체성이라는 의미에서, 사회적 총체성에 대한 마르크스주의 개념이라는 의미에서" 사회[이익 사회]

는 존재하지 않는다.[206] 세계 시장의 압력 때문에, 러시아는 구조적으로 더욱 변형된 사회였다. 그 나라는 국제적으로 상당한 힘, 강한 국가 그리고 상대적으로 약한 경제를 소유했다. 한편으로, 19세기 말에 시작한 산업화는 부르주아 계급의 '역사적 과업', 즉 선진화된 자본주의 사회를 건설하려는 힘과 의지를 소유하지 않은 비대 국가와 강력히 연대한 약한 부르주아를 만들어 냈다. 다른 한편으로, 주어진 상황에서 노동자 계급은 사회주의를 수립할 수 없었다.[207]

이런 방식으로 10월 혁명은 차라리 위선적인 사건이 되었다. 왜냐하면 자본관계는 부정되었지만, 사회주의적 사회화가 아직 가능하지 않았기 때문이다. 혁명 이후 사회에서 역사적 필요성은 자본주의적이거나 또는 (자주 관리에 기초를 둔) 사회주의적이지 않았던 사회적 결속(종합하는 사례)의 요소를 위해 존재했다. 이 요소는 (자본주의에서 시장과 같이) 경제적일 수 없었고, 정치적 요소여야 했다. 당 자체가 이러한 요소가 되었다. "사회화를 위한 필요성이 생산자 사이에 자연적으로든 또는 의식적으로든 존재하지 않았기 때문에, 당은 전술적으로 사회의 통합과 지도력을 스스로 장악할 필요가 생겼다."[208]

그러한 방식으로 생산은 직접적이고 권위적 경로를 따라 사회화될 수 있다. 그러나 사적 생산(가사 일에서)은 계속 존재했다. 따라서 소련에서 노동은 자본주의가 부여한 이중적 의미에서 자유로운 특징을 지니지 못했다. 한편으로, 소련에는 생산 수단에 대한 자유가 없었다. 왜냐하면, 생산 수단에 대한 사적 통제가 없었기 때문이다(그러나 그와 함께 이들 생산 수단에 대한 집단적 전유도 없었다. 그래서 노동자와 생산 수단 사이의 소외된 관계가 존재했다). 다른 한편으로, 노동자는 더는 개인적 종속에서 벗어나 있지 않았다. 왜냐하면, 모든 사람이 직접적이고 집단적으로 국가에 종속되었기 때문이다.

　이상하게 슈미이데러 등은 그런데도 결국에는 바로와 다무스가 언급한 소련 엘리트에 대해 똑같은 특징에 이르렀다. 즉, 바로와 다무스는 [소련 엘리트를] '지배층'으로 언급했다. 그들은 또 이 엘리트가 이기심으로 이끈 것이 아니라, "사회주의로 나아가는 기복이 심하고 위태로운 '길'에 대한 관심에서" 의식적으로 사회 발전을 이끌었다고 믿었다.[209] 궁극적으로, 사회가 발전하는 방향에서 결정적인 것은 엘리트의 의식이었다. 여기에 슈미이데러 등이 중국 엘리트와 소련 엘리트를 대조했고, 중국 엘리트가 러시아 엘리트보다 '더 나았다'고 가정했던 이유에 대한 설명이 놓여 있다. 비록 러시아와 중국 혁명의 구조적 조건이 비슷했을지라도, 그리고 두 국가 모두 자본주의적 세계 시장의 지배와 '사회적 개인'의 덜 발전한 본질과 싸우고 있을지라도, 우리는 이것으로부터 사회주의에 대한 다른 해석이 어떻게 각각 다른 발전 전망과 결합할 수 있는지를 배울 수 있다.[210]

　슈미이데러 등의 기고문은 주목할 만한 반응을 받지 못했다.

틱틴과 그에 대한 비판자들

다무스, 바로, 슈미이데러 등이 한 연구는 모두 소련에서 경제적 과정에 대한 의식적 규제가 '위로부터' 일어났다고 추정했다. 또는 이 주장에서 그들을 지지한 한 저자가 그것을 정식화했던 것처럼, "생산 수단의 사회화는 경제적으로 결정된 지배의 제거로 나아가는 첫 번째 발걸음이다. [……] 사회화의 행위는 경제에 대한 부르주아의 우위에서부터 정치의 우위로의 이행을 주도한 것이다."[211]

　영국 마르크스주의자 틱틴(1937년 출생)은 완전히 다르게 접근했다.[212]

1973년부터 그는 어쨌든 계획이 있었다는 **선험적인 추정 없이** 소련 경제를 분석하려고 했다. 당대의 소련 사회가 인력과 생산 수단, 그리고 생산물의 엄청난 낭비(그가 처음에 쓴 논문에서 대부분을 할애한 현상[213])로 특징지어진다는 결론에서 시작했다. 그는 막을 수 없어서 더 깊게 뿌리박힌 것처럼 보이는 이 낭비가 실제로 어디에서 비롯되었는가를 자문했다. 마르크스주의자로서 그는 이 현상이 시장 지향적 세력의 부족에서 오는 직접적 결과라고 주장한 많은 동유럽과 서유럽 전문가들의 생각을 거부했다. 이와 반대로, 틱틴은 시장력을 강화하거나 다시 도입하는 데서 생긴 반민주주의적 경향으로 인식했다. 그 경향은 '현실로서 존재하는 사회주의'에서 노동 계급의 지위를 더 나빠지게 했다.[214]

따라서 비효율성에 대한 그의 설명은 친시장적 추론에 대한 정확한 반대에 근거한 것이었다. 즉, 그것은 정확히 소련에서 **비민주의적이기 때문에** 불충분한 계획의 존재였는데, 그것이 낭비를 가져왔고 실제로 모든 계획 그 자체를 실행할 수 없게 만들었다. 소련에 관한 한, 틱틴은 계획되지 않았지만 '관리되었던' 경제라고 말했다. 그 경제에서 엘리트가 발전의 뒤를 느릿느릿 따라갔고, 기껏해야 사회의 생산에 대한 보잘것없는 장악력을 지녔다. 그의 견해에 따르면, 소련의 "계획은 잘해야 교섭 과정이고, 최악으로 감시 과정police process이었다."[215]

틱틴에 따르면, 국가의 경제적 후진성과 '사회주의적' 실험의 국가적 고립을 고려해볼 때, 이 체제의 뿌리는 계획과 시장 사이에서 모순이 뚜렷하게 출현한 1920년대에서 찾을 수 있다. 계획과 시장 경향 사이의 긴장이 커지자, 그 모순을 극복하는 것이 더욱 긴급해졌다. 강제적인 집단화와 강요된 공업화가 해결책이었다. 당시에 관료제는 자신을 모순 위에서 있는 일종의 '보나파르트적' 권력으로 스스로 격상시켰고, 동시에 모순을 자신의 내부에 에워싸 버렸다.

관료 체제는 스스로 관리의 수단을 자신의 손아귀에 장악하고서는 효과적으로 모든 반대 세력을 파괴하는 새로운 엘리트가 되도록 했다. 이 과정은 직접적인 물리적 제거를 통해서, 또는 간접적으로 너무도 철저하게 그리고 너무도 심도 있게 추진되기에, 그 체제를 전체 주민에게 행사하는 그 자신의 권력이라는 면에서 독특한 것으로 만들어 버린 하나의 원자화 과정을 통해서 진행되었다.[216]

새로운 엘리트가 경제에 행사한 힘은 확실히 처음부터 낭비적이었다. 왜냐하면 모든 계획이 불완전한 정보에 근거했고, 계획을 실행할 때 많은 단계에서 장애가 발생했기 때문이다. 그런데도 계획된 경제는 처음에는 급속히 성장했다.

순전히 조직된 생산 형식의 장점은 초기에 발생했던 엄청난 낭비를 능가했다. 더욱이, 이런 성장의 낭비적 성격은 노동 계급에게서 계속해서 쥐어짜낸 높은 수준의 잉여를 통해 은폐되었다.[217]

경제가 공업화를 통해 더욱 복잡해짐에 따라, 전체 상황을 계속 감독할 수 있는 엘리트의 능력은 줄어들었다.

경제가 더욱 복잡해지고 더욱 집약적이 될수록, 명령이 전달되는 시간은 더 길어진다. 관리자에게 공업은 점점 어려워지고, 왜곡과 그것의 비례적 중요성이 더욱 커진다.[218]

계획이 다수, 즉 노동 계급에 대한 지배에 근거해야만 했기 때문에, 소련의 '계획'은 단지 일련의 갈등을 생기게 할 것이다. 그 결과로 중앙계획자의 지시는 오직 개인들의 개인적 이해관계에 밀착된 한에서 이행되었다. 그래서 소련 사회는 자본주의에서처럼 하나의 작동 법칙이 아닌 두 가지 작동 법칙을 특징으로 한다. 즉, 하나는 '조직의 법칙'이고, 다른 하나는 '사적 혜택 또는 이해관계의 법칙'이다.[219]

엘리트와 노동 계급 둘 다 수없이 많은 개인으로 원자화되고 파편화되었다. 엘리트의 처지에서 엘리트는 어쩔 수 없이 두 전선에서 싸워야 했다. 한편으로 엘리트는 그들의 특권적 지위를 재창출하려고 사회적 집단으로서 싸워야 했고, 다른 한편으로는 엘리트의 구성원들이 개인적 지위를 유지하고 승진을 보장받으려고 내부적으로 개인으로서 싸워야 했다. **노동 계급도** 마찬가지로 원자화되었다. 왜냐하면 노동 계급이 그들 자신의 노동조합이나 다른 자율적인 정치 조직을 지니지 못했기 때문이다. 노동 계급은 오직 아주 작은 양을 생산하거나 사용 가치를 지니지 않은 생산물을 공급함으로써 부정적 방식으로 생산에 영향을 줄 수 있다. 엘리트와 노동 계급을 포함한 모든 사람이 그들 자신의 이익을 가장 먼저 추구했기 때문에, 그 어떤 정책도 효과를 거두지 못했다. 사실 사회적 잉여 생산은 어떤 사람에 의해서도 정말로 통제되지 않았다. 노동자는 잉여 생산에 부정적 영향을 끼쳤다. 엘리트는 잉여 생산에 부분적으로만 긍정적 영향을 끼쳤다. 그러나 그 누구도 실제로 다음을 알지 못했다.

잉여가 무엇이든, 잉여가 어디에 있든, 또는 잉여가 얼마나 크든, 엘리트가 지시를 이행하게 할 수 있는 방법은 없다. 보기를 들어, 정부 내 각 부처의 원래 의도에 반드시 순응하도록 만들기 위해서 필요하게 될 복종의 체계를 따라 다

양한 사람들에게 모든 지시를 내린다는 것은 정말로 불가능하다.[220]

결과적으로, 생산 영역 안의 모순은 더는 (교환-)가치와 사용-가치 사이의 모순에 의해 주로 형성되는 것이 아니라, 사용-가치 그 자체 안에 포함되어 있었다.

모순은 사용-가치 그 자체 안에 놓여 있다. 생산된 사용-가치는 생산된 잉여 생산물이 그 자체로 특별한 종류인 결과로 상당히 불완전하다. 다른 일부는 고장 때문이거나 여분의 부품들이 없기 때문이거나 또는 그 밖의 무엇이 원인이든 받아들일 수 있기는 하지만, 끊임없이 추가 비용을 지출하는 원인이다. 다른 한편으로 1/3은 그 자체로는 결함이 아닐 수 있지만, 잉여 생산물의 잔여분에 급속하게 흡수되는 방식으로 운용된다.[221]

잉여 생산물에 대한 이러한 비효율적 통제는 정확히 틱틴이 엘리트를 '지배 계급'으로 부르는 것이 이치에 맞지 않다고 여기는 이유였다. 전체 사회를 위해 결정적인, 사적 이해관계와 조직 사이의 갈등은 엘리트 그 자체 안에서도 표출되었다. 따라서 그런 갈등은 이 사회 집단을 아주 불안정하게 만들었다. 좀 더 명확하게, 틱틴은 엘리트를 다음과 같이 묘사했다.

[엘리트는] 직접 생산자에 대한 착취에 연루되고, 부분적으로 추출된 잉여 생산물에 대한 통제권을 지닌 사회 집단이다. 그러나 그들은 국가의 이용을 포함한 직접적 정치 수단의 형태로만 자신들의 착취를 유지할 수 있다.[222]

그러므로 전체적으로 소련 사회는 불안정하고 혼종적인 구조였고, 사회주의로 나아가는 길에서 '잘못된 출발'이었다. 소련 사회는 다음과 같은 사회 형식이었다.

[그 사회는] 하나의 생산 양식으로 생존력을 가지지 않고 있으나, 구체적 작업을 수행하고 자체적으로 착취하는 지배 집단을 가진다. 국가 자본주의자는 이들 사회를 자본주의적인 것으로 주장한다. 그러나 노동자 국가주의자 workers' statists는 이들 사회가 사회주의의 가장 낮은 그리고 변형된 단계라고 주장한다. 관료적 집산주의자는 그것이 지배 집단이 효율적으로 생산 수단을 소유한 새로운 생산 양식이라고 주장한다. 이들 견해의 그 어떤 것도 이들 사회의 발전에 대한 이론을 제공하지 않는다. 그것들은 정치적 범주에 대한 단순한 진술에 지나지 않는다.[223]

틱틴은 그의 책에서 왜 10월 혁명이 궁극적으로 '잘못된 출발', 즉 전체 발전이 일어났던 세계 역사적 맥락 안에서 [잘못된 출발]이 되었는가 하는 질문에 답변하지 않았다.

틱틴의 이론에 대한 비판은 두 개의 서로 연결된 주장에 집중되었다. 여러 논자가 틱틴이 소련에서의 낭비를 과장했다고 말했다. [만델은 다음과 같이 주장했다.] 틱틴이 주장했던 것처럼, 만일 상황이 정말로 재앙과도 같았다면, 어떻게 그 나라가 한 세대 안에서 저개발 국가에서 초강대국으로 전환할 수 있었는가를 이해할 수 없게 된다는 것이다.

'소련의 중요한 경제적 특징'은 성장 더하기 낭비, ('늘어나는') 낭비가 있었는데도 성장, 증가하는 낭비를 제외한 실질 성장이라고 말하는 것이 더 정확할 것이다[……]. 그것은 소련을 단지 기본적으로 낭비가 심한 정체된 사회이거나 퇴행하는 사회(예를 들어, 쇠퇴기의 로마 제국)와는 아주 다른 어떤 것으로 특징짓게 한다.[224]

게다가 두 경제 부문을 실제로 소련에서는 식별할 수 있다는 언급도 있었다. 즉, 하나는 자본주의와 견줄 수 있는 '고품질의' 생산물을 생산하는 군산복합 부문이고, 다른 하나는 낭비에 시달리는 민간 부문이다. 그런 의미에서, 소련 경제는 효율적이면서 비효율적이라고 일컬어졌다.[225]

클링거Fred Klinger에 따르면, 소련이 효율적 부문과 비효율적 부문 둘 다를 특징으로 했다는 것은 엘리트가 명확히 사회적 과정을 이끌 수 있었다는 지표 가운데 하나였다. 그것 때문에 사회적 발전은 의식적으로 지도된 과정이 되었고, 그 누구도 더는 '생산자 몰래' 형성되는 '작동의 법칙'에 대해 명료하게 말할 수 없었다. 그 체제가 가지는 단 하나의 역동성은 중앙 수준에서의 결정과 지시였다. 이것이 없다면, 경제는 서서히 멈출 것이다. 그 체제가 완전무결하게 기능하는 데 필요한 주요 전제 조건은 주민 대다수의 충성이었다. 그것이 있다면, 엘리트의 행동 영역은 '정책 결정의 중심으로서 그 자신의 권력 경계'를 통해서만 한정될 것이다.[226]

마지막에 나온 통찰을 통해, 소련에 대한 최근 논쟁의 중심 주제가 다루어졌다. 즉, 만일 엘리트가 계급이 아니었고, 그래서 계급 모순에 기반을 둔 사회 구성체의 전통적 법칙으로 구속받지 않았다면, 이것은 엘리트와 모순적 발전이 '잘못된 정책' 또는 '악의'에서 비롯될 수 있다는 함의로, 자율적으로 그리고 의식적으로 경제 과정을 조정했다는 것을 뜻하는가? 아니면 이것은 엘리트가 그 자신의 타고난 경향 때문에 철저히 관료화한 사회의 꼭대기를 구성했을 뿐이라는 사실과 관계있는 다른 '법칙'

에 따라 구속되었다는 것을 뜻하는가?

헝가리의 '신좌파'

1960년대에 '자유주의적 마르크스주의' 철학자와 사회학자의 집단은 '부다페스트 학파'로 알려진 루카치를 중심으로 만들어졌다. 이 경향의 가장 중요한 대표자(헤게뒤시András Hegedüs, 헬레르Agnes Heller, 마르쿠시 György Márkus, 그리고 다른 사람들)는 꽤 오랫동안 동유럽 사회주의를 비판하는 데서 오히려 절제했다.[227] 그렇지만 그들 대부분은 1970년대 동안 생활이 아주 어려워서, 1977년쯤 일시적으로 또는 영구적으로 서방으로 이민했다.

그러나 그 사이에 이들 반체제 지식인의 젊은 세대에서 마르크스주의를 포기한 사람들 또는 마르크스주의자가 아니라 반대파가 되려는 사람들이 나타났다.

마지막에 말했던 지식인의 네트워크에서 부다페스트 학파와 결별하고 '급진적 개혁' 전략을 주장했던 철학자 벤체György Bence(1941년 출생)와 키시János Kis(1943년 출생)가 중요한 역할을 했다.[228] 벤체와 키시는 그들이 '라코프스키Marc Rakovski'[229]라는 공동 필명으로 《레탕 모데른Les Temps Modernes》[230] 잡지에 복잡한 여러 문제에 대해 논문을 발표했을 때, 소련에 대한 비판자로서 서방에 알려지게 되었다. 얼마 뒤 그들은 또 《동유럽 마르크스주의를 향하여Towards an East European Marxism》란 제목으로 동유럽 사회에 대한 방대한 비판서를 펴냈다.[231] 이 책에서 그들은 소비에트 유형의 사회는 사회주의도 자본주의도 아니었고, 또는 두 개의 결합체도 아닌 독자적인 계급 사회라는 테제를 옹호했다. 그들은 이들 사회를 적절히 이해하려면 (단선적) 마르크스주의 도식을 수정할 수밖에 없다고 주장했다.

역사적 유물론의 전체 전통적 구조를 다시 생각할 필요가 있다. [……] 역사주의가 마르크스의 사상에서 중요한 역할을 했지만, 그는 그가 살았던 시대의 사회 과학을 지배했던 단선적 발전주의의 함의를 피할 수 없었다. 역사적 유물론의 전통적 구조 안에서 자본주의 이외의 진화적 궤도를 가진, 그리고 단순히 같은 경로를 따라서 이전 또는 이후 단계가 아닌 근대 사회 체제를 위한 공간은 없었다.[232]

분명히 그때에는 '비마르크스주의적' 역사적 유물론에 대한 이러한 갈망이 다른 헝가리 지식인에게도 영향을 주었다. 이미 1974년 경제학자 셀레니Ivan Szelényi(1938년 출생)와 소설가 콘라드György Konrád(1934년 출생)는 함께 한 편의 글을 완성했다. 그 원고에서 그들은 소비에트 유형의 사회를 위한 새로운 분석적 토대를 발전시키려고 했다. 탄압은 아주 오랫동안 그 연구의 출판을 막았다. 1979년에 비로소 그것은 《계급 권력의 도상에 있는 지식인들Intellectuals On The Road to Class Power》과 같이 더 폭넓은 대중지에 접근할 수 있게 되었다.[233]

콘라드와 셀레니는 그들 연구에서 세 가지 사회 형태를 비교했다. 즉, 그것은 아시아적 생산 양식과 자본주의와 (그들이 소비에트 형식의 사회를 의미했던) 사회주의다. 그러나 그들은 이들 사회를 생산 양식과 같은 마르크스주의적 용어가 아니라, 폴라니Karl Polanyi의 경제 통합 모형과 베버의 합리성 개념에서 도움을 받아 규정했다.[234] 알려진 것처럼, 폴라니는 네 가지 종류의 경제 체제를 구분했다. 즉, 가내 경제 체제(전제 정치), 상호적(대칭적) 체제, 재분배(중앙집권) 체제, 교환에 기반을 둔 (시장) 체제다.[235] 콘라드와 셀레니는 이러한 구분을 채택했고, 재분배 체제 안에서 두 가지 변종을 구별했다. 즉, 그것은 분배 중심이 전통에 의해 합법화되는 전통적 체제고, 그 중심이 합리적으로 정당화되는 근대적 체제다.[236] 그들은 첫 번째 재분배 체제를 아시아적 생산 양식으로, 두 번째를 현실로서 존재하는 사회주의와 같다고 보았다.

우리는 콘라드와 셀레니가 구분한 사회 형태를 다음과 같이 도식적으로 나타낼 수 있다.

	아시아적 생산 양식	자본주의	사회주의
경제 모델	재분배	교환	재분배
정당화	전통적	이성적	이성적
경제력과 정치력의 관계	융합	분리	융합

현실로서 존재하는 사회주의는 다른 두 체제와 특징을 공유했지만, 동시에 벤체와 키시의 용어로 '독자적인 사회'였다.[237] 합리적 재분배 체계 안에서, 모든 것은 지식에 의존했다. 누구든 재분배를 담당하는 엘리트 계급에 속하길 바라는 사람은 전문적 능력을 지니든지, 아니면 다르게 말하자면 지식인이어야 한다. 여기에 소비에트 유형의 사회가 다음과 같이 둘로 나뉜 계급 구조를 갖는 이유가 있었다.

하나의 기둥에는 재분배의 지위를 차지한 발전하는 지식인 계급이 있다. 다른 기둥에는 사회적 잉여를 생산하지만 그것을 처분할 권리가 없는 노동 계급이 있다. [⋯⋯] 인구의 많은 부분은 중간 계층에 배정되어야 한다.[238]

비록 구조적인 사회 모순이 있기도 하지만, 인텔리겐치아 그 자체가 안정적이고 성숙한 지배 계급을 이루지 못했다. 덧붙여 말하자면, 콘라드와 셀레니는 그들이 개발했던 범주를 일관되게 사용하지는 않았지만, 구성원이 스스로 중요한 결정을 내릴 수 있는 '지배 엘리트'와 더 폭넓은 지식인 계층을 구분했다. 스탈린 밑에서 모든 권력은 첫 번째 언급한 집단에 근거한 것이었다. 그러나 엘리트는 또 인텔리겐치아의 큰 부분을 흡수하려고 했다.

그러나 지배 엘리트는 모든 권력을 자신을 위해 남용하면서, 인텔리겐치아 계급 안에 존재하는 갈등을 내면화했다. [……] 만일 엘리트가 자신의 권력을 안정화하기를 바란다면, 엘리트는 지식인 계급과 타협해야 하고, 그의 독점적 권력을 포기해야 하며, 공유된 지배의 체계 내에서 권력의 헤게모니에 만족해야만 한다.239

이런 의미에서, 인텔리겐치아는 **발생 상태에 있는** 지배 계급이었다.240 1970년대 중반에 서방으로 이주했던 '부다페스트 학파'의 유명한 회원은 머지않아 소련과 그 동맹국에 대한 비판을 공식화했다. 그 비판은 그들이 헝가리에서 반체제 활동을 했을 때 비판했던 것보다 훨씬 급진적이었다. 페헤르Ferenc Féher241가 처음에 시도한 뒤에 페헤르, 헬레르, 그리고 마르쿠시242는 함께 《욕구에 대한 독재Dictatorship over Needs》를 1983년에 출간했다.243 이전의 많은 시도를 통합한 이 책은 '현실로서 존재하는 사회주의'에 대한 독특한 이론을 명확히 서술했던 실질적인 작업이다. 이들 저자는 정치적·경제적 측면에 주의를 기울일 뿐만 아니라, 법과 사상과 철학에도 주의를 기울였다. 나는 여기서 처음에 말한 두 가지 측면을 고찰하는 데 국한할 것이다.

페헤르 등은 타락한 노동자 국가, 국가 자본주의 그리고 관료적 집산주의 이론을 명확히 거부했다. 비록 그들이 엘리트가 분리된 동종적 사회 집단으로 자신을 스스로 강화했다는 의견을 가지지만,244 그들은 또 마르크스주의적 의미에서 이 집단과 지배 계급 사이의 근본적 차이에 관심을 기울였다.

그 기구의 구성원들은 사회적 생산의 구조에서 그들이 차지하는 위치에 따라서 일정한 방식으로 행동하도록 구속받는 것이 아니다. 즉, 그들은 의식적으로 그 기구가 미리 마련해 놓은 규칙과 목적에 따라야 하는 것이다. 그렇게 하지 않으면 그들은 제재를 받을 것이다. [……] 이러한 유형의 사회 집단은 (계급의 경우와는 아주 다르게) 일정하게 조직화되어 있는 집단['단체(corporation)']이 개인보다 탁월하다는 생각에 근거한다. 그러므로 계급 분석의 주된 목적(어떻게 해서 비슷한 객관적 위치에 있는 개인들이 공동의 의식과 조직에 이르게 되느냐 하는 문제)은 사회들의 지배층이 관련되는 한에는 무의미해지는 것이다.[245]

따라서 페헤르 등은 계급 개념 대신에, 이 기구의 개념이 유용한 분석적 기능을 할 수 있다고 믿었다. 리치와 다른 사람들이 주장했던 것처럼, 국유화된 생산 수단은 관료의 집단적 소유가 아니라 관료 기구 그 자체의 소유였다. 이들 헝가리 마르크스주의자들은 소유가 공동이었던 봉건제 시기의 유럽 교회에서 유사점을 이끌어낼 수 있다고 주장했다.[246]

틱틴이나 다른 사람들과 마찬가지로, 페헤르 등은 이러한 기구가 이끌었던 경제의 '무정부적' 특징을 강조했다. 그들은 계획이 조금도 효과적이지 않았다고 지적했다. 또 명령 경제가 계획 경제의 '정반대'를 구체적으로 표현한 것이었다고 주장하는 데까지 나아갔다.[247] 그들의 견해에 따르면, 전체 체제가 존속할 수 있다는 것은, 특히 공식적 경제를 제외하고, 시장 경제가 여전히 존재했기 때문이었다. 이 시장 경제는 (소규모) 사적 기업 그리고 접촉과 친분관계를 통해 (생산 수단을 포함한) 원하는 상품의 공급을 비공식적으로 '규제했던' 관계의 경제relational economy를 포함한 것이었다. 결과적으로 수입과 (더 작은 규모이긴 하지만) 생산 수단에 대한 '암거래에 가까운' 이차적 재분배가 발생했다.[248]

공동의 지배 집단에 맞닥트린, 엘리트와 마찬가지로 '계급'으로서 묘사할 수 없는, 조직화되어 있지 않고 특성 없는 직접 생산자 집단이 있었다. 더 낮은 계층은 격정적인 봉기를 일으킬 수 있다는 것을 일반적으로 보여 주었지만, 그런 봉기가 진압된 뒤에 겉으로 보기에는 거의 해체된 듯한 지배 기구는 재빨리 자신의 권력을 되찾을 수 있다.[249]

대체로 서로 관계가 있는 세 가지 과정은 소비에트 유형 사회의 표본이 되었다. 즉, 그 과정은 '그들의 상상'에 따라 사회를 만들려고 하는 기구의 시도(국가주의적 동질화), 명령하는 노동과 명령받는 노동 사이의 적대적 양분, 사회적 분업을 통해 구조화되었던 다차원적 집단 이해관계다.[250]

캄페아누

가르시아 카살스Felipe García Casals라는 필명으로 글을 쓴, 동유럽 반체제인사는 1980년에 매우 난해한 《혼합 사회에 대한 테제Theses on the Syncretic Society》를 펴냈다. 이 책에서 그때에 유행한 생산 양식의 '표현'에 대한 논쟁을 언급한 것으로 보이는 하나의 이론을 개발했다.[251] 그 뒤에, 루마니아 출신 캄페아누Pavel Campeanu(1920~2003)가 가르시아 카살스라는 필명 뒤에 숨어 있었다는 것이 알려졌다.[252]

카를로와 다른 학자들이 했던 것과 마찬가지로, 캄페아누는 저발전 현상을 자신의 출발점으로 삼았다. 그는 자본주의가 덜 발전했던 국가에는 원칙적으로 세 가지 '선택'이 있다고 여겼다. 그것은 저발전의 지속을 뜻했던 체념, 새로운 제국주의(보기를 들어, 독일, 일본)를 채택함으로써 제국주의에 저항하는 것, 또는 반제국주의와 반자본주의를 결합했던 레닌주의 혁명이다. 역사가 가르쳤듯이, 마지막으로 언급한 전략은 자신의 과업에 집중했다.

레닌주의 혁명의 과업은 외부의 제국주의적 지배와 내부의 자본주의적 지배를 지속적으로 제거하는 것을 촉진하는 것이었다. [그에 따라] 그것은 가속화된 공업화를 촉진했다. 그러나 이것은 효과적으로 사회주의적 사회의 조직화로 이행하지 못했다.[253]

캄페아누의 레닌주의적 길은 '혼합적'이었다. 즉, 각기 다른 사회 형태에서 나온 요소가 결합했다. 혁명적 사회 구조를 덜 발전한 경제 관계에 강제로 이식하는 것은 '탈구', 즉 사회와 경제 사이의 모순을 낳는다. 이 모순의 영향을 막을 수 있는 세 번째 요소, 즉 (강력한) 국가 기구가 필요해졌다. 그 사회에는 대체로 유기적인 내부 결속이 부족했다. "조숙한 사회주의는 (다른 우회로가 아닌) 경제적 조직화와 사회적 조직화를 통해 조화시킴으로써 하나의 체제가 되려는 목적을 지닌 비-체제다."[254] 이것은 전통적 마르크스주의 개념을 사용함으로써 왜 통찰력을 거의 얻지 못했는지에 대한 이유였다. 특히, 그것은 그런 상황 밑에서 '생산 양식'의 개념을 의미 있게 적용할 수 있는지 아닌지 하는 의심을 불러일으켰다.

캄페아누는 어떤 요소가 '조숙한 사회주의'와 결합했는지를 보여줌으로써 그의 가설을 다듬었다. 다른 무엇보다 사회주의적 요소로 지배 계급의 부재, 교육과 주택과 사회적 보장과 여가에 필요한 꽤 많은 시설, 높은 수직적 이동성 등등의 항목을 제시했다. 자본주의적 요소로서 노동력을 팔아야 하는 강제, 임금 형태, 소비재의 시장 분배, 정책 결정 과정에서 임금 노동자의 영향력 부재 등등을 포함했다. 전자본주의(봉건적) 요소로서 효율적 노동자 조직체의 부재, 기술적 발전성과 비교했을 때 노동 생산성의 낮은 수준, 개인적 의존의 중요성을 나열했다. 이러한 요소 모두가 하나의 과정으로 합류했다.

> 다양한 생산 양식이 [……] 하나의 단일한 경제적 과정에 연계되었다. 따라서 경제의 혼합주의는 다수의 생산 양식이 아닌, 유일하게 기능하는 생산 양식의 이질성으로 이루어져 있다.[255]

6. 5. 요약

1968년 뒤부터, 1917년 10월 혁명 뒤 소련의 성격에 대해 가장 방대하고 다양하며 격한 논쟁이 일어났다. 비록 굴룩스타인(클리프)과 트로츠키-만델을 중심으로 한 더 오래된 경향의 이론적 발전이 정체되긴 했지만, 동시에 많은 새로운 가설이 제안되었다. 홀름베리, 니콜라우스, 베틀렝, 샤방스와 같은 마오주의에 영감을 받은 작가는, 두 가지 측면에서 이전의 변종과는 다른 국가 사회주의적 해석의 새로운 버전을 지지했다. ① 자본주의로 이행은 1917년 또는 1929년 즈음이 아니라 1956년 무렵에 시작되었다. ② 소련 자본주의는 더는 하나의 큰 자본이 아니라 국가의 보호를 받는 많은 소자본의 결합체로 정의되었다.

또 '관료적 집산주의'에서도 여러 새로운 버전이 만들어졌다. 그것들은 리치, 버넘, 샤흐트만 등등보다 더욱 강력하게 이른바 새로운 지배 계급이라고 하는 집단의 독특한 특성을 강조했다. 보기를 들어, 그것은 경제적 토대가 아니라 정치적 토대를 가졌다는 주장(스토야노비치)이나, 자본주의가 계급을 구축한다는 의미에서 이것은 계급이 아니라는 주장(팬섬과 마초버)이나, 또는 이것은 내생적 역동성을 지니지 않는다는 주장(스위지)도 있었다.

그러나 이 시기에 가장 눈에 띄는 점은 소련을 강화된 지배 계급이 전혀 존재하지 않는 독자적인 사회로서 묘사했던 해석이 강력하게 부활한 것이었다. 많은 변종을 포함한 '계급 없는 사회'로 해석한 경향은 부분적으로 새로운 '관료적 집산주의' 이론 세대에 포함될 수 있는 많은 관점을 발전시켰다. 많은 저자는 (몇몇 사람에 의해 (반-)아시아적 생산 양식의 존재로 명시된) 제정 러시아의 저발전과 '새로운 체제'의 등장 사이의 연관성을 묘사했다. 그런 이유로, 이것은 비자본주의적 발전 독재의 한 형태로 여길 수 있다(카를로, 멜로티, 두취케, 바로, 슈미이데러 등, 캄페아누).

둘째, 많은 저자가 사회적 모순의 근본적 이유로 지적 노동과 육체노동 사이의 모순, 또는 그것의 한 측면을 강조했다(에게르트, 튀빙겐Tübingen, 아이흐베데와 카이저, 다무스, 바로, 콘라드와 셀레니).

셋째로, 소련 경제에서 구조적 불균형에 관심을 집중했다. 즉, 비효율성이나 낭비를 증가시킨 생산력과 생산관계 사이에 모순이 있었다는 주장(카를로, 알트파터와 노이쉬스, 코네트, 틱틴, 페헤르 등)도 있었다. 일부 저자는 심지어 소련을 역사적 파국으로 특징짓기까지 했다(지민, 틱틴).

그러나 근본적인 견해 차이는 정치 엘리트가 의식적으로 사회적 과정을 지도했는지 아닌지(다무스, 바로, 슈미이데러), 또는 구조적 이유로 엘리트의 지도력이 심각하게 제한되었는지 아닌지(틱틴, 페헤르) 하는 문제에 있었다.

7장

소련 붕괴와 그 여파

(1985년에서 현재까지)

1985년 3월 고르바초프Mikhail S. Gorbachev가 소련 공산당 서기장으로 임명된 것은 소련의 사망을 예고했다. 고르바초프는 서기장 직을 받아들인 뒤 곧바로 소련의 사회, 경제, 정치적 구조에 대한 지금까지 보기 드문 공식적 비판을 공개적으로 했다. 1987년 6월 소련 공산당 중앙위원회 총회 동안에, 그는 자기의 '기본 테제'를 제출하고 경제 개혁(페레스트로이카)을 요구했다. 국영기업법(1987), 합작기업법(1987) 그리고 협동조합법(1988) 같은 것이 뒤따랐던 '근대화' 시도를 했지만 경제적 쇠퇴가 빨라졌다. 생산 수준은 떨어졌지만, 물가는 치솟았다. 그와 함께, 잠깐 고르바초프를 서방에서 긍정적으로 바라보게 했던 개방(글라스노스트)이라는 새로운 정치는 사회적, 인종적, 민족주의적 저항을 불거지게 했다.

1991년 8월 실패한 보수 쿠데타는 고르바초프가 대상으로 삼은 개혁 기획에 큰 타격을 입혔다. 쿠데타 뒤 몇 주에 걸쳐, 점점 더 많은 소연방 안의 공화국은 독립을 선언했다. 1991년 11월 옐친Boris Yeltsin은 러시아 공화국에서 소련 공산당의 해체를 포고했다. 그리고 12월에 소련은 공식적으로 해체되었고, (처음에는 러시아와 우크라이나와 벨로루스 공화국이 포함된) 독립국가연합Commonwealth of Independent States이 세워졌다. 규제가 없는 시장 자본주의로 '자유 낙하' 하는 일이 그 뒤 몇 년 동안 계속되었다. 경제 위기와 체첸에서 저지른 '더러운 전쟁'은 때때로 저항과 폭동을 불러일으켰지만, 자주 주민의 도덕적 해이로 이끌렸다. 2000년 옐친 대통령은 자신의 후계자 푸틴Vladimir Putin으로 하여금 권력을 승계하게 했다. 푸틴은 국가 경제력을 통제하고, 노동 윤리work ethic를 증진하며, 분리주의자에 맞서 강력한 행동을 하고, 신군사적 강대함을 투사하는 '강한 국가'를 복원하는 데 초점을 맞춘 정책을 추구했다.

7. 1. (국가) 자본주의 이론들

클리프를 중심으로 한 경향과 그 경향에 대한 비판자들

소련이 무너지자, 토니 클리프와 그의 지지자들에게는 중요하지만 좀처럼 분명하게 알려지지 않은 이론적 전환이 필요해졌다. 어쨌든 그들은 원래는 국가 자본주의가 서구 자본주의보다 더 높은 발전 단계를 나타낸다고 추정해 왔다. 따라서 클리프는 1948년에 "자본주의가 다다를 수 있는 극단적인 이론적 한계"와 "사회주의로 나아가는 이행 단계"로서 소련에 대해 언급했다.[1] 1940년대에, 이 해석은 약간은 그럴듯했다. 왜냐하면 소련 경제가 서구 경제보다 더 역동적인 것 같았기 때문이다. 그러나 그 뒤 몇십 년 안에 소련 경제가 구조적 난국에 빠졌다는 사실이 명백해졌을 때, 클리프와 그의 지지자들은 이론의 수정에 대한 분명한 변호를 제시하지 않고서 그들 이론의 이러한 측면[소련 경제가 서구 경제보다 역동적이라는 주장—옮긴이]을 덜 강조했다.[2] 처음에 그들은 국가 자본주의의 붕괴와 그 붕괴가 함축하게 될 사적 자본주의의 '더 낮은' 단계로 후퇴를 상상할 수 없었다. 1987년 말 헤인즈는 소련 사회의 위기가 궁극적이었다는 것, 그리고 그 위기가 소련의 독특한 특성에 뿌리박은 것이라고 믿은 사람들을 비판했다. 헤인즈는 다음과 같이 분명히 주장했다.

1) 소련 경제는 역사적으로 역동적인 경제임을 스스로 보여 주었다.

2) 이 경제의 역동성은 서구와 경쟁적 상호 작용에서 발생한다.

3) 이 역동성은 소련에서 내면화되었고, 더 폭넓은 관계에서 재생산되었다.

4) 소련 경제는 선진 서구와 격차가 넓어지는 것을 방지할 뿐만 아니라 절대적으로 그리고 상대적으로 격차를 좁히는 충분한 추진력을 보여 주었다.[3]

헤인즈는 소련 경제가 곤란을 겪고 있었다는 것을 부정하지는 않았다. 그러나 그는 "위기가 상대적 개념"[4]이고, "경제적 어려움과 제약은 세계의 주요 경제 모두에 영향을 준다."[5]는 것을 강조했다. "존재하는 단단하고 경직화된 구조"는 소련에서 축적 과정을 확실히 늦추게 하고, 많은 "방해 요인"과 함께 "이윤율 하락"[6]을 일으켰다. 그러나 그 발전의 결과가 과장되어서는 안 된다. 소련 경제가 특수한 성격을 지니지만, 많은 다른 경제와 마찬가지로 자본주의적이었기 때문에, "우리는 자유 시장 자본주의에 도착하기 전에 모든 일련의 정거장을 고려할 수 있다."

그러나 1990년 즈음, 소련 경제가 더는 서구와의 경쟁을 견딜 수 없다는 것이 더욱더 명백해졌다. 1990년 여름에 하먼은 스탈린주의 지배 밑에서 급속한 공업화가 1930년대부터 1960년대까지 발생할 수 있었다고 주장했다. 왜냐하면 그 시기에 외부의 통상관계가 최소로 줄어들었기 때문이다. 이 정책은 뒤이어 세계 경제가 차츰 국제화하는 추세the growing internationalisation of the world economy 때문에 한계에 이르렀다. 결국에 소련은 새로운 국제적 분업의 영향을 피할 수 없었다. 그 결과는 관료로 하여금 "자신들이 추구한 방식을 바꾸도록" 강제하는 "정상적" 축적 위기였다.[7]

이 해석은 계속 지배적인 지위를 차지했다. 따라서 1998년에 헤인즈와 글래터Pete Glatter는 1970년대와 1980년대를 통해서 "세계적 관점에서 러시아가 잘못된 장소에서 잘못된 공업 형태를 보였고, 공장이 너무 비대해져서 세계 경제의 다른 지역에서보다 훨씬 덜 효율적인 장비를 가지고 생산물의 범위를 너무 다양화한 것으로 판명되었다."는 것이 더욱 더 명백해졌다고 설명했다.[8] 이 체제에 대한 급진적 간섭은 심각하게 지배 계급을 분열시키긴 했지만 어쩔 수 없었다.[9] 그 잠정적 결과는 "어느 곳에서나 명백한 마비 상태를 가져오는 혼란", 즉 소련을 지배했던 바로 그 권력자를 통해 시장, 국가 자본, 그리고 마피아 관행이 혼종적으로 결합한 것이었다.

비판. 클리프와 그 지지자들의 견해에 대한 많은 비판은 방법론적 쟁점과 관련되었고, 본질적으로 그들이 다음과 같이 모호한 유추를 통해서만 소련을 '국가 자본주의'로 정의할 수 있다는 사고에 이르게 되었다.

1. X 형태의 자본주의에서 Y가 발생한다.
2. Y가 소련에서 발생한다.
3. 그러므로 소련은 자본주의다.

퓌레디Frank Füredi는 이러한 도식적 논증 형태를 대표하는 것으로 간주된 여러 가지 보기를 제시했다. 여기에는 자본주의 안에 사용 가치가 자본주의 생산의 목적이었던(즉, 전시 경제) 사례가 있다는 클리프의 '발견'도 포함된다. "그것을 따르면, 사용 가치가 또한 소련에서 생산의 목적이므로 두 체제 모두 같았다."[10] 퀴레디는 이런 유추가 논리적 결함이 있을 뿐만 아니라 경험적으로도 잘못된 것으로 생각했다. 심지어 자본주의적 전시 경제에서도 사용 가치의 생산은 절대로 그 자체의 목적이 아니었다.

사용 가치의 생산은 가치 법칙에 훨씬 종속되었다. 영국 지배 계급이 잘 알듯이, 영국은 그들의 무기를 공짜로 얻지 않았다. 가치 법칙의 원칙은 영국이 미국에 진 부채를 충당하기 위해 팔아야 하는, 중요한 해외 자산의 상실을 통해 영국 자체에 가장 고통스러운 부담을 주었다.[11]

만델은 클리프가 주장한 이론과 같은 자본주의 이론은 1920년대 말 뒤에 소련에서 과잉 생산의 위기가 어째서 발생하지 않았는가 하는 점을 설명하는 데 실패했다고 논평했다.[12] 물론 소련은 '특수한 체제 위기'를 겪었다. 그러나 그 위기는 본질에서 아주 다른 것이었다. "당신은 텅 빈 상점을 단지 물건으로 가득 찬 상점의 변형으로, 사용 가치의 낮은 생산을 상품 과잉 생산의 변형으로 설명할 수는 없다."[13]

다움과 그에 대한 비판자들

1990년 수학자 다움Walter Daum은 뉴욕에 기반을 둔 소규모 혁명당 동맹 League of Revolutionary Party이 지난 몇 년 동안 진전시킨 새로운 자본주의 이론을 소개했다.[14] 부분적으로 제임스/두나에프스카야와 쿠론/모젤레프스키의 영감을 받았던,[15] 다움은 그가 쓴 책《스탈린주의의 삶과 죽음The

Life and Death of Stalinism》에서 자본주의로 나아가는 이행에 대한 새로운 시대 구분뿐만 아니라 자본주의 그 자체에 대한 새로운 정의를 제시했다. 그는 1930년대 중반까지 트로츠키가 소련의 전개 과정을 분석했던 것처럼 소련이 발전했지만, 전환점이 된 1936년 뒤부터 몇 년 동안 자본주의의 복원에서 정점에 다다른 반혁명이 일어났다고 주장했다. 이런 변화는 두 가지 발전의 결과였다. 내부적으로 1차 5개년계획은 대혼란을 일으켰다. "불균형이 만연했고, 공장에는 원료와 노동자가 부족했으며, 1933년 내내 인플레이션이 치솟았고, 그 해에 가파르고 계획되지 않은 투자 감소가 일어났다."[16]

그리고 외부적으로도 독일 노동자 운동의 실패와 파시즘의 국제적 진전은 큰 타격을 주었다. 이 두 가지 위기에 대응하면서, 스탈린주의 관료는 새로운 방향 전환을 했다. 그때부터 외교 정책은, 스페인에서 프랑코주의자에 맞선 저항을 의도적으로 붕괴시키고 그 밖의 다른 지역에서 '인민 전선' 정책을 촉진하는 것을 통해 드러났듯이, 명백히 반혁명적이었다. 1934~1935년부터, "소련은 늘 세계 무대에서, 서구 제국주의와 협력과 갈등 모두에서 자국의 이익을 보호하는 보수적 역할만을 했다."[17] 국내 전선에서 우익으로 급격한 선회가 있었다. 소수 민족이 억압당했지만, 러시아 민족주의는 조장되었다. 대숙청은 당, 군대 그리고 공업 관료에 대한 엄격한 정치적 통제를 확립하는 수단이 되었다. 노동자 사이의 경쟁은 장려되었고(스타하노프주의: 노동 생산성 향상을 위한 보상 제도), 성과급이 더욱 일반화되었으며, 노동 법률은 더욱 엄격해졌다.

공식적으로 말하면, 소련 경제는 또한 이 시기에 실제로는 '명령에 의한 관리'를 뜻했던 계획 시스템을 통하여 더욱더 중앙 집중화되었다.[18] 그러나 이런 계획은 사실상 경제의 분산화를 강하게 촉진했는데,[19] 이는

"모든 종류의 마르크스주의자가 놓친" 사실이다. 1936년 기업에 경제 책임제를 도입한 것은 결정적이었다. 이를 통해 소련 기업이 법적으로 독립했다.

관리자는 경제적 이해관계를 사회의 성공이 아닌, 그들 기업의 성공에 두었다. 이들은 자본의 경제 법칙 대리인이 되었다. 그들은, 국가의 필요에 따라서가 아니라 그리고 확실히 노동자의 필요와 권리에 따라서가 아니라, 그들이 마음대로 이용할 수 있게 가치와 잉여 가치를 극대화하기 위해서 노동자를 훈련하고, 자본을 축적하고 집중시키며 극대화하려고 했다. 통치자 전체의 이해관계를 대표하는 중앙 관료는 자신의 요구를 자신의 지역 대리인의 특수한 이해관계와 비교하여 헤아려야만 했다.[20]

다움은 이런 방식으로 생겨난 체제를 '유사 사회주의적 자본주의' 또는 '국가화한 자본주의statified capitalism' 로 불렀다.[21] 이 자본주의는 클리프가 주장했던 것처럼, 세계 시장에서 서구 자본주의와 경쟁하지 않았다. 그와 반대로 이 자본주의는 자립 경제, '일국에서 자본주의'를 얻으려고 애썼다. 만델과 클리프, 그리고 다른 사람들과 반대로, 다움은 경쟁이 자본주의의 본질적 측면이라는 것을 믿지 않았다. 그는 자본주의의 근본적 추진력을 "축적 운동, 자본과 노동 사이의 투쟁, 근본적으로는 임금 체계를 통한 프롤레타리아트에 대한 착취"로 규정했다.[22] 어떤 경제에서 "잉여 노동이 임금 노동을 통해 얻어지는" 한, 자본주의는 존재했다.[23] 그러나 경쟁은 잉여 노동을 축적하기 위한 이런 추진력의 '피상적 징후'일 뿐이었다.[24]

자립적 축적을 위한 노력은, "이전에 식민화되었거나 경제적으로 뒤떨어진 국가에서 민족주의적 통치자에게는 당연한 선택이었다. 왜냐하면 그 축적은 그들이 국내에서 잉여 가치를 보존하는 데 도움을 주기 때문이다. 이것은 전통적 자본주의가 더는 작동할 수 없는 곳에서 국가를 영속시킨다."[25] 이 체제에서 생산의 주요한 사회적 목적은 "국가 자본 전체의, 즉 국가의 경계 안에서 국가가 소유한 자본의 가치를 보존하고 극대화"하는 것이었다.[26]

이런 주요한 목표는 흔히 상충하는 "지역의 관료와 부문의 관료가 다소 제한된 목표와의 결합 속에서 작동한다. 즉, 그들이 책임진 기업 또는 부문의 가치를 극대화하는 것이다."[27] 그래서 어쨌든 경쟁이 있었지만, 국내 경제 안에서만 있었다(비교, 베틀렘). 이러한 체제를 나타내 주는 것들은 '유사 계획(다시 말해, 상부로부터의 관료적 관리)', 소비에 대한 생산의 우위, 그리고 1930년대 이후 전후 복구 기간을 제외한 시기 이윤율의 하락 경향에서 비롯한 축적률의 하락이었다.

비판들. 타락한 노동자 국가 이론의 지지자들은 다음의 시대 구분과 소련 자본주의에 대한 규정 모두를 비판했다. 첫째 주장에 관해서, 구조적 변화가 1936~1939년 동안 소련에서 실제로 일어났다면, 국가 구조와 심지어 독재자가 변화 이전과 이후에 어떻게 동일하게 유지될 수 있는가? 리차드슨Al Richardson은 "작업 방식, 착취, 노동법, 숙청과 테러를 면밀히 조사하면서," 다음은 "그것을 실행했던 국가가 변화 이전과 이후에 동일하다는 문제를 극복할 수 없다. 그 국가는 1917년 이래 중단되지 않은 단계에 따라 발전해 왔다."고 썼다.[28]

메인Peter Main과 히스Clair Heath는 특히 자본주의에 대한 다움의 해석을 비판했다. 그들은 그 속에서 자본주의의 '이상형'을 구축하고 이런 이상형의 요소를 소련과 비교했던 '규범적' 접근을 채택했다고 비난했을 뿐만 아니라, 다움이 제시한 자본주의의 이상형 자체를 지지할 수 없다고 주장했다. 무엇보다도, 임노동은 그 내용이 달라지기는 했지만, 자본주의 밑에서뿐만 아니라 자본주의 이후 이행기 사회에서 발생했다. 이행기 경제에서, "임금은 잉여 노동이 추출되는 형식이다." 그러나 "임금 형식이 더는 자본가와 노동자 사이의 착취 관계를 표현하지 않는다."[29] 분명히 표현하지 않았지만, 다음은 이것을 인식한 것 같다. 왜냐하면 임노동은 또한 1917~1936년 동안에도 중요했기 때문이다. 그러나 다움은 이 초기 기간을 자본주의적으로 정의하지 않았다.[30]

메인과 히스는 또 소련에서 기업과 부문 사이에 자본주의적 경쟁이 있다는 생각을 대수롭지 않게 여겼다. 즉, "만일 실질적인 경쟁이 있다면, 패배자가 있었을 것이다. 비효율적인 기업은 폐업하고, 그들이 대표한 자본은 파괴되었을 것이다. 그러나 이것은 소련에서 정확하게 일어나지 않은 일이다."[31]

국가 자본주의 이론에 대한 마르크스-레닌주의적 지지자 그린Joseph Green은 다움을 일관성이 없다고 비난했다. 어쨌든, 다움은 1930년대부터 일어났다고 추정한 '탈집중화'가 아주 중요했다고 주장했다. 그러나 탈집중화를 '경쟁'이라고 불렀을 때, 그는 똑같은 과정을 '부수적, 피상적 현상'으로 여겼다. "그가 한 손으로 독자에게 제공한 것(소련 경제에서 경쟁적 현상의 인식)을, 그는 다른 손으로 거두어들인다(경쟁의 이론적 중요성의 훼손)."[32]

사피르

1980년대와 1990년대 초, 예전에 마오주의자였던 프랑스 경제학자 사피르Jacques Sapir(1947 출생)는 소련의 계급적 성격에 대한 많은 책과 논문을 출판했다. 여기서 그는 소련이 '독자적 전시 경제sui generis war economy'였

다는 폴란드 경제학 란게Oskar Lange가 제기했던 생각을 분석했다.[33]

나는 근본적으로 소련 경제가 독자적인 전시 경제로서 묘사될 수 있다고 생각한다. 전시 경제의 그러한 방식이 사회주의에만 국한된 특수한 것은 아니다. 왜냐하면 그것은 또한 전시에 자본주의 국가에서도 사용되었기 때문이다. 그런 방식은 1차 세계대전과 2차 세계대전 때 개발되었다. 자본주의 국가에서 비슷한 방식이 전쟁 기간 동안 사용되었다. [……] 이것은 중앙 집중화된 계획과 관리라는 방식이 사회주의에만 있는 특수한 것이 아니고, 그것은 오히려 전시 경제의 기술이라는 것을 명백하게 보여준다. 이들 전시 경제의 방식을 사회주의의 본질과 동일시하고 사회주의에 기본적인 것으로 여길 때, 어려움이 시작된다.[34]

베틀렝과 샤방스와 이른바 조절학파에서 영감을 받은,[35] 사피르는 소련을 예외적 상황에서 계속 존재한 자본주의 사회로 해석했다. 그 주제에 대한 그의 가장 중요한 책 《동원경제L'Économie mobilisée》(1990)에서, 그는 소련 경제가 '하나의 큰 기업'이라는 것을 강하게 부인했다. 그 대신에 그는 소련 경제를 국가가 생산에 대한 수요를 보장하는 것을 통해 공업과 농업을 지휘했던 영구 전시 경제permanent war economy라고 여겼다. 이 '동원 경제mobilised economy'는 10월 혁명 이전인 1915~1916년에 이미 출현했고, 몇 차례의 정치적 전복으로 형태가 바뀌었지만, 1980년대 말까지 지속했다.[36]

동원 경제라는 용어를 쓸 때, 어떤 사람은 사실 상품-생산 경제라고 말한다. 다시 말해, 이런 경제에서 생산자와 소비자는 분리되었지만, 그런 분리는 비상업적인 것이다. 그 경제에서 생산의 유효성은 관련된 재화의 판매(또는 판매의 부족)를 통하여 발생하지 않는다.[37]

국가가 고정 가격으로 생산물의 구매를 보장했기 때문에, 이 체제는 보통의 자본주의와는 다른 동력을 지녔다. 개별 기업은 생산물의 양을 극대화함으로써 이윤을 극대화하려고 했다. 그들은 판매에서 서로 경쟁하지 않지만, **투입 비용과 관련해서 서로 경쟁한다.** 왜냐하면, 그들은 될 수 있으면 낮은 가격으로 많은 고용자와 생산 수단을 얻으려는 것을 목적으로 하기 때문이다. 기업의 이윤이 더는 객관적 통제 수단으로 작용하지 않았다. 그래서 기업을 관리하는 데 다른 수단이 필요했다.[38]

이 체제 안에서도 '정상적' 투자 주기가 나타나지만,[39] 결국에는 동원 경제 그 자체의 전반적 위기도 나타날 수 있다. 이것은 다음의 세 가지 방식에서 명백했다.

인류 수준(하나의 또는 두 세대 또는 그 이상의 순서로)에서 후진성을 극복하고 따라잡기 위한 노력을 보증하기 위해 잠재적 적수보다 뛰어나야만 하는 성장의 리듬을 통해, 통치자가 어떤 선택에서도 배제하지 않는다고 장담한 생산의 기술적 수준을 통해, 마지막으로 내부의 사회적 갈등 정도를 통해.[40]

소련에서 1980년대의 전반적 위기는 경제의 '해체', 다시 말해서 '상업적 관례와 기능의 재도입' 뿐만 아니라 **페레스트로이카**perestroika와 **글라스노스트**glasnost로 이어졌다.[41]

샤토파디야와 그에 대한 비판자들

베틀렝이 쓴 대표작 《소련의 계급 투쟁》 출간은 인도 출신 캐나다 경제학자 샤토파디야[42]가 여러 해에 걸쳐 소련에 대해 새로운 설명을 하도록 자극했다. 이는 1994년 그의 책 《자본에 대한 마르크스적 개념과 소련의 경험The Marxian Concept of Capital and the Soviet Experience》에서 찾아볼 수 있다. 본디 1980년대 초에도 샤토파디야는 여전히 10월 혁명을 "부르주아 생산 양식보다는 부르주아 국가 권력에 맞섰던" 프롤레타리아 혁명으로 정의했다.[43] 그때에, 그는 먼저 프롤레타리아 혁명이 자본주의적 요소와 사회주의적 요소를 결합한 프롤레타리아 독재로 이끌 것이라고 주장했다.

프롤레타리아 독재는 흔히 말하는 (관계로서) 자본에 대한 완전한 부정이 아니다. 그것은 오히려 이런 부정을 위한 의식적인 준비. 직접 생산자가 집단적으로 생산의 객관적 조건을 하룻밤 사이에 지배할 수 없고, 전체 이행기 동안 중단 없는 계급 투쟁을 통해서 이런 지배를 보장하는 것이 정확히 프롤레타리아 독재의 임무라는 근본적 이유 때문에, (상품 생산과 함께) 자본은 한 시기 넘게 계속해서 존재한다.[44]

사회적 관계는 노동 계급이 생산의 객관적 조건을 지배하는 그런 방식으로 변화될 때만, 공산주의의 첫 단계로서 사회주의를 시작할 수 있다. 그러나 그러한 일은 일어나지 않았다. 왜냐하면 1930년 즈음 자본이 그 힘을 강화할 수 있었기 때문이다. 그 뒤에, 샤토파디야는 이런 주장을 암시적으로 수정했고, 10월 혁명의 프롤레타리아적 성격을 부인하기 시작했다. 왜냐하면 "첫째, 권력 장악은 노동 대중(그들 스스로)의 자기 해방적 활동이 아니었고[……], 둘째, 당연한 결과로서, 10월에 공표된 정권은 사회주의 혁명의 첫 번째 단계인 지배 계급으로 조직화한 프롤레타리아 정권이 아니었기 때문이다."[45] 이 두 번째 수정된 해석에서, 10월 혁명은, 그의 책에 자세히 설명했듯이, 사실상 전 자본주의적 환경에 **자본주의적 생산관계**를 도입한 **부르주아 혁명**이었다. 스탈린의 '위로부터의 혁명'은 그저 사회적 형식에서의 변화일 뿐이었다.

> 기본적으로 일어난 것은, 경제-기술이 후진적인 상황에서 자본 축적이라는 '따라 잡고 능가해야 하는' 긴급함을 고려해볼 때, 임노동이 빠르고 방대한 규모로 일반화되었고, '평화로울 때' 자본주의적 '전시 경제'와 일치하지 않는 경제 제약이 특수한 작동 형태와 결합했다는 것이다.[46]

클리프와 그 지지자들과 달리, 샤토파디야는 비록 국제적 경제관계의 중요성을 부인하지 않았지만, 소련 경제를 "기본적으로 폐쇄된 경제"로서 연구할 수 있다고 생각했다.[47] 고립된 분석 단위로서 소련이 여전히 자본주의적이었다는 것을 증명하기 위해, 샤토파디야는, 마르크스가 생산 수단으로부터 '자유로운' 노동자의 분리를 지적함으로써 보여주었던,[48] 노동자가 마르크스의 의미에서 '자유로운' 임노동자였다는 것을 보여주어야 했을 뿐이다. 그리고 비록 소련이 하나의 커다란 기업 집단이긴 하지만, 소련 안에서 자본 사이의 경쟁이 일어난다는 생각을 그럴듯하게 만들어야만 했다. 그는 '총사회자본'과 '많은 자본' 사이를 마르크스의 구분에 호소함으로써 이 작업을 달성했다. 《자본론》 제2권에서, 마르크스는 "모든 개별 자본가가 단지 자본가 계급의 한 요소라는 것과 마찬가지로, 개별 자본은 전체 사회적 자본의 한 부분, 즉 독자적이고 개별적인 부분을 형성한다."고 썼다.[49] 샤토파디야는 이 생각에서 "각각의 자본은 절대적 의미에서 독립적이지 않다."는 것을 추론했다.[50] 소련에서 사회적 총자본은 국가에 집중되었다. 그러나 개별 기업은 개별적 자본을 이루었다. 총사회자본은 '근본적 실재'였다. 그러나 개별 자본은 '외관상 실재'였다.[51]

샤토파디야에 따르면, 자본 사이의 경쟁이 있었다.

전체 사회적 생산 과정이 생산자의 이중적 자유에 근거하여 각각이 다른 단위와 교환되는 생산의 상호 자율적 단위 사이에서 상품(화폐) 형태가 노동의 생산물로 분리될 때마다, 이 상품 형태는 생산의 수단으로서 소유권의 특수한 사법적 형식 또는 (상품으로서 노동력을 포함하여) 상품 교환의 특수한 형식일 수도 있다.[52]

개별 자본 사이의 경쟁은 "임노동에 근거한 소련 기업 사이에서, 상품 형태를 취하는 생산 수단의 교환"을 통해 입증되었다.[53]

이런 경쟁을 통해 나타난 축적 과정은 대규모 성장에 근거한 것이었다. "핵심 집단과 숙련 노동자의 부족, 낮은 교육 수준을 지닌 노동력의 유용성, 그리고 충분히 활용되지 않은 국가의 자연적 부" 때문에, 먼저 사용되지 않은 에너지와 원료를 동원함으로써 대규모 성장을 이루려는 것은 명백한 선택이었다.[54] 이런 축적 과정에서, 생산 수단의 성장은 소비재를 생산하는 것에 대해 절대적 우위를 지녔다. 그러나 이러한 성장의 형태는 1961~1965년의 제7차 5개년계획 동안 명백해졌듯이, 분명히 '이겨내기 어려운 자원 장벽'에 맞닥뜨렸다.[55] 그러나 집중적인 축적에 이르는 단계는 만들어질 수 없다. 즉, "소련 자본주의는 계속해서 동원 경제로서 기능했고, 새로운 상황에서 확대 재생산의 필요조건에 따르는 경제 조직의 상응하는 변화를 통해 스스로 해체될 수 없었다." 이런 방식으로, 이 체제의 종국적 위기에서 정점에 다다른 **절대적 과잉 축적 위기**가 출현했다.[56] 늘 그렇듯이, 노동자가 "'위'로부터 시작된 변화에 커다란 **무관심**"을 나타냈던 것처럼, 붕괴는 자본주의의 형식에서 변화를 뜻했을 뿐이었다.[57]

비판. 샤토파디야가 1980년대에 그의 생각 일부를 제시했을 때, 벨기에 마르크스주의자 데솔레Guy Desolre는 그를 여러 영역에서 공격했다. 데솔레는 일반화된 상품 생산과 기업 사이의 경쟁이 소련에 존재했다는 주장에 대해 경험적 주장일 따름이라고 했다. 그는 샤토파디야가 마르크스의 '사회적 총자본' 개념을 소련 사회에 맞춰 '변형'시킨 것을 공격했다. 데솔레는 이것이 마르크스에 대한 진지한 해석이라기보다는 그저 말장난에 지나지 않는다고 주장했다.

마르크스는 두 개의 완전히 다른 방식으로 총사회자본과 (직접적으로 개인과 관련된) 사회적 자본을 언급했다. 따라서 그에게 그 두 자본이, 관료제의 구성원이 어떻게든 그 자본의 집단적 주주가 될, 오직 하나의 자본으로 결합할 수 있다고 말하게 하기 위해 노력하는 것은 소용없는 일이다.[58]

페르난데스

페르난데스(1964년 출생)는 1980년대 이후, 잡지 《공산주의적 노력A Communist Effort》(1984~1985)과 런던에 기반을 둔 '적색의 공포Red Menace' 집단(1989~1990)[59]과 같은, 영국의 여러 반-볼셰비키 공산주의자 프로젝트에서 활동했다.[60] 페르난데스는 자신의 책 《소련의 자본주의와 계급 투쟁Capitalism and Class Struggle in the USSR》(1997)에서 자율주의적 분석을 개발하려고 노력했다.[61] 이전에 쓴 출판물을 정교화하면서,[62] 페르난데스는 그가 자본주의의 세 가지 결정적 특징(즉, 상품과 임노동과 이윤을 위한 생산)으로 생각한 것이 모두 소련에 존재한다는 것을 보여주려고 했다.

소련 경제가 상품 생산과 분배와 소비에 근거했다는 것을 증명하기 위해서, 페르난데스는 경제의 이러한 측면을 각각 고찰했다. 소비 영역은 거의 문제를 제기하지 않았다. 왜냐하면 "기본적 관계가 구매와 판매의 관계"이기 때문이었다.[63] 생산재와 소비재의 분배에 대해서는 증명이 훨씬 어려웠다. 결국 이것들은 물물 교환과, 기업과 소비재의 도매에 관한 한, 시장 사이의 경쟁을 통해 발생했다. 그러나 페르난데스는 이것들을 교환의 관계로서, 그리고 새로워진 상품화로서 정의한다.[64] 생산의 영역에 대해서는, 이 주장이 더욱 복잡해진다. 페르난데스는 노동자가 착취당했지만, 관리자가 "책략, 타협, 거래 그리고 관료적 명령의 독특한 조합"을 사용하여 공급량과 인력을 얻으려고 서로서로 경쟁했고, 또 중앙 관료 엘리트의 구성원과 경쟁했다고 결론지었다.[65]

확실히, 이 경쟁은 시장 형태로 작동하지 않았다. 또는 관료는 그들이 개인적으로 그들의 계승자로서 선택한 사람들에게 통제권 일부를 양도할 수 없다. 대신에, 통제권은 특권의 상속과 '교육' 제도를 포함한, 관료적 지명과 비공식적 인맥blat 배분의 조합을 통해 양도되었다.[66]

이렇게 관찰했는데도 페르난데스는 이런 영역에서도 자본주의적 관계를 확인했다.

사적 전유가 있었고, 생산 수단(그리고 잉여 생산물의 추출)에 대한 통제권 일부를 소유했던 관료(포스트-지주post-holders) 사이에 경쟁이 있었기 [때문에], 이러한 경쟁을 통해 정확히 사적으로 전유된 통제권 일부가 교환되는 체제였다는 것은 분명하다. 교환된 (그리고 노동을 통해 중재된) 것이 무엇이든 정의상 상품이다.[67]

노동력은 소련에서 상품이었다. 왜냐하면 "노동력의 대가로 노동자에게 주어지는 임금 봉투가 명목 임금이기보다는 실질 임금이기 때문이었다."[68] 마지막으로, 소련에서는 확대 생산에 충당하기 위한 잉여를 축적하려는 일관된 노력이 특징을 이루었다.

그가 소련이 교환의 일반화에 근거했을 뿐만 아니라, 축적 운동의 일반화를 특징으로 삼는다는 것을 이런 식으로 입증했다고 믿어버린 다음에, 페르난데스는 "결과적으로 소련이 자본주의였다."고 판단한다.[69] 그러나 "사적 전유가 언제나 소련에서 충분히 지배권을 발휘했기"[70] 때문에, (페르난데스가 타당한 적용이 아닌 것으로 여긴 범주인) 국가 자본주의가 아니었고, 그리고 또 화폐가 지배하는 축적이라는 관심사considerations of currency-dominated를 가장 중요하게 생각하는 서구 자본주의도 아니다.[71] 오히려 이것은 관료적 자본주의의 한 종류였다.

거기서는 대체로 노동력과 노동과 생산물과 생산력에 대한 통제의 일부(허용, 권력과 인맥의 형태를 취하는 일부)가 협상이 이뤄지고 교환되며, 결정적으로 축적을 목적으로 하여 생산에 투자되었다.[72]

이런 체제에서, 화폐는 "허가의 관료적 형태, 그리고 더 일반적으로, 인

맥의 형태를" 취했다.[73]

아우프헤벤

영국 브라이턴에서 생겨난 자율주의적 그룹인 **아우프헤벤**Aufheben은 1990년대 말 틱틴의 분석에서 얻은 통찰을 통합하려고 애쓴 자본주의에 대한 이론을 전개했다. 그들은 틱틴이 마지막에는 소련을 잘못 특징지었다고 주장했다. 이는 한편으로 틱틴이 가치 법칙의 작동이라는 면을 자본주의의 본질로 보았기 때문이고, 다른 한편으로는 정치·경제의 범주가 지닌 구체화된 본질을 간파하지 못했기 때문이다.[74] 그러나 그런데도 틱틴은 "소련의 쇠퇴와 몰락을 가장 그럴듯하게 설명했고 서술했다."[75] 틱틴의 저술은 소련을 이해하려면 "소련이 만들어낸 체제 낭비와 비효율성을 설명"해야만 한다는 사실을 명확하게 해주었다. '만일 소련이 어떤 식으로든 자본주의적이라면, 그것은 틀림없이 변형된 자본주의였을 것이다."[76]

이 그룹은 "자본주의를 사적 소유와 '시장의 무정부 상태'를 기초로 한 이윤 추구 체제로 보는 정통 마르크스주의의 진부한 해석"을 거부했다.[77] 가치 법칙이 자본주의의 본질을 구성하는 것이 아니다. 자본주의의 본질을 구성하는 것은 "소외된 노동의 자기 확장이다. 즉 그것은 자기 자신의 자율적인 확장에 대한 인간의 의지와 욕구를 포섭해 내는, 소외된 힘이 인간 활동의 창조적이고 생산적인 힘으로 자기 확장한 것이다."[78] 비록 생산 수단의 사적 소유가 사실상 존재하지 않기는 하지만, 소련 노동자가 생산 수단과 생존 수단 모두로부터 분리되어 있다는 사실은 소련을 자본주의 사회로 만들었다. 그러나 이 결론은 단지 시작에 지나지 않는다. 왜냐하면, 만일 소련이 자본주의적이라면, 소련이 왜 **언뜻 보기에** 자본주의적이지 않은 많은 특성을 특색으로 삼았는가? 상품 생산이 일어나지 않는다면, 어떻게 가치와 잉여 가치가 있을 수 있는가?[79]

아우프헤벤은 이 문제를 해결하려고 틱틴과 보르디가에게서 받아들인 사상을 결합한 특유한 이론을 개발했다. 이 그룹은 "틱틴을 따를 것을, 그리고 소련을 이행기 사회 구성체로 여길 것을" 제안했다. "그러나 보르디가와 이탈리아 좌파의 통찰을 따르는 우리는 소련을 자본주의로부터 이행기에 있는 것이 아니라, 자본주의로 이행기에 있는 사회 구성체로 파악할 것을 제안한다."[80] 1917년 프롤레타리아 혁명이 아무것도 바꾸어 놓지 못하고 새로운 국가 관료가 권력을 잡은 뒤에, 국가의 **자본주의적 발전**national capitalist developement은 의제에 올랐다. 러시아 경제의 후진적인 성질 때문에, 국가의 자본주의적 발전은 무엇보다도 생산 자본의 축적을 증가해야 할 필요가 있었다. 그때까지 상업 자본과 화폐-자본이 공업 발전을 제한해 왔기 때문에, 새로운 엘리트는 강제로 시장의 자유로운 작동을 제한해야만 했다. 이런 방식으로, 초기 자본주의 사회의 '생산력주의적' 변종이 나타났다. 화폐 자본에 관련된 억제는 화폐가 '단순히 신속한 유통 수단'으로 축소되었다는 것을 뜻했다.[81] 자본의 가치는 화폐로 표현되는 것이 아니라 오직 사용 가치로 표현될 수 있다.

이런 덜 발전한 자본주의에서 창출한 생산재와 소비재는 상품의 형태를 보였고, 발달한 자본주의와는 다른 방식이기는 하지만, 상품 유통의 제한된 형태가 발생했다. 즉, "각 자본이 생산한 상품의 가치는 화폐로 전환 활동을 통해 입증되거나 실현되는 것이 아니라, 국가가 가치로서 인정하는 것을 통해 사전 입증되었다."[82] 따라서 화폐는 특히 생산 자본을 위해서만 기능했고, 일반화된 가치의 독자적 표현이 아니었다. 이것은 두 가지 결과를 지녔다. 첫째로, 화폐의 구매력은 다음과 같이 제한되었다.

모든 사람이 화폐가 필요했지만, 화폐는 모든 필요를 충당할 만큼 충분하지 않았다. 결과적으로 비화폐적 사회관계가 유지되어야만 했다. 권위자, 의뢰인 따위의 관계에 있는 사람들을 통한 영향과 인정(즉, '인맥'으로 알려진 체계다)은 특권을 가진 상품에 대한 접근을 얻는 수단, 또는 어떤 일을 하게 하는 수단이 되었으며, 이것이 소련 관료제의 특징이 되었다.[83]

둘째로, 화폐의 제한된 기능은 임금이 물질적 장려책으로 거의 작용하지 않는다는 것을 뜻했다. 왜냐하면 추가 소득으로 아무것도 살 수 없다면, 누가 더 열심히 일할 것인가? 강제된 축적 과정이 추가로 노동의 부족을 일으켰기 때문에, 관리자는 노동자를 통제하기 위한 '당근'도 '채찍'도 가지지 않았다.

한편으로 중앙 계획으로 생산의 증가를 강요받는 형태로 잉여 가치를 전유해야 하는 의무를 진 동시에, 다른 한편으로 노동 과정에 대한 노동자의 영향력에 맞닥뜨린, 국영 기업의 경영은 양을 위해 질을 희생시킴으로써 그 딜레마를 해결했다. 이것은 그들이 생산한 상품의 사용 가치 안에 구체화한 기술적이고 사회적인 필요가, 이들 상품을 사용하기로 되어 있는 사람들에게서 나온 것이 아니라 중앙 계획에 따라 독립적으로 정해진 것이기 때문에 가능했다.[84]

그 결과는 불완전한 사용 가치의 고질적 생산이었다. 생산의 한 부문에서 불완전한 사용 가치가 다른 부문에서 사용된다는 점에서, '쓸모없는 생산물의 만성적 생산'은 늘어났다.[85] 전반적으로 소련은 변형된 자본주의의 한 형태였다. 그 체제에서 자본이 대부분 사용 가치의 형태로 축적되었지만, 이들 사용 가치 자체가 상당히 결함이 있었다.

그러므로 완전히 발전한 자본주의의 생산 단계에서 일어난 계급 갈등은 산업예비군을 다시 만들어 내고 노동에 대한 자본의 영향력을 부활시켰다. 반복되는 격렬한 경제 위기는 낭비를 통해 해결되었지만, 소련에서 이들 갈등은 결함이 있는 생산이라는 만성적이고 체계적인 낭비를 통해 해결되었다.[86]

산데모세

다른 무엇보다도 클리프와 레오, 틱틴의 통찰을 자신의 저술에 통합한 노르웨이 철학자 산데모세(1945년 출생)는 1970년대부터 그 자신의 국가자본주의 이론에 공을 들였다.[87] 이 이론은 다양한 '자본주의적 형식'에 대한 야심 찬 일반 분석을 보여 주었던 그의 책《국가, 종교, 경제State, Religion, Economy》(2002)에서 체계적으로 제시했다. 산데모세는 소련이 '하나의 거대 자본'으로 구성되어 있다는 클리프의 테제를 보충했다. 그러나 그는 고립된 것으로 여겨졌던 이 자본이 '하나의 거대한 공장'이었다는 클리프의 생각을 공유하지는 않았다. 그와 반대로, 산데모세는 자본 하에 노동의 실질적 포섭이 소련에서 결코 성공하지 못했다고 주장했다. 소련에는 단지 형식적 포섭만이 있었다.[88] 소련 자본은 마르크스가 묘사한 매뉴팩처와 같은 특성을 보여 주었다. "이 공장에서 사회적 노동 과정의 조직화는 [……] 전문화된 노동자의 결합이다."[89] 두 경우에서, "노동자는 꽤 많은 자치를 누렸고, 자본은 끊임없이 노동자를 종속시키려고 싸워야만 했다."[90]

소련 안에서 대부분 생산 수단이 소비재와 달리 상품으로 거래될 수 없으므로, 산데모세는 전체 잉여 가치를 소비 수단에 대한 거래에서 거둬들인 국가 소득과 같은 것으로 다룬다.[91] 그 다음으로, 그는 경제적 재생산 도식을 사용하여 다음을 그럴듯하게 만들려고 한다. 즉, 소련 자본의 매뉴팩처적 특성이 '절대적 잉여 가치'만을 가능케 했고, 그래서 피할 수 없는 한계 상황에 이르렀지만, 실질적 포섭으로의 어떤 이행도 불가능해 보였다. 왜냐하면 두 가지 모두 생산적 투자가 노동자 계급의 크기를 감소시켰고, 이윤율 하락의 원인이 되었기 때문이다. 또한 노동자 계급 세력의 고유한 입장이 그러한 발전을 막았기 때문이었다. '비-재생산적' 부문으로 무기 산업의 성장은 활로를 제공할 수 있으나, 이것은 궁극적으로 이 체제의 종국적 위기를 막는 것에는 실패했다.[92]

레스닉/울프와 그들에 대한 비판자들

2002년에, 미국 경제학자 레스닉Stephen Resnick(1938)과 울프Richard Wolff(1942)는 그들의 책 《계급 이론과 역사Class Theory and History》에서, 포스트모던적 마르크스주의 잡지 《마르크스주의를 다시 생각하기Rethinking Marxism》와 합동으로, 소련의 '자본주의적' 특성을 제시했다.[93] 그들은 독특한 계급 이론에 기초한다. 이 이론에 따르면, 사회는 과잉 결정된 과정의 전체, 다시 말해 모든 과정이 "그 사회를 구성하는 개별 과정과 모든 다른 과정에 의해 결정"되었던 복잡한 전체로서 여겨야만 한다.[94] 이러한 총체성을 탐험하기 위한 수많은 '입구'가 있었다. 그 어떤 입구도 "사회에서 어떤 다른 과정(들)의 본질적 원인 또는 결정인자"로서 이해될 수 없다.[95] 마르크스의 사회적 이론에서 입구는 "잉여 노동을 생산하고 전유하는" 경제적 과정으로 규정된 계급이었다.[96]

　레스닉과 울프의 이론에는 두 가지 종류의 계급 과정이 있다. 즉, 기본 계급 과정과 포섭된 계급 과정이다. 기본 계급 과정은 다른 계급을 위해 한 계급이 만들어낸 잉여 생산물의 생산과 관계가 있다. 포섭된 계급 과정은 이러한 잉여 생산물을 다른 계급들 사이에서 분배하는 것을 포함한다. 자본주의 사회에서 생산 노동자와 산업 자본가는 기본적인 계급 과정의 상징이다. 그러나 지주, 비생산 노동자 또는 감독 관리자는 포섭된 계급 과정의 상징이다.[97]

따라서 잉여가 사회적으로 조직되는 방식을 강조함으로써, 레스닉과 울프는 소련이 국가 자본주의였다고 주장했다. 그곳에서 국가 자본주의는 두 가지 과정의 공존과 상호 작용으로 정의되었다. 한편에는 잉여의 자본주의적 생산과 전유와 분배가 있고, 다른 한편에는 "잉여를 전유하고 분배하는 계급적 위치에 (개인보다는) 국가 공무원을 위치시키는 과정"이 있다.[98]

소련에는 사회주의 또는 공산주의가 없고, 그 대신에 착취적 계급 구조가 있다는 가정 아래, 레스닉과 울프는 자본주의적 생산과 전유와 분배의 존재에 대한 두 가지 주장을 내놓았다. 첫째로, 그들은 오직 세 가지 '기본적으로 다른 착취적 계급 구조(노예제, 봉건제 그리고 자본주의)'가 있고, 자본주의를 유일하게 다른 가능성으로 남겨두고서, 그것들 가운데 두 가지(노예제와 봉건제)는 확실히 소련에서 지배적인 것이 아니었다고 주장했다.[99] 게다가, 소련 노동자는 자본주의적 관계와 매우 비슷한 일종의 구조적 강제에 맞닥뜨리게 되었다. 즉, "착취적 조건 밑에서 국가 소유의 기업에 고용되었다기보다는, 생산 수단 또는 생존 수단에서 개인이 소유한 노동자의 '자유'가 그들로 하여금 자신의 노동력을 파는 것을 '선택'하게 만들었다."[100]

이러한 고려를 토대로 하여, 레스닉과 울프는 소련이 역사에 등장하고 몰락하는 과정을 정교하게 다시 구축했다. 그들의 견해에 따르면, 국가 자본주의는 이미 1917년 혁명과 함께 시작되었다. 1917년 혁명은 혁명이 아니라 개혁이었고, 자본주의의 한 형태에서 다른 형태로의 변화였다.[101] 자신의 책이 이들에게 영감을 준 베틀렝과 마찬가지로,[102] 그들은 지도부의 의식을 말함으로써 이러한 발전을 **주관적으로** 설명했다.

(잉여 노동으로서) 계급이라는 쟁점을 전파하기는 고사하고 이론화하지도 못했으므로, 소련의 정치, 경제, 문화의 지도자는 그들 자신의 사회에 스스로 만들어낸 진정한 혁명적 변화를 이용할 수 없었다. 계급이라는 쟁점에서, 그들은 자신이 관리하고자 하는, 뒤떨어진 것으로 추정되는 농민들만큼이나 이론적으로 미개발된 상태였다.[103]

새로운 국가 자본주의는 "여러 사회적 장소에서 지속적으로 곳곳에 스며드는 사적인 고대적 · 봉건적 · 자본주의적 계급 구조, 그리고 1930년 대에는 심지어 공산주의적 계급 구조"와 상호 작용했다.[104] "전시 공산주의와 신경제 정책 밑에서, 새로운 국가와 공산당은 국가 자본주의, 즉 더 많은 산업 생산과 노동자, 산업 능력을 발전시키는 데 성공했다."[105] 그러나 이러한 발전이 모순 없이 발생하지는 않았다. "전시 공산주의의 모순이 국가 자본주의적 공업과 소련의 생존을 위한 자본 축적의 이득을 압도했을 때, 신경제 정책이 나왔다. 신경제 정책의 모순이 같은 목적을 위한 자본 축적의 이익을 압도했을 때, 농업의 집단화가 실행되었다."[106] 그것은 간략하지만 '공산주의적 계급 구조'를 볼 수 있게 된 과정이다.[107]

새로운 축적 구조는 다가오는 몇십 년 동안 더욱더 곤란을 겪게 되었다. 고용 보장은 생산 과정의 자동화(기계에 의한 노동자의 대체)의 앞길을 가로막았다. 비생산적 노동자(점원, 관리자 등)의 계속적인 수적 증가는 잉여 생산물에 대한 늘어나는 부담을 뜻했다. "소련은 국가 자본주의적 기업에서 충분한 잉여를 전유할 수도 없었고, 다른 계급 구조로부터 충분한 잉여를 흡수할 수도 없었으며, 심지어 1980년대 말까지 확실히 존속하기에 충분한 다른 수입을 찾지도 못했다."[108] 그 결과 1917년 폐지되었던 사적 자본주의가 복원되었다.

소련에 국가 자본주의가 등장하고 몰락하는 것은 궁극적으로 20세기에 더 넓은 추세로 나타났다.

[20]세기의 전반은 사적 자본주의에서 국가 자본주의로의 이행 경향을 보여준다. [20]세기 후반은 그 반대 방향으로 움직인다. 19세기에서 물려받은 사적 자본주의의 특수한 문제는 자신의 비계급적 존재 조건을 확보하기 위한 충분한 잉여를 전유하는 데 어려움이 가중되는 것을 포함했다. 이런 문제는 결국 국가-규제 자본주의에서 국가-경영 자본주의를 거쳐 국가-소유-경영 자본주의에까지 이르는 해결책을 통해 풀리는 위기가 되었다. 나치 독일, 파시즘의 이탈리아, 그리고 제국주의 일본에서 가장 우익적 변형은 군사적 침략을 강조했다. 좌파에서는 1917년 이후 소련이 이런 국가주의적 해결에서 가장 오래 유지되고 국제적으로 가장 영향력이 컸었다. 국가-규제, 국가-관리, 그리고 국가-경영 자본주의의 문제에서 촉발된 1970년대의 역이행을 해결하는 방법은 다양한 형태의 사적 자본주의로의 복귀였다. 소련 해체 뒤 사적 자본주의로의 복귀는 가장 적나라한 보기였다.[109]

비판들. 클라크Simon Clarke는 레스닉과 울프의 연구가 방법론적으로 약점을 지닌다고 여겼다. 다른 무엇보다도 그들이 생산력에 주의를 기울이지 않았기 때문이고, 또 다음과 같은 이유 때문이다.

마르크스의 분석은 누가 잉여를 전유하는가가 아니라, 잉여 생산과 전유의 사회적 형식이라는 중요한 질문을 중앙에 놓았다. 그것은 잉여를 전유하기 위한 사회적 권력의 토대에 대한 질문과 분리될 수 없다. 잉여는 그것의 생산과 전유의 사회적 형식과 관계없이 개념화될 수 없다. 그래서 레스닉과 울프는 잉여 생산의 사회적 형식에 대한 분석이 없어서 누가 잉여를 전유하는지를 확인할 수 없었다.[110]

클라크는, 1920년대의 신경제 정책 기간을 제외하고, 소련에서 자본주의가 생산의 지배적 사회 형식이라는 것을 강하게 부인했다. 그는 다음과 같은 여러 경험적 주장을 했다.

재화와 용역은 가치로 생산되지 않았다. 그래서 생산은 잉여 가치의 생산과 전유에 종속되어 있지도 않았고 또 종속될 수도 없었다. 기업과 조직은 특정 재화와 용역을 특정 시간에 다른 기업과 조직에 전달해야 했다. 그들은 중앙에서 결정한 기준에 따라 그들의 노동자에게 집단적 소비 수단과 임금을 제공해야 했다. 가격은 재화와 용역에 밀착되어 있었다. 그래서 기업과 조직은 명목적으로 이윤과 손실을 낼 수 있었으나, 이것들은 중앙 계획에서의 물질적 할당을 반영하는 회계상의 가격이었다. 그리고 화폐 잔액은 회계상의 잔액이었다. 화폐는 임금의 지급과 노동자의 소비에서 중요한 역할을 했다. 임금에서 가격과 세금이 물질적 균형을 보장하기 위해 조정되었다. 노동은 자유롭게 이동할 수 있는 것이 아니었다. 그리고 임금과 노동의 강도는 생산의 부분 사이에서 아주 다양했다. 그러나 기업과 조직 사이의 경쟁은 없었다. 사회적으로 필요한 노동 시간으로 감소하는 경향도 없었다. 필요한 노동 시간은 생산력의 불평등한 발전을 조정하기 위해, 설치된 특정 장비에 따라서 정의된 기술적 기준에 따라 결정했다.[111]

라이히만Henry Reichman은 10월 혁명의 실패에 대한 주관적 설명을 "기껏해야 제한된 유용성을 가진" 지도부의 부적절한 정치적 인식이라는 점을 염두에 두고 검토했다. 그리하여 그런 주관적 설명을 "분명히 비-마르크스적(또는 비-유물론적) 설명"으로 여겼다.[112] 게다가,

만일 공산주의의 성공이 레스닉과 울프가 입증한 그런 종류의 이론적 정교함에 대한 지도자의 능력에 의지한다면, 공산주의는 레닌의 체제보다 더 엘리트적 체제 아래에서만 성공할 수 있을 것이다. 즉, '이론을 이해하는' 사람들은 플라톤의 철인 왕 같은 사람일 것이다.[113]

7.2. 타락한 노동자 국가 이론

1933년에 이미 트로츠키는 소련에서 "더는 방해받지 않는 관료주의의 발전"이 "필연적으로 경제적·문화적 성장의 중단을, 끔찍한 사회적 위기와 전체 사회의 추락"을 이끌 것이라 경고했다.[114] 이 예측은 1989~1991년의 사건을 통해 충분하게 확인된 것처럼 보였다. 그러나 그런데도 '타락한 노동자 국가'의 이론가들은 소련의 몰락으로 어려운 상태에 놓이게 되었다. 1940년대와 1950년대에, 트로츠키가 예측한 것보다 스탈린주의가 더 긴 생명력을 가진다는 것이 증명되었을 때, 그들은 '정통적' 관점이 용인했던 것보다 더 오래 생존하게 된 것을 소련 탓으로 돌렸다. 이런 수정을 정당화하려면, 이론상으로는 두 가지 종류의 주장을 할 수 있었다. 즉, 하나는 뜻밖의 역사적 발전이 몰락을 지체시켰다는 주장이었고, 또 하나는 소련이 구조적으로 트로츠키가 믿었던 것보다 더 건전하다

는 주장이었다. 2차 세계대전에서 소련 군대의 승리와 그 뒤 소련 경제의 급속한 성장을 통해 영향을 받은 두 번째 유형의 주장이 오랫동안 지배적이었다. 만델의 관점은 전형적이었다. 만델은 생산 수단의 집단적 소유, 중앙 계획 그리고 국제 무역의 국가 독점 덕분에, 소련이 더 높은 경제적 수준으로 발전할 수 있었다고 여러 해 동안 주장했다. 그러나 비록 그가 전체적으로 소련 계획 경제가 자본주의 경제보다 더 우월하다는 시각을 오랫동안 유지했지만,[115] 그는 '거대한 낭비와 불균형'에 대해서 부분적으로는 틱틴이 쓴 책들의 영향으로 훨씬 더 잘 알게 되었다.[116] 1987년 그는 소련 사회를 '역동성과 부동성을 조합한 산물'로서 특징지었다.

비록 역동성이 해마다 느려지고 있기는 하지만, 그와 같은 움직임은 장기간에 걸쳐 강한 인상을 준 경제적·사회적 성장에서 나온다. 이 성장은 1940년 또는 1950년 또는 심지어 1960년의 모습으로부터 나라를 근본적으로 변화시켰다. 부동성은 국가와 전체로서 사회에 대한 관료적 지배에서 기인한다. 이것이 미래 성장의 장애물이다. [……] 이것이 현재 소련에서 지배적인 모순이다.[117]

만델은 죽을 때까지 이 역사적 평가를 고수했다.[118] 페레스트로이카를 설명하려고, 그는 "소련 경제가 세 번째 기술 혁명을 놓쳐 버린" 결과를 통해 소련 관료 집단이 규모의 성장을 내실 있는 성장으로 전환할 수 없었다고 말했다. 그 결과는 고르바초프가 자본주의와 더 긴밀하게 협력한 것이었다.[119]

1980년대 중반부터, 만델은 역사적으로 더 폭넓은 비교적 전망에서 소련 경제의 몰락을 바라보기 시작했다. 특히, 그는 아시아적 생산 양식(고대 중국 등등에서)과의 유사점을 다음과 같이 보여 주었다.

각 왕조의 초기 단계에서, 관료의 객관적 기능은 확대 재생산(개간 작업, 잉여 생산물의 사회화, 적당한 노동 생산성의 보장 등)을 허용하기 위해 지주 귀족(젠트리)의 잠식으로부터 국가와 농민을 보호하는 것이었다. [……] 이런 점에서 관료는 국가가 임의로 좌우할 수 있는 존재이며, 따라서 그 지위가 결코 안정되어 있지는 못하다. [……]

따라서 각 왕조의 후반기에, 지주 귀족(젠트리)과 관료의 통합이 이따금 일어났다. 관료는 첫 번째로 돈과 보물, 그 다음으로 토지의 사적 소유자가 되었다. 국가 관료가 지주 귀족과 융합하는 한, 중앙으로 집중되는 사회적 잉여 생산물이 줄어들고, 국력은 약해지며, 농민에 대한 억압은 증가했다. 농민의 소득은 줄어들고, 농업 노동 생산성은 떨어지며, 토지로부터의 이탈, 농민층 반란, 산적 행위, 봉기가 흔하게 된다. 마지막에 왕조는 몰락한다.[120]

만델을 따르면, 소련에서 비슷한 일이 일어났다. 처음에, 1929~1950년에 '소비재의 절대적 부족'이 있었다. 그러나 이것이 극복되었을 때, 관료 집단 내에서 '생산 수단과 잉여 생산물에 대한 통제의 분산화'를 요구하는 사람들이 늘어나기 시작했다.[121] 그에 따라 중앙에서 추진하는 계획은 손상을 입었으며, '자본주의로의 복원 경향'은 증가했다.

요약하면, 소련과 비슷한 사회는 관료 집단의 일부분이 지배 계급('새로운 관료적 지배 계급'이 아닌 '자본가와 생산 수단의 사적 소유자라는 오래된 잘 알려진 계급')으로 변형되는 초기 단계를 경험하고 있다.[122]

그러나 그러한 복원은 노동 계급의 역사상 사회적·경제적 패배 뒤에만 비로소 일어날 수 있다. 하지만 그는 "이런 패배가 아직 일어나지 않았다."고 주장했다.[123]

메인과 히스는 왜 트로츠키의 예측이 반세기가 지체된 뒤에야 비로소 실현된 것처럼 보였는지를 설명하려고 뜻밖의 역사적 발전을 인용함으로써 만델과는 다른 시각을 선택했다. 1936년 《배반당한 혁명》을 끝내고 난 뒤, 메인과 히스는 트로츠키가 소련에 대해 어떤 상세하고 체계적인 분석도 결코 쓰지 않았다고 지적했다. 그러나 트로츠키의 삶에서 마지막 4년에, 다시 말해 1937~1940년에, "트로츠키가 예측한 것보다 스탈린주의를 더 오래 생존할 수 있게 만든, 경제에 대한 통제 체계"가 확립되었다.[124] 해리슨Mark Harrison이 썼듯이[125] 이런 체제는,

국가계획위원회 전권위원 조직의 창조에 바탕을 한 것이었다. 그 전권위원들은 정치 지도부가 우선시한 계획을 완성하는 데 그들이 필요하다고 생각했던 행동을 할 수 있는 권한을 받았다. 이런 동일한 체제는 1941년에 [독일의] 침공 뒤, 전시 생산의 유지를 허용하고 1943년의 반격에 앞서 시베리아에 새로운 전시 공업을 기적적으로 창출하는 데 도움이 되었다. 그 뒤 재건 단계에서, 정권은 1930년대보다 아주 낮은 '간접 비용'으로 가장 중요한 사회 기반과 산업 계획을 재건하기 위해 1차 5개년계획과 2차 5개년계획의 교훈(과 실질적 청사진)을 (아주 빈번히) 이용할 수 있었다. 다른 말로 하면, 관료적 계획 때문에 빚어진 경제적 혼란이, 궁극적으로 경제적 붕괴로 정권을 무너지게 하는 위치에 도달할 것이라는 트로츠키의 가정을 그가 전혀 알지 못했던 것 같이 보이는 발전으로 메울 수 있었다.[126]

샤토파디야는 타락한 노동자 국가 이론이 지닌 중요한 허점을 확인했다. 만일 소련 경제가 정말로 자본주의보다 우월했다면, 어떻게 자본주의의 복원이 "생산자 계급의 광범위한 저항 없이" 발생할 수 있었겠는가?[127]

7. 3. 관료적 집산주의 이론

새로운 계급 사회의 이론가들은 다시금 관료제의 힘과 효율성을 상대적인 것으로 생각하기 시작했다. 앞에서 리치와 버넘과 다른 사람들이 소련을 모든 점에서 자본주의와 경쟁할 수 있는 능률적이고 순조롭게 기능하는 사회 체제로 특징지었지만, 새로운 계급 사회 이론가들은 이제 내부 모순을 더욱 강조했다.

루네

1990년, 에스토니아 철학자 루네Eero Loone(1935년 출생)는 소련이 '전자본주의 사회-경제 구성체의 한 종류'라고 주장했다.[128] 소련이 자신이 수출했던 것보다 더 많은 기술 혁신을 수입했다는 사실을 통해 드러나는 생산력의 허약한 역동성과 인종 갈등의 취약성이 그 점(전자본주의 사회-경제 구성체)을 시사했다. 게다가 굴라그에서 노예 노동, 콜호스 농장에서 부역 노동, 그리고 생산 수단의 봉건적 임대와 같은 수많은 전자본주의적 측면을 소련에서 발견할 수 있었다.[129] 아마도 아시아적 생산 양식의 요소도 존재해 왔을 것이다. 생산 수단의 소유자들은 개인이 아닌 집단, 즉 정치국, 당 그리고 정부의 주변에 있는 권력자 집단이었다. 루네는 자신의 견해에서 명백하게 소련 사회를 어떻게 특징지어야 하는지를 말하지 않았다. 그러나 어쨌든 그에게는 "자본주의로의 진전이 소련에 좋은 일이 될 것이라는" 점이 분명했다.[130]

브레너와 그에 대한 비판자들

1989~1991년 출판된 몇몇 작품에서, 미국 역사학자 브레너Robert Brenner (1943년 출생)는 유럽의 봉건제에서 자본주의로의 이행에 대한 논쟁에서 그의 혁신적 기고문으로 유명해졌다.[131] 그도 소련을 전자본주의 사회와 유사함을 보이는 사회 구성체로 묘사했다. 그의 견해에 따르면, 소련은 "선진 자본주의를 닮았다기보다는 밀착과 부패의 혼합에 바탕을 둔 구체제 사회"와 더욱 비슷했다.[132] 정치적으로 그는 소련을 반동적이라고 특징지은 카터와 같은 관료적 집산주의 이론가에 동조했다.

브레너에 따르면, 이 체제의 논리는 잉여 생산물이 직접 생산자로부터 추출되는 비자본주의적 방식에서 발견되었다. 관료적 지배 계급은 사회적 잉여 전체를 극대화하고자 노력했다. 왜냐하면 "이용 가능한 사회적 잉여가 크면 클수록, 지배 계급은 자신이 가진 특정 목적을 훨씬 쉽게 이룰 수 있기 때문이다."[133] 이런 최대한의 산출량을 실현하려고, 관료는 모든 노동자의 노동력을 이용할 수밖에 없었다. 즉, "만일 당신이 생산 수단을 소유해서 산출량을 극대화하려고 한다면, 실업자 잉여군에서 이윤을 얻을 수는 없다."[134] 그 결과는 (예를 들어, 모훈이 공식화했듯이) 생산 수단에 대한 노동자의 확실한 구속이었다.

노동자는 자신의 생산과 최저 생활의 수단에 대한 통제력을 거의 가지지 못했지만, 그들이 고용의 안정을 확보해 놓기는 했다. 일반적으로, 관료 체제가 사람들을 일시 해고하거나 또는 일부 해고하는 것이 자기 자신의 이익에 부합한다고 생각하게 되는 일은 발생할 수 없다. 그러므로 자본이 노동자가 느끼는 실업에 대한 두려움을 성공적으로 이용할 수 있는 것과는 달리, 관료 체제는 노동자를 자신에게 경제적으로 의존하게 하려고 노동자가 느끼는 실업에 대한 두려움을 이용할 수는 없다.

그렇기는커녕, 노동자가 경쟁하는 기업으로 하여금 노동자가 받을 임금을 높여서 제안하게 하기 위해서 관료 기구의 채울 수 없는 수요를 활용하는 그런 상황이 오지 않게 하려면, 관료 체제는 노동의 이동성을 통제하는 정책을 단호하게 추구해야 한다. 노동자는 이런 식으로 자신들의 생산과 최저 생활의 수단을 융합하기 때문에, 관료 체제는 그들을 관리상의 통제에 복종시키기가 어렵다는 것을 알게 된다. 대신에, 관료 체제는 궁극적으로 군대와 경찰에 대한 자신의 전적인 통제력을 통해 노동자에게 잉여분을 강제로 내게 하는 방식으로 자신의 몫으로 잉여분을 쥐어짜내어야 한다.

그곳에는 노동 시장이 실제로 없었으므로, 노동력은 상품이 아니었다.

이러한 '준-봉건 사회'는 대부분 지도자에게 잉여를 다시 투자하고 축적하라고 강요했던 자본주의적 환경 덕분에 동력을 얻었다. 그와 함께 이러한 축적 과정은 구조적으로 취약했다. 한편으로 생산 단위와 그것들의 관리자는 수요에 맞추어 혁신하고 생산하도록 자극받지 못하기 때문이고, 다른 한편으로 노동자는 잉여에 대한 발언권을 가지지 않으며, 또한 그들의 일에서 해고당할 수 없기 때문이다. 얼마 동안, 사람들을 농촌에서 도시 공장으로 옮김으로써 성장을 꽤 실현할 수 있었다. 그러나 어떤 시점에서 이런 가능성은 소진되었다. 그 뒤 정권은 더 큰 성장을 위해 기업 수준의 기술적 혁신에 의존했다. 그러나 체제 안에서 그러한 혁신을 이룩할 가능성은 매우 제한적이기 때문에, 이 과정은 "잘해야 불완전하

게" 일어났다.[135]

그와 함께, 자본주의와 군사적·정치적 경쟁이 계속되었다는 것을 고려할 때, 그리고 이 경쟁이 궁극적으로 경제적 생산성에 달려 있기 때문에, 처음에는 "비자본주의적 소유관계 안에서 시장 사회의 장점을 취하려는 시도라는 형태로" 개혁은 피할 수 없었다.[136] 그것이 성공하지 못했다고 판명될 때, 대안은 자본주의 또는 민주적 사회주의가 된다.

비판. 캘리니코스는 브레너에 답하여 네 가지 주장을 제시했다.[137] 첫째, 그는 소련에서 일어난 정체에 대한 브레너의 설명이 너무 일반적이었다고 주장했다. 정확히 무엇이 아주 짧은 기간(단 70년)에 관료주의적 생산 양식이라고 추정된 것의 성장과 쇠퇴를 일어나게 했는가? 둘째로, 브레너는 소련 노동자에게 자유가 부족하다는 사실을 과소평가했다. 왜냐하면 노동 이동률은 스탈린주의의 전성기에 높은 수준이었으며, 뒤따르는 2차 세계대전 기간에 부문과 지역, 기업 사이에 노동자를 배치하는 진정한 노동 시장이 존재했기 때문이다. 셋째로, 브레너는 스탈린주의의 효율성을 과소평가했다. 장기간 소련의 성장률은 높았고, 소비재의 생산이 느릿느릿 발전했다는 사실은 군사 산업에 우선권이 주어졌기 때문이었다. 마지막으로, 브레너는 '자본주의에 대한 추상적이고 규범적인 이론'을 가지고 연구했다고 한다.[138] 이것은 그가 자본주의 안에서 '군사적 경쟁의 목적으로 경제에 대한 국가의 감독'이 발생할 수 있다는 것을 인식하는 데 실패했다는 것을 뜻한다.[139]

핑거

브레너와 비슷한 분석은 소련이 무너지고 난 뒤 (옛 샤흐트만 지지자 제이

컵슨Julius Jacobson이 만든) 잡지 《뉴 폴리틱스New Politics》의 편집위원 핑거 Barry Finger를 통해 개발되었다.[140] 핑거는 "관료주의적 명령 경제는 반드시 일방적 체제, 즉 아래로부터의 모든 피드백을 중지시킴으로써, 끊임없는 수정 과정을 방해하는 체제다."는 생각에서 시작했다.[141] 이런 구조적 결점은 어쩔 수 없이 그 체제에 특수한 장애를 가져왔다.

결과적으로, 크고 복합적인 방해 요인이 체제를 가로막을 때까지 불균형은 감지할 수 없다. 그러나 결국 가능한 경제 성장률은 효율적으로 다시 쓸 수 있는 잉여 노동의 크기에 결정적으로 달려 있다. 가동되는 피드백 기제가 없는 관료적 계획에는 붕괴 가능성을 예측하고 발견하려는 정밀함이 빠져 있다.[142]

이런 식으로 볼 때, 끊임없이 중공업 발전에 우선권을 부여한 이유를 설명할 수 있다.

이것을 상쇄하려면 여분의 부품, 재고, 중간재와 반제품의 방대한 비축이 필요하다. 간단히 말해, 한 시간의 잉여 노동이 실제로 지출될 수 있기 전에, 사회적 간접 비용에서 필요 노동의 거대한 결합이 필요하다. 이것은 생산재 부문의 과잉 성장을 반영한 것이다.[143]

경제적 성장이 그 자체를 잠식한다는 것을 뜻했다. 경제가 커지면 커질수록, '잠재적 붕괴의 시점'은 점점 더 다가온다. 결과적으로 "생산성에서 발생하는 실질 비율 증가는 자본주의 아래에서보다 최종 산출량이 더 적다."[144] 산출물의 상당한 부분이 "수준 이하이거나, 심지어 사용할 수 없는 것이다."는 사실을 고려해 볼 때, 관료적 집산주의도 위기로 나아가는 경향이 내포되어 있었다는 것은 명백했다. 이런 위기는 노동의 강화를 통해, 그리고 일 년에 일하는 시간의 증가를 통해 어느 정도 미루어질 수 있다. 그러나 이러한 외연적인 확장의 형태로는 한계가 있다.

자본주의 밑에서와는 달리, 산출량 증가는 노동 생산성의 개선과는 근본적으로 분리되어 있고 결정적으로 독립적이다. 잉여 노동의 추출은 실제로는 집단적 노동일의 증가가 절대적 한계에 다다랐을 때 고갈되는, 주로 외연적인 과정이다.[145]

이러한 한계에 다다르는 시점은 다른 무엇보다도 인구의 자연적 증가율, 농촌 인구의 투입률, 그리고 '제국주의'에 따라 다른 국가로부터 노동력과 물자를 끌어들일 가능성에 달려 있었다. 소련은 1980년대에 끝이 보였다. 특히 (공장과 기업 경영자를 포함한) 중간 계층이 반란을 일으켰다. 왜냐하면 그들은 정치적 영향력이 부족했고 실행에 옮길 수 없는 지시를 받았기 때문이다. 중앙 행정부가 무너질수록, 관리자의 힘은 더욱더 커진다. 그러나 실용적 통화 체계와 효율적으로 기능하는 시장의 부족을 고려해 보면, 그들은 자본주의로 순조로운 이행을 이루는 데 실패했다.

서구 측의 대대적인 경제적 개입이 없이, 새로운 권력자는 그들 스스로 관료적 버팀목에 지나치게 의존하지 않고는 자본주의적 다리로 걸을 수 없다는 것을 알게 될지도 모른다.[146]

7. 4. (강화된) 지배 계급이 없는 새로운 생산 양식 이론

퓌레디

그때 혁명적 공산주의당Revolutionary Communist Party[147]의 지도자였던, 영국 사회학자 퓌레디(1947년 출생)는 1986년에 쓴 《소련의 신비를 제거하다The Soviet Union Demystified》에서 대부분 틱틴의 작업에 영감을 받아 소련에 대한 분석을 제시했다. 그러나 틱틴의 연구가 단편적이었다면, 퓌레디는 (낭비, 계급 등등에 대해) 틱틴의 경험적 관찰을 통합하려고 했던 야심찬 종합 테제를 제공했다.[148]

1917년 10월 뒤, 혁명으로 태어난 정부는 어떻게 경제가 조정될 수 있는가 하는 문제에 맞닥뜨렸다. 그 문제는 파멸적 내전과 유럽에서 혁명의 실패로 더욱 극심해졌다. 1921년 정부는 시장 경제를 좀 더 추구하는 것에서 해답을 찾았다. 그러나 신경제 정책은 곧 새로운 정권을 위협했다. 1929년부터 스탈린주의 관료는 자신의 생존을 위해 가치 법칙의 영향력을 줄여야만 했다. 통치 엘리트는 시장을 폐지함으로써 사회의 재원에 대한 통제권을 얻었다. 그러나 이런 통제권은 빈약한 정보 흐름과 불충분한 전문가 때문에 매우 제한되었다.

소련의 공업화는 효율적인 경제 관리를 통해서가 아니라 공업화 과정에 있었던 모든 사회적 · 정치적 장애물을 일소함으로써 성취되었다. [……] 합리적 계획이라는 점에서 보면, 공업화를 향한 추진력은 의식적인 방향이 결여되었고, 계획된 혼란과 비슷한 형태로 나타났다.[149]

"계획 목표 때문이라기보다는 오히려 계획 목표였는데도 불구하고,"

생산력은 성장했다.[150]

여기서 결정적인 점은 가치 법칙을 통해 생산에 대한 규제를 폐지하는 것이 자동으로 사회의 재원에 대한 지배력을 제공하지 못했다는 것이었다. 그것은 바로 소련 관료가 끊임없이 싸웠던 문제였다.

경제적 규제가 없는, 소련 사회 구성체는 노동을 사회화하거나 국내 분업을 세우려는 고유의 경향을 보이지 않는다. 상품 교환이 자본주의에 사회적 분업을 확장하기 위한 메커니즘을 제공하지만, 소련은 임의로 쓸 수 있는 그러한 메커니즘을 가지지 않는다. [……]

계획과 성공 지표를 이용하여 경제에 일관성을 주려는 시도는 생산자 사이에 기술적 통일성만을 확립한다. 다른 생산자들은 특정 생산물을 위해 서로서로 의존한다. 이것은 소련의 분업에 일관성과 유사한 것을 준다. 그러나 기술적 관계는 사회적 분업의 대용물이 아니다. 이것은 사회적 노동의 효율적 이용이라는 문제를 해결하지 못하거나, 필수적으로 조화 또는 협동을 이끌어내지 못한다. 이것은 1930년대 뒤부터 소련에서 기술적 분업이 와해하는 경향이 생긴 이유다.[151]

시장과 실질적 계획 모두가 부족해서, 노동 시간의 배분은 많은 부분 자발적으로 일어났다. 이는 "성공적인 국가 정책은 규칙이 아니라 예외다."는 것을 뜻했다.[152]

개별 기업은 자발성의 힘을 약화하는 데 성공할 때만 살아남을 수 있다. 그러한 까닭에, 그들은 최대한의 자급자족을 이루려고 애썼다. "기업 관리자의 목표는 중앙에서 지시했던 수행 목표에 이르는 가장 유리한 기회를 잡으려고 전반적인 분업에 대한 의존을 가장 적게 줄이는 것이다."

[153] 그래서 지역 관리자는 다른 기업들과 원료와 노동의 공급에 대한 비공식적 협정을 맺었다. 물물 교환, 절도 그리고 암거래는 논리적 결과였다.

기업의 궁극적 복지는 생산 목표의 달성보다는 오히려 기업이 얻을 수 있는 자원과 투입물에 달려 있다. 따라서 생산 단위들은 최소한의 노력으로 목표를 맞추려는 경향을 보인다. 기업의 전체 조직은 이런 보수적 접근 방식에 따라 형성되었다. 이것은 기업의 주도권에 의존하고 있는 경제 실험이 작동하지 않는 이유를 설명해 준다.[154]

즉흥성의 힘forces of spontaneity은 또 자원의 비축, 원료의 낭비, 그리고 낮은 질의 생산품으로 이어졌다. 즉, "개별 기업의 목표는 형식적으로 목표를 맞추는 데 있다. 그것은 자신의 생산품을 판매하는 책임을 지지 않는다."[155]

따라서 관리적 보수주의에 빠졌는데도 혁신이 일어났다는 것은 주로 중앙으로부터 압력이 있었기 때문이다. 중앙 관료는 물자에 대한 통제력, 서구 자본주의로부터 새로운 기술 수입, 물질적 보상 제도 도입, 그리고 폭력적 강압을 통해 발전에 영향을 줄 수 있다. 1950년대 말부터 낮아지는 경제 성장으로부터 분명히 나타났듯이, 이런 방식으로 감독하는 경제 발전의 가능성은 줄어들었다.

공업이 더욱 복잡해지면, 투자를 늘리는 것이 지속적인 성장에 더욱 효과적이지 못하다. 투자를 더욱더 많이 한다고 해도 더는 내적 발전의 동력을 대체할 수 없다. 소련은 투자를 더욱 비효율적으로 해나갈 뿐만 아니라, 높은 생산 비용은 투자 자원의 이용 가능성을 제한하도록 위협한다. 소련 관료는 막연히 공업에 투자하려고 새로운 자원을 동원하는 데 의존할 수 없다. 공업 자체가 투자를 위해 더욱더 많은 자원을 만들어내지 않는 한, 위기로 가는 경향은 더욱 심해질 것이다.[156]

개혁과 규제 조치를 통해 흐름을 바꾸려는 중앙 관료의 시도는 거듭 실패했다.

체제의 이런 논리 안에서, 관료 엘리트는 '정치적 질서political order'로 여겨야 한다. 그러한 권력을 지닌 사회적 집단은 **직접적으로 정치적** 성격을 지녔고, 소련 사회 구성체 그 자체가 이러한 전개 과정을 막았기 때문에 계급이 될 수 없었다. 그와 달리, 노동자는 실질적인 계급을 형성했지만, 이 계급은 자본주의에 있는 노동 계급과는 달랐다. 왜냐하면 노동력은 노동 시장에서 팔리지 않았고, 임금과 생활 수준 사이의 관계가 자본주의에서 벗어났기 때문이다.[157] 퀴레디는 러시아 노동 계급을 '프롤레타리아트'로 부를 것을 제안했다. 즉, '다른 사회들의 프롤레타리아트와 같이 소련 노동자는 그저 일할 수 있는 능력만을 소유한다. 그러나 자본주의 사회와는 달리, 소련에서 일할 수 있는 능력은 상품 형식을 띠지 않는다.'[158]

스탈린주의는 일종의 개발 독재를 나타냈고, 따라서 덜 발전한 국가에서 가장 쉽게 자리 잡을 수 있다. "자본주의가 가장 낙후되었을 때, 스탈린주의가 가장 적합한 것 같았고, 한 나라가 경제적으로 더욱더 발전하면 할수록, 스탈린주의 모델을 적용할 기회는 더욱더 줄어든다는 것이 입증되었다." 보기를 들어, "소련 체제는 중국에서는 일부 성공을 거둘 수 있었지만, 스탈린주의자들이 정권을 장악하기 전에 고도로 공업화되었던 국가인 체코슬로바키아에서 새로운 체제는 경제적 침체를 낳았다."[159]

1989년 퓌레디는 관료제가 치명적 딜레마에 빠졌다는 결론에 이르렀다. 즉, "만일 근본적 변화가 일어나지 않는다면, 소련 체제는 경제적 붕괴에 직면한다." 그러나 "만일 더 폭넓게 시장관계를 도입한다면, 체제붕괴의 위험을 안게 된다."[160] 결과가 무엇이든, 이것은 예측할 수 없다. 퓌레디에 따르면,

소련 체제에 내재한 변동성은 관료가 스스로 자신의 운명을 거의 통제하지 못한다는 것을 뜻한다. 그러나 만일 현재의 추세가 계속된다면, 그 결과는 자본주의의 복원 또는 자본주의적 선택을 하게 하는 힘의 강화일 것이라는 결론을 피하기는 어렵다. 근본적인 추세는 직접적으로 현실화되지 않았지만, 그것들은 전체 사건의 방향을 암시해 준다.[161]

틱틴과 그에 대한 비판자들

틱틴은 1987년에 쓴 한 논문에서 이전에 쓴 출판물에 따라 소련이 마르크스주의적 의미에서 진정한 사회 계급을 지니지 않았다고 주장했다. 그의 견해에서 노동자는 그들의 노동력을 팔지 않았고, 그저 그것을 양도할 뿐이었다.

첫째로, 노동자는 고용자로 등록한 것을 토대로 간단히 자신의 생존 수단을 받는다. 추방과 구속 또는 더 열악한 상태에 있는 모든 사람도 고용되어야 한다. 그의 교육, 건강, 주택, 공익 시설, 대중교통은 무료이거나 거의 비용이 들지 않는다. 그러나 그들은 식료품과 소비재를 사실상 줄서기를 통해 직접적으로나 간접적으로나 배급 형태로 얻는다. 임금은 명목적으로 기술 수준에 따라 다양하다. 노동자는 그들의 수행 성과나 심지어 작업의 성격에 상관없이 생존

수준만큼의 보상을 받는다. 둘째로, 노동자는 노동 과정에 대한 통제력을 계속 유지하기 때문에, 실제로 그의 노동력에 대한 통제력은 팔지 않는다.

요약하면, 그 결과는 노동자가 국가의 지시에 따라 일을 해야 한다는 것이다. 그는 노동력을 팔아야 할지 또는 팔지 않을지에 대한 선택권을 가지지 않는다. 그는 엄격하게 규정된 제한 범위 안에서 직장의 장소를 옮길 수 있다. 그러나 그러한 이동은 노동력의 경쟁적 판매라기보다는 일자리 자체에 대한 불만과 관련이 있다. 실업은 없다. 그래서 일자리를 위한 노동자 사이에 진정한 경쟁은 없다.[162]

모든 노동자가 "개인적 등급에 따라 일을 하므로, 추상 노동은 있을 수 없다."[163] 그리고 추상 노동이 없다면, 원자화된 '직접적 종속'이 그 자리를 차지할 것이다.[164] "생산의 사회적 본성이 사회에서 관철되자마자, 노동자의 힘은 조정 불능 상태에 도달할 것이며," 그렇게 되면 엘리트의 힘은 붕괴하기에 이를 것 같다.[165] 다른 말로 하면,

노동자가 계급 운동으로써 자신을 확고히 할 수 있는 날, 그날에 사회는 뒤집힐 것이다. 더는 싸움이 필요 없을 것이다. 왜냐하면 그러한 운동의 조건, 비밀경찰의 감소, 그리고 사회의 원자화는 현재 상태 그대로 착취를 존속하기 위해 존재하는 유일한 수단이기 때문이다.[166]

틱틴은 거듭해서 소련이 영구적인 위기에 빠져 있었지만, 노동자만이 체제를 전복할 수 있다는 자신의 견해를 강조했다. 1991년에 완성되었고 1992년에 출판된 《소련 위기의 기원Origins of the Crisis in the USSR》에서, 그는 자신의 해석을 다음과 같이 요약했다.

그러나 이것은 앞으로 소련이 무너진다는 것을 뜻하지 않는다. 반대로, 소련은 그 자체로 쇠퇴의 형식뿐만 아니라 그 자체로 제한된 안정의 형식도 가진다. 소련은 반대가 존재하도록 허용할 수 없는 정권이다. 그래서 소련의 쇠퇴는 단지 체제의 붕괴라는 형식을 취할 수 있다. 사회 집단, 분파, 그리고 경제적 영역서로서로가 반대하고 협력하지 않는 형태로 있을 만큼 그 체제의 양 끝을 끌어당기는 것은 붕괴의 형식이다. 결국 노동자가 그들 자신의 집단을 구성하고, 그래서 계급이 되며 권력을 요구하는 지점에 붕괴가 올 것이다.[167]

이런 견해에 완전히 일치하여, 틱틴은 소련의 붕괴를 자본주의로의 이행으로 여기지 않았다. 왜냐하면 그것은 노동자의 동의가 필요했는데, 그들이 더 높은 생활 수준이라는 순수한 전망을 제공받을 때만 동의할 것이기 때문이다. 동독 노동자는 "단순히 서독으로 넘어감으로써" 이것을 현실적 가능성으로 인식했다. 그러나 소련 노동자는 그러한 전망을 갖지 않았다.[168] 자본주의적 관계의 실질적 도입은 두 가지 중요한 함의를 지닐 것이다. 첫째로, 소련 노동자가 완전 고용과 노동 과정에 대한 통제에 익숙해져 있다는 점을 고려할 때, 대규모 실업의 창출이 필요할 것이다. 노동자는 명백히 그러한 정책에 강하게 저항할 것이다. 둘째로, 주어진 환경에서 불가능한 것 같았던 경쟁적 시장관계가 확립되어야 했을 것이다.

비록 자본 시장을 상정할지라도, 이른바 자연적 독점들natural monopolies [지세 따위의 자연물에 의한 천연자원 등의 독점]은 계속될 것이다. 공공 설비, 교통, 주택, 의료, 그리고 교육은 독점 부문이나 국가 부문에 있을 것이다. 제조업은 국제적 규모로 이루어지는 것을 제외하고는 경쟁적으로 만들어질 수 없다. 자동차, 항공기, 조선, 컴퓨터, 전자, 그리고 채광 산업은 서구에서 카르텔이 존재하거나, 그렇지 않으면 한 국가에 소수 기업이 존재하는 산업의 예다. 다시 요점은 소련이 품질 관리, 물가 통제, 그리고 직접 생산자에 대한 통제를 확립하기 위해 진정한 자유 경쟁이 필요하다는 것이다. 하지만 독점 또는 카르텔은 체제를 지금 상태 그대로 유지할 것이다. 소련은 단순히 경쟁을 필요로 한 것이 아니라, 노동자 계급에 대한 모든 통제력을 가진 자본주의를 재건하기 위한 격렬한 경쟁을 필요로 한다. [……] 이것으로 판단해 볼 때 19세기로 되돌아가지 않는 이상, 시장을 도입할 수는 없다. 다른 말로 표현하면, 그런 일은 생길 수 없다.[169]

2000년에 쓴 논문에서, 틱틴은 소련의 붕괴로 "약하지만 잠재적 부르주아"를 생기게 했다는 것을 인정했지만,[170] 그와 함께 자본주의로 진정한 이행이 일어나지는 않았다는 자신의 견해를 계속 고수했다.

물물 교환을 이용하고 노동자가 임금을 받지 않을 때 가격은 의미가 없고, 노동자가 결코 임금을 받지 않고 구체제 아래에서 그들이 했던 만큼 일을 계속할 때 노동자는 자신의 노동력을 팔 수 없으므로, 자본주의라는 단어의 기초는 자본가의 존재와 중앙 집중화된 계획을 중심으로 하는 구체제의 폐지에 달려 있다. 후자가 소극적인 조건이기 때문에, 우리는 사유화된 기업과 금융 자본의 소유자가 존재한다는 조건만 충족되면 자본주의의 기초가 마련되었다고 말할 수 있다. 실제로는 사유화된 기업과 금융 자본 모두 국가와 관료에 가깝게 얽매여 있었다.

화폐, 가격, 자본, 임금, 임금 노동의 범주가 아주 형식적이고 피상적 방식으로 고찰되었다면, 소연방 국가는 자본주의적이라고 할 수 있다. 모든 범주가 오직 부분적이고 서로 거세게 충돌하며 모순적인 형식으로 존재한다는 것은 아

주 분명하다.171

소련의 붕괴는 오직 사회의 붕괴와 잡종화를 낳았다. 그것은 "한층 더 붕괴로 이어지는 서막이거나 아니면 또 다른 혁명에 대한 전조"다.172

비판. 국가 자본주의 이론의 지지자들은 틱틴을 여러 측면에서 비판했다. 클리프 지지자인 몰리뉴John Molyneux는 틱틴이 마르크스주의를 위반했다고 강력히 주장했다. 틱틴이 주장했던 것처럼, "사회 계급에 대한 전체 발상이 소련에 적용될 수 없다는 것"이 사실이었다면, [……] "그가 말하고 있는 것은 마르크스주의를 소련에 적용할 수 없다는 것이다."173 그리고 소련에 계급이 없다면 계급 갈등도 있을 수 없다. 그러면 틱틴은 수많은 억압적인 기구의 존재를 어떻게 설명할 수 있는가?

그가 자신의 분석으로써 줄 수 있는 답변은 소비에트 국가가 다양한 사회 집단(엘리트, 인텔리겐치아, 노동자 등등) 사이 갈등의 산물이라는 것이지만, 만일 이런 설명이 소련 국가에 유효하다면 다른 국가에도 계급이 없다고 주장하는 이론들에 문을 열어주는 것이다. 다른 말로 하면, 우리는 다시 한 번 마르크스주의로부터 멀리 떨어지는 것이다.174

게다가, 틱틴의 분석은 모호함에서 벗어날 수 없었다. 그는 자신이 '소련에서의 착취'를 통해 뜻했던 것을 명확히 설명하지 못했고, 동유럽에서부터 캄푸치아 반도까지 소련과 구조적으로 닮았던 다른 '공산주의' 나라들의 성격에 대해 아무 것도 말하지 않았다. 또 그는 "서구 자본주의와 견주어 소련이 역사적으로 진보적인지 또는 반동적인지를 결정하는 기준"을 제공하지 않았다.[175] 그리고 마지막으로, 틱틴은 '일국 사회주의'라는 새로운 이데올로기를 위해 길을 열어 놓았다. 왜냐하면 만일 소련이, 세계 자본주의와는 다른 자신의 발전 법칙을 가진다면, 서로 다른 환경에 있는 다른 나라들이 자본주의와 무관한 '사회주의적 작동 법칙'에 따라 발전할 수도 있다고 믿게 되는 저마다의 이유가 있었기 때문이다.

아우프헤벤 그룹은 몰리뉴보다는 덜 비판적이었다. 우리가 이미 보았듯이, 이 집단은 틱틴의 관점에 공감을 보이면서도 그가 마르크스의 정치·경제학 비판을 위반했다고 비난했다. 틱틴은 소련 노동자가 자신의 노동을 사용하는 것에 대한 근본적인 통제력을 유지하기 때문에, 자신들의 노동력을 팔지 않는다고 주장했다.[176] 그러나 마르크스에 따르면, 노동력(일할 능력)의 판매와 그 노동력의 실제 사용(노동 능력의 소비) 사이에는 차이가 있었다. 따라서,

소련에서 노동자가 노동 과정에 대해 상당한 통제권을 주장할 수 있었다는 사실이 반드시 그들이 자신의 노동력을 팔지 않는다는 것을 뜻하지는 않는다. 완전 고용에 대한 국가의 보장을 고려해볼 때, 그것은 정말 그저 노동자는 관리자와 관계에서는 유리한 처지에 있었으며, 노동 과정 안에서 노동력이 상품이라는 형태로 완전하게 포함되어 버리는 흐름에는 저항할 수 있었다는 것을 뜻할 뿐이다.[177]

콕스

1974년부터 틱틴이 펴낸 잡지 《비평Critique》에 관여했던 정치학자 콕스 Michael Cox(1945년 출생)는 소련의 본질에 대해 서구 마르크스 이론이 거의 아무런 역할도 하지 않았던 하나의 주제를 제기했다. 즉, 그것은 외교

정책이다. 소련 사회가 구조적으로 불안정한 사회였다는 생각에서 시작한 콕스는 소련 엘리트의 외교 정책을 '반자본주의적' 또는 '제국주의적'인 것이 아니라 오히려 근본적 취약성의 결과로 여겨야 한다고 주장했다.

소련이 서구를 따라잡지 못하고 따라잡을 수 없는 결함이 있는 경제 체제를 계속 유지하는 한, 소련 엘리트는 항상 원래대로 남아 있는 외적 (뿐만 아니라 내적) 수단의 총계가 얼마나 되는지를 확인해야 할 것이다. 불안정한 것은 단지 관료가 아니라 전체 체제다. 이것은 세계 자본주의와 모호한 관계를 만들었다. 한편으로 소련의 약점은 소련으로 하여금 서방과 화해하도록 했다. 이것은 평화적 공존의 진정한 의미다. 다른 한편으로 같은 약점은 세계 자본주의 체제가 소련 사회 질서에 맞서 행사할 수 있는 유인책과 압력을 줄이기 위해 소련으로 하여금 세계 자본주의 체제와 대립하도록 강요해 왔다.[178]

이런 배경에 의지해서만, 분명히 일관성 없는 소련의 정책을 이해할 수 있다. 이 정책은 대부분 '전진 방어'를 포함한 것이었다. 소련이 다른 나라들의 공산당에 지원한 것은 서방 부르주아 계급에 맞서 압력을 행사하는 수단으로 여겨야 할 것이다. 동유럽 **완충** 지대 국가는 소련에 맞선 서방의 압력을 약화하려는 것이었다. 반제국주의 운동에 대한 지원은 서방에 맞선 싸움에서 동맹국을 만들려는 것이었다. 그러나 모든 경우에서 주요한 목적은 세계 자본주의의 파괴가 아니라 세계 자본주의의 약화였다.[179]

아서

철학자 아서는 1960년대에 소련이 강력한 지배 계급이 없는 새로운 사회 형태라고 주장한 최초의 사람 가운데 한 사람이었다. 그는 2000년에 틱틴과 퓌레디의 주장을 통합하면서, 이러한 초기 분석을 확장한 분석을 내놓았다.[180] 형식적이고 구체적인 측정의 차이와 변증법적 연관에서 시작한, 아서는 소련에서 "자본의 물질대사가 대안을 세우지 못하고 무너졌다."고 주장했다.[181] 강화된 자본주의는 유기적 체제다. 왜냐하면 자본('자기 결정 가치')의 형식이 그 내용에 대한 완전한 보완물(잉여 노동을 사용하기 위한 수단으로 독특한 분업과 통제의 계층 체계를 가진 공장 체계)을 형성하기 때문이다. 소련에서 자본주의적 형식은 폐지되었으나, 그 내용은 남아 있었다.

> 사회적 형식에 관한 한 자본주의는 소련에서 파괴되었다. 이 체제가 가치, 잉여 가치, 또는 자본 축적을 가진다고 말하는 것은 의미 없다. 가격 형식, 임금 형식은 있지만, 이것은 결코 가치에 대한 일부 외양-형식을 나타내는 것이 아니었다. 왜냐하면 이러한 형식이 오히려 총체적으로 관리되는 체제 안에 고정되어 있기 때문이다. [……]
> 그러나 남아 있는 것은 자본의 물질화, 즉 공장 체계였다. [……] 자본의 기술에 대한 인적/물질적 구성은 완전히 복제되었다. 그러나 가치 척도에 대한 객관적인 경제적 규제 장치 없이. [……] 자본주의와 가장 큰 차이는 객관적 가치 규제 장치의 부족이 그 메커니즘을 동기가 없는 상태로 내버려 둔다는 것, 다시 말해 자본 축적을 위한 추진력이 없다는 것이다.[182]

아서에 따르면, 하나의 결과는 (브레너가 앞서 공식화했던 것처럼) 일종의 노동관계의 봉건화가 일어났다는 것이었다. 즉, "엄밀히 말하자면, 생산의 조건으로부터 노동자의 분리는 없었다. 봉건적 영지가 농노라는 자신의 보완물을 지녔던 것처럼, 소련 관리자는 노동자에 딱 붙어 있었다." [183] 따라서 이 체제는 자본의 **폐지**가 아니라 자본의 **부정**을 구체화했다. 사회의 유기적 결합이 존재하지 않았고, 따라서 생산 양식도 존재하지 않았다.

베렌스

베렌스Fritz Behrens(1909~1980)는 가장 잘 알려진 동독 경제학자 가운데 한 사람이었다.[184] 1950년대 중반에 동독 중앙통계국의 감독자로서, 그는 이미 초기 단계에 명령 경제의 비효율성을 꿰뚫어 보았다. 그는 1956년에 이런 지식으로 '현실로서 존재하는 사회주의'를 비판했지만, 나중에 당의 압력을 받아 부분적으로 [자신의 주장을] 철회했다. 그러나 정치적 탄압으로 여러 다른 비밀 장소를 옮겨 다니면서도 개인적으로 체제를 비판하는 글을 계속 썼다. 베렌스가 죽고 나서 얼마 뒤에 비로소 그가 쓴 글 가운데 일부가 출간되었다(1990년대 초).[185]

트로츠키주의와 평의회 공산주의, 그리고 비트포겔의 영향을 받은 그는 자본주의가 제1차 세계대전의 발발과 함께 쇠퇴 국면에 접어들었다는 고전 마르크스주의 시각을 받아들였다. 자본주의의 옛 경쟁 형식은 20세기의 첫 십 년에 무너졌다. 전체적으로 부르주아 사회의 뒤이은 위기에서 두 가지 새로운 사회 형식이 나타났다. 즉, 서구권에서는 독점 자본주의가, 동구권에서는 국가 독점주의가 나타났다. "자본의 중앙 집중화와 이를 통해 생산에 대한 의사 결정력이 국가 또는 초국가적 독점체의 손아귀에 있으면 **자본주의적**이고, 당과 국가 관료가 통제하는 국가의 손아귀에 있으면 사회주의적이다. 독점주의와 국가 독점주의."[186] 두 변종 모두 똑같이 계층에 따른 엘리트주의적 구조를 보여 주었다.[187]

소련 사회는 혁명 이전 러시아의 준아시아적 관계에 그 뿌리를 두었지만, 그와 함께 근대적 특성을 보여 주었다. 즉, "선사 사회와 계급 사회 사이 아시아적 생산 양식은 [……] 이행기 사회였다. 그것에서부터 자본주의적 사회 또한 사회주의적 사회가 출현할 수 있다. 그러나 현실로서 존재하는 사회주의의 생산 양식은 더는 이행기 사회가 **아니라**, [……] 별개의 사회 구성체였다."[188]

국가 독점주의는 자본주의의 대안도 (바로가 주장했듯이) 사회주의를 위한 준비도 아니었다. 그것은 '나쁜 쪽으로 돌연변이한 것'이었다. 왜냐하면 이 새로운 생산 양식은 민주화의 가능성을 배제했고, 사람들을 그들 자신의 목소리를 가지지 않은 어린아이의 상태로 떨어뜨렸기 때문이다.[189]

베렌스는 지배 엘리트를 계급으로 정의해야 하는지를 의심했던 것처럼 보인다. 어떤 점에서 그는 엘리트를 "오래된 의미에서 계급이 아직 아닌" 것으로 지칭했으나,[190] 다른 문맥에서 지배 관료와 지배받는 생산자라는 두 가지 '기본 계급'을 언급한다. 그리고 그것들을 다음과 같이 묘사한다.

지배 관료는 많은 층many divisions을 포함하는 계층에 따른 엘리트주의적 구조를 가지며, 본질상 순수하게 물질적이지 않은 수많은 특권을 통해 위에서 아래까지 계층화되었다. 주요한 특권은 정보에 대한 독점이다. 이것은 임명과 선택을 바탕으로 했던 교육과 훈련 체계에 의해 창출되고 유지되었다. 여기서, 다른 어느 곳보다도, '아는 것이 힘이다.'는 규칙이 적용된다. [……] 만일 지배 권력의 피라미드형 조직 안에서 저항의 경향을 막을 목적으로 자기 통제권이 없다면, 관료는 통제권을 가지지 않는다. 관료는 모든 경우와 영역에서 선출되지 않고 임명되었다. 관료는 비생산적이며 생산자를 착취하면서 살아간다. 그러나 이것의 구조는 모든 측면에서 지배 계급의 계층에 따른 엘리트주의적 구조와는 다르다.

베렌스는 생산자 계급을 산업의 집단적 노동자로 묘사했다. 이 집단 노동자가 만들어낸 잉여 생산물은 노동력의 판매를 통해 관료에게 이전되는 잉여 가치의 모습을 띤다. 그것의 차이로는 자본주의에 전형적인 "경제 관계의 소리 없는 강제"가 "정치적 권력의 구두 강제"로 대체되었다는 것이다.[191]

지배 계급 또는 '전략적 엘리트'[192]는 혁명적 뿌리를 지녔지만, 그것의 급진적 목표는 시간이 지남에 따라 방어apologism로 변질했다. 즉, 레닌주의를 정당화하는 이데올로기가 되었다.[193]

객관적으로 1917년 러시아 혁명이 경제적으로 그리고 문화적으로 후진적이었던 국가 안에 정확히 고립되었기 때문이고, 주관적으로 레닌주의의 조직 원칙이 사회주의 혁명의 기회가 무르익었던 산업적으로 발달한 서구 유럽에서가 아니라 제정 러시아 안에서 실패한 부르주아 민주주의 혁명이라는 맥락에서 출현했기 때문이다.[194]

'사회주의적' 관료가 권력을 형성한 것은 치명적 결과를 지녔다. 부르주아 민주주의의 성과물조차 폐지되었다. 그러나 현실로서 존재하는 '사회주의' 안에서 관료와 군국주의자가 서로 자신들에게 주었던 "그로테스크 장식을 한 메달"에서 볼 수 있듯이, 군국주의와 민족주의가 암처럼 사회 전체로 퍼져 나갔다.[195] 그와 함께, 일관되지는 않았지만, 엘리트는 혁명적 해방 운동을 지원했다.[196]

이러한 전체 전개 과정은 역사적으로 불가피하지 않았다. 제1차 세계 대전 말에 사회주의를 세울 수 있는 현실적 가능성이 있었지만, 역사적인 우발적 사건으로 다른 발전이 일어났다. 혁명적 주체의 관점에서 보면, 바람직하지 않은 부작용이 주요 결과, 다시 말해 궁극적 결과가 되었다.[197] 미래도 불확실해졌다. 베렌스는 두 가지 가능성이 있다고 생각했다. 즉, 관료 계급을 명확한 지배 계급으로 만들어 주는 자본주의로 이행이 일어나거나, 또는 의회 민주주의에 기반을 둔 자주 관리 사회가 나타날 것이다.[198]

캄페아누

캄페아누는 소련 형 사회의 기원과 발전과 몰락을 잇달아 설명한 세 권의 책에서 그가 처음에 간략히 공식화한 이론을 더욱 정교하게 다듬었다.[199] 이들 출판물에서 혼합주의 개념이 중심 자리를 차지했다. 이 개념은 다음과 같은 방식으로 기술되었다.

특정한 사회에서 생산력과 계급 구조 사이의 안정된 이탈 상태. 다른 사회에서도 이탈은 발생할 수 있는 것이기에, 독특한 점은 이탈이 존재한다는 사실이 아니다. 독특한 점은 오히려 그것의 안정화, 즉 선행하는 혁명에서 태어난 사회만이 배타적으로 가지는 특성이다. 이 이탈, 또는 관련성의 단절은 사회의 가장 깊고 가장 근본적인 차원에서 발생했다. 그러나 이 이탈, 또는 관련성의 단절은 가장 분명하게는 관련되는 두 항목들, 즉 소유관계와 생산관계의 중재자들이라고 추정되는 것들의 기능 장애라는 형태로 나타난다.[200]

캄페아누에 따르면, 스탈린주의적 혼합주의는 두 가지 연속적이고 모순되는 '비동기화'의 산물이었다. 첫째로, 후진성이라는 비동기화 또는 제국주의 시대에 반봉건적, 반부르주아적, 반제국주의적 혁명을 수행하려는 시도가 있었다.[201] 결과적으로 선행하는 비동기화, 즉 레닌주의적 전략은 '반산업적 자본주의를 전산업화 사회주의로 대체할 가능성에 집중했다."[202] 두 과정의 조합과 안정화는 스탈린주의 밑에서 경제적 또는 경제 외적 제약을 바탕으로 한 체제, 즉 경제가 비경제적 힘에 종속되고 생산관계가 복종의 관계로 변화된 체제를 낳았다.[203]

이 체제의 위기는 비동기화의 새로운 국면에 지나지 않았다. 즉, "[체제 위기는] 궁극적으로 정체로 끝날 것이라고 예측할 수 있다."[204] 차츰, 많은 "특수한 변화와 실패, 그리고 해결되지 않은 위기"가 축적되었다.[205] 이 축적은 체제로 하여금 그것의 조절 메커니즘을 수정하도록 강제했다. 이것은 새로운 비동기화를 낳았다. 왜냐하면 "대안적 구조가 구축되는 것보다 옛 구조가 빠른 속도로 파괴되었기 때문이다."[206]

7. 5. 요약

1980년대와 1990년대에, 소련에 대한 세 가지 '고전적' 서구 마르크스주의 이론(타락한 노동자 국가, 관료적 집산주의, 국가 자본주의)은 설 자리를 잃어버린 듯했다. 이러한 접근 방식은 모두 1930년대와 1940년대에 나타났다. 이때 서구 관찰자에게 소련 사회의 내부 모순은 이후 시기에서보다 덜 드러났다. 이러한 이론은 같은 시기에 나온 그들 이론의 비마르크스주의적 상대자와 같이, 소련을 **상대적으로 안정된** 사회 체제로서 형상화하려는 경향이 있었다. 소련이 아주 급속히 무너지자, 명백하거나 또는 공인되지 않은 이론은 수정할 수밖에 없었다.

만델과 샤흐트만과 클리프, 그리고 다른 사람들의 접근법이 상대적으로 정체 상태에 있었다. 그것과 엇비슷하게 새로운 해석이 나타났다. 한편으로 《비평》 경향(틱틴 등등)의 해석은 더욱더 영향력을 얻었고, 다른 한편으로 어느 정도 보르디가와 베틀렘의 전통 안에서 소련이 절대 **국가** 자본주의가 아니라, 그 대신에 **경쟁** 자본주의의 특수한 변종이라고 주장했던 소련 자본주의 이론이 새롭게 다시 성장했다.

비록 소련이 초기에 광범한 공업화 방법과 경제 외적 강제를 사용하는 데 성공했지만, 소련은 비효율성이 늘어나고 집중적인 성장으로 나아갈 수 없었기 때문에, '지구화하는' 세계 자본주의와의 경쟁에서 경제적·군사적 지위를 유지할 수 없는 경제 성장 모델이었다. 이러한 생각은 모든 사상 경향에서 차츰 지배적으로 되었다.

8장

결론을 대신하여

만일 우리가 체계 안의 어딘가 다른 곳에서 충분히 극적인 조정 작업을 한다면, 무슨 진술이 나오든 그 진술은 사실이라고 주장할 수 있다(콰인W.V. Quine).

지금까지 우리는 마르크스주의 이론의 폭넓은 범위와 이론들의 단편을 설명했다. 소련 사회의 본질을 이해하려는 많은 시도가 이루어졌다. 그 가운데 일부는 단단한 경험적 토대를 가졌으나, 대부분은 그러한 토대가 없었다. 몇몇 이론은 매우 일관성 있고 용의주도하다. 다른 이론은 비논리적이고 피상적이다. 그 이론들 모두가 공유하는 것은, 여러 기고문 사이에서 아주 다양한, 그것들의 과학적 내용이 아니라 마르크스에게서 빌려 온, 또는 옳든 그르든 마르크스의 것이라고 생각되는 범주들을 이용하는 비판적 방식으로 마르크스주의자들에게 매우 중요한 한 가지 현상을 분석하려는 공동의 노력이다. 다음에서, 무엇보다 먼저 나는 역사적 조망에서 내가 제안한 주요 문제와 주제를 확인하려고 노력할 것이다. 그다음으로, 나는 소련에 대한 서구 마르크스주의 사상의 이론적 발전이라는 전체 과정에 대한 메타 이론적 측면을 좀 더 자세하게 논의할 것이다.

　여러 해에 걸쳐 진행되어온 소련에 대한 서구 마르크스주의자들 사이의 논쟁과 관련하여, 논쟁의 정도를 (명백히 개략적으로) 가늠해보기 위해, 나는 아래 도표에 매 기간에 해당하는 최초의 출판물 수를 보여준다.[1]

시기	출판물 수	전체 비율	각 시기에 해마다 나온 출판물
1917~1928	28	3.6	2.33
1929~1940	53	6.8	4.42
1941~1956	130	16.6	8.13
1957~1968	63	8.0	5.25
1968~1985	402	51.3	23.65
1986~2004	107	13.7	5.63
합계	783	100.0	8.90

이 표는 우리에게 많은 것을 말해주지 않는다. 약간의 조건을 붙여서 이야기해야 하기는 하지만, 1917년부터 논쟁의 규모는 차츰 증가했고 1957~1968년 동안에는 얼마간 줄어들었으며, 1968년 뒤 폭발적으로 늘었고 1980년대 뒤부터는 다시 꽤 줄었다.

나누어진 시기 안에서 빈도를 좀 더 자세히 검토해 보면, 논쟁이 정점에 오른 시기가 있다는 것을 알 수 있다. 중요한 연도는 1938년(트로츠키의 《배반당한 혁명》에 대한 논쟁), 1941년(샤흐트만-버넘-트로츠키 논쟁), 1947~1948년(버넘의 《관리 혁명》의 유럽판을 둘러싼 논쟁), 1951~1953년(유고슬라비아 논쟁), 1958년(질라스의 《새로운 계급》에 대한 논쟁), 1974~1980년(새로운 계급에 대한 많은 책이 꾸준히 출판되던 시기), 그리고 1990년(붕괴)인 듯하다.

1917~1956년 사이에 논쟁이 늘어난 것은 언뜻 보기에는 역설적이다. 어쨌든, 정확히 이 기간에 이러한 문제에 관여하는 사람의 수는 더 줄었다. 처음에는 공산주의 운동과 사회 민주주의 운동의 구성원들이 토론에 참여했으나, 마지막에는 그저 '서구 좌파의 다양한 소집단들'[2]만이 여전

히 비판적 마르크스주의 방식으로 소련을 다루었다. 그러나 그런데도 우리는 이 차츰 줄어드는 집단 안에서 논쟁은 더욱 격렬해졌다고 결론지어야 한다.

1956~1968년 동안에는 가장 중요한 이론들이 구체화되었다. 그리고 서구에서 정치적 상황은 [소련에 대한 분석에서] 한층 더 획기적인 성장을 촉진하지 못했다. 그러나 파리에서 1968년 5월 혁명이 일어나고 '프라하의 봄'이 터진 뒤, 전환점이 만들어졌다. 꽤 폭넓은 마르크스주의 좌파가 나타났고, 그들 가운데 일부만이 직접적으로 더 오래된 경향의 전통을 이어갔다. 1980년대에 급진화의 물결이 사그라짐에 따라, 소련을 둘러싼 논쟁에 대한 관심도 줄어들었다.

우리는 얼마쯤 다른 각도에서 문제를 볼 수 있다. 서론에서 나는 소련에 대한 이론화에 영향을 준 세 가지 요소를 말했다. 그것은 서구에 대한 인식과 소련에 대한 인식, 그리고 마르크스주의적 사회 분석에 대한 해석이다. 잠정적으로 나는 다시 이 세 가지 영향 각각이 여러 단계를 거쳤다고 지적했다. 서구 자본주의와 소련은 모두 어느 시점에서 불안정한 상태를 경험했고, 그다음에 안정적이고 역동적인 상태를, 그리고 다음에는 소련이 붕괴할 때까지 다시 불안정한 상태가 늘어나는 경험을 했다. 마르크스주의적 사회 분석에 대한 해석은 제한된 도식화로부터 엄격한 단선화를 거쳐 확장되는 다선주의로 발달했다.

만일 우리가 이들 세 가지 영향을 도식화한다면, 우리는 대략 아래 도표에 나오는 것과 같은 결과를 얻게 된다.

시기	서구 자본주의에 대한 인식	소련에 대한 인식	마르크스주의적 사회 분석의 해석
1917		불안정	다소 열려 있음
	불안정(쇠퇴)		
1929			
1952	———	안정적/ 동적	닫힘
1956	안정적/ 동적		
1968		안정성이 줄어들다	차츰 개방적이 됨
1985	안정성이 줄어들다		
		위기와 붕괴	
1991	———		
	유일하게 활발한 체제		

비판적 이론화가 (1) 마르크스주의 집단 안에서의 개방성, 그리고 (2) 참조 사회(서구 자본주의와 소련)의 불안정성으로 촉진되었다고 추정하는 것은 합리적이다. 두 번째 요소는 계속해서 발생하고 있으며, 바로 그 불안정성 때문에 예측할 수 없는 새로운 사건을 무시하는 경향이 있다. 그러나 첫 번째 요소는 이러한 발전을 설명하기 위해 경쟁하는 가설의 다양성을 확인할 수 있게 한다.

이런 방식으로 볼 때, 소련에 대한 비판적 이론화를 위한 전제 조건은 1917~1929년과 1968~1985년에 가장 유리했고, 그 사이의 기간에 가장 좋지 않았다. 게다가, 만일 우리가 1917~1929년에 소련이 아직 질적으로 새로운, 스탈린주의적 구조를 지니지 않았다는 것을 고려한다면, 정확히 1968년 뒤에 '현실로서 존재하는 사회주의'에 대한 토론이 가장 격렬해 졌다는 것은 놀라운 일이 아니다.

1917~2005년까지 이론적 전개는 네 가지의 분명히 다른 단계로 구분

될 것 같다.

1) 1917~1929년은 고전적 단선주의가 지배했다. 혁명 이후의 사회가 성공적이든 또는 역사적으로 불가능하든, 그도 아니면 실패로 끝날 운명이든 사회주의로 이행이라는 관점에서 분석하던 시기였다.

2) 1929~1968년은, 스탈린주의적 전환의 결과로서, 일반적으로 새로운 사회 형태가 소련에서 출현했다고 인식하던 시기였다. 세 가지 주요한 변종이 이 기간에 제시되었다. 즉, ① 국가 자본주의 이론과 ② 타락한 노동자 국가 이론이다. 두 가지 이론 모두 여전히 단선적 도식을 고수했다. 그뿐만 아니라 ③ 관료적 집산주의 이론도 나왔는데, 이 이론에 따르면 관료 집단은 새로운 지배 계급으로서 기능했다. 그 이외에, 주의 깊게 네 번째 접근을 한 시도('이름표 없는 이론들')가 1940년대 초기에 (페드호사, 힐퍼딩) 그리고 특히 1950년대 초 서독에서 출현했으나, 이것들은 상대적으로 고립되었고 다시 잊혔다.

3) 1968~1985년의 시기에는 논쟁이 다시 활기를 띠었고, 네 번째 접근법이 두각을 나타내게 되었으며, 세 가지 오래된 접근법은 정체하는 경향을 보였다.

4) 1985년 뒤부터는 논쟁의 강도가 약해졌다. 그럼에도 특별히 새로운 (국가) 자본주의 이론의 수가 많이 늘어났다는 점이 특이하다.

귀납적으로, 첫 번째 단계(1917~1929년)는 방향 정립의 과도기인 듯하다. 왜냐하면 그 뒤 논쟁의 모든 조건이 1930년대에 고정되었고, 이 시기에 베유, 트로츠키, 워럴 같은 사람들이 부정적으로 또는 긍정적으로 토론을 지배했던 주된 관점을 만들어냈기 때문이다.

이 책에서 논했던 소련에 대한 몇몇 비판

	자본주의	관료적 집산주의	타락한 노동자 국가	다른 이론
1917~1928	호르터르			카우츠키
	판네쿡			룩셈부르크
	륄레			
	코르쉬			
1929~1941	먀스니코프	로라	트로츠키	힐퍼딩
	아들러	베유		
	바그너	리치		
	워럴	버넘		
	폴록	샤흐트만		
		페드호사		
1941~1956	그란디소/페레	구트만	만델	슈테른베르크
	제임스/두나예프스카야			사이컨
	카스토리아디스/르포르			프뢸리히
	클리프			코플러
	보르디가			
1956~1968		질라스		비트포겔
		쿠론/모젤레프스키		로스돌스키
				뵈베
				마르쿠제
1968~1985	마틱	스토야노비치	모훈	두취케
	홀름베리	카를로		지민
	베틀렝	멜로티		바로
	레오	팬섬/마초버		슈미이데러
		스위지		틱틴
				콘라드/셀레니
				페헤르 등등
				캄페아누
1985~2005	다움	브레너	메인/히스	퓌레디
	샤피르	핑거		콕스
	샤토파디야			베렌스
	베렌스			
	페르난데스			
	아우프헤벤			
	레스닉/울프			
	산데모세			

　　앞에서 나는 많은 이론을 전반적인 이론적 평가 없이 서술했다. 이는 아주 혼란스러울 수도 있다. 그래서 이제 다양한 접근법을 그런 이론의 주장과 견주어 보는 것은 적절한 것처럼 보인다. 나는 모든 '고전적' 변종이 본

질적인 점에서 마르크스 자신의 이론과 갈등을 빚고, 게다가 종종 사실을 거스르거나 논리적 원리를 위반한다는 것을 보여줄 것으로 기대한다.

맨 먼저, 많은 주창자가 세밀하게 살펴본 (국가) 자본주의 이론을 검토해 보자. 만일 우리가 이러한 이론가들이 소련에서 자본주의 구성체가 수립된 날짜를 각자 다르게 확증한 사실을 잠시 무시한다면,[3] 첫 번째 경우에서 가장 놀랄만한 것은 그들이 (국가)자본주의의 진정한 본질을 해석하는 데서 얼마나 **달랐는가** 하는 것이다. 도식적으로, 우리는 네 가지 다른 관점을 구별해낼 수 있다.

1) 대부분 이론가는 자본주의가 사회를 통치하지 않는 노동 계급의 존재에 근거를 둔다고 강조했다. 몇몇 사람에게 그 특성은 그 자체로 한 사회를 자본주의적으로 정의하는 데 충분하지만(제임스, 마틱, 레오), 몇몇 다른 사람은 다른 기준을 덧붙였다. 워럴은 잉여 가치의 생산을 두 번째 조건으로 삼았고, 홀름베리는 생산 수단이 임금 노동자를 착취하는 목적에 적용된다는 사실을 조건으로 언급했다.

2) 보르디가, 베틀렝, 샤토파디야 등은 '이윤'을 실현하고 '시장 계약'을 통해 그들 사이에 재화를 교환하려고 시도하는 개별 기업 사이의 분리를 강조했다. 보르디가는 이것을 자본주의를 언급하는 데 중요한 조건이라고 생각했다. 베틀렝은 임금 노동과 자본 사이의 분리를 추가했다.

3) 그란디소는 임금이 최소화되어 있고, 잉여 가치가 투자와 비생산적 소비를 위해 사용될 경우가 자본주의라고 말했다.

4) 마지막으로, 클리프는 이윤 극대화를 통해 유발된 자본 사이의 경쟁에서 자본주의적 사회의 본질을 보았다.

그란디소의 묘사는 명백히 마르크스의 서술에서 가장 동떨어진 것이다. 무엇보다도 잉여 가치에 대한 언급은 이미 자본주의의 존재를 뜻한 것이고, 따라서 선결문제 요구의 오류a petitio principii[4]가 포함된 것이다. 그렇기는 하나, 임노동을 기초로 한 정의는 정통적이라는 인상을 주었다. 마르크스 자신은 《자본론》에서 다음과 같이 썼다.

> 자본주의 시대는, 노동자 자신의 시각에서, 노동력이 그의 소유인 상품의 형 태를 취한다는 사실에 의해 특징지어진다. 그의 노동은 결과적으로 임노동의 형태를 취한다.[5]

그러나 만일 어떤 사람이 마르크스의 개념을 그런 한 구절로 축소한다 면, 마르크스는 부당하게 다루어진 것이다. 결국 그에게 자본주의는 복잡 하고 역동적인 체제였는데, 그 안에서 임노동은 단지 하나의 중요한 측면 이었다. 그래서 마르크스는 또한 '상품 생산과 상품 순환'을 '자본주의적 생산 양식의 일반적 전제 조건'으로 언급했다.[6] 그의 견해에 따르면, 경쟁 이 지배하는 시장에서 자본에 의한 상품 생산(노동력과 노동 산출물)의 일반화가 반드시 필요했다.

그러므로 마르크스에 따르면, 경쟁은 자본주의의 다른 본질적인 특징 을 구성했다. 그는 《자본론》에서 "정치 경제학이 지금까지 파악하는 데 실패했던 경쟁의 기본적 법칙을 언급했다. 이 법칙은 일반 이윤율 그리고 경쟁을 통해 결정되는 이른바 생산 가격을 지배한다."[7] 또 《그룬트리쎄》 에서 다음과 같이 썼다.

> 자유 경쟁은 자본의 진정한 발전이다. 이를 통해, 자본의 성질에 부합하는 것은 개별 자본을 위한 외적 필요성으로서 받아들여진다. 자본의 개념에 일치

하는 것은 자본에 토대를 둔 생산 양식을 위한 외적 필요성으로 상정된다. 경쟁 안에서 자본이 서로에게, 노동 등에게 입히는 상호 강제(노동자 사이의 경쟁도 자본 사이의 경쟁의 또 다른 형태다)는 자본으로서 부의 자유로운 그리고 동시에 실질적인 발전이다.[8]

　그러므로 자본주의는, 마르크스가 보기에, 몇몇 '요소'를 구성 요소로 하는 하나의 통합체를 구성한다. 이때 임금 노동은 몇몇 '요소' 가운데 하나일 뿐이다. 만일 이 사실을 받아들인다면, 언급된 저자들은 마르크스의 의미에서, 즉 체제에 내재하는 논리에서 어떤 방법으로든 생기는 소련에서 기업 경쟁의 존재를 입증하는 데 실패하고, 따라서 소련 국가 자본주의의 존재를 입증하는 데 실패하게 된다. 그와 달리, 만일 '국가-자본주의' 해석의 일부 지지자가 임노동을 자본주의의 정의에서 가장 중요한 또는 유일한 조건으로 다룬다면, 이것은 마르크스의 정치 경제학 저작에 대한 그들의 제한된 지식에서 비롯된 것일 수 있다. 어쨌든 임노동은《자본론》제1권에서 다루어졌지만, 경쟁은《자본론》제3권에서 더욱 폭넓게 다루어졌다.

　두 번째 문제는, 소련 국가 자본주의라고 가정되는 체제 안에서 지배 계급이 존재했는가의 문제를 통해 제기되었다. 몇몇 저자는 이와 관련해서 명확한 견해를 밝히지 않았고, 그저 사적 자본가의 존재만을 부인했다. 그러나 대다수 저자는 분명히 부르주아지가 러시아 자본주의를 지배했다는 것을 부인했다. 바그너, 폴록 그리고 보르디가에 따르면, 계급으로서 부르주아지가 전혀 없다. 워럴은 관료가 결여된 부르주아지의 기능을 수행한다고 주장한다. 그란디소와 페레는 '성장하지 못한' 부르주아지를 언급한다. 이 모든 점은 다시 마르크스의 정설을 거스른 것이다.《그룬트리쎄》에서 마르크스는 특히 다음과 같이 진술했다.

자본과 임노동자의 생산은 자본의 가격 안정화 과정의 주요한 산물이다. [……] 노동의 객관적 조건(그리고 이 객관적 조건은 노동 자신의 산물이기도 하다)은 노동에 대하여 하나의 인격을 가지게 된다는 점이, 또는 달리 말해서 그 객관적 조건은 노동자에게 소원한 하나의 인격 특성이라고 받아들여진다는 점이 자본의 개념에서 사실로서 전제되어 있다.[9]

따라서 마르크스는 분명히 자본가 계급이 자본주의를 위한 **불가결한 조건**conditio sine qua non이라고 생각했다.

사실상, 국가 자본주의 이론의 두 대표자 클리프와 베틀렘만이 자본주의에 대한 정통적 정의와 양립할 수 있는 접근법을 취했다. 두 사람 모두 소련에서 부르주아의 존재를 상정했고, 경쟁이 존재한다고 믿었다. 베틀렘은 이러한 경쟁이 국내 경제에 존재한다고 믿었지만, 클리프는 국제적 수준에서 경쟁을 확인할 수 있다고 믿었다.

클리프의 접근법은 그로 하여금 경쟁을 필수적으로 군비 경쟁, 즉 군사력에 대한 경쟁으로 축소하도록 강제했다. 그러나 그것은 여전히 정설과 갈등을 빚는다. 어쨌든 군비 경쟁은 주로 공개(자유) 시장을 위해 생산된 상품을 포함하지 않고, 그래서 자본주의적 경쟁을 기초로 한 거래로 여길 수 없다. 마르크스의 관점에서 자본은 상업적 거래를 통해 상품을 판매함으로써 만들어진 상품의 가치를 실현하려고 한다. 그것은 그저 상품을 전시하는 것으로는(또는 그것들을 파괴하는 것으로는) 가능하지 않다.[10] 이와 달리, 베틀렘의 접근법은 자신의 교의를 실제에 대한 부정에 기반을 두었다. 스위지가 올바르게 관찰했듯이, 그의 가설은 사실과 반대다. 왜냐하

면 소련 기업이 그들 스스로 가격, 임금, 원료 공급자와 수령자를 결정할 수 없기 때문이다.[11]

궁극적으로, 우리는 국가 자본주의에 대한 어느 한 가지 이론도 사실과 일치하면서 동시에 정통 마르크스주의에 부합하는 데 성공하지는 못했다고 결론지어야 한다.

두 번째 주요한 이론적 변종은 **타락한 노동자 국가 이론**이었다. 우리는 앞에서 트로츠키가 어떤 방법으로 소련 관료의 특성을 노동자 국가 내부에서 분배 영역을 통하여 일시적으로 정치권력을 잡았던 기생적 사회 계층이라고 서술하는가를 살펴보았다. 정통 마르크스주의적 관점에서, 여기에는 몇 가지 근본적 문제가 들어 있다.

첫째, 관료적 현상의 일시적 본질에 대한 의문이 있다. 이와 관련하여 트로츠키의 생각은 명확한 논리를 보여 주었다. 즉, 자신의 기억에 아직도 생생한 1917년의 승리가 있기에, 러시아 노동자 계급은 혁명적 노력의 결과를 훔치려 했던 엘리트주의자의 성장을 물리치려 할 것이다. 만일 그런 일이 일어나지 않는다면, 얼마 뒤에 옛 혁명적 자긍심은 쇠퇴할 것이고, 엘리트는 자신을 새로운 지배 계급으로 변형시키는 기회를 잡게 될 것이다. 우리는 트로츠키가 주장했듯이, 1930년대 소련 노동 계급 안에 "혁명적 투쟁의 교훈과 볼셰비키 전략의 결과"가 여전히 생생히 남아 있는가에 대한 의문을 제기할 수 있다.[12] 그러나 그것이 사실이라면, 우리는 트로츠키의 논지를 마르크스주의 정설과 일치하는 것으로 여길 수 있을 것이다. 어쨌든 마르크스 그 자신에게서 우리는 비슷한 생각을 만난다.[13] 그러나 트로츠키의 지적 후계자들이 심지어 최근에 "역사의 단계들에서, 트로츠키가 1939년에 제기했던 문제는 여전히 남아 있다."고 썼을 때, 곤란한 일이 생긴다. 하지만 '시간의 틀'이 잘못되었다.[14] 트로츠키 주장은 그래서 힘을 발휘하지 못했다. 왜냐하면《배반당한 혁명》의 저자를 그의 논지로 이끌었던 특유한 (그리고 마르크스적인) 고려가 이제 전술적으로 제거되었고, 추상적 일반성('역사의 단계들')에 의해 대체되었기 때문이다.

두 번째 어려움은 타락한 노동자 국가 이론이 생산의 영역과 분배의 영역을 구별한 것에 포함되어 있다. 이 구별은 마르크스와 모순된다. 마르크스는 두 가지 모두는 하나의 응집력 있는 전체의 일부라고 생각해야 한다고 강조했다.

가장 피상적으로 개념화한다면, 분배는 생산물의 분배인 것 같이 보이고, 생산으로부터 더욱 떨어진 그리고 외관상 독립적인 것 같이 보인다. 하지만 분배가 생산물의 분배이기 이전에, 분배는 (1) 생산 수단의 분배이며, 이때 (2) 그 분배는 동일한 관계를 더 구체화한 것이고, 다양한 종류의 생산들 사이에 사회 구성원들을 배치한 것이다.

[……] 생산 안에 있는 이런 내적 분배를 무시하면서 생산을 관찰하는 것은 아무 의미 없는 추상적 개념화이다. 그러나 정반대로, 생산물의 분배는 생산의 최초 순간을 형성하는 이러한 분배로부터 저절로 나온 결과다.[15]

세 번째 문제는 트로츠키가 분배와 관련된 기생적 기능을 관료의 것이라고 보았다는 사실, 그리고 그럼으로써 관료가 생산 영역에 뿌리를 둘 수 있다는 것을 부인했다는 사실에 의해 제기되었다. 정통의 관점에서 보면, 이런 생각은 지지받을 수 없다. 결국, 소련 관료는 기업을 이끌었고, 그러므로 또 생산 과정을 이끌었다. 마르크스는《자본론》에서 그러한 조정하는 작업coordinating work에 대해 다음과 같이 썼다.

감독과 관리 작업은 필연적으로 직접 생산 과정이 사회적으로 합쳐진 과정의 형태를 취하고, 단순히 분리된 생산자의 고립된 노동으로 나타나지 않을 때 어디에서나 발생한다. 그러나 이것은 이중적 성질을 가진다.

한편으로 많은 개인이 협동하는 모든 노동에서, 그 과정의 상호 연관과 단일성은 필연적으로 관리 의지로 표현되며, 오케스트라에서 지휘자의 기능과 마찬가지로 세밀한 작업에 관련되는 것이 아니라 전반적으로 작업장과 작업장의 역할에 관련되는 기능들로 표현된다. 이것은 많은 개인이 협동하는 생산 양식에서 수행해야 할 생산적 노동이다.

다른 한편으로 [……] 이 감독 작업은 직접 생산자로서 노동자와 생산 수단의 소유자 사이의 대립에 기반을 둔 모든 생산 양식에서 필연적으로 발생한다. 이 대립이 크면 클수록, 이 감독 작업은 더욱더 큰 역할을 담당하게 된다.[16]

지도 기능의 이러한 이중적 특성은 한편에서는 생산을 조직하려 했고, 다른 한편에서는 동시에 노동자에 대한 억압을 구체화하려 했던 소련의 기업 경영에 적용되었다. 당연한 결과는 적어도 소련 관료 집단의 중요한 일부는 오로지 기생적인 것만이 아니었고, 오히려 마르크스의 의견에 따르면 분명히 생산적 노동을 수행했다는 것이어야 한다.

마지막 문제는 정통의 문제가 아니라 논리의 문제와 관련된 것이다. 이 문제는 정치적 영역과 경제적 영역 사이의 분리에 내재되어 있다. 이런 분리는 논리적이었고, 이론적으로 일관성이 있었다. 왜냐하면 노동 계급은 경제적으로는 지배 계급인 것으로 생각되었지만, 정치적으로는 권력 없는 계급인 것으로 간주되었기 때문이다. 어쨌든 특이한 것은 바로 이 계획 경제에서 정치권력과 경제권력이 그런 식으로 분리될 수는 없다는 것이다. 계획의 이행을 만들어 냈고 감독했던, 그래서 정치권력을 소유했던 사람이라면 누구든 그 사람은 분명히 경제도 지배했다.

만일 우리가 이러한 반대 이유를 정리해 보면, 타락한 노동자 국가 이론은 부분적으로는 정통에 어긋나고 부분적으로는 비논리적인 것처럼 보인다.

세 번째 변종은 **관료적 집산주의**(지배 계급이 있는 새로운 사회 형태) 이론의 무리다. 마르크스의 정설에 따르면, 이 경향은 또 세 가지 근본적인 반대에 맞닥트렸다.

첫 번째 그리고 가장 중요한 어려움은 이 이론 **전체**가 마르크스의 틀에 맞지 않는다는 것이 분명하다는 점이다. 마르크스가 자본주의 이후 사회에 대해 단 하나의 가능한 형태만이 존재한다고, 즉 공산주의 사회 또는 사회주의 사회만이 가능하다고 이해했다는 점을 다시 주장할 필요는 없을 것이다. 자본주의 뒤에, 다른 추가적이고 온전한 역사적 단계가 있을 수 있다는 생각은(베유, 리치, 그리고 버넘) 마르크스의 생각과는 거리가 있었다. 비슷하게, 저발전된('준봉건적' 또는 '준아시아적') 국가가 자본주의 국가와 다른 발전 형태를 경험할 수 있다는 논지는 마르크스의 접근법과 맞지 않는다. 즉, "산업적으로 더 발달한 국가는 저발전된 국가에 자신의 미래에 대한 이미지를 보여줄 뿐이다."[17]

두 번째로, 이 경향의 주창자들은, 새로운 사회가 시작되는 시기와 관련해서 서로 다른 날짜를 제시했다는 점을 고려하지 않는다면,[18] 관료 계급의 지배를 가능하게 하는 토대와 관련하여 서로 모순적인 해석을 제시했다. 베유와 버넘과 같은 몇몇 사람은 관료적 권력이 **경제적으로** 기반을 가졌다고 생각했다. 질라스와 스토야노비치와 같은 다른 사람들은 권력의 기초를 정치적 영역에서 찾아야 한다고 생각했다. 첫 번째 언급된 해석은 사실과 모순된다. 즉, 엘리트는 정치적 통로를 통해 정권을 잡는다.

그 권력은 국가 기관의 지배로부터 성장(했으며, 그리고 그 국가 기관이 기업을 지배)했던 것이지, 기업 그 자체에 대한 직접적인 지배로부터 성장했던 것은 아니다. 이것은 집단의 경우에도 그리고 개인의 경우에도 모두 사실이었다. 마지막에 말한 해석은 마르크스의 견해와 다르다. 그리고 이 해석을 방어하는 사람들은 보통 이 점에 대해서 알고 있기도 하다. 어쨌든 마르크스는 경제권력에서 정치권력을 연역해냈다.

직접 생산자에게서 보수를 받지 않는 잉여 노동을 추출하는 일정한 경제 형태는 생산 자체에서 직접적으로 자라나서, 다음에는 결정 요소로서 그 생산 자체에 반응하면서 지배자와 지배받는 사람 사이의 관계를 결정한다. 그렇지만 생산관계 자체로부터 자라나는 경제적 공동체의 전체 구성이, 아울러 그 경제적 공동체의 전체 구성과 동시에 그 경제 형태에 일정한 정치적 형태도 마찬가지로, 이 일정한 경제 형태 위에 건설된다. 그 일정한 경제 형태는 늘 전체 사회 구조의 가장 깊숙한 비밀, 은폐된 토대를 드러낸다. 그리고 그와 함께 주권과 종속 관계의 정치적 형태, 간단히 말해, 그 사회 구조에 조응하는 일정한 국가 형태를 드러내는 것은, 생산 조건의 소유자가 직접 생산자에 대하여 맺는 직접적 관계(노동 방식의 발전에서 특정 단계에 언제나 조응하며, 그래서 그것의 생산성에도 늘 마땅히 조응하는 관계)다.[19]

세 번째 문제는, 만일 관료적 집산주의 이론가들이 옳다면, 권력을 잡기 전에는 존재한 적도 없었던 지배 계급이 출현했다는 결론에 이른다는 것이다. 마르크스가 쓴 관련된 모든 저작에서, 다음과 같이 가정되었다. **첫째로** 적대적 계급이 생산관계로부터 출현하고, 그런 다음 이들 계급이 정치적 의식을 얻고 광범위한 규모로 서로에 맞서 투쟁하며, 마지막으로 본질적인 사회적 전환이 일어난 뒤, 이전의 하위 계급이 새로운 지배 계급으로 확립된다. 그러나 권력을 잡기 전에 인텔리겐치아와 '노동 귀족'이었던 사람들이 관료 '계급'을 구성한다. 그러므로 그들이 소련 노동 계급에 맞서 싸우는 계급을 형성한다고는 말할 수 없을 것이다.

따라서 '새로운 지배 계급' 이론이 마르크스의 정설과 일치한다고 주장할 수 없는 것은 다른 주요한 변종들 둘 다 그렇게 할 수 없는 것과 마찬가지다.

이런 맥락에서, 소련 사회를 마르크스의 정설에 따라서는 거의 설명할 수 없다는 것은 아주 명백해진다. 만일 소련이 마르크스의 견해에 따르면 공산주의적이지 않았다는 주장을 받아들인다면, 분석은 거의 불가능하게 된다. 억압과 착취가 있기는 하지만, 엄격한 의미에서 (노동 계급이든, 부르주아든, 또는 집단적 관료든) 지배 계급을 확인할 수 없는 사회를 분석하려면 우리는 어떤 해석을 사용해야 하는가? 결과적으로 어느 해석에서도 논리적인 사회적 동력과 경제적 동력을 찾아낼 수 없다는 말인가!

이런 배경에서, 소련이 독특한 생산 양식을 가진다는 점을 부인했던 '네 번째 경향'의 출현은 정말 이해할 만하다. 비록 1968년 이후 '이름표 없는' 이론의 급속한 확산과 정교화가 옛 이론들의 강점과 약점을 체계적으로 분석한 결과는 아닐지라도.

이 결론은 옛 이론들이 앞으로 더 이론적으로 발전한다 해도 쓸모없다는 것을 의미하지는 않는다. 또한 그것들이 의미 있는, 목표를 찾아 나가는 방법a meaningful orienting device으로서 실질적인 정치적 유용성이 모자란다고 주장하고 싶지도 않다. 논의한 이론들에서는, 하부 이론적 주제 또는 진부한 생각이 하나의 관점에 제한되지 않고 다시 제기된다. 이것들 가운데 열한 가지를 다음과 같이 확인할 수 있다.

1) 볼셰비키 체제와 나중에 스탈린 체제는 근대화 독재 정권을 만들어 냈다. 즉, 1917년에 사회-경제적 관계의 저발전을 고려해 볼 때, 먼저 강제적 공업화와 축적이 발생했다는 것은 불가피한 일이었다. 체제는 사회적 강제를 필요로 했으며, 독재 정권으로 이어졌다. 우리는 이런 진부한 표현을 아들러, 코플러, 로스돌스키, 쿠론과 모젤레프스키, 마르쿠제, 마틱, 카를로, 멜로티, 팬섬과 마초버, 슈미이테러, 그리고 캄페아누의 저작에서 만난다.

2) 소련은 아시아적 생산 양식과 유사점을 나타냈다. 즉, 스탈린주의는 '동양의 전제주의'의 변종은 아니었지만, 어떤 측면에서 강하게 그것을 닮았다. 보기를 들어, 고전 중국 사회에 대한 분석은 소련 사회를 연구하는 데 문제 해결에 도움을 주는 가치를 가진다. 이런 진부한 표현은 슈테른베르그, 프뢸리히, 지민, 콘라드와 셀레니, 그리고 만델의 저작에서 발견된다. 이 주제와 가깝게 관련된 것이 호르터르, 판네쿡, 바그너, 비트포겔의 생각이다. 그들은 러시아와 소련이 '서구'와는 완전하게 다른 경제적, 정치적 그리고 문화적 영역에 속해 있다고 보았다.

3) 소련 사회는 '잡종' 사회 구성체, '비논리적' 현상, 인간 역사의 도중에 있는 막다른 길이었다. 이런 진부한 표현의 대표자 가운데에는 카우츠키, 지민, 틱틴, 퓌레디가 있다. 로라와 샤흐트만도 여기에 포함된다고 할 수 있다.

4) 볼셰비키주의 그리고/또는 스탈린주의는 역사적으로 제한된, 일시적 현상이었다. 몇 년 지나면, 이것은 다른, 더 영속적인 사회 구성체를 위해 길을 열어야 했다. 이런 진부한 표현은, 방금 말한 사람들과 비슷하지

만 그들과 같지는 않은, 카우츠키, 트로츠키, 그리고 페드호사의 책에서 발견된다.[20]

5) 소련 사회는 계급 사회와 무계급 사회 사이의 이행기 단계의 한 예가 되었고, 따라서 계급 없는 사회로의 이행기 단계와 유사한 점들을 보여 주었다. 이 진부한 주장은 리치, 지민 그리고 바로가 분명하게 드러내었다.

6) 스탈린주의와 파시즘 또는 국가 사회주의는 동일한 사회 형태의 두 가지 변종이다. 전체주의 이론들을 통해서도 이미 알고 있는 이와 같은 진부한 표현은, 국가 자본주의 이론의 옹호자 가운데서(륄레, 폴락), 그리고 새로운 생산 양식 이론의 옹호자 가운데서(로라, 베유, 리치, 버넘) 발견된다.[21]

7) 소련에서 정치에 대한 경제의 종속 또는, 다르게 말하자면, 완전히 자율권을 획득한 국가가 있었다. 이러한 진부한 표현의 대표자는 힐퍼딩과 페드호사, 다무스와 슈미이데러 등등이다.

8) 지배 엘리트의 권력은 정신노동과 육체노동의 분리에 기반을 두었다(지배의 기초로서 지식). 우리는 관리 계급의 이론(베유, 버넘)과 콘라드와 셸레니, 사이컨, 에게르트, 튀빙겐, 아이흐베데와 카이저의 작품에서 이런 진부한 표현을 만난다. 얼마간 거리를 둔 변종(주도적인 노동자들의 한 부문으로서 엘리트)을 바로가 지지했다.

9) 소련에서 노동자는 마르크스의 견해에 따르면 '자유로운 임금 노동자'가 아니었다. 그들은 궁극적으로 한 고용주에게 그들의 노동력을 공급할 수 있을 뿐이고, 또한 덧붙여 말하면 노동할 의무를 가지기 때문에, 마르크스가 말한 '자유'의 중요한 요소, 즉 '서로 다른 착취자들 사이에서' 선택할 자유가 사라졌다. 이런 진부한 표현은 리치, 버넘, 구트만, 모훈 그리고 브레너의 저작에서 발견된다.

10) 소련이 오래 존속하면 할수록 비효율성이 더욱 증가하거나, 일부 저자가 표현했듯이, 생산력과 생산관계 사이의 모순이 더욱 커졌다. 이런 진부한 표현은 1970년대에 출현했다(카를로, 틱틴, 코네트, 페레 등등).[22]

11) 소련의 역동성은 서구와 경쟁하면서 만들어졌다. 심지어 평화로울 때에도 소련 사회는 전시 경제로서 특징지어질 수 있다(클리프, 사피르).

이들 주제 가운데 몇몇은 아마도 '마르크스 이후의post-Marxian' 분석을 위한 구성 요소가 될 수도 있을 것이다. 그러나 비록 그렇게 되지는 않는다 해도, 우리는 소련의 붕괴 이전에 만들어진 다양한 이론을 검증하기 위해 소련의 몰락을 이용할 수 있다. 1970년대에 역사학자 톰슨은 이미 소련의 역동성과 계급 특성에 대한 다양한 가설들은 '결과의 활용the praxis of eventuation'을 통해서만 명확하게 증명되거나 논박당할 수 있다고 지적했다. 그러나 그는 다음과 같이 경고했다.

미래의 역사학자들이 정밀하게 조사할 때, 그 결과는 논지를 확증하거나 새로운 가설을 제안할 수도 있을 것이다. 그러한 '확증'은, 만일 그 확증이 이루어진다 해도, 그저 개략적인 수준을 넘어설 수는 없다. 역사는 법칙에 따라 지배되는 것이 아니다. 역사는 충분한 원인을 알지 못한다. 그리고 만일 미래의 역사학자들이 다른 식으로 생각한다면, 그들은 선행하는 것이 곧 원인이라는 논리post hoc ergo propter hoc[23]의 오류에 빠지게 될 것이다.[24]

9장

메타 이론적 주석

나는 이제 메타-이론적이라고 서술했던 이론적 진전을 분석하려고 할 것이다. 다른 말로 하면, 이러한 이론적 구성물에 대한 이론을 정식화 하려고 노력할 것이다. 그렇게 하면서, 다른 것들 가운데 과학에 대한 최근의 통시적 해석의 영향을 받았다.[1] 여기서 나의 목적은 노동 운동의 역사에서 정치적 담론의 발전을 위한 모델을 수립하는 데에 조금이라도 이바지하려는 것이다.

내 출발점은 이 연구에서 논의했던 정치 이론들이 그 이론의 사회적 담지자와 관련해서 **상대적으로 독립적**autonomous이라는 것이다. 그 이론들은 일단 공식화되면 일정한 내적인 논리에 따라 구속당한다는 의미에서 **독립적**이다. 그 이론들은 또 사회적 기능(보기를 들면, 그 이론들은 정치 집단의 사회적 응집력에 이바지할 수 있다)을 하고, 그럼으로써 그 이론들의 '변화의 여지freedom of movement'라는 측면에서 제약되어 있다고 한다면 정치 이론들은 **상대적**으로 독립적이다. 그 경우에, 언급한 정치적 담론들의 내적 구조는 무엇일까?

모든 다른 지적 구성물과 똑같이, 그것들이 어느 정도 분명하게 정의된 개념들 위에서 만들어진다는 것은 정치적 담론들의 경우에도 사실이다. ('자본주의', '노동 계급'과 같은) 이러한 개념들은 대체로 매우 모호할 수 있다. 나는 이 개념들을 통해 특정한 개념의 이용자가 개념을 통해 정확히 담아낼 수 있거나 담아낼 수 없는 대상뿐만 아니라, 개념에 포함될 수 있는지 아닌지 분명하지 않은 대상도 인식한다는 뜻으로 말하고 있다. 서구 마르크스주의에서 사용된 개념들 가운데 많은 것은 마르크스의 저작에서 직접 가져온 것이었다. 비록 이용자가 그 개념에 귀속시킨 내용이 마르크스가 그 개념에 부여했던 의미와 반드시 정확하게 일치하지는 않는다 할지라도.

개념은 등가물이거나 또는 다양한 수준의 일반성을 가질 수 있다. 나는 만일 한 개념의 지시 대상(즉, 개념이 지시했던 대상)이 다른 개념의 지시 대상과 같다면, 두 가지 개념을 '등가물'이라고 할 것이다. 만일 개념 A의 지시 대상이 개념 B의 지시 대상이라면, 그때 나는 B를 A보다 더 일반적이라고 생각할 것이다.[2]

정치 이론의 발전에서, 개념은 끊임없이 다른 개념을 통해 대체된다. 이 과정은 다음 세 가지 방식으로 일어날 수 있다. 즉, 그것은 등가적인 개념으로 대체함으로써, 또는 덜 일반적인 개념으로 대체함으로써(구체화), 또는 더 일반적인 개념으로 대체함으로써(일반화) 일어난다. 이러한 변화 각각은 이미 정치적-이론적 선택을 뜻한다. 보기를 들면, '자본주의에서 혁명적 주체'를 그에 맞먹는 '노동 계급'으로 대체하는 경우, 또는 '노동자의 국가'를 더 구체적인 '소련'으로 대체하는 경우를 생각해 보자.

개념들은 구성 요소를 형성하는데, 그 구성 요소를 가지고 다소간 복잡한 담론들이 만들어진다. 개념들은 담론의 대상, 즉 소련 사회와 관련되어 있는 진술들 속에서 결합된다. 담론에 속하는 모든 진술이 반드시 직접적으로 대상을 가리키는 것은 아니다. 또 좀 더 일반적 진술도 있는데, 그것들은 그럼에도 불구하고 담론에 꼭 필요하다.

나는 모든 정치 이론이 진술의 세 가지 부분 집합, 즉 한 이론을 모든 다른 이론들과 구별해주는 데 필요하고 충분한, 그러한 세 가지 부분 집합으로 구성된다고 말하려는 것이다. 이러한 세 가지 부분 집합은 다음과 같다.

1) **원칙들의 집합.** 이 집합에는 높은 수준의 일반성을 지닌 진술들이 속한다. 그런데 그 진술들은 이론이 다루는 대상보다 더 많은 대상에 적용될 수 있다고 생각한다. 한 가지 원칙의 보기는 "노동 계급의 해방은 노동 계급 스스로 이루어야만 한다."[3]는 마르크스의 테제다. 이러한 진술은 분명히 20세기 소련뿐만 아니라 노동 계급이 존재했고, 지금 존재하거나 또는 앞으로 존재할 모든 다른 상황에 적용할 수 있다. 원칙의 진술들은 특정한 상황을 특징짓는다. 그렇지 않으면 그 진술은 어떻게 특정한 상황에 이를 수 있거나, 또는 특정한 상황이 제거될 수 있는지를 나타낸다. 마르크스가 이야기한 것은, 보기를 들면, 두 가지 서로 관련된 개념(노동 계급과 해방)들을 전제로 삼아서, 어떠한 조건 아래서 초기 상황(해방되지 않은 노동 계급)이 두 번째 상황(노동 계급이 해방되다)으로 전화될 수 있는지를 암시한다. 원칙들은 또 정치적이다. 그것들은 본성상 '중립적value-free'이지 않다. 그것들의 함의는 서술적이고 규정적이다.[4] 그것들은 분석적으로 묘사하며 정치적으로(도덕적으로) 상황을 판단한다. 원칙들을 구성하는 개념들과 꼭 마찬가지로, 원칙들도 물론 얼마간의 일반성을 가지고 구성될 수 있고, 그런 의미에서 원칙들은 등가물에 따라서, 또는 더 일반적이거나 더 구체적인 진술들로 대체될 수 있다.

2) **관찰들의 집합**, 또는 (이 맥락에서는 동일한 것이라 할 수 있는) 사실들의 집합. 이 집합에는 이론의 사회적 대상의 특정한 측면을 서술하는 것

으로 생각되는 진술들이 속한다. 분명히 순수한 경험bare empiria은 여기에 포함되지 않지만, 정치적으로 이미 만들어져 있는 구성물들은 여기에 포함된다. 즈나니에츠키Znaniecki가 다음과 같이 쓴 것은 타당하다. "사실 그 자체는 이미 하나의 추상물이다. 우리는, 적어도 일시적으로는, 그것의 모든 무한한 복잡성에 맞추거나, 또는 이를 거부하는 구체적 과정의 어떤 한정된 측면을 분리해낸다."[5]고 썼다. 따라서 다양한 정치 담론들이 동일한 관찰이나 사실을 전제로 하지 않는 경우는 실제로 있을 수 있는 일이다. 보기를 들면, 하나의 이론이 "소련에서 생산 수단이 상품이다."고 주장한다면, 다른 이론은 이러한 주장이 현실과 갈등을 빚는다고 생각할 것이다.

3) **정치적 핵심**. 이 집합은 관찰들과 원칙들에서 이끌어낸 결론들로 이루어진다. 모두 합쳐져서, 그것들은 이론의 본질인 사회적 대상에 대한 진술들을 구성한다. 정치적 핵심 안에서는, 어느 정도 명확하게 규정적인 서술들이 구분될 수 있다. 따라서 보기를 들면, (베틀렝이 자세히 설명했던 것처럼) 마오주의 이론의 정치적 핵심은 세 가지 결론으로 요약할 수 있을 것이다.

① 1950년대부터, 소련은 자본주의적 관계에 종속되었다. 그 관계 안에서 기업들이 서로에게서 분리되었고, 노동자들은 생산 수단에서 분리되었다.

② 1950년대 말부터, 소련이라는 국가는 국가 자본주의의 기관이 되었다.

③ 소련에서 사회 혁명이 필요하게 되었다.

'이상적' 경우에, 어떤 정치적 담론의 구성은 완벽하게 일관성이 있다. 개념은 계속해서 같은 방식으로 사용되고, 추론은 빈틈이 없다. 분명히, 이러한 이상적 경우가 늘 현실인 것은 아니다. 다른 종류의 주장에서도 현실이 아니었던 것처럼 이 경우에서도 현실이 아니다.

논리적 양립 가능성은, 부분적이든 전체적이든, 존재할 수 있지만, 여러 가지 이유로 주목되지 않은 채로 지나가거나 반응이 없을 수도 있다. 이는 한 사람의 정신 내부에 있는 이른바 자기모순의 경우에도 같다. 각 개인은 단순히 모순을 다른 맥락으로 옮겨 놓는 것을 통해, 임시변통이나 경우에 따라서는 좀 더 일반적인 예외 · 포괄 · 배제의 법칙을 형성하는 것을 통해, 인식상의 어려움을 회피하는 방식을 사용한다. 어느 한 상황에 대한 정의와 관련하여 놀라운 정도로 기지 있게 견강부회하는 말을 개발해냄으로써, 수많은 모순을 가지고도 아주 잘 살 수 있다. 시간과 환경으로부터의 통상적인 탈출구가 닫히고, 개인이 자신의 모순을 직면하도록 강제되는 일은 [······] 오직 특별한 환경에서만 그럴 수 있다. 과학적 이론에 대해서도 이는 똑같이 적용된다. 우리는 부분적으로만 설명되고, 대부분 경우에는 눈치 채지 못하거나 신경 쓰지 않았던 불일치와 함께 사는 법을 배워 왔다. 이러한 불일치가 의미를 지니게 되고 또 그 차이가 중요해지는 것은 오직 예외적 환경에서만 있는 일이다[······].[6]

그러나 어떤 담론의 주장이 아주 일관성을 가진다고 가정하자. 그러면 비판자는 정치적 핵심을 오로지 간접적 방식으로만 공격할 수 있을 것이다. 따라서 개념과 원칙, 그리고 관찰을 통하여, 다음의 도식에 나타낸 것처럼, 정치적 핵심 주위에 방어 벨트가 형성된다.

어느 한 이론의 정치적 핵심을 제거하길 바라는 비판자는 다음과 같은
공격 전략 가운데서 하나 또는 그 이상을 채택할 수 있다.

1) 담론에서 사용되었던 특정 개념의 타당성을 반박하는 것.

2) 담론의 주장에서 모순을 뚜렷하게 만드는 것.

3) 특정 관찰의 유효성을 반박하는 것. 그런데 그것은 담론을 위해 중
요하다.

4) 일관된 방식으로 담론으로 통합할 수 없는, 새로운 또는 대안적 관
찰을 소개하는 것.

5) 담론에 있는 중요한 어떤 원칙들의 적용 가능성에 이의를 제기하
는 것.

6) 일관된 방식으로 담론에 통합될 수 없는, 새로운 또는 대안적 원칙
을 소개하는 것.

만일 담론의 지지자가 정치적 핵심의 토대에 놓여 있는 주장의 일부를

대체하거나 포기할 준비가 되어 있다면, 아마도 위협을 당하고 있는 담론의 지지자들은 계속해서 이러한 공격에 저항할 수 있을 것이다. (그렇기 때문에 담론의 신뢰성이 문제가 되는 것은 또 다른 문제며, 나는 이 문제를 나중에 논의할 것이다.) 두 종류의 방어 전략이 담론의 지지자에게 열려 있다. (1) 직접적 예방. 이 경우에는 낡은 담론 전체는 공격자가 다른 개념을 사용한다고 말하는 것, 그리고/또는 새로운 원칙 그리고/또는 관찰이 부적절하거나 또는 유효하지 않다고 주장하는 것을 통해 유지된다. (2) 간접적 예방. 이 경우에는 방어 벨트에 들어 있는 진술들이 제거되거나 대체된다. 이 두 전략은 명백히 결합할 수 있다. 직접적 예방은 공격자가 그 담론의 일관성을 반박하지 않을 때에만 가능하다. 만일 그들이 (효과적으로) 그렇게 한다면, 간접적 예방이 필연적이며, 또한 만일 공격자가 방어자의 시각에서 원칙 그리고/또는 관찰을 반박하고, 그리고/또는 새로운 원칙 그리고/또는 관찰로 그것들을 보충한다면 간접적 예방이 발생한다.

한 실례가 이 추상적 해석을 명확하게 할 것이다. 나는 4장에서 다룬 클리프와 제4차 인터내셔널 사이에 벌어진 논쟁을 재구성할 것이다. 논쟁을 통해서, 두 가지 원칙들에 대한 이의가 다음과 같이 제기되었다.

원칙 1: 폭력적 프롤레타리아 혁명은 노동자 국가의 수립을 위한 필수 조건이다.

원칙 2: 폭력적 반反프롤레타리아 혁명은 노동자 국가의 와해를 위한 필수 조건이다.

이들 두 가지 원칙은 원래 서로를 암시하는 것으로서 생각되었고, 그리고 합쳐져서 트로츠키주의 정설의 일부를 구성했다. 이 원칙들에 대한 그들의 논쟁에서, 논쟁의 당사자들은 다음과 같은 동일한 관찰들에 근거했다.

관찰 1: 동유럽 인민 민주주의는 폭력적 프롤레타리아 혁명의 결과가 아니었다.

관찰 2: 동유럽 인민 민주주의는 대부분 1947~1950년 동안에 사회적 구조가 소련과 똑같았다.

관찰 3: 소련은 1917년 뒤에 첫 몇 해 동안 노동자의 국가였다.

관찰 4: 소련에서, 1917년과 1950년 사이에 폭력적 반反프롤레타리아 혁명은 일어나지 않았다.

이제, 클리프가 제시했던 주장은 다음과 같다.

1) 원칙 1은 옳다.

2) 원칙 1과 관찰 1로부터, 동유럽 인민 민주주의가 노동자 국가일 수 없다는 결론이 나온다(결론 1).

3) 결론 1과 관찰 2로부터, 1950년에 소련은 노동자 국가가 아니었다는 결론이 나온다(결론 2).

4) 결론 2와 관찰 3으로부터, 노동자 국가의 와해는 1917년과 1950년 사이에 일어났다는 결론이 나온다(결론 3).

5) 결론 3과 관찰 4로부터, 원칙 2는 옳지 않다는 결과가 도출된다(결론 4).

제4인터내셔널의 주장은 다른 방식으로 구성되었다.

1) 원칙 2는 옳다.

2) 원칙 2와 관찰 3과 4로부터, 1950년에 소련이 노동자 국가이어야만 한다는 결론이 나온다(결론 1).

3) 결론 1과 관찰 2로부터, 동유럽 인민 민주주의가 노동자 국가였다는 결론이 나온다(결론 2).

4) 결론 2와 관찰 1로부터, 원칙 1이 옳지 않다는 결론이 나온다(결론 3).

제4인터내셔널은 원칙7을 희생시킴으로써 그 이론의 정치적 핵심(소련은 여전히 노동자 국가였다)을 방어하는 데 성공했다.[8]

그러나 클리프에게는 원칙 1은 구 트로츠키주의 담론의 정치적 핵심보다 더 중요했다. 원칙 1에 대한 그의 보존은 원칙 2와 새로운 정치적 핵심("1950년에 소련은 국가 자본주의다." 물론, 구 정치적 핵심의 거부에서 반드시 나온 결과가 아닌 정치적 핵심)의 희생으로 이끌었다.

분명히, 클리프는 하나 또는 그 이상의 관찰에 대한 이의를 제기함으로써 또 다른 주장 전략을 따를 수도 있었다. 그러면 그는 두 원칙을 유지할 수 있었을 것이다. 이후 단계에서, 클리프 외에 다른 인물들이 이런 대안적 전략을 따랐다.[9] 이 전략은 관찰 4를 포기하는 것을 포함한다. 1930년 즈음, 강제적인 집단화와 강요된 5개년계획 도입의 형태로 폭력적 반反 프롤레타리아 혁명이 발생했다는 주장이 있었다. 나는 이 새로운 관찰을 관찰 4*로 부른다. 논거는 다음과 같은 형태를 취한다.

1) 원칙 1은 옳다.

2) 원칙 1과 관찰 1로부터, 동유럽 인민 민주주의는 노동자 국가일 수 없다는 결론이 나온다(결론 1).

3) 결론 1과 관찰 2로부터, 1950년 시점에 소련은 노동자 국가가 아니었다는 결론이 나온다(결론 2).

4) 결론 2와 관찰 3으로부터, 노동자 국가의 와해는 1917년과 1950년 사이에 발생했다는 결론이 나온다(결론 3).

5) 결론 3과 관찰 4*에 따라, 원칙 2는 옳다(결론 4).

이러한 사례들은 일부 (그룹의) 사람들은 끊임없이 정치적 핵심을 고수하고 관찰들과 원칙들을 대체하거나 제거할 준비가 되어 있지만, 다른 (그룹의) 사람들은 방어 벨트에서 이러한 희생들이 너무 지나쳤다고 생각하며, 그래서 정치적 핵심 자체를 제거할 준비가 되어 있는 이유에 대하여 의문을 제기한다. 다른 한편에서 내재적인 필연성이 존재한다면, 정치적 담론들의 발전 경로가 한편에서는, 특히 논쟁상의 결정 요소들을 고려해 볼 때, 완전히 우연한 것이 아니었다는 점은 분명하다. 각각의 경우에서, 담론의 옳음 또는 그름 사이의 판단을 강제할 수 있는 일반적으로 용인된 '진실 기준'은 없다.

이런 결론은 필연적으로 이론적 발전의 경로가 외적 결정 요소의 결과로도 간주되어야만 한다는 추론을 낳는다. 외부적 영향은, 아무리 면역성이 길러졌다 해도, 정치적 핵심이 더는 그럴듯하게 보이지 않고 그럼으로써 모든 지지를 잃게 하는 원인이 되거나, 또는 대안적으로 새로운 핵심이 비교적 다양한 서클들 사이에서 급속하게 인기를 끌도록 하는 원인이 될 수 있다.

이런 관점에서 직선적 진화는 일어나지 않으며, 오히려 복잡한 선택 과정이 진행된다. 담론들은 일련의 지류들을 통과하면서 발전한다. 그 지류들에서 진보를 위한 대안적 가능성들이 나타나기도 하고, 또는 그 지류들에서 잊힌 접근 방식('죽은 지류들')들이 다시 소개될 수도 있고, 또는 그 지류들을 통해서 지금까지 서로 분리되어 있던 평행선들이 결합될 수도 있다.[10]

더 면밀히 외적 영향의 작동을 분석하려면, **규제적 이념들**regulative ideas 이라는 사회학적 개념을 도입하는 것이 유용한 것으로 보인다. 이것은 정치적 담론의 사용자가 이들 담론에 부과하는, 다소 명백하게 언급된 규범적 필요조건을 의미한다. 내가 보기에 가장 중요한 규제적 이념들은 다음을 포함한다.

1) 담론은 사용자의 관찰과 통일성을 지녀야 한다(좀 더 약한 의미로, 명백하게 모순되지 않아야 한다).

2) 담론은 사용자의 원칙과 통일성을 지녀야 한다(좀 더 약한 의미로, 명백하게 모순되지 않아야 한다).

3) 사용자들이 보기에, 담론은 명백히 일관성을 가져야 한다.

4) 담론은 사용자가 높이 평가한 정치적 전통(보기를 들어, '마르크스주의')과 통일성을 지녀야 한다(좀 더 약한 의미로, 명백하게 모순되지는 않아야 한다).

5) 담론은 정치적으로 유용해야 한다. 즉, 그것은 일상의 정치적 현실에서 방향을 제시할 수 있어야 한다.

나는 이 요약이 완전하다고 주장하는 것은 아니다. 또 나는 정치적 담론의 사용자가 이들 규제적 이념들의 각각에 같은 비중을 두어야 한다고 주장하고 싶지도 않다.

두 개의 경로를 따라서, 규제적 이념들은 담론의 사용자가 그 담론의 정치적 핵심을 포기하도록 할 수 있다.

1) 채택된 규제적 이념들은 담론의 예방 조치에 따라 영향을 받을 수 있다. 지속적인 예방 조치가 필요한 것처럼 보이는 이유는 이론적 공격 또는 (그 담론에 새로운 관찰 그리고/또는 원칙을 결합하는 것을 가능하게 하는) 새로운 경험일 수도 있다.

2) 담론의 사용자가 택한 새로운 규제적 이념들은 그 담론과 모순된 것처럼 보인다(비록 그 담론이 이미 이전에 채택된 규제적 이념들과 통일성을 지닌다 할지라도).

서문

1) 뷔젱은 학술저널 《역사 유물론*Historical Materialism*》의 편집위원이다. 《역사 유물론*Historical Materialism*》(1998), 《사회이론 지도 그리기*Mapping Social Theory*》(2003) 등을 썼다.—옮긴이

2) 찰리노어는 영국의 '사회주의 평론Socialist Review' 그룹의 창립 멤버였다. 이 그룹은 영국 사회주의 노동자당SWP으로 전환했다.—옮긴이

1장 서론

1) '러시아'와 '소련'이라는 용어는 문체상의 이유로 이 연구 이곳저곳에서 서로 번갈아 썼다.

2) 'Introduction', in Catoriadis 1973, p. 18.

3) Beyerstedt 1987은 1924~1953년의 시기를 이해하려는 유용한 시도다. 그러나 저자는 영국과 같은 나라에서 "소련의 성격을 규정하는 데 주목할 만한 기여를 하지 않았다."고 잘못 추정하고 있다(p. 21).

4) Anderson 1976, p. 1.

5) 그러므로 한센은 자본주의의 붕괴에 대한 마르크스주의 이론이 "그것들이 일부를 이룬 좀 더 폭넓은 마르크스주의적 전망과 마찬가지로, 사상사에서 변두리에 놓이게 되었다."고 쓰고 있다(Hansen 1985, p. 143).

6) Jerome and Buick 1967; Farl 1973; Olle 1974; Ambrosius 1981.

7) Bellis 1979; Binns and Haynes 1980.

8) Meyer 1979.

9) 보기를 들면 리치Bruno Rizzi. McLellan 1983, pp. 173~6을 볼 것.

10) Ahlberg 1979, p. 87.

11) 새로운 주장 없이 오래된 생각을 되풀이한 책들을 논하지는 않았지만, 참고문헌에는 언급했다.

12) Anderson 1976; Russell Jacoby 1981.

13) Merquior 1986, p. 1.

14) 이 연구에서, 나는 '마르크스'의 사상(그것은 문자 그대로 마르크스 자신에 해당하는 것)과 마르크스 자신의 견해에서 크게 벗어날 수도 있는 특별한 경우에서 마르크스의 일반적 접근을 따르는 체한 '마르크스주의적' 사상을 구분한다.

15) Bernstein 1981, p. 445.

16) 스웨덴, 노르웨이, 덴마크, 독일, 네덜란드, 영어권, 프랑스, 스페인, 이탈리아 말로 된 관련 문헌의 개요를 얻으려고 노력했다. 최근 러시아 논의나 1920년대부터 소련에서 소규모로 유통되었고 이제 차츰 알려지게 된 옛 반대파의 텍스트는 조사하려고 시도하지 않았다.

17) Lacapra 1983.

18) 이런 인식은 정통 마르크스주의자들에게만 해당하는 것이 아니었다. Cannadine 1984, pp. 142~3을 볼 것.

19) Grossman 1929, pp. 198~225.

20) Trotsky 1938c, p. 1; 영문판, p. 111.

21) "아마도 1930년대에 자본주의의 불가피한 붕괴와 사회주의의 필연성을 대중에게 설득하는 데 큰 영향력을 지녔던 두 사람에 말미암은 지적 전복이 가장 두드러졌다. 한 사람은 스트레이치John Strachey였다. 그가 쓴 책 《다가올 권력투쟁The Coming Struggle for Power》(1933)은 대공황기에 베스트셀러가 되었다. 다른 이는 코리Lewis Corey였다. 그는 《미국 자본주의의 쇠퇴Decline of American Capitalism》(1932)에서 이윤율의 하락으로 위기를 뒤집을 수 없었다고 주장했다. 20년 뒤(,) 두 사람은 경제 계획의 혼합 경제를 지지했다. 그러나 코리가 지적했듯이, 그것은 '국가주의 없는' 혼합 경제였다."— Bell 1988, pp. 137~8.

22) Gillman 1957, p. vii.

23) Baran and Sweezy 1966, p. 72. 바란과 스위지는 '잉여'를 마르크스적 의미에서 잉여 가치가 아니라, "사회가 생산한 것과 그것을 생산하는 비용 사이의 차이"라고 이해했다(p. 9).

24) 따라서 이 연구에서 쿤Kuhn의 '패러다임' 모델을 적용하는 것이 타당한지 아닌지 질문을 제기할 것이다. 간단히 말해, 나는 그렇지 않다고 생각한다. '패러다임' 개념은 모든 종류의 이론 – 형성 측면을 나타내는 데 사용되었다. 그러나 그 개념을 이렇게 폭넓게 적용하는 것은 특별한 무엇인가를 말하는 것을 중단했다는 뜻이다. 그 용어를 둘러싸고 벌어진 혼동은 부분적으로 쿤 자신 탓으로 돌릴 수 있었다. 쿤은 《과학 혁명의 구조The Structure of Scientific Revolutions》(1962)에서 그 개념을 스물한 가지 다른 의미로 사용했다(Masterman 1977, pp.

61~5). 이러한 모호함이 낳은 문제를 인정한 쿤은 나중에 더 정확한 정의를 제공하려고 했다. 1969년 그의 책 신판 후기에서, 그는 다음과 같이 썼다. "패러다임은 과학 공동체의 구성원이 공유한 것이고, 거꾸로 과학 공동체는 패러다임을 공유한 사람들로 이루어진다." ('Postscript' [1969], in Kuhn 1970, p. 176) 패러다임은 여기서 과학적 실행으로서 규정했다. 그것에서 원저작에 나온 묘사에 따라, "법, 이론, 적용, 그리고 수단 모두가" 엄격한 일관된 총체성을 형성한다(Kuhn 1970, p. 10). 쿤이 쓴 1969년 후기에서 '과학 공동체'는 그 자체로 다음과 같이 규정했다. 즉, "과학 공동체의 구성원은 스스로 그리고 다른 사람에 의해 그들의 후계자 양성을 포함한 일련의 공유된 목적을 추구하는 데 책임이 있었던 사람으로 본다. 그런 집단 안에서 서로 간의 의견 교환은 비교적 충분한 편이며 전문적 판단은 비교적 자율적으로 이루어진다."(Ibid., p. 177) 비록 이러한 묘사가 여전히 모호성에서 완전히 벗어난 것으로 여길 수 없을지라도, 그것은 적어도 패러다임의 개념을 여기서 최상으로 회피했다는 것을 분명하게 해 준다. 첫째로, 내가 논한 소련에 대한 비평은 쿤이 염두에 두었던 자연 과학에서의 이론과 결코 비교할 수 없었다. 이러한 비평이 경험적 연구로의 논리적 변천을 가능하게 해 주지 못하기 때문이다. 오히려, 비판적 이론화와 경험적 연구 사이에는 중요한 틈이 있었다. 게다가 쿤의 '과학 공동체'가 서구 마르크스주의 안에는 없다. '학문 공동체'도, 서로 공유된 목적과 범주라는 의미에서 공동체도 관련이 없다. 그 대신 주로 정치적 활동가는 작은 정치 그룹과 관련이 있고, 얼마 동안 그 그룹으로 조직했거나 많은 쟁점에 대해 서로 논쟁했던 잡지를 중심으로 모인 서클에 속해 있었고, 몇몇 경우에는 다른 사람과 전혀 소통하지 않았다. 따라서 '패러다임' 개념을 이용하는 것은 탐구에 도움이 되기보다는 차라리 이 연구를 잘못 이끄는 것일 수도 있다. 그 대신(,) 나는 (정치) 이론, 담론, 그리고 주장과 같은 개념을 더 선호한다. 이러한 개념이 패러다임이라는 개념보다 그르치기 쉬운 연상을 더 줄여 준다고 생각한다.

25) 마르크스주의가 무엇보다도 정치 이론이라고 한다면, 여기에 다룬 많은 저자는 소련을 분석할 뿐만 아니라 뒤따르게 될 사회주의 전략 구상도 정식화했다. 그런데도 나는 여러 견해를 제시하면서, 전략적 제안이 아니라 기존 분석에 초점을 맞추었다.

2장 10월 혁명에서 스탈린 시기까지(1917~1929년)

1) 카우츠키(1854~1938년)는 오랫동안 국제 사회 민주주의의 '교황'으로 여겨졌다. 그는 1883년 잡지 《새 시대*Neue Zeit*》를 창간했고, 1917년까지 책임 편집자였다. 그 잡지는 독일 사회 민주주의의 이론적 기관지였다. 1917년 독일 사회민주당이 분열했을 때 카우츠키는 좌파(독일의 독립사회민주당, USPD)와 결합했고, 1922년 그는 우파와 다시 결합했던 USPD의 일부를 따랐다. 카우츠키의 생애에 대해서는 다른 것보다도 Gilcher-Holtey 1987; Panaccione 1987

을 참고할 것.

2) 가장 심도 있는 토론은 Salvadori 1978, pp. 218~25, 251~312다. Waldschmidt 1966, pp. 81~99, 101~24; Steenson 1978, pp. 201~11, 229~31도 참고할 것.

3) 살바도리가 '기형 정권régime monstrum'이라고 말한 것을 요약하면, "그 정권은 이데올로기적으로 급진적인 사회주의당이 관리하지만, 사회적으로 사회주의적 의미에서 생산관계를 세울 수도 없으며, 정치적으로 절대주의적-전제 체제absolutist-despotic system로 조직되었다." Salvadori 1973, p. 77.

4) 다시 한 번 스스로 외로운 마르크스주의 카산드라Cassandra임을 느낀다고 고백했던 카우츠키는 볼셰비키 체제가 급속히 무너질 것이라고 내다보았다. 보기를 들면, "우리는 가까운 미래에 공산주의 독재가 틀림없이 무너지는 것을 볼 것이다. 정확히 언제인지, 우리는 알지 못한다. 그 시기는 예상한 것보다 빠를 수도 또는 늦을 수도 있을 것이다. 그러나 한 가지는 명확하다. 즉, 볼셰비즘이 자신의 한계를 넘어섰으며 자신이 성장기에 있음을 알아차렸기 때문에, 그것의 붕괴 속도는 당연히 급속해질 수밖에 없다.", Kautsky 1921, p. 77. "[⋯⋯] 볼셰비키 정권은 [⋯⋯] 심각한 위기를 헤쳐 나갈 수 없는 뜻밖의 결점이 있는 거인이다. 그러나 그 정권은 스스로 혁신할 수 없다. 그들이 겪은 첫 중대 위기는 틀림없이 그 정권을 파국으로 이끌 것이다.", Kautsky 1925a, p. 380. "볼셰비즘은 파국으로 나아간다. [⋯⋯] 백위군 보나파르티슴도 합법주의도 소련의 지배를 대체할 수 없을 것이다. 그러나 크렘린의 붉은 지배자가 국가를 유지하고 지도할 힘을 잃어버리자마자, 곧 치를 선거는 국가를 혼란에 빠지게 할 것이다.", Kautsky 1930, p. 258.

5) Salvadori 1978, p. 253.

6) Kautsky 1917a, p. 20.

7) Kautsky 1917b, p. 507.

8) Kautsky 1918, p. 28.

9) Kautsky 1918, pp. 28~9.

10) 마르크스는 '프롤레타리아 독재'를 다른 방식으로 썼다. 그러나 카우츠키는 마르크스가 일당 체제를 기획하지 않았다는 점에서 마르크스에 호소한다. 모트너Mautner는 "마르크스가 의회national assembly 독재를 말하는 한, 그는 모든 권리의 폐기를 통해 참여자가 실행했던 좌파 독재를 뜻한 것이 아니라 주민 대다수('사람들' 또는 실제적인 다수)를 포함한 계급(부르주아지, 프롤레타리아트)의, 자신의 이해관계를 지닌 그룹의 배타적인 지배를 뜻했다."고 설명한다. Mautner 1926, pp. 281~2. 이런 맥락에서, 19세기의 '독재' 개념이 전제정보다 훨씬 강력한 정부를 뜻하고, 따라서 독재가 오늘날 가진 것보다 덜 경멸적인 함의를 지닌다는 것을 지적하는 것은 중요하다. Draper 1962를 볼 것.

11) 카우츠키의 언급은 다음과 같이 마르크스가 말한 것을 인용한 것이었다. 즉, "당신은 서

로 다른 나라의 제도, 사회적 관습, 그리고 전통을 고려해야 한다는 것을 안다. 우리는 미국과 영국 같은 나라가 있다는 것을 부정하지 못한다. 만일 내가 당신의 제도에 훨씬 더 친숙하다면, 아마도 노동자가 평화적 수단을 통해 자신의 목적을 얻을 수 있는 네덜란드를 추가할 수 있을 것이다. 이런 사정으로, 우리는 대륙에 있는 대부분 나라에서 우리 혁명의 수단이 폭력(강제)이어야 한다는 것을 또 인정해야만 한다. 언젠가 우리가 노동의 지배를 세우기 위해서는 어쩔 수 없이 폭력(강제)에 호소해야 한다.” Marx 1872, p. 160. 마르크스의 연설은 브뤼셀 신문 《자유*La Liberté*》와 암스테르담에서 나오는 신문 《알헤메인 한델스블라트*Algemeen Handelsblad*》에 보도되었다.

12) Lenin 1974, p. 299.

13) Lenin 1974, pp. 246ff.

14) Lenin 1974, p. 239.

15) Lenin 1974, p. 317.

16) Kautsky 1919, p. 12.

17) Kautsky 1919, p. 112.

18) Kautsky 1919, p. 117.

19) Kautsky 1919, pp. 134~5.

20) Kautsky 1919, p. 134.

21) Kautsky 1919, p. 146.

22) Trotsky 1920, p. 105.

23) Trotsky 1920, p. 82; 영문판, p. 101.

24) Trotsky 1920, p. 83; 영문판, p. 102.

25) Kautsky 1921, p. 12.

26) Kautsky 1925b, p. 11.

27) Kautsky 1925b, p. 25.

28) Bucharin 1925. 이 팸플릿은 부하린의 전기작가 코헨Stephen F. Cohen의 주목을 거의 받지 못한 듯하다. Cohen 1975를 볼 것. 뢰비A.G. Löwy는 그 팸플릿을 언급했다. 그러나 그는 그것을 카우츠키와의 논쟁을 담은 것으로 여기지 않고, 부하린이 어떤 사람, 즉 스탈린Stalin과 논쟁하기 위해 카우츠키와의 토론에 개입했다고 주장했다. Löwy 1969, pp. 259~61을 볼 것.

29) Bucharin 1925, p. 28.

30) 네프맨은 러시아에서 1921년에 실시된 신경제 정책(Новая Экоеомичексая Полоти ка/New Economic Policy)에서 나온 말이다. 신경제 정책은 부분적으로 식량세, 잉여 농산물의 자유 판매, 사적 소경영의 영리 활동 허용, 국영 기업의 부흥, 외국 자본의 도입 등 자본주의 시장 경제 정책을 일부 도입하여 경제를 회복하려 한 조치였다. 네프맨은 신경제 정책을 통

해 돈을 번 부자를 뜻한다.―옮긴이

31) Bucharin 1925, pp. 34-5.

32) Bucharin 1925, p. 35.

33) Frölich 1967, p. 286.

34) Weil 1928.

35) 1919년 1월 룩셈부르크와 리프크네히트Karl Liebknecht가 살해된 뒤, 변호사 레비 (1883~1930)는 여전히 매우 약한 독일 공산당의 가장 중요한 지도자였다. 레비는 좌익 급진적 모험주의에 대해 분명한 반감을 가졌다. 그는 재빨리 당의 좌파와 분리를 감행할 수밖에 없었다. 당의 좌파는 1920년에 독일 공산주의 노동자당Kommunistische Arbeiter-Partei Deutschlands, KAPD을 세웠다. 그 뒤 곧바로 그는 의장이 되었고, 독일 공산당의 실패한 '3월 행동'을 공개적으로 비판했다는 이유로 당에서 추방되었다(1921년). 그 뒤 그는 사회민주당 좌파에 가입했다. 다른 많은 것 가운데, Beradt 1969를 볼 것.

36) 러시아 소비에트 공화국이 맞지만, 여기서는 단어 그대로 옮겼다.―옮긴이

37) 쿨라크는 러시아 어로 부유한 농민을 뜻한다.―옮긴이

38) Levi 1922, p. 16.

39) Levi 1922, p. 35.

40) Levi 1922, p. 29.

41) 이 말은 트로츠키가 쓴 것이다. Cliff 1960을 볼 것.

42) Levi 1922, pp. 50~1.

43) Levi 1922, p. 47.

44) Levi 1922, p. 51.

45) 경제학자로서 룩셈부르크(1870~1919년)는 제1차 세계대전이 일어나기 전에 독일 사회민주당German Social Democracy의 좌파 당원이었다. 제국의회Reichstag에서 사민당 분파가 1914년 8월 4일 전시 공채에 찬성 투표를 한 뒤, 룩셈부르크는 좌익 반대파를 발전시키기 위해 다른 사람 가운데 리프크네히트와 메링Franz Mehring과 함께 일했다. 좌익 반대파는 1916년부터 스파르타쿠스동맹으로 알려졌고, 1918년에서 1919년으로 넘어갈 때 독일 공산당German Communist Party으로 되었다. 룩셈부르크는 1905년부터 1918년 10월까지 비합법 활동 때문에 (처음에는 대역죄로, 나중에는 일종의 예비구금 형태로) 거의 감옥에서 살았다. 룩셈부르크는 1919년에 자유군단Freikorps의 성원에 의해 살해당했다. 룩셈부르크에 대한 전기로서 Nettl 1966과 Laschitza 1966가 잘 알려졌다.

46) 보기를 들면, Luxemburg 1917a와 Luxemburg 1917b다. 두 논문 모두 익명으로 쓴 것이지만, 룩셈부르크가 쓴 글이었다. Nettl 1966, pp. 680~1을 볼 것.

47) Luxemburg 1922, p. 69; 영문판, p. 368.

48) Luxemburg 1922, p. 70; 영문판, p. 368.

49) Luxemburg 1922, p. 71.

50) Luxemburg 1922, p. 85; 영문판, p. 377.

51) Luxemburg 1922, p. 87; 영문판, p. 378.

52) Luxemburg 1916, p. 47.

53) Luxemburg 1922, p. 90.

54) Luxemburg 1922, p. 102; 영문판, p. 386.

55) Luxemburg 1922, p. 105; 영문판, p. 388.

56) Luxemburg 1922, p. 109; 영문판, pp. 389~90.

57) Luxemburg 1922, pp. 113~4; 영문판, p. 391, 표현을 바꾸었음.

58) 레비는 자신이 쓴 〈서문〉에서 두 번째 변종을 선택했다.

59) Warski 1922, p. 7. 바르스키가 '30년 뒤'에 이 문단을 기억했다는 바디아Badia(1974, p. 204)의 주장은 팸플릿의 날짜로 볼 때 명백하듯이, 완전히 근거 없는 것이다.

60) Zetkin 1922, p. 7.

61) Badia 1974, p. 205.

62) Luxemburg 1918~19, p. 484.

63) Amodio 1973, p. 324; Jost 1977.

64) Zetkin 1922, pp. 132~44. 체트킨의 책은 확실히 카우츠키의 볼셰비즘 비판에 반대한 그녀의 이전 논문에서 이어진다. Haferkorn and Schmalfuss 1988을 볼 것.

65) Zetkin 1922, p. 146.

66) Zetkin 1922, p. 38.

67) Zetkin 1922, p. 199.

68) Zetkin 1922, pp. 202~3. 카우츠키와 트로츠키가 좀 더 일찍 했던 것처럼 체트킨도 유추를 통해 추론했다는 것은 주목할 만하다. 전위의 빠른 선두 행진, 기관사, 기수, 이 모든 맹렬한 속도의 이미지는 과정의 불가피성을 알리는 것이었다.

69) Zetkin 1922, pp. 204~13. 비록 그녀가 계속해서 소련에 동의한 것으로 보이지만, 뒤이은 해에 체트킨은 스탈린보다는 오히려 부하린에 공감한 것처럼 보인다. 그녀는 결코 반대파의 반-관료주의 태도를 받아들이지 않았다. Hermann 1971, 특히 pp. 418~21을 볼 것.

70) Lukács 1923. 루카치는 룩셈부르크가 그녀의 팸플릿을 쓸 때 부정확하게 알았지만, 원칙적으로 그것은 별로 중요하지 않다고 생각하는 해석을 공유했다. "왜냐하면 추상적으로 보면, 바르스키와 체트킨 동지가 지적했던 룩셈부르크의 태도 수정이 그녀가 틀린 전환을 했다는 것을 뜻하는 [……] 사례일 수도 있기 때문이다."(p. 276; 영문판, p. 272).

71) Lukács 1923, p. 288.

72) Lukács 1923, p. 286; 영문판, p. 282.

73) Lukács 1923, p. 287; 영문판, p. 283.

74) Lukács 1923, p. 296; 영문판, p. 292.

75) Lukács 1923, p. 280; 영문판, pp. 276~7.

76) Kautsky 1922, p. 35.

77) 상동.

78) Kautsky 1922, p. 44.

79) 호르터르(1864~1927년)는 고전학자로서 1897년부터 네덜란드 사회민주노동당Dutch Social-Democratic Labour Party: SDAP의 당원이었다. 좌익의 빼어난 대표자로서 1909년 베인콥 Wijnkoop 및 다른 사람과 함께 사회민주당을 세웠다. 그 당은 1918년부터 네덜란드 공산당으로 바뀌었다. 볼셰비즘에 대한 그의 비판 때문에, 호르터르도 그의 당을 떠나 1920년 독일 KAPD에 들어갔다. 그 뒤 그는 이 당(KAPD)의 네덜란드 지부, 즉 네덜란드 공산주의 노동자 당Communist Workers' Party of the Netherlands: KAPN을 세웠다. 그러나 그 당은 1932년까지 짧은 시기 동안만 존재했다. 호르터르의 전기는 De Liagre Böhl 1996을 볼 것.

80) Gorter 1920b, p. 77.

81) 최대강령은 사회주의를 달성하게 될 일련의 요구로 이루어진다. 최대강령이라는 개념은 독일 사회민주당의 에어푸르트강령에서 나온 것이다. 최대강령주의는 이러한 강령을 주장하는 집단이다.—옮긴이

82) Gorter 1920b, p. 88.

83) Gorter 1920b, pp. 88~9.

84) 그가 《세계 혁명》을 썼을 때, 호르터르는 이미 볼셰비키를 비판했지만, 이 팸플릿에는 이에 대한 증거가 거의 없다. 그러나 호르터르는 그의 개인 편지에서 토지 재분배와 소수 민족 자결권 정책에 대한 그의 유보 조건을 비밀로 하지 않았다. De Liagre Böhl 1973, pp. 195~7. 룩셈부르크의 비판과 비슷한 것을 주목할 만하다. 호르터르와 룩셈부르크가 서로 접촉했는지, 접촉하지 않았는지 나는 알지 못한다. 그들이 독자적으로 자신의 견해를 발전시켰을 가능성은 배제할 수 없다. 특히 두 가지 모두 이미 일찍이 발표했던 견해에서 논리적으로 발전한 것이었기 때문이다.

85) 1919년 말, 판네쿡은 "러시아에서 코뮤니즘이 거의 2년 이래 실로 실행되었다."고 믿었다. Horner 1919, p. 495. 판네쿡(1873~1960년)은 천문학자로서 1899년 SDAP에 들어갔다. 1906년에서 1914년까지, 그는 독일에 살았다. 그곳에서 그는 SPD의 좌파에서 이론가로서 빼어난 역할을 했다. 1918년 이후 그는 네덜란드 공산당에 가입했지만, 1921년 이 조직을 떠났다. 그는 KAPD에 동정적이었고 나중에 칸 메예르Henk Canne Meyer를 중심으로 한 국제 공산주의자의 평의회 공산주의 그룹council-communist Groups of International Communists과 접촉

했다. Malandrino 1987와 Gerber 1989을 볼 것.

86) Pannekoek 1920, p. 12.

87) Pannekoek 1920.

88) Lenin 1964, pp. 28, 31.

89) "호르터르의 《공개서한》은 구성상으로 볼 때 팸플릿과 완전히 같은 형식으로 이루어졌다. 그는 전시 동안 이것을 썼다. 《제국주의Het Imperialisme》에서 그는 노동자에게 국제적 단결을 촉구했다. 《세계 혁명》에서 그는 그들에게 직접적인 사회 혁명의 필요성을 지적했다. 국제 혁명 투쟁의 순수한 프롤레타리아적 특성은 그의 《공개서한》의 중심 주제였다." —De Liagre Böhl 1973, p. 251.

90) Herman Gorter 1920a, p. 213.

91) Herman Gorter 1920a, pp. 178~9.

92) 륄레(1874~1943년)는 교사였는데, 제1차 세계대전이 일어나기 전에 독일 사회민주당(SPD) 좌파에 속했다. 1915년에 그는 전시 공채에 반대했던 제국 의회의 두 번째 의원이었다. 독일 공산당(KPD)의 공동 창립자였다. 그러나 그는 1920년에 당에서 축출되었다. 그는 독일 공산주의 노동자당(KAPD)의 공동 창립자가 되었고, 제2차 코민테른 대회에 그 당의 대표로 참가했다. 그 뒤 그는 모든 정당의 반대자가 되었고("혁명은 당 사업이 아니다!Die Revolution ist keine Parteisache!"), 그런 뒤 또다시 독일 공산주의 노동자당에서 쫓겨났다. 1933년에 륄레는 프라하를 거쳐 멕시코로 이주했다. Herrmann 1973; Mergner 1973; Jacoby and Herbst 1985를 볼 것.

93) Bock 1969a, pp. 251~5; Mergner 1973, pp. 154~8.

94) Rühle 1920a.

95) Rühle 1920b.

96) Rühle 1924, p. 17.

97) 이에 대한 요약으로는 Bock 1969b, pp. 31~48을 볼 것.

98) 이에 대한 개관은 Langels 1984가 제공한 것이다.

99) 코르쉬(1886~1961)는 변호사로 1917년 독일 독립 사회민주당에 가입했고, 1921년 독일 공산당과 통합했을 때 이 당의 좌파를 따랐다. 1923년부터 그는 튀링기아 의회 의원이었고, 몇 주 동안 이 독일 주에서 법무장관으로 일했다. 1926년 해고된 뒤, 그는 공산당의 극좌 그룹 엔트쉬데네 린케에서 활동했다. 코르쉬의 사상은 이러한 해에 평의회 공산주의council communism로 발전했다. 1933년 그는 덴마크로 이주했고, 1936년 그곳에서 다시 미국으로 이주했다. Buckmiller 1976; Goode 1979를 참고할 것.

100) Buckmiller, 1973a, p. 62; Kellner 1975~6, p. 83.

101) 엔트쉬데네 린케 그룹은 독일 공산당 내의 극좌파the radical left-wing of the Communist

Party다. 영어로는 'Determined Lefts' 또는 'Resolute Lefts'로, 러시아어로는 'Непримири-мый Левый'로 번역되는데, 원어를 그대로 쓰겠다.—옮긴이

102) Entschiedene Linke 1926.

103) "그는 모스크바에 있는 이탈리아 지도자인 보르디가를 만났다. 그런 뒤 그는 사프로노프도 만났다. […⋯] 사프로노프가 아마도 비밀리에 베를린에 왔을 때. 그들은 많은 이야기를 했고 반대파 작업에 협력하는 데 동의했다." Korsch 1972, p. 42. 이러한 국제적인 반대파를 형성하려는 시도에 대한 더 많은 정보는 Montaldi 1975와 Prat 1984에 있다.

104) Korsch 1927a. Korsch 1932도 볼 것.

105) Korsch 1927b. 소련 사회에 대한 코르쉬의 이론은 Orsoni 1981 and Kornder 1987, pp. 149~59를 볼 것. 엔트쉬데네 린케의 성원인 코르쉬의 학생 가운데 한 사람은 만델바움Kurt Mandelbaum(마르틴Kurt Martin)이었다. 그는 레닌주의를 마르크스주의적으로 해석하는 일에 착수했다. Mandelbaum 1974 and Martin 1979를 볼 것.

3장 스탈린의 '대도약'에서 '대조국전쟁'까지(1929~1941년)

1) Rigby 1977, p. 53.

2) Kautsky 1931, p. 342.

3) 카우츠키의 볼셰비즘 비판에 대한 그의 긍정적 이해에 대해서는 Bauer 1919를 볼 것.

4) Bauer 1936, pp. 13, 37. 크로안Melvin Croan은 바우어의 변명과 세계정세 사이의 연관성을 분명하게 지적했다. "깊어지는 경제 위기와 파시즘의 확산은 유럽 곳곳에서 민주적 사회주의의 지평을 어둡게 만들었다. […⋯] 오직 이러한 맥락에서 바우어의 낙관주의가 가진 심리적·정치적 기능은 이해할 수 있다. […⋯] 빛은 동양에서ex oriente lux." Croan 1962, pp. 292~3. 바우어와 볼셰비즘을 다룬 논문으로는 Löw 1980을 볼 것.

5) 보기를 들면 Schwarz 1951을 볼 것. 그는 노동수첩을 나치 독일(Reichsgesetz, 1935년 2월 26일)과 소련(1938년 12월 20일자 칙령)에서 도입했다는 것을 지적했다. 그러나 "[…⋯] 소련의 노동수첩은 나치 독일의 형태와 닮았지만 노동수첩이 제3제국에서 작용했던 기능을 수행할 수 없었다."고 썼다(p. 101).

6) 1939년 8월 23일에 소련과 독일 사이에 체결된 불가침 조약을 뜻한다. 히틀러-스탈린 조약, 또는 독소 불가침 조약이라고도 한다. 이에 대해서는 황동하, 《필사적인 포옹: 독소 불가침 조약(1939.8.23.)과 소련 측의 동기 분석》, 한국학술정보, 2006을 볼 것.—옮긴이

7) Adler and Paterson 1970을 볼 것.

8) Rühle 1939, p. 245.

9) Rakovsky 1929, p. 131. 러시아 원본을 그대로 옮기면 '새로운 사회학적 범주a new

sociological category'다.

10) Huhn 1952~3, pp. 170~80; Olle 1974a, pp. 103~12; Ambrosius 1981, pp. 9~18.

11) Olle 1974a, p. 107.

12) Stehr 1973; Haynes 1985.

13) Renner 1917; Steuermann 1931.

14) Daniels 1960, pp. 85~6에서 인용.

15) Olle 1974a, pp. 121~31; Ambrosius 1981, pp. 29~33; Borilin 1929.

16) 보기를 들면 Steuermann 1931, pp. 183~212; Mänchen-Helfen 1932.

17) G.T. 먀스니코프(1889~1946?)는 금속 노동자로 1906년 이래 볼셰비키였다. 1918년부터 좌익 반대파 입장을 택했다. 때때로 그는 노동자 반대파의 저명한 옹호자였다. 1928년 그는 소련에서 프랑스로 망명했다. 그곳에서 제2차 세계대전 이후까지 살았다. 1946년 소련으로 되돌아왔고, 아마도 처형당했을 것이다. Sinigaglia 1973와 Avrich 1984를 볼 것.

18) Miasnikoff 1932; Miasnikoff 1939를 볼 것.

19) Miasnikoff 1932, p. 40.

20) Miasnikoff 1932, p. 44.

21) Miasnikoff 1932, p. 84.

22) Miasnikoff 1932, pp. 82~3.

23) Miasnikoff 1932, p. 111.

24) Miasnikoff 1932, p. 110.

25) 아들러(1879~1960)는 1911년에서 1916년까지 오스트리아 사민당 서기였다. 1917년 수상 슈튀르흐Karl Graf Stürgkh를 암살하려고 한 것 때문에 감옥에 갇혔다. 1918년 석방되어 사회주의 노동자 인터내셔널을 창립하는 데 힘을 보탰다. Braunthal 1965와 Ardelt 1984를 볼 것.

26) 사회주의 노동자 인터내셔널은 1923~1940년 사이에 활동했던 사회당과 노동당의 국제 조직이다. 사회주의 노동자 인터내셔널은 오늘날 사회주의 인터내셔널Socialist International의 선조다. ─ 옮긴이.

27) Adler 1932, p. 4. 조금 뒤 아들러는 카우츠키에 반대한, 같은 입장에서 변명했고 인터내셔 널의 절대 다수를 대변해 이야기했다고 말했다. Adler 1933.

28) 이른바 '원시적 축적'에 대해서는 Marx's *Capital* 제1권 제24장을 볼 것.

29) Adler 1932, p. 9.

30) Adler 1932, p. 10.

31) Adler 1932, pp. 11~12.

32) Abramowitsch 1932, p. 145. 멘셰비키 견해에 대한 좀 더 깊이 있는 토론은 Wolin 1974; Anon 1981a, pp. 131~204; Liebich 1981에서 찾아볼 수 있다.

33) 1941년 바그너는 미국으로 망명했고, 몇 년 뒤에 그는 마르크스주의와 절연했다. Röder and Strauss 1980, pp. 787~8; Müller 1977, pp. 66, 155 note 480; Buick 2004.

34) Ihlau 1969. 이라우Ihlau는 〈테제〉를 비합법 독일 그룹 사이에만 등사해서 배포했고, 그들이 "그 어디에서도 결코 출판하지 않았다."고 믿는다(p. 95). 그러나 이것은 정확하지 않다. 1934년에 암스테르담에서 발행했던 독일 연보German periodical인 《레테통신Rätekorrespondenz》과 미국어로 번역하여 시카고에서 발행하는 《국제 평의회 통신International Council Correspondence》은 〈테제〉를 출간했다. Wagner 1934를 볼 것. 두 판본은 67 테제를 담았다. 독일어 텍스트에 마지막 테제는 68이라고 되어 있지만, 테제 60이 빠져 있다. 미국 잡지에 실린 것에는, 번호가 1에서 67까지 매겨져 있다. 그에 따라 테제 60은 독일어 판본으로는 테제 61에 해당한다. 미국어 텍스트는 편집자 서문에 '네덜란드 국제 공산주의자 집단'이 〈테제〉를 집단적으로 썼다고 나와 있다. 아마도 이것은 〈테제〉가 "거듭해서 GIC(네덜란드 국제 공산주의자 집단)의 작품인 것으로 잘못 알려졌기 때문이라고 설명한다." Jaap Kloosterman, "Aantekeningen," in Pannekoek 1972, p. 198을 볼 것. 여기서 인용한 〈테제〉는 미국어 판본에 따랐다.

35) Thesis 5.

36) Thesis 6.

37) Thesis 10.

38) Thesis 9.

39) Thesis 13.

40) Thesis 18.

41) Thesis 17.

42) Thesis 30, 31, 35, 36, 37.

43) Thesis 44.

44) Thesis 57.

45) Thesis 58, 59.

46) Thesis 59.

47) 이 제목은 Ihlau 1969, p. 101, note 232에 나와 있다. 1936~1937년은 다른 제목으로 간행했던 스페인 팸플릿에 따랐다. Sprenger 1947, p. 3을 볼 것.

48) Sprenger 1933~1934, pp. 314~20; Sprenger 1940.

49) "사적 자본주의가 소련에 존재하지 않았다는 것을 부정할 수 없기 때문이지만, 다른 한편으로 사회주의가 그곳에서 통치한다는 것을 확증할 수 없기 때문에, 남아 있는 유일한 것은 그것을 국가 자본주의라고 말하는 것이다."—Linde 1932, p. 3.

50) Worrall 1939.

51) Worrall Tribute 1996을 볼 것.

52) 인용문은 마르크스의 《자본론》 제3권에서 나온 다음의 단락(p. 375)에 대한 것이다. "자본주의 생산에 세 가지 기본적인 사실은 ①소수의 손에 생산 수단 집중 [······] ②사회적 노동으로 노동 그 자체의 조직화 [······] ③세계 시장의 수립이다."

53) 이것은 다음 단락에 대한 말이다. 즉, "두 가지 특징적인 속성은 처음부터 줄곧 자본주의 생산 양식을 특징지었다. 첫째로, 그것은 상품으로 생산물을 생산한다. [······]", Marx 1981, p. 1019.

54) Marx 1981, pp. 1019~20.

55) 이 인용문은 다음 단락에 대한 것이다. 즉, "Ⅲ. 주식회사의 형성. 이것을 통해서 [······] 2. [······] 그것은 자본주의 생산 방식 그 자체의 범위 안에서 사적 소유로서 자본의 폐지다. 3. 활동적으로 기능하는 자본가가 다른 사람의 자본을 책임지는 단순한 관리자로의 전환, 그리고 자본 소유자가 단순한 소유자, 즉 단순한 화폐 자본가로의 전환." Marx 1981, p. 567.

56) 그 언급은 특히 다음의 구절에 대한 것이다. "근대 국가는, 그 형태가 어떠하든 본질적으로 자본주의적 기구, 자본가들의 국가, 그 나라의 자본 전체의 완벽한 의인화다. 그 국가가 생산력의 접수를 향해 나아가면 나아갈수록, 그 국가는 사실 더욱더 국가 자본가가 되고, 그 국가는 더욱더 많은 시민을 착취한다. 노동자는 임금 노동자, 즉 프롤레타리아로 남아 있다. 자본주의적 관계는 제거되지 않는다. 그 관계가 오히려 지도적 지위에 오른다." Engels 1878, p. 266.

57) Worrall 1939, p. 12.

58) 상동.

59) Worrall 1939, p. 13.

60) Worrall 1939, p. 18.

61) Jay 1973; Dubiel 1975; Wiggershaus 1994.

62) Pollock 1929.

63) Pollock 1932.

64) Pollock 1941, p. 221, note.

65) Pollock 1941, p. 211, note.

66) Pollock 1941, p. 200.

67) Pollock 1941, pp. 204~7.

68) Pollock 1941, pp. 209~11.

69) Pollock 1941, p. 217.

70) Pollock 1941, pp. 217~19.

71) Pollock 1941, p. 221.

72) Horkheimer 1942.

73) 폴록과 호르크하이머는 1911년부터 폴록이 죽은 1970년까지 친구로 밀접한 관계를 유지

했다. Gumnoir and Ringguth 1983, p. 13을 볼 것.

74) Horkheimer 1942, p. 19; 영문판, p. 102. "임노동자는 ― 프롤레타리아트다."라는 어구는 엥겔스에 대한 참조다(주 56을 볼 것).

75) 브론스테인Lev Bronstein(1879~1940), 일명 트로츠키Lev D. Trotsky는 러시아 사회주의자로 1905년 혁명에서 상트페테르부르크 소비에트의 지도자로서 중요한 역할을 했다. 그는 1913년 부터 볼셰비키와 멘셰비키가 다시 통합하길 바란 사회 민주주의자 그룹인 메즈라이온치 Mezhraiontsy를 이끌었다. 그는 1917년 7월에 볼셰비키에 가담했고 페트로그라드 소비에트 의 장이 되었으며 10월 봉기를 조정했던 군사혁명위원회를 이끌었다. 1918년에서 1925년까지 전 쟁인민위원이었다. 1920년대에 그는 반스탈린주의 반대파에서 빼어난 역할을 했다. 그는 1927년 당에서 쫓겨났고 1929년 러시아에서 추방당했다. 1938년 그는 제4인터내셔널을 창립 했다. 1940년 스탈린의 하수인에게 암살당했다. 그의 전기는 Deutscher 1954d, 1959, 1963이 있 다(도이처의 전기는 《무장한 예언자 트로츠키》, 《추방된 예언자 트로츠키》, 《비무장의 예언자 트로츠키》로 필맥 출판사에서 차례로(2005년, 2007년) 번역 출판했다.―옮긴이).

76) 트로츠키의 사상에서 많은 변화와 모순은 McNeal 1977, 특히 pp. 31~33에서 다루고 있다 (이 책은 《스탈린이즘: 공산주의 혁명과 철학》으로 번역되었다.―옮긴이).

77) Trotsky 1931, pp. 11~12; 영문판 1973, pp. 224~5(강조는 저자의 것임).

78) 우리는 트로츠키가 그들 자신의 조직을 세우길 바랐던 그의 동료co-thinker 로스머Rosmer 와 모나테Monatte를 비판했다는 것을 생각해볼 수 있다. Trotsky 1925를 볼 것. 1929년 한 인 터뷰에서 한 발언은 전형적이다. "내가 창립할 것을 제안했던 제4인터내셔널에 대한 이야기 는 아주 어리석은 것이다. 사회 민주주의 인터내셔널(제2인터내셔널―옮긴이)과 공산주의 인터내셔널(제3인터내셔널 또는 코민테른―옮긴이) 둘 다 깊은 역사적 뿌리를 가진다. 그 사 이의(2.5) 또는 다른(제4) 인터내셔널은 필요 없다." Trotsky 1929, p. 108

79) 트로츠키는 프랑스 혁명에서 '보나파르트' 정권으로 귀결되었을 때 '테르미도르'가 일어 났던 것처럼, 자신의 태도에서 생긴 이러한 변화를 유사성에 의한 추론을 통해 정당화했다. 이 런 유사성에 관해서는 다음을 볼 것. Law 1982, Bergman 1987, 특히 pp. 83~98; Caillosse 1989.

80) "본질적으로 러시아에서 그것은 처음에 사회 혁명의 문제, 즉 새로운 생산 양식에 길을 트기 위해 사회의 억압받는 계급 가운데 하나에 의한 정치권력의 장악에 대한 것이 아니라 정치 혁명, 즉 이미 존재하는 생산 양식의 자유로운 기능을 막는 정치적 방해물을 제거하는 것이었다." Kautsky 1904~5, p. 675.

81) 러시아어 원본은 하버드 대학에 있는 트로츠키 문서고에 있다.

82) Trotsky 1937b, p. 52.

83) Trotsky 1937b, p. 58.

84) Trotsky 1937b, p. 110.

85) Trotsky 1937b, p. 111.

86) Trotsky 1937b, p. 94.

87) Trotsky 1938d, p. 19; 영문판, p. 127(여기서는 영문판에 따라 인용함.)

88) Trotsky 1938a, p. 18; 영문판, pp. 67, 69(여기서는 영문판에 따라 인용함.)

89) Frank 1977c, p. 21.

90) Trotsky 1939.

91) "트로츠키에게 있어서, 러시아에서 일어난 최근의 사건은 더는 객관적으로 분석할 것들이 아니라, 다음과 같은 질문에 답하기 위한 개인적인 방정식의 구성 요소가 되었다. 나, 트로츠키는 1905과 1917년에 그랬듯이 러시아로 돌아갈까? 그래서 새로운 반스탈린주의 혁명의 지도자가 될까? 물론 그가 이것을 노골적으로 표현하지는 않았지만, 이 개인적인 방정식이 그가 이야기한 모든 것의 밑바닥에 놓여 있었다." Sternberg 1963, p. 156.

92) Trotsky 1938c, pp. 1~2; 영문판, pp. 111, 113.

93) Trotsky 1939, p. 4; 영문판, pp. 8~9.

94) 하나의 보기로 충분할 것이다. "[……] 리치가 창시했다고 주장할 수 있는 주요한 발상은 독특한 사회 형태로서 공산주의 사회에 대한 신마르크스주의적 견해(그의 용어법에 의하면 '관료적 집산주의'), 즉 자기 자신의 '새로운 계급'이 통치한다는 것을 중심 주제로 하는 사실이었다." Westoby 1985, p. 2. 그 지배에 대한 하나의 예외는 1977년의 포르투갈 어 선집 《소련의 본질A Natureza da USSR》(1977)이었는데, 여기에는 시몬 베유가 특별히 포함되어 있다.

95) 아마 새로운 계급 사회 이론은 이미 1930년대 초반에 비판적 마르크스주의자의 폭넓은 집단 사이에서 나왔다. 도마네프스카야는 1935년에 〈소련 체제에 대한 몇 가지 비판〉에 대해 썼다. 그녀는 "자본가 계급을 대신해서 새로운 지배 계급이 나타났다. 국가가 생산 수단을 소유하고, 생산 수단을 오직 그 자신의 이해관계에 따라 관리하는 국가 관료 집단이 노동 계급을 착취한다."고 말한다. Domanevskaja 1934~1935, p. 272.

96) 플랜이즘(프랑스어: planisme)은 전간기에 경제 계획과 계획화의 이용을 옹호했던 이데올로기 경향이다.—옮긴이

97) Hautmann 1971, pp. 80, 105, 125, 256; Lefranc 1966, pp. 72~3. 로라가 쓴 자서전 Laurat 1965; 잡지 《동과 서Est & Ouest》에서 일할 때 로라에 대한 주요 쟁점에 대해서는 Harmel 1973을 볼 것.

98) 아주 이치에 맞지 않게, 그라스Gras는 "로라 자신이 소련을 제국주의 국가라고 규정한 이론과 국가 자본주의로 본 이론 모두를 옹호했다."고 진술하고 있다. Gras 1971, p. 385, note.

99) 트로츠키는 로라의 창발성을 깎아내리려고 시도하면서 로라가 표절 행위를 저질렀다고 암시했다. "아마도 로라는 직접적으로든 간접적으로든 먀스니코프에게서 이론을 빌려 왔을 것이다." Trotsky 1933, 영문판, p. 112. 트로츠키의 비난은 두 가지 이유 때문에 잘못된 것으로 보인다. 첫째, 먀스니코프의 기고문이 로라의 이론적 깊이에 이르지 못했다는 것, 둘째,

먀스니코프는 국가 자본주의 이론을 지지했다는 것이다.

100) Laurat 1931, pp. 15~23.

101) Laurat 1931, p. 162.

102) Laurat 1931, p. 81.

103) Laurat 1931, pp. 168~9.

104) Laurat 1931, p. 167.

105) Laurat 1931, p. 78.

106) 유통 부문에서 임금을 받는 행위자는 "다른 사람처럼 일하지만, 그의 노동의 내용은 가치도 생산물도 창조하지 않는다. 그는 생산 간접비의 일부다." Marx 1978, p. 209.

107) Laurat 1931, pp. 171~2.

108) Laurat 1931, p. 175.

109) Laurat 1931, p. 155.

110) Laurat 1931, p. 4.

111) Laurat 1931, p. 8. 표면상으로 이 문단은 관료 신분이 자신의 노동력을 노동 계급처럼 판다고 했던 《소련 경제L'économie soviétique》에 실린 테제와 어긋난다. 이러한 모순은 로라가 부분적으로는 기생적인 특성이 있지만 관료가 '잉여 가치'를 전유한다고 본 그의 초기 테제를 떠오르게 한다는 것을 고려했을 때 사라진다.

112) Laurat 1939, p. 210.

113) 상동.

114) 시몬 베유는 제2차 세계대전이 일어나 독일 군대가 파리로 침입하자, 1942년 런던으로 건너가 망명 정부에 가담한 프랑스의 대표적인 여류 철학자다. 그녀는 영국 망명 시절 프랑스 동포가 나치 치하에서 궁핍한 생활을 한다는 생각 때문에 자신도 단식의 길을 택해 서른네 살의 나이에 스스로 숨을 거두었다.—옮긴이

115) Davy 1956; Cabaud 1960, pp. 11~42; Rees 1966; Krogmann 1970; Accornero et al. 1985.

116) Weil 1933, p. 314.

117) 그 시기에 대한 잘 알려진 지침서는 Berle and Means 1932였다. 이 책은 경영자의 힘이 점점 늘어나는 것을 강조했던 작품이다.

118) Weil 1933, p. 314.

119) Weil 1933, p. 315.

120) Weil 1933, pp. 315~16.

121) Weil 1933, p. 318.

122) Westoby 1985.

123) Westoby 1985, pp. 16~17. Rizzi 1939, 제3부, 4장('유태인 문제La Question Juive')을 볼 것.

여기서 우리는 다음을 읽을 수 있다. 즉, "히틀러는 올바르다. 그리고 우리는 틀렸다. 우리는 우리 자신을 바로잡아야 하고 우리가 반자본주의적이기 때문에 반유대주의가 되어야 한다." (p. 26) 또 리치의 반유대적 부분을 영어로 번역해 실은 Adler 1985~1986을 볼 것(pp. 109~13).

124) Trotsky 1973, pp. 1, 4, 10, 11, 52.

125) Naville 1947.

126) 이 책의 5장을 볼 것.

127) Rizzi 1937. 리치는 그가 쓴 가장 잘 알려진 책의 직접적인 전사에 대해 다음과 같이 썼다. "우리는, 언제나 우리의 동지도 아니고 마르크스주의 선전도 아닌, 1938년 11월에 《제4차 인터내셔널》의 제9호를 받았고, 우리는 그 잡지에서 트로츠키가 쓴 〈노동자 국가도 아니고 부르주아 국가도 아닌가?〉라는 논문을 발견했다. 한 달 뒤 우리는 1938년 6월자로 되어 있는 《제4인터내셔널》 특별호를 얻었다. 그 특별호는 나비유, 트로츠키, 크레포Yvan Craipeau가 글을 썼다. 그때 이래 우리는 이 책을 쓰길 바랐다. 왜냐하면 제기된 생각은 이들 동지의 생각과 달리, 우리가 이미 3년 전에 개진했기 때문이다." R[izzi] 1939, p. 334.

128) Westoby 1985, p. 13.

129) R[izzi] 1939, pp. 25~6; 영문판, p. 50 (번역 수정).

130) R[izzi] 1939, p. 47; 영문판, p. 63.

131) R[izzi] 1939, p. 46; 영문판, p. 63.

132) R[izzi] 1939, pp. 48, 64; 영문판, pp. 64, 75. '잉여 가치'라는 말은, 리치가 소련이 자본주의적이었다는 것을 부정하긴 했지만, '잉여 생산'과 대조적으로 썼던 것이다. 아마도 이것은 용어법상 부주의다. 그것에 대해 어떤 큰 의미를 두어서는 안 된다.

133) R[izzi] 1939, p. 71; 영문판, p. 80.

134) R[izzi] 1939, pp. 72~3; 영문판, p. 80.

135) 나비유는 프랑스 트로츠키주의 운동에서 트로츠키의 관점에 대한 가장 저명한 방어자였다는 상황에서 이러한 '타이틀'을 갖게 되었다. 1937~1938년에 나비유는 크레포에 맞서 정통을 방어했다. 크레포는 소련 관료를 새로운 지배 계급으로 불렀다. Naville 1938과 Craipeau 1938을 볼 것. 리치는 이러한 토론을 통해 영향을 받았다는 것을 암시했다(각주 127을 볼 것).

136) R[izzi] 1939, p. 253.

137) R[izzi] 1939, p. 254.

138) R[izzi] 1939, p. 345.

139) R[izzi] 1939, p. 343.

140) Burnham and Carter 1937. 트로츠키는 〈노동자 국가도 아니고 부르주아 국가도 아닌가?〉라는 글로 대답했다(Trotsky 1938a). 리치는 이러한 토론을 다음에서 말했다. R[izzi] 1939, pp.

33~5; 영문판, pp. 55~7. 또 Bubis 1988을 볼 것.

141) 버넘(1905~1987)은 1933년에 미국 트로츠키주의 운동에 가담했고 급속하게 지도자로 떠올랐다. Nash 1976, pp. 87~91; Borgognone 2000, Kelly 2002를 볼 것.

142) Macdonald 1958, pp. 17~18.

143) 트로츠키가 이 논쟁에 기여한 것은 Trotsky 1973으로 묶여 있다.

144) 1939~1940년에 사회주의 노동자당에서 생긴 위기와 분열에 대한 포괄적인 설명은 Myers 1977, pp. 143~71에 나와 있다.

145) 사퇴 편지는 Trotsky 1973, p. 207에 실려 있다.

146) 이 책 1장에서 번스타인이 사용했던 범주를 볼 것.

147) 1947년 한 멘셰비키 출신 학자는 다음과 같이 말했다. "버넘은 그의 지난 날 사회주의적 믿음에서부터 오랜 길을 떠났다. 그러나 그는 확실히 마르크스주의 방법을 유지했다[……]. Sapir 1947, p. 366.

148) 마이어스Ashton Meyers는 '웨스트'가 버넘의 가명이었다고 보도했다. Meyers 1977, p. 104를 볼 것. 루스벨트와 뉴딜에 대해 버넘이 쓴 논문은 다음의 책에 실려 있다. West 1935a, 1935b, 1935c, West 1936; Burnham 1938b, 1939.

149) 리치 자신도 버넘이 표절했음을 알았다. 나중에 리치는 "1941년에 나온 베스트셀러를 착수했을 때, 버넘에게 습관적인 표절" 의혹을 제기했다. Rizzi 1972, p. 92.

150) Westoby 1985, pp. 24~6. 버넘 그 자신은 그의 이론이 어쨌든 "놀라운 개인적 혁신"이 아니었다고 지적했다. 즉, "지난 20년 동안 그 이론의 많은 요소가 여러 논문과 책에 포함되어 있었다. 그것에 대해 나는 특별히 영향을 받았던 어떤 특정한 요소를 제대로 밝히지 않았지만, 대체로 신세를 겼음을 인정할 수밖에 없다." Burnham 1941, p. 7. 또한 Draper 1999, p. 30을 볼 것.

151) Burnham 1941a, p. 8.

152) Burnham 1941a, p. 71.

153) Burnham 1941a, p. 80.

154) Burnham 1941a, p. 210.

155) Burnham 1941a, p. 59.

156) Burnham 1941a, pp. 220~1.

157) 리치는 "7~8개의 폐쇄된 자립 경제 등등"을 거칠 것으로 내다보았다. R[izzi] 1939, p. 343.

158) 샤흐트만(1901~1972)은 1920년대에 미국 공산당 지도자에 속했다. 그는 이어서 트로츠키 반대파에 가담했고, 사회주의 노동자당의 주도적인 인물 가운데 한 사람이었다. 그에 대한 방대한 전기 자료에 대해서는, Drucker 1994를 볼 것.

159) Shachtman 1940b, p. 199. 샤흐트만의 논문은 Shachtman 1962, pp. 37~60에 다시 실렸다. 그 논문은 샤흐트만이 나중에 채택했던 정치적 관점에 알맞게 편집된 것이었다.

160) Shachtman 1940b, p. 197.

161) Shachtman 1940b, p. 198.

162) Shachtman 1940b, p. 201.

163) Shachtman 1940b, p. 205.

164) 카터에 대해서는 Trotzki 1988, p. 1119, 각주 2를 볼 것. (카터는 미국 트로츠키주의 운동의 창립 회원인 프리드만의 가명이었다.—옮긴이)

165) Carter 1941, p.220. On the Carter-Shachtman devate, See also Drucker 1994, pp. 138~8; Haverkern and Lipow 1996; Callinicos 1996.

166) Carter 1941, p. 219.

167) 상동.

168) Carter 1941, p. 218.

169) 상동.

170) 상동.

171) Carter 1941, p. 219.

172) 샤흐트만의 논문을 보면, 《새로운 인터내셔널》은 1941년 제7호에 소련의 본질을 어떻게 규정해야 하는가 하는 문제에 대한 많은 글을 실었다. 즉, Alvin 1941a와 1941b; J. R. Johnson 1941a와 1941b; Coolidge 1941; Kent 1941a와 1941b; Lund 1941; Carter 1941.

173) 페드호사(1905~1982)는 1930년대 초부터 브라질 트로츠키주의 소집단의 가장 중요한 지도자였다. 1938년 그는 제임스와 다른 이들과 함께 제4인터내셔널의 창립 회원이었다. 1940년에 페드호사는 샤흐트만의 반대파에 결합했던 유일한 비미국계 지도자였다. 르브런이 페드호사의 가명이었다는 보고는 다음에서 찾아볼 수 있다. 〈제4인터내셔널 창립 대회〉 1979, p. 57. 더 많은 정보는 'Mário Pedrosa(1905~1982)', *Cahiers Léon Trotsky*, no. 10(1982); Dulles 1973, pp. 421, 457; Dulles 1983, p. 167; Castilho and Neto 1996. 1980년 페드호사는 브라질 노동자당PT의 첫 회원이 되었다.

174) Lebrun 1940, p. 88.

175) 아마도 페드호사는 다음의 문구를 염두에 두었을 것이다. 즉, "문법적으로 말하면, 자유로운 상태는 국가가 자신의 시민을 대하는 데 자유롭다는 것이다. 즉, 국가는 전제적인 정부다." Engels 1875, pp. 63~4.

176) Lebrun 1940, p. 91.

177) 힐퍼딩(1877~1941)은 원래 의사였지만, 마르크스주의 경제 이론에 몇몇 중요한 이바지를 했다. 그 가운데 《금융자본*Das Finanzkapital*》(1910)은 가장 잘 알려진 책이었다. 그는 1차 세계대전 동안 독립 사회민주당USPD에 가입했고, 1922년 독립 사회민주당 우파와 함께 사회민주당SPD으로 들어갔다. 1924~1933년 제국의회에서 사회민주당 의원이었고, 1923년에

서 1928~1929년까지 재무장관이었다. 1933년 스위스로, 그 뒤 프랑스로 망명했다. 1941년 게슈타포가 그를 살해했을 수도 있다. Gottschalch 1962, pp. 13~31을 볼 것. 그의 생애에 대한 정보는 Kurata 1974를 이용할 수 있다.

178) 보기를 들면, Richard Kern 1936a, 1936b. 힐퍼딩은 특히 니콜라예프스키Boris Nikolaevsky 와의 토론 뒤에 《사회주의 소식》에 글을 썼던 것 같다. Sapir 1979, p. 367을 볼 것. 원자화된 국가에 대한 그의 이론에서 핵심 사상은 힐퍼딩이 카우츠키에게 보낸 편지에 드러나 있었 다. "실제로 국가 조직과 그것의 이해관계는 하나의 요소다. 그것은 독립성을 얻었고, 특히 독재의 시기에 다른 사회적 이해를 종속시키려 한다."(Hilferding 1937)

179) Hilferding 1940. 이것은 Uoroll 1940에 대한 대응이었다. 《현대 평론Modern Review》, p. 268 에 있는 영어 번역에 따라 인용한 것임.

180) Stephan 1974, p. 141. Gottschalch 1962, pp. 242~61. James 1981을 볼 것.

181) Marx 1976, p. 873.

182) Linde 1932, pp. 26~7.

183) "이른바 원시적 축적은 생산 수단에서 생산자가 분리되는 역사적 과정이다. 그것은 자 본의 전사, 그리고 자본에 상응하는 생산 양식의 전사를 이루기 때문에 '원시적'인 것이다." Marx 1976, pp. 874~5.

184) Linde 1932, p. 27.

185) Domanewskaja 1934~5, p. 271.

186) Hilferding 1940, pp. 266~7.

187) Trotsky 1937b, 영문판, p. 236.

188) Trotsky 1933a, p. 2; 영문판, pp. 102~3.

189) Burnham 1938a.

190) R[izzi] 1939, pp. 38~9.

191) Johnson 1941a, pp. 54~5.

192) Carter 1941, p. 218.

193) Trotsky 1937b, pp. 112~13. Domanewskaja 1934~5, p. 272를 볼 것.

194) Kent 1941a, p. 179.

195) Domanewskaja 1934~1935, pp. 272~3.

196) Trotsky 1940a ; Shachtman 1940, pp. 201~3.

4장 '대조국전쟁'에서 동유럽의 구조적 동화까지(1941~1956년)

1) Westoby 1981, p. 10.

2) 헝가리에 관한 한, 보기를 들면 시턴-왓슨Hugh Seton-Watson은 다음과 같이 결론지었다. "처음 몇 개월 동안에 이러한 [부르주아] 당은 주로 붉은 군대의 자동차를 타고 돌아다녔던 공산주의 선동가 팀에 의해 재건되었다. 이는 기묘한 일이었다."(Seton-Watson 1956, p. 191) 고트발트Klement Gottwald가 1945년 5월에 공산당 관리를 대상으로 연설에서 했던 다음의 논평과 견주어 보자. "우리는 끊임없이 현 단계에서 우리가 사회적 혁명의 노선이 아니라, 민족적이고 민주주의적인 혁명[……]의 노선을 따른다는 것을 떠올려야 한다." Brzezinski 1961, p. 27에서 인용함.

3) Heiter 1986.

4) 이 개념은 팀 볼포스Tim Wohlforth가 썼다. Wohlforth, "The Theory of Structural Assimilation," in Westoby and Wolforth 1978, 특히 pp. 20~34.

5) 5개년계획의 도입은 경제적 동화가 완성되었던 순간의 지표를 제공한다. 불가리아와 체코슬로바키아는 1949년에, 폴란드와 헝가리는 1950년에, 루마니아와 동독은 1951년에 완성되었다.

6) 페이퇴F. Fejtö는 전체 성원의 약 1/4인 250만 명이 동유럽 공산당에서 숙청되었고, 12만 5,000명에서 25만 명가량이 투옥되었다고 했다. Fejtö, n.d., p. 246.

7) 코민포름이 폴란드 도시 슈클라르스카 포렝바Szklarska Por ęba에서 창립했을 때, 동유럽 공산당과 서유럽의 가장 큰 공산당인 프랑스와 이탈리아의 대표자가 참석했다.

8) 1948년 3월 20일에서 6월 28일까지 관련 문서는 Bass and Marbury 1959, pp. 4~46에 다시 발간했다.

9) Beyerstedt 1987, p. 232.

10) Martinet 1947, p. 14.

11) Trotsky 1940b, p. 218.

12) Trotsky 1940b, p. 220.

13) 1946년 결의안 〈새로운 제국주의 평화와 제4인터내셔널 당의 건설The New Imperialist Peace and the Building of the Parties of the Fourth International〉은 만델이 초안을 잡은 것이었다.

14) 특히 Cliff 1947을 볼 것. 클리프가 쓴 이 글은 저메인Germain이 쓴 글(Germain 1947a.)에 답한 것이다. 만델은 이 논문에서 다른 무엇보다도 "자본주의 쇠퇴의 시기에 영국 공업이 이제는 부활의 단계를 넘어 지나치게 성장하고 실질적인 붐의 단계를 달성할 수 없다."고 주장했다. 클리프는 그의 답변에서 이것을 부인했다.

15) Pablo 1951. 랍티스(1911~1996)에 대해서는 Richardson 1996.

16) 이것은 Bleibtreu-Favre 1951, p. 60.

17) 보기를 들면, Leon Trotsky 1940, 'Balance Sheet of the Finnish Events', in *Writings of Leon Trotsky* 1939~1940, New York: Pathfinder, 1973을 참고할 것.

18) Conner 1973, p. 6.

19) Fourth International 1947.

20) Fourth International 1949.

21) Fourth International 1951. 소련과 이들 나라를 구별하기 위해, 경사면에 있는glacis 국가들은 '타락한 노동자 국가'가 아니라, 처음부터 '왜곡된' 노동자 국가로 불렸다.

22) 나탈리아 트로츠키가 미국 사회주의 노동자당에 보낸 편지(1951)를 볼 것. 이 편지와 함께 〈나탈리아의 편지에 대한 미국 사회주의 노동자당의 답변〉도 출판되었다. 샤흐트만이 논평했다. Shachtman 1951b.

23) Sinclair (no date), p. 338; Prager 1978, p. 432.

24) 그란디소는 스페인에서 멕시코로 이주한 사람의 아이였다. 1930년에 그는 스페인으로 돌아와 정치 활동을 했다. Broué 1982a, pp. 16, note; Gramonte 1997, pp. 513~17; Guilamón Iborra 1993을 볼 것.

25) 페랄타가 페레(1899~1959)의 가명이었다는 증거는 Peralta 1946의 IISH 카피본에 서명된 것에서 찾아냈다. 그 서명에는 다음과 같이 나와 있다. "페랄타: 멕시코에서 가명으로 활동했고 전투적인 혁명적 노동자당을 세운 프랑스 초현실주의 시인 뱅자맹 페레(Peralta: Pseudonimo empleao en Mexico y como militante de Fomento Oberero Revolucionario, por el poeta frances surrealista Benjamin Peret. G. Munis.)" 페레에 대해서는 Goutier 1982를 볼 것.

26) *Quatrième Internationale* 1946.

27) Peralta 1946, pp. 3~9.

28) Munis 1946.

29) Munis 1975, 특히 pp. 48~62.

30) 제임스(1901~1989)는 1932년 트리니다드에서 대영 제국으로 갔다. 그곳에서 그는 크리켓 관련 기사를 쓰면서 일했다. 1936년 그는 트로츠키주의 혁명적 사회주의 동맹Trotskyist Revolutionary Socialist League을 창립하는 데 기여했다. 1938년 제4인터내셔널 창립 대회에 참여했다. 1938년 말부터, 제임스는 미국에서 살았다. 1952년 그는 구금되었고, 1953년 미국에서 추방당했다. 그 뒤 5년 동안 영국에서 살았고 1958년에 트리니다드로 돌아갔다. 그곳에서 그는 몇 년 동안 서인도연맹 노동당West Indies' Federal Labour Party 서기로 일했다. 제임스는 흑인 해방의 이론가로서 이름을 날렸고 《블랙 자코뱅: 투생 뤼베르튀르와 아이티 혁명》(1938)을 썼다. Buhle 1986 and 1988; Boggs 1993; Worcester 1995; Dhongy 2001.

31) 전기 자료는 Anon 1987; Anderson 1988; Marković; 1988.

32) 내가 알기에는 존슨-포레스트 경향의 역사에 대한 가치 있는 학문적 연구가 아직 없다. 여러 관련된 출판물에 나온 정보는 일관되지 않다. 특히 제4인터내셔널과 다시 융합했다는 것에 대해서 Jerome and Buick 1967는 다음과 같이 썼다. "1947년 이 존슨-포레스트 그룹은 미

국 사회주의 노동자당에 다시 결합했지만, 1951년 다시 이 당을 떠났다."(p. 68); Ashton Myers 1977은 "제임스는 샤흐트만과 함께 미국 사회주의 노동자당을 떠났지만, 다시 미국 사회주의 노동자당으로 돌아가 1948년과 1949년 2년 동안 활동했으나, 제명당했을 뿐이다."(p. 200)고 썼다. 로빈슨Cedric Robinson은 "1942년 제임스와 두나예프스카야 주변에 모인 그룹, 즉 존슨-포레스트 경향은 '샤흐트만주의자'를 떠났다. 나중에 1949년쯤(원문 그대로) 존슨-포레스트 경향은 미국 사회주의 노동자당에 다시 결합했지만 2년 뒤에 다시 독자적으로 활동했다."(p. 389)고 주장했다. 나는 제임스 그 자신이 한 말을 근거로 독자적인 해석을 내놓았다. 《공격당한 사회주의 사회The Invading Socialist Society》의 제2판 서문에서, 제임스는 "존슨-포레스트 경향은 1940년에 사회주의 노동자당에서 떨어져 나갔고 노동자당이 되었던 집단과 함께 트로츠키주의 운동의 한 그룹이었다. 그러나 노동자당 안에서 운동은 샤흐트만의 절충적인 비약에 맞서 자신의 태도를 명확히 해야 할 필요를 깨달았다. 그뿐만 아니라 우리는 트로츠키의 입장, 즉 사회주의 노동자당이 의례적으로 거듭 강조했던 입장에 맞서 우리의 견해를 분명히 해야만 했다. 이것을 하는 과정에서 우리는 1947년에 《공격당한 사회주의 사회》를 출판하게 되었다. 그러나 정확히 마르크스주의 원칙에 대한 우리의 진지한 태도가 노동자당을 곧 떠나게 했고, 1948년에 사회주의 노동자당으로 돌아가게 했다."(James 1972, p. 1.) 〈검은 권력Black Power〉이라는 제목을 단 1948년에 쓴 논문에서, 그는 "[……] 1951년에 내 친구와 나는 트로츠키주의의 전제와 단호히 결별하게 되었다."(James 1980, p. 235.)

33) "따라서 유추를 찾기 위해서 우리는 갑자기 종교라는 신비의 영역에 빠져야만 한다. 자율적인 형태로 여기는 인간 두뇌의 산물이 그들 자신의 생활에 끼어들었다. 그것은 서로서로 그리고 인류 모두와의 관계로 진입했다. 그래서 그것은 상품의 세계에서 인간 손의 산물과 관계한다. 나는 이것을 노동의 산물이 상품으로 생산되자마자 곧 노동의 산물에 붙어 있는 물신화라고 부른다. 그리고 그것은 상품의 생산에서 분리될 수 없다." Marx, 1976, p. 165.

34) 특히 원래 1948년에 출판되었던 James 1980b를 볼 것. 이 책에서 제임스는 헤겔의 《논리학Wissenschaft der Logik》을 트로츠키주의의 변증법적 비판을 위한 안내서로 이용했다.

35) 노동자 '로마노Paul Romano'가 쓴 《자아 문서egodocument》가 가장 잘 알려졌다. Romano and Stone 1946.

36) Dunayevskaya 1944, 1945.

37) Johnson 1941a, p. 55.

38) Johnson 1941a, p. 56.

39) Johnson 1941b, p. 214.

40) Forest 1942~1943. 나는 세 번째 논문에 대해 언급한다, p. 57.

41) "공업의 모든 주어진 부문에서 하나의 단일한 자본으로 통합했던 모든 개별 자본을 투자한다면 중앙 집중화가 최고에 다다를 것이다. 주어진 사회에서 전체 사회 자본이 한 사람의

자본가 또는 하나의 자본주의 회사 손에 통합되었을 때에 비로소 이러한 한계에 다다른다." Marx 1976, p. 779.

42) James 1969, pp. 39~46.

43) 그리스 경제학자 카스토리아디스(1922~1997)는 공산주의 청년 조직에서 잠시 활동한 뒤, 스티나스Spiros Stinas가 이끈 트로츠키 집단에 가담했다. 1945년 파리로 이주했다. 그곳에서 그는 필명으로 혁명적 사회주의 서클에서 활동하면서 동시에 오랫동안 OECD를 위해 일했다. 르포르(1924년 출생)는 학생으로서 이미 1943년 트로츠키주의로 기운 지하 그룹을 만들었다. 그는 메를로퐁티를 지도 선생으로 삼아 철학을 공부했다. 1946년부터 그와 카스토리아디스는 정치적으로 협력했다. Castoriadis 1975; Lefort 1976~1977; Liebich 1977; Ciaramelli 1987; Busino 1989; Gottraux 1997; van der Linden 1998; David 2000.

44) Chaulieu and Montal 1946.

45) 카스토리아디스/르포르가 '국가 자본주의'라고 말하지 않았다는 것을 유념하자. 카스토리아디스는 나중에 그가 '국가 자본주의'를 '재앙적인 혼돈'을 창조하는 '거의 완전히 의미 없는 표현'으로 여겼다고 설명했다[……]. 왜냐하면 자본주의의 경제 법칙이 사적 소유, 시장, 경쟁의 소멸 뒤에도 여전히 유지되었다고 생각하는 것은 부조리한 것이기 때문이다. Castoriadis 1973, pp. 20~1; 영문판, pp. 9~10.

46) 원문에는 dissidents로 되어 있다. 여기서 의미는 제4인터내셔널 주류가 아닌 이탈파를 뜻한다.―옮긴이

47) Chaulieu 1949, p. 34; 영문판, p. 131.

48) Chaulieu 1949, p. 47; 영문판, p. 141.

49) Chaulieu 1949, p. 35; 영문판, p. 97.

50) 로마노(싱어Phil Singer)와 스톤Ria Stone(리Grace Lee)이 쓴 팸플릿은 《사회주의냐 야만이냐》 1949~1950(1~7호)에 〈미국 노동자L'ouvrier Americain〉로 연재되었다. 1958년에 제임스와 《사회주의냐 야만이냐》를 중심으로 한 이 그룹은 공동 팸플릿을 발간했다. Lee, Chaulieu and Johnson 1958을 볼 것. 배경 정보에 대해서는 Boggs 1998, p. 62를 볼 것.

51) 굴룩스타인/클리프는 1917년 팔레스타인에서 태어났다. 1938년쯤부터 그는 트로츠키주의자였다. 1946년 영국으로 이주했다가 송환당해 아일랜드에 정착했다. 그러나 그는 영국을 정규적으로 찾았다. 왜냐하면 그의 가족이 그곳에 있었고, 영국 트로츠키주의자의 토론에 참여했기 때문이다. 1952년 영국으로 돌아왔다. 그곳에서 그는 노동당 안에 있는 작은 사회주의 평론 그룹의 지도자가 되었다. 그 그룹에서 국제 사회주의 그룹과 좀 더 뒤에 사회주의 노동자당Socialist Workers' Party(같은 이름을 지닌 미국 당과 혼동하지 말 것)이 태어났다. 이러한 정보는 London에서 1979년 7월 9일에 저자와 한 인터뷰를 바탕으로 한 것이다. 더 많은 정보는 다음을 참조할 것. Cliff 1979 and 2000, Sarney 2000.

52) Cliff 1979, p. 21.

53) Cliff 1948, pp. 59~60, 81; 재판 2003, pp. 56, 75.

54) Cliff 1948, p. 62; 재판 2003, p. 58.

55) Cliff 1948, p. 82.

56) 보기를 들면, Laurat's *Marxism and Democracy*(p. 16; 재판 2003, p. 15), Burnham's *The Managerial Revolution*(p. 61; 재판 2003, p. 57)에 있는 각주를 볼 것. 힐퍼딩의 국가 자본주의 비판에 대해서는 Hilferding 1940, p. 97(재판 2003, p. 128~9).

57) 짧은 시기 동안, 클리프는 두나예프스카야와 동지적 관계를 유지했다. 찰리노어는 두 사람이 소련에 대한 이론화에서 '노동 분업'에 동의했다고 말한다. 즉, "나는 그녀가 1946년에 열린 4차 세계대회[제4인터내셔널]에서 클리프를 만났다고 말한 라야[두나예프스카야]에게서 온 편지 한 통을 가졌다. 그들은 그녀가 철학적 의미를 연구하는 데 시간을 쏟을 것이고, 클리프가 경제적 쟁점을 분석할 것이라는 데 동의했다."(Challinor 1995, p. 27.)

58) Cliff 1948, p. 99; 재판 2003, p. 91.

59) Cliff 1948, p. 100; 재판 2003, p. 92. 여러 논자가 클리프의 이론이 관료적 집산주의 이론과 닮았다고 주장했다. 왜냐하면 그 두 이론은 가치 법칙이 소련 안에서 적용되지 않았다고 가정했기 때문이다(보기를 들면, Hobson and Tabor 1988, p. 369). 분명히 클리프와 특히 카터 사이에는 뚜렷하게 비슷한 점이 있다. 카터는 소련을 "거대한 국가 트러스트"로 규정했었다(Carter 1941, p. 218; 이 책의 3장을 볼 것). 그러나 이러한 해석은 왜 클리프가 그 자신의 이론을 만들어냈는가 하는 가장 중요한 이유를 놓친 것이었다. 다시 말해 클리프에 따르면, 관료적 집산주의 이론이 소련에서 경제적 성장을 설명할 수 없기 때문이다. 클리프는 관료적 집산주의를 "오직 부정적이고" "따라서 공허한, 추상적인, 그리고 자의적인" 이론이라고 했다(Cliff 1948b, p. 156).

60) 보르디가에 대한 정치적 전기는 두 가지가 있다. de Clementi 1971과 Livorsi 1976. 두 연구는 보르디가의 초기 '영광스러운 나날들'에 특히 관심을 쏟은 것이다. 또한 Camatte 1974 and 1975; Grilli 1982; Goldner 1991; Peregalli and Saggioro 1995 and 1998; Bresciani 2001을 볼 것.

61) Riechers 1977, p. 157. Camatte 1975, p. 8: "그[보르디가]가 '러시아 문제'라고 불렀던 것에 관해서 그는 많이 썼다[……]. 특히 1954~1957년에 그가 그 문제에 완전히 빠져 있을 때."

62) Alfa 1946.

63) Bordiga 1954~1955. 볼로냐에서 만남에 대한 간단한 보고는 Anon. 1954에 있다.

64) Bordiga 1955a, 1955b, 1955~1957. 나폴리와 제네바에서 열린 모임에 대한 정보는 Anon. 1955a and 1955b에서 얻었다. 나폴리와 제네바에서 한 강연 원고는 나중에 Bordiga 1976에 부록으로 다시 출판되었다.

65) Bordiga 1952a. 《스탈린과의 대화*Dialogato con Stalin*》라는 제목의 책으로 다시 출판되었다. Bordiga 1953.

66) Bordiga 1956a and 1956b.

67) 보기를 들면, Orso 1948~1952.

68) Vega 1952; Damen 1977; Bourrinet 1981, p. 180. 다멘은 소련 '자본주의'를 미국의 자본주의와 같다고 생각했다. 그러나 보르디가는 그 생각을 거부했다.

69) Bordiga 1951.

70) Alfa 1946, p. 35.

71) Bordiga 1953, p. 29.

72) Bordiga 1952b.

73) Orso 1948~1952(November~December 1948), p. 497.

74) Bordiga 1953, p. 17.

75) "[……] 국가 자본주의에서 모든 사람은 관료다." Bordiga 1952c. 이 진술은 수사적 과장으로 간주해야 한다. 다른 저작의 다른 곳에서 우리는 일반화된 공공 서비스에 관계있는 것으로 생각할 수 있는 문구를 발견한다.

76) Bordiga 1976, p. 507.

77) Lazitch and Drachkovitch 1973, pp. 137~8; Rupnik 1976; Broue 1982b.

78) 비트포겔은 1970년에 있은 한 인터뷰에서 다음과 같이 말했다. "[미국의 이주민으로서—MvdL]내가 여기 이 집에서 가졌던 나의 첫 접촉은 [……] 급진적 분열파, 초기 트로츠키주의자, 공산주의자, 사회 민주주의 좌파를 통해 이루어졌다. 그러나 '계급 사회로서' 소련에 대한 분석으로 쾨스틀러Koestler에게 깊은 인상을 남겼던 그 사람이 의자에 앉았다. 우리는 우리의 불운한 트로츠키주의적, 레닌주의적, 준-레닌주의적 사상을 통해, 이러한 탐구를 아주 진지하게 했다."Greffrath 1979, p. 328. 야코비Henry Jacoby는 그의 회고록에 다음과 같이 썼다. "라이만Günther Reimann은 비트포겔을 만나는 데 나를 데리고 갔다. 거기에 도착한 우리는 칼란드라Zavis Kalandra와 함께 프라하 공산주의자의 진실한 지도자로 페픽Pepik이라는 별명을 가진 요셉 구트만을 만났다." "그가 말하기 시작하자마자, 사람들은 그의 명석함과 예민함을 칭찬했다. 그는 소련을 계급 국가라고 해석한 것을 상세히 설명했다. 경영과 통제는 지배 계급의 손아귀에 사적으로 소유되었다. 나중에 그는 그 해석을 더 확대해서 마이어라는 필명으로 《정치Politics》에 썼다."Jacoby 1983, p. 120. 더 많은 정보는 다음에서 이용할 수 있다.Ulmen 1978, pp. 266, 566. 그러나 이 저자는 구트만이 나중에 자신의 이름을 '고든Gordon'으로 바꾸었다고 잘못 주장했다. Meyer[Josef Guttmann] 1944, p. 49; Greffrath 1979, p. 328.

79) Meyer 1944, p. 49.

80) 구트만은 논리적으로 필요한 연결, 즉 계획 초기에 존재한 가격과 임금이 유지된다면 계획의 달성이 불가능하다는 것에 찬성하지 않았다.

81) Meyer 1944, p. 83.

82) Lenz 1950. '렌츠'가 플라이셔의 필명이었다는 사실은 플라이셔가 1987년 2월 3일 나(필자)에게 보낸 편지로 밝혀졌다.

83) 이 주제에 대해서는 Kulemann 1978을 볼 것. 이 당은 1962년 설립되었던 우파 극단주의자의 독립 노동자당과 혼동해서는 안 된다.

84) Djilas 1951.

85) 더 많은 정보는 다음을 참조할 것. Grebing 1981, pp. 582~92.

86) Sternberg 1951, p. 172.

87) Sternberg 1952.

88) 사이컨은 1948년부터 《슈투트가르트 신문Stuttgarter Zeitung》의 편집자였다. 1951년부터 1953년까지 《푼켄Funken》을 발행했다. 1957년부터 그는 정치적으로 오른쪽으로 나아갔다. 1969년에 보수적인 신문 《세계Die Welt》의 외국 문제 담당자가 되었다. 이러한 정보는 1986년 10월 22일 클렘(하노버)이 나(필자)에게 보낸 편지와 Kreter 1986, pp. 94~6, 190에 바탕을 둔 것이다.

89) 슈테른베르크(Sternberg 1951)에 대한 언급은 Cycon 1952b, p. 6.

90) Cycon 1953b, p. 9.

91) Cycon 1952a, p. 4.

92) Cycon 1953a, p. 8. 사이컨의 논문은 상당한 토론을 자극했다. 나는 특히 Franck 1953a; Kief 1953; Cycon 1953b; Hellmann 1953; Weinberg 1953과 Leonhard 1953을 말한다. 이러한 기여 가운데 레오나르드Susanne Leonhard가 쓴 논문은 내 연구의 관점에서 가장 흥미 있는 것이다. 레오나르드는 사이컨과 반대로 소련 관료가 폐쇄적이고 자기를 스스로 재생산하는 엘리트였지만, 그것을 계급으로 명시할 이유가 없다고 여겼다. 왜냐하면 그것은 너무나 이질적이고 내적으로 분열되어 있기 때문이다. 그녀는 소련 노동자가 계급을 이루지 못했다고 생각했다. 왜냐하면 여러 구매자를 지닌 자유노동 시장이 없고, 또 자유로운 조직을 위한 가능성이 없기 때문이다. 지구적으로 그녀는 소련을 (전혀 특별하지 않은) 개발 독재development Dictatorship로 특징지었다. 많은 시간을 스탈린의 '수용소군도'에서 보냈던 레오나르드(1895~1984)의 삶에 대해서는 Weber 1984를 볼 것.

93) Cycon 1953a.

94) Klemm 1983.

95) Frölich 1976.

96) 프롤리히가 로스돌스키에게 1950년 1월 20일에 보낸 편지, Rosdolsky archive, International Institute for Social History. 로스돌스키 문서의 기록 보관 담당자 미르트는 친절하게도 내가 이 편지에 관심을 두게 해주었다.

97) Frölich 1952, p. 13.

98) Frölich 1976, p. 152.

99) Dévérité 1951, p. 5. 강조는 원문 그대로임.

100) 생애 기록은 Garstka and Seppmann 1980, pp. 11~26을 볼 것. 또 Junke 2006을 참고할 것.

101) Kofler 1952a.

102) Kofler 1952b, p. 25.

103) Kofler 1952b, p. 73.

104) Kofler 1952b, p. 24.

105) Kofler 1952b, pp. 19~22.

106) Kofler 1952b, pp. 23~4.

107) Kofler 1952b, p. 45.

108) 상동.

109) Kofler 1952b, p. 73.

110) Bornstein and Richardson, 1986, p. 50, note 97. 비록 도이처가 제4인터내셔널 창립에 반대했다 하더라도, 그래도 그는 제4인터내셔널에 가입했다(Syré 1984, pp. 56~7).

111) Deutscher 1949.

112) Deutscher 1953, pp. 96~7.

113) Deutscher 1953, p. 164.

114) 보기를 들면, Deutscher 1955b, 특히 pp. 113~30과 pp. 173~228; Deutscher 1967.

115) Cannon 1954, p. 13. 얼마 뒤, 국가 자본주의나 관료적 집산주의를 선택했던 옛 트로츠키주의자들도 거센 비판을 퍼부었다. Cliff[Ygael Gluckstein] 1964~1965 and Jacobson(샤흐트만 학파 출신) 1964~1966을 볼 것.

116) 코크런(1915~1984)을 중심으로 한 반대파는 1953년부터 미국 사회주의 동맹을 세우면서 독자적으로 조직하기 시작했다. 1954년부터 1959년까지, 그들은 잡지 《미국 사회주의자》를 발간했다. 초기에 도이처를 (드러내 놓고) 방어한 것에 대해서는 다음을 볼 것. Clarke 1953. 나중에 도이처를 드러내 놓고 방어한 것에 대해서는 다음을 볼 것. Braverman 1954.

117) Aron 1953.

118) Deutscher 1954a.

119) 도이처와 아롱의 (도이처에 동정적인) 논쟁에 대한 논평은 다음을 볼 것. Pouillon 1954.

120) Deutscher 1954b.

121) Coser 1954, p. 240.

122) Rabassière 1954, p. 246.

123) Tresse 1954, pp. 402~3.

124) Willen 1955.

125) Deutscher 1955a.

126) Preobrazhenskii 1926, pp. 86~152.

127) Deutscher 1955a, p. 27.

128) Deutscher 1955a, p. 39.

129) 보기를 들어, Romano 2003을 볼 것.

130) 나는 1946년 오웰Orwell이 이바지한 것(Orwell 1946)을 고려하지 않았다. 오웰의 에세이는 소련에 대한 버넘의 분석보다는 버넘의 '권력 숭배'에 훨씬 더 초점을 맞춘다.

131) Hannak 1947.

132) Huhn 1950a, p. 22.

133) Blum 1947a, p. 7. (강조는 원저자의 것임.)

134) Blum 1947b.

135) Meyer 1947, p. 319.

136) Naville 1947. 내가 3장에서 지적했듯이, 이것을 계기로 'Bruno R'의 실제 이름이 처음으로 폭로되었다.

137) Bettelheim 1947.

138) Martinet 1947.

139) Patri 1947b.

140) Patri 1947a, p. 100.

141) Bessaignet 1947, p. 108.

142) 《인터내셔널 평론》에 실린 기고문 말고도, 다음을 볼 것. Martin 1947. 그러나 이 글은 이론적으로 중요한 것을 제공하지 않는다.

143) Bettelheim and Martinet 1948, pp. 41~2.

144) 제2차 세계대전 동안 혁명적 사회주의 레지스탕스 활동에 적극적으로 가담했던 만델은 1945년 이후 트로츠키주의 제4인터내셔널의 가장 중요한 지도자이자 이론가로 성장했다. 그는 1945년부터 저널리스트와 여러 신문(네덜란드 신문 《헷 파룰*Het Parool*》, 《옵세르바퇴르*L'Observateur*》, 《르 피플*Le Peuple*》, 벨기에 사회주의 노동자당 신문 《라 고슈*La Gauche*》 등등)의 통신원으로 활동했다. 그는 1954~1963년까지 벨기에 노동조합 총연맹(FGTB)의 경제 담당 고문으로 일했다. 그는 1963~1967년 동안 소르본에서 경제학을 공부했고 《후기 자본주의》로 1972년에 박사 학위를 받았다. Gorman 1986, pp. 209~11; Stutje 2004.

145) 만델의 초안과 제4인터내셔널이 채택했던 결의안 사이의 두드러진 유사성을 지적한 것으로는 다음을 볼 것. Germain 1947b and Fourth International 1947.

146) Fourth International 1947, p. 272.

147) 상동.

148) 상동.

149) Fourth International 1947, pp. 272~3.

150) Germain 1951a, 1951b, 1951c. 이 논문은 논쟁을 자극했다. 만델의 경쟁자는 옛 독일 공산당 당원인 에른스트 마이어Ernst Meyer의 아들 좌익 사회주의자 하인츠 마이어Heinz Meyer였다. 하인츠 마이어는 '오에코노미쿠스Oeconomicus' 또는 '외코노미쿠스Öconomicus' 라는 필명으로 글을 썼다. 다음을 볼 것. Öconomicus 1951; Germain 1951d; Öconomicus 1952; Germain 1952, p. 48. 만델에 대한 또 다른 대응은 Huhn 1951을 볼 것. 마이어의 분석은 여러 가지 점에서 보르디가를 떠오르게 하는데, 본질적으로 (1) 자본주의의 근본 특징에 대한 만델의 분석이 너무 폭넓다(그러나 마이어 자신은 다음과 같은 3가지 범주가 충분하다고 믿었다. 즉, 노동력은 상품이다. 노동은 임금 노동이다. 노동의 산물은 상품의 형태를 취한다)는 것, (2) 국가 자본주의에서 관료는 지배 계급 또는 소유 계급이 아니라 완전히 익명 자본의 보관인일 뿐이라는 것, (3) 국가 자본주의가 국제 자본주의에서 약한 고리로서 여겨질 수 있는 나라에서 가능했다는 것이었다.

151) Djilas 1951.

152) 만델은 이 주장에서 트로츠키가 초기에 말했던 것과 의견을 같이 했다. Trotsky 1933b, pp. 222~3.

153) Germain 1951b, p. 113.

5장 소련 공산당 20차 당 대회에서 '프라하의 봄' 탄압까지(1956~1968년)

1) 포코: 게릴라의 반군 활동이 이루어지는 거점이라는 뜻. 게바라가 《게릴라전》이라는 정치군사 저술에서 정식화한 포코주의 테제는 (1) 인민의 군대가 정규군에 맞서는 군사 투쟁에서 승리할 수 있다는 것, (2) 라틴 아메리카의 특별한 조건에서 가장 혁명적인 계급은 공업이나 농업의 조직 노동자가 아니라 가난한 농민이라는 것, (3) 투쟁을 시작하기 전에 혁명의 조건이 마련되길 기다릴 필요가 없다는 것. 혁명적 포코가 그런 조건을 만들어낼 수 있다는 것이다. —옮긴이

2) 스위지(1942, Chapter 17)가 룩셈부르크의 이론을 정교화하면서 쇠퇴하는 자본주의에서 군국주의가 자본주의 자체의 팽창주의 동력을 발전시켰다고 주장하긴 했지만, 원래 '영구 군비 경제' 이론의 창안자는 미국인 사드Ed Sard였다. 그는 뎀비Frank Demby, 옥스Walter S. Oakes, 반스T.N. Vance라는 필명으로 글을 썼다(Drucker 1994, pp. xv. 218; Hampton 1999, p. 38). 몇 가지 점에서 탁월한 것으로 여길 수 있는, 1944년에 출판한 에세이(Oakes 1944)에서 사드는 세계대전이 아직도 진행 중이지만, 전후 군비 경쟁이 벌어질 것으로 내다보았다. 특히 사드는 미국이 전쟁 경제의 특성이 있게 될 것이라고 주장했다. 평화 시에도 미국의 군비

지출은 100억에서 200억 달러로 아주 클 것이다. 그 결과로써 다른 무엇보다도 미국의 실업률은 1930년대와 견주어 볼 때 급격히 줄어들 것이다. 몇 년 뒤에 사드는 이 분석을 더욱 발전시켰다(Vance 1950). 그는 타협할 수 없는 모순이 한편에는 자본주의 일반, 특히 미국과, 다른 한편에는 소련의 '관료적 집산주의' 사이에 있다는 사실을 힘주어 강조했다. "스탈린주의 제국주의는 [······] 본질적으로 '수입' 제국주의다. 그것의 공격 정책은 노동력, 즉 숙련 노동력과 노예 모두의 새로운 원천을 끊임없이 획득하려는, 그리고 생산재와 소비재의 축적을 추가하려는 경제적 필요에 바탕을 둔 것이다. 또 그것은 노동 주민과 생산의 주요 중심을 관료적 집산주의 체제로 통합했을 때에만 비로소 정치적으로 안정될 수 있다. [······] 미국 제국주의는 [······] 끝없이 증가하는 양으로 모든 형태의 자본을 수출하기 위해 자본주의 역사에서 가장 급속한 자본 축적을 통해 거침없이 추진되었던 '수출' 제국주의다(p. 325)." 사드는 이어서 일련의 논문에서, 특히 미국 경제와 관련해서 그 의미를 더욱 정교하게 다듬었다(Vance 1951). 클리프(굴룩스타인)도 같은 생각을 했다(Cliff 1957). 클리프의 동료 가운데 한 사람인 키드런은 그때까지는 마르크스주의적이기보다는 케인스주의적이었던 그 이론을 다시 정식화하려고 애썼다(Kidron 1961). 키드런의 논문은 맥킨타이어Alasdair MacIntyre(MacIntyre 1961)가 일찍이 썼던 글처럼 콜린스Henry Collins가 쓴 〈좌익 개량주의의 사례*The Case for Left Reformism*〉(Collins 1961)에 대한 답변이었다. 이어서 키드런은 자신의 분석을 《전쟁 뒤 서구 자본주의*Western Capitalism Since War*》라는 책에서 더욱 확대했다(Kidron 1968). 그러나 10년 뒤, 키드런은 "장기 경기 붐을 불러일으켰던 것이 영구 군비 경제였다는 견해를 뒷받침하기 어렵다. 그와 반대로 그런 지출이 침체로 나아가야 한다는 결론에 이르면서" 자신의 이론을 비판했다. Kidron 1977을 볼 것. 흥미롭게도 키드런의 정치 동료는 키드런 자신이 그 사이에 거절했던 이론을 계속 방어했다(Harman 1977을 볼 것). 키드런에 대해서는 Birchall 2003을 볼 것.

3) Fourth International 1958.

4) Germain 1958.

5) 이 책의 4장을 볼 것.

6) Mandel 1962, Ⅱ, Chapter 15, pp. 208~73.

7) Mandel 1962, p. 240. 영문판, p. 584.

8) Mandel 1962, p. 247. 영문판, p. 589.

9) 질라스는 베오그라드 대학에서 문학 연구를 하는 동안 공산주의자가 되었다. 알렉산더 왕의 군주제적 독재 아래에서 그는 오랫동안 감옥에 갇혀 있었다. 1930년대 말, 그는 공산당 내부의 권력 투쟁에서 티토를 지지했다. 1928년 공산당 중앙위원회 위원으로 선출되었고, 1년 뒤 정치국 국원이 되었다. 1948년에서 1953년까지 그는 카르데리와 키드리치Boris Kidrič와 함께 유고슬라비아 자주 관리 체제를 만든 사람 가운데 하나였다. 1953년 그는 유고슬라비

아 부통령이 되었고 연방의회 의장이 되었다. 그의 사회적 비판 때문에, 1953~1954년에 열린 당 비상 총회 동안 모든 권력을 박탈당했다. 1956~1961년과 1962~1966년 사이에 반체제 인사로서 다시 감옥에 갇혔다(Reinhartz 1981을 볼 것).

10) Djilas 1950, pp. 12~3.

11) Djilas, pp. 16~8.

12) Djilas, 여러 곳에 나옴.

13) Djilas 1956.

14) Djilas 1957, p. vi.

15) Djilas 1957, p. 43.

16) Djilas 1957, p. 38.

17) 상동.

18) Djilas 1957, p. 39.

19) Djilas 1957, p. 59.

20) Djilas 1957, p. 168.

21) Djilas 1957, p. 41. 질라스에 대한 언론의 큰 관심에 따라, 브루노 알R[izzi]은 1958년에 다시 발견되었다. 1958년에 볼셰비키였던 수바린Boris Souvarine(1895~1984)이 편집했던 잡지 《사회계약론*Le Contrat Social*》이 〈브루노 알과 '새로운 계급'〉에 대한 기고문 특집을 냈다 (Henein 1958). 그 제목은 같은 잡지에 먼저 실린 논문을 언급한 것 같다(Lazitch 1957). 여기서 이집트 출신 초현실주의자 헤네인Georges Henein(1914~1973)은 '브루노 알'을 '브루노 로씨 Bruno Rossi'로 잘못 제시했고 브루노 알이 썼지만 잊힌 책 《세계의 관료화*La Bureaucratisation du Monde*》를 말했다. 즉, 질라스가 환멸적인 개인적 경험의 끝에 발견하고 경험했던 것을 브루노 알은 18년 전에 생사의 갈림길에서 선언했던 것이다.

22) 구트만(마이어)은 예외다. 4장에서 논한 내용을 볼 것.

23) 1956년에 폴란드의 반스탈린주의 저항 운동에 영감을 얻었던 쿠론과 모젤레프스키(제2차 세계대전 뒤 폴란드 외무 장관을 역임했던 사람의 아들)는 민주주의적 사회주의의 대안을 탐색했다. 그래서 그들은 폴란드 트로츠키주의 역사가인 하스Ludwick Hass와 관계를 유지했고, 트로츠키가 쓴 《배반당한 혁명》과 제4인터내셔널 제5차 세계 대회가 채택했던 결의안 〈스탈린주의의 쇠퇴와 몰락〉을 읽었다. 두 사람 모두 1964년까지 바르샤바 대학 역사학연구소 연구원으로 있었고, 폴란드 사회주의 청년 조직인 ZMS에서 적극적으로 활동했다. 그들이 쓴 〈공개서한〉 때문에 각각 3년과 3년 반의 선고를 받고 감옥에 갇혔다. Wagner 1968; Raina 1978, pp. 82~95; Jedlicki 1990; Soltysiak 1992; Lugowska and Grabski 2003, pp. 195~208; Gaudillière et al. 2005.

24) Kuroń/Modzelewski, 영문판, p. 44.

25) Kuroń/Modzelewski, 영문판, p. 36.

26) Kuroń/Modzelewski, 영문판, p. 48.

27) 1920년에서 1939년까지 공산주의자였고, 1927년부터 코민테른 중국 전문가인 비트포겔은 이미 1930년대 동안 프랑크푸르트 사회조사연구소Frankfurt Institute for Social Research에서 펴낸 책으로 국제적 명성을 얻었다. 1934년에 미국으로 이주한 뒤, 비트포겔은 반공산주의 성향을 띠었다. 비록 그가 자신을 마르크스주의자로 계속 여겼지만. Ulmen 1978을 볼 것.

28) Wittfogel 1957, pp. 420~3.

29) 개략적으로 비트포겔은 이러한 생각을 이미 일찍이 발전시켰다(Wittfogel 1950). 《동양의 전제주의》가 출판된 뒤, 그는 자신의 해석을 더욱 명확히 밝혔다(Wittfogel 1960 and 1963a).

30) Wittfogel 1957, p. 174; p. 225.

31) "전제 국가 기구의 주인은 변화하는 역사적 상황에 변화하는 태도로써 반응했지만, 1917년까지 그들은 그들의 절대 권력을 포기하지 않았다." Wittfogel 1957, p. 179.

32) Wittfogel 1957, p. 437.

33) Wittfogel 1957, p. 438.

34) Wittfogel 1957, p. 441. 비트포겔은 이 이론에서 플레하노프Plekhanov의 영향을 받았다. 울프Bertram D. Wolfe(1896~1977)는 1948년에 제2차 러시아 공산당 당 대회(1906)에서 플레하노프의 설명을 언급했다. 러시아 마르크스주의의 설립자는 토지의 국유화가 다시 농민을 토지에 얽매이게 할 것이고 '아시아' 전통을 부활시킬 것이라고 명백히 진술했다. 울프 자신은 다음과 같이 덧붙였다. 즉, "[……] 플레하노프가 내다보았듯이, 차리즘을 비교적 제한된 국가인 것처럼 보이게 해줄 것(개인적 절대주의, 노동의 고정성, 숙청, 강제 노동, 관료적 특권, 경찰 지배)은 '복구'를 위한 진정한 경제적인 그리고 정치적인 토대, 즉 국가의 팽창이다." (Wolfe 1948, p. 468) 비트포겔은 이러한 언급에 영향을 받아 다음 해에 공업 전제주의라는 이론을 내놓았다. Ulmen 1981, pp. vii-viii.

35) Riasanovsky 1963. 랴자노프스키에 대응하면서, 비트포겔은 몽골이 유목민이었다는 것을 부정했다. 그의 견해에 따르면, 몽골 사회는 목축 생활을 했고 강력한 도시 중심이 그 사회를 이끌었다는 것이다(Wittfogel, 1963b).

36) Dittrich 1966.

37) 코르쉬가 마틱Paul Mattick에게 1938년 10월 20일에 보낸 편지. 여기서 인용은 Buckmiller and Langkau 1974, p. 183을 따랐다.

38) Marcuse 1958. 정당하게 스쿨먼Morton Schoolman은 "《소비에트 마르크스주의》가 마르쿠제가 뒤에 쓴 《일차원적 인간One-Dimensional Man》에 대한 정확한 이론적 대응물에 가깝다." 고 지적했다. "두 번째 책에서, 주장은 때에 따라서 이전 연구를 거의 축어적으로 복제한 것이다." Schoolman 1980, p. 150; 또 Söllner 1987~1988을 볼 것.

39) Kellner 1984, pp. 197~8.

40) 이 개념에 대해서는 Marcuse 1964, p. 40을 볼 것.

41) Marcuse 1958, pp. 109~10, 116.

42) Marcuse 1958, p. 111.

43) 상동.

44) Marcuse 1958, p. 118.

45) Marcuse 1958, p. 116.

46) Marcuse 1958, pp. 115~6.

47) Marcuse 1958, p. 124.

48) 로스돌스키는 우크라이나 서부에서 공산당을 세운 창립 멤버였다. 1926년부터 얼마 동안 모스크바에 있는 마르크스-엥겔스 연구소에서 일했다. 그는 1920년대 말부터 좌익 반대파 쪽으로 기울었다. 제2차 세계대전 동안, 아우슈비츠, 라벤스브뤼크, 오라니엔부르크의 포로수용소에 수용되었다. 1947년 미국으로 망명했다. 그는 《프리드리히 엥겔스와 '역사 없는' 민족의 문제》(1964)와 《마르크스의 자본 형성》(1968)을 출판하면서 유명해졌다. Radziejowski 1978; Melville 1992를 볼 것.

49) Mandel 1968b.

50) Rosdolsky 1959.

51) 법학자 뵈베는 1914년부터 부쿠레슈티의 사회주의 학생 서클에서 활동했고, 1921년 코민테른과 제휴를 모색했을 때 사회민주당을 떠났다. 그는 1948년 파리로 이주했다. 그곳에서 루마니아 사회주의자 망명가로 활동했다. Haupt et al. 1986, pp. 387~8.

52) Voinea 1965a, p. 43.

53) Le Corre 1965a.

54) Voinea 1955, pp. 197ff.에서 이미 방어했던 해석.

55) Voinea 1965b.

6장 '프라하의 봄' 탄압에서 페레스트로이카까지(1968~1985년)

1) Sweezy 1968, p. 15.

2) Cliff 1948a, p. 95; 재판 2003, p. 88.

3) Binns and Hallas 1976, pp. 23~4. 이 논문은 퍼디Purdy가 1976년에 쓴 글에 대한 답변이었다. 퍼디는 클리프의 분석을 공격했는데, 그때 만델이 공식화했던 주장을 사용했다. 퍼디의 글은 그에 대한 변명을 실은 것이었다. 퍼디에 대해서는, Law 1976~1977을 볼 것.

4) Binns and Haynes 1980.

5) 사실, 핼러스는 여기서 클리프와 모순된다. 클리프는 다음과 같이 썼다. "만일 러시아가 직접적으로 하나의 중앙에서 관리되는 하나의 거대 공장이라면, 그리고 모든 노동자가 직접적으로 본성상 필요한 생산품을 받는다면, 본질적으로 기업 간의 관계, 그리고 노동자와 고용 국가employe-state 사이의 관계에서 지배적인 법칙은 전혀 다르지 않을 것이다." Cliff 1948a, p. 97; 재판 2003, p. 89.

6) Hallas 1980.

7) Callinicos 1981.

8) 마틱의 전기에 대해서는, Dingel 1981; Buckmiller 1981을 볼 것. 벅밀러는 마틱에 대한 완전한 전기를 썼다.

9) Mattick 1962.

10) Mattick 1969, p. 283.

11) Mattick 1969, p. 289.

12) Mattick 1969, p. 284.

13) Mattick 1969, p. 290.

14) 상동.

15) 마지막 문단에서, 중국 지도부는 미국이 타락하고 쇠퇴하는 자본주의였지만, 러시아가 떠오르는 강력한 자본주의였다는 것을 발표함으로써 이론을 닦았다. 그 기초 위에, 미국과 협력은 몇 년 뒤에 적법화되었다(비교; 1972년에 닉슨Nixon의 중화인민공화국 방문과 소련에 대한 적대). 중소 관계는 1974년 모스크바 '헤게모니주의'가 인류의 주적이었다고 한 세 가지 세계의 이론을 통해 최하점에 다다랐다.

16) Huberman and Sweezy 1961.

17) Huberman and Sweezy 1963.

18) Clecak(1973, p. 130)은 "고전적 마르크스주의와 소련의 경험에서 비롯되었던 하나의 사회주의/공산주의 패러다임에서 주로 마오주의자와 쿠바의 전망에서 만들어진 두 번째 패러다임으로의 운동"에 대한 스위지의 말을 언급하면서 다음과 같이 말했다. "첫째 패러다임은 1956년 헝가리 봉기가 일어날 때까지 상당히 확신하고 이용했다. 그러나 그 패러다임은 대략 1957년에서 1960년까지 의혹과 실망과 재평가 사이에서 산산조각이 났다. 1960년 봄에 쿠바를 방문한 뒤에 스위지는 두 번째 패러다임을 발전시키기 시작했다."

19) Szymanski 1979, p. 7.

20) 홀름베리는 1924년에 스웨덴 공산당SKP 당원이 되었다. 다른 무엇보다도 그는 영국 주재 코민테른 대사였고, 스웨덴 공산당 신문인 《노동자신문arbetartidningen》을 만들었다. 1958년 그는 당의 무임소 당원을 사임했고, 어린이 책을 쓰면서 생계를 유지했다. 1960년쯤 2년 동안 중국에 체류한 뒤, 홀름베리는 스웨덴 마오주의의 창시자가 되었다. 1967년 중국 지향적

인 조직을 공동으로 세웠고, 마오주의 신문 《불꽃 *Gnistan*》을 그의 부인과 함께 펴냈다. 〈저자에 대해서Über den Autor〉, 독일어판(Holmberg 1974b, pp. 160~1)을 볼 것; Anon. 1981b.

21) Nicolaus 1975. 또 Revolutionary Union 1974를 볼 것.

22) Holmberg 1974b, p. 141.

23) Holmberg 1974b, pp. 141~2.

24) Frühling 1976의 비판을 볼 것.

25) Bettelheim 1970a.

26) Bettelheim 1974, 1977, 1982, 1983.

27) Bettelheim 1979, p. 157.

28) Bettelheim 1974, pp. 7~56.

29) Bettelheim, 1970a, Vol. Ⅱ, p. 8.

30) Bettelheim, 1970a, Vol. Ⅱ, pp. 26~35.

31) 베틀렝은 1970년대 말에 중국과 거리를 두었다. 왜냐하면, 화궈펑Hua Guofeng/華國鋒이 일으킨 '쿠데타' 뒤에, 사회주의가 중국에도 있었던 자본주의를 통해 이른바 대체되었기 때문이다. Bettelheim 1978을 볼 것. 1985년에 베틀렝은 자본주의가 세계 곳곳에 존재한다고 생각했다(Bettelheim 1985, p. 44). 이것은 소련에 대한 그의 분석에 영향을 주지 못했다. 기껏해야 그것은 이 나라를 위해 개발된 도식이 비록 수정되기는 했지만, 이제 다른 나라에도 적용될 수 있게 되었다는 것을 뜻했다.

32) 개별 주장은 여러 다른 책에서 만들어졌다. Chavance 1977과 1983; Bettleheim 1983과 1985.

33) Bettelheim 1982, p. 14.

34) 논쟁은 Sweezy 1968로 시작되었다. 그것에 베틀렝이 답변했다. 논쟁은 1980년대 후반까지 이어졌다.

35) 몇몇 중요한 공헌이 있었다. Mandel 1970b; Chattopadhyay 1972; Dallemagne 1972; Milliband 1975; Ticktin 1976; Damkjær 1979a.

36) Callinicos 1979.

37) Sweezy 1970. 또 Stuurman 1979, pp. 80~3을 볼 것.

38) Dallemagne 1972, paragraph Ⅱ-A-2; Naïr 1972.

39) Ticktin 1976, p. 23; Mandel 1970b.

40) Ticktin 1976, pp. 32~4.

41) Sweezy 1977c, pp. 11~12.

42) Mandel 1970b.

43) Mandel 1970b, p. 16.

44) Sweezy 1985b.

45) 노동자 중심성을 강조하는 경향. 오페라이스트 경향에 대한 역사는 〈오페라이스모에 관한 정리: 오페라이스모와 맑스주의〉, 《자율평론》 26호(2008년 12월 26)에 잘 나와 있다(http://www.jayul.net).—옮긴이

46) 이탈리아에서 현재 오페라이스트operaïst current의 역사는 Rieland 1977과 Wright 2002에 서술되어 있다.

47) Leo 1970. 또 Leo 1977을 볼 것.

48) 노백은 1905년 미국 보스턴에서 태어나 하버드 대학을 다녔다. 1933년 미국 사회주의 노동자당Socialist Worker Party에 가입했고, 1941년 이후에는 전국위원회 위원으로 활동했다. 《유물론의 기원Origins of Materialism》, 《실용주의 대 마르크스주의Pragmatism Versus Marxism》, 《마르크스주의 철학 논쟁Polemics in Marxist Philosophy》, 《민주주의와 혁명Democracy and Revolution》, 《휴머니즘과 사회주의Humanism and Socialism》 등 마르크스주의 철학에 관한 많은 논문과 책을 썼다.—옮긴이

49) Novack 1968.

50) Mandel 1968a, p. 276. 283쪽에는 '사회주의적 토대를 지닌 경제'라는 말이 쓰였다.

51) Mandel 1973a.

52) Mandel 1979~1980, p. 117.

53) Sweezy 1978, pp. 7~8.

54) Biro 1969, pp. 5~6.

55) Harman 1969~1970, p. 38. 이 문단의 인용은 Mandel 1969, p. 14에서 따왔다. 클리프의 학생인 하먼은 "러시아 외부의 경쟁적 지배 계급의 압력"이 소련 사회의 동력을 설명할 수 있는 요소라고 말했다.

56) Meikle 1981, p. 110. 이 비판은 실제로 "오늘날 소련 경제는 통화적인 것도, 계획된 것도 아니다."라고 했던 트로츠키 그 자신에 의한 논평과도 맞닿아 있었다(Trotsky 1933b, p. 224).

57) Ticktin 1979~1980b, p. 132.

58) Ticktin 1973, pp. 36~7.

59) Mohun 1980, p. 282.

60) Mohun 1980, p. 240.

61) Mohun 1980.

62) Mohun 1980, p. 242에서 모훈은 이러한 병렬을 "동일 구조적이라기보다는 무엇이 완전히 새로운 역사적 이행인가에 대해 그것들의 내용을 이해하기 위한 일정한 모순의 형식을 포함하는, 암시적인" 것으로 특징짓는다.

63) Mohun 1980, p. 240.

64) 마르크스와 비교해 보자. 먼저, "자본은 자기가 발견한 노동 과정을 포섭한다. 즉, 자본은

다양하고 보다 낡은 생산 양식들이 개발해 놓은 기존의 **노동 과정**을 접수한다[즉, 형식적 포섭]. [……] 만일 자본이 그것들을 접수한 뒤에 이들 전통적으로 확립된 **노동 과정**에 변화가 일어난다 하더라도, 이 변화들은 단지 포섭의 점진적인 결과에 지나지 않는다. 그 일이 좀 더 집중적으로 될 수도 있고, 그 노동 과정의 존속 기간이 연장될 수도 있으며, 그 일이 관심을 가진 자본가가 보기에 좀 더 지속적이거나 또는 질서정연한 것이 될 수도 있지만, 이들 변화들은 그 자체로서는 실제 노동 과정의 성격이나 실제 노동 방식에 영향을 끼치지 않는다." (Marx 1976, p. 1021) 실질적 포섭은 특정 자본주의적 노동 과정들의 확립, 그리고 동시에, "생산의 다양한 매개자들, 그리고 무엇보다도 먼저 자본가와 임금 노동자 사이에서 그에 일치하는 생산 관계들"(Marx 1976, p. 1024)의 확립을 암시한다.

65) Mohun 1980, p. 241.

66) 상동.

67) Mohun 1980, p. 268.

68) Mohun 1980, p. 273.

69) Mohun 1980, pp. 283~4.

70) Mohun 1980, p. 282.

71) Mohun 1980, pp. 285~6.

72) 스토야노비치에 대해서는 'Translators Introduction' in Stojanović 1973을 볼 것. '프락시스 그룹'에 대해서는 Marković 1975; Marković and Cohen 1975를 볼 것.

73) 보기를 들면 Stojanović 1967; Pečulić 1967의 대응과 Stojanović 1968의 답변을 볼 것.

74) Stojanović 1973, 1969년에 베오그라드에서 처음 출판되었다.

75) Stojanović 1973, pp. 40~1.

76) Stojanović 1973, p. 39.

77) Stojanović 1973, p. 49.

78) 제 5장, 각주 21을 볼 것.

79) Rizzi 1967. 1960년대 초 리치는 다시 소수의 책이 출판될 것이라는 이야기를 듣게 되었다. Rizzi 1962를 볼 것.

80) Carlo 1971. 나는 이 판을 손에 넣을 수 없었다. 그래서 나는 1975년에 같은 제목으로 다시 발행된 것(p. 85)에서 인용했다. 영문판은, p. 55.

81) Carlo 1975, p. 85; 영문판, p. 56.

82) Carlo 1975, p. 86; 영문판, p. 56.

83) Carlo 1975, p. 95; 영문판, p. 63.

84) Carlo 1975, pp. 107~9; 영문판, pp. 71~2.

85) Melotti 1971, pp. 146~7; 영문판, p. 149.

86) Melotti 1971, p. 147; 영문판, p. 150.

87) Carlo 1972, pp. 85~6.

88) 빅 플레임은 노동 계급 지향적인 혁명적 사회주의 페미니스트 조직이었다.—옮긴이

89) '로타 콘티누아struggle continues or continuous struggle'는 이탈리아의 극좌 의회 밖 조직이었다. 그것은 튜린의 학생-노동자 운동에서 분열이 일어나자, 1969년 가을에 세워졌다.—옮긴이

90) 이에 대한 배경 정보에 대해서는 Howell 1981을 볼 것.

91) 특히 Thompson and Lewis 1977을 볼 것.

92) Fantham and Machover 1979.

93) Fantham and Machover 1979, p. 3. 이 문단은 카를로가 썼을 수도 있지만, 저자들은 이것에 대해 잘 모르는 것 같다. 그러나 그들은 분명히 멜로티를 비판했다. 팬섬과 마초버에 따르면, 이탈리아 인과의 이론적 유사성은 '아주 형식적'이었다. 왜냐하면 그들이 '아시아적 생산 양식의 선재'를 사실이라고 생각하지 않았기 때문이다(Fantham and Machover 1979, p. 6). 멜로티와 반대로, 이것은 그들이 이란과 이집트가 아니라 앙고라와 모잠비크와 같은 나라를 국가 집산주의로 다루었던 이유를 설명해 준다.

94) Fantham and Machover 1979, p. 11.

95) Fantham and Machover 1979, p. 16. 세 번째 주장(자본주의의 압력)에 관한 한, 팬섬과 마초버는 클리프와 비슷하다고 말했다. "실제로 그 관찰은 아주 합리적이고 유용한 통찰이다. 그러나 우리는 그것이 국가 자본 테제의 토대 가운데 하나를 이룰 때 모든 전망이 뒤집어졌다고 느낀다."

96) Fantham and Machover 1979, p. 15.

97) Fantham and Machover 1979, p. 18. 팬섬과 마초버의 저작이 출판됨에 따라, 논쟁이 빅 플레임 안에서 일어났다. 그 안에서 입장은 지지(Bill Campbell), 부분적 동의(국가 집산주의는 발전된 나라에서도 나타날 수 있다. — Paul Thompson)에서 변명조의 거부(Gavin MacLean)에 이르기까지 다양했다. Big Flame 1980을 볼 것.

98) 슘페터Schumpeter의 제자인 경제학자 스위지는 처음에 "경제학과의 학부생, 대학원생, 강사라는 완전한 하버드 인의 경력"을 지닌 뒤 2차 세계대전 동안 좌파 쪽으로 나아갔고, 그 뒤에 학계에서 물러났다. 1947년 그는 독립적인 마르크스주의 잡지 《먼슬리 리뷰》를 공동 창간했다. 1960년대까지 스위지는 정치적으로 소련 공산주의에 동조했다. Jacoby 1987, pp. 177~8; Foster 2004; Howard and King 2004를 볼 것.

99) 6장의 1절을 볼 것.

100) Anon 1963.

101) Sweezy and Huberman 1964, p. 588.

102) Sweezy 1968.

103) Sweezy 1970, p. 19.

104) 베틀렝과의 오래 지속한 논쟁은 잘 알려졌다. 그 가운데 일부는 Sweezy and Bettelheim 1971년 다시 발행되었다.

105) Sweezy 1976b, p. 16.

106) Sweezy 1978.

107) Sweezy 1985a, p. 108.

108) Sweezy 1985a, pp. 109~11.

109) 그 가운데서도 특히 영국 잡지 《맑시즘 투데이*Marxism Today*》(1961년부터)와 프랑스 잡지 《라 팡세*La Pensée*》(1964년부터)에서 일련의 생산 양식에 대한 공산주의자의 논쟁이 있다.

110) Arthur 1972, p. 185. 아서가 쓴 이 논문은 Biro 1969의 개정판이었다.

111) Arthur 1972, p. 190.

112) 이것은 철저히 트로츠키주의 전통으로 그가 소련을 결점이 있는데도 '여전히 방어할 가치가 있는' 것으로 보았는지를 설명해 준다(Arthur 1972, p. 190).

113) 사회학자 나비유는 1920년대에는 잘 알려진 프랑스 초현실주의 이론가에 속했다. 그는 1925년에서 1928년까지 공산주의자였고, 그 뒤 1939년까지 트로츠키주의자였다. 1938년에 제4인터내셔널과 1960년에 통합사회당Parti Socialiste Unifié의 공동 창립자였다. 그에 대한 전기의 일부는 Naville 1987을 볼 것. 나비유의 사상을 개관한 글로는 Düll 1975, pp. 235~52과 Eliard 1996을 볼 것.

114) Naville 1970, p. 152.

115) Naville 1970, p. 180.

116) 적어도 만델은 그렇게 성격을 규정했다. Mandel 1970b, p. 21.

117) Altvater and Neusüss 1969, p. 19.

118) Altvater and Neusüss 1969, p. 22.

119) Altvater and Neusüss 1969, pp. 28~9, note 17.

120) Altvater and Neusüss 1969, p. 22.

121) Altvater and Neusüss 1969, p. 31.

122) Altvater and Neusüss 1969, p. 51.

123) Eggert 1973.

124) Haumann 1974; Meyer 1974.

125) 슈미이데러의 책에는 "자본주의가 계속 영향을 미쳤다."고 나와 있다(Schmiederer 1973). 그러나 알트파터는 소련을 이행기 사회로 부르는 것이 "근본적으로 옳았다."고 진술했다 (Altvater 1973).

126) Conert 1974.

127) Scharrer 1976. 이 글은 Links, 84(1977)에 다시 실림. 다른 사회주의자에 대해 공정하지 않은 비판 때문에 우애적이지 않다고 생각되었던 부분이 있긴 하지만 《링크스》 편집자는 토론을 부추겼다. 샤러의 중심 테제는 대부분 좌파 지식인이 '계획에 대한 논리적 매혹'으로 이끈, 마르크스에 대한 경제주의적 해석의 희생자라는 것이었다. 비록 가치 법칙이 자본주의 사회에서 작동된 것보다 더 잔인하게 계획이 노동자를 종속했지만.

128) Schmiederer 1977.

129) Conert 1977.

130) S.Z. Tübingen 1977.

131) Eichwede and Kaiser 1977.

132) 더 많은 전기 자료는 Chaussy 1983, Miermeister 1986, Karl 2003을 참고할 것.

133) Dutschke 1974; Dutschke 1977; Berkhahn and Dutschke 1977~1978; Dutschke 1975.

134) 비트포겔은 "마르크스와 엥겔스의 아시아적 개념을 제한된 방식으로 정교화했던 소수의 공산주의자와 사회주의자에 속했다." Dutschke 1974, p. 27, note 15.

135) Dutschke 1974, p. 55.

136) 상동.

137) Dutschke 1974, p. 77.

138) Dutschke 1974, p. 116.

139) Dutschke 1974, p. 122~4.

140) Dutschke 1975, p. 269.

141) Dutschke 1977.

142) Berkhahn and Dutschke 1977~1978, p. 82.

143) Dutschke 1977.

144) Schmidt 1975, p. 992; Dutschke 1976, p. 97.

145) Kössler 1979, pp. 116~7. 슈미트는 그의 글(Schmidt 1975)에서 두취케가 "문제의 역사적-구체적 형식"을 "정통적인 형식"으로 바꾸어 놓았다고 비판했다.

146) Valić 1975, p. 72.

147) Valić 1975, pp. 69~73.

148) Breuer 1974, p. 591.

149) Laetitia Cavaignais, 'Préface' in Zimine 1982, pp. 7~24.

150) 많은 에세이가 프랑스 말로 출판되었다. Zimine 1982. 내 생각에 가장 중요한 에세이는 Zimin 1977이었다. Zimin 1984에는 더 많은 저작이 포함되었다.

151) Zimin 1977, p. 117.

152) Zimin 1977, p. 127.

153) Zimin 1977, pp. 130~1.

154) Zimin 1977, p. 132.

155) Zimin 1977, p. 139.

156) Zimin 1977, p. 140.

157) Zimin 1977, p. 141.

158) Sohn-Rethel 1972, pp. 19~20.

159) Sohn-Rethel 1972, pp. 123~4.

160) 그의 사회 이론과의 관계에서 관련있는 것은 Sohn-Rethel 1971이다. Kratz 1980에는 손 레델의 생각에 대한 개관이 있다. 흥미 있는 것은 Dickler 1978과 Heinz and Hörisch 2006이다. '현실로서 존재하는 사회주의'에 대해 변명하는 방식으로 손 레델의 이론을 적용하려는 시도는 Brokmeier 1974다.

161) 다무스와 '국가 자본주의자' 부데베르크 사이의 논쟁에 대해서는 다음을 볼 것. Buddeberg 1976; Damus 1976.

162) Damus 1973, p. 29.

163) Damus 1974b, p. 99.

164) 나중에 나온 글에서, 다무스는 직접적이고 구체적이거나 즉각적인 사회화의 개념을 더 명확히 규정했다. "직접적 사회화는 자본주의와는 다른 기제를 통해 개인에게 강제된다는 것을 뜻할 것이다. 즉각적 사회화는 사회 성원의 의식적 행동과 관계에 의해 달성된다는 것을 뜻할 것이다." Damus 1978a, p. 132.

165) Damus 1974a, pp. 181, 190.

166) Damus 1978b.

167) 바로는 처음에 동독 사회주의 통합당East German Socialist Unity Party에서 관리로 직업을 시작했던 것 같다(그의 연구에 따르면 처음에 오데르브루흐에서 '당 선동가'로 일했고, 그 뒤 그라이프스발트의 대학신문 편집장으로서, 'Gewerkschaft Wissenschaft'에 관계했고 'FDJ 저널 포럼'의 부편집장을 맡았다). 그는 여가를 보냈던 체코슬로바키아에 대한 침공 이래 '현실로서 존재하는 사회주의'에 대한 책을 쓰기 시작했다. 1977년 8월에 '스파이'로 체포되었고, 그 다음 해에 8년 구금 판결을 받았다. 1979년 10월 서구에서 석방 운동이 일어난 끝에 풀려났다. 그때 서독으로 옮겼다. Herzberg and Seifert 2002.

168) Bahro 1977, pp. 72~3.

169) "1979년 뒤셀도르프에서 비트포겔과 두취케 사이에 벌어진 토론에서, 바로는 그의 책에 공개적으로 문서화하지 않았던 비트포겔의 영향을 인정했다." Senghaas 1980b, p. 134.

170) Bahro 1977, pp. 59~78.

171) Bahro 1977, pp. 54~5; 영문판, p. 47.

172) Bahro 1977, p. 91; 영문판, p. 77. 플로그스테트는 바로가 그 주제를 더욱 정교하게 다듬으면서 남성·여성의 모순을 무시했다고 지적했다(Sybille Plogstedt 1979, "Bahro", Courage, January).

173) Bahro 1977, p. 104; 영문판, p. 88.

174) Bahro 1977, p. 58; 영문판, p. 50.

175) Bahro 1977, p. 106; 영문판, p. 90.

176) 바로는 혁명 이전 러시아에 대한 특성화에서 오히려 부정확했다. 때로는 그는 '아시아적 생산 양식'을 말하기도 하고, 다른 때는 '준아시아적'이라고도 한다.

177) Bahro 1977, p. 12; 영문판, p. 11.

178) Bahro 1977, p. 174. 사회 통합에 대한 바로의 관심은 다무스의 영향을 받았음을 보여 준다. 실제로 바로는 다무스가 "나 자신과 밀접한 이론적 개념"을 방어했다고 주장한다(상동., p. 453). 거꾸로 다무스는 《현실 사회주의》를 바로에게 바쳤고, 서문에 "바로가 이 책을 읽고 나의 분석의 정확성과 타당성을 확증했다."고 논평했다.

179) Bahro 1977, p. 197; 영문판, p. 194, 표 1.

180) Bahro 1977, pp. 192~5; 영문판, p. 165.

181) Bahro 1977, pp. 196~7.

182) Bahro 1977, p. 174; 영문판, p. 148.

183) Bahro 1977, p. 229.

184) Bahro 1977, p. 175; 영문판, pp. 148~9.

185) Bahro 1977, p. 206; 영문판, p. 175.

186) Bahro 1977, p. 430; 영문판, p. 361.

187) Bahro 1977, p. 433.

188) Bahro 1977, p. 307; 영문판, p. 260.

189) Bahro 1977, p. 371.

190) Ticktin 1978~1979, p. 133.

191) Miermeister 1977.

192) Anon. 1977.

193) Ticktin 1978~1979, p. 133.

194) Bahro 1977, p. 14. 영문판, p. 12. "마르크스는 나중에 1859년 판 《자본론》의 서문에 〈정치 경제학 비판 서문〉이라는 제목을 붙였다. 만일 내가 이러한 위대한 본보기에 따라 나름대로 나의 텍스트를 '현실로서 존재하는 사회주의의 비판을 향하여'라고 부른다면, 나는 이러한 현실로서 존재하는 사회주의에 대한 나의 비판이 마르크스가 《경제학과 철학 초고》를 쓴 지 약 20년 뒤에 비로소 이루었던 정교화와 일관성의 정도에서 얼마나 멀리 벗어났는지를

아주 잘 안다."

195) Erbe 1978, p. 60.

196) Spohn 1978, p. 13. 이와 관련해서 Givsan 1978을 볼 것.

197) Mandel 1977.

198) Frank 1978.

199) Bensaïd 1980, pp. 58~9.

200) Fleischer 1978.

201) Anon. 1980, p. 53.

202) Ticktin 1978~1979, pp. 138~9.

203) Bögeholz 1978. 뵈게홀츠가 Erbe 1978에 대응했다.

204) Schmiederer 1980b, p. 408.

205) 첫 번째 관련된 출판물은 Rotermundt et al. 1977이었다. 그 뒤 Rotermundt et al. 1979와 Schmiederer 1980a이 나왔다.

206) Rotermundt et al. 1977, p. 14.

207) Rotermundt et al. 1977, pp. 16~19.

208) Rotermundt et al. 1977, p. 22.

209) Rotermundt et al. 1979, p. 43.

210) Rotermundt et al. 1979, p. 29.

211) Altvater 1981, p. 2.

212) 남아프리카 출신인 틱틴은 케이프타운, 키예프, 모스크바에서 공부했다. 1965년부터 글래스고에 있는 소비에트연구연구소Institute of Soviet Studies에서 가르쳤고, 1973년부터 《평론: 소비에트 연구와 사회주의 이론 잡지Critique: Journal of Soviet Studies and Socialist Theory》의 편집장이었다. 1982년 11월 4일에 틱틴이 필자에게 보낸 편지.

213) Ticktin 1973.

214) 특히 틱틴과 '시장-사회주의자' 브루스 사이의 논쟁을 볼 것. Ticktin and Brus 1981.

215) Ticktin 1978a, p. 46.

216) Ticktin 1978b, p. 43.

217) Ticktin 1978b, p. 47.

218) Ticktin 1973, p. 34.

219) Ticktin 1973, p. 36.

220) Ticktin 1978a, p. 50.

221) Ticktin 1976, p. 32.

222) Ticktin 1978a, p. 55.

223) Ticktin 1978a, p. 61.

224) Mandel 1974, p. 25.

225) Klinger 1981, pp. xxiv-xxv. 클링거는 Zaslavsky 1978을 근거로 삼았다.

226) Klinger 1981, pp. xx-xxix.

227) 보기를 들면, Hegedüs 1976과 Hegedüs et al. 1976a를 볼 것. 배경 정보에 대해서는 Lukács 1973; Rivière 1974; Szelényi 1977; Becker 1978; Arato 1987을 볼 것.

228) Bence and Kis 1980.

229) Lomax 1982.

230) Rakovski 1974. 이 논문은 서구 잡지에 실린 일련의 출판물의 일부였다. 보기를 들면 Rakovski 1976에 고르의 답변과 함께 고르André Gorz에 대한 비판이 실린 같은 호를 볼 것.

231) Rakovski 1978.

232) Rakovski 1978, p. 15. 벤체와 키시가 소련 사회를 분석하려고 한 시도는 여전히 제한적이었다. 그들의 기고는 이론적·방법론적 문제에 집중되었다. 나머지 부분에서, 그들은 자본이나 노동 없는 계급 사회를 '현실로서 존재하는 사회주의'로 인식했다. 그 사회에서 적대적 계급이 낮은 수준의 계급 의식을 지녔고, 지배자도 생산 수단의 집단적 소유자가 아니었다.

233) 1978년에 헝가리판은 Azértelmiség útja az osztályhatalomhoz라는 제목으로 빈에서 출판되었다. 나는 Konrad and Szelényi 1979라는 영어 번역본을 이용했다. 이 판본의 서문에서, 셀레니는 저자의 경험과 그들이 쓴 초고에 대해 서술한다.

234) Konrad and Szelényi 1979, p. 48.

235) Polanyi 1957, Chapters 4와 5.

236) 전통적이고 합리적인 정당화 사이의 구분은 분명히 베버의 구분을 떠오르게 한다. 베버는 "사회가 과거에서 물려받았고 '언제나 존재했던' 것으로서 제도의 신성화와 그에 따른 통제권"에 바탕을 삼은 전통적 지배와 관료주의적 지배, 지식을 바탕으로 한 통제의 실행 사이를 구분했다(Weber 1972, pp. 129, 130; 영문판, pp. 311, 313).

237) 콘라드와 셀레니는 전통적 재분배와 근대적 재분배 사이에 어떤 역사적 연속성을 지적했다. 그것은 그들이 비트포겔의 《동양적 전제주의》에 영향을 받은 것처럼 보이게 한다. 왜냐하면 그들이 러시아 중세 지배자가 "유럽의 조건에 [아시아적 사회 조직화 모델]을 적용했다."고 주장했다. 준 아시아적 체제는 이런 방식으로 변화하는 환경에 적용되었고, 마침내 근대적 재분배에 의해 포위되었다. Konrad and Szelényi 1979, pp. 88~142.

238) Konrad and Szelényi 1979, p. 145.

239) Konrad and Szelényi 1979, pp. 186~7.

240) Szelényi 1978~1979를 볼 것.

241) Féher 1978과 1980.

242) 헬레르(1929년 출생)는 철학자이자 루카치의 제자다. 그녀는 '잘못된 수정주의적 견해' 때문에 당에서 쫓겨났다. 그러나 나중에 복권되었고 과학아카데미에서 일했다. 체코슬로바키아 침공에 저항한 뒤에, 또다시 축출되었다. 그녀에 가해졌던 커다란 정치적 압력 때문에, 그녀는 남편과 함께 1977년 헝가리를 떠났다. 그녀의 남편은 페헤르(1933년 출생)로 문학자이자 루카치의 제자였다. 철학자인 마르쿠시(1934년 출생)는 벤체와 키시를 가르쳤다. 그는 모스크바 로모노소프 대학에서 연구했고, 헬레르처럼 1973년에 헝가리 과학아카데미에서 쫓겨났다. Rivière 1974와 Hegedüs et al. 1976, pp. 183~7에 있는 〈약력 참고문헌〉을 볼 것.

243) Féher, Heller and Márkus 1983.

244) Féher, Heller and Márkus 1983, pp. 112, 114.

245) Féher, Heller and Márkus 1983, pp. 116~7.

246) Féher, Heller and Márkus 1983, pp. 68~9. 따라서 베버Max Weber가 그 용어를 사용할 때 그 언급은 영조물 법인Anstalt(가입이 의무적인 단체compulsory association)에 대한 것이다. "주어진 활동 영역 내에서, 일정한 구체적 기준에 따르는 모든 개인에게 성공적으로 강제되어온 법인격을 갖춘 단체, 즉 확립된 질서다." Weber 1972, p. 28; 영문판, p. 138.

247) Féher, Heller and Márkus 1983, p. 78.

248) Féher, Heller and Márkus 1983, pp. 99~103.

249) Féher, Heller and Márkus 1983, p. 127.

250) Féher, Heller and Márkus 1983, p. 130.

251) García Casals 1980a. 이 책에 있는 편집 글에는 다음과 같은 지적이 있다. "이 글은 동유럽 국가 가운데 한 곳에서 아주 잘 알려진 관리가 필명으로 썼다고 알려졌다. [……] 우리는 이 글이 동유럽 출신이 썼다는 것을 증명하지 못한다. 오히려 우리는 서구 학자들이 본질적으로 관심을 뒀기 때문에 이 글을 출판할 뿐이다." 이 '테제'는 같은 해에 새로운 '서문'과 함께 다시 발행되었다. García Casals 1980b를 볼 것.

252) Campeanu 1986, Ⅰ, p. ix. "몇 년 전에 나는 몇몇 미국 동료에게 내가 작업하는 이 테제를 보냈다. 나는 그들의 비판적 논평을 받기를 바랐다. 나의 가설에 놀란 그들은 내가 없는 상태에서 그것을 출판하려고 합의를 보았다[……]." 캄페아누에 대해서 그 책은 다른 무엇보다도 다음과 같이 진술했다. "그는 1935년에 공산주의 청년동맹에 가입했고, 1940년에 루마니아 공산당에 가입했다. 1941년에서 1944년까지 그는 반파시스트 활동 때문에 감옥에 갇혔다. 캄페아누는 1960년에 스테판 게오르규 아카데미에서 사회학 박사 학위를 받았고, 그 해부터 1980년까지 루마니아 방송국의 여론 집계 부서를 책임졌다. [……] 그는 루마니아와 다른 곳에서 출판했던 많은 논문과 10권의 책을 썼다. [……] 그는 유네스코에서 커뮤니케이션 전문가로 일했다[……]. 캄페아누는 1964년 루마니아 아카데미에서 상을 받았고, 1977년에도 다시 받았다."(p. 187) 또한 캄페아누에 대한 준자전적 글에 대해서는 다음을 참고할 것. Campeanu

2003.

253) García Casals 1980a, p. 234.

254) García Casals 1980a, p. 235.

255) García Casals 1980a, p. 237.

7장 소련 붕괴와 그 여파 (1985년에서 현재까지)

1) Cliff 1948a, p. 62; 재판 2003, p. 58.

2) 또한 Aufheben 1997, p. 34.을 볼 것.

3) Haynes 1987, p. 13.

4) Haynes 1987, p. 14.

5) Haynes 1987, p. 15.

6) Haynes 1987, p. 27. 하인즈는 4개의 '방해 요인'에 이름을 붙였다. 그것은 (1)경제의 원숙, (2)경제 발전의 낮은 수준, (3)군수 부담, 그리고 (4)경제의 상대적 고립이다.

7) Harman 1990b, p. 154.

8) Haynes and Glatter 1998, p. 49.

9) Haynes and Glatter 1998, p. 49. Cliff 1991에서 클리프는 소련에서 '실제 시장 경제'의 도입이 '대규모 실업' 사태를 낳았을 것이고, 그리고 이 문제가 "언제나 변화하는 온갖 방식으로" 지배 계급을 분열시켜 놓았다고 일찍이 지적했다.

10) Richards 1987, p. 101.

11) Richards 1987, p. 102.

12) Mandel 1992, p. 141.

13) Mandel 1992, pp. 141~2.

14) 혁명당 동맹은 혁명적 사회주의자 동맹Revolutionary Socialist League에서 갈등이 일어난 뒤 1976년에 세워졌다. 혁명적 사회주의자 동맹은 1973년 미국의 국제 사회주의자International Socialists에서 갈라져 나왔다. Landy 1997을 볼 것.

15) Daum 1990, p. 22.

16) Daum 1990, p. 165.

17) Daum 1990, p. 171.

18) Daum 1990, p. 176.

19) Daum 1990, p. 177.

20) Daum 1990, p. 180.

21) Daum 1990, p. 197.

22) Daum 1990, p. 50.

23) Daum 1990, p. 27. "임노동관계는 부르주아 국가의 토대다."

24) Daum 1990, p. 51.

25) Daum 1990, p. 197.

26) Daum 1990, p. 196~7.

27) Daum 1990, p. 197.

28) Richardson 1991, p. 36.

29) Main and Heath 1994, p. 146. 저자들은 여기서 마르크스가 1875년에 쓴 《고타강령 비판》을 토대로 삼았다. 이 책의 첫 번째 절에서 마르크스는 "우리가 여기서 다루는 것은 자기 자신의 토대에서 발전해 나온 것이 아니라 반대로 자본주의 사회로부터 출현한 바로 그 공산주의 사회며, 그래서 이 공산주의 사회에는 모든 면에서, 즉 경제적으로, 도덕적으로, 그리고 지적으로, 여전히 자신이 출현한 발상지가 되는 낡은 사회의 흔적이 남아 있다. 그러므로 개별 생산자는 사회로부터 공제할 것은 공제한 다음에, 그가 사회에 제공하는 것을 정확하게 되돌려 받는다. [……] 여기서도 명백히 이것이 동등한 가치의 교환인 한에서는 상품의 교환을 규율하는 원칙과 동일한 원칙이 지배한다. 내용과 형식은 변화하는데, 이는 변화한 환경 아래에서는 누구도 자신의 노동 이외에는 어떤 것도 제공할 수 없기 때문이며, 다른 한편으로 개인의 소비 수단 이외에는 어떤 것도 개인이 소유할 수 없기 때문이다."고 썼다.

30) Main and Heath 1994, p. 153.

31) Main and Heath 1994, p. 157.

32) Green 1998, p. 34.

33) 란게는 실제로 "사회주의 경제에서 계획과 관리의 첫 시기는, 적어도 우리의 현재 경험에 따르면, 항상 중앙에서 설정하는 우선순위에 근거하여 자원을 행정부가 관리하고, 또 할당한다는 점에서 특징지어져 왔다. 이 시기에 경제적 유인책은 노동자에 대한 도덕적인, 그리고 정치적인 호소에 의해서, 즉 그들의 애국심과 사회주의적 의식에 의해서 대체된다. 말하자면, 이 경제는 계획과 관리의 수단과 관련해서 뿐만 아니라 이 경제가 사용하는 유인책과 관련해서도 고도로 정치화된 경제다."고 썼다. Lange 1970, pp. 101~2.

34) Sapir 1997, pp. 102~3.

35) 조절학파에 대한 짧은 개관을 위해서는 Boyer 2004를 참고할 것.

36) Sapir 1997, p. 32.

37) Sapir 1997, pp. 38~9.

38) Sapir 1997, pp. 45~7, 59~89.

39) Sapir 1997, pp. 120~4. 또 Sapir 1989를 볼 것.

40) Sapir 1990, p. 129. 또 Sapir 1980을 볼 것.

41) Sapir 1990, p. 142.

42) 출생년도는 이용할 수 없다(2005년 6월 10일, 샤토파디야와 교신).

43) Chattopadhyay 1981(Ⅱ), p. 1104.

44) Chattopadhyay 1981(Ⅰ), p. 1066; (Ⅲ), p. 1157.

45) Chattopadyay 1994, p. 154. 이 테제를 구체화한 것은 Chattopadyay 2004, pp. 117~23을 볼 것.

46) Chattopadyay 1994, p. 158.

47) Chattopadyay 1994, p. xiii; 2004, pp. 112~3.

48) Chattopadyay 1994, pp. 13, 50.

49) Marx 1978, p. 427

50) Chattopadyay 1987, p. 7; Chattopadyay 1994, pp. 20, 42~4.

51) Chattopadyay 1994, p. 12; Chattopadyay 1992, pp. 77, 114.

52) Chattopadyay 1994, p. 54.

53) Chattopadyay 1994, p. 50.

54) Chattopadyay 1994, p. 86.

55) Chattopadyay 1994, p. 88.

56) Chattopadyay 1994, p. 40. 샤토파디야는 마르크스(Marx 1981, p. 260)를 따른다. 마르크스는 '자본의 절대적 과잉 생산'과 이윤율 하락이 '이익량에서 절대적 하락'에 의해 수반되었을 때 일어난다, [……] "또 잉여 가치의 양도 증가할 수 없다."고 말했다.

57) Chattopadyay 1994, p. 159.

58) Desolre 1983, p. 229

59) '레드 메너스'는 1989~1990년에 영국 런던에서 좌익 공산주의적이고, 반-전위당적인 소식지를 출판했던 그룹이다. 레드 메너스는 이와 관련 없는 그룹이나 비슷한 이름을 가진 출판물도 여럿 있다. 대부분 자유의지주의적 사회주의 조직이다(http://www.connexions.org/RedMenace.htm).─옮긴이

60) 2005년 6월 페르난데스가 필자에게 개인적으로 알려줌.

61) 이 책은 레보비츠Michael Lebowitz(1992)의 책과 '같은 비판의 영역에 기여한 글'이었다. 특히 Shortall 1994.

62) 특히 Fernandez 1989를 볼 것.

63) Fernandez 1997, p. 117.

64) Fernandez 1997, pp. 118~22.

65) Fernandez 1997, p. 126.

66) Fernandez 1997, p. 127. 블라트는 상품과 서비스를 얻으려는 개인적 접촉, 영향 또는 매수를 이용하는 것을 뜻한다.

67) 상동.

68) Fernandez 1997, p. 129.

69) Fernandez 1997, p. 132.

70) Fernandez 1997, p. 140.

71) Fernandez 1997, p. 137.

72) Fernandez 1997, pp. 136~7.

73) Fernandez 1997, p. 142.

74) Aufheben 1998, pp. 40~1.

75) Aufheben 2000, p. 32.

76) Aufheben 1998, p. 38.

77) Aufheben 2000, p. 30.

78) 상동.

79) 상동.

80) Aufheben 2000, pp. 33, 46.

81) Aufheben 2000, p. 44.

82) Aufheben 2000, p. 43.

83) Aufheben 2000, p. 44.

84) Aufheben 2000, p. 45.

85) Aufheben 2000, p. 46.

86) 상동.

87) 특히 Sandemose 1976를 볼 것.

88) Sandemose 2002, p. 203. 또 6.2.에서 논의되었던 모훈의 이론을 볼 것.

89) Marx 1976, p. 508; Sandemose 2002, pp. 223~4.

90) Sandemose 2002, pp. 490, 202~3.

91) Sandemose 2002, pp. 209~10.

92) Sandemose 2002, pp. 450~65.

93) 그들의 예비 연구를 볼 것. Resnick and Wolff 1993, 1994a, 1994b, 1994c, 1994d.

94) Resnick and Wolff 1987, p. 2.

95) Resnick and Wolff 1987, p. 26.

96) Resnick and Wolff 1987, p. 20.

97) Resnick and Wolff 1987, pp. 109~63; 또 Resnick and Wolff 2002, pp. 51~81을 볼 것.

98) Resnick and Wolff 2002, p. 85.

99) Resnick and Wolff 2002, pp. 88~90.

100) Resnick and Wolff 2002, p. 90.

101) Resnick and Wolff 2002, pp. 151~2.

102) Resnick and Wolff 2002, p. xiv, note 6.

103) Resnick and Wolff 2002, p. 247.

104) Resnick and Wolff 2002, p. 164.

105) Resnick and Wolff 2002, p. 229.

106) Resnick and Wolff 2002, p. 230.

107) Resnick and Wolff 2002, pp. 245~7.

108) Resnick and Wolff 2002, p. 310.

109) 상동.

110) Clarke 2004, p. 357.

111) Clarke 2004, p. 359.

112) Reichman 2004.

113) 상동.

114) Trotsky 1933a, p. 8; 영어판, p. 115.

115) Mandel 1979a, p. 135. 이것은 만델의 저작에서 일관된 주제다. 20년 전에 그는 다음과 같이 말했다. "소련은 과거의 진보가 미래의 가능성에 무거운 짐이 되지 않고, 나날이 계획한 이후 어느 정도 경제 성장의 리듬을 유지한다. [……] 경제 성장의 속도에 둔화를 일으킨 자본주의 경제의 모든 발전 법칙은 [……] 제거되었다." Germain 1956, p. 17.

116) Mandel 1978c, pp. 147~8.

117) Mandel 1987, p. 8.

118) Mandel 1992, p. 144. 관료주의적 관리는 "전체 경제에서 경제적 합리성의 모든 형식을 앗아 간다."(Mandel 1991a, p. 35.)

119) Mandel 1992, p. 145. 1950년대에 도이처의 유추로, 몇몇 충실한 만델의 지지자는 1980년대 말에 고르바초프가 이끈 소비에트 엘리트 일부가 노동 계급의 중요한 역할 없이도 사회주의적 민주주의로 이행할 수 있다는 것을 믿기 시작했다. 알리Tariq Ali(1988, p. xiii)는 다음과 같이 말했다. "고르바초프는 소비에트 엘리트 안에서 진보적이고 개혁주의적인 경향을 대표한다. 그의 강령이 만일 성공한다면, 세계적 규모에서 사회주의자와 민주주의자에게 커다란 이득을 나타낼 것이다. [……] 소련을 존속시키려면, 고르바초프는 정치 혁명을 완성할 필요가 있다. [……] 그러나 그것은 소련 관료 권력이 의존하는 전체 노멘클라투라의 특권 체제의 폐지에 바탕을 두었던 것이었다."

120) Mandel 1985, p. 240.

121) Mandel 1985, p. 241.

122) 상동

123) Mandel 1985, p. 242.

124) Main and Heath 1994, p. 159.

125) Harrison 1985.

126) Main and Heath 1994, p. 159.

127) Chattopadhyay 1994, p. 159.

128) Loone 1990, p. 789; 또 Loone 1992, pp. 215~31.

129) Loone 1992, pp. 782~3.

130) Loone 1992, p. 791.

131) Aston and Philpin (eds.) 1985.

132) Brenner 1991a, p. 29.

133) Brenner 1991a, p. 27.

134) Brenner 1989, p. 28.

135) Brenner 1991a, p. 29.

136) Brenner 1989, pp. 28~9.

137) Callinicos 1995, pp. 136~8.

138) Callinicos 1995, p. 139.

139) Callinicos 1995, p. 137.

140) Jacobson(1922~2003)의 기념 논문은 New Politics, New Series, 9-3(Summer 2003)을 볼 것.

141) Finger 1995, p. 173.

142) Finger 1995, p. 174.

143) 상동.

144) 상동.

145) Finger 1995, p. 176.

146) Finger 1995, p. 178.

147) 혁명적 공산주의당RCP는 1981년에 혁명적 공산주의 경향Revolutionary Communist Tendency, RCT에서 떨어져 나와 형성되었다. RCT는 1976년에 혁명적 공산주의 그룹 Revolutionary Communist Group, RCG에서 분리되었다. RCG는 1974년에 국제 사회주의자(현재 사회주의 노동자당)에서 '혁명적 반대파'라고 불렸다. Freeman 1986, pp. 52~3을 볼 것. 1990년대에, RCP는 명시적으로 마르크스주의적 견해에서 거리를 두었고, 1997~1998년에 그 조직은 정식으로 해산했다.

148) 아우프헤벤 그룹은 틱틴을 비난했다. 왜냐하면 그가 '소련에 대해 체계적인 정치·경제'를 제공하는 데 실패했기 때문이다. 그러나 그들은 이것이 "결코 우연"이 아니었다고 주

장했다(Aufheben 1998, p. 32). 퓌레디의 책은 이러한 비판에 대한 반박으로 여길 수 있다.

149) Füredi 1986, p. 98.

150) Füredi 1986, p. 99.

151) Füredi 1986, p. 102.

152) Füredi 1986, p. 115.

153) Füredi 1986, p. 124.

154) Füredi 1986, p. 117.

155) Füredi 1986, p. 127.

156) Füredi 1986, p. 121.

157) Füredi 1986, p. 179.

158) Füredi 1986, pp. 179~80.

159) Richards 1989, p. 102.

160) Richards 1989, p. 106.

161) 상동.

162) Ticktin 1987, p. 17.

163) Ticktin 1987, p. 18.

164) Ticktin 1987, p. 19.

165) 상동.

166) 상동.

167) Ticktin 1992a, p. 14. "체제의 전체 동력은 그 자체의 해체로 나아가고 노동자에 의해 전복된다." Ticktin 1992a, p. 87.

168) Ticktin 1992a, p. 172.

169) Ticktin 1992a, pp. 174~5. 또 Ticktin 1993, pp. 123~30을 볼 것.

170) Ticktin 2000, p. 28.

171) Ticktin 2000, p. 40. 틱틴의 지지자 필처Donald Filtzer는 1991년 다음과 같이 예측했다. "소련 경제의 시장화는 존재하는 구조를 바탕으로 일어나게 될 것이다. 그곳에서 금융 지위를 개선하려면 왜곡된 계획 범주의 오랜 역사를 지닌 대규모, 독점적 기업이 단순히 이런 행위를 새로운 경제 체제로 이월할 것이다. 생산 단위의 규모와 심한 부족의 지속이라는 상황에서, 이것을 막을 수 있는 것은 아무것도 없을 것이다. 이런 상황에서 가치 법칙, 즉 자본주의 경제의 자연발생적인 규제자는 심각하게 왜곡되고 부식될 것이다. 거기에는 '순수한 시장'도, 시장 요구에 따라 재원을 할당하는 독립적이고 경쟁적인 생산자의 '순수한 자본주의'도 없을 것이다. 오히려, 부패와 새로이 사유화된 기업에 대한 관리적이고 행정적 전유로 나아가는 경향이 계속될 것 같다."(Filtzer 1991, p. 1002.)

172) Ticktin 2000, p. 41. 틱틴은 실패로 끝난 이행을 "자본주의도 사회주의도 아닌 형식에 의해 대체되는 낡은 형식의 쇠퇴를 통해" 특징지어졌던 전 지구적 이행 단계라는 더 폭넓은 맥락에 놓았다(Ticktin 1987, p. 23). 또한 Ticktin 1992a, pp. 182~7을 볼 것.

173) Molyneux 1987, p. 131.

174) Molyneux 1987, p. 132.

175) 상동.

176) Aufheben 1998, p. 36.

177) Aufheben 1998, p. 40. 또 Aufheben 2000, p. 45를 볼 것.

178) Cox 1987, p. 158.

179) 상동.

180) Arthur 2000.

181) Arthur 2000, p. 121.

182) Arthur 2000, pp. 98~9.

183) Arthur 2000, p. 115.

184) Steiner 1990, 1992.

185) Behrens 1990, 1992.

186) Behrens 1992, p. 62.

187) Behrens 1992, p. 36.

188) Behrens 1990 − I , p. 89.

189) Behrens 1992, pp. 96, 245; Behrens 1990 − I , p. 89.

190) Behrens 1992, p. 85.

191) Behrens 1990 − II , p. 41. 한 페이지 뒤에, 베렌스는 다시 계급에 대한 그의 개념을 의심한다. 즉, "우리는 국가 주도로 수립되었던 현실로서 존재하는 사회주의에서 관료가 말뜻 그대로 계급인지 아니면 아직 계급이 아닌지 하는 문제를 제쳐 놓는다. 어떤 경우에 그것은 지배 계급이 지닌 무능력까지도 포함한 모든 권력과 특권을 지녔던 [……] 계층이다."(Behrens 1990 − II , p. 42.)

192) Behrens 1992, p. 35.

193) Behrens 1992, p. 239.

194) Behrens 1992, p. 78.

195) Behrens 1992, p. 84.

196) Behrens 1992, p. 85.

197) Behrens 1992, pp. 62~3, 199, 228.

198) Behrens 1992, pp. 85, 96, 149.

199) Campeanu 1986, 1988, 1990.

200) Campeanu 1988, p. 9.

201) 이것은 Campeanu 1986 책의 주제다.

202) Campeanu 1988, p. 7.

203) Campeanu 1988, p. 124.

204) Campeanu 1990, p. 11.

205) Campeanu 1990, p. 129.

206) Campeanu 1990, p. 134.

8장 결론을 대신하여

1) 나는 이 표를 참고문헌을 토대로 만들었다. 표에는 출판물이 나온 가장 빠른 해를 이용했다. 논문집과 여러 권으로 기획된 책에 실린 논문은 하나의 항목으로 분류했다.

2) Fehér, Heller & Márkus 1983, p. 8.

3) 1929년(클리프, 제임스 등등), 1936년(다움), 1956년(초기 베틀렝 등등)으로 날짜가 언급되었다. 국가 자본주의 대신에 자본주의라는 용어를 썼던 이론가(륄레, 호르터르, 판네쿡, 후기 베틀렝, 샤토파디야, 레스닉/울프)는 출발점으로서 1917년을 다루는 경향이 있었다.

4) 선결문제 요구의 오류 또는 논점 절취는 증명되어야 할 어떤 결론적 주장이나 명제를 오히려 증명을 위한 전제로 삼는 오류를 뜻한다.―옮긴이

5) Marx 1976, p. 274.

6) Marx 1976, p. 473.

7) Marx 1981, pp. 127~8.

8) Marx 1973, pp. 650~1.

9) Marx 1973, p. 512. 또 《잉여 가치 이론》을 볼 것. "자본가는, 그가 자본가인 한에서는, 단지 자본의 인격화, 즉 노동 계급과 대립하는 자기 자신의 의지와 개성을 타고난, 노동의 그와 같은 소산일 뿐이다. [……] 만일 누군가가 세상에서 자본가를 제거해 버린다면, 생산 수단이 더는 자본이 아니게 된다." Marx 1972, p. 296.

10) "비록 상품의 비용 가격에 대한 상품의 초과 가치가 직접적인 생산 과정에서 발생하지만, 가치가 현실화되는 것은 오직 유통 과정에서다." "잉여 가치 자본이 직접적인 생산 과정에서 빨아내었고, 상품에 표현되었든 아니든 이러한 상품에 포함되었던 가치와 잉여 가치는 유통 과정에서 처음으로 현실화되어야만 한다."(Marx 1981, pp. 134, 966.)

캘리니코스가 특히 여기서 예증으로 들었던 주장, 즉 "경제에 대한 국가 정책이 20세기 전반에 서구 자본주의에서 퍼지던 특징이었다."(Callinicos 1995, p. 137)라는 것은 이해가 가지 않

는다. 요점은 (나치 독일의 극단적 사례를 포함한) 서구에서 자본 사이 경쟁을 국내 경제 안에서 지속했다는 것이다.

11) 6장의 6.1.을 볼 것.

12) Trotsky 1931, p. 11; 영문판, p. 224.

13) Rubel 1960.

14) Mandel 1980, p. 62.

15) Marx 1973, p. 96. 실제로, 마르크스의 정설에서 이러한 이탈은 트로츠키에게만 해당하는 것은 아니었다. 많은 저자는 분배 영역의 자립화가 제2인터내셔널에서 교육했던 많은 이론가 사이에 있었다는 것을 지적했다. 보기를 들면, 힐퍼딩의 《금융 자본》(1910)을 비판적으로 분석한 Stephan 1974가 있다.

16) Marx 1981, p. 507(번역을 교정했고 강조를 덧붙였음—MvdL).

17) Marx, p. 91. 마르크스는 이 테제에서 중요한 예외를 말했다. 즉, 오브시치나obshchina, 그것은 특수한 조건 아래서 러시아가 자본주의적 단계를 건너뛸 수 있게 할 수도 있다. 그러나 이 경우에도, 마르크스는 분명히 카를로, 멜로티 또는 팬섬/마초버의 의미에서 계급 사회의 새로운 형태로 이행을 염두에 둔 것이 아니라 사회주의로의 직접 이행을 고려했다.

18) 두 가지 해석이 개진되었다. 즉, 그것은 1917~1921년(버넘, 스위지와 다른 이들) 그리고 1929년(샤흐트만과 다른 이들)이다.

19) Marx 1981, p. 927.

20) 그 반대, 즉 스탈린주의를 영원한 현상으로 보는 것은 1950년대에 이론적으로 거의 흥미를 유발하지 않은 트로츠키주의자 랍티스에 의해 사실상 유일하게 방어되었다.

21) 트로츠키는 스탈린주의와 파시즘 사이에 많은 '상부 구조적' 유사성에 대해 말했지만, 아울러 두 정권(자본주의 국가 대 노동자 국가)의 경제적 토대에서 차이를 강조했다. Trotsky 1940a를 볼 것.

22) 비효율성과 같은 주제는 다른 무엇보다도 트로츠키, 구트만, 만델에 의해 일찍이 제기되었다.

23) 논리의 오류를 지적하는 말—옮긴이

24) Thompson 1978, p. 49.

9장 메타 이론적 주석

1) 과학에 대한 오래된 이론은 주로 통계적으로 해석된 문제(이론과 경험 사이 관계, 과학적 설명에 대한 형식 모델 등)에 몰두했다. 그러나 새로운 과학 이론은 분명히 과학적 발전의 동적 특성에 대한 인식이다. 그것의 출발은 쿤의 《과학 혁명의 구조The Structure of Scientific

Revolutions》(1962) 제1판과 대략 일치한다. 이러한 새로운 접근을 '통시적'이라고 묘사한 것은 Diederich (ed.) 1974에 기초한 것이다.

2) 나는 이러한 목적론을 Nowak 1977, p. 101에서 빌려 왔다.

3) Marx 1992, p. 82.

4) '비정치적인' 순수하게 과학적 이론에서조차 그런 혼합이 일어날 수 있다고 가정하면, 이것은 예외적이지 않다. 딱 하나의 보기를 언급한다면, 철학자 파이어아벤드Paul Feyerabend는 쿤이 언급했던 저작을 '표현의 모호성' 때문에 비판했다. 즉, "우리가 여기서 과학자들에 진행 방법을 말해 주는 방법론적 처방을 제출하는가? 또는 우리가 어떤 평가 요소 없이 일반적으로 '과학적'이라는 활동에 대한 묘사를 제공하는가? 쿤의 저작은 직접적인 답변으로 이끌지 못하는 것 같다." Feyerabend 1970, p. 198.

5) Znaniecki, 1919, p. 83.

6) Nowotny 1975, pp. 39~40.

7) 원문에는 원칙1로 되어있지만, 내용상으로는 원칙 2라고 해야 옳을 듯싶다. 왜냐하면 제4인터내셔널은 소련에서 반프롤레타리아 혁명이 일어나지 않았기 때문에 비록 타락했어도 여전히 노동자 국가라고 보았기 때문이다. 확인이 필요하다. 아래 각주를 참고하라.—옮긴이

8) 제4인터내셔널은 원칙 1을 뚜렷하게 거부하지 않았다. 오히려 원칙 1은 노동자 국가가 '위로부터'의 간섭을 통해 세워질 수도 있었다는 의미로 고쳐졌다. 노동자 국가가 이러한 간섭을 했다는 조건에서. '구조적으로 동화된' 나라에서 프롤레타리아 혁명의 부재는 따라서 간접적으로 보상되었다. 참고. 1951년 제3차 세계 대회에 의해 정식화되었던 제4인터내셔널의 '명확한' 공식 입장(Fourth International 1951, Frank 1951.)

9) 이것은 1979년 7월 런던에서 있은 대화 동안 클리프의 협력자인 핼러스가 개인적으로 나에게 알려준 것이었다.

10) 순수 과학의 발전에 긴밀하게 관련 있는 비전에 대해서는, Böhme, van den Daele and Krohn 1972, pp. 302~16을 볼 것.

이 참고문헌은 두 가지 범주의 출판물로 이루어진다. 그것은 이 연구의 기본 문헌이다. 그것은 영어, 독일어, 프랑스 어, 이탈리아 어, 스페인 어, 스웨덴 어, 노르웨이 어, 덴마크 어, 네덜란드 어로 1917년부터 나온 소련의 계급적 본질에 대한 마르크스주의 이론에 관련된 것이다. 책과 논문의 원본과, 알고 있듯이, 다른 언어로 출판된 원 텍스트의 영어 번역본이 포함되었다. 번역판과 (선집을 포함한) 재발행판, 그리고 대충 주제만을 언급하는 출판물은 포함하지 않았다. 나는 비록 실현될 것 같지 않지만, 아는 한 완벽함을 목적으로 했다. *표가 없는 텍스트는 기본 문헌의 이해를 위해 중요한 정보를 담았다.

* Abendroth, Wolfgang 1978, "Weder Strategie noch — insgesamt — richtige Analyse, aber eine wichtige Quelle zum Problem des gegenwartigen Entwicklungsstadiums des realen Sozialismus", *Das Argument*, 107: 60-6.

* Abosch, Heinz 1970, "Leo Trotzki und der Sowjetstaat", *Neue Rundschau*, DXXXI, 3: 564-78.

* Abosch, Heinz 1975, *Trotzki und der Bolschewismus*, Basel: Ed. Etcetera.

* Abramowitsch, R. 1930, "Revolution und Konterrevolution in Russland", *Die Gesellschaft*, II: 532-41.

* Abramowitsch, R. 1932, "Stalinismus oder Sozialdemokratie", *Die Gesellschaft*, I: 133-47.

* Abramovitch, Raphael R. 1947, "From Socialist Utopia to Totalitarian Empire", *Modern Review*, I: 249-65; also in *Left*, 130(August): 176-82.

Accornero, Aris et al., 1985, *Simone Weil e de la condizione operaia*, Rome: Ed. Riuniti.

* Adler, Alexandre et al., 1978, *L' URSS et nous*, Paris: Editions Sociales.

Adler, Frank 1985-6, *"Rizzi's Honor"*, *Telos*, 66(Winter): 105-9.

* Adler, Friedrich 1932, "Das Stalinsche Experiment und der Sozialismus", *Der Kampf*, 25: 4-16.

* Adler, Friedrich 1933, "Zur Diskussion über Sowjetrussland. Ein Briefwechsel mit Karl Kautsky", *Der Kampf,* 26: 58-69.

Adler, Les K. and Thomas G. Paterson, 1970, "Red Fascism: The Merger of Nazi Germany and Soviet Russia in the American Image of Totalitarianism, 1930's-1950's", *American Historical Review,* 75, 4(April): 1046-64.

Ahlberg, René 1976, *Die sozialistische Bürokratie,* Stuttgart: Kohlhammer.

* Ahlberg, René 1979, *Sozialismus zwischen Ideologie und Wirklichkeit. Die marxistische Systemkritik seit Leo Trotzki,* Stuttgart: Kohlhammer.

* Alfa [Amadeo Bordiga] 1946, "La Russia Sovietica dalla rivoluzione ad oggi", *Prometeo,* 1(July): 24-38.

Ali, Tariq 1988, *Revolution from Above. Where is the Soviet Union Going?,* London: Hutchinson.

* Altvater, Elmar 1973, "Der sozialistische Nationalstaat. Etatistische Gesellschft oder Übergangserscheinung", *Links,* 50(December): 15-18.

* Altvater, Elmar 1981, "The Primacy of Politics in Post-Revolutionary Societies", *Review of Radical Political Economics,* XIII, 1(Spring): 1-10.

* Altvater, Elmar and Christel Neusüss 1969, "Bürokratische Herrschaft und gesellschaftliche Emanzipation. Zur Dialektik sozioökonomischer Reformen in der Übergangsgesellschaft," *Neue Kritik,* 51-52: 19-51.

* Alvin, Milton 1941a, "Russia-A Workers' State", *New International,* VII: 27-30.

* Alvin, Milton 1941b, "For the Defence of the S. U.", *New International,* VII: 184-7.

Ambrosius, Gerold 1981, *Zur Geschichte des Begriffs und der Theorie des Staatskapitalismus und des staatsmonopolitischen Kapitalismus,* Tübingen: J.C.B. Mohr(Paul Siebeck).

* Amin, Samir 1984, "Expansion or Crisis of Capitalism? (Are the U.S.S.R. and China Capitalist?)", *Contemporary Marxism,* 9: 3-17.

* Amodio, Luciano 1973, "La rivoluzione bolscevica nell'interpretazione di Rosa Luxemburg", *Annali Istituto Giangiacomo Feltrinelli:* 289-325.

Anderson, Kevin 1988, "Raya Dunayevskaya. 1910 to 1987, Marxist Economist and Philosopher", *Review of Radical Political Economics,* vol. 20, no. 1: 62-74.

Anderson, Perry 1976, *Considerations on Western Marxism,* London: New Left Books.

* Anderson, Perry 1983, "Trotsky's Interpretation of Stalinism", *New Left Review,* I, 139(May-June): 49-58.

* Andreff, W. 1978, "Capitalisme d'Etat ou monopolisme d'Etat en URSS? Proposd'étape", in *Economie politique de la planification en système socialiste,* edited by M. Lavigne, Paris: Economica.

* Andreff, W. 1980, "L'URSS et eux", *Critique socialiste,* 40: 53-67.

* Andreff, W. 1983-4, "Marxisme en crise cherche sociétés socialistes: à propos des thèses de P.M. Sweezy et de B. Chavance", *Babylone,* 2-3: 100-24.

* Anon. 1947, "The Russian Question Today", *Fourth International,* VIII, 9(November-December): 259-73.

* Anon. 1951, "Answer of SWP to Natalia Trotsky's Letter", *The Militant,* 4 June.

Anon. 1954, "Cronaca della riunione", *Il Programma Communista,* III-21(11-25 November).

Anon. 1955a, "La riunione interfederale di lavoro a Napoli il 24-25 aprile", *Il Programma Comunista,* IV−9(7-21 May 1955).

Anon. 1955b, "La grandi questioni storiche della rivoluzione in Russia. La riunione interfederale di Genova del 6 e 7 agosto 1955", *Il Programma Comunista,* IV−15(26 August-8 September 1955).

* Anon. 1958, *Milovan Djilas en de nieuwe klasse,* Amsterdam: Spartacusbond.

Anon. 1963, "Is Yugoslavia a Socialist Country?", *Peking Review,* 27 September.

* Anon. 1968, *How The Soviet Revisionists Carry Out All-Round Restoration of Capitalism in the USSR,* Beijing: Foreign Languages Press.

* Anon. 1977, "Bahros 'Alternative'. Analyse und Kritik", *Spartacus,* 38: 20-2.

Anon. 1980, "Ein Technokrat im Gewand des Propheten: Bhagwan Bahro", *Autonomie,* New Series, 4-5.

* Anon. 1981a, *Sozialistische Revolution in einem unterentwickelten Land. Texte der Menschewiki zur russischen Revolution und zum Sowjetstaat aus den Jahren 1903 bis 1937,* Hamburg: Junius.

Anon. 1981b, "Nils Holmberg-ett liv för socialismen", *Marxistisk Forum,* 3: 19-25.

Anon. 1987, "Rae Spiegel(Raya Dunayevskaya)(1910-1987)", *Cahiers Léon Trotsky,* 31: 125-6.

* Arato, Andrew 1978, "Understanding Bureaucratic Centralism", *Telos,* 35 (Spring): 73-87.

* Arato, Andrew 1985, "Between Reductionism and Relativism: Soviet Society as a World System", *Telos,* 63(Spring): 178-87.

Andrew Arato 1987, "The Budapest School and Actually Existing Socialism", *Theory and Society,* 16: 593-619.

* Arato, Andrew and Mihaly Vajda 1980, "The Limits of the Leninist Opposition. Reply to David Bathrick", *New German Critique,* 19(Winter): 167-75.

Ardelt, Rudolf G. 1984, *Friedrich Adler: Probleme einer Persönlichkeitsentwicklung um die Jahrhundertwende,* Vienna: Österreichischer Bundesverlag.

* Ariat, André 1946, "Le régime soviétique est-il socialiste?", *Masses — Socialisme et Liberté,* 2(15 March): 22-4 and 3(June): 20-2.

Aron, Raymond 1953, "La Russie après Staline", *Preuves,* 32(October): 5-13.

* Arthur, Chris J. 1972, "The Coming Soviet Revolution", in N. Krasso (ed.), *Trotsky — The*

Great Debate Renewed, St Louis: New Critics Press.

Arthur, Chris J. 1984, "What Is Stalinism?", *International*, 9, 1(January-April): 11-14.

* Arthur, Christopher J. 2000, "Epitaph for the USSR: A Clock Without a Spring", *Critique*, 32-33: 91-122. 〔Slightly shortened version in Arthur, *The New Dialectic and Marx's 'Capital'*, Leiden: Brill, 2002.〕

Aston, T. H. and C. H. E. Philpin (eds.) 1985, *The Brenner Debate. Agrarian Class Structure and Economic Development in Pre-Industrial Europe, Camvridge:* Cambridge University Press.

* *Aufheben* 1997, "What Was the USSR? Towards a Theory of the Deformation of Value under State Capitalism (I)", *Aufheben*, 6(Autumn): 4-39.

* *Aufheben* 1998, "What Was the USSR? Towards a Theory of the Deformation of Value under State Capitalism (II): Russia as a Non-Mode of Production", *Aufheben*, 7(Autumn): 26-41.

* *Aufheben* 1999, "What Was the USSR? Towards a Theory of Deformation of Value under State Capitalism(III):Left Communism and the Russian Revolution", *Aufheben*, 8(Autumn): 24-44.

* *Aufheben* 2000, "What Was the USSR? Towards a Theory of Deformation of Value under State Capitalism(IV)", *Aufheben*, 9(Autumn): 29-46.

Avrich, Paul 1984, "Bolshevik Opposition to Lenin: G. T. Miasnikov and the Workers' Group", *The Russian Review*, 43: 1-29.

Badia, Gilbert 1974, "Rosa Luxemburg und Lenin", in *Rosa Luxemburg oder Die Bestimmung des Sozialismus,* edited by Claudio Pozzoli, Frankfurt am Main: Suhrkamp.

* Bahne, Siegfried 1962, "Trotsky on Stalin's Russia", *Survey*, 41(April): 27-42.

* Bahro, Rudolf 1977, *Die Alternative. Zur Kritik des real existierenden Sozialismus,* Frankfurt am Main: EVA. 〔*The Alternative in Eastern Europe,* trans. David Fernbach, London: New Left Books, 1978.〕

Baran, Paul and Paul Sweezy 1966, *Monopoly Capitalism,* New York: Monthly Review Press.

* Barrot, Jean〔Gilles Dauvé〕1972, *Le mouvement communiste (Essai de définition),* Paris: Champ Libre.

* Barrot, Jean〔Gilles Dauvé〕and François Martin 1974, *Eclipe and Re-Emergence of the Communist Movement,* Detroit: Black & Red.

* Bartsch, Günter 1962, "Von Trotzki zu Djilas", *Die Neue Gesellschaft,* IX, 3: 216-20.

Bass, Robert and Elizabeth Marbury (eds.) 1959, *The Soviet-Yugoslav Controversy, 1948-58: A Documentary Record,* New York: Prospect Books.

Bathrick, David 1978, "The Politics of Culture: Rudolf Bahro and Opposition in the GDR", *New German Critique,* 15(Autumn): 3-24.

* Bauer, Otto 1919, "Karl Kautsky und der Bolschewismus", *Der Kampf,* 12: 661-7.

Bauer, Otto 1936, *Zwischen zwei Weltkriegen? Die Krise der Weltwirtschaft, der Demokratie und des Sozialismus,* Bratislava: Eugen Prager.

* Bayar, Ali 1992, "La théorie de Marx et le mode production partitique", *Revue d'études comparatives est-ouest,* 2-3(June-September): 211-27.

Becker, Gabriel 1978, "The Left in Hungary", *Critique,* 9(Spring-Summer): 135-42.

* Becker-Panitz, Helmut et al. 1977, " 'Realer Sozialismus' und realer Sozialismus. Bedingungen und Chancen einer sozialistischen Entwicklung in Gesellschaften sowjetischen Typs", *Jahrbuch Arbeiterbewegung,* 5: 9-37.

* Becker-Panitz, Helmut et al. 1979, *Die Sowjetunion und Europa. Gesellschaftsform und Aussenpolitik der UdSSR,* Frankfurt am Main: Campus.

* Behrens, Fritz 1990, "Der real existierende Sozialismus", *Utopie kreativ,* 2(October): 85-9 and 3(November): 39-44.

* Behrens, Fritz 1992, *Abschied von der sozialen Utopie,* edited by Hannamaria Loschinkski, Berlin: Akademie-Verlag.

* Bell, Daniel 1958, "Ten Theories in Search of Reality: The Prediction of Soviet Behavior", *World Politics,* X, 3(April): 327-65.

Bell, Daniel 1959, "The Strange Tale of Bruno R.", *The New Leader,* 28 September: 19-20.

Bell, Daniel 1971, "The Post-Industrial Society: The Evolution of an Idea", *Survey,* XVII, 2: 102-68.

Bell, Daniel 1988, "The End of Ideology Revisited(Part I)", *Government and Opposition,* 23, 2, Spring: 131-50.

* Bellis, Paul 1979, *Marxism and the U.S.S.R. The Theory of Proletarian Dictatorship and the Marxist Analysis of Soviet Society,* Basingstoke: Macmillan.

Bence, György and Janos Kis 1980, "On Being a Marxist: A Hungarian View", *The Socialist Register,* 1980: 263-97.

* Bensaïd, Daniel 1972, "Révolution socialiste et contre-révolution bureaucratique", *Critiques de l' économie politique,* 7-8: 116-49.

* Bensaïd, Daniel 1980, "Lecture de Rudolf Bahro — Trois incohérences théoriques et leurs conséquences politiques", *Critique communiste,* 30:53-65.

Beradt, Charlotte 1969, *Paul Levi. Ein demokratischer Sozialist in der Weimarer Republik,* Frankfurt am Main: EVA.

Bergman, Jay 1987, "The Perils of Historical Analogy: Leon Trotsky on the French Revolution", *Journal of the History of Ideas,* vol. 48:73-98.

* Berkhahn, Günter and Rudi Dutschke 1977-8, "Über die allgemeine reale Staatssklaverei. Die Sowjetunion in der russischen Geschichte", *L' 76,* 6: 135-62 and 9: 64-90.

Berle, Adolf and Gardiner Means 1932, *The Modern Corporation and Private Property,* New York: Macmillan.

Bernstein, Howard R. 1981, "Marxist Historiography and the Methodology of Research Programs", *Studies in Marxist Historical Theory(=History and Theory, Beiheft 20)*: 424-49.

* Bessaignet, Pierre 1947, "Réponse à une théorie de la bureaucratie nouvellé", *La Revue Internationale,* 18(October):103-11.

* Bettelheim, Charles 1947, "Une mystification: la 'révolution directorale' ", *La Revue Internationale,* 16(June): 387-97.

* Bettelheim, Charles 1968, *La Transition vers l'économie socialiste,* Paris: Maspero.

* Bettelheim, Charles 1969, "On the Transition between Capitalism and Socialism", *Monthly Review,* 20, 10(March): 1-10.

* Bettelheim, Charles 1970a, *Calcul économique et formes de propriété,* 2 vols., Paris: Maspero. [*Economic Calculation and Forms of Property. An Essay on the Transition Between Capitalism and Socialism,* New York: Monthly Review Press 1975.]

* Bettelheim, Charles 1970b, "More on the Society of Transition", *Monthly Review,* 22, 7(December): 1-14.

* Bettelheim, Charles 1971, "Dictatorship of the Proletariat, Social Classes, and Proletarian Ideology", *Monthly Review,* 23, 6(November): 55-76.

* Bettelheim, Charles 1974, *Les luttes de classes en URSS(1917-1923),* Paris: Maspero/Seuil. [*Class Struggles in the USSR: First Period, 1917-1923,* New York: Monthly Review Press, 1976.]

* Bettelheim, Charles 1977, *Les luttes de classes en URSS(1923-1930),* Paris: Maspero/Seuil. [*Class Struggles in the USSR: Second Period, 1923-1930,* New York: Monthly Review Press, 1978.]

Bettelheim, Charles 1978, *Questions sur la Chine après la mort de Mao Tse-toung,* Paris: Maspero.

[Bettelheim, Charles 1979], "Interview mit Charles Bettelheim", in Kommunistischer Bund, *Texte zur Stalinfrage,* Hamburg: Jürgen Reents Verlag.

* Bettelheim, Charles 1982, *Les luttes de classes en URSS(1930-1941): Tome Premier: Les dominés,* Paris: Maspero/Seuil.

* Bettelheim, Charles 1983, *Les luttes de classes en URSS(1930-1941): Tome deuxième: Les dominants,* Paris: Maspero/Seuil.

* Bettelheim, Charles 1985, "The Specificity of Soviet Capitalism", *Monthly Review,* 37, 4(September): 43-56.

* Bettelheim, Charles and Gilles Martinet 1948, "Marxisme et démocratie", *La Revue Internationale,* 20 (January-February): 33-43.

* Beyerstedt, Horst-Dieter 1987, *Marxistische Kritik an der Sowjetunion in der Stalinära (1924-*

1953), Frankfurt am Main: Peter Lang.

* Big Flame 1980, *The Nature of So-Called Socialist Societies,* London: Big Flame International Committee.

* Binns, Peter 1975, "The Theory of State Capitalism", *International Socialism,* I , 74(January): 20-5. 〔Revised reprint in Peter Binns, Tony Cliff and Chris Harman, *Russia: From Workers' State to State Capitalism,* London: Bookmarks, 1987.〕

* Binn, Peter and Duncan Hallas 1976, "The Soviet Union. State Capitalist or Socialist?", *International Socialism,* I , 91(September): 16-27.

* Binn, Peter and Haynes, Mike 1980, "New Theories of Eastern European Class Societies", *International Socialism,* II , 7(Winter): 18-50.

Birchall, Ian 2003, "Michael Kidron(1930-2003)", *International Socialism,* II , 99(Summer): 103-13.

* Biro, B.〔Chris J. Arthur〕 1969, "Workers' States — Problems of Transition", *Marxist Studies,* I , 4: 6-20, 5: 5-17. 〔Abridged version: C. J. Arthur, "The Revolution Betrayed", *Radical Philosophy,* 3 (Winter 1972): 2-9.〕

* Bleibtreu-Favre, Marcel 1951, "Where Is Pablo Going?", in *Trotskyism versus Revisionism: A Documentary History,* I, edited by Cliff Slaughter, London: New Park Publications, 1974.

Blick, Karen 1995, "Adam Westoby", *Revolutionary History,* 5, 4(Spring): 194-5.

* Blum, Léon 1947a, "Révolution socialiste ou révolution directorale", *La Revue Socialiste,* New Series, 7(January): 1-10.〔"Socialist or Managerial Revolution?", *Modern Review,* I (1947): 118-29.〕

Bock, Hans Manfred 1969a, *Syndikalismus und Linkskommunismus van 1918-1923. Zur Geschichte und Soziologie der FAUD (S), der AAUD und der KAPD,* Meisenheim am Glan: Anton Hain.

Bock, Hans Manfred 1969b, "Zur Geschichte und Theorie der Holländischen Marxistischen Schule", in Anton Pannekoek and Herman Gorter, *Organisation und Taktik der proletarischen Revolution,* edited by Hans Manfred Bock, Frankfurt am Main: Neue Kritik.

* Bögeholz, Hartwig 1978, "Bahros Klassentheorie", *Prokla,* 33: 147-59.

Böhme, Gernot, Wolfgang van den Daele, and Wolfgang Krohn 1972, "Alternativen in der Wissenschaft", *Zeitschrift für Soziologie,* 1, 4: 302-16.

* Boella, Laura 1979, "Eastern European Societies", *Telos,* 41(Autumn): 59-75.

Boggs, Grace Lee 1993, "Thinking and Acting Dialectically: C. L. R. James, the American Years", *Monthly Review,* 45, 5(October): 38-50.

Boggs, Grace Lee 1998, *Living for Change: An Autobiography,* Minneapolis: University of Minnesota Press.

* Bongiovanni, Bruno 1979, "Il destino della burocrazie e la dissoluzione del trotskismo", *AnArchos,* 3(Autumn): 221-39.

* Bongiovanni, Bruno 1982, "La natura sociale dell'URSS e l'impervia terza via", *Belfagor,* 37, 2(March): 223-32.

* Bongiovanni, Bruno (ed.) 1975, *L'antistalinismo di sinistra e la natura sociale dell'URSS,* Milan: Feltrinelli.

* [Bordiga, Amadeo] 1951, "La controrivoluzione maestra", *Battaglia Comunista,* XII, 18, 29 August-12 September.

* [Bordiga, Amadeo] 1952a, "Dialogato con Stalin", *Il Programma Comunista,* I, 1, 10-24 October — I, 4, 20 November-4 December.

* [Bordiga, Amadeo] 1952b, "II Marxismo dei cacagli", *Battaglia Comunista,* XIII — 8(7-30 April).

* [Bordiga, Amadeo] 1952c, "Le gambe ai cani", Battaglia Comunista, XIII — II (20 May-9 June).

[Bordiga, Amadeo] 1953, *Dialogato con Stalin,* Milan: Edizioni Prometeo.

[Bordiga, Amadeo] 1954-5, "Russia e rivoluzione nella teoria marxista. Rapporto alla riunione interfederale di Bologna", *Il Programma Comunista,* III, 21: 11-25 November 1954 — IV: 22 April-6 May 1955.

* [Bordiga, Amadeo] 1955a, "Struttura economica e sociale della Russia d'oggi. Rapporto alla riunione di Napoli", *Il Programma Comunista,* IV, 10: 25 May — 4 June — IV, 14: 28 July-25 August.

* [Bordiga, Amadeo] 1955b, "La Russia nella storia mondiale, nella Grande Rivoluzione e nella società contemporanea. Sintesi della relazioni di Bologna, Napoli e Genova", *Il Programma Comunista,* IV, 15: 26 August — 8 September and IV, 16: 9-23 September.

* [Bordiga, Amadeo] 1955-57, "Struttura economica e sociale della Russia d'oggi. Rapporto alla riunioni di Napoli e Genova", *Il Programma Comunista,* IV, 17: 23 September — 7 October 1955 — V, 4: 18 February-2 March 1956 and V, 11: 18 May- 1 June 1956 — VI, 12: 6 June-21 June 1957.

* [Bordiga, Amadeo] 1956a, "Dialogato coi morti: il XX Congresso del Partito Comunista Russo", *Il Programma Comunista,* V, 5: 3-17 March — V, 10: 16-18 May.

* [Bordiga, Amadeo] 1956b, *Dialogato coi morti,* Milan: Edizioni di "Il Programma Comunista."

* [Bordiga, Amadeo] 1976, *Struttura economica e sociale della Russia d'oggi,* Milan: Edizioni Il Programma Comunista.

Borgognone, Giovanni 2000, *James Burnham: totalitarismo, managerialismo e teoria delle élites,* Prefazione Bruno Bongiovanni, Aosto: Stylos.

* Borillin, B. 1929, "Lenin über die 'ökonomik der Transformation'", *Unter dem Banner des Marxismus,* III: 834-68.

Bornstein, Sam and Al Richardson 1986, *The War and the International. A History of the Trotskyist Movement in Britain 1937~1949,* London: Socialist Platform.

* Boston Study Group 1981, "More on *The Myth of Capitalism Reborn*", *Monthly Review,* 32,

10(March): 60-2.

* Bostulo, Pablo 1981, "Materialismo histórico y 'socialismo real': Una critica de Bahro", *Argumentos,* 41: 55-7.

* Bourdet, Yvon 1969, "Otto Bauer et la Russie soviétique. Quartre lettres inédites d'Otto Bauer à Karl Kautsky", *International Review of Social History,* XIV: 468-78.

〔Bourrinet, Philippe〕 1981, *La gauche communiste d'Italie,* Brussels: Courant Communiste International.

Boyer, Robert 2004, *Théorie de la régulation. 1. Les fondamentaux,* Paris: La Découverte.

Braunthal, Julius 1965, *Victor und Friedrich Adler. Zwei Generationen Arbeiterbewegung,* Vienna: Verlag der Wiener Volksbuchhandlung.

* Braverman, Harry 1954, "Russia and Socialism", *The American Socialist,* I, 9(September): 6-8.

Braverman, Harry 1967, "The Successes, the Failures, and the Prospects", *Monthly Review,* 19, 6(November): 22-8〔Also in Leo Huberman et al., *Fifty Years of Soviet Power,* New York: Monthly Review Press, 1967.〕

Bresciani, Dario 2001, "Bordiga ou de l'attentisme?", *Cahiers Léon Trotsky,* 75(October): 23-5.

* Brendel, Cajo 1990, "Wat voor samenleving schiep de Russische Oktoberrevolutie?", *Daad en Gedachte,* 26, 3(April): 3-8 and 26, 4(May): 4-8.

* Brenner, Robert 1989, 〔no title〕, *Workers' Liberty,* 12-13(August):28-9.

* Brenner, Robert 1991a, "The Soviet Union and Eastern Europe (Ⅰ) The Roots of the Crisis", *Against the Current,* 30(January-February):27-31

Brenner, Robert 1991b, "The Soviet Union and Eastern Europe (Ⅱ): Nature of the Transition", *Against the Current,* 31(March-April): 40-5.

* Breuer, Stefan 1974, "Utopie als Affirmation. Bemerkungen zu Rudi Dutschkes 'Versuch, Lenin auf die Füsse zu stellen'", *Leviathan,* 2: 572-96.

* Brokmeier, Peter 1974, "Über die Bedeutung Sohn-Rethels für eine materialistische Theorie der Übergangsgesellschaften in Osteuropa", in *Übergangsgesellschaft: Herrschaftsform und Praxis am Beispiel der Sowjetunion,* edited by Peter W. Schulze, Frankfurt am Main: Fischer Taschenbuch Verlag.

* Brossat, Alain 1980, "La révolution culturelle chez Rudolf Bahro", *Critique Communiste,* 30: 39-51.

Broué, Pierre 1982a, "Le Mouvement trotskyste en Amérique Latine jusqu'en 1940", *Cahiers Léon Trotsky,* 11(September): 13-30.

Broué, Pierre 1982b, "Sur l'histoire du Parti Communiste Tchécoslovque", *Revue Francaise de Science Politique,* 32: 270-4.

Brzezinski, Zbigniew K. 1961, *The Soviet Bloc. Unity and Conflict,* New York: Praeger.

* Bubis, Mordecai Donald 1988, "Débat sur la question russe en 1937", *Cahiers Léon Trotsky,* 35

(September): 39-55.

* Bucharin, Nikolai 1925, *Karl Kautsky und Sowjetrussland,* Vienna: Verlag für Literatur und Politik.

* Buci-Glucksmann, Christine 1982, "L'Austro-marxisme face à l'expérience soviétique. Aux origines d'une 'troisième voie'?", in *L'URSS vue de gauche,* edited by Lilly Marcou, Paris: Presses Universitaire de France.

Buckmiller, Michael 1973a, "Marxismus als Realität. Zur Rekonstruktion der theoretischen und politischen Entwicklung Karl Korschs", *Jahrbuch Arbeiterbewegung,* 1: 15-85.

Buckmiller, Michael 1973b, "Zeittafel zu Karl Korsch — Leben und Werk", *Jahrbuch Arbeiterbewegung,* 1: 103-6.

Buckmiller, Michael 1976, *Karl Korsch und das Problem der materialistischen Dialektik. Historische und theoretische Voraussetzungen seiner ersten Marx-Rezeption (1909-1923),* Hannover: SOAK.

Buckmiller, Michael 1981, "Bibliographie der Schriften von Paul Mattick 1924-1981)", *Internationale wissenschaftliche Korrespondenz zur Geschichte der deutschen Arbeiterbewegung,* 17: 197-224.

Buckmiller, Michael and Götz Langkau (eds.) 1974, "Karl Korsch: Briefe an Paul Partis, Paul Mattick und Bert Brecht, 1934-1939", *Jahrbuch Arbeiterbewegung,* 2: 117-249.

* Buddeberg, Manfred Paul 1976, "Wer herrscht in den 'nachkapitalistischen' Gesellschaften und warum? Eine Kritik an Renate Damus", *Prokla,* 22: 125-48.

Buhle, Paul (ed.) 1986, *C. L. R. James: His Life and Work,* London: Allison & Busby.

Buhle, Paul 1988, *C. L. R. James: The Artist as Revolutionary,* London: Verso.

* Buick, Adam 1975, "The Myth of the Transitional Society", *Critique,* 5: 59-70.

* Buick, Adam 1997-8, "Why the Russian Revolution Wasn't a Proletarian Revolution", *New Interventions,* 8, 2(Winter): 7-10.

Buick, Adam 2004, "Introduction", in Rudolf Sprenger, *Bolshevism. Its Roots, Role, Class View and Methods,* Translated from the German by Integer, Sawbridgeworth: Redline.

* Buick, Adam and John Crump 1986, *State Capitalism: The Wages System under New Management,* London: Macmillan.

〔Burnham, James and Joseph Carter〕 1937, *Socialist Workers Party Bulletin,* 2.

Burnham, James 1938a, "From Formula to Reality", *Socialist Workers Party Bulletin,* 5: 11-25.

Burnham, James 1938b, "Roosevelt Faces the Future", *New International,* 4(February): 43-5.

Burnham, James 1939, "The Future of Roosevelt", *New International,* 5 (September): 26-3.

* Burnham, James 1941, *The Managerial Revolution. What Is Happening in the World,* New York: John Day Company.

Busino, Giovanni et al. 1989, *Autonomie et autotransformation de la société: la philosophie militante de Cornelius Castoriadis,* Geneva: Droz.

* Bust-Bartels, Axel and Georg Stamatis 1975, *Zur Produktionsweise und Theorie der Übergangsgesellschaften,* Giessen/Lollar: Achenbach.

Cabaud, Jacques 1960, *L'Expérience vécue de Simone Weil,* Paris: Plon.

* Caillosse, Jacques 1989, "La question du Thermidor Soviétique dans la pensée politique de Léon Trotsky", *Cahiers Léon Trotsky,* 37(March): 5-85.

* Callinicos, Alex 1979, "Maoism, Stalinism and the Soviet Union", *International Socialism,* II, 5 (Summer): 80-8.

* Callinicos, Alex 1981, "Wage Labour and State Capitalism: A Reply to Peter Binns and Mike Haynes", *International Socialism,* II, 12(Spring): 97-117.

* Callinicos, Alex 1992, "Rhetoric Which Cannot Conceal a Bankrupt Theory: A Reply to Ernst Mandel", *International Socialism,* II, 57(Winter): 147-60.

Callinicos, Alex 1995, *Theories and Narratives. Reflections on the Philosophy of History,* Cambridge: Polity Press.

* Callinicos, Alex 1996, "State in Debate", *International Socialism,* II, 73 (Winter): 17-26.

* Cavin〔ps.〕1975, "Theories of State Capitalism", *Revolutionary Perspectives,* 1: 6-16, 〔Revised version in *Revolutionary Perspectives,* 19(1982): 8-31.〕

* Camatte, Jacques 1974, "Bordiga et la révolution russe: Russie et necessité du communisme", *Invariance,* VII, Second Series, 4.

Camatte, Jacques 1975, "Introduction", in Amadeo Bordiga, *Structure économique et sociale de la Russie d'aujourd'hui: II, Développement des rapports de production après la Révolution bolchevique,* Paris: Ed. de l'Oubli.

* Camatte, Jacques 1978a, *Capital et Gemeinwesen. Le 6e chapitre inédit et l'oeuvre économique de Marx,* Paris: Spartacus.

* Camatte, Jacques 1978b, *Community and Communism in Russia,* London: Davie Brown.

* Campeanu, Pavel 1986, *The Origins of Stalinism. From Leninist Revolution to Stalinist Society,* trans. Michael Vale, Armonk: M. E. Sharpe.

* Campeanu, Pavel 1988, *The Genesis of the Stalinist Social Order,* trans. Michael Vale, Armonk: M. E. Sharpe.

* Campeanu, Pavel 1990, *Exit. Toward Post-Stalinism,* trans. Michael Vale, Armonk: M. E. Sharpe.

Campeanu, Pavel 2003, *Ceausescu. From the End to the Beginning,* New York: Columbia University Press.

* Campbell, Bill 1980, "The Class Nature of the Soviet Union and its Implications for Marxist Theory", in Big Flame 1980.

* Cannon, James P. 1954, "Trotsky or Deutscher?", *Fourth International*, XV, 1(Winter): 9-16.

Cannadine, David 1984, "The Present and the Past in the English Industrial Revolution 1880-1980", *Past and Present*, 103(May): 131-72.

* Cardorff, Peter (Peter Kulemann) 1976, "Hegemonialbürokratismus gegen National-bürokratismus. Über einige Aspekte des 'Internationalismus' der bürokratisierten Übergangsgesellschaften", *Die Internationale*, 9: 101-46.

* Carillo, Santiago 1977, *Eurocomunismo y estado*, Barcelona: Editorial Critica. (*Eurocommunism and the State*, London: Lawrence & Wishart, 1977.)

* Carlo, Antonio 1971, "La natura socio-economica dell' URSS", *Giovane Critica*, 26(spring 1971): 2-75: reprint in Antonio Carlo, *La natura socio-economica dell' URSS*, Milan: Centro Studi Terzo Mondo, 1975. ("The Socio-Economic Nature of the USSR", *Telos*, 21(Fall 1974): 2-86.)

* Carlo, Antonio 1972, "Sulla natura sociale dell' URSS. Riposta a Rizzi e a Melotti", *Terzo Mondo*, 15: 74-86.

* Carlo, Antonio 1980, "The Crisis of Bureaucratic Colletivism", *Telos*, 43(Spring): 3-31.

Carlo, Antonio 1989, "Contradictions of Perestroika", *Telos*, 79(Spring): 29-46.

Carlo, Antonio and Umberto Melotti 1977, "In Memory of Bruno Rizzi", *Telos*, 33(Fall): 142-3.

* Carter, Joseph (Joseph Friedman) 1938, "The Class Nature of the Stalinist State", *Socialist Workers Party Bulletin*, 5.

* Carter, Joseph (Joseph Friedman) 1941, "Bureaucratic Collectivism", *New International*, 7: 216-21.

* Cartwright, Perry 1980, "Managerial Society — The Next Stage of Human History", *Monthly Review*, 31, 11 (April): 58-60.

Castilho, José and Marques Neto 1996, *Mario Pedrosa e o Brasil*, São Paulo: Fundação Perseu Abramo.

(Castoriadis, Cornelius) 1949, "Socialisme ou Barbarie", *Socialisme ou Barbarie*, 1(March): 7-46. ("Socialism or Barbarism", in Castoriadis 1988.)

Castoriadis, Cornelius 1973, "Introduction", in Castoriadis, *La Société Bureaucratique*, I : *Les rapports de production en Russie*, Paris: UGE: 11-61. ("General Introduction", in Castoriadis 1988.)

Castoriadis, Cornelius 1975, "An Interview with Cornelius Castoriadis", *Telos*, 23(Spring): 131-55.

* Castoriadis, Cornelius 1978-79, "The Social Regime in Russia", *Telos*, 38(Winter): 32-47.

Castoriadis, Cornelius 1988, *Political and Social Writing*, I : *From the Critique of Bureaucracy to the Positive Content of Socialism*, trans. David Ames Curtis, Minneapolis: University of Minnesota Press.

Cavaignais, Laetitia, 'Introduction', in Alexander Zimine 1982, *Le stalinisme et son 'socialisme réel'*, Paris: Ed. La Brèche.

* Challinor, Raymond 1948, " 'State Capitalism' —A New Order", *Left*, 140(June): 137-41.

Challinor, Ray(mond) 1995, "The Perspective of the Long Haul", *Workers' Liberty*, 21 (May): 27-8.

Chattopadhyay, Paresh 1972, "On the Political Economy of the Transition Period", *Monthly Review*, 24, 4(September): 12-29.

* Chattopadhyay, Paresh 1981, "Rise of Social Capitalism in the USSR", *Economic and Political Weekly*, 24: 1063-8, 25-26: 1103-20 and 27: 1157-61.

* Chattopadhyay, Paresh 1983, "Post-Revolutionary Society: Socialism, Bureaucracy or Social Capitalism?", *Revue des Pays de l'Est*, 1-2: 199-224.

* Chattopadyay, Paresh 1987, "On the Marxian Category of 'Competition of Capitals' and its Relevance for the 'Postrevolutionary' Economy", *Research in Political Economy*, 10:3-25.

* Chattopadyay, Paresh 1990, "La dynamique de l'économie soviétique à la lumière de l'analyse marxienne de l'accumulation du capital", *Economie appliquée*, 2: 5-32.

* Chattopadhyay, Paresh 1992, "Economics of Shortage or Specificity of Capital Accumulation? The Soviet Case — A Marxian Perspective", *Research in Political Economy*, 13: 75-121.

* Chattopadyay, Paresh 1994, *The Marxian Concept of Capital and the Soviet Experience*, Westport: Praeger.

* Chattopadyay, Paresh 2004, "The Soviet Question and Marx Revisited: A Reply to Mike Haynes", *Historical Materialism*, 12, 2: 111-28.

* Chaulieu, Pierre〔Cornelius Castoriadis〕 1949, "Les rapports de production en Russie", *Socialisme ou Barbarie*, 2(May-June): 1-66.〔"The Relations of Production in Russia", in Castoriadis 1988.〕

* Chaulieu, Pierre〔Cornelius Castoriadis〕and Claude Montal〔Claude Lefort〕 1946, "Sur le régime et contre la défense de l'URSS", *Bulletin Interieur: PCI*, 31(August).〔"On the Regime and Against the Defense of the USSR", in Castoriadis 1988.〕

* Chaulieu, Pierre〔Cornelius Castoriadis〕and Claude Montal〔Claude Lefort〕 1947, "Le problème de l'URSS et la possibilité d'une troisième solution historique", *L'URSS au lendemain de la guerre. Matériel de discussion préparatoire au IIe congrès de la IVe Internationale*, III(February).〔"The Problem of the USSR and the Possibility of a Third Historical Solution", in Castoriadis 1988.〕

Chaussy, Ulrich 1983, *Die drei Leben des Rudi Dutschke. Eine Biographie*, Darmstadt: Luchterhand.

* Chavance, Bernard 1977a, "On The Relations of Production in the USSR", *Monthly Review*, 29, 1(May): 1-13.

* Chavance, Bernard 1977b, "Remarques sur la réponse de Paul Sweezy", *Les Temps Modernes*, 375(October): 34-9.

* Chavance, Bernard 1980a, *Le Capital socialsite*, Paris: Le Sycomore.

* Chavance, Bernard 1980b, "Une alternative existant réellement? Notes sur le livre de Rudolf Bahro", *Les Temps Modernes*, 412(November): 794-808.

* Chavance, Bernard 1981, "La nature du système soviétique. Questions et enjeux", *Les Temps Modernes*, 419(June): 2198-213.

* Chavance, Bernard 1983, *Le système économique soviétique,* Paris: Le Sycomore.

* Chavance, Bernard 1983-4, "Pourquoi le capitalisme étatique? Réponse à 'Marxisme en crise cherche sociétés socialistes'", *Babylone,* 2-3(Winter): 126-42.

* Chavance, Bernard 1985, "Economie et politique dans La Dictature sur les besoins", *Les Temps Modernes*, 468-469(July-August 1985): 103-33.

* Ciaramelli, Fabio 1987, " 'Socialisme ou Barbarie' e la questione sovietica", *MondOperaio,* 40, 1: 100-6.

* Ciliga, Ante 1938, *Au Pays du Grand Mensonge. Problèmes et documents,* Paris: Gallimard. [Anton Ciliga, *The Russia Enigma,* Westport: Hyperion, 1973.]

* Clarke, George [Bert Cochran] 1953, "Stalin's Role—Stalin's Future", *Fourth International,* XIV, 1(January-February): 5-13.

* Clarke, Simon 1990, "Crisis of Socialism or Crisis of the State?", *Capital & Class,* 42(Winter), 19-29.

* Clarke, Simon 1992, "Privatization and the Developement of Capitalism in Russia", *New Left Review,* I, 196(November-December): 3-41.

* Clarke, Simon 1993, "The Crisis of the Soviet System", in Clarke et al., *What About the Workers? Workers and the Transition to Capitalism in Russia,* London: Verso.

* Clarke, Simon 2004, "Resnick and Wolff's Class Theory and History", *Research in the History of Economic Thought and Methodology. A Research Annual,* 22-A: 355-63.

* Claudin, Fernando 1978, "Die Debatte um die Nature des 'realen Sozialismus' und ihre politischen Konsequenzen", *Kritik,* 16: 123-7.

* Clawson, Pat and James Keenan 1979, "Economism Exposed — Bettelheim on the Bolshevik Revolution", *The Insurgent Sociologist,* IX, 1: 80-8.

Clecak, Peter 1973, *Radical Paradoxes. Dilemmas of the American Left 1945-1970,* New York: Harper & Row.

Clementi, Andreina de 1971, *Amadeo Bordiga,* Turin: Einaudi; Franco Livorsi 1976, *Amadeo Bordiga,* Rome: Edition Riuniti.

Cless, Olaf 1978, " 'Bürokratie' — Anmerkungen zu einem Schlagwort", in *Beiträge zur Sozialismusanalyse,* Volume I, edited by Peter Brokmeier and Rainer Rilling, Cologne: Pahl-Rugenstein.

Cliff, Tony [Ygael Gluckstein] 1947, "All That Glitters Is Not Gold. A Reply to Germain's 'From the ABC to Current Reading: Boom, Revival or Crisis?' ", Revolutionary Communist Party, British Section of the Fourth International, *Internal Bulletin,* (September). [Reprint in Cliff 2003.]

* Cliff, Tony [Ygael Gluckstein] 1948a, "The Nature of Stalinist Russia", trans. C. Dallas,

Revolutionary Communist Party, British Section of the Fourth International, *Internal Bulletin* (June). (Duplicated text, available at the International Institute of Social History, Amsterdam.) 〔Reprint in Cliff 2003.〕

* Cliff, Tony〔Ygael Gluckstein〕1948b, "The Theory of Bureaucratic Collectivism: A Critique", Duplicate document, 〔Reprint in Cliff 2003.〕

Cliff, Tony〔Ygael Gluckstein〕1950, "On the Class Nature of the 'People's Democracies'", in *The Origins of the International Socialists*, edited by Richard Kuper, London: Pluto Press, 1971.

Cliff, Tony 〔Ygael Gluckstein〕1957, "Perspectives of the Permanent War Economy", *Socialist Review,* 6, 8(May): 5-6.

Cliff, Tony 〔Ygael Gluckstein〕1960, "The Revolutionary Party and the Class, or Trotsky on Substitutionism", *International Socialism,* I , 2(Autumn): 14-26.

* Cliff, Tony〔Ygael Gluckstein〕 1964-65, "The End of the Road. Deutscher's Capitulation to Stalinism", *International Socialism,* I , 15(Winter): 10-20.

Cliff, Tony〔Ygael Gluckstein〕 1979, "Tony Cliff Interview", *The Leveller,* September.

Cliff, Tony〔Ygael Gluckstein〕 1991, "Balance of Powerlessness", *Socialist Review,* September: 10-1.

Cliff, Tony〔Ygael Gluckstein〕 2000, *A World to Win. Life of a Revolutionary,* London: Bookmarks.

Cliff, Tony〔Ygael Gluckstein〕 2003, *Marxist Theory after Trotsky,* Selected Writings, Volume 3, London: Bookmarks.

Cohen, Stephen F. 1975, *Bukharin and the Bolshevik Revolution. A Political Biography 1888-1938,* New York: Random House.

Collins, Henry 1961, "The Case for Left Reformism", *International Socialism,* I , 6(Autumn): 15-19.

* Colyer, Tom 1947, "Cork on Russia", *Left,* 133(November): 247-50.

* Colyer, Tom 1948a, "What Remains of the Russian Revolution?", *Left,* 136(February): 32-6.

* Colyer, Tom 1948b, "Our Attitude to Russia", *Left,* 138(April): 73-80.

* Conert, Hansgeorg 1974, "Zur Diskussion über die Sowjetgesellschaft", *Links,* 52(February): 10-3, 54(April): 7-10.

* Conert, Hansgeorg 1977, "Zur Kritik der Sowjetgesellschaft", *Links,* 87(April): 15-18.

* Conert, Hansgeorg 1979, "Über Konstitutionsmerkmale nachkapitalistischer Gesellschaften", *Das Argument,* 117: 716-29.

* Conert, Hansgeorg and Wolfgang Eichwede 1976, *Produktionsverhältnisse und Arbeiterklasse in der UdSSR,* Hannover: Landeszentrale für politische Bildung.

"Conférence de fondation de la IVe Internationale. Procès-verbaux de la conférence etablis selon les notes prises par un délégué americaine et un délégué francais" 1979, Cahiers Léon Trotsky, 1: 17-57.

Conner, Cliff 1973, "From World War II to the Cold War", in *Towards a History of the Fourth*

International, Part I , New York: Socialist Workers Party.

* Coolidge, David 1941, "What is a Workers' State?", *New International*, VII: 116-9.

Corey, Lewis〔Louis Fraina〕 1934, *The Decline of American Capitalism*, New York: Covici, Friede.

* Cork, Jim 1947a, "The Russian Question", *Left*, 128(June): 134-9.

* Cork, Jim 1947b, "Ridley on Russia", *Left*, 133(November): 243-6.

* Cork, Jim 1948, "What Remains of the Russian Revoltion?", *Left*, 137(March): 49-54.

Coser, Lewis 1954, "But on other terms…", *Dissent*, 1, 3(Summer): 234-41.

* Cox, Michael 1987, "Perry Anderson and Leon Trotsky on *The Revolution Betrayed*", *Critique*, 20-1: 151-63.

Cox, Michael 1994, "Trotsky — His Enemies and Friends and the Soviet Crisis", *Critique*, 26: 149-63.

* Cox, Michael (ed.) 1998, *Rethinking the Soviet Collapse. Sovietology, the Death of Communism and the New Russia*, London: Pinter.

* Craipeau, Yvan 1938, "La Quatrième Internationale et la Contre-Révolution Russe", *Quatriéme Internationale* (June), special issue: 81-5.

* Craipeau, Yvan 1976, "U.S.S.R.: Comment amorcer le dégel", *Critique socialiste*, 24: 85-90.

* Craipeau, Yvan 1980, "Trockij e la natura sociale dell'URSS", *Il Ponte*, 36: 11-12: 1440-61.

* Croan, Melvin 1962, "Prospects for the Soviet Dictatorship: Otto Bauer", in *Revisionism. Essays on the History of Marxist Ideas*, edited by Leopold Labedz, London: George Allen and Unwin.

* C〔ycon〕, D〔ieter〕 1952a, "Die innerpolitischen Tendenzen in Sowjetrussland: Der Sieg der 'Neuen Intelligenz'", *Funken*, III, 6(November): 1-4.

* C〔ycon〕, D〔ieter〕 1952b, "Klassenstaat oder 'Übergang zum Kommunismus'", *Funken*, III, 7(December): 1-6.

* C〔ycon〕, D〔ieter〕 1953a, "Wirtschaftliche Perspektiven der Sowjetunion", *Funken*, III, 9(February): 7-10.

* C〔ycon〕, D〔ieter〕 1953b, "Russische Probleme", *Funken*, III, 10(March):9-10.

D'Agostino, Anthony 1979, "Ambiguities of Trotsky's Leninism", *Survey*, 24, 1(Winter): 178-203.

* Dallemagne, Jean-Luc 1972, "Charles Bettelheim ou l'identification des contraires", *Critiques de l'économie politique*, 7-8: 17-46.

* Dallemagne, Jean-Luc 1974, "La dégénérescence de l'Etat ouvrier", in L.D. Trockij, *La nature de l'URSS*, Paris: La Brèche.

* Damen, Onorato 1977, *Bordiga: validità e limiti d'una esperienza nella sinistra italiana*, Milan: EPI.

* Damkjær, Søren 1979a, "Bettelheim og teorien om overgangssamfundet", *Historievidenskab*, 17: 43-64.

* Damkjær, Søren 1979b, "Den tyske skoles socialismeanalyse", *Historievidenskab,* 17: 161-9.

Damus, Renate 1973, *Entscheidungsstrukturen und Funktionsprobleme in der DDR-Wirtschaft,* Frankfurt am Main: Suhrkamp.

* Damus, Renate 1974a, "Vergesellschaftung oder Bürokratisierung durch Plannung in nachkapitalistischen Gesellschaften", *Leviathan,* 2: 179-98.

* Damus, Renate 1974b, "Ist die Arbeit im Sozialismus Lohnarbeit? Zum Charakter der Arbeit in den nachkapitalistischen Gesellschaften Osteuropas", *Kursbuch,* 38: 92-102.

Damus, Renate 1976, "Zur Reproduktion von Herschaft in nachkapitalistischen Gesellschaften", *Prokla,* 22: 149-59.

* Damus, Renate 1978a, *Der reale Sozialismus als Herschaftssystem am Beispiel der DDR,* Giessen: Focus.

* Damus, Renate 1978b, "Die Intelligenz als Potential des gesellschaftlichen Umwälzungsprozesses im 'realen Sozialismus' : nach Rudolf Bahro", *Prokla,* 31: 67-73.

Daniels, Robert V. 1960, *The Conscience of the Revolution. Communist Opposition in Soviet Russia,* Cambridge, MA.: Harvard University Press.

Datta, Satyabratta 1981, "Sovjetrysslands historiska förutsättningar. En diskussion av Rudi Dutschkes Rysslandanalys och Leninkritik", *Häften för kritiska studier,* XIV, 3: 46-80.

* Daum, Walter 1990, *The Life and Death of Stalinism. A Resurrection of Marxist Theory,* New York: Socialist Voice.

David, Gérad 2000, *Cornelius Castoriadis: le projet d'autonomie,* Paris: Michalon.

Davy, Marie-Magdaleine 1956, *Simone Weil,* Paris: Ed. Universitaires.

Day, Richard 1973, *Leon Trotsky and the Politics of Economic Isolation,* Cambridge: Cambridge University Press.

* Day, Richard 1975, "Preobrazhensky and the Theory of the Transition Period", *Soviet Studies,* 27, 2(April): 196-219.

De Liagre Böhl, Hermann 1973, *Hermann Gorter. Zijn politieke aktiviteiten van 1909 tot 1920 in de opkomende arbeidersbeweging in Nederland,* Nijmegen: SUN.

De Liagre Böhl, Hermann 1996, *Met al mijn bloed heb ik voor U geleefd. Herman Gorter 1864-1927,* Amsterdam: Balans.

* Denitch, Bogdan 1979, "Eurocommunism and 'The Russian Question'", *Telos,* 39(Spring): 180-91. [Shortened version in Dissent, XXVI(Summer 1979): 326-30.]

* Desolre, Guy 1983, "Commentaire de l'article de P. Chattopadhyay", *Revue des Pays de l'Est,* 1-2: 227-31.

Deutscher, Isaac 1949, *Stalin. A Political Biography,* London: Oxford University Press.

* Deutscher, Isaac 1953, *Russia After Stalin,* London: Hamish Hamilton.

* Deutscher, Isaac 1954a, "Réponse aux critiques", *Esprit,* 212(March): 350-67.

* Deutscher, Isaac 1954b, "The Future of Russian Society", *Dissent,* I, 3(Summer): 221-34.

* Deutscher, Isaac 1954c, "Russia: After Lenin and After Stalin", *The American Socialist,* I, 11(November): 25-7.

Deutscher, Isaac 1954d, *The Prophet Armed. Trotsky: 1879-1921,* Oxford: Oxford University Press.

* Deutscher, Isaac 1955a, "Russia in Transition", *Dissent,* II, 1(Winter): 23-39.

Deutscher, Isaac 1955b, *Heretics and Renegades and Other Essays,* London: Hamish Hamilton.

Deutscher, Isaac 1959, *The Prophet Unarmed. Trotsky: 1921-1929,* Oxford: Oxford University Press.

Deutscher, Isaac 1963, *The Prophet Outcast. Trotsky: 1929-1940,* Oxford: Oxford University Press.

* Deutscher, Isaac 1967, *The Unfinished Revolution. Russia 1917~1967,* Oxford: Oxford University Press.

* Deutscher, Isaac 1969, "The Roots of Bureaucracy(Ed. by Tamara Deutscher)", *Canadian Slavonic Studies,* III, 3: 453-72.

* Devaux, Jean 1972, "Lénine et Trotsky et la transition au socialisme", *Critiques de l'économie politique,* 6: 26-46.

* Dévérité, Jules(Leo Kofler) 1951, *Marxistischer oder stalinistischer Marxismus?,* Cologne: Verlag für politische Publizistik.

Dhongy, Farrukh 2001, *C. L. R. James: A Life,* New York: Pantheon Books.

Dhoquois, Guy 1972, "Per una critica dell'esotismo: a proposito di socialismo e di capitalismo di Stato", *Terzo Mondo,* 17: 72-8.

* Dickhut, Willi 1974, *Die Restauration des Kapitalismus in der Sowjetunion,* Stuttgart: Neuer Weg.

Dickler, Robert A. 1978, "Die gesellschaftstheorie Alfred Sohn-Rethels in historischer Perspective", in *Symposium Warenform-Denkform. Zur Erkenntnistheorie Sohn-Rethels,* edited by Heinz D. Dombrowski, Ulrich Krause and Paul Roos, Frankfurt am Main: Campus Verlag.

Diederich, Werner (ed.) 1974, *Beiträge zur diachronischen Wissenschaftstheorie,* Frankfurt am Main: Suhrkamp.

* Diner, Dany 1977, "Geschichtsbewusstsein und Sowjetkritik", *Links,* 91(September): 16-17.

Dingel, Frank 1981, "Paul Mattick(1904-1981)", *Internationale wissenschaftliche Korrespondenz zur Geschichte der deutschen Arbeiterbewegung,* 17: 190-7.

* Dittrich, Z. R. 1966, "Wittfogel and Russia. On the Origins of Russian Autocracy", *Acta Historiae Neerlandica,* 1 : 53-66.

* Djilas, Milovan 1950, *On New Roads to Socialism. Address Delivered at the Pre-Election Rally of Belgrade Students, March 18, 1950,* Belgrade: Jugoslavenska Knjiga.

* Djilas, Milovan 1951, "Thèmes contemporaines: I , Apparences et essence de l'Union Soviétique", *Questions actuelles du socialisme,* 1-2 (March-April): 3-78. 〔Originally: *Savremene teme,* Belgrado: Borba, 1950.〕

* Djilas, Milovan 1952, "Class or Caste?", in Djilas, *Parts of a Lifetime,* New York: Harcourt Brace, 1975.

Djilas, Milovan 1956, "The Storm in Eastern Europe", *The New Leader,* 19 November.

* Djilas, Milovan 1957, *The New Class. An Analysis of the Communist System,* New York: Praeger.

* Domanewskaja, Olga 1934-5, "Der soziale Gehalt des Sowjetstaates", *Rote Revue,* 14: 267-7.

Draper, Hal 1959, "Bruno R.", *New Reader,* 12 October: 29.

Draper, Hal 1962, "Marx and the Dictatorship of the Proletariat", *Etudes de Marxologie,* 6: 5-73.

Draper, Hal 1999, "Anatomy of the Rizzi Myth", *Workers' Liberty,* 57 (September): 29-31.

Drucker, Peter 1994, *Max Shachtman and His Left. A Socialist's Odyssey through the 'American Century,'* Atlantic Highlands: Humanities Press.

Dubiel, Helmut 1975, "Kritische Theorie und politische ökonomie", in Friedrich Pollock, *Stadien des Kapitalismus,* edited and introduced by Helmut Dubiel, Munich: C. H. Beck.

Ducombs, M. 1972, "Le sens de réformes dans les économies de transition", *Critiques de l'économie politique,* 7-8: 150-61.

Düll, Klaus 1975, *Industriesoziologie in Frankreich. Eine historische Analyse zu den Themen Technik, Industriearbeit, Arbeiterklasse,* Frankfurt: EVA.

Dulles, John W. F. 1973, *Anarchists and Communists in Brazil 1900-1935,* Austin: Texas University Press.

Dulles, John W. F. 1983, *Brazilian Communism 1935-1945. Repression during World Upheaval,* Austin: Texas University Press.

Dunayevskaya, Raya〔Rae Spiegel〕1944, "A New Revision of Marxian Economics", *American Economic Review,* 34, 3(September): 531-7.

Dunayevskaya, Raya〔Rae Spiegel〕1945, "Revision or Reaffirmation of Marxism? A Rejoinder", *American Economic Review,* 35, 3(September): 660-4.

* Dunayevskaya, Raya〔Rae Spiegel〕1958, *Marxism and Freedom. From 1776 until Today,* New York: Bookman.

* Dunayevskaya, Raya〔Rae Spiegel〕1960, "Bureaucratic et capitalisme d'Etat", *Arguments,* 17: 45-7.

* Dunayevskaya, Raya〔Rae Spiegel〕1973, *Russia as State Capitalism,* Detroit: News & Letters.

* Dunayevskaya, Raya〔Rae Spiegel〕1992, *The Marxist-Humanist Theory of Stat-Capitalism: Selected Writings,* Chicago: News & Letters.

* Dutschke, Rudi 1974, *Versuch, Lenin auf die Füsse zu stellen. Über den halbasiatischen und den* *westeuropäischen Weg zum Sozialismus. Lenin, Lukács und die Dritte Internationale,* West Berlin: Wagenbach.

* Dutschke, Rudi 1975, "Der Kommunismus, die despotische Verfremdung desselben in der UdSSR und der Weg der DDR zum Arbeiteraufstand vom 17. Juni 1953", in Rudi Dutschke and Manfred Wilke (eds.) 1975.

* Dutschke, Rudi 1976, "Antwort auf Schmidt und andere", *Das Argument,* 95; 92-106

* Dutschke, Rudi 1977, "Zur Sowjetgesellschaft. Das politisch ungeklärte Problem der Metamorphosen der asiatischen Produktionsweise", *Links,* 89(June): 15-16.

* Dutschke, Rudi 1978, "Wider die Päpste. Die Schwierigkeiten, das Buch von Rudolf Bahro zu diskutieren", in Ulf Wolter (ed.), *Antworten auf Bahros Herausforderung des realen Sozialismus,* West Berlin Olle & Wolter. 〔"Against the Popes: How Hard It Is to Discuss Bahro's Book", in *Rudolf Bahro: Critical Responses,* edited by Ulf Wolter, White Plains: Sharpe, 1980.〕

Dutschke, Rudi and Manfred Wilke (eds.) 1975, *Die Sowjetunion, Solschenizyn und die westliche Linke,* Reinbek: Rowohlt.

* Ebbing, Hans 1975a, "Plan, pris or 'profit' i Sovjetunionen", *Häften för kritiska studier,* VIII, 4: 29-44.

* Ebbing, Hans 1975b, "Ridderne av den røde fane", *Kontrast,* 53: 9-27.

* Ebbing, Hans 1976, "Til spørsmålet om arbeidskraftens varekarakter", *Vardøger,* 8: 152-66.

* Eggert, Johann 1973, "Die Sowjetgesellschaft: eine sozialistische Gesellschaft?", *Links,* 45(June): 8-10; 46(July-August): 22-3; 47(September): 14-9.

* Eggert, Johann 1974, "Über den sozialen Antagonismus in der Sowjetgesellschaft?", *Links,* 57(July-August): 16-19.

Entschiedene Linke 1926, "Resolution zur Politik und Taktik der KPD und Komintern", *Kommunistische Politik,* 2(April): 2-4.

* Eichwede, Wolfgang 1977, "Fragen die jeden bewegen···und auf die es keine eindeutigen Antworten gibt", in Wolfgang Eichwede, Peter Knirsch and Boris Meissner, *60 Jahre Sowjet-Russland,* Hannover: Niedersächsische Landeszentrale fur Politische Bildung.

* Eichwede, Wolfgang and Hans Kaiser 1977, "Sowjetgesellschaft. Zur bisherigen Diskussion in *Links*", *Links,* 93(November): 22-4.

* Elfferding, Wieland 1979, "Gibt es in den sozialistischen Landern Herschaftsverhältnisse?", *Das Argument,* 117: 730-4.

Eliard, Michel (ed.) 1996, *Naville: la passion de la connaissance,* Toulouse: Presses Universitaires du Mirail-Toulouse.

* Elleinstein, Jean 1975, *Histoire du phénomène stalinien,* Paris: Bernard Grasset.

Elleinstein, Jean 1979, *Staline, Trotsky, le pouvoir et la révolution,* Paris: Julliard.

Engels, Friedrich 1875, "Letter to August Bebel' dated 18-28 March 1875", in Marx and Engels, *Collected Works,* Volume 45, Moscow: Progress, 1991.

Engels, Friedrich 1878, *Anti-Dühring. Herr Eugen Dühring's Revolution in Science,* in Marx and Engels, *Collected Works,* Volume 25, Moscow: Progress, 1987.

Entschiedene Linke 1926, "Resolution zur Politik und Tatik der KPD und Komintern", *Kommunistische Politik,* 2(April): 2-4.

* Erbe, Günther 1978, "Klassenantagonismus oder Schichtendifferenzierung. Bemerkungen zu Bahros Analyse der Sozialstruktur des realen Sozialismus", *Prokla,* 31: 57-65.

* Fabrègues, Bernard 1976-7, "Eléments sur les formes spécifiques du capitalisme en URSS", *Communisme,* 25-6(November-February): 4-25.

* Fagerlid, Olav 1974, "Noen bemerkninger til Sæmund Fiskvik", *Vardøger,* 6: 152-8.

* Fantham, John and Moshe Machover 1979, *The Century of the Unexpected. A New Analysis of Soviet-Type Societies,* London: Big Flame.

* Farl, Erich 1973, "The Genealogy of State Capitalism", *International,* 2, 1(Spring): 18-23.

* Farl, Erich 1974, "Is the U.S.S.R an Imperialist Country?", *International,* II, 3(Summer): 23-6.

* Fehér, Ferenc 1978, "The Dictatorship over Needs", *Telos,* 35(Spring): 31-42.

* Fehér, Ferenc 1980, "Paternalismo e dispotismo in URSS", *MondOperaio,* XXXIII, 4: 107-14.

* Fehér, Ferenc, Agnes Heller & György Márkus 1983, *Dictatorship over Needs. An Analysis of Soviet Societies,* Oxford: Basil Blackwell.

Fejtö, Férenc n. d. [1952], *Histoire des démocraties populaires,* I, Paris: Maspero.

Felix, Vs. 1951, "Soziale Gegensätze in der UdSSR", *Funken,* I, 11(April): 7-9.

Fenwick, J. [Hal Draper] 1948, "The Mysterious Bruno R.", *New International,* XIV-XV(September): 215-18.

* [Fernandez, Neil] 1989, *Capitalism and Class Struggle in the USSR* [Subversion Discussion Paper 1], [Manchester]: no Publisher.

* Fernandez, Neil 1997, *Capitalism and Class Struggle in the USSR. A Marxist Theory,* Aldershot: Ashgate.

Feyerabend, Paul 1970, "Consolations for the Specialist", in *Criticism and the Growth of Knowledge,* edited by Imre Lakatos and Alan Musgrave, Cambridge: Cambridge University Press.

* Filtzer, Donald 1978, "Preobrazhensky and the Problem of the Soviet Transition", *Critique,* 9(Spring-Summer): 63-84.

Filtzer, Donald A. 1991, "The Contradictions of the Marketless Market: Self-Finacing in the Soviet Industrial Enterprise, 1986-90", *Soviet Studies,* 43: 989-1009.

* Finger, Barry 1995, "Russia Before the Deluge: Workers' State or Bureaucratic Collectivism?", *New Politics,* New Series, 5-2(Winter), 168-79.

* Finger, Barry 1997, "On Bureaucratic Collectivism", *New Politics,* New Series, 6-3(Summer), 142-50.

* Fisch, William L. 1973, "On the Political Economy of the Transition Period", *Monthly Review,* 24, 9(February): 48.

* Fiskvik, Sæmund 1974, "Til debatten om utviklinga i Sovjet", *Vardøger,* 6: 137-51.

* Flaherty, Patrick 1990, "The State and the Dominant Class in the Soviet Perestroika", *Research in Political Economy,* 12: 253-94.

* Fleischer, Helmut 1978, "Rudolf Bahros Beitrag zur Philosophie des Sozialismus", in *Antworten auf Bahros Herausforderung des 'realen Sozialismus',* edited by Ulf Wolter, West Berlin: Olle & Wolter, 57-82. ("Bahro's Contribution to the Philosophy of Socialism", in *Rudolf Bahro. Critical Responses,* edited by Ulf Wolter, White Plains: M. E. Sharpe, 1980.)

* Fontaine, J. M. 1980, "Gouverner par la terreur: Staline et les 'transitions autoritaires'", *Critique socialiste,* 40: 75-85.

* Forest, F. (Rae Spiegel) 1942-3, "An Analysis of Russian Economy", *New International,* VIII (December 1942), 327-32; IX(January 1943): 17-22 and X (February 1943): 52-7.

Foster, John Bellamy 2004, "The Commitment of an Intellectual. Paul M. Sweezy(1910-2004)", *Monthly Review,* 56, 5(October): 5-39.

* Fournier, Laurent 1973, "Capitalisme en Union Soviétique", *Communisme,* 2(January-February): 50-70.

Fourth International 1946, "The New Imperialist Peace and the Building of the Parties of the Fourth International", *Fourth International,* 9, 6 (June): 169-83.

* Fourth International 1947, "The Russian Question Today", *Fourth International,* 10, 9 (November-December): 259-73.

Fourth International 1949, "The Evolution of the Buffer Countries", *International Information Bulletin,* June.

Fourth International 1951, "Class Nature of Eastern Europe" (Resolution of the Third World Congress, introduced by Pierre Frank), *Fourth International,* 12, 6(November-December): 198-200.

Fourth International 1958, "The Decline and Fall of Stalinism. Resolution adopted by the Fifth World Congress", *Fourth International,* 1(Winter): 56-75.

* Fox, Michael 1991, "Ante Ciliga, Trotskii, and State Capitalism: Theory and Tactics, and Re-Evaluation During the Purge Era, 1935-1939", *Slavic Review,* 50, 1: 127-43.

* Foxcroft, Helen Charlotte 1938, "The Revolution Betrayed", *The Quarterly Review,* 535: 1-14.

* Franck, Sebastian (Jacoby, Henry) 1953a, "Russische Probleme", *Funken,* III, 9(February):1-4.

* Franck, Sebastian (Jacoby, Henry) 1953b, "Probleme einer marxistischen Analyse der russischen

Gesellschaft", *Funken,* IV, 4(September): 57-61.

* Franck, Sebastian〔Jacoby, Henry〕 1958, "Alte und neue Klassen", *Funken,* IX, 6(June): 86-90.

Frank, Pierre 1951, "Evolution of Eastern Europe" 〔Report to the 3rd World Congress〕, *Fourth International,* 12, 6(November-December): 176, 213-18.

* Frank, Pierre 1975, "Problèmes d' Union soviétique vus d'Union soviétique", *Quatrième Internationale,* New Series, 20-21(Spring): 37-44.

* Frank, Pierre 1977a, " 'Novateurs' et 'conservateurs' dans la question de l' URSS" , in Pierre Frank, *Le stalinisme,* Paris: Maspero.〔Originally published in a supplement of the *Bulletin Intérieur* [International Secretariat of the Fourth International], July 1947.〕

* Frank, Pierre 1977b, "Die Klassennatur der Sowjetunion im Lichte ihrer Krisen" , in *Entstalinisierung. Der XX. Parteitag der KPdSU und seine Folgen,* edited by Manfred Crusius and Manfred Wilke, Frankfurt am Main: Suhrkamp.

Frank, Pierre 1977c, *Le stalinisme,* Paris: Maspero.

Frank, Pierre 1978, "War der 'real existierende Sozialismus' historisch notwendig?" , in *Antworten auf Bahros Herausforderung des 'realen Sozialismus' ,* edited by Ulf Wolter, West Berlin: Olle & Wolter. 〔"Was 'Actually Existing Socialism' Historically Necessary?" , in *Rudolf Bahro. Critical Responses,* edited by Ulf Wolter, White Plains: M. E. Sharpe, 1980.〕

Freeman, Mike 1986, "The Road to Power" , *Confrontation,* 1(Summer): 32-89.

* Frölich, Paul 1952, "Vom Wege zum Sozialismus" , *Funken,* II, 11(April): 9-14.

Frölich, Paul 1967, *Rosa Luxemburg: Gedanke und Tat,* Frankfurt am Main: EVA.

* Frölich, Paul 1976, "Beiträge zur Analyse des Stalinismus. Zwei unveröffentlichte Beiträge aus dem Nachlass" , *Jahrbuch Arbeiterbewegung,* 4: 141-58.

* Frühling, Pierre 1974a, "Reflexioner kring analysen av övergångssamhällena" , *Zenit,* 37: 47-61.

* Frühling, Pierre 1974b, "Synpunkter på M-L-forbundes 'Sovjetanalys' ", *Häften för kritiska studier,* VII, 7-8: 62-76.

* Frühling, Pierre 1976, "Nils Holmberg och sovjetanalysen" , *Häften för kritiska studier,* IX, 4: 50-60.

* Füredi, Frank 1986, *The Soviet Union Demystified. A Materialist Analysis,* London: Junius.

* Gandy, Ross 1976, "More on the Nature of Soviet Society" , *Monthly Review,* 27, 10(March): 11-14.

* Gandy, Ross 1977, "The East European Social Formation", *Monthly Review,* 29, 3(July-August): 82-8.

* García Casals, Felipe〔Pavel Campeanu〕1980a, "Theses on the Syncretic Society" , *Theory and Society,* IX, 2 (March): 233-60.

García Casals, Felipe〔Pavel Campeanu〕1980b, "Introduction", in García Casals, *The Syncretic Society,* translated from the French by Guy Daniels, White Plains: M. E. Sharpe.

* Gardoncini, Giovanni Battista 1978, "Il sistema sovietica nel dibattito degli austro-marxisti",

MondOperaio, XXXI, 10: 77-82.

Garstka, Dietrich and Werner Seppmann 1980, "Aus der Lebensgeschichte Leo Koflers", in *Marxismus und Anthropologie. Festschrift für Leo Kofler,* edited by Ernst Bloch et al., Bochum: Germinal.

* Gates, Albert 1941, "Burnham and his Managers", *New International,* VII: 144-8, 175-9.

* Gates, Albert 1958, "Djilas' Indictment of Stalinism", *New International,* XXIV, 1(Winter): 30-5.

Gaudillière, Jean-Paul et al. 2005, "De l'autogestion ouvrière au mythe de Solidarnosc. Entretien avec Karol Modzelewski", *Mouvements,* 37(January-February): 109-18.

* Geisslinger, Hans 1979, "Die asiatische Produktionsweise — Fata Morgana oder historische Realität? Eine Antwort auf Florian Gellerts Essay 'Rudolf Bahro und die asiatische Produktionsweise'", *Theorie und Praxis des Marxismus-Leninismus,* 1: 13-27.

* Gellert, Florian 1978, "Rudolf Bahro und die Asiatische Produktionsweise", *Theorie und Praxis des Marxismus-Leninismus,* 3: 26-39.

Gerber, John 1989, *Anton Pannekoek and the Socialism of Workers' Self-Emancipation 1873-1960,* Dordrecht: Kluwer.

Germain, E.(Ernest Mandel) 1947a, "De l'A.B.C. à la lecture courante: boom, reprise ou crise?", *Bulletin Intérieur du Secrétariat International,* II, 16 (July): 34-7.

Germain, E.(Ernest Mandel) 1947b, "Projet de thèses de la 4e Internationale et le Stalinisme", *Bulletin Interieur du Secrétariat International,* November.

* Germain, E.(Ernest Mandel) 1951a, "La théorie du 'capitalisme d'Etat'", *Quatrième Internationale,* IX, 5-7(May-July): 21-33.

Germain, E.(Ernest Mandel) 1951b, "Zur Theorie des 'Staatskapitalismus' in Sowjetrussland", *pro und contra,* 2, 7-8(July-August)(German version of Germain 1951a.)

Germain, E.(Ernest Mandel) 1951c, "The Theory of 'State Capitalism'", *Fourth International,* XII, 5(September-October): 145-56(English version of Germain 1951a.)

* Germain, E.(Ernest Mandel) 1951d, "Nochmals zur Theorie des 'russischen' Staatskapitalismus", *pro und contra,* II, 11-12(November-December): 172-6.

* Germain, E.(Ernest Mandel) 1952, "Diskussion in der Sackgasse", *pro und contra,* III, 3-4(March-April): 48.

Germain, E.(Ernest Mandel) 1956, "Le 6e plan quinquennal", *Quatrième Internationale,* 14, 1-3(March): 17-21.

* Germain, Ernest(Ernest Mandel) 1958, "Prospects and Dynamics of the Political Revolution against the Bureaucracy", *Fourth International,* 1(Winter): 75-81.

Gilcher-Holtey, Ingrid 1986, *Das Mandat des Intellektuellen. Karl Kautsky und die Sozialdemokratie,*

West Berlin: Siedler.

Gillman, Joseph M. 1957, *The Falling Rate of Profit. Marx's Law and its Significance to Twentieth Century Capitalism*, London: Dennis Dobson.

* Givsan, Hassan 1978, "Eine Kritik an Bahros alternativer Geschichsschreibung", in *Antworten auf Bahros Herausforderung des "realen Sozialismus"*, edited by Ulf Wolter, West Berlin: Olle & Wolter. 〔"A Critique of Bahro' s Alternative Writing of History", in *Rudolf Bahro. Critical Responses*, edited by Ulf Wolter, White Plains: M. E. Sharpe, 1980.〕

* Goldman, Albert 1940, *Why We Defend the Soviet Union*, New York: Pioneer Publishers.

Goldner, Loren 1991, "Amadeo Bordiga, The Agrarian Question and the International Revolutionary Movement", *Critique*, 23: 73-100.

* Golubović, Zagorska 1984, "Why 'Dictatorship Over Needs' is Not Socialism", *Praxis International*, 4: 322-34.

* Golubović, Zagorska 1985, "Logical Fallacies or Ideological Justifications: Schaff's Arguments on the Socialist Character of 'Really Existing Socialism' ", *Praxis International*, 5: 86-93.

* Gomáriz, Enrique 1977, "La discusión acerca de la URSS", *Zona Abierta*, 9-10: 151-71.

Goode, Patrick 1979, *Karl Korsch. A Study in Western Marxism*, London: Macmillan.

Gorman, Robert A. (ed.) 1986, *Biographical Dictionary of Marxism*, Westport: Greenwood Press, 209-11.

* Gorter, Herman 1920a, *Offener Brief an den Genossen Lenin*, Berlin KAPD.〔*Open Letter to Comrade Lenin*, London: Wildcat, 1989.〕

* Gorter, Herman 1920b, *De wereldrevolutie*, Amsterdam, J. J. Bos.〔*The World Revolution*, trans. H. Mcmillan, Glasgow: Socialist Information and Research Bureau, 1920.〕

Gottraux, Philippe 1997, *'Socialisme ou Barbarie' : un engagement politique et intellectuel dans la France d'après-guerre*, Lausanne: Payot-Lausanne.

Gottschalch, Wilfried 1962, *Strukturveränderungen der Gesellschft und politisches Handeln in der Lehre von Rudolf Hilferding*, West Berlin: Duncker & Humbolt.

* Gouldner, Alvin W. 1977-8, "Stalinism: A Study of Internal Colonialism", *Telos*, 34(Winter): 5-48.

Goutier, Jean-Michel et al 1982, *Benjamin Péret*, Paris: Ed. Henri Veyrier.

* Graham, V. 1980, "Some Notes on Big Flame's Contribution to the Discussion of Soviet Type Societies", in *The Nature of So-Called Socialist Societies*, London: Big Flame International Committee.

* Gransow, Volker 1978, "Jenseits des Stalinismus?", *Das Argument*, 110: 535-45.

Gramonte, Concha 1977, "Esbozo biografico revolucionario de G. Munis", Appendix II in G. Munis, *Jalones de derrota, promesa de victoria. Critica y teoria de la Revolución Española*, Bilbao and Madrid: Edita Zero.

Gras, Christian 1971, *Alfred Rosmer et le mouvement révolutionnaire international*, Paris: Maspero.

Grebing, Helga (ed.) 1981, *Fritz Sternberg (1895-1963). Für die Zukunft des Sozialismus,* Frankfurt am Main: Otto Brenner stiftung.

* Green, Joseph 1998, "On Walter Daum's 'The Life and Death of Stalinism'. Competition Among Soviet Enterprises and Ministries, and the Collapse of the Soviet Union", *Communist Voice,* 4, 4(8 December): 31-44

Greffrath, Mathias 1979, "Die hydraulishe Gesellschaft und das Gespenst der asiatischen Restauration. Gespräch mit Karl August Wittfogel", in Mathias Greffrath, *Die Zerstörung einer Zukunft. Gespräch mit emigrierten Sozialwissenschaftlern.* Reinbek: Rowohlt.

* Grilli, Liliana 1982, *Amadeo Bordiga, capitalismo sovietico e comunismo,* Milan: La Pietra.

Grimshaw, Anna 1989, "C.L.R. James(1901-1989)", *Revolutionary History,* 2-3(Autumn): 40-2.

* Grogan, Brian 1971, "Further Developments(?) in State Capitalism", *International,* I, 6(September-October): 29-40.

Grossmann, Henryk 1929, *Das Akkumulations-und Zusammenbruchsgesetz des Kapitalistischen Systems(Zugleich eine Krisentheorie),* Leipzig: Verlag von C.L. Hirschfeld.

* Guibeneuf, R. 1948, "Remarques sur la méthode de J. Burnham", *La Revue Internationale,* 20(January-February): 49-50.

Guillamón Iborra, Augustin 1993, "Munis vie et oeuvre d'un évolutionnaire méconnu", *Cahiers Léon Trotsky,* 50(May): 85-98.

Gumnior, Helmut and Rudolf Ringguth 1983, *Max Horkheimer,* Reinbek: Rowohlt.

* Haberkern, Ernest E. and Arthur Lipow (eds.) 1996, *Neither Capitalism nor Socialism. Theories of Bureaucratic Collectivism,* Atlantic Highland: Humanities Press.

* Haferkorn, Katja and Peter Schmalfuss 1988, "Für die Bolschewiki. Eine bisher unbekannte Arbeit Clara Zetkins vom Jahre 1918", *Beiträge zur Geschichte der Arbeiterbewegung,* 30: 620-31.

Hallas, Duncan 1980, "Eastern European Class Societies", *International Socialism,* II, 9(Summer): 128-30.

Hallas, Duncan, Raymond Challinor, and Ted Crawford 2000, "Tony Cliff: Three Appraisals", *Revolutionary History,* 7, 4: 183-94.

* Hamon, Léo 1982, "Rosa Luxemburg et la révolution russe", in *L'URSS vue de gauche,* edited by Lilly Marcou, Paris: Presses Universitaires de France.

Hampton, Paul 1999, "Trotskyism after Trotsky? C'est moi!", *Workers' Liberty,* 55(April): 37-9.

* Hannak, Jacques 1947, "Die Revolution der Manager", *Die Zukunft,* I : 360-4.

Hansen, F. R. 1985, *The Breakdown of Capitalism. A History of the Idea in Western Marxism,* London: Routledge & Kegan Paul.

* Harman, Chris 1969-70, "The Inconsistencies of Ernest Mandel", *International Socialism,* I , 41: 36-41.

* Harman, Chris 1977, "Better a Valid Insight than a Wrong Theory", *International Socialism,* I,

100(July): 9-13.

* Harman, Chris 1990a, "The Storm Breaks", *International Socialism*, II, 46(Spring): 3-93.

* Harman, Chris 1990b, "From Trotsky to State Capitalism", *International Socialism*, II, 47(Summer): 137-56.

* Harman, Chris 1990c, "Criticism which Does not Withstand the Test of Logic", *International Socialism*, II, 49(Winter): 65-88. [Also published as "L'URSS: un capitalisme d'Etat", *Quatrième Internationale*, 37-38(August-September 1990): 55-73.]

Harmel, Claude 1973, "Le marxisme de Lucien Laurat", *Est & Ouest*, New Series, XXV, 515(16-30 September): 15-29.

* Harrer, Jürgen 1978, "Anmerkungen zu Rudolf Bahro: 'Die Alternative' ", in *Beiträge zur Sozialismusanalyse*, vol. I, edited by Peter Brokmeier and Rainer Rilling, Cologne: Pahl-Rugenstein.

Harrison, Mark 1985, *Soviet Planning in War and Peace, 1938-45*, Cambridge: Cambridge University Press.

* Haug, Wolfgang Fritz 1979, "Eurozentrismus bei Bahro und Dutschke", *Das Argument*, 116; 534-42.

* Haumann, Heiko 1974, "5 Thesen zu Johann Eggerts Artikelserie über die Sowjetgesellschaft", *Links*, 53(March): 17-18.

Haupt, Georges et al. (eds.) 1986, *Karl Kautsky und die Sozialdemokratie Südosteuropas. Korrespondenz 1883-1938*, Frankfurt am Main: Campus.

Hautmann, Hans 1971, *Die verlorene Räterepublik. Am Beispiel der Kommunistischen Partei Deutsch - Österreichs*, Vienna: Europa Verlag.

* Haynes, Michael 1985, *Nikolai Bukharin and the Transition from Capitalism to Socialism*, London: Croom Helm.

* Haynes, Mike 1987, "Understanding the Soviet Crisis", *International Socialism*, II, 34(Winter): 3-41.

* Haynes, Mike 1994, "The Wrong Road on Russia", *International Socialism*, II, 64(Autumn): 105-13.

* Haynes, Mike 2002, *Russia 1917-2000: Class and Power*, London: Bookmarks

* Haynes, Mike 2002, "Marxism and the Russian Question in the Wake of the Soviet Collapse", *Historical Materialism*, 10, 4: 317-62.

* Haynes, Mike 2004, "Rejoinder to Chattopadyay", *Historical Materialism*, 12, 2: 129-48.

Haynes, Mike and Pete Glatter 1998, "The Russian Catastrophe", *International Socialism*, II, 81(Winter): 45-88.

Haynes, Mike and Rumy Husan 2002, "Whether by Visible or Invisible Hand: The Intractable Problem of Russian and East European Catch-Up", *Competition and Change*, 6, 3(September): 629-87.

Hearse, Phil 1983, "Perry Anderson on Stalinism", *International*, 8, 5(November-December): 31-4.

Hegedüs, Andras 1976, *Socialism and Bureaucracy*, London: Allison & Busby.

Hegedüs, Andras et al. 1976a, *The Humanisation of Socialism. Writings of the Budapest School*, London: Allison & Busby.

Hegedüs, Andras et al. 1976b, *Die Neue Linke in Ungarn*, Vol. 2, Berlin: Merve.

* Heidt, Ulrich 1979, *Arbeit und Herrschaft im 'realen Sozialismus'*, Frankfurt am Main: Campus.

* Heidt, Ulrich and Elisabeth Mangeng 1974, "Parteivergesellschaftung. Über den Zusammenhang von Transformationsprozess und nachrevolutionären Gesellschaftsstrukturen in den nachkapitalistischen Ländern sowjetischen Typs", in *Übergangsgesellschaft: Herrschaftsform und Praxis am Beispiel der Sowjetunion*, edited by Peter W. Schulze, Frankfurt am Main: Fischer Taschenbuch Verlag.

Heinz, Rudolf and Jochen Hörisch 2006, *Geld und Geltung. Zu Alfred Sohn-Rethels soziologischer Erkenntnistheorie*, Würzburg: Königshausen und Neumann.

Heiter, Heinrich 1986, "Die Veränderung des Konzepts der Volksdemokratie infolge der Bipolarisierung Europas", in *Der Marshall-Plan und die europäische Linke*, edited by Othmar Nikola Haberl and Lutz Niethammer, Frankfurt am Main: EVA

* Hellmann, Henry 1953, "Der russische Popanz", *Funken*, III, 11(April): 5-8.

* Henein, Georges 1958, "Bruno R. et al 'nouvelle classe' ", *Le Contrat Social*, II, 6: 365-8.

* Hennicke, Peter (ed.) 1973, *Probleme des Sozialismus und der Übergangsgesellschaften*, Frankfurt am main: Suhrkamp.

* Herer, S. 1978, "L' URSS, Trotsky, le mond de production bureaucratique", *Dialectiques*, 24-25(Autumn): 58-69.

Herman, Friedrich Georg 1972—3, "Otto Rühle als politischer Theoretiker", *Internationale wissenschaftliche Korrespondenz zur Geschichte der deutschen Arbeiterbewegung*, December 1972: 16-60 and April 1973: 23-50.

Herzberg, Guntolf and Kurt Seifert 2002, *Rudolf Bahro: Glaube and das Veränderbare. Eine Biographie*, Berlin: Links.

* Heuler, Werner 1977, "Über Rudolf Bahros Buch 'Die Alternative - Zur Kritik des real existierenden Sozialismus' ", *Theorie und Praxis des Marxismus-Leninismus*, 1-2: 117-120

* Heuler, Werner 1978, "Für eine marxistische Kritik der politischen Ökonomie des 'real existiereden Sozialismus' — ein Diskussionsbeitrag", *Theorie und Praxis des Marxismus-Leninismus*, 3: 4-25.

* Heuler, Werner 1979, "Zur Diskussion über den Charakter der osteuropäischen Klassengesellschaften", *Theorie und Praxis des Marxismus-Leninismus*: 120-43.

Hilferding, Rudolf 1937, "Letter to Karl Kautsky", 5 November 1937, Kautsky archiv,

International Institute of Social History, Amsterdam.

* Hilferding, Rudolf 1940, "Gosudarstvennyj kapitalizm ili totalitarnoe gosudarstvennoe khoziaistvo?", *Sotsialisticheskii Vestnik*, 459: 92-3. ["State Capitalism or Totalitarian State Economy", *Modern Review*, 1(1947): 66-71.]

* Hirszowicz, Maria 1976, "Is there a Ruling Class in the USSR - A Comment", *Soviet Studies*, XXVII, 2 (April): 62-73.

* Hobson, Christopher Z. and Ronald D. Tabor 1988, *Trotskyism and the Dilemma of Socialism*, New York: Greenwood Press.

* Holmberg, Nils 1974a, *Fredlig kontrarevolution*, Uddevalla: Oktoberförlaget.

Holmberg, Nils 1974b, *Friedliche Konterrevolution*, I, West Berlin: Oberbaum Verlag. [German translation of Homberg 1974a.]

* Horkheimer, Max 1942, "Autoritärer Staat", in *Gesellschaft im Übergang. Aufsätze, Reden und Vorträge 1942-1970*, edited by Werner Brede, Frankfurt am Main: Athenäum Fischer Taschenbuch, 1972. ["The Authoritarian State", in *The Essential Frankfurt School Reader*, edited by Andrew Arato and Eike Gebhart, New York: Urizen Books, 1978.]

* Horner, K. [Anton Pannekoek] 1919, "De groei van het kommunisme", *De Nieuwe Tijd*, XIV: 489-502.

* Hosfeld, Rolf et al. 1978, "Bahros Kommunismus - eine Alternative?", *Das Argument*, 108: 241-50.

Howard, M.C. and J.E. King 2004, "The Economic Contributions of Paul Sweezy", *Review of Political Economy*, 16, 4(October): 411-56.

Howell, John 1981, "Big Flame: Resituating Socialist Strategy and Organisation", *The Socialist Register 1981*: 207-20.

* Howl, Derek 1990, "The Law of Value and the USSR", *International Socialism*, II, 49(Winter): 89-113.

[Huberman, Leo and Paul Sweezy] 1961, "The Sino-Soviet Dispute", *Monthly Review*, 13, 8(December): 337-46.

[Huberman, Leo and Paul Sweezy] 1963, "The Split in the Socialist World", *Monthly Review*, 15, 1(May): 1-20.

* Huhn, Willy 1950a, "Manager - keine soziale Revolution. Die Managergesellschaft bei Marx und Burnham", *pro und contra*, 3(January): 15-22.

* Huhn, Willy 1950b, "Karl Marx gegen den Stalinismus. Was Marx und Engels unter 'Kommunismus' verstanden", *pro und contra*, 4(February): 5-11.

* Huhn, Willy 1951, "Lenins Staatskapitalismus 1917 bis 1922", *Funken*, II, 7(December): 3-9.

* Huhn, Willy 1952, "Trotzkis Bonapartismus", *Aufklärung*, II, 2: 89-104.

Huhn, Willy 1952-3, "Etatismus, 'Kriegssozialismus,' Nationalsozialismus in der Literatur der deutschen Sozialdemokratie", *Aufklärung*, II, 3: 162-80 and II, 4-6: 264-88.

* Hunter, Bill 1949, "Is Russia Moving to Communism?", *Workers International News*, VIII, 1 (January-February): 8-23.

* Hussein, Mahmoud 1975, *"Sur Les luttes de classes en URSS"*, *Les Temps Modernes*, 346 (May): 1608-1625.

* Ihlau, Olaf 1969, *Die roten Kämpfer. Ein Beitrag zur Geschichte der Arbeiterbewegung in der Weimarer Republik und im Dritten Reich,* Meisenheim am Glan: Anton Hain.

Jacobson, Julius 1964-6, "Isaac Deutscher: The Anatomy of an Apologist", *New Politics*, III, 4 (1964): 95-121 und V, 2 (1966): 47-85.

* Jacoby, Henry 1969, *Die Bürokratisierung der Welt. Ein Beitrag zur Problemgeschichte,* Neuwied: Luchterhand. Revised edition, Frankfurt am Main: Campus 1984. 〔*The Bureaucratization of the World,* trans. Eveline L. Kanes, Berkeley: University of California Press, 1973.〕

Jacoby, Henry 〔1983〕, *Davongekommen. 10 Jahre Exil 1936-1946.* Frankfurt am Main: Sendler.

Jacoby, Henry and Ingrid Herbst 1985, *Otto Rühle zur Einführung,* Hamburg: Junius.

Jacoby, Russell 1981, *Dialectic of Defeat,* Cambridge: Cambridge University Press.

Jacoby, Russell 1987, *The Last Intellectuals. American Culture in the Age of Academe,* New York: Basic Books.

Jahn, Egbert 1974, *Kommunismus - und was dann? Zur Bürokratisierung und Militarisierung der Nationalstaaten,* Reinbek: Rowohlt

* Jahn, Egbert (ed.) 1975, *Sozioökonomische Bedingungen der sowjetischen Aussenpolitik.* Frankfurt am Main: Campus.〔*Soviet Foreign Policy: Its Social and Economic Conditions.* London: Allison & Busby, 1978.〕

* James, C.L.R. 1964, "Trotsky's 'Revolution Betrayed'", *International Socialism*, I , 6(Autumn): 25-9.

* James, C.L.R. 1969, *State Capitalism and World Revolution,* Detroit: Facing Reality.

James, C.L.R et al. 1972, *The Invading Socialist Society,* Detroit: Bewick.

James, C.L.R. 1980, *Spheres of Existence. Selected Writings,* London: Allison & Busby.

James, C.L.R. 1980, *Notes on Dialectics,* London: Allison & Busby.

James, C.L.R. 1981, "The Characteristics of Capitalism", *Monthly Review*, 33, 1(May): 54-5.

James, Harold 1981, "Rudolf Hilferding and the Application of the Political Economy of the Second International", *Historical Journal,* 24, 4: 847-70.

Jay, Martin 1973, *The Dialectical Imagination. A History of the Frankfurt School and the Institute of Social Research 1923-1950,* London: Heinemann.

Jedlicki, W. 1990, "Ludwick Hass", *Revolutionary History*, 3-1(Summer): 11-13.

* Jenssen, L. A. 〔Ludwig Jacobsen〕 1951, *Um den Weg zum Sozialismus. II. Teil: Der Kampf um*

die Weltherrschaft und die Welteinheit, Ulm/Donau: AJ. Schotola.

* Jenssen, L.A. (Ludwig Jacobsen) 1958, "Djilas und die 'Neue Klasse'", *Funken,* IX, 2 (February): 17-22.

* Jerome, W. and A. Buick 1967, "Soviet State Capitalism? The History of an Idea", *Survey,* 62: 58-71.

* Jobic, Bernard 1972, "La révolution culturelle et la critique de l'économisme", *Critiques de l' économie politique,* 7-8: 57-87.

* Johnson, Alan 1999, "The Third Camp as History and a Living Legacy", *New Politics,* New Series, 7-3(Summer): 135-65.

Johnson, J.R. (C.L.R. James) 1941a, "Russia - A Fascist State", *New International,* VII: 54-8.

Johnson, J.R. (C.L.R. James) 1941b, "Russia and Marxism", *New International,* VII: 213-16.

Johnstone, Monty 1968, "Trotsky and the Debate on Socialism in One Country", *New Left Review,* 50 (July-August): 113-23.

* Joko (Joseph Kohn) 1929, "Die russische Frage. Einige Grundtragen des Leninbundes", *Fahne des Kommunismus,* 3, 34 (13 September).

* Joravsky, David 1980, "Commentary on Casals: Toward a Marxist Argument over Stalinism", *Theory and Society,* 9: 261-7.

Jost, Annette 1977, "Rosa Luxemburgs Lenin-Kritik", *Jahrbuch Arbeiterbewegung,* 5: 77-103.

Jünke, Christoph 2006, *Leo Kofler: Leben und Werk(1907-1995),* Hamburg: VSA.

* Kaiser, Hans 1980, "Noch einmal: Zur Kritik der Sowjetgesellschaft", *Politikon,* 64 (March): 28-31.

* Kallscheuer, Otto 1976, "Theoretische Aspekte der 'Innenkritik' der sowjetischen Gesellschaften. Anmerkungen zur Analyse von Rakovski", *Politikon,* 50 (February): 10-19.

Karl, Michaela 2003, *Rudi Dutschke: Revolutionär ohne Revolution,* Frankfurt am Main: Verlag Neue Kritik.

* Katz, David H. 1977, "Trotsky's *The Revolution Betrayed.* A Reappraisal", *Midwest Quarterly,* 18: 287-97.

* Kaufman, Adam 1954, "Who are the Rulers in Russia?", *Dissent,* I, 2 (Spring): 144-56.

Kautsky, Karl 1904-5, "Die Bauern und die Revolution in Russland", *Neue Zeit,* 23- I : 670-7.

Kautsky, Karl 1917a, "Die Aussichten der russischen Revolution", *Die Neue Zeit,* 35- II (6 April): 9-20.

Kautsky, Karl 1917b, "Stockholm", *Die Neue Zeit,* 35- II (31 August): 505-12.

* Kautsky, Karl 1918, *Die Diktatur des Proletariats.* Vienna: Verlag der Wiener Volksbuchhandlung Ignaz Brand & Co.

* Kautsky, Karl 1919, *Terrorismus und Kommunismus. Ein Beitrag zur Naturgeschichte der Revolution,* Berlin: Neues Vaterland.

* Kautsky, Karl 1921, *Von der Demokratie zur Staats-Sklaverei. Eine Auseinandersetzung mit*

Trotzki, Berlin: 'Freiheit'.

* Kautsky, Karl 1922, "Rosa Luxemburg und der Bolschewismus", *Der Kampf,* 15: 33-44.

* Kautsky, Karl 1925a, "Die Lehren des Oktoberexperiments", *Die Gesellschaft,* I : 374-80.

* Kautsky, Karl 1925b, *Die Internationale und Soujetrussland,* Berlin: J.H.W. Dietz Nachf.

* Kautsky, Karl 1930, "Georigien und seine Denker", *Die Gesellschaft,* I : 241-58.

* Kautsky, Karl 1931, "Das bolschewistische Kamel", *Die Gesellschaft,* II: 342-56.

Kelly, Daniel 2002, *James Burnham and the Struggle for the World. A Life,* Wilmington: ISI Books.

* Kelly, Kevin D. 1985, "Capitalism, Socialism, Barbarism: Marxist Conceptions of the Soviet Union", *Review of Radical Political Economics,* 17, 4(Winter), 51-71.

Kellner, Douglas 1975-6, "Korsch's Revolutionary Historicism", *Telos,* 26 (Winter): 70-93.

Kellner, Douglas 1984, *Herbert Marcuse and the Crisis of Marxism,* Basingstoke: Macmillan.

* Kendall, Walter 1962, "Bruno Rizzi: Socialism and the Bureaucratic Society", *The Socialist Leader,* 3. November.

* Kent, W. 1941a, "The Russian State", *New International,* VII: 148-51, 179-84.

* Kent, W. 1941b, "What Is Capitalism?", *New International,* VII: 245-7.

Kern, Richard〔Rudolf Hiferding〕 1936a, "Die Kehrseite der Rüstungskonjunktur", *Neuer Vorwärts,* 136(19 January)

Kern, Richard〔Rudolf Hiferding〕 1936b, "Grundlagen der auswärtigen Politik", *Neuer Vorwärts,* 179(15 November), Supplement.

Kidron, Michael 1961, "Reform and Revolution. Rejoinder to Left Reformism", *International Socialism,* I , 7(Winter): 15-21.

* Kidron, Michael 1969, "Maginot Marxism - Mandel's Economics", *International Socialism,* 36: 33-5.

Kidron, Michael 1968, *Western Capitalism since the War,* London: Weidenfeld and Nicholson.

Kidron, Michael 1977, "Two Insights Don't Make a Theory", *International Socialism,* I , 100(July): 4-9.

* Kief, Fritz 1953, "Und wo bleibt der Mensch?", *Funken,* III, 9(February): 4-6.

* King, Francis 2003, "Class Theory and History", *Communist History Network Newsletter On-Line,* 14(Spring), avialable at:<http://les1.man.ac.uk/chnn/chnn14fra.html>.

* King, P.C. 1948, "What Remains of the Russian Revolution?", *Left,* 136 (February): 36-8.

Klemm, Bernd 1983, "Paul Frölich(1884-1953). Politische Orientierung und theoretische Reflexionen von Linkssozialisten nach dem Zweiten Weltkrieg", *Internationale wissenschaftliche Korrespondenz zur Geschichte der deutschen Arbeiterbewegung,* 19: 186-229.

* Klinger, Fred 1981, "Einleitung", in Hillel Ticktin et al., *Planlose Wirtschaft. Zum Charakter der Sowjetischen Gesellschaft,* Hamburg: Junius.

* Klinger, Fred and Boris Reinstein 1977, "Bahro - am Rande des revolutionären Marxismus?", *Was Tun,* 22 December 13-18.

* Kofler, Leo 1952a, *Der Fall Lukács. Georg Lukács und der Stalinismus,* Cologne: Verlag für politische Publizistik.

* Kofler, Leo 1952b, *Das Wesen und die Rolle der stalinistischen Bürokratie,* Cologne: Verlag für politische Publizistik.

* Kofler, Leo 1958, "Bemerkungen über den Stalinismua", *Funken,* II, 2: 26-9.

* Konrád, György and Ivan Szelényi 1979, *The Intellectuals on the Road to Class Power,* New York: Harcourt Brace Jovanovich.

Kornder, Hans-Jürgen, *Konterrevolution und Faschismus. Zur Analyse van National-sozialismus, Faschismus und Totalitarismus im Werk van Karl Korsch,* Frankfurt am Main: Peter Lang.

Korsch, Hedda 1972, "Memories of Karl Korsch", *New Left Review,* I, 76(November-December): 35-45.

* 〔Korsch, Karl〕1927a, "Zehn Jahre Klassenkämpfe in Sowjetrussland", *Kommunistische Politik,* II, 17-18(October).

* 〔Korsch, Karl〕1927b, "Die Zweite Partei", *Kommunistische Politik,* II, 19-20(December).

* Korsch, Karl 1932, "15 jaren Octoberrevolutie. Legenden en werkelijkheid van het socialisme in Sowjet-Rusland", *De Nieuwe Weg,* VII: 327-30.

* Kössler, Reinhart 1979, "Zur Kritik des Mythos vom 'asiatischen' Russland", *Prokla,* 35: 105-31.

* Kovar, A. 1972, "La révolution prolétarienne et l'idéologisme - réponse au camerade B. Jobic", *Critiques de l'économie politique,* 7-8: 88-97.

* Krader, Lawrence 1978, "Die asiatische Produktionsweise", in *Antworten auf Bahros Herausforderung des "realen Sozialismus",* edited by Ulf Wolter, West Berlin: Olle & Wolter. 〔"The Asiatic Mode of Production", in *Rudolf Bahro. Critical Responses,* edited by Ulf Wolter, White Plains: M.E. Sharpe, 1980.〕

Kratz, Steffen 1980, *Sohn-Rethel zur Einführung,* Hannover: SOAK.

Kreter, Karljo 1986, *Sozialisten in der Adenauer-Zeit. Die Zeitschrift 'Funken',* Hamburg: VSA.

* Krivine, Hubert 1992, "Pays de l'Est: la nécessité d'un réexamen critique", *Critique communiste,* 113-114(January): 31-4.

Krogmann, Angelica 1970, *Simone Weil,* Reinbek: Rowohlt.

* Krygier, Martin 1978, " 'Bureaucracy' in Trotsky's Analysis of Stalinism", in *Socialism and the New Class: Towards the Analysis of Structural Inequality within Socialist Societies,* edited by Marian Sawer, Adelaide: Australian Political Studies Association Monograph, 19.

* Krygier, Martin 1979, "The Revolution Betrayed? From Trotsky to the New Class", in *Bureaucracy - The Career of a Concept,* edited by Eugene Kamenka and Martin Krygier, London:

Edward Arnold.

Kuhn, Thomas 1970, *The Structure of Scientific Revolutions*, Second Edition, Chicago: University of Chicago Press.

Kulemann, Peter 1978, *Die Linke in Westdeutschland nach 1945*, Hannover/Frankfurt am Main: SOAK/ISP.

* Kulkarni, Mangesh 1994, "Theories of the Soviet System — A Retrospective Critique", *Economic and Political Weekly*, 29/31(30 July): 2036-9.

* Kupferberg, Feiwel 1974a, "Från Lenin till Brezjnev", *Zenit*, 36: 37-51.

* Kupferberg, Feiwel 1974b, "Kommentar om övergångssamhället", *Zenit*, 37: 62-6.

* Kupferberg, Feiwel 1975, "Klassförhållandena i Sovjetunionen. En kritik av trotskismen och stalinismen", *Marxistiska Studietexter* Volume 2, Stockholm: Förlaget Barrikaden.

* Kupferberg, Feiwel 1976, "Om statssocialismen och vingklippta marknader", *Häften för kritiska studier*, IX, 4: 42-9.

* Kupferberg, Feiwel 1979, "Bahros Alternativ", *Häften för kritiska studier*, XII, 6: 3-37.

Kurata, Minoru 1974, "Rudolf Hiferding. Bibliographie seiner Schriften, Artikel und Briefe", *Internationale wissenschaftliche Korrespondenz zur Geschichte der deutschen Arbeiterbewegung*: 327-46.

* Kuroń, Jacek and Karol Modzelewski 1966, *List otwarty do partii*, Paris: Institut Littéraire SARL. [*Solidarność: The Missing Link? The Classic Open Letter to the Party by Jacek Kuroń and karol Modzelewski*, edited by Colin Barker, London: Bookmarks, 1982.]

* Kusin, Vladimir V. 1976, "Apropos Alec Nove's Search for a Class Label", *Soviet Studies*, XXVIII: 274-5.

Lacapra, Dominick 1983, *Rethinking Intellectual History: Texts, Contexts, Language*, Ithaca: Cornell University Press.

* Lammers, Karl Christian 1979, "Om overgangen til socialisme/kommunisme inden for den marxistiske tradition", *Historievidenskab*, 17: 13-41.

Landy, Sy 1997, "Twenty Years of the LRP", *Proletarian Revolution*, 53(Winter).

Lange, Oskar 1970, "The Role of Planning in a Socialist Economy",(1958) in *Papers in Economics and Sociology, translation* edited by P.F. Knightsfield, Oxford [etc.]: Pergamon Press.

Langels, Otto 1984, *Die ultralinke Opposition der KPD in der Weimarer Republik*, Frankfurt am Main: Peter Lang.

Laschitza, Annelies 1996, *Im Lebensrausch, trotz alledem. Rosa Luxemburg: eine Biographie*, Berlin: Aufbau-Verlag.

* Laurat, Lucien (Otto Maschl) 1931, *L'économie soviétique. Sa dynamique. Son mécanisme*, Paris: Librairie Valois.

* Laurat, Lucien〔Otto Maschl〕 1939, *Le Marxisme en faillite? Du marxisme de Marx au marxisme d'aujourd'hui,* Paris: Ed. Pierre Tisne.

Laurat, Lucien 1940, *Marxism and Democracy,* London.

Laurat, Lucien〔Otto Machl〕 1965, "Le Parti Communiste Autrichien", in *Contributions à l'histoire du Comintern,* edited by Jacques Freymond, Geneva: Librairie Droz.

* Law, David 1976-7, 〔Review of Purdy 1976〕, *Critique,* 7(Winter): 111-18.

* Law, David S. 1982, "Trockij and Thermidor", in *Pensiero e azione politica di Lev Trockij,* edited by Francesca Gori, Florence: Leo S. Olschki, II.

* Lazitch, Branko 1957, "Milovan Djilas et la 'nouvelle classe' ", *Le Contrat Social,* 1-5(November): 310-14.

* Lazitch, Branko and Milorad M. Drachkovitch 1973, *Biographical Dictionary of the Comintern,* Stanford: Hoover Institution Press.

Lebowitz, Michael A. 1992, *Beyond 'Capital': Marx's Political Economy of the Working Class,* Lonon: Macmillan.

* Lebowitz, Michael A. 1986, "Only Capitalist Laws of Motion?", *Monthly Review,* 38, 6(November): 32-41.

* Lebrun, M. 〔Mário Pedrosa〕 1940, "Mass and Class in Soviet Society", *New International,* VI, 4: 87-91.

* Le Corre, Darius 1961, "Pourquoi l'économie soviétique est un capitalisme d'Etat", *La Revue Socialiste,* New Series, 147(November): 426-37.

* Le Corre, Darius 1965a, "Oui, l'URSS est un capitalisme d'Etat", *La Revue Socialiste,* New Series, 181(March): 293-308 and 183(May): 466-82.

* Le Corre, Darius 1965b, "Le profit en URSS: simple indice ou catégorie du capitalisme bureaucratique d'Etat", *La Revue Socialiste,* New Series, 188(December): 523-31.

* Le Corre, Darius 1966, "Quelles sont les bases marxistes du capitalisme bureaucratique d'Etat de l'Union Soviétique?", *La Revue Socialiste,* New Series, 189-190(January-February): 129-40; 191(March): 256-72; 192(April):324-42 193(May): 474-87 and 194(June): 79-98.

Lee, Grace, Pierre Chaulieu 〔Cornelius Castoriadis〕 and J.R. Johnson〔C.L.R. James〕1958, *Facing Reality,* Detroit: Correspondence.

* Lefort, Claude 1960 " 'Qu'est-ce que la bureaucratie?", *Argments,* 17: 64-81. ["What Is Bureaucracy?", in *The Political Forms of Modern Society. Bureaucracy, Democracy, Totalitarianism,* edited and introduced by John B. Thompson, Cambridge: Polity Press, 1986.]

* Lefort, Claude 1976-7, "An Interview with Claude Lefort", *Telos,* 30(Winter): 173-92.

Lefranc. Georges 1966, "Le courant plansite dans le mouvement ouvrier français de 1933 à 1936",

Le Mouvement Social, 54: 69-90.

* Lenin, V.I. 1964〔1920〕, " 'Left-Wing' Communism - An Infantile Disorder", trans. Julius Katzer, in *Collected Works,* Volume 31, Moscow: Progress.

* Lenin, V. I. 1974[1918], "The Proletarian Revolution and the Renegade Kautsky", trans. Jim Riordan, in *Collected Works,* Volum 28, Moscow: Progress.

* Lenz〔Helmut Fleischer〕 1950, "Thesen zur russischen Frage. Die historische Einmaligkeit der russischen Entwicklung", *pro und contra,* 6(June): 8-11.

* Leo, Rita di 1970, *Operai e sistema sovietico,* Bari: Laterza.

* Leo, Rita di 1977, *Il modello di Stalin,* Milan: Feltrinelli.

* Leonhard, Susanne 1953, "Zur Russlandfrage", *Funken,* IV, 1(June): 8-15.

* Leonhard, Wolfgang 1952, *Schein und Wirklichkeit in der UdSSR,* West Beilin: Freies Wort.

* Leser, Norbert 1985, "Otto Bauers Haltung gegenüber dem Bolschewismus", in *Otto Bauer: Theorie und Politik,* edited by Detlev Albers, Horst Heimann and Richard Saage, West Berlin: Das Argument.

* Levi, Paul 1922, "Einleitung", in Rosa Luxemburg, *Die russische Revolution. Eine kritische Würdigung,* Berlin: Gesellschaft und Erziehung.

* Lew, Roland 1983, "La nature sociale des pays du 'socialisme réel' ", *Revue des Pays de l' Est,* 1-2: 233-48.

* Liebich, André 1977, "Socialisme ou Barbarie. A Radical Critique of Bureaucracy", *Our Generation,* XII, 2(Autumn): 55-62.

* Liebich, André 1981, "I menscevichi di fronte alla costruzione dell' Urss", in: *Storia del marxismo,* III-2, Turin: Einaudi.

* Liebich, André 1987, "Marxism and Totalitarianism. Rudolf Hilferding and the Mensheviks", *Dissent,* 34(Spring): 223-40.

* Liebman, Marcel 1965, "Retour à Trotsky", *Les Temps Modernes,* 230 (July): 132-52.

* Linde, H. 1932, "Die ideologische Vorbereitung der Intervention durch die II. Internationale", *Unter dem Banner des Marxismus,* VI: 19-41.

* Linden, Marcel van der 1979, "Drie meningen", *Discorsi,* XII, 13 (2. Mai): 25-8.

* Linden, Marcel van der 1980, "Siep Stuurman en het Oosteuropese raadsel", *De Internationale,* 26 (May): 28-33.

* Linden, Marcel van der 1981, "Problemen bij de theorie van de gedegenereerde arbeidersstaat", *Toestanden,* 4 (December): 5-22.

* Linden, Marcel van der 1983, "Het aktuele marxistische debat over de Sovjet-Unie", in Hans Kaiser et al., *Het Sovjetraadsel. Poging tot begrip van de Oosteuropese maatchappij,* Antwerpen: Leon

Lesoil - Toestanden.

* Linden, Marcel van der 1990, "Wat voor samenleving werd voortgebracht door de Russische Oktoberrevolutie? Een andere visie", *Daad en Gedachte,* 26, 5(June): 5-9.

Linden, Marcel van der 1998, "Socialisme ou Barbarie: A French Revolutionary Group(1949-1965)", *Left History,* 5, 1: 7-37.

Livorsi, Franco 1976, Amadeo Bordiga, Rome: Editori Riuniti.

* Lobe, Henner 1978, "Arbeitsteilung, Klassenherrschaft, Staat - Einige Thesen zur Bahro-Diskussion", *Theorie und Praxis des Marxismus-Leninismus,* 3: 40-9.

Lockwood, David 2000, *The Destruction of the Soviet Union. A Study in Globalization,* New York: St. Martin's Press.

* Lohmann, Karl-Ernst 1978, "Gesellschaftliche Produktivkräfte und realer Sozialismus", *Das Argument,* 108: 230-40.

Lomax, Bill 1982, "Hungary: The Rise of the Democratic Opposition", *Labour Focus on Eastern Europe,* V-3/4(Summer): 2-7.

Lombardo Radice, Lucio 1978, "Staatssozialismus", in *Antworten auf Bahros Herausforderung des 'realen Sozialismus',* edited by Ulf Wolter, West Berlin: Olle & Wolter. ["State Socialism", in *Rudolf Bahro. Critical Responses,* edited by Ulf Wolter, White Plains: M.E. Sharpe, 1980.]

* Loone, Eero 1990, "Marxism and Perestroika", *Soviet Studies,* 42: 779-94.

Loone, Eero 1992, *Soviet Marxism and Analytical Philosophies of History,* London: Verso.

* Lovell, David W 1985, *Trotsky's Analysis of Soviet Bureaucratization. A Critical Essay.* London: Croom Helm.

* Löw, Raimund 1980, *Otto Bauer und die russische Revolution,* Vienna: Europa Verlag.

* Löwy, Michael 1980, "Sul concetto di 'casta burocratica' in Trockij e Rakovskij", *Il Ponte,* XXXVI: 1462-70.

Lowy, A.G. 1969, *Die Weltgeschichte ist das Weltgericht. Bucharins Vision des Kommunismus,* Vienna: Europaverlag.

Lugowska, Urszula and August Grabski 2003, *Trockizm. Doktryna i ruch polityczny,* Warsaw: Widawnictwo "Trio".

Louis Sinclair, *The IS-Papers,* III, Typescript, Amsterdam: International Institute of Social History, no date.

* Lukács, Georg 1923, "Kritische Bemerkungen über Rosa Luxemburgs 'Kritik der russischen Revolution' ", in Lukács, *Geschichte und Klassenbewusstsein. Studien über marxistische Dialektik,* Berlin: Malik. ["Critical Observations on Rosa Luxemburg's 'Critique of the Russian Revolution' ", in Lukács, *History and Class Consciousness. Studies in Marxist Dialectics,* London:

Merlin Press, 1971.]

* Lukács, György 1971, "Critique de la bureaucratie socialiste", *L'Homme et la Société*, 20: 3-12.

Lukács, Georg 1973, "Budapester Schule", *Praxis*, 2-3: 299-302.

* Luke, Tim 1985, "On the Nature of Soviet Society", *Telos*, 63 (Spring): 187-95.

* Luke, Tim et al. 1984, "Review Symposium on Soviet-Type Societies", *Telos*, 60 (Summer): 155-91.

* Lund, Ernest 1941, "Basis for Defensism in Russia", *New International*, VII: 187-91.

* Lustig, Michael M. 1989, *Trotsky and Djilas: Critics of Communist Bureaucracy*, New York: Greenwood Press.

Luxemburg, Rosa 1916, "Leitsätze über die Aufgaben der internationalen Sozialdemokratie", *Gesammelte Werke*, 4, Berlin [GDR]: Dietz Verlag, 1974: 43-7.

[Luxemburg, Rosa] 1917a, "Die Revolution in Russland", *Spartacus*, 4(April): 3-4.

[Luxemburg, Rosa] 1917b, "Der alte Maulwurf", *Spartacus*, 5(May): 1-2.

Luxemburg, Rosa 1918-19, "Rede für die Beteiligung der KPD an den Wahlen zur Nationalversammlung", *Gesammelte Werke*, 4, Berlin[GDR]: Dietz, 1974.

* Luxemburg, Rosa 1922, *Die russische Revolution. Eine kritische Würdigung*, Aus dem Nachlass herausgegeben und eingeleitet von P. Levi, Berlin: Gesellschaft und Erziehung. ["The Russian Revolution", trans. Bertram D. Wolfe, in *Rosa Luxemburg Speaks*, edited by Mary-Alice Waters, New York: Pathfinder Press, 1970.]

* Lynd, Staughton 1967, "What Went Wrong?", *Monthly Review*, 19, 6 (November): 29-31.

McLellan, David 1983, "Politics", in *Marx: The First Hundred Years*, edited by David McLellan, London: Francis Pinter.

* McNeal, Robert H. 1961, "Trotsky's Interpretations of Stalin", *Canadian Slavonic Papers*, V: 87-97.

* McNeal, Robert H. 1977, "Trotskyist Interpretations of Stalinism", in *Stalinism. Essays in Historical Interpretation*, edited by Robert C. Tucker, New York: W.W. Norton.

* McNeal, Robert H. 1982, "Trockij and Stalinism", in *Pensiero e azione politica di Lev Trockij*, edited by Francesca Gori, [Milan]: Leo S. Olschki, II.

Macdonald, Dwight 1958, *Memoirs of a Revolutionist. Essays in Political Criticism*, New York: Meridian Books.

MacDonald, Dwight 1959, "Bruno R.", *New Leader*, 16. November: 29-30.

MacIntyre, Alasdair 1961, "Rejoinder to Left Reformism", *International Socialism*, I , 6(Autumn): 20-3.

* Maclean, Gavin 1980, "Sanctuary of the Disenchanted: Comments on 'Century of the

Unexpected'", in *The Nature of So-Called Socialist Societies*, London: Big Flame International Committee.

* Mänchen-Helfen, Otto 1932, *Russland und der Sozialismus. Von der Arbeitermacht zum Staatskapitalismus*. Berlin: J.H.W. Dietz Nachf.

* Maetzel, M. et al. 1979, "Beiträge zur Diskussion über den Charakter des 'real existierenden Sozialismus' und die Revisionismuskritik", *Theorie und Praxis des Marxismus-Leninismus*, 4: 38-119.

* Magdoff, Harry 1985, "Are There Economic Laws of Socialism?", *Monthly Review*, 37, 3 (July-August): 112-27.

* Main, Peter and Heath, Clare 1994, "Walter Daum — *The Life and Death of Stalinism*", *Permanent Revolution*, 10(Spring-Summer): 140-63.

* Maitan, Livio 1992, "Après la fin de l'URSS: quelle transition?", *Critique Communiste*, 116-117(February-March), 5-12.

Malandrino, Corrado 1987, *Scienza e socialismo. Anton Pannekoek (1873-1960)*, Milan: Franco Angeli.

* Mallet, Serge 1974, *Bureaucracy and Technocracy in the Socialist Countries*. London: Spokesman.

* Malrieu, Jean 1947, "La question de l'Etat", *La Revue Internationale*, 17 (Summer): 30-1.

Mandel, Ernest 1962, *Traité d'Economie Marxiste*, Paris: Julliard, 2 vols. [Marxist Economic Theory, trans. Brian Pearce, London: Merlin Press, 1968.]

* Mandel. Ernest 1965, "La réforme de la planification soviétique et ses implications", *Les Temps Modernes*, 229(June): 2161-86.

* Mandel, Ernest 1968a, "Economics of the Transition Period", *in Fifty Years of World Revolution. An International Symposium*, edited by Ernest Mandel, New York: Merit Publishers.

[Mandel, Ernest] 1968b, "Roman Rosdolsky (1898-1967)", *Quatrième Internationale*, 33(April): 70-2.

* Mandel, Ernest 1969, *The Inconsistencies of State Capitalism*, London: International Marxist Group.

* Mandel, Ernest 1970a, *The Mystifications of State Capitalism*. London: International Marxist Group.

* Mandel, Ernest 1970b, "Du 'nouveau' sur la question de la nature de l'URSS", *Quatrième Internationale*, XXVIII, 25(September): 12-24.

Mandel, Ernest 1970b, "Economics of the Transition Period", in *Fifty Years of World Revolution. An International Symposium*, edited by Ernest Mandel, New York: Merit Publishers.

* Mandel, Ernest 1973a, "Zehn Thesen zur sozialökonomischen Gesetzmässigkeit der Übergangsgesellschaft zwischen Kapitalismus und Sozialismus", in *Probleme des Sozialismus und der*

Übergangsgesellschaften, edited by Peter Hennicke, Frankfurt am Main: Suhrkamp. 〔"Ten Theses on the Social and Economic Laws Governing the Society Transitional Between Capitalism and Socialism", *Critique,* 3(Autumn 1974): 5-21.〕

* Mandel, Ernest 1973b, "Democrazia e socialismo nell' URSS in Trockij", *Annati Istituto Giangiacomo Feltrinelli,* XV: 843-64.

* Mandel, Ernest 1974, "Some Comments on H. Ticktin's 'Towards a Political Economy of the USSR' ", *Critique,* 3: 23-6.

* Mandel, Ernest 1977, "Bahros Bombe", *Was Tun,* 22 September: 10-12.

* Mandel, Ernest 1978a, "Fatalismus als 'Alternative' ?", *Was Tun,* 2 March: 9-12.

* Mandel, Ernest 1978b, "Sobre la naturaleza de la URSS [Interview]", *El Viejo Topo:* Extra 2: 30-36.

Mandel, Ernest 1978c, *The Second Slump. A Marxist Analysis of Recession in the Seventies,* trans. John Rothschild, London: New Left Books.

Mandel, Ernest 1979a, *Revolutionary Marxism Today,* London: New Left Books.

* Mandel, Ernest 1979b, "Why the Soviet Bureaucracy is not a New Ruling Class", *Monthly Review,* 31, 3 (July-August): 63-76.〔A longer version is: "Pourquoi la bureaucratie soviétique n'est pas une nouvelle dasse dominante", *Quatrième Internationale,* XXXVIII , 1(1980): 61-77.〕

* Mandel, Ernest 1979-80, "Once Again on the Trotskyist Definition of the Social Nature of the Soviet Union", *Critique,* 12: 117-26.〔거의 같은 글로: "The Laws of Motion of the Soviet Economy", *Review of Radical Political Economics,* XIII, 1(Spring 1981): 35-9.〕

* Mandel, Ernest 1985, "Marx and Engelss on Commodity Production and Bureaucracy. Theoretical Bases of the Marxist Understanding of the Soviet Union", in *Rethinking Marxism. Struggles in Marxist Theory. Essays for Harry Magdoff and Paul Sweezy,* edited by Stephen Resnick and Richard Wolff, Brooklyn: Autonomedia.

Mandel, Ernest 1987, "The Significance of Gorbachev", *International Marxist Review,* 2, 4(Winter): 7-39.

* Mandel, Ernest 1990, "Une théorie qui ná pas résisté à l'epreuve des faits", *Quatrième Internationale,* 37-38: 75-96. 〔"A Theory Which has Not Withstood the Test of Facts" , *International Socialism,* II , 49 (Winter 1990): 43-64.〕

* Mandel, Ernest 1991a, *Beyond Perestroika. The Future of Gorbachev's USSR,* London: Verso.

* Mandel, Ernest 1991b, "The Roots of the Present Crisis in the Soviet Economy", *Socialist Register 1991:* 194-210.

* Mandel, Ernest 1992, "The Impasse of Schematic Dogmatism", *International Socialism,* II , 56(Autumn): 135-72.

Mandelbaum, Kurt〔Kurt Martin〕 1974, *Sozialdemokratie und Leninismus. Zwei Aufsätze,* West Berlin: Rotbuch.

Manifesto 1946, "Manifeste de la conference d'Avril 1946 de la IVᵉ Internationale aux travailleurs, aux exploités et aux peuples coloniaux du monde entier", *Quatrième Internationale,* April-May: 36-50.

* Marcoux, J. 1948, "De Burnham à⋯ Burnham", *La Revue Internationale,* 20 (January-February): 44-48.

Manfred Scharrer 1976, "Gefahren der Dialektik. Zur neueren Diskussion der Sowjetgesellschft", *Der lange Marsch,* 23(September): 10-11.

* Marcuse, Herbert 1958, *Soviet Marxism. A Critical Analysis,* New York: Columbia University Press.

Marcuse, Herbert 1964, *One-Dimensional Man. Studies in the Ideology of Advanced Industrial Society,* Boston: Beacon Press.

* Marcuse, Herbert 1978, "Protosozialismus und Spätkapitalismus - Versuch einer revolutionstheoretischen Synthese von Bahros Ansatz", *Kritik,* 19: 5-27. 〔"Protosocialism and Late Capitalism: Toward a Theoretical Synthesis based on Bahro's Analysis", in *Rudolf Bahro. Critical Responses,* edited by Ulf Wolter, White Plains: M.E. Sharpe, 1980.〕

Marković, Mihailo 1975a, "La philosophie marxiste en Yougoslavie — le groupe Praxis", *L' Homme et la Société,* 35-36(January-June): 5-28.

Marković, Mihailo 1988, "Raya Dunayevskaya: Great Socialist Humanist Who Lived Her Philosophy All Her Life", *Praxis International,* Vol. 8, no. 3, October: 372-4.

Marković, Mihailo and Robert S. Cohen 1975, *Yugoslavia: The Rise and Fall of Socialist Humanism. A History of the Praxis Group,* Nottingham: Spokesman.

* Markus, György 1981, "Western Marxism and Eastern Societies", *Dialectical Anthropology,* 6: 291-318.

* Martin, Jean-Paul 1947, "Quelques néo-staliniens de *La Revue Internationale*", *Quatrième Internationale* (September-October): 49-57.

Martin, Kurt 〔Kurt Mandelbaum〕 1979, "I Am Still the Same, but⋯", *Development and Change,* 10: 503-13.

* Martinet, Gilles 1947, "Le socialisme et les sociétés de transition: de Trotsky à Burnham", *La Revue Internationale,* 17(Summer): 12-30.

Marx, Karl 1972, *Theories of Surplus Value,* Part III, trans. Jack Cohen, London: Lawrence & Wishart.

Marx, Karl 1973, *Grundrisse. Foundations of the Critique of Political Economy (Rough Draft),* trans. Martin Nicolaus, Harmondsworth: Penguin.

Marx, Karl 1976, *Capital. A Critique of Political Economy,* Volume 1, trans. Ben Fowkes,

Harmondsworth: Penguin.

Marx, Karl 1978, *Capital. A Critique of Political Economy*, Volume 2, trans. David Fernbach, Harmondsworth: Penguin.

Marx, Karl 1981, *Capital. A Critique of Political Economy*, Volume 3, trans. David Fernbach, Harmondsworth: Penguin.

Marx, Karl 1989, "Marginal Notes on the Programme of the German Workers' Party", in Karl Marx and Frederick Engels, *Collected Works*, Volume 24, Moscow: Progress.

Marx, Karl 1992, *The First International and After*, trans. David Fernbach, Harmondsworth: Penguin.

Masterman, Margaret 1977, "The Nature of a Paradigm", in *Criticism and the Growth of Knowledge*, edited by Imre Lakatos and Alan Musgrave, Cambridge: Cambridge University Press.

* Masuch, Michael 1977, "Das Problem der Erklärung des 'Stalinismus'", *Das Argument*, 106: 826-43.

* Masuch, Michael 1980, "Hoe kon het in Marx' naam? De paradox van het stalinisme", *De Gids*, CXVIII, 2: 100-14.

* Matgamna, Sean 1998, "Introduction: The Russian Revolution and Marxism", *in The Fate of the Russian Revolution. Lost Texts of Critical Marxism*, I , London: Phoenix Press.

* Matgamna, Sean 1999, "Cliff's State Capitalism in Perspective", *Workers' Liberty*, 56(June-July): 21-4, 37-54.

Mattick, Paul 1962, "Marx and Keynes", *Etudes de Marxologie*, 5: 113-215.

* Mattick, Paul 1969, *Marx and Keynes. The Limits of the Mixed Economy*, Boston: Porter Sargent Publications.

Mautner, Wilhelm 1926, "Zur Geschichte des Begriffes 'Diktatur des Proletariats'", *Archiv für die Geschichte des Sozialismus und der Arbeiterbewegung (Grünberg-Archiv)*, 12: 280-3.

Meikle, Scott 1981, "Has Marxism a Future?", *Critique*, 13: 103-21.

* Melotti, Umberto 1970-1, "Marx e il Terzo Mondo", *Terzo Mondo*, 9 (1970): 11-28 and 11(1971): 7-32.

* Mellotti, Umberto 1971, "Marx e il Terzo Mondo. Per uno schema multilineare della concezione marxiana dello sviluppo storico", *Terzo Mondo*, 13-14: 3-169.〔*Marx and the Third World*, trans. Pat Ransford, Basingstoke: Macmillan, 1977.〕

* Melotti, Umberto 1975, "Modo di produzione asiatico e collettivismo burocratico. Una polemica sui paesi socialisti", *Critica Marxista*, XIII, 6: 169-72.

* Melotti, Umberto 1976, "Il collettivismo burocratico", *Terzo Mondo*, 34: 108-12.

* Melotti, Umberto 1979, "Socialismo e colletivismo burocratico nei paesi in via di sviluppo",

Terzo Mondo, 37-38: 66-79.

Melville, Ralph 1992, "Roman Rosdolsky(1898-1967) als Historiker Galiziens und der Habsburgermonarchie", in Roman Rosdolsky, *Untertan und Staat in Galizien. Die Reformen unter Maria Theriasia und Joseph II*, Mainz: Von Zabern.

* Men, L.L. 1986, "The Capitalist Nature of the 'Socialist' Contries: A Politico-Economic Analysis", in *Two Texts for Defining the Nature of the Communist Programme*, Hong Kong: International Correspondence.

Mergner, Gottfried 1973, *Arbeiterbewegung und Intelligenz*, Starnberg: Raith.

Merquior, J.G. 1986, *Western Marxism*, London: Paladin.

* Meyer, Ernst 1922, "Rosa Luxemburgs Kritik der Bolschewiki", *Rote Fahne*, 15. January.

* Meyer, Gerd 1977, Bürokratischer Sozialismus. Eine Analyse des sowjetischen *Herrschaftssystems.* Stuttgart: Frommann-Holzboog.

* Meyer, Gerd 1979, *Sozialistische Systeme. Theorie- und Strukturanalyse*, Opladen: Leske+ Budrich.

* Meyer, Gert 1974, "Zum Problem der 'etatistischen Bürokratie' in der UdSSR", *Links*, 53(March): 18-20.

* Meyer, Gert 1977-8, "Industrialisierung, Arbeiterklasse und Stalinherrschaft in der UdSSR", *Das Argument*, 106(1977): 844-59; 107 (1978): 42-59; 108 (1978): 202-21.

* Meyer, Gert 1978, "Jean Elleinsteins Darstellung des 'Stalinschen Phänomens'", in *Beiträge zur Sozialismusanalyse*, I , edited by Peter Brokmeier and Rainer Rilling, Cologne: Pahl-Rugenstein.

* Meyer, Heinz 1953, "Zum Sturze Berijas. Über das Verhätnis der einzelnen Machtgruppen im totalitären Staat", *Funken*, IV, 3 (August): 1-3.

* Meyer, Peter〔Josef Guttmann〕 1944, "The Soviet Union: A New Class Society", *Politics*, March: 48-55 and April: 81-5.

* Meyer, Peter 〔Josef Gutmann〕 1947, "Reply to Leon Blum", *Modern Review*, I : 317-20.

* Miasnikoff, G. 1932, "De klasse-grondslagen van den Russischen Sovjet-staat", *De Nieuwe Weg*, VII: 18-23, 38-45, 78-86, 107-15, 147-52, 181-86. [Originally: *Ocherednoi obman.* Paris (no publisher) 1931.]

Miasnikoff, G. 1939, "Dictature et démocratie", *Cahiers d'Europe/Europäische Monatshefte*, 2(February): 12-16.

* Miermeister, Jürgen 1977, "Opposition(elle) in der DDR: Rudolf Bahro — nur zum Beispiel", *Zeitung für eine neue Linke*, II, 29: 18-20.

Miermeister, Jürgen (ed.) 1986, *Rudi Dutschke: mit Selbstzeugnissen und Bilddokumenten*, Reinbek bei Hamburg: Rowohlt.

* Migliardi, Giorgio 1985, "I menscevichi e lo Stato Sovietico", in *L'Internazionale Operaio e*

Socialista tra le due guerre, edited by Enzo Collotti, Milan: Feltrinelli: 361-72.

* Miliband, Ralph 1975, "Bettelheim and the Soviet Experience", *New Left Review,* I , 91(May-June): 57-66.

* Miliband, Ralph 1979, "A Commentary on Rudolf Bahro's *Alternative*", *The Socialist Register 1979:* 274-84.

* Möhner, F. K. 1979, "Elemente für eine marxistische Phänomenologie der osteuropäischen Systeme — Thesen zum Buch 'Die Intelligenz auf dem Weg zur Klassenmacht'", *Theorie und Praxis des Marxismus-Leninismus,* 3: 109-27.

* Mohun, Simon 1980, "The Problem of the Soviet Union", *Research in Political Economy,* 3: 235-90.

* Molyneux, John 1987, "The Ambiguities of Hillel Ticktin", *Critique,* 20-1: 131-4.

Montaldi, Danilo 1975, *Korsche e i communisti Italiani. Contra un facile spirito di assimilazione,* Roma: Savelli.

* Morris, Jacob and Haskell Lewin 1976, "More on the Nature of Soviet Society", *Monthly Review,* 27, 10(March): 4-10.

* Morris, Paul 1991, "The Crisis of Stalinism and the Theory of State Capitalism", *Permanent Revolution,* 9(Summer-Autumn): 96-148.

* Mosley, Hugh 1978, "The New Communist Opposition: Rudolf Bahro's Critique of the 'Really Existing Socialism'", *New German Critique,* 15 (Autumn): 25-36.

Müller, Hans-Harald 1977, *Intellektueller Linksradikalismus in der Weimarer Republik,* Kronberg/Ts: Scriptor Verlag.

* Munis, G.[Manuel Fernandez Grandizo] 1946, *Los revolucionarios ante Rusia y el stalinismo mundial,* Mexico D.F.: Editorial 'Revolución'.[Simultaneously published as *Les révolutionnaires devant la Russie et le stalinisme mondial,* Mexico D. F.: Editorial 'Revolción', 1946.]

* Munis, G. [Manuel Femandez Grandizo] 1948, *Jalones de derrota, promesa de victoria,* Mexico D.F.: Editorial 'Lucha Obrera'.

Munis, G.[Manuel Fernandez Grandizo] 1975, *Parti-Etat, stalinisme, révolution,* Paris: Spartacus.

* Munis, Grandizo [Manuel Fernandez Grandizo] and Benjamin Péret 1967, *Pour un second manifeste communiste,* Paris: Losfeld.

Myers, Constance Ashton 1977, *The Prophet's Army. Trotskyists in America, 1928-1941,* Westport: Greenwood Press.

* Nair, K. 1972, "Charles Bettelheim bouleverse la science", *Critiques de l'économie politique,* 7-8: 4-16.

* *A Natureza da USSR (Antologia)* 1977, Porto: Afrontamento.

Nash, George H. 1976, *The Conservative Intellectual Movement in America since 1945,* New York:

Basic Books.

Naville 〔Pierre〕 1938, "Extrait du rapport adopté par le 2e Congres du P.O.I. (Novembre 1937)", *Quatrième Internationale*, June: 78-81.

* 〔Naville, Pierre〕 1947, "L'Avenir est-il à la 'classe directorale'?", *La Revue Internationale*, 16 (June): 385-7.

* Naville, Pierre 1958, "Djilas et le 'communisme national'", *Arguments*, 6: 13-16.

Naville, Pierre 1959, "Un revenant: Bruno. R.", *Le Contrat Social*, III-1(January): 60-1.

* Naville, Pierre 1960, "La bureaucratie et la révolution", *Arguments*, 17: 47-64.

* Naville, Pierre 1962, "Degenerazione burocratica e rivoluzione", *Tempi moderni dell'economia, della politica e della cultura*, 5: 121-34.

* Naville, Pierre 1970, *Le Nouveau Léviathan*, II: *Le Salaire socialiste*, Part I, Paris: Ed. Anthropos.

* Naville, Pierre 1972, "La bureaucratie et les contradictions sociales en URSS", *Critique Socialiste*, 7: 54-63.

Naville, Pierre 1987, *Memoires imparfaites: le temps des guerres*, Paris: La Découverte.

* Naville, Pierre and Bruno Rizzi 1960, "Une polémique sur la bureaucratie", *Arguments*, 20: 59-60.

Nettl, J.P. 1966, *Rosa Luxemburg*, Oxford: Oxford University Press.

* Neumann, Philipp 1971, "Der 'Sozialismus als eigenständige Gesellschaftsformation'. Zur Kritik der politischen Ökonomie des Sozialismus und ihrer Anwendung in der DDR", *Kursbuch*, 23 (March): 96-142.

* Nicolaievski, Boris 1947, "Nature de l'Etat soviétique. Capitalisme? Socialisme? Ou quoi?", *La Revue Socialiste*, New Series, 16 (December): 515-25.

* Nicolaievsky, Boris 1957, "Zur Soziologie der Macht in der totalitären Diktatur", *Ostprobleme*, IX, 28: 974-86.

* Nicolaus, Martin 1975, *Restoration of Capitalism in the USSR*, Chicago: Liberator Press.

* Nitsche, Hellmuth 1984, *Antwort an Bahro und Genossen. Wesensmerkmale, Ergebnisse und Grenzen des realen Sozialismus*, Berne: Verlag SOI.

* Novack, George 1968, "The Problem of Transitional Formations", *International Socialist Review*, 29, 6(November-December): 17-34.

Novack, George 1973, "Max Shachtman: A Political Portrait", *International Socialist Review*, 34, 2: 26-9, 44.

* Nove, Alec 1975, "Is There a Ruling Class in the USSR?", *Soviet Studies*, 27, 4 (October):615-38.

* Nove, Alec 1983, "The Class Nature of the Soviet Union Revisited", *Soviet Studies*, 35, 3 (July): 298-312.

Nowak, Stefan 1977, *Methodology of Sociological Research. General Problems,* Dordrecht: Reidel.

Nowotny, Helga 1975, "Controversies in Science: Remarks on the Different Modes of Production of Knowledge and Their Use", *Zeitschrift für Soziologie,* 4: 34-45.

Oakes, Walter J. [Ed Sard] 1944, "Towards a Permanent Arms Economy?", *Politics,* February: 11-17.

* Occeña, Bruce and Irwin Silber 1980, "Capitalism in the USSR? An Opportunist Theory in Disarray", *Line of March. A Marxist-Leninist Journal of Rectification,* I, 3 (October-November): 47-72.

* Öconomicus [Heinz Meyer] 1951, "Zur Analyse der Ökonomie der UdSSR", *pro und contra,* II, 9 (September): 129-31.

* Öconomicus [Heinz Meyer] 1952, "Zum Problem der russischen Bürokratie", *pro und contra,* III, 3-4 (March-April): 44-7.

* Olle, Werner 1974a, "Zur Theorie des Staatskapitalismus. Probleme von Theorie und Geschichte in Theorien der Übergangsgesellschaft", *Prokla,* 11-12: 91-144.

* Olle, Werner 1974b, "Zur Problematik der mao-strukturalistischen Theorie des Staatskapitalismus", in *Übergangsgeseltschaft: Herrschaftsform und Praxis am Beispiel der Sowjetunion,* edited by Peter W. Schulze, Frankfurt am Main: Fischer Taschenbuch Verlag.

* Orsini, Alessandro 2004, *L'Eretico della sinistra. Bruno Rizzi, elitista democratico,* Milan: Franco Angeli.

* Orso, A. [Amadeo Bordiga] 1948-52, "Proprietà e Capitale", *Prometeo,* 10(June-July 1948) — 14(February 1950) and Series II, 1(November 1950) and 4(July-September 1952).

Orsoni, Claude 1981, "Karl Korsch und die Russische Revolution", in *Zur Aktualität van Karl Korsch,* edited by Michael Buckmiller, Frankfurt am Main: EVA.

Orwell, George [Eric Blair] 1946, *James Burnham and the Managerial Revolution,* London: Socialist Book Centre.

* Pablo, Michel [Michel Raptis] 1951, "Où allons-nous?", *Quatrième Internationale,* February-April: 40-50.

Pannekoek, Anton 1920, *Weltrevolution und kommunistische Taktik,* Vienna: Arbeiterbuchhandlung.

Pannekoek, Anton 1972, *Partij, raden, revolutie,* edited by Jaap Kloosterman, Amsterdam: Van Gennep.

Panaccione, Andrea 1987, *Kautsky e l'ideologia socialista,* Milan: Franco Angeli.

* Paramio, Ludolfo 1975, "Sur la nature de l'Etat soviétique", *Les Temps Modernes,* 349-350 (August-September): 184-201.

* Paris, Rainer 1975, "Class Structure and Legitimatory Public Sphere: A Hypothesis on the Continued Existence of Class Relationships and the Problem of Legitimation in Transitional

Societies", *New German Critique*, 5 (Spring): 149-57.

* Park, Henry 1987, "Secondary Literature on the Question of the Restoration of Capitalism in the Soviet Union", *Research in Political Economy*, 10: 27-58.

* Patri, Aimé 1947a, "Une nouvelle classe dirigeante peut-elle exister?", *La Revue Internationale*, 18(October): 96-102.

* Patri, Aimé 1947b, "L'ère des 'Organisateurs.' Remarques à propos des conceptions de Burnham", *Masses — Socialisme et Liberté*, 11(October-December): 23-5.

Pečulić, Miroslav 1967, "Kritika teorijske misli o strukturi socijalističog drušva", *Socijalizam*, X, 11: 1384-1408.

* Pellicani, Luciano 1977, "Sul Collettivismo Burocratico", in Bruno Rizzi, *Il Collettivismo Burocratico*, Milan: Sugarco edizione.

* Peralta [Benjamin Péret] 1946, *Le 'Manifeste' des exégètes*, Mexico: Editorial 'Revolucioón'.

Peregalli, Arturo and Sandro Saggioro 1995, *Amadeo Bordiga(1889-1970): bibliografia*, Paderno Dugnano: Colibri.

Peregalli, Arturo and Sandro Saggioro 1998, *Amadeo Bordiga: la sconfitta e gli anni oscuri(1926-1945)*, Milan: Colibri.

* Persson, Anita 1975, "Klasstriderna i Soviet. Charles Bettelheim och övergångssamhället", *Häften för kritiska studier*, VIII, 4: 45-53.

Piccard, E. 1960, *Simone Weil. Essai biographique et critique suivi d'une anthologie raisonnée des oeuvres de Simone Weil*, Paris: Presses Universitaires de France.

* Plogstedt, Sybille 1979, "Bahro", *Courage*, January.

Polanyi, Karl 1957, *The Great Transformation*, Boston: Beacon Press.

Pollock, Friedrich 1929, *Die planwirtschaflichen Versuche in der Soujetunion*, Leipzig: Schriften des Instituts für Sozialforschung an der Universität Frankfurt am Main.

Pollock, Friedrich 1932, "Die gegenwärtige Lage des Kapitalismus und die Aussichten einer planwirtschaftlichen Neuordnung", *Zeitschrift für Sozialforschung*, I : 8-27.

* Pollock, Friedrich 1941, "State Capitalism: Its Possibilities and Limitations", *Studies in Philosophy and Social Science*, IX: 200-25.

* Pommier, André 1974, "Sur la restauration du capitalisme en URSS", *Communisme*, 12(September-October): 55-79

* Pouillon, Jean 1954, "Staline: Catoblépas ou Phénix", *Les Temps Modernes*, IX, 2: 2233-47.

Prager, Rodolphe (ed.) 1978, *Les Congrès de la IVᵉ Internationale, vol. 1: Naissance de la IVe Internationale*, Paris: Ed. La Brèche.

Prat, Michel 1984, "L'échec d'une opposition internationale de gauche dans le Komintern, 1926",

Communisme. Revue d'Etudes Pluridisciplinaires, 5: 61-75.

Preobrazhenskii, E.A. 1926, *Novaia ekonomika. Opyt teoreticheskogo analiza sovetskogo khoziaistva,* Moscow: Kommunisticheskaia Akademiia. Sektsiia Ekonomiki. (*The New Economics,* Oxford: Charendon Press, 1965.), pp. 86-152.

Quatrième Internationale 1946.

* Purdy, David 1976, *The Soviet Union: State-Capitalist or Socialist. A Marxist Critique of the International Socialists,* London: Communist Party.

* Rabassière, Henri(Heinz Pächter) 1954, "And Can There Be Peace?", *Dissent,* I, 3(Summer): 242-7.

Rabehl, Bernd 1973, "Die marxistische Theorie der Transformationsgesellschaft am Beispiel der Entwicklung der russischen Revolution", in *Gesellschaftsstrukturen,* edited by Oskar Negt and Klaus Meschkat, Frankfurt am Main: Suhrkamp.

* Rabehl, Bernd 1975, "Der 'neue' Staat und die Keimformen einer 'neuen' Klasse in der Sowjetunion", in Rudi Dutschke and Manfred Wilke (eds.), Reinbek: Rowohlt.

Rabehl, Bernd 1977, "Die Stalinismusdiskussion des internationalen Kommunismus nach dem XX. Parteitag der KPdSU", in *Entstalinisierung. Der XX. Parteitag der KPdSU und seine Folgen,* edited by Reinhard Crusius and Manfred Wilke, Frankfurt am Main: Suhrkamp.

* Rabinovitch, Sonia 1935, "L'Etat Soviétique est-il oui ou non un Etat prolétarien?", *L'Etudiant Socialiste,* November: 6-7.

Radziejowski, Janusz 1978, "Roman Rosdolsky: Man, Activist, and Scholar", *Science and Society,* 42: 198-210.

Raina, Peter 1978, *Political Opposition in Poland 1954-1977,* London: Poets and Painters.

* Rakovski, Marc(György Bence and Janos Kis) 1974, "Le marxisme devant les sociétés soviétiques", *Les Temps Modernes,* 341(December): 553-84.("Marxism and the Analysis of Soviet Societies", *Capital and Class,* 1(Spring 1977): 83-105.)

Rakovski, Marc(György Bence and Janos Kis) 1976, "L'Union du Capital et de la Science passé et Present", *Le Temps Modernes,* 355(January): 1241-70.

* Rakovski, Marc(György Bence and Janos Kis) 1978, *Towards an East European Marxism,* London: Allison & Busby.

* Rakovski, Christian 1929, "Pismo Kh.G. Rakovskogo o prichinakh pererozhdeniia o gosudarstvennogo apparata", *Biulleten' Opposizii,* 6: 14-20. ("The 'Professional Dangers' of Power", in *Selected Writings on Opposition in the USSR, 1923-30,* edited and introduced by Gus Fagan, London: Allison & Busby, 1980.)

* Redaktionskollektiv 1976, "Zur Entwicklung der Neuen Linken in Ungarn", *Politikon,*

50(February): 2-9.

Rees, Richard 1966, *Simone Weil — A Sketch for a Portrait*, London: Oxford University press.

* Reichman, Henry 2004, [Review of Resnick and Wolff 2002, and Haynes 2002], H-Russia, November (H-RUSSIA@H-NET.MSU.EDU).

Reinhartz, Dennis 1981, *Milovan Djilas: A Revolutionary as a Writer*, New York: Columbia University Press.

* Reinstein, Boris 1974, "Der 'Sozialimperialismus' als höchstes Stadium des Schematismus", *Die Internationale*, 3 (March): 44-75.

* Renner, Karl 1917, *Marxismus, Krieg und Internationale. Kritische Studien über offene Probleme des wissenschaftlichen und des praktischen Sozialismus in und nach dem Weltkrieg*, Stuttgart: J.H.W. Dietz Nachf.

Resnick, Stephen A. and Richard D. Wolff 1987, *Knowledge and Class: A Marxian Critique of Political Economy*, Chicago: The University of Chicago Press.

* Resnick, Stephen A. and Richard D. Wolff 1993, "State Capitalism in the USSR: A High-Stakes Debate", *Rethinking Marxism*, 6-2(Summer): 46-67.

* Resnick, Stephen A. and Richard D. Wolff 1994a, "Between State and Private Capitalism: What Was Soviet 'Socialism'?", *Rethinking Marxism*, 7-1(Spring): 9-30.

* Resnick, Stephen A. and Richard D. Wolff 1994b, "Capitalisms, Socialisms, Communisms", *Current Perspectives in Social Theory*, 14: 135-50.

* Resnick, Stephen A. and Richard D. Wolff 1994c, "The End of the USSR: A Marxian Class Analysis", in *Marxism in the Postmodern Age*, edited by Antonio Callari, Stephen Cullenberg and Carole Biewener, New York: Guilford Press.

* Resnick, Stephen A. and Richard D. Wolff 1994d, "Lessons from the USSR: Taking Marxian Theory to the Next Stop", in *Whither Marxism*, edited by Bernd Magnus and Stephen Cullenberg, London: Routledge.

* Resnick, Stephen A. and Richard D. Wolff 2002, *Class Theory and History. Capitalism and Communism in the USSR*, London: Routledge.

* Revolutionary Union 1974, *How Capitalism Has Been Restored in the Soviet Union and What This Means for the World Struggle*, Chicago: Revolutionary Union.

* Riasanovsky, Nicholas V. 1963, " 'Oriental Despotism' and Russia", *Slavic Review*, XXII: 644-9.

* Richards, Frank(Frank Füredi) 1987, "The Myth of State Capitalism", *Confrontation*, 2: 87-113.

* Richards, Frank(Frank Füredi) 1989a, "The Myths of Gorbymania", *Living Marxism*, 8(June): 18-23.

* Richards, Frank(Frank Füredi) 1989b, "Theses on Stalinism in the Gorbachev Era",

Confrontations, 5(Summer): 101-10.

* Richardson, Al 1991 [Review of Daum 1990], *Revolutionary History,* 3, 4(Autumn): 34-6.

Richardson, Al 1996, "Michel Pablo(1911-1996)", *Revolutionay History,* 6, 2-3(Summer), 255-6.

* Ridley, F.A. 1947, "Comment", *Left,* 128 (June): 139-40.

* Riechers, Christian 1977, "Die Ergebnisse der Revolution 'Stalins' in Russland", *Jahrbuch Arbeiterbewegung,* V: 139-68.

Rieland, Wolfgang 1977, *Organisation und Autonomie. Die Erneuerung der italienischen Arbeiterbewegung,* Frankfurt: Neue Kritik.

Rigby T. R. 1977, "Stalinism and Mono-Organizational Society", in *Stalinism. Essays in Historical Interpretation,* edited by Robert C. Tucker, New York: Norton.

* Rigby, Tom 1998, "Stalin's Russia: Capitalism Without Capitalists?", *Workers' Liberty,* 45(March): 43-8.

* Rilling, Rainer 1978, "Zur Geschichte der Sozialismusanalyse in der intellektuellen Linken der BRD seit Mitte der 60er Jahre", in *Beiträge zur Sozialismusanalyse,* I, edited by, Peter Brokmeier and Rainer Rilling, Koln: Pahl-Rugenstein.

* Rimbert, Pierre 1948, "Révolution directorale et Socialisme", *La Revue Socialiste,* New Series, 20 (April): 353-370 und 21 (May): 542-53.

* Rimbert, Pierre 1958, "Djilas prisonnier de la nouvelle classe", *La Revue Socialiste,* New Series, 115 (March): 296-307; 116 (April): 424-35; 117 (May): 535-43; 118 (June): 656-66.

Rivière, François 1974, "Pour l'Ecole de Budapest", *Les Temps Modernes,* 337-8(August-September): 2736-47.

* Rizzi, Bruno 1937, *Dove va l'URSS?,* Milan: La Prora.

* R[izzi], Bruno 1939, *La bureaucratisation du monde,* Paris: Imprimerie Les Presses Modernes. [An English translation of pp. 11-99 in Rizzi, *The Bureaucratization of the World,* trans. Adam Westoby, London: Tavistock, 1985.]

* Rizzi, Bruno 1962, *La lezione dello stalinismo. Socialismo e collettivismo burocratico,* Rome: Opere Nueve.

* Rizzi, Bruno 1967, *Il Collettivismo burocratico,* Imola: Galeati.

* Rizzi, Bruno 1970, "Quale socialismo?", *Terzo Mondo,* 9: 81-85.

* Rizzi, Bruno 1971, "Sulla natura dell'URSS: replicando a *Giovane Critica*", *Giovane Critica,* 28: 51-63.

* Rizzi, Bruno 1972, "Società asiatica e collettivismo burocratico. Osservazioni a Melotti e a Carlo", *Terzo Mondo,* 18: 75-94.

* Rizzi, Bruno 1983, "Lettere a Trockij '38-'39", *Belfagor,* 38, 6(30 November): 683-98.

Robinson, Cedric J. 1983, *Black Marxism. The Making of the Black Radical Tradition*, London: Zed Books.

Röder, Werner and Herbert A. Strauss (eds.) 1980, *Biographisches Handbuch der deutsch-sprachigen Emigration nach 1933, Vol. I : Politik, Wirtschaft, Öffentliches Leben*, Munich (etc.): K.G. Saur.

* Rogozinski, Jacob 1980, "Alternative et dissidence: Remarques sur L'Alternative de Rudolf Bahro", *Les Temps Modernes*, 412 (November): 809-41.

* Rojas, Mauricio J. 1981, "Den ursprungliga ackumulationen i det byråkratiska samhället av sovjetisk typ: en omvärdering av Sovjetunionens historia", *Häften för kritiska studier*, XIV, 3: 21-45.

Romano, Joseph 2003, "James Burnham en France: l'import-export de la 'révolution managériale' après 1945", *Revue Française de Science Politique*, 53: 257-75.

Romano, Paul(Phil Singer) & Ria Stone(Grace Lee) 1946, *The American Worker*, Detroit: Facing Reality Publishing Committee.

* Rosdolsky, Roman 1959, "Zur Analyse der russischen Revolution", in *Die Sozialismusdebatte. Historische und Aktuelle Fragen des Sozialismus*, edited by Ulf Wolter, West Berlin: Olle & Wolter, 1978.

Rosdolsky, Roman 1964, "Friedrich Engels und das Problem der 'geschichtslosen' Völker", *Archiv für Sozialgeschichte*, IV: 87-202. ("Engels and the 'Nonhistoric' Peoples. The National Question in the Revolution of 1948", *Critique*, 18-19(1987).)

Rosdolsky, Roman 1968, *Zur Entstehungsgeschichte des Marxschen Kapital*, 3 vols., Frankfurt am Main: EVA. (The Making of Marx's 'Capital' , 2 vols., London: Pluto Press, 1989.)

* Rossanda, Rossana 1972, "Die sozialistischen Lander: Ein Dilemma der westeuropäischen Linken", *Kursbuch*, 30: 1-34.

* Rotermundt, Rainer 1977, "Oktoberrevolution und Sozialismus. Zur Bedeutung des Massenbewusstseins für die Herausbildung nichtkapitalistischer Produktionsverhältnisse", *Prokla*, 27: 77-102.

* Rotermundt, Rainer, Ursula Schmiederer and Helmut Becker-Panitz 1977, " 'Realer Sozialismus' und realer Sozialismus. Bedingungen und Chancen einer sozialistischen Entwicklung in Gesellschaften sowjetischen Typs", *Jahrbuch Arbeiterbewegung*, 5: 9-37.

* Rotermundt, Rainer, Ursula Schmiederer, and Helmut Becker-Panitz 1979, *Die Sowjetunion und Europa. Gesellschaftsform und Aussenpolitik der USSR*, Frankfurt am Main: Campus.

* Rubel, Maximilien 1951, "Réflexions sur la Société directorale", *La Revue Socialiste*, New Series, 44 (February): 181-94.

Rubel, Maximilien 1960, *Karl Marx devant le bonapartisme*, The Hague: Mouton.

* Ruch, Ursula 1975, "Die antikommunistische Verfälschung des realen Sozialismus durch den Trotzkismus", *Wissenschaftliche Zeitschrift der Martin-Luther-Universität Halle-Wittenberg*.

Gesellschafts- und sprachwissenschaftliche Reihe, 24: 5-15.

* Rüdiger, Mogens and Vibeke Sørensen 1979, "Teorier om Sovjetunionen sam overgangssamfund", *Historievidenskab,* 17: 65-114.

* Rühle, Otto 1920a, "Moskau und wir", *Die Aktion,* X, 37-38(18 September).

* Rühle, Otto 1920b, "Bericht über Moskau", *Die Aktion,* X, 39-40(2 October).

* Rühle, Otto 1924, *Von der bürgerlichen zur proletarischen Revolution,* Dresden: Am Anderen Ufer.

* [Rühle, Otto] 1939, "The Struggle Against Fascism Begins With The Struggle Against Bolshevism", *Living Marxism,* IV, 8 (September): 245-55.

Rupnik, Jacques D. 1976, "Conflicts au sein du movement communiste en Tchécoslovaquie au début des années trente: l'affaire Guttmann", *Revue Française de Science Politique,* 26: 770-99.

* Salvadori, Massimo L. 1973, "La concezione del processo rivoluzionario in Kautsky (1891-1922)", *Annali Istituto Giangiacomo Feltrinelli,* XIV: 26-80.

* Salvadori, Massimo L. 1978a, "Realtà sovietica e ideologia marxista", *MondOperaio,* 31, 1:89-98.

Salvadori, Massimo L. 1978b, *Karl Kautsky and the Socialist Revolution, 1880-1938,* London: New Left Books.

* Sandberg, Mikæl 1981, "Sovjet: ägande och makt", *Häften för kritiska studier,* XIV, 3:4-20.

* Sandemose, Jørgen 1976, "Kapitalismens utvikling i USSR - en litteraturstudie", *Røde Fane,* 2-3: 26-75.

* Sandemose, Jørgen 2002, "Tilbake til USSR", in *Stat, religion, økonomie: Karl Marx om kapitalismens former,* Oslo: Aschenhoug & Co.

* Santamaria, Ulysses and Alain Manville 1976, "Lenin and the Problem of Transition", *Telos,* 27 (Spring): 79-96.

Sapir, Boris 1947, "Is War with Russia Inevitable? An Examination of Burnham's New Thesis", *Modern Review,* I: 360-6.

Sapir, Boris 1979, "Boris Ivanovitsj Nikolaevskij", in *Over Buonarroti, internationale avantgardes, Max Nettlau en het verzamelen van boeken, anarchistische ministers, de algebra van de revolutie, schilders en schrijvers,* edited by Maria Hunink et al., Baarn: Het Wereldvenster.

Sapir, Jacques 1980, *Pays de l'Est: vers la crise généralisée?,* Paris: Federop.

Sapir, Jacques 1989, *Les fluctuations économiques en URSS 1941-1985,* Paris: Editions de l'EHESS.

* Sapir, Jacques 1990, *L'économie mobilisée. Essai sur les économies de type soviétique,* Paris: La Découverte.

* Sapir, Jacques 1993, "Régulation et transition", *Critique communiste,* 128-9(February): 49-54.

* Sapir, Jacques 1997, "Le debat sur la nature de l'URSS", in *URSS et Russie. Rupture historique et continuité économique,* edited by Rotame Motamed-Nejad, Paris: Preses Universitaires de France-Actuel Marx.

* Sara, Henry 1940, "Not State Capitalism", *Left*, 40: 20-4.

Sarney, Ygal 2000, "A Revolutionary Life", *International Socialism*, II, 87(Summer): 137-49.

* Sawer, Marian 1978-9, "The Politics of Historiography Russian Socialism and the Question of the Asiatic Mode of Production, 1906-1931", *Critique*, 10-11: 15-35.

* Sawer, Marian (ed.) 1978, *Socialism and the New Class. Towards the Analysis of Structural Inequality Within 'Socialist' Societies*, [Australian Political Studies Association Monograph 19], Adelaide.

* Schäfer, Gert 1978, "Was heisst bürokratischer Sozialismus? Versuch einer Wurdigung von Rudolf Bahros " Anatomie des real existierenden Sozialismus " ", *Prokla*, 31: 33-55.

* Schaff, Adam 1982, "Les pays socialistes sont-ils socialistes?", *L' homme et la société*, 65-6: 3-21.

* Scharrer, Manfred 1976, " Gefahren der Dialektik. Zur neueren Diskussion der Sowjetgesellschaft", *Der lange Marsch*, 23 (September): 10-11.

* Schlögel, Karl 1975, "Bettelheim: Klassenkämpfe in der UdSSR", *Theorie und Praxis des Marxismus-Leninismus*, 1: 25-48.

* Schmidt, Wolf-Dietrich 1975, "Dutschkes Leninismus-Kritik", *Das Argument*, 94: 991-8.

* Schmiederer, Ursula 1973, "Zur Analyse von übergangsgesellschften Kritik zu Johann Eggert 'Die Sowjetgesellschft' ", *Links*, 49 (November): 15-18.

* Schmiederer, Ursula 1977, "Der 'reale Sozialismus', die Opposition und wir", *Links*, 86(March): 17-18.

* Schmiederer, Ursula 1980a, *Die Aussenpolitik der Sowjetunion*, Stuttgart: Kohlhammer.

* Schmiederer, Ursula 1980b, "Zum Problem von Bürokratie und Herrschaft im 'realen Sozialismus' ", *Soziologische Revue*, 3: 403-11.

* Schöler, Uli 1985, "Otto Bauers Auseinandersetzung mit der Oktoberrevolution und dem sowjetischen Modell", in *Otto Bauer: Theorie und Politik*, edited by Detlev Albers and Horst Heimann and Richard Saage, west Berlin: Das Argument.

* Schöler, Uli 1987, *Otto Bauer und Sowjetrussland*, West Berlin: DVK-Verlag.

* Schöler, Uli 1991, *'Despotischer Sozialismus' oder 'Staatssklaverei'? Die theoretische Verarbeitung der sowjetrussischen Entwicklung in der Sozialdemokratie Deutschlands und Österreichs (1917-1929)*, 2 vols, Hamburg and Münster: Lit.

Schöler, Uli 1999, *Ein Gespenst verschwand in Europa. Über Marx und die sozialistische Idee nach dem Scheitern des sowjetischen Staatssozialismus*, Bonn: Dietz.

Schöler, Robert and Robert Kellogg 1966, *The Nature of Narrative*, Oxford: Oxford University Press.

Schoolman, Morton 1980, *The Imaginary Witness. The Critical Theory of Herbert Marcuse*, New York: The Free Press.

* Schulze, Peter W. (ed.) 1974, *Übergangsgesellschaft. Herrschaftsform und Praxis am Beispiel der*

Soujetunion. Frankfurt am Main: Fischer Taschenbuch.

* Schulze, Peter W. 1977, *Herrschaft und Klassen in der Sowjetgesellschaft. Die historischen Bedingungen des Stalinismus,* Frankfurt am Main: Campus.

* Schuman, Frederick L. 1976, "More on the Nature of Soviet Society", *Monthly Review,* 27, 10 (March): 1-4.

* Schuman, Frederick L. 1980, "Born-Again Capitalism", *Monthly Review,* 32, 6 (November): 48-51.

Schwarz, Solomon M. 1951, *Labor in the Soviet Union,* New York: Praeger.

* [Sedova, Natalia] 1951, "Text of Letter to SWP from Natalia Trotsky", *The Militant,* 4. June.

* Senghaas, Dieter 1980a, " Sozialismus - Eine entwicklungsgeschichtliche und entwicklungstheoretische Betrachtung", *Leviathan,* VIII: 10-40.

* Senghaas, Dieter 1980b, "Wittfogel Redivivus", *Leviathan,* VIII: 133-41.

* Serge, Victor 1947, "L' URSS a-t-elle un régime socialiste?", *Masses - Socialisme et Liberté,* 9-10 (June-July): 21-24.

Seton-Watson, Hugh 1956, *The East European Revolution,* New York: Preager.

Shachtman, Max 1940a, "The Crisis in the American Party. An Open Letter in Reply to Comrade Leon Trotsky", *New International,* VI: 43-51.

* Shachtman, Max 1940b, "Is Russia a Workers' State?", *New International,* VI: 195-205.

Shachtman, Max 1951a, "Comrade Natalia's Indictment", *Labor Action,* 11 June.

* Shachtman, Max 1951b, "The 4th International's Capitulation to Stalinism", *Labor Action,* 25 June.

* Shachtman, Max 1962, *The Bureaucratic Revolution. The Rise of the Stalinist State,* New York: The Donald Press.

* Shachtman, Max and Earl Browder 1950, "Is Russia a Socialist Community?", *New International* (May-June): 145-176.

Shortall, Felton C. 1994, *The Incomplete Marx,* Aldershot: Avebury.

* Silver, Geoffrey and Gregory Tarpinian 1981, "Marxism and Socialism: A Response to Paul Sweezy and Ernest Mandel", *Review of Radical Political Economics,* XIII, 1(Spring):11-21.

Sinclair, Louis [no date], *The IS- Papers,* II, Typescript, Amsterdam: International Institute of Social History.

* Sinigaglia, Roberto 1973, *Mjasnikov e la rivoluzione russa.* Milan: Jaca.

Skrzypczak Henryk 1980, "Rudolf Bahro oder die Wiedergeburt des Marxismus aus dem Geiste der Religion", *Internationale wissenschaftliche Korrespondenz zur Geschichte der deutschen Arbeiterbewegung,* 16: 125-91.

* Smith, H. 1937, "Trotsky and Proletarian Dictatorship", *International Council Correspondence,*

III, 4 (April): 27-32.

* Socialist Party of Great Britain 1948, Russia since 1917: *Socialist Views of Bolshevik Policy,* London: SPGB.

Söllner, Alfons 1987-8, "Marcuse's Political Theory in the 1940s and 1950s", *Telos,* 74(Winter): 65-78.

Sohn-Rethel, Alfred 1971, *Warenform und Denkform. Aufsätze,* Frankfurt am Main: EVA.

Sohn-Rethel, Alfred 1972, *Geistige una Körperliche Arbeit. Zur Theorie der gesellschaftlichen Synthesis. Erweiterte und ergänzte Ausgabe,* Frankfurt am Main: Suhrkamp. [Intellectual and Manual Labour. A Critique of Epistemology, London: Macmillan, 1976.]

Steffen Kratz 1980, Sohn-Rethel zur Einfuhrung, Hannover: SOAK.

Soltysiak, Grzegorz 1992, "Grupa Hassa", *Karta,* 7: 57-77.

* Soviet Studies Project 1981, "The Concept of State Capitalism", *Progressive Labor Magazine,* XIV-1 (Spring): 8-19.

* Spencer, William 1939, "Is Russia a Workers' State?", *Revolt,* II-8: 4-9.

* Spohn, Wilfried 1975, "Die technologische Abhängigkeit der Sowjetunion vom Weltmarkt", *Prokla,* 19-20-21: 225-59.

* Spohn, Wilfried 1978, "Geschichte und Emanzipation. Bahros Beitrag zur Sozialismus-Diskussion", *Prokla* 31: 5-31

* Sprenger, Rudolf[Helmut Wagner] 1933-4, "Das gesellschaftliche Gesicht des Bolschewismus", *Rote Revue,* XIII: 314-20.

* Sprenger, Rudolf[Helmut Wagner] 1940, *Bolshevism: Its Roots, Role, Class View and Methods,* trans. Interger [Herman Jenson], New York: International Review.

Sprenger, Rudolf[Helmut Wagner] 1947, *El Bolchevismo. Su papel. Sus metodos. Su filiación. Sus objetivos,* Santiago-Chili: Imprinta Nueva.

* Spurkeland, Trond 1974, "Stalinismens fallit", *Vardøger,* 6: 159-94.

* Stahl, Peter 1949-50, "Der Schicksalsweg der bolschewistischen Jakobiner", *pro und contra,* 2 (December1949): 11-27; 3 (January1950): 23-28; 4 (February1950): 7-8.

* Stark, David 1981, "Consciousness in command", *Socialist Review,* 57 (May-June): 128-49.

Steenson, Gary P. 1978, *Karl Kautsky 1854-1938. Marxism in the Classical Years,* Pittsburgh: University of Pittsburgh Press.

Stehr, Uwe 1973, *Vom Kapitalismus zum Kommunismus. Bucharins Beitrag zur Entstehung einer sozialistischen Theorie und Gesellschaft,* Düsseldorf: Bertelsmann.

Steiner, Helmut 1990, "Der aufrechte Gang eines DDR-Ökonomen: Fritz Behrens(1909-1980)", *Utopie kreativ,* 2(October): 80-4.

Steiner, Helmut 1992, "Fritz Behrens. Lebensbilanz eines sozialistischen Wissenschaftlers", *Deutschland-Archiv,* 25: 1160-8.

* Steiner, Herbert 1967, "Am Beispiel Otto Bauers - die Oktoberrevolution und der Austromarxismus", *Weg und Ziel. Monatsschrift für Fragen des wissenschaftlichen Sozialismus,* Special issue, July: 3-21.

* Steinhauer, Erwin 1978, "Europa, Weltrevolution und 'nichtkapitalistischer Weg'", *Theorie und Praxis des Marxismus-Leninismus,* 3: 50-64.

* Stephan, Cora 1974, "Geld- und staatstheorie in Hilferdings Finanzkapital", *Gesellschaft. Beiträge zur Marxschen Theorie,* 2: 111-54.

* Sternberg, Fritz 1951, *Kapitalismus und sozialismus vor dem Weltgericht,* Hamburg: Rowohlt [*Capitalism and Socialism on Trial,* trans. Edward Fitsgerald, New York: Greenwood Press, 1968]

* Sternberg, Fritz 1952, *So endete es ···Von der Oktoberrevolution zum reaktionärsten Staat der Welt,* Cologne: Bund Verlag.

* Sternberg, Fritz 1955a, "Ein Beitrag zur Charakterisierung des russischen Staates", *Gewerkschaftliche Monatshefte,* 6: 169-72.

* Sternberg, Fritz 1955b, "Der soziale Gehalt der russischen Diktatur", *Gewerkschaftliche Monatshefte,* 6: 374-8.

Sternberg, Fritz 1963, "Conversations with Trotsky", *Survey. A Journal of Soviet and East European Studies,* 47: 146-59. [An expanded and revised version was published as: "Gespräche mit Trotzki. Ergänzte und überarbeitete Fassung des 1963 in 'Survey' erschienenen Essays", in Grebing 1981.]

* Steuermann, Carl [Otto Rühle] 1931, *Weltkrise - Weltwende. Kurs auf Staatskapitalismus,* Berlin: S. Fischer.

* Stone, George 1947, "Where is Russia Going?", *Left,* 134 (December): 277-81.

* Stone, George 1948, "The Failure of the Apologists", *Left,* 137 (March): 55-60.

* Stojanović, Svetozar 1967, "The Statist Myth of Socialism", *Praxis,* 3, 2: 176-87.

Stojanović, Svetozar 1968, "Joŝjedanput o etatisti čkom mitu socijalizma. Odgovor Miroslavu Pečujli ču", *Socijalizam,* XI, 1-2: 191-8.

* Stojanović, Svetozar 1973, *Between Ideals and Reality. A Critique of Socialism and Its Future,* trans. Gerson S. Sher, Oxford: Oxford University Press. [Originally: *Izmedju Ideala i Stvarnosti.* Belgrade: Prosveta, 1969.]

Strachey, John 1933, *The Coming Struggle for Power,* New York: Covici, Friede.

* Stuart, J.B. 1965, "Deutschers Meinung über die Trotzkisten", *Die Internationale,* 10: 51-63.

Stutje, Jan Willem 2004, "Ernest Mandel in Resistance: Revolutionary Socialists in Belgium, 1940-1945", *Left History,* 10, 1(Fall-Winter): 125-52.

* Stuurman, Siep 1974, "Stalinisme en Anti-Communisme", *Amsterdams Sociologisch Tijdschrift,* 1, 4: 113-41.

* Stuurman, Siep 1979, *Het reëel bestaande en het noodzakelijke socialisme,* Amsterdam: Van Gennep.

* Stuurman, Siep 1980, "State Property and the Nature of the Soviet Ruling Class", *Monthly Review,* 31, 11 (April): 51-6.

* Süss, Walter 1979, "Bürokratische Rationalität und gesellschaftliche Synthesis in der Konstitutionsphase des sowjetischen Systems", *Prokla,* 35: 133-70.

Sweezy, Paul M. 1942, *The Theory of Capitalist Development: Principles of Marxian Political Economy,* Oxford: Oxford University Press.

* Sweezy, Paul M. 1947, "Les illusions de la révolution directorale", *La Revue Internationale,* 19 (November-December): 179-82.

* Sweezy, Paul M. 1968, "The Invasion of Czechoslovakia: Czechoslovakia, Capitalism and Socialism", *Monthly Review,* 20, 5(October): 5-16.

* Sweezy, Paul M. 1969, "Reply", *Monthly Review,* 20, 10 (March): 10-19.

* Sweezy, Paul M. 1970, "Reply", *Monthly Review,* 22, 7(December): 14-21.

* Sweezy, Paul M. 1974, "The Nature of Soviet Society", *Monthly Review,* 26, 6 (November): 1-16.

* Sweezy, Paul M. 1975, "The Nature of Soviet Society II", *Monthly Review,* 26, 8 (January): 1-15.

* Sweezy, Paul M. 1976a, "Transition au socialisme ou transition socialiste?", *Les Temps Modernes,* 355 (January): 1296-8.

* Sweezy, Paul M. 1976b, "Paul Sweezy Replies", *Monthly Review,* 27, 10(March): 11-4.

* Sweezy, Paul M. 1977a, "Réponse à Bernard Chavance", *Les Temps Modernes,* 375 (October): 527-33.

* Sweezy, Paul. M. 1977b, "Bettelheim on Revolution from Above: The USSR in the 1920's", *Monthly Review,* 29, 5 (October): 1-18.

* Sweezy, Paul M. 1977c, "Paul Sweezy Replies", *Monthly Review,* 29, 1(May): 13-9.

* Sweezy, Paul M. 1978, "Is There a Ruling Class in the USSR?", *Monthly Review,* 30, 5(October): 1-17.

* Sweezy, Paul M. 1979 "Paul Sweezy Replies to Ernest Mandel", *Monthly Review,* 31, 3(July-August): 76-86.

* Sweezy, Paul M. 1980 "Post-Revolutionary Society", *Monthly Review,* 32, 6(November): 1-13.

* Sweezy, Paul M. 1981 "Paul Sweezy Replies", *Monthly Review,* 33, 1(May): 55-6.

* Sweezy, Paul M. 1985a, "After Capitalism — What?", *Monthly Review,* 37, 3(July-August): 98-111.

* Sweezy, Paul M. 1985b, "Rejoinder", *Monthly Review,* 37, 4(September): 56-61.

* Sweezy, Paul. M. 1986, "A Final Word", *Monthly Review,* 38, 7(December): 38-41.

* Sweezy, Paul M. and Charles Bettelheim 1971, *On the Transition to Socialism,* New York:

Monthly Review Press.

Sweezy, Paul. M. and Leo Huberman 1964, "Peaceful Transition from Socialism to Capitalism?",
Monthly Review, 15, 11(March): 569-90.

* Symposium 1938: "Was the Bolshevik Revolution a Failure? A Symposium", *Modern Quarterly,*
11, 1(Autumn): 8-28.

Syré, Ludger 1984, *Isaac Deutscher, Marxist, Publizist, Historiker. Sein Leben und Werk 1907-1967,*
Hamburg: Junius.

* S. Z. Tübingen 1977, "Bürokratische Herrschaft und Arbeitsteilung. Kritik der
Sowjetgesellschaft", *Links,* 88: 13-15.

Szelényi, Ivan 1977, "Notes on the 'Budapest School' ", *Critique,* 8(Summer): 61-7.

* Szelényi, Ivan 1978-9, "The Position of the Intelligentsia in the Class Structure of State Socialist
Societies", *Critique,* 10-11: 51-76.

* Szelényi, Ivan 1980, "Whose Alternative?", *New German Critique,* 20 (Spring-Summer): 117-34.

* Szymanski, Albert 1979, *Is the Red Flag Flying? The Political Economy of the Soviet Union Today,*
London: Zed Press.

* Tacchinardi, Riccardo and Arturo Peregalli 1990, *L'URSS e i teorici del capitalismo di stato,*
Rome: Lacaita.

* Tarbuck, Ken 1969-70, "The Theory of State Capitalism: A Clock without a Spring", *Marxist
Studies,* II, 1: 7-25.

* Tautin, Pierre 1947, "Le centralisme bureaucratique", *La Revue Internationale,* 17 (Summer): 31-33.

* Ter-Grigorjan, G.G. 1978, "Karl Kautsky und die Theoretiker des Austromarxismus über die
Probleme der sozialistischen Revolution und des Sozialismus", in *Bürgerliche und kleinbürgerliche
Ökonomische Theorien über den Sozialismus (1917-1945),* edited by Werner Krause, Berlin [DDR]:
Akademie-Verlag.

* *Texte zur Stalinfrage* 1979, Hamburg: Reents.

* Thomas, Martin 1997, "Stalinism and State Capitalism", *Workers' Liberty,* 43(November): 41-6.

* Thomas, Martin 1999-2000, "The USSR and Non-Linear Capitalism", *Workers' Liberty,* 59-
60(December-January): 55-6.

Thompson, E. P. 1978, *The Poverty of Theory and Other Essays,* London: Merlin Press.

* Thompson, Paul 1980, "The Origins and Basis of State-Collectivism", in *The Nature of So-Called
Socialist Societies,* London: Big Flame International Committee.

* Thompson, Paul and Guy Lewis 1977, *The Revolution Unfinished? A Critique of Trotskyism,*
Liverpool: Big Flame.

* Tibert, G. 1972, "A propos de la nature de l'URSS", *Critiques de l'économie politique,* 7-8: 47-56.

* Ticktin, Hillel 1973, "Towards a Political Economy of the USSR", *Critique*, 1: 20-41.

* Ticktin, Hillel 1974a, "Political Economy of the Soviet Intellectual", *Critique*, 2: 5-21.

* Ticktin, Hillel 1974b, "Socialism, the Market and the State", *Critique*, 3: 65-72.

* Ticktin, Hillel 1975, "The Capitalist Crisis and Current Trends in the USSR", *Critique*, 4: 101-9.

* Ticktin, Hillel 1976, "The Contradictions of Soviet Society and Professor Bettelheim", *Critique*, 6: 17-44.

* Ticktin, Hillel 1976-77, "The USSR: The Beginning of the End?", *Critique*, 7: 88-93.

* Ticktin, Hillel 1978a, "The Class Structure of the USSR and the Elite", *Critique*, 9: 37-61.

* Ticktin, Hillel 1978b, "Detente and Soviet Economic Reforms", in *Soviet Foreign Policy — Its Social and Economic Conditions,* edited by Egbert Jahn, London: Allison & Busby.

* Ticktin, Hillel 1978-9, "Rudolf Bahro: A Socialist without a Working Class", *Critique*, 10-11: 133-9.

* Ticktin, Hillel 1979-80a, "The Afghan War and the Crisis in the USSR", *Critique*, 12: 13-25.

* Ticktin, Hillel 1979-80b, "The Ambiguities of Ernest Mandel", *Critique*, 12: 127-37.

* Ticktin, Hillel 1982, "Trockij and the Social Forces Leading to Bureaucracy", in *Pensiero e azione politica di Lev Trockij,* edited by Francesca Gori, Milan: Leo S.Olschki, II.

* Ticktin, Hillel 1986, "The Year after the Three General Secretaries: Change Without Change", *Critique*, 17: 113-185.

* Ticktin, Hillel 1987, "The Political Economy of Class in the Transitional Epoch", *Critique*, 20-1: 7-25.

* Ticktin, Hillel 1988, "The Contradictions of Gorbachev", *Journal of Communist Studies,* 4, 4(December): 83-99.

* Ticktin, Hillel 1990, "The Nature of the Disintegration of the Stalinist System of the USSR", *Research in Political Economy,* 12: 209-52.

* Ticktin, Hillel 1991, "The International Road to Chaos", *Critique*, 23: 9-32.

* Ticktin, Hillel 1992a, *Origins of the Crisis in the USSR. Essays on the Political Economy of a Disintegrating System,* Armonk: Sharpe.

* Ticktin, Hillel 1992b, "Permanent Chaos Without a Market: The Non-Latinamericanization of the USSR", *Studies in Comparative Communism,* 25, 3(September): 242-56.

* Ticktin, Hillel 1993, "The Growth of an Impossible Capitalism", *Critique*, 25: 119-132.

* Ticktin, Hillel 1995a, "Leon Trotsky and the 'Russian Mode of Production'", in *The Ideas of Leon Trotsky,* edited by Hillel Ticktin and Michael Cox, London: Porcupine Press.

* Ticktin, Hillel 1995b, "Leon Trotsky's Political Economic Analysis of the USSR", in *The Ideas of Leon Trotsky,* edited by Hillel Ticktin and Michael Cox, London: Porcupine Press.

* Ticktin, Hillel 2000, "Why the Transition Failed: Towards a Political Economy of the Post-Soviet Period in Russia", *Critique*, 32-33: 13-41.

* Ticktin, Hillel and Wlodzimierz Brus 1981, "Is Market-Socialism Possible or Necessary?", *Critique*, 14: 13-39.

* Tökei, Ferencz 1977, *Zur Dialektik des Sozialismus*, Budapest: Akademiai Kiadó. [Originally: *A szocialiszmus dialektikajahoz*, Budapest: Kossuth Konyvkiado, 1974.]

* Tomlinson, J. 1977, "Hillel Ticktin and Professor Bettelheim - A Reply", *Critique*, 8: 53-9.

Tim Wohlforth, "The Theory of Structural Assimilation", in Adam Westoby and Tim Wolforth, *'Communists' Against Revolution. The Theory of Structural Assimilation*, London: Folrose Books, 1978.

* Tresse, Pierre 1954, "Russia: Method of Analysis", *Dissent*, I, 4(Autumn): 399-405.

* Trotsky, L. 1920, *Terrorismus und Kommunismus. Anti-Kautsky*, Hamburg: West-Europäisches Sekretariat der Kommunistischen Internationale. [*Terrorism and Communism. A Reply to Karl Kautsky*, Ann Arbor: University of Michigan Press, 1961.]

Trotsky, Leon 1925 "Erklarung des Genossen Trotzki gegen die Zeitschrift 'La Revolution Prolétarienne'", in *Die Linke Opposition in der Sowjetunion*, II, edited by Ulf Wolter, West Berlin: Olle & Wolter, 1975.

Trotsky, Leon 1929, "Interview by the *Osaka Mainichi*' (April 24, 1929)", in *Writings of Leon Trotsky[1929]*, New York: Pathfinder, 1975.

* Trotsky, Leon 1931, "Problemi razvitiia SSSR", *Biulleten' Oppozitsii*, 20 (April): 1-15. ["Problems of the Development of the USSR - Draft Theses of the International Left Opposition on the Russian Question", in *Writings of Leon Trotsky [1930-1931]*, New York: Pathfinder, 1973.]

* Trotsky, Leon 1933a, "Klassovaia priroda sovetskogo gosudarstva", *Biulleten' Oppozitsii*, 36-37(October): 1-12. ["The Class Nature of the Soviet State", in *Writings of Leon Trotsky [1933-1934]*, New York: Pathfinder, 1975.]

* Trotsky, Leon 1933b, "The Degeneration of Theory and the Theory of Degeneration", in *Writings of Leon Trotsky [1932-33]*, New York: Pathfinder, 1972.

* Trotsky, Leon 1937a, "Chetvertyi Internatsional i SSSR", *Biulleten' Oppozitsii*, 54-55(March): 49-52. ["The Fourth International and the Soviet Union", in *Writings of Leon Trotsky[1935-36]*, New York: Pathfinder, 1970.]

* Trotsky, Leon 1937b, *The Revolution Betrayed. What is the Soviet Union and Where Is It Going*, London: Faber & Faber.

* Trotsky, Leon 1938a, "Nerabochee i neburzhuaznoe gosudarstvo?", *Biulleten' Oppozitsii*, 62-63(February): 15-9. ["Not a Workers' and Not a Bourgeois State?", in *Writings of Leon Trotsky [1937-38]*, New York: Pathfinder, 1976.]

* Trotsky, Leon 1938b, "Discussion with Trotsky III: The Russian Question", in *Writings of Leon Trotsky (1937-38)*, New York: Pathfinder, 1976.〕

* [Trotsky, Leon] 1938c, "Agoniia kapitalizma i zadachi Chetvertogo Internationala", *Biulleten' Oppozitsii*, 66-67(May-June): 1-18.〔"The Death Agony of Capitalism and the Tasks of the Fourth International", in Leon Trotsky, *The Transitional Program for Socialist Revolution*, New York: Pathfinder, 1977.〕

* Trotsky, Leon 1938d, "Prodolzhaet li eschche sovetskoe pravitel'stvo sledovat' printsipam, usvoennym 20 let tomu nazad?", *Biulleten' Oppozitsii*, 66-67(May-June): 19-21.〔"Does the Soviet Government Still Follow the Principles Adopted Twenty Years Ago?", in *Writings of Leon Trotsky (1937-38)*, New York: Pathfinder, 1976.〕

* Trotsky, Leon 1939, "SSSR v voine", *Biulleten' Oppozitsii*, 79-80(August-October), 1-9.〔"The USSR in War", in Leon Trotsky, *In Defense of Marxism*, New York: Pathfinder, 1973.〕

Trotsky, Leon 1940a, "Dvoinaia zvezda: Gitler-Stalin", *Biulleten' Oppozitsii*, 81(January): 1-7. 〔"The Twin-Star: Hitler-Stalin", in *Writings of Leon Trotsky (1939-40)*, New York: Pathfinder, 1973.〕

Trotsky, Leon 1940b, "Manifesto of the Fourth International on the Imperialist War and the Proletarian World Revolution", in *Writings of Leon Trotsky(1939-40)*, New York: Pathfinder.

Trotsky, Leon 1940c, "Balance Sheet of the Finnish Events", in *Writings of Leon Trotsky(1939-40)*, New York: Pathfinder, 1973.

Trotsky, Leon 1973, *In Defence of Marxism*, New York: Pathfinder Press.

Trotzki, Leo 1988, *Schriften 1: Sowjetgesellschaft und stalinistische Diktatur*, 1.2(1936-1940), Hamburg: Rasch und Rohring.

Tubingen, S.Z. 1977, "Burokratische Herrschaft und Arbeitsteilung. Kritik der Sowjetgesellschaft", *Links*, 88: 13-15.

Ulmen, G.L. 1978, *The Science of Society. Toward an Understanding of the Life and Work of Karl August Wittfogel*, The Hague: Mouton.

Ulmen, G.L. 1981, "Über Wittfogels Weg zur Marxschen Auffassung Russlands", Foreword in Karl Marx, *Enthüllungen zur Geschichte der Diplomatie im 18. Jahrhundert*, edited by Karl August Wittfogel, Frankfurt am Main: Suhrkamp.

* Unger, F. 1969, "Zum Problem des Revisionismus in der Übergangsgesellschaft", *Sozialistische Politik*, I, 4 (December): 104-13.

Uoroll, R.L.〔R.L. Worral〕 1940, "Iavljaetsia-li SSSR proletarskim ili kapitalistichenkim gosudarstvom?", *Soisialisticheskii Vestnik*, 7(459).

* [Urbahns, Hugo.] 1929a, "Über den Konflikt Russland-China", *Fahne des Kommunismus*, 3, 31 (23 August) and 32 (30 August).

* [Urbahns, Hugo.] 1929b, "Einige theoretische Hinweise", *Fahne des Kommunismus,* 3, 33 (6 September), 34 (13 September), 39 (25 October) and 40 (8 November).

* Valić, Dominique 1975, "Kritik der Dutschke'schen Leninkritik", *Die Internationale,* 6: 62-93.

Vance, T.N.[Ed Sard] 1950, "After Korea What? An Economic Interpretation of U.S. Perspectives", *New International,* 145(November-December): 323-33.

Vance, T.N.[Ed Sard] 1951, "The Permanent Arms Economy", *New International,* 146(January-August): 29-45; 147(March-April): 67-92; 148(May-June): 131-59; 149(July-August):232-48;150(September-October):251-66; 151(November-December): 333-59.

* Varga, Eugen 1970, "Die Nomenklatur: wie sowjetisch ist die Sowjetunion?", *Wiener Tagebuch,* 3 (March): 4-7.

* Varlet, Claude 1978, *Critique de Bettelheim, I , La révolution d'octobre et les luttes de classes en URSS,* Paris: Nouveau Bureau d'Edition.

Vega, Alberto[R. Maille] 1952, "La crise du bordiguisme italien", *Socialisme ou Barbarie,* 11(November-December): 26-46.

* Vidal Villa, J.M. 1977, "La URSS: Una nueva sociedad de clase", *El Viejo Topo,* 5 (February): 19-22.

* Vidal Villa, J.M. 1978, "Eurocomunismo y nueva sociedad de clase", *El Viejo Topo,* 11 (August): 17-21.

* Vincent, Jean-Marie 1982, "Trotsky et l'analyse de l'URSS", in *L'URSS vue de gauche,* edited by Lilly Marcou, Paris: Presses Universitaires de France.

* Vogt-Downey, Marilyn (ed.) 1993, *The USSR 1987-1991: Marxist Perspectives,* Atlantic Highlands: Humanity Books.

Voinea, çerban[Gaston Boeuve] 1955, *La Morale et le socialisme,* Ghent: La Flamme.

* Voinea, çerban[Gaston Boeuve] 1965a, "L'Union Soviétique est-elle une société socialiste?", *La Revue Socialiste,* New Series, 179(January): 40-53.

* Voinea, çerban[Gaston Boeuve] 1965b, "L'Union Soviétique est-elle un 'capitalisme d' état' ?", *La Revue Socialiste,* New Series, 187(November): 394-416.

* Voslenskij, Michael S. 1980, *Nomenklatura. Die herrschende Klasse der Sowjetunion,* Vienna: Molden.

* [Wagner, Helmut.] 1934, "Thesen über den Bolschewismus", *Rätekorrespondenz, 3* (August): 1-22 ["Theses on Bolshevism", *International Council Correspondence,* 1, 3 (December 1934): 1-18.]

Wagner, Helmut 1968, "Mit den Waffen von Karl Marx. Junge Polen wider den Monopolsozialismus", *Osteuropa,* XVIII: 628-43.

* Wajda, Mihaly 1985, "A quoi le 'socialisme réel' répond-il?", *Les Temps Modernes,* 468-9 (July-August 1985): 88-102.

Waldschmidt, Hans-Jürgen 1966, *Lenin und Kautsky — Verschiedene Wege der Weiterentwicklung des Marxismus,* Würzburg: Inaugural Dissertation.

** Warski, Adolf〔Warszawski〕 1922, *Rosa Luxemburgs Stellung zu den taktischen Problemen der Revolution,* Hamburg: Verlag der Kommunistischen Internationale.

* Weber, Henri 1982, "La Russie soviétique et le 'pape du marxisme' Karl Kautsky", in *L'URSS vue de gauche,* edited by Lilly Marou, Paris: Presses Universitaires de France.

* Weber, Herrmann 1971, "Zwischen kritischem und bürokratischem Kommunismus. Unbekannte Briefe von Clara Zetkin", *Archiv für Sozialgeschichte,* XI: 417-48.

Weber, Hermann 1984, "Susanne Leonhard gestorben", *Internationale wissenschaftliche Korrespondenz zur Geschichte der deutschen Arbeiterbewegung,* 20: 155-6.

Weber, Max 1972, *Wirtschaft und Gesellschaft. Vollständiger Nachdruck der Erstausgabe von 1922,* Tübingen: (J.C.B. Mohr/Paul Siebeck).〔English edition of Part I : *The Theory of Social and Economic Organization,* trans. A.R. Henderson and Talcott Parsons, London: William Hodge and Co., 1947.〕

* Weil, Felix 1928, "Rosa Luxemburg über die russische Revolution", *Archiv für die Geschichte des Sozialismus und der Arbeiterbewegung (Grünberg- Archiv),* XIII: 285-98.

* Weil, Simone 1933, "Allons-nous vers la révolution prolétarienne?", *La Révolution Prolétarienne,* 158: 311-19.

* Weinberg, G. 1952, "Kann Staatskapitalismus ein Schritt zum Sozialismus sein?", *Funken,* II, 9(February): 10-13.

* Weinberg, G. 1953, "Gefährliche Illusionen", *Funken,* III, 12 (May): 14-16.

West, John〔James Burnham〕 1935a, "Roosevelt and the New Congress", *New International,* II, 1(January): 1-3.

West, John〔James Burnham〕 1935b, "The Roosevelt 'Security' Programme", *New International,* II, 2(March): 40-3.

West, John〔James Burnham〕 1935c, "The Wagner Bill and the Working Class", *New International,* II, 6(October): 184-9.

West, John〔James Burnham〕 1936, "Will Roosevelt Be Re-Elected", *New Internatonal,* III, 2(April): 33-6.

Westoby, Adam 1981, *Communism since World War II,* Brighton: Harvester Press.

* Westoby, Adam 1985, "Introduction", in Bruno Rizzi, *The Bureaucratization of the World,* London: Tavistock.

* Westoby, Adam and Tim Wohlforth 1978, *'Communists' Against Revolution. The Theory of Structural Assimilation.* London: Folrose Books.

Wiggershaus, Rolf 1994, *The Frankfurt School: Its History, Theories and Political Significance,*

Cambridge: Polity.

* Wildt, Andreas 1979, "Totalitarian State Capitalism: On the Structure and Historical Function of Soviet-Type Societies", *Telos,* 41 (Autumn): 33-57.

* Willen, Paul 1955, "What Manner of Change in Russia?", *Dissent,* II, 1(Winter): 71-5.

* Wittfogel, Karl A. 1950, "Russia and Asia", *World Politics,* II, 4(June): 445-62.

* Wittfogel, Karl A. 1953, "Ruling Bureaucracy of Oriental Despotism: A Phenomenon that Paralyzed Marx", *Review of Politics,* XV: 350-9.

* Wittfogel, Karl A. 1957, *Oriental Despotism. A Comparative Study of Total Power,* New Haven: Yale University Press.

* Wittfogel, Karl A. 1960, "The Marxist View of Russian Society and Revolution", *World Politics,* XII: 487-508.

* Wittfogel, Karl A. 1963b, "Reply", *Slavic Review,* XXII: 656-62.

* Wittfogel, Karl A. 1963a, "Russia and the East — A Comparison and Contrast", *Slavic Review,* XXII: 627-43.

Wolfe, Bertram D. 1948, *Three Who Made the Revolution — A Biographical History,* New York: Dial Press.

* Wolin, Simon 1974, "Socialism and Stalinism", in *The Mensheviks from the Revolution of 1917 to the Second World War,* edited by Leopold H. Haimson, Chicago: University of Chicago Press.

* Wolter, Ulf 1975, *Grundlagen des Stalinismus,* Berlin: Rotbuch.

* Wolter, Ulf (ed.) 1978, *Antworten auf Bahros Herausforderung des 'realen Sozialismus',* West Berlin: Olle & Wolter.〔*Rudolf Bahro. Critical Responses,* edited by Ulf Wolter, White Plains: M. E. Sharpe, 1980.〕

Worcester, Kent 1995, *C.L.R. James: A Political Biography,* Albany: State University of New York Press.

* Worrall, R.L. 1939, "U.S.S.R: Proletarian or State Capitalist?", *Modern Quarterly,* XI, 2 (Winter): 5-19; in *Left,* 39(1939): 319-24 and 40 (1940): 19-20.

Worrall Tribute 1996, "A tribute to Ryan Worrall (1903-1995)", *Revolutionary History,* 6, 2-3 (Summer): 249-51.

Wright, Steve 2002, *Storming Heaven. Class Composition and Struggle in Italian Autonomist Marxism,* London: Pluto Press.

* Yvon, M. 〔1936〕, *Ce qu'est devenue la Révolution russe,* Préface de Pierre Pascal, Paris: La Révolution Prolétarienne.

* Yvon, M. 1938, *L'URSS teile qu'elle est,* Préface d'André Gide, Paris: Gallimard.

* Zaremba, Zygmunt 1957, "Groupe, couche ou classe dirigeante?", *La Revue Socialiste,* New

Series, 111 (November): 418-27.

* Zarembka, Paul 1992, "The Development of State Capitalism in the Soviet System", *Research in Political Economy,* 13: 123-61.

* Zaslavsky, Victor 1978, "Regime e classe operaia in URSS", *MondOperaio,* XXXI, 6: 74-83. [Viktor Zaslavsky, "The Regime and the Working Class in the USSR", *Telos,* 43(1979-80).]

* Zaslavsky, Victor 1979, "La struttura di classe della società sovietica", *MondOperaio,* XXXII, 5: 107-16.

* Zaslavsky, Victor 1982, *The Neo-Stalinist State: Class, Ethnicity and Consensus in Soviet Society,* New York: M.E. Sharpe.

* Zaslavsky, Victor 1984-5, "Soviet Society and the World Systems Analysis", *Telos,* 62 (Winter): 155-67.

* Zetkin, Clara 1922, *Um Rosa Luxemburgs Stellung zur russischen Revolution,* Hamburg: Verlag der Kommunistischen Internationale.

* Zimin, Alexander 1977, "On the Question of the Place in History of the Social Structure of the Soviet Union", in *The Samizdat Register,* I , edited by Roy Medvedev, New York: W. W. Norton.

* Zimine, Alexandre 1982, *Le stalinisme et son 'Socialisme réel',* Paris: Ed. La Brèche.

Zimin, Aleksandr Aleksandrovich 1984, *U istokovo stalinizma: 1918-1923,* Paris: Izd-vo Slovo, 1984.

* Zimmermann, Rüdiger 1978, *Der Leninbund. Linke Kommunisten in der Weimarer Republik,* Düsseldorf: Droste.

Znaniecki, Florian 1919, "Methodological Note", in Florian Znaniecki, *On Humanistic Sociology.* Chicago: University of Chicago Press, 1969.

라코프스키 Rakovsky, Christian 70

란게 Lange, Oskar 325, 451

람 Lamm, Fritz 168, 169

랍티스 Raptis, Michel 137, 138, 424, 459

랴자노프스키 Riasanovsky, Nicholas V. 218, 219, 436

레너 Renner, Karl 71

레닌 Lenin, V. I. 17, 26, 29, 30, 40, 41, 44, 45, 49, 50, 54, 57, 58, 61, 72, 81, 90, 167, 213, 251, 274, 342

레비 Levi, Paul 39~42, 49, 50, 409, 410

레스닉 Resnick, Stephen 337, 338, 340~342, 458

레오 Leo, Rita di; 디 레오를 볼 것

레오나르드 Leonhard, Susanne 430

렌츠 Lenz ; 플라이서를 볼 것.

로라 Laurat, Lucien 21, 94~100, 136, 266, 388, 389, 418, 419

로마노 Romano, Paul ; 싱어를 볼 것

로스돌스키 Rosdolsky, Roman 171, 222~224, 226, 388, 430, 437

로스머 Rosmer, Alfred 417

롤랑 Rolland, Jacques F. 204

뢰비 Löwy, A. G. 406

루네 Loone, Eero 346

루스벨트 Roosevelt, Franklin D. 101, 421

루아 Roy, Claude 204

루카치 Lukács, György 49~54, 62, 63, 174, 306, 410, 449

룩셈부르크 Luxemburg, Rosa 13, 39, 40, 42~54, 62, 63, 409~411, 433

륄레 Rühle, Otto 54, 56, 59, 60, 63, 71, 94, 230, 389, 412, 458

르브런 Lebrun, M. ; 페드호사를 볼 것.

르포르 Lefort, Claude 150, 152, 200, 427

리그비 Rigby, T. H. 67

리치 Rizzi, Bruno 94, 102~108, 111, 113, 117, 122, 125, 127, 189, 211, 214, 255, 310, 313, 346, 385, 389, 404, 418, 420, 421, 441

리프크네히트 Liebknecht, Karl 409

리프크네히트 Liebknecht, Wilhelm 71

리헤르스 Riechers, Christian 157

린데 Linde, H. 119

| ㅁ |

마르쿠시 Márkus, György 306, 309, 449

마르쿠제 Marcuse, Herbert 220, 388, 436

마르크스 Marx, Karl 28~30, 54, 75, 76, 80, 81, 96, 97, 99, 119, 138, 145, 148, 159, 175, 176, 187, 197, 229~232, 274, 275, 283, 307, 328, 330, 336, 337, 340, 361, 372, 378~390, 393, 394, 405, 407, 408, 416, 437, 440, 444, 446, 451, 452, 459

마르티네 Martinet, Gilles 135, 190~194

마슐 Maschl, Otto ; 로라를 볼 것.

마이어 Meyer, Ernst 433

마이어 Meyer, Gerd 13

마이어 Meyer, Heinz 433

마이어 Meyer, Peter ; 구트만을 볼 것.

마초버 Machover, Moshe 260, 261, 314, 388, 442, 459

마틱 Mattick, Paul 230~233, 378, 378, 436, 438

만델 Mandel, Ernest 138, 194~199, 206, 208, 222, 245, 246, 248, 249, 252, 295, 296, 304, 313, 320, 322, 343~345, 369, 388, 424, 432, 433, 437, 443, 454, 459

만델바움 Mandelbaum, Kurt(Kurt Martin) 413

말렌코프 Malenkov, Georgi 178, 179

매클렐런 McLellan, David 13

| ㅎ |

책을 옮기고 나서

지구의 3분의 1을 영토로 가졌던 소련은 어떤 사회였을까? 그 나라는 노동자가 해방된 사회주의 사회였는가? 노동자가 주인인 노동자 국가였는가? 일종의 자본주의 국가였는가? 그도 아니면, 그 나라는 어떻게 규정할 수 있을까?

'현실 사회주의' 소련이 역사의 무대에서 사라진 지 어느덧 20년이 지났다. 그 나라가 "구현했다"고 하는 '사회주의'도 함께 사라져버렸다. 사람들은 소련과 함께 마르크스와 혁명적 마르크스주의자의 모든 것을 버렸다. 심지어 그 기억의 찌꺼기까지도 모조리 지워버리려 했다. 정말로 '역사의 종말―자본주의만의 승리'가 온 것과 같은 생각이 사람들을 휩쓸었다. 아니면 소련의 경험은 그저 옛 일일뿐이니 이제 덮고 '새로운 시야'를 가져야 한다는 사람도 늘었다.

그러나 소련과 마르크스주의를 모조리 집어 삼킨 신자유주의는 고장 난 브레이크처럼 본색을 낱낱이 드러내고 있다. 소련 붕괴 뒤 '사회주의에서 자본주의로의 이행'을 내걸었던 러시아에서는 마르크스가 쓴 《자본론》과 마르크스주의 전반에 대한 비판적 성찰을 시작하고 있다. 세계 곳곳에서도 비슷한 일이 생기고 있다. 숨죽이고 있던 사람들이 신자유주의에 반기를 들기 시작했다. 그러면서 자본주의에 대한 대안을 모색하거나 또는 사회주의를 다시 뒤돌아보며 오류와 한계의 지점을 탐색하고 있다. '지나간 미래' 사회주의에 대한 비판적 성찰을 모색하는 일은 피할 수 없게 되었다. 21세기 사회주의는 20세기 사회주의 경험에 대한 비판적 성찰 없이는 그려낼 수 없기 때문이다.

다시 '불편한 진실'을 고통스럽지만 용감하게 성찰해보자.
왜 다시금 '소련 문제'인가?

판 데르 린던은 20세기 마르크스주의에서 가장 중심이 되는 '소련 문제'를 포괄적으로 다룬다. 그는 '소련이 무엇이었나?'를 놓고 서구 마르크스주의자들 사이에서 벌어진 논쟁을 촘촘하게 정리해놓았다. '소련이 무엇이었나?', 다시 말해 소련 사회 성격을 둘러싼 논쟁은 낯설기도 하고 친숙하기도 한 주제다. 낯선 까닭은 학문적이나 대중적으로나 관심을 끌지 못했기 때문이다. 친숙함이란 이른바 국내 마르크스주의 진영(또는 이른바 '좌파' 진영)에서 변혁운동의 전망과 관련해서 '소련이 무엇이었나?' 하는 문제가 뜨거운 감자였기 때문이다. 10여 년 전, 국내에서 《소련 국가자본주의》(책갈피)가 번역 출판되었을 때, '소련은 사회주의 사회'라고 보았던 사람들에게는 충격 그 자체였다. 그 뒤 이 책은 소련 붕괴와 더불어 마르크스주의자들에게 '소련 문제'를 깊이 들여다보게 하는 의미 있는 역할을 했다. 물론 이 책은 영국사회주의노동자당의 주장을 담은 것이다. 그럼에도 세계 마르크스주의자들의 논의에 담을 쌓고 있던 국내 마르크스주의자들은 이를 계기로 '국제화'되었다. 그 뒤 《소련은 무엇이었나》 (빛나는 전망)가 번역되었다. 이 책도 서구 혁명 진영 가운데 한 정파의 이론을 소개한 것이었다. 그 밖에 이 문제를 본격적으로 다룬 책은 없었다. 그저 몇몇 '사회주의자'들 사이에서만 이 문제는 늘 관심의 대상이 되었을 뿐이다. 그들에게 '소련 문제'는 운동의 방향을 설정하는 실천적인 태도의 시금석이었다.

판 데르 린던의 책은 1917년부터 현재까지 서유럽과 북미 지역에서 소련을 서구 마르크스주의 시각으로 다룬 모든 논쟁이 역사적으로 어떻게 전개되었는 지를 보여주고 있다. 1917년 혁명 뒤 곧바로 벌어진 마르크스주의자의 '거장' 들(레닌, 트로츠키, 부하린, 로자 룩셈부르크, 클라라 체트킨, 카우츠키)의 논쟁부터 서구 좌파 진영의 작은 서클들의 주장까지를 아우르고 있다. 무려 80명 남짓한 논자들의 이론적 입장을 종합하고 정리한 것이다. 우리는 이 책을 통해 지난 70여 년 동안 벌어진 '논쟁'을 쉽게 서로 견주어 볼 수 있다.

이 책에서 판 데르 린던은 소련을 이행기 사회, 국가자본주의, 관료적 집산주의로 규정한 기존의 익숙한 분류법을 따르지 않는다. 왜냐하면 그런 분류법은 지금까지 벌어진 논쟁을 지나치게 단순화할 뿐만 아니라, 2차 세계대전 뒤의 이론적 논쟁을 이해할 수 없게 하기 때문이다. 그래서 그는 소련 사회 성격을 둘러싼 해석을 4개의 범주로 묶어놓았다. 그것은 국가자본주의 이론, 타락한 노동자국가 이론, 강력한 지배계급을 지닌 새로운 생산양식 이론, 강력한 지배 계급 없는 새로운 생산양식 이론이다.

그러나 판 데르 린던은 어떤 이론만을 따르는 것이 아니라, 다양한 견해와 여러 이론적 접근법을 상세히 그리고 역사적으로 분석하고 있다. 아주 객관적이고 학구적이기 때문에, 독자가 이 책에서 '소련은 무엇이었나'에 대한 명쾌한 답변을 구한다고 한다면, 크게 실망할지도 모른다. 또는 그의 정치적 태도가 '절충적'이라고 불평할 수도 있다. 더 나아가 이론을 실천의 관심에서 분리해 놓았다는 비판으로 이어질 수도 있을 것이다. 또 '소련은 사회주의였다'는 도그마를 여전히 붙잡고 있는 사람들에게 이 책은 '불편한 진실'일 것이다.

이 저자를 정치적 태도가 불분명하다고 공격할 수는 있지만, 시기적 맥락에서 폭넓은 문헌을 비교 검토하는 것은 우리가 가져야 할 기본자세다.

저자는 이론이 필요 없다고 말하지 않는다. 각각의 이론들이 일부의 진리를 담고 있지만, 섣부르게 무엇을 하나 고르기보다는 소련 역사에 대한 깊은 천착이 중요하다고 말한다. 그만큼 소련 사회는 너무 복잡하고 중층적이었기 때문이다. 그래서 저자는 소련이 몰락한 미증유 사태를 열린 마음으로 검토하라고 제안한다.

미래의 역사학자들이 정밀한 조사를 할 때, 그 결과는 논지를 확증하거나 새로운 가설을 제안할 수도 있을 것이다. 그러한 '확증'은, 만일 그 확증이 이루어진다 해도, 그저 개략적인 수준을 넘어설 수는 없다. 역사는 법칙에 따라 지배되는 것이 아니다. 역사는 충분한 원인을 알지 못한다. 그리고 만일 미래의 역사학자들이 다른 식으로 생각한다면, 그들은 선행하는 것이 곧 원인이라는 논리post hoc ergo propter hoc의 오류에 빠지게 될 것이다.(Thompson, E. P. 1978, The Poverty of Theory and Other Essays, London: Merlin Press, p. 49.)

사회주의를 고민하고 그것을 위해 묵묵히 실천하는 사람들은 이 책에서 미래를 위한 값진 것을 찾아내기를 바란다. 이 책을 번역하는 과정에서 여러 사람에게 빚을 졌다. 그 가운데 엉성한 원고를 읽고 꼼꼼히 수정해준 김충석 선생과 최규진 선생님께 감사드린다. 또 책의 출간이 한참 미루어졌는데도, 묵묵히 기다려준 서해문집 편집부 식구들께 감사드린다.

2012년 4월

황동하